奥维多的人民宫，1157。

温切斯特大教堂中殿，14世纪晚期。

拉塞城堡，15世纪，马耶讷。

城市显贵的府邸卡·多洛金屋的正面，1440，威尼斯。

缩微画:《贝里公爵的美好时光》(4月),林堡兄弟绘制,1415。(尚蒂伊,孔代博物馆)。

圣格雷勒的传奇故事，15世纪，展现两名骑士在国王面前进行马上比武的情景。（第戎，市政图书馆）

让·德·瓦林的《编年史》，15世纪，百年战争期间对一个城堡发动的袭击。（巴黎，国家图书馆）

"青年花园"，选自《天体论》的一幅缩微画，1470。（摩德纳，埃斯坦塞图书馆）

帖木儿王朝的艺术：《狩猎图》，15世纪末。（伊斯坦布尔，托普卡皮；萨拉伊）

阿拉伯式的花式图案，萨非王朝时期的一个马赛克瓦片的局部。

马里的莫普提清真寺（Mopti Mosque）证明了伊斯兰教对黑非洲的渗透。

格拉纳达，著名的阿尔汗布拉宫（建于14世纪）及其周边地区。

尼古拉斯·巴塔耶（Nicolas Bataille），《启示录》（*The Apocalypse*）的局部。（1380，昂热美术馆）

多纳泰洛（Donatallo，1386—1466），大卫青铜像。（佛罗伦萨，巴尔杰洛博物馆）

安杰利科，展示佛罗伦萨景色的《走下十字架》(*Descent from the Cross*) 的局部。(佛罗伦萨，圣马尔科博物馆)

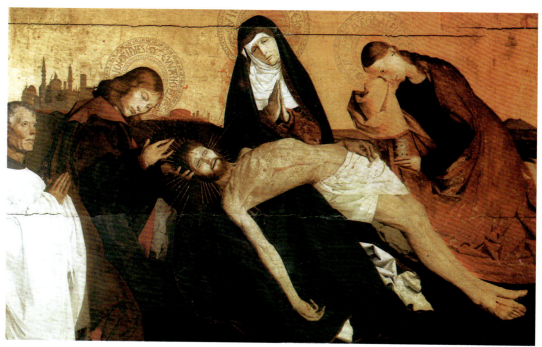

昂盖朗·卡尔东（Engurr and Quarton）于15世纪创作的《圣母哀悼基督之死》（*Pietà*）。（巴黎，卢浮宫）

皮萨内洛（Pisanello），《圣乔治与女王》（*Saint George and the Drincess*）。（1435，维罗纳，圣阿纳斯塔西娅）

弗莱马勒大师（The Master of Flémalle）〔罗伯特·康潘？（Robert Campin?）〕描绘圣约瑟夫的《天使报喜》三幅一联画中的右面一幅。（1420，纽约，修道院博物馆）

让·范·艾克，《阿诺尔菲尼和他的妻子》（*Arnolfini and His Wife*）。（1434，伦敦，英国国家艺术画廊）

希罗尼穆斯·伯施（Hieronymus Bosch），《运干草的四轮马车》（*The Hay Wain*），三幅一联图画中的中间一幅。（1500—1502，马德里，普拉多美术馆）

THE CAMBRIDGE ILLUSTRATED HISTORY OF THE MIDDLE AGES

剑桥插图中世纪史

下册(1250～1520年)

主编 〔法〕罗伯特·福西耶 (Robert Fossier)

译者 李桂芝 张 炜 张育林 柴 彬

金彩云 袁 武

译校 郭 方 李桂芝

山东画报出版社

目 录

Acknowledgements

Phtographic Agencies

Atlas Photo pp. 108, 180, 267, 439

Bulloz pp. 9, 32, 82, 415, 501, 517 (upper right)

Michel Cabaud pp. 183, 427, 450

Serge Chirol pp. 13, 121, 128

Gérard Degeorge pp. 217, 275

A. Dufau/Anne Leclerc pp. 271, 377, 378

Gérard Dufresne p. 255

Edimedia 'Archives Snark' pp. 57, 431

Foto Enit pp. 23, 174

Giraudon pp. 10, 19, 54, 72, 79, 86, 92, 110, 152, 155, 175, 396, 404, 407, 411, left, 418 left, 420, 434 right, 444, 456 right, 460, 467, 505, 508 right, 517 lower and upper left, 519

Alinari-Giraudon p. 135

Anderson Giraudon p. 223

Lauros-Giraudon pp. 6, 30, 114, 187 lower, 263, 475 right, 508 left, 513

Ampliaciones Reproducciones Mas Freneria pp. 12, 20 right, 368, 369, 492

Nicolaidis pp. 209, 229, 245, 249, 253

Office du livre S. A. , Fribourg pp. 280

Photo Archives-Editions Arthaud p. 235

Phototheque Armand-Colin pp. 9, 20 left, 26 left and right, 27, 41, 43, 47, 72 upper left, 83 left, 94 left, 103, 106, 124, 148, 154, 161, 165, 177, 181, 190, 199, 211, 269, 331, 345, 350, 377 left, 381, 384, 401, 410, 418, 423, 424, 427 right, 447, 448, 475 left, 479, 489, 496 right, 498, 503

Rapho pp. 75, 186, 364

Roger-Viollet pp. 64, 151, 192, 202, 259, 261, 289, 299, 309, 339, 353, 358, 366,

390, 463

Scala pp. 171, 316, 511, 512

Turkish Tourist Information Office p. 239, 285, 319, 322, 326, 335, 341

Jean Dieuzaide Photographe (photos Yan) pp. 25, 67

Scholarly Institutions

Naval Museum of Greece p. 197

Archiv für Kunst und Geschichte p. 65

Bibliothèque Municipale pp. 61, 126

Bibliothèque Royale p. 94

University of Cambridge Committee for Aerial Photography p. 77

Musée Municipale p. 3

Rosgartenmuseum pp. 133, 147

The British Library pp. 83 lower, 94 lower, 101 lower, 138, 167, 407 left, 416,
    419, 451

Mansell Collection p. 58

Bayerische Staatsgemäldesammlungen p. 7

The Metropolitan Museum of Art p. 522

The Bodleian Library p. 83 left

New College Library p. 159

Bibliothèque Municipale pp. 88, 214, 226, 227, 406, 496

Collection de I'Ecole des Hautes Etudes en Scences Sociales p. 218

Réunion des Musée Nationaux pp. 33, 45, 60, 118, 130, 149, 187, 440

Biblioteca Apostolica Vaticana p. 411 right

Bibliothèque Municipale p. 434 right

Bildarchiv Österreichische Nationalbibliothek p. 83 right

Kunsthistorisches Museum p. 45

COLOUR PLATES (between pages 174 and 175 and 342 and 343)

Atlas Photo

Edimedia 'Archives Snark'

Explorer

Giraudon

Photothèque André Held/J. Ziolo

Office du Livre S.A., Fribourg

Metropolitan Museum of Art, New York

Oronoz/J. Ziolo

Rapho

Réunion des Musées Nationaux

Scala Istituto Fotografico Editoriale plates

术 语 表

　　由于本书只在第一次出现专业术语时提供相关解释，所以为免去读者寻找解释的烦恼，在此列出专业术语表，凡在辞书中易于找到解释的术语在此处均加以省略。

ACADEMY：本词语来源于雅典公园的名称，苏格拉底和柏拉图首次在这里展开讨论；在意大利的15世纪（Quattrocento）该词指文学界。

ACT OF HABITATION：地主同意移民入住，或者把土地返还给农民而免收某种赋税和相关的房屋费。

AKHI：突厥社会中一个宗教群体，其成员通常从事同一种职业。

AKRITES：拜占庭边境的卫戍部队。

AMT：帝国的一个行会组织；泛指属于这个行会的社区。

ANNATES：教会人员的首年捐。

APPANAGE：国王或王子把土地及其附属的军事权力特许给儿子、兄弟或其他家庭成员的行为。理论上，如果无人继承这块土地时应归还给特许方。通常，这块土地在真正附属于所有者，如皇室之前，已经被提前转让。

ARBALEST：一种通过爆炸射出大量金属碎屑的武器。其打击精度和威力（有效射程约为200米）被一再质疑，骑兵对之很是不屑。这种武器重量大，移动笨拙，需要两个人专门操作。

ARTS, LIBERAL：上古和中古时学院的课程，包括修辞学、语法学、辩证法（三艺）；几何学、算术、天文、音乐（四艺）。

AVARITIA：缺少慈善之心（并非仅指狭义上的贪婪）。该词与SUPERBIA一词都是指的重罪，二者严重程度不相上下。

BAIL, BAILEY：负责晚辈成长的成年人，或者指成人抚养、保护、教导晚辈的责任。在法国南部引申为城镇行会的代表。它的另一个意思是城堡的院子。

BEGARDS：接受神秘主义的基督徒，过着隐修生活，或四处游历，救助穷人。他们的教义不被认可，遭到天主教会的质疑。

BENEFICE：教会的圣职，包括大主教等。

BEY；BEYLIK；BEYLERBEY：突厥部落首领，后来指奥斯曼苏丹政权的地方代表；贝伊（BEY）所管辖的区域；最高职位的贝伊（BEY）管辖数个省都辖区（BEYLIK）。

BILL：英国王室的规则或法律。

BOGOMILS：保加利亚的一个教派，不承认圣餐变体论。

BOIARS：见BOYARDS。

BOOK OF COPYHOLDERS：写有英国庄园中依法持有土地者的名字的书；低标准的社会法令。

BOSC：树林，实际上是所有没有耕种或休耕的土地。

BOURSE：原指西欧的商品集散地；泛指起草商品样本交易规则的地方，后来指交换货币的地方或银行所在之地。

BOUVEROT：西多会的相关规定中是指耕种或种植果树的土地，这些土地在他们的农庄或农场周围，后也泛指作此类用途的其他所有土地。

BOYARDS, BOIARS：匈牙利或保加利亚拥有土地的贵族。

BRASSIERS：生活于社会底层的一无所有的人，主要分布于乡间。

BREUIL：封建领主用于围猎的土地。

BULL：用来确认教皇或皇帝的法令有效的铅印或金印；该词也泛指法令本身。

CADASTER, CATASTO：记载不动产及其位置和支出，以及生活在不动产上的个人情况的土地清册，通常被用来评定土地租金。

CALIMALA：罗马佛罗伦萨连接市政广场 (Palazzo della Signoria)的一条路，过去商人和货币兑换商经常在这里聚集；人们用他们从事的长途贸易、运输以及账目核算等方面的技巧为这条路命名，即凯米马拉艺术大道（arte di Calimala）。

CANTONING：森林中作为储备木材的一块或多块树林。

CANZONE：意大利的文学形式，形式上像抒情诗，通常有交响乐伴奏。

CARRAQUE：热那亚的一种货船，能载重1000吨。

CASANE：皮埃蒙特人和伦巴第人专门用于贷款和货币交换的房子。

CATASTO：见CADASTER。

CENSES：法国北部的大农场。

CEPHALE：拜占庭的一个乡村地区。

CHRYSOBULL：拜占庭盖有教皇金印的法令或授权书。

CLOTHIER：英国经营养羊业和羊毛的商人，羊毛或卖或织或纺。

COLLOQUIA：常常指行会工人和不从事任何商业的工人之间的秘密聚会。

CONCORDAT：罗马教皇与各国政府间所订的宗教事务协定。

CONDOTTIERE：雇佣兵队长。

COQ：16世纪对著名村庄的称呼。

CORPO：存在意大利银行中的资本（通常是家庭基金）。

COTTAGER，COTTAR：被赶到贫瘠地块上的英格兰农民，通常在庄园的边缘，并经常被迫提供繁重的劳役。

CUEILLOIR：收税者记载缴税人名字及其税款的小册子或名单。

CURIA：原指所有国家的法庭，但现在多指教皇法庭。

DANSE MACABRE：从15世纪末开始非常流行的一种肖像主题，象征世界末日（Death）时所有国家在没完没了的旋转舞中煎熬。Macabre 一词的起源不详，可能来自那时一位名叫马卡布莱（Macabré)的画家的名字，也可能来自《圣经·马喀比书》（Biblical Maccabeus）。

DAUPHIN：法国普洛旺斯地区某些王子的称号，特别是皇妃所生的太子；当这样的地区并入法国王室辖下时，王室许诺地方代表：继承人可以一直拥有这个称号，直到掌权为止。

DECIMA：国王在教皇的授权下向教会征收的一种税，占教会收入的1/10，主要用于国王的宗教事务、十字军、朝觐等方面的开支。后来逐渐演变为一种向教士征收的固定赋税。

DEME：拜占庭的城市或乡村地区。

DISPUTATIO：一种受欢迎的学术训练，导师和学生之间，导师和导师之间都参与基于某一段文字或主题的广泛而深刻的讨论。讨论主题通常是事先确定的。

DISTRAINTS：教皇保留任命僧侣的权力并扣留他们的部分薪俸。

DIWAN：阿拉伯语和突厥语中的波斯语借词，原指收税人，后来指政府中的官员，以及统治者召开的会议。

DOMINANTE：大城市；在威尼斯，这个词指威尼斯介入其海外财产等相关事务时涉及到的海外城邦及威尼斯对他们的权力。

ÉCHELLE：商业航线沿途的中继站；基本上是指叙利亚和巴勒斯坦的港口；黎凡特的港口（échelles du Levant）。

EMPHYTEOSIS：把土地长期（一般是99年）租借给承租人，在使土地增值的基础上转让重要的权力。

ENCLOSURES：把耕地围起来作为牧场的现象。

ENTRÉES，ROYAL：新登基的国王到一个城镇时所举行的仪式；事实上这样的事会多次发生，每次都耗资巨大，并伴有长时间的奢侈节目（见MYSTERY PLAYS）。

FARM：短期的、经常变更的租借，承租人一次付清租费。就官方的公共租赁来说，农民一次付清政府所要的租费，期望能从自己对土地的经营中获利。

FIQH：伊斯兰教法律。

FISCUS：原指公共财产，中世纪末开始泛指所有不合理的苛捐杂税，这一含义沿用至今。

FONDACO：见FUNDUQ。

FOREST：英格兰的皇室土地，不一定指林地。

'FOUAGE'：灶税（HEARTHTAX）原则上来说可能是一项特别税。

FRANC ARCHER：会射箭的步兵，在被征召期间免交租税，属地方部队，所以称为franc，即 "自由"之意。

FRÉRÈCHES：兄弟们对财产的管理。

FULLER：在染缸里踩踏羊毛布的工人，工作辛苦，工资微薄，不需要任何技能。

FUNDUQ, FONDACO：东方或意大利有挡雨篷的市场，主要为外来的商人服务。

FUSTIAN：一种把棉丝混纺或棉毛混纺的技术，可能是从东方传来的。

FUTUWWA：伊斯兰教中的处于城市初期的社会；一个政权，通常受什叶派思想影响，易于卷入城镇内的宗教动荡。

FYRD：英格兰萨克逊人中的自由民兵。

GABELLE：盐业税，由负责储盐局（greniers）的皇室官员控制。

GALLICANISM：法国统治者和高级教士对教皇的一种态度，主张限制罗马教皇的权利并要求各国天主教自主，该词不是中世纪时期的词语。

GÄRTNER：社会底层的德国农民，类似于英国的佃农。

GASAILLE：关于羊群的租约或牧羊主和市民之间的合同，根据合同规定，牧羊主在将牲畜卖给市民后，他将从后者那儿租回羊群，双方按照一定条款分配所得。农业贷款的一种形式。

GASTE：弃地。

GENTILEZZA：指意大利语中的courtoisie（礼节的意思），通常具有比较浓的指代小市民和中产阶级意味。

GESTA DEIPER FRANCOS：对十字军的一种表述方式，意思是欧洲人在圣地的行为是在履行上帝的意志。

GEWERKE：德国商会或行会。

GHAZI：突厥人中虔诚的教团。

GHIBELLINES：意大利城镇中试图恢复秩序的外国势力的同党。因为怀疑他们是皇帝的代理人，因而逐渐失势。

GÎTE：为招待统治者的随从或代理人的膳宿而缴的税。

GLEANING：把猪送进林地寻找食物的行为，或者是向这种行为所征的税。

GOTHIC：哥特式，15世纪时意大利用于对中世纪建筑和书法表示轻蔑的一个词语。

GRANDEES：卡斯提尔牧羊团（Castillian Mesta）的大土地所有者。

GRIOTS：黑非洲社会的诗人、家谱编写人、编年史家，既有人向他们请教，也有人看不起他们。他们没有神奇的力量。

GUELFS：意大利的城市自治派，其中两派是白派（Whites）和黑派（Blacks），前者主张接受教皇控制，后者主张更多地独立于罗马的控制之外。

HABEAS CORPUS：1679年英国的一项著名的法令，规定面临逮捕时人人有权向法庭申辩。

HALLIER：向经济贫困的农民出借生产工具和家畜的商人，他们有权低价优先购买农民的产品；一种信贷方式。

HANBALITES：伊本·罕伯勒学派，伊本·罕伯勒是波斯伊斯玛仪派的学者。

HEARTH：家庭团体，家庭组合。它的大小有争议，经常变化。它是一个课税单位，课税人数与生活在其中的实际人数是不一样的。

HERM：废地，弃地。

HESYCHASM：希腊静修士的信仰，认为末日审判时虔诚的人可以被允许凝视上帝之光。

HIDALGO：西班牙语中指"某物之子"；最低级的贵族。

INDULGENCES：因为虔诚的行为而对作恶者应在炼狱中所受的处罚进行部分地免除，15世纪这种妥协被极力放大，甚至出卖。

IQTA：伊斯兰统治者赐予忠于他的仆从、勇士或大地主减免土地税的地产，很可能只是一种短期行为。

ITALIC：斜体。1465年以后意大利使用的一种印刷体，是与北部使用的"Gothic"印刷体，也就是罗马体相对而言的，因为斜体字出现得晚。

JIZYE：向非穆斯林征收的人头税。

JUNKER：德国的土地所有者，他们的土地是可以继承的，通常在德国东部。

KABBALA：基督教时代之前所有的犹太人的神圣经典，经典中有对世界的认识，被认为是犹太教的百科全书。

KARAJ：中世纪末期向穆斯林征收的所有的财产税。

KARIMI：埃及商人，有时也指犹太商人，他们在红海地区与亚洲人交易。

KASHIF：埃及马穆路克王朝的收税官或督察员。

KHAN：蒙古统治者的称号，但在伊斯兰教中指城镇外面的市场。

KHUTBA：伊斯兰教中星期五的礼拜，其中包括为统治者的祈祷。

KOINÉ：聚会、社会或文化、宗教上的趋势。

KOSSÄTEN：地位很低的德国农民；见GÄRTNER。

KULAK：19世纪以来使用的一个俄语词汇，指翻身的农民，有自己的生产工具，通常也有人身自由；这个词也指中世纪的农民。

LANCE：法国军队的战斗单位，通常由至少六人组成，其中两人是骑兵。

LARGHEZZA：用来说明市场上有充足的用于交换的货币。

LATIFUNDIA：上古晚期用于饲养家畜的大块土地。 以后也用这个词。

LECTIO：一种学术训练，导师或学生先读一段文字，然后再用文学词语解释。

LIMES：罗马帝国的边境。

LLANOS：欧洲地中海沿岸，特别是西班牙的台地式平原。

LOGOTHETE：拜占庭皇宫中具有财政权力的官员。

MADRASAS：伊斯兰宗教学校。

MALOS USOS：庄园主的改革（坏的习俗），农民认为这是反对既定法案。

MANSA：黑非洲的部落议会；引申为国王本人，他是议会长者集体智慧的化身。

MECHANICS：在西方，意即工人。

MWLLAH：伊斯兰教中的犹太团体。

MESNIE：陪伴在主人或王公身边的所有仆人、亲戚和委托人，他们是其家庭成员的一部分。

MESTA：卡斯提尔的养羊人协会；在西班牙逐渐指和季节性迁移放牧有关的一切。

MEZZADRIA：短期的、可更新的农业收成租约。在意大利，租金通常达到收成的一半。

MILLENRISM：一种末世论信仰，它促使其专门修炼者（adepts）在等待世界末日来临的同时做各种公开的（传教、游行、公开忏悔）或私下的（静修、鞭挞等）活动来佐证。

MINISTER：行政官员；在15世纪，这个术语专指统治者身边的行使一种特殊职能的官吏；它现在的含义仅是后来才有的。

MIRACLE PLAYS：城镇市民非常喜欢的戏剧表演，以世俗和宗教为主题；它们通常由当地人在公共广场或教堂前面的空地上演出，例如欢迎某个王室成员进城的时候。

MONTRE：一个雇佣兵队长会见雇佣他及其军队、武器的君主的官员的时刻。

MUDA：由战用单层甲板大帆船护卫的威尼斯商业舰队。

MUEZZIN：伊斯兰教内召唤穆斯林去清真寺礼拜的人。

MUFTI：因宗教知识而出名的虔诚穆斯林；他可能行使一种公共职能，帮助指导人们的日常生活，如婚礼。

MULK：奥斯曼帝国的私人地产。

MYSTERY PLAY：见前面的Miracle Plays，但这里的主题只有一个，那就是宗教。

NOLIS：租船合同，它不一定包括保险。

NOMINALISM：从13世纪以来基督教领域内的一种传统哲学观，他们认为理性和辨证胜过本体思想。

NOURKIAGE：畜牧业者和市民之间的合同（在北欧），类似于Gasaille。

OBIT：人死亡的那一天，引申意义是，死者的周年忌日和临终之人或其子孙要求的在祭日举行的宗教仪式。

ÖSTERLINGEN：加入汉萨同盟的德国商人。

PARFAIT：清洁派（Cathars，也称卡特里派）用来指代信徒的一个术语，他遵守信徒的所有要求（完成禁食）并能够履行对死者的临终安慰圣礼。

PATRICIANS：城市贵族；语义颇为含糊而令人不满的一个术语。

PEONES：西班牙步兵；包括步兵和没有马的小农。

PLAIN：耕地，和BOSC相对。

POLLEN：在地里测量花粉含量的单位，它告诉我们某个地区在特定时间内正种植多少种作物以及彼此的比例。

POORTER：佛兰德城镇的商人（主要是布商）；也用来指城镇显要人物。

PORTULANS：提供抛锚地点的地图；起源自地中海世界的类似地图的图画。

PREDESTINATION：圣奥古斯丁（Saint Augustin）详细阐述过的一种理论，是基督教教义的一部分，它认为根据上帝的仁慈，上帝业已确定每个人得救或受审判的命运。

PRESIDIOS：葡萄牙在非洲用于与当地土著交易的物品。

PRONOIA：作为对皇帝众多支持者的回报，拜占庭帝国给予他们的一种土地特权（公共的或其他的）。

QAISARIYIA：伊斯兰城镇中的一种公共会堂。

QUAESTIO：一种经院哲学的训练方法，从朗读聆听（Lectio）而来的，即对一篇准备好的课文内的术语和思想进行讨论。

QUIETISM：一种基督教神秘观，它认为人不必完成仁慈以外的工作，或者为了达到完美和接近上帝而不断的自我改进。伯哈德派（Begards）和静修派（Hesychasts）容易受这种思想影响。

QUINT AND REQUINT：关于土地、封建义务或其他的遗产税，相当于一年收入的1/5或2/5。

RAT：德国城镇议会。

REALISTS：和唯名论者不同，他们相信本体论；其信徒到中世纪末期逐渐减少。

REGALIA：属于国王的所有公共权力，最终它们被他委托给其他人代理。

RITTER：德国骑士；这个单词后来暗指15世纪的"雇佣兵"。

SANJAK：奥斯曼术语，指处于苏丹家族成员军事控制下的领地。

SAYETTERIE-WEAVING：乡村的一种布料加工形式，它省掉了毛织品布料（gros draps）

中的一些过程，生产出来的布很像轻的斜纹哔叽布料。这是一种便宜和简单的加工方法。

SCHOLASTICISM：中世纪大学的一种教学方法，这种教学规则最终简化。现在这个术语带有贬义。

SEQUIN：威尼斯的一种金币，它的名字源自铸造地泽卡（the Zecca）。

SHARI'A：启示的伊斯兰教的神圣法律（Holy Law），也包括宗教和法律生活中的习俗。

SHURFA：摩洛哥南部的一群阿拉伯牧羊人，他们声称自己是伊德里斯一世（Idris I）的部落的后裔，因而也是先知的后裔，他们试图建立一个地方国家，独立于阿尔摩哈德王国及其继承者。

SOCCIDA：畜牧业合同，类似于Gasaille。

SOTTOPOSTI：意大利没有工作或失业的人。

SOUK：伊斯兰市场。

SPOLIA：在罗马或阿维尼翁去世的教会人士的收入和遗产，它要归还给教皇，教皇试图将这种遗产范围扩大。

SQUIRE：最初指骑士的助手，后来指小的土地所有者。

STÄMME：德国的种族或文化团体，它们是大的领地公国形成的基础。

STAPLE：商品的上岸地，尤指英国羊毛在欧洲大陆的卸载地。

STRETEZZA：指在市场内流通的货币数，词义现在已经缩小了。

STYLE：法律公式，可以更容易地阐明法律审判意见和规章。

SUFISM：伊斯兰教的一种神秘主义，它要求信徒生活在一种疯狂状态和孤独的冥想之中。

SUPERBIA：骄傲和贪婪（Avaritia）一样，也是基督教传统所认为的最坏的罪过。

TAKEHAN：停止工作和罢工，通常伴有暴动和骚乱发生。

THEMES：拜占庭帝国的一省的边境。

THIRD ORDER：虔诚的基督徒组成的团体，他们使用某些教团的规则，特别是法兰西斯派的规则来指导他们的生活，但实际没有脱离世俗社会。

TIMAR；TIMARIOT：奥斯曼术语，指转让给个人的需要纳税的土地，这些人有权从这些土地获得收入；受益人。

TIMURID：跛子帖木儿（帖木儿）的后裔或继承者。

TRANSSUBSTANTIATION：基督教的一个教义，它认为圣餐中的面包和酒真的转化为基督的血肉。

UJ：奥斯曼帝国内处于战争状态的边境地区。

ULAMAS：伊斯兰国家中的神学家，他们充当法官和顾问。

ULUS：蒙古统治的一个地区，通常被大汗分给大部分成吉思汗部落。

USAGES：农民的权利，领主根据习俗承认他们可以根据自己的需要使用森林、水和沼泽地带。

USANCE：从发出汇票到最终兑现之间允许拖延的时间。

VAKIF：奥斯曼语（阿拉伯语为Waqf），教会土地，它有可能被没收并被给予某个俗人。

VILLEIN：英国的普通农民；这一术语后来更精确地指代法律地位低下的农民，他们高于佃农（Cottars），但低于自耕农（Yeomen.）。

WOOLMAN：英国商人，他们购买还没收获的羊毛，此后以高价卖出。一种投机和现金垫款形式。

WÜSTUNGEN：德国从前的耕地，后来变为林地或灌木丛。

XYLOGRAPHY：木版画；创立以来它一直雕刻景物，后来加入人物。

YEOMEN：英国的自由农民，通常有自己的土地。

ZAKAT：伊斯兰教中向穆斯林征收的一笔法律罚金。

ZEALOTS：拜占庭的一个宗教团体（狂热派），其成员信仰一种神秘主义的，甚至是清教徒式的生活观，他们通常信奉静修主义信仰。

ZUPAN：原指塞尔维亚部落酋长，后来指领地君主。

前　言

　　对世间万物的信仰与喜爱，兼具浪漫与理性的哲学引导基督徒从地狱走向天堂，这在很大程度上就像《神曲》中的伯纳德（Bernard）、贝亚特里切（Beatrice）和维吉尔（Virgil）引导但丁·阿利吉耶里（Dante Alighieri）游历地狱、炼狱、天堂三界。但丁在14世纪初发出的痛彻心扉的呐喊比后人创作的任何诗歌都更能代表这个世界的苦闷，这个世界已走到了尽头，但它还要面对人们本以为已经永远消失的阴霾、恐惧和灾难。我们生活的这个年代和他们那个年代有很多相似之处：我们也要面对毁灭、饥荒和死亡带来的恐惧，我们的科学技术和思想体系对此无能为力。

　　从圣路易（Saint Louis）到宗教改革爆发的这三个世纪和历史上的其他任何时期一样，只不过是一个过渡期。尽管人们通常认为中世纪晚期处于衰退状态，但是我们知道此后所发生的一切事情，因而更喜欢称之为"困难时期"，是发展过程中的关键。这一时期很难界定，因而那些称呼不可避免地就有些模棱两可。中世纪何时结束？有什么标志性事件？是政治事件，如标志古代遗迹最后消失的1453年的君士坦丁堡陷落？是当时被人们低估，后来却被证明影响深远的事件，如1492年哥伦布在未知的大西洋上的航行？还是1517年路德为公开反抗传统基督教的陈腐组织而对教会发起的挑衅性行为的爆发？又或者是现代学者们提出至迟在1540年或1560年新大陆的发现对社会和经济产生的日益明显的影响？历史学家们很久以前就提出了类似问题，但至今没有找到令人信服的答案。我们也应该小心处理。亨利五世生活在中世纪，亨利八世则不是——这就是我们的界定。除了被人们诋毁的10、11世纪以外，欧洲历史上很少有几个时期显示出如此巨大的潜能，为其扩张准备如此多的财富，为未来发展积聚如此强大的力量。这就是转折点，但不是欧洲历史的转折点（它发生在公元1000年左右），而是世界历史的转折点。在此后的四个世纪里，但丁的后裔们走出欧洲，征服新的大陆。这一光环必将闪耀在欧洲的上空。在那里，人们在抛弃早期遗留下来的一些传统的同时正在打造征服之剑。阿尔汗布拉（Alhambra）、伊本·哈勒敦（Ibn khaldum）、苏莱曼以及东方和南方世界的其他名字将被人们铭记，但这一时期出现的重要人物和重要事件往往集中在欧洲世界。

　　13世纪中期以后，整个欧洲内部斗争频发，结构性变化日益加剧，其影响在社会的各个方面日益明显，但丁曾对此深表悲痛。令人惊奇的是，人们发现造成这一结果的是基督教世界蜕变过程中发生的各种骚乱，而不是外部因素。人们倾向于认为是当地的气候变化导致这种局面，特别是现在出现越来越多的证据以后，人们的观点更是如此。如北半球显而易见日益变暖、海平

1

这个时代的罪恶和对战争的恐惧。英诺森大屠杀，来自霍特康柏修道院的王公小教堂的遗迹。（1335，尚贝里博物馆）

面日益上升、冰区日益减少、倾盆大雨越来越多以及突然的气温变化。以上这些因素导致谷物腐烂、疾病传播、贵族争战不休、农民挨饿。当试图用这些自然气候的变化解释10、11世纪欧洲所面临的局面时，我们却发现这一时期欧洲北部地区多次出现寒冷天气。这种寒冷天气和气候条件在理论上应该有助于伊斯兰世界的发展。进一步的问题是大约在1520年至1550年间结束的这些现象相对而言时间短暂，但是由此开始的这个趋势将不断发展。让我们把这个问题留待以后解决，先转到其他问题上去。

基督徒：敏感而脆弱的巨人

在圣托马斯·阿奎那（Saint Thomas Aquinas）和圣路易时期，胜利的欧洲是一座辉煌的大厦，在它的领土内它再次保护了它的自由和它的时代。这样，欧洲呈现给一位非洲旅游者的面容就如亚眠（Amiens）的美神像一样安详。在教会保证教义和道德一致的情况下，思想和言语实现统一。诚然也有一些悲观主义者，他们对教皇英诺森四世（Innocent Ⅳ）发动的真正的战争、他对信徒的蛮横要求和他极力镇压新的运动如法兰西斯圣灵派的举动深感悲痛。雅克·德·维特里（Jacques de Vitry）等人对日益松懈的道德深表忧虑，另一些人，如让·德·默恩（Jean de Meung），则指责社会日益腐败堕落。在西班牙，伊斯兰教就像一块裸露的伤疤幸存下来，而东方正在哀悼耶路撒冷的丢失。欧洲丧失大片地区，甚至有一些国家未改信基督教，如立陶宛，但在一个秩序井然的世界内这些只是微不足道的损失。

若干前提促使基督教秩序于12世纪的欧洲得以确立，这使得三至四代人可以获得稳定的社会和经济地位，并维持一定的道德水准。这些前提包括生产与交换机制。人仍是经济发展的主要原因，尽管人的劳动效率因工具的改进和可利用资源的丰富而得到提高。无论城镇还是乡村，机器仅仅在一定程度上将人们从重复性劳动解放出来，却并没有降低生产成本。流通资金的短缺限制了个人财产的积累，这意味着领地庄园内的平衡是极端脆弱的。从社会角度说，付给领主的租金和赋税仅仅是作为他们维护正义、保护农民并保证他们得到最低限度的必需品的回报。从经济角度说，这一体系要求严格保留无利可图的土地和劳动税，以此维持一种微妙的平衡，但这种平衡很容易因在畜牧业方面的任何较大发展或粮食的沉重负担而被打破。1220年至1260年气候和人口之间的失调开始加剧，农业产量在当时的技术条件下已将达到极限。领主需要现金武装自己和供应他的君主，这促使他们增加设备、投资经济性作物或畜牧业、圈地或提高租金，因此他们向农民施加的压力超过了他们可以忍受的限度，违反了他们之间的契约。正是在这个时代，领主的统治日益衰落，国王及其军队、官吏的影响日益加强。

在德国和西班牙等地，人们仍然可以得到土地，13世纪的拓殖运动仍在继续。在人多而租借地少的地方很多人抵制变革。更糟的是，一批农民精英正在崛起，他们是免税的富裕领主、掌握地方社团的教会执事、从前的小贵族的代理人和成功的农业工人。他们介于领主和普通人之间，他们勒索高额租金、以未来的工资为抵押贷款并大量购买废弃的土地。乡村社会发生分裂，形成两个单独的团体。在城镇，工人和行会、师傅和城市权力机构之间也存在同样脆弱的平衡。这些只是生产和庄园体系宣告崩溃的物质前提，而这种崩溃是不可避免的。《玫瑰传奇》（the Roman de la Rose）的敏锐的作者听到更多的传言。这次是在大学和学院，这位作者用拉丁文和法学知识阐明了流行的观点，即建立在神圣秩序原则基础上的一个令人难忘的中世纪论调。

尽管1254年与东正教会的和解平定了异端，恢复了基督教组织机构的统治，但也已削弱了上帝代理人的权威。罗马教皇权力的日益削弱是他和德意志皇帝无休止争斗的结果。教会的过度保守、毫不妥协地拒绝任何形式的亚里士多德思想以及放任神秘主义乌云的扩散产生了越来越多的问题，教会的洞察力和发展受到了影响。

有人认为，更大的危险是人们普遍漠视共同福利理

亚眠大教堂内的《美神》（le Beau Dieu）中的基督形象（1230）所表现出来的哥特式安详将让位于焦虑。

3

想，没有人帮助那些辛勤工作的人，也没有人帮助那些生活在天堂般的互助社会之外的人。社会应该是各司其职、各负其责，但总是为群体服务的。13世纪中期这一理想业已被律法家、商人、劳动者，甚至是国王削弱了，以致它仅仅是法律和教规上的理论。大多数社会范畴不能代替另一种道德体系，它们在哲学上的不成熟意味着当统一理想发生动摇之时，基督教世界也即将崩溃。

西方的蜕变

在中世纪晚期，基督教世界分裂成许多不同的要素。这次分裂是结构上的而非地理上的，其特点更多的是对生活准则的彻底忽视抑制了基督教世界的发展而不是力量的扩散。中世纪孕育形成的这些要素虽然表面上表现为灾难与不幸，给这个时代带来不好的名声，但它们仍保持着活力，这些都是变革的阵痛刺激的结果。当时的人们认为不断升级的战争、经常性的流行性疾病、接连出现的饥荒、正在崩溃的财富、破产、逃亡和死亡是神怒的征兆，从而促成了这种不利的评论。和今日那些仍旧目光短浅的历史学家不同，他们关注当前正在发生的事件完全可以得到谅解。

在这种混乱中，甚至是在圣路易去世之前，西方就业已发生变化。这些变化自14世纪初以来迅速传播，黑死病（1348）和15世纪中期是其发展的主要阶段，此后在下一个一百年逐渐趋于稳定。人们可以从两组特别事件中总结出这些关键因素。

虽然不缺少信仰或善功，而且传教事业正在萌芽，"官方"宗教正在繁荣，成千上万个迹象足以验证信徒在信仰上的狂热，但伟大的基督教一统思想不复存在。现在，统一思想已经让位于民族教会，这使大学受到局限，只能教育当地社团。拉丁文，这个共同学习与思考的工具在各地方言的猛烈攻击下消失了。主教不再被任命到遥远国度的主教区任职，牧师和学者也只能面向家乡的听众。甚至

永无休止的战争。文森特·德·博韦（Vincent de Beauvais）的《历史篇》（*Miroir Historial*）中的一幅微型画。（编号722，尚蒂伊，孔代博物馆）

黑死病——上帝发怒的一个标志。这场灾祸使一个城镇在短短几个月时间内丧失了1/3强的人口，画中的箭代表着这场劫难。（德国画派，1510，慕尼黑，拜恩国家油画收藏馆）

书籍也只限在领地内流通，印刷术加剧而不是阻碍了这种倒退，这是人们一直不愿意承认的一个事实。这种碎化无疑和民族利益的出现密切相关。

1396年在尼科波利斯（Nicopo－lis）受挫后，法兰克人准备在短期内发动一次全面的十字军运动的模糊计划让位于抢先占领该地区。王朝、城镇或一个公司，甚至一个政治派别的利益都要优于基督教世界的利益，甚至不惜破坏它来满足自己的利益。"国家的诞生"被19世纪和当时的历史学家们所赞赏，他们认为第一次激动人心的觉醒是圣女贞德、瓦特·泰勒（Wat Tyler）或胡斯（Huss）。作为后人的我们已经品尝到了这种发展所带来的苦果，当代中世纪史学者也不可能真的承认英国现代的殖民扩张、泛德意志帝国主义或俄罗斯在亚洲的推进等任何形式的"民族"动力要优于11、12世纪法兰克人的神的武功颂（the Gesta Dei per Francos）。

民族运动之所以迅速挣脱所有羁绊仅仅是因为基督教世界突然丧失了它的领导者。两个教皇迁到阿维尼翁（Avignon）、三个教皇同时在位、教皇在公会议上遭受羞辱和罗马教会在意大利对世俗财产的挥霍浪费——这一切损害的是宗教信仰而不仅仅是教会统一。教会遭受的最坏影响显然是教皇和教会放弃了作为羊群保护者的角色。在1311年维恩公会议（the Council of Vienne）上，教皇克莱门特六世（ClementVI）将新出现的、具有深远意义的法兰西斯圣灵派（Spiritual Franciscans）赶出罗马教会，这是教皇及其主教们第一次没能引导强大的正统信仰的发展潮流。和以前一样，他们没有努力挽回圣灵派，圣灵派成员被定罪，没有上诉机会。这意味着教会已经不能领导人们清除救赎道路上的障碍了，基督徒生活在一个陌生的地方，只有完全靠自己去寻求救赎了。通向世俗思想的大门已经打开，它将吞没所有人，不分善恶，无论好坏。

在民间发生的一系列事件表明另一个世界的存在，在那里，随着不稳定的生产和繁重的封建义务之间脆弱的平衡的破裂，土地所有者和农民的利益发生了分离。但这一进程的发展也并非一帆风顺，因为人口的经常变动阻碍了经济的复苏，并给投机商人制造了机会。资源

德国的农民叛乱。这幅无情的现实主义作品绘于15世纪末。（柏林，木版画）

匮乏的地区致力于生产经济性作物，这种进步有利于货币流通，加快了经济重建和扩张的步伐。在其他地区，土地所有者的巧取豪夺、圈地、发展畜牧业和种植新的葡萄园加剧了二者利益的分裂，而这一切又破坏了传统的生产体系。经济领域充满欺诈，人与人之间被迫互相竞争。君主为了获得战利品督促王公们去打仗，一旦战败需要支付赎金，或者土地遭到破坏，王公们就会加重剥削，同时在税收金额上试图向王室税收看齐。而其臣民无论贫富，只能逆来顺受，或者造反、逃亡。显而易见，贵族尽管在政治上有权，但在经济领域软弱无力，在社会领域属于寄生阶层。这并不表明农民的环境得到改善，这个体系的崩溃只有利于农业工人、庄园代理人和领薪水的劳动者，其他人则陷入贫困。

城镇里的这一进程带来了意想不到的结果，即失业和随之而来的饥馑。开阔的乡村还可以转向森林寻求衣食，这可以用来解释城市为何更加频繁和激烈地爆发起义。虽然如此，确切地说，正是在饥荒和瘟疫发生的年代，乡村人口逃往城镇，壮大了非熟练工人和失业工人的队伍。也正是在这个时代，技术的进步要求更加细致的劳动分工，工场主试图在边远农村使用廉价劳动力做最原始的粗笨工作。类似行为只能加重乡村和城镇之间的敌意。

庄园体系的解体和大量城镇失业工人的温顺导致体系变动的一个最终特征的出现，即公国的形成，它是在国家早期，在基督教日益崩溃和庄园体系灭亡之间出现的。公国是乡村与贵族阶层再次联盟的产物，它辖括几千英亩土地，以一个重要城镇为核心（如意大利和德国），或者以某个大贵族或富裕的商人家族为核心。这些公国一般不大，它们仿效那些较大王国的工作方式，而这些王国可以保证从工人那里获得的剩余产品在更广阔的范围内流通。人们只关注大领地内的自治国家，如米兰平原、勃艮第和弗里西亚（Frisia）。和10世纪相比，中央政府陷入混乱。这个新的统治机构与其说属于政治范畴不如说属于经济范畴，它介于王国和解体的农村之间。

新主人

既然人们可以要求工作权，承认真理和世界的多重性，承认通往上帝或幸福的路不止一条，那么保证一个有序的基督教社会的统一和安定的那些条条框框也就消失殆尽了。保守主义，即保障罗马教会胜利的黄金法则，正逐步让位于进步思想，此后人类唯利是图的贪婪本性不再受到限制。在官方制定的罪恶表中，贪婪（avaviria）比骄傲（superbia）更坏。此外，人类及其思想的混乱，与不同的信仰及看待事物的不同方式之间更多的联系只能导致人们对现世的永恒的耶路撒冷这一概念的颠覆。

自14世纪中期奥卡姆的威廉（William of Ockham）和邓斯·斯科特（Duns Scotus）以来，许多乐观主义者以其态度向世人揭示了一种新的行为方式：一种现代方式。这是人们从罗马式和哥特式时期的工匠（homo faber）变为"前文艺复兴时期"的贤人君子（homo sapoens）之路。他们认为自己可以掌握自己的命运，并拿起武器捍卫它。最终，人文主义将展示出所有的自我主义。作为自身好奇和关注的目标，人将获得宇宙中心的地位并且目标就是要统治它——他们将把上帝推向审判台。在有限的和日常的尺度内，个人的活力和野心从基督教教义的束缚中解放出来，并伴随"新的人类"和新的主人一起上升成长。新的社会形态和新的社会关系得到发展，这也是我们这个时代的特征。

最持久的现象是货币及其主人的胜利。这一现象可以追溯至古代，但只是到了现代它才成为社会发展的主要催化剂，促使社会由以土地为基础建立财富和权力的时代进入以占有流动资本为主导的时代。这是加紧财政控制和国家作为大资本家思想启蒙的结果，还是贵金属短缺的结果呢？金银短缺激发了随后的殖民扩张，而这种情况又由于庞大消费和用于开采最深的矿井的新技术而日益严重。因为对货币需求而建立起来的掌管货币财富的机构能够以精确的技术知道当前和未来的税收情况，权力从土地贵族手中转移到了实业家、商人、"银行家"、农业工人和市民的手中，他们投资有利可图的葡萄园、购买羊毛、种植生长周期短的针叶林代替橡树林。这种权力转移的直接影响就是在王公、国王和城市统治集团身边出现一个新的优势力量——放债人。这种趋势一直持续到15世纪，此后，他们开始公开实行寡头统治，而美第奇家族（the Medici）只是数百例子当中的一个而已。重要的是，这种影响导致这样一种思想的产生，即国家仅仅是一个私人的结合体，数千人民依赖的政府只保护少数人的利益，私人利益支配公共利益，即"美第奇银行的利润就是佛罗伦萨的利润"。

杜埃的恐怖者布瓦涅·布罗克（the horrible Boine Broke of Douai）的画像绝对是一幅讽刺画，也是一个例外，他对劳工的剥削就连19世纪的工场主也自愧不如。逐渐形成的开明君主制将

迎合所有物质享受的妓院和公共浴室；卫生学通常和淫逸密切相关。《瓦莱里乌斯·马克西姆斯的难忘的行为和谚语》(Memorable deeds and sayings of Valerius Maximus)的缩微画。（莱比锡，城市图书馆）

消除很多邪恶。虽然如此，雇主拥有工具和雇佣工人，出租他们的小屋，有时候也执行法律。一旦工资工人在工人中的比重扩大，雇主就拥有了最引人注目的地位。这是社会和经济关系分裂和叛乱的源头，因为这种互惠服务业已不适用于庄园体系。从1285年至1290年再到1525年德国农民战争的爆发，接连不断的城市骚乱和农民起义遍布欧洲，指明了这一问题的波及范围和严重性。

早期工人运动的特征在15世纪的骚乱不安中均可以找到：日益细化的劳动分工使劳动力发挥到极限；科技进步加剧了不景气和萧条时期的失业，加剧了城镇行会和师傅与失业的城镇工人和周围乡村的非法劳工之间的敌对。最终，工资不再和货币挂钩，人们无望直接调控货币的波动。

尽管土地所有权集中和法律的腐化堕落很早就涉及到农民运动，但它仍无法和新兴的劳工运动相提并论。城镇业已成为社会和经济力量的中心，吸引着围墙内的人口和产品，但同时也伴有战争和瘟疫。自罗马灭亡以来的一千年，城市的声望和统治力逐渐恢复，这可能和我们在今天所看到的正在发生的一样具有决定性。虽然王公们，至少是欧洲中部和北部的王公仍然喜欢他们在默伦（Melun）、普莱西斯（Plessis）或希农（Chinon）的半乡村驻地，但聚集在他们周围的贵族中有多少人是靠农业收入维生的呢？

货币兑换商、承包商和宫廷高级官吏是从宫廷和城镇中挑选出来的精英分子，乔叟（Chaucer）、阿兰·沙尔捷（Alain Chartier）和维龙（Villon）看到他们会非常震怒。靠案件而获得丰厚利润的不是那些繁忙而忠实的公证人或原来的法律助手，而是个人代理律师、初级律师和司法官员。人们也提到职业士兵，说他们"谁有钱就受雇于谁，干尽坏事"。运气最差的只能做拿饷的流氓，运气最好的则可坐享富贵：斯福尔扎（Sforza）、尚多（Chandos）、拉伊尔（La Hire），他们使人们对兰斯洛特（Lancelot）、狮心王理查和威廉元帅（William the Marshall）的记忆成为半神话的过去。最后是知识分子，他们的工作就是思考他人和以他们的名义解释自己的思想。15世纪中期以后，大学教师，这些圣托马斯·阿奎那虚伪的后继者和过时的经院哲学的追随者们，被人们忘记了。这对那些深受各地宫廷和"学院"所喜爱，并从谄媚的粗俗职业中解放出来的文人学者们是有利的。从彼得拉克

死亡的痛苦。葬礼上通过丧服、痛哭和手势表现大家的悲伤。一位叫马哈米德（Mahamid，即布尔戈斯）的西班牙贵族坟墓中的一幅木版画。（巴塞罗那，加泰罗尼亚艺术博物馆）

到逐渐衰落的15世纪的人文主义，批评、抒情诗体、进步言论和那些自我主义、利己主义、冗长的问题一起，在整个欧洲如花朵般绽放。

这一切都是在民族国家——在经历无数动乱后终于出现——向官僚专制主义发展的大背景下产生的。官员体制（functionary）正逐渐形成（官吏和代理人业已存在），他们充满激情地认为自己至少是国家智囊团的一部分。但仍有很多浮渣在扰乱他们所从事的职业：领主裁判权、封建捐税、地方社团、教会豁免权、拥有王室特权的王公子弟——但是这些障碍反而成为见证一个时代消失的证据。统治者对臣民拥有现实责任的思想业已逐渐深入人心。百年以后，国王和臣民在这个问题上发生了冲突。

生活的呐喊

赫伊津哈（Huizinga）的著名篇章总结了欧洲中世纪末期的三个世纪令人震惊的心理状况，也解释了这些篇章对研究者和好奇者所具有的吸引力。甚至现在20世纪的欧洲人还能再次发现那些时代的人们所经历的痛苦和当时人们所处的环境。和当时一样，现在，他们的精神和心理状态吸引了我们，并业已唤起我们的质疑和讥讽而非赞扬和理解。现有道德的败坏、对传统的漠视、肆意妄为和暴力都被人们一再强调，"人们感觉到这一切经历带来的是孩提时代那种率真而彻底的欢乐和痛苦"。确实，这一时代的年轻化特征惊人：随着黑死病带来的灾难性损失，人口的平均年龄下降，但小女孩和30岁男人结婚的普遍风俗没有任何改变。唯一增多的是二十多岁的单身汉的人数，他们组成了士兵、暴民、节日庆典活动和扎克雷起义的核心。情感、冲突和冒险精神中的暴力因素日益增多。人们很少能在某个时代看到并存着如此多的情感：对冷酷无情的不公正行为的不合理的谅解；疯狂的愤怒代替了整体的意志消沉；崇尚奢华和享乐；性放纵、无限贪婪和不道德的服装。喜怒无常、奢侈、风头主义和轻浮携手而去，代之而起的是敏感、粗俗、总体的自制和逐利思想。王公们生活在占星家、庸医、腐化堕落的牧师的包围之中；普通民众则由虔敬变为放荡，他们所热衷的活动由宗教庆典变为暴力。所有这些令人不悦的变动是令人激动的巨大财富、心理和精神的紧张的证据，这个时代的危机和千年以来的恐惧足以将其解释清楚。这是即将迈入现代世界的痛苦骚动的标志。

初看起来，恐惧控制一切。通向怀疑和神秘主义的大门业已由于教会权威的崩溃和她再也不能回应信徒哀求的明显迹象而打开了。在宗教改革运动发生的一个半世纪以前，人们对自己的信仰游移不定，对11、12世纪的祖先们所未知的死亡方式感到痛苦。到处都在死人，但其表现方式是隐蔽的。战争、饥荒、瘟疫和死亡是不可避免的和要经常遭遇的。它困扰着艺术

矗立在河边的壮丽的约瑟琳石头城堡（莫尔比昂）。这座要塞是由治安官奥利维耶·德·克利松（Olivier de Clisson）在14世纪末重建的，并成为法国势力在布列塔尼公国最可靠的基地之一。城堡外墙的内面和住宅是由让·德·罗昂（Jean de Rohan）在15世纪末重建的，现在它华丽的装饰和原来军人式的严厉的外观形成鲜明对比。

家、牧师和诗人等类似的人。维龙的吊死者、贵族实体的"转化"、死亡舞……当生命更为短暂、救赎之路更为模糊不清，特别是当人们不再知道谁是教会真正的负责人、洗礼和临终圣餐能否拯救世人的时候，善恶仅存一念之差。怀疑主宰一切。穷人不再是上帝派下来的而是懒惰者；病人不再是受苦受难的兄弟而是无用的人；好人在现世不再被许以和平——他们是懦弱者，甚至是叛徒。尽管充斥着无用的节日的喧嚣声、不断的抱怨声、肉体与灵魂的放纵，但先知和使徒们如锡耶纳的凯瑟林和维森特·费勒（Vicent Ferrer）、最早的革命者如约翰·胡斯，甚至是路德，他们的身上仍旧闪耀着复兴的希望。更简单一点说，这种希望仍旧在不懈地、坚定不移地、连续地重复建筑，在不可抑制的知识的进步和冒险精神中被各种各样的困难所激励和鼓舞。所有这一切都出现在1500年以后强有力的征服浪潮中。

第一编

欧洲危机的发展：
1250年至1430年

第一章　阴云密布西方

　　中世纪末期，无论是热切关注政治和军事事件，还是关注宗教趋势，或者注意倾听社会最底层人民的不满声音，历史学家们在很早以前就正确指出了这一危机中最显而易见的特征：在英国武力进攻的泥潭中苦苦挣扎的法国骑士；胡乱丢在城镇街道上的因感染鼠疫而发黑的尸体；衣衫褴褛、饥肠辘辘的农民狂乱地奔跑，手中挥舞着他们的刀叉反抗贵族。这些充满着死亡气息的景象，辅之以两三个教皇之间争斗的景象，比施以火刑的圣女贞德和约翰·胡斯要重要得多。所有这一切都没有错，那些从一般经济范畴考虑的历史学家们将它们视作衰落阶段的特征，将其简单的加入这一全景中。预示欧洲命运的所有事件都发生在1330年至1350年到1440年至1460年这一重要时期。相对于其他地方而言，法国和英国的历史学家们更为传统，他们将14世纪中期战争的爆发、瘟疫和饥荒解释为历史发生重要变化的过程中的标志。然而这种解释忽视了这些事件爆发的主要原因，那时的人们甚至将他们的目光投向了上帝，并责问自己：究竟是什么原因惹怒上帝而降罪于他们。最近20年来，历史学家们也在深思这样一些问题：逐渐升级的战争不仅仅是君主武断决定的结果；饥荒不可能没有理由地发生；甚至引起瘟疫的杆状菌也需要适宜的环境来增生扩散。要想研究这一"危机"的诸多起因就需要了解13世纪的很多东西，而且这意味着要撕毁大教堂和大学时代的神圣面纱，以此更加清晰地看清它的特征，并找出曾经光芒四射的基督教衰败和老化的线索。

好国王路易时代

　　在这多事之秋，知识分子和其他所有人一样，通过赋予过去以虚拟的高尚品德来唤起人们的怀旧之情。历史上有很多黄金时代，它们带着稳定和辉煌的假面具，伪造出时代的创造力和怀疑主义。人们轻而易举地就能查明在巴黎时代没落的表面下隐藏着什么：贫困的工人阶级、衰退的经济、残酷的大规模的流血事件。中世纪没有避免这种自欺欺人的特殊形式。甚至在法国以外的地方，14世纪的人们会回忆起好国王路易的时代，当时王室司法和教团规章兴盛一时、大教堂兴起、托马斯·阿奎那正在授课、船只正在海上破浪前进。他们忘记了对犹太人的侮辱、失败的十字军运动、对清洁派教徒（Cathars，也称卡特里派，是基督教中的一个异端派别，兴盛于12世纪与13世纪的西欧，怀有双重信仰，他们都强调保守"清洁"，反对腐化，因而得名，多流行于下层名众中——中译者）的追捕、扼杀公社运动。历史学家们必须公

13

正客观，不能被这些偏见所蒙蔽。

公平的表面……

　　像《玫瑰传奇》中所描述的一样，1260年代和1280年代的欧洲极具吸引力。加泰罗尼亚、佛兰德斯、帕多瓦和博洛尼亚平原、芬斯（Fens）、肯特和安达卢西亚等地区很早就已发展起来，现在继续稳定发展。西方世界的边缘地区，像易北河的边远地区、瑞典和摩拉维亚（Moravia）更有理由追求这一过程。随着不断尝试在特殊土壤中种植相应的农作物，农业耕作取得进步，甚至是在多山的多菲内（Dauphiné）和皮埃蒙特（Piedmont）也是如此。新的或以前不知道的品种写入农业论文中，统治者们对此很感兴趣。莱茵河两岸种上了蛇麻草、伦巴第种植水稻、菠菜在意大利生长旺盛、荞麦开始了它在欧洲大西洋沿岸的漫长历史。需求的多样化（这点我以后再讨论）解释了对厨房花园和果园的关注。从阿杜瓦（Artois）的女伯爵、米兰、普瓦捷（Poitiers）和比萨的许多市民和行政官员的账目中，我们知道，草莓、杏、莴苣和许多其他蔬菜及用于染色的植物被大面积种植，后来图卢兹的松蓝和施派耶尔（Speire）的茜草的需求量也越来越大。用于增加酒的产量的、更加进步的和非投机性的方法导致葡萄藤在英国逐渐消失，不过只有这一次，而几十年以后在利摩涅（Limogne）、勃艮第和郎格多克（Languedoc）葡萄园大片大片地出现。王公和市民对酒的评判标准截然不同。在《葡萄酒与水之争》（*Disputoison du vin et de L'eau*）中，作者对博讷（Beaune）、欧塞尔、昂热（Angers）和波尔多等地的酒逐一点评，并将在菲利普·奥古斯都（Philip Augustus）时代获得好评的巴黎酒和拉昂（Laon）酒降级为一般。

　　同样在其他地方，农村重新组织实行轮作和条植法。1250年至1290年间，伦敦周边所有富裕的谷物种植区和巴黎盆地似乎业已实行三圃制。1320年至1328年间，诺曼底和托斯卡纳

 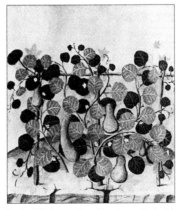 

新的蔬菜品种：菠菜、黄瓜和莴苣。[取自《健康手册》（*Tacuinum Sanitatis*）的微型画，15世纪，鲁昂，市图书馆]

（Tuscany）也采用了三圃制。德意志迟至1325年才由个别的或部分的轮作制变为三圃制。然而，仍然有一些地区的耕种技术没有达到这个水平。在边远地区，在寒冷的气候下，潮湿的土地上仍在种植生长周期短、存活率低的作物，这制约了肥料的使用和乡村附近土地的轮作。这种制约还体现在工具的使用上：尽管南部地区已经使用带有犁刀的犁具，但由于各地地理条件的不同而制约了其他地区对这种新兴工具的接受。不是习俗或对新技术的漠视，而是危险的斜坡、多石的地面和喂养娇贵马匹的费用等各种因素决定土壤肥沃的广大地区继续使用牛耕地。1290年左右，英格兰、布里和勃艮第北部仍在使用牛拉犁耕地。因此，这些地区很少种植喂马的燕麦。

葡萄种植要适应气候和土壤条件。《收获葡萄》（Vendanges），巴尔达赫的乌布哈塞姆的《纯正戏剧》（Theatrum Sanitatis）中的一幅缩微画。（编号4182，罗马，卡萨纳滕塞图书馆）

乡村集市日益增多和专业化，这表明经济的发展已超出经济学家所谓的初级阶段，而且乡村手工业也正在发展。康沃尔（Counwall）、爱尔兰和索洛涅（Sologne）出现了家畜集市。在其他地区，农民制造的产品无论在质量上还是在数量上都在逐步提高。例如1300年左右，脚蹬纺织轮应该已经引入农村家庭中。它极大地节省了时间，并且提高了妇女的工作效率，使之达到和男人平等的地位，但它也将她们隔绝在自己的小屋中。到此为止，乡村正在生产足够多的剩余产品卖给城镇来赚钱，这种生产甚至在城镇有所需要之前就已经开始了。洛伦泽蒂（Lorenzetti）在锡耶纳市政大厦创作的著名壁画描绘了乡下人带着小麦、纱布和木头来到城镇的情景。

在父亲的注视下，这位农民的儿子用牛拉犁犁出一条垄沟。从这幅画来看我们不知道犁的右边是否有犁刀。[阿方索十世的《诗集》（Cantigas），13世纪末，马德里，埃斯科里亚]

……和它的另一面

"好的统治"是洛伦泽蒂对他自己所展示的极度和谐画面的评价，但这骗不了我们，在和谐的表面下，破坏性的毒素正在蔓延。这个现象只有严厉的职业道德家中的极少数教会人士感觉到了，留给历史学家们去发现这一体系在哪些地方摇摇欲坠。农村易受到生产力低下和需求意外增加的损害，我们已经讨论过中世纪的生态系统了，据此，农业用地被分为林地和耕地两种。在1200年以前的全面扩张时期，还有足够的空地可供拓殖以减轻危机的影响。但1250年以后，从当时的可利用资源来说，世界已经饱和，但最初感觉很不均衡。中世纪经济版图被划分为没有任何能源储备、粮食的生产与分配毫无规律可言的若干区域，尽管总的产量在增长，但各地增长比率不同。在法兰西岛（Île-de-France）、香槟地区、索恩河谷及很多其他地区，土地贫瘠，收成和人口都已达到饱和。我们对沃里克郡（Warwickshire）耕种区人口所了解的内容似乎表明：自诺曼征服以来，英格兰南部的人口保持不变，而北部地区的人口增长率达到100%，在某些地区甚至达到750%。这种人口的过度压力使社会结构松散并极度脆弱。甚至各省也没有一个权力机构能够遏制食物短缺及其引起的起义的爆发。

另一个因素是林地或至少是非耕种地区的扩大。尽管耕犁还未失去活力，但很多地区的开垦活动不得不停止。例如，巴黎周边地区的开垦于1230年代结束，普瓦图（Poitou）、皮卡底（Picardy）、诺曼底和普罗旺斯在1250年，英格兰、索洛涅和伦巴第在1270年，法国南部远至比利牛斯山脉在1290年，苏格兰、福雷平原（Forez）和多菲内在1320年也结束了拓殖活动。那时的林地面积对农民来说已不足以满足他们牧猪和其他的需要；对领主来说，已不能满足他们打猎和进行军事训练的要求。剩下来的林地必须更加小心翼翼地利用。1200年左右，西多派（Cistercians）制定了关于选树种和重新植树的第一个条例。此后，人人都遵守这些条例，其中也包括国王，如1317年卡佩诸王任命河流和森林监护人、起诉偷猎者并加强对林地的控制。1275年以后，金雀花王朝拓展王室森林，将其扩展至温莎附近，涵盖奇尔特恩（Chilterns）、舍伍德（Sherwood）、达特穆尔（Dartmoor）、德文（Devon）和兰开斯特。甚至国王也加入到这一行动中来，如1309年，亨利七世接管了纽伦堡和法兰克福附近的大片森林。这项政策很容易和王室建筑宫舍、船坞、矿山、城市发展等日益增多的需求联系起来。最终，从森林获得的收益远远大于从土地上获得的租税。1332年，仅从加提奈（Gatinai）一处获得的林地收入就足以满足一位法国王后的妆奁所需。

尽管颁布了一些新的森林条例，增加了对农民使用森林的限制，但森林短缺问题仍极大地影响着农业的均衡发展。同时因为新的农业技术的出现，休耕地种植了少量作物，如豌豆、扁豆和野豌豆，佛兰德斯自1270年以后就知道这些作物了，其他很多地区也在种植这些作物，因而适于放牧的土地大量减少。每次土地减少之际却是当地城镇对肉的需求增加的时候。唯一的解决办法是将荒地变为牧场，在周围圈上篱笆以防止失窃或其他牲畜侵占牧场。阿尔比（Albi）、康塔勒（Cantal）、蓬修（Ponthieu）和米德兰（Midlands）从1290年代开始养牛，图卢兹养牛的历史则始于1320年，这些地区的畜群数量足以供应一百多个城镇肉店。1320年以前，在佛兰德斯，原来的麦田上放牧着伯爵或他人的羊群。在英格兰、皮卡底和香槟南部，富庶的王公、领主，甚至是市民投资几百英亩土地，并在周围圈起篱笆。

对朴实的农民来说，这种情况更富戏剧性，因为对他们传统权利的废除（菲利普六世曾就此颁布过一项法令）导致原来的休耕地丧失，变为牧场，而且13世纪新兴的地方社区艰难获得的公地也丧失了。尽管我们对此一无所知，但毫无疑问，作为因人口增长而可耕地短缺的结果，至少在法国北部和东部地区，公地似乎是有系统地被再分配。

上层和下层

尽管这两个术语借自城市，但它们非常适用于1320年至1325年的欧洲农村。刚刚讨论过的所有这些特征是先前发展的合乎逻辑的和积极的结果。1260年至1280年，它们加速了欧洲农村社会的解体，首先是经济领域，其次是社会领域，这使得欧洲的农村社会越来越多地受到法律的束缚。首先，仍旧迫切需要可耕地的同时，对森林和耕地的每次圈占都提高了现有土地的价值，如1240年至1280年沙特恩（Chartrain）的土地增值100%，默兹河（Meuse）流域相对要少一些，因为那里的可耕地无疑比其他地方要多些。小块土地不仅售价上涨，租金也增加了。只要愿意，地主随时可以提高租税，如更改租期或提高人头税。诺曼底在1260年至1300年的租税约是以前的五倍。领主特别关注继承人的选定、继承税和他们在法律方面的其他权利，这表明土地贵族为了保住其各种收入来源必须苦苦挣扎，抵制王室的收税权，因为王室宣称其收税权是高于土地贵族的收税权的。这种情况在爱德华三世时代的英国和美男子菲利普（Philip the Fair）统治末期的法国都有发生。

土地也在社会各既有的不同等级的土地贵族之间进行重新分配，或者重新分给刚从城镇来的人们，这两种分配方式之间存在尖锐的矛盾。由于土地所有者有时需要直接收入，因而他们总是将土地控制在自己手里，德意志和英格兰的地主就是这样做的。在那里他们最关心的就是生产足够的农产品满足当地市场的需要，这样不仅没有收租和强求劳役的不确定因素，而且也不必由于司法管理而损失利润。例如，温切斯特主教设法提高粮食作物的种植比例，1208年至1299年，种植比例由原来的31%提高到46%。如此就需要大量工资工人，因为强迫劳动已经过时，而且也不可靠。然而由于各地人口密度不同，工资和雇工人数差别很大，而且这二者也并非一成不变。唯一的方法就是出租。因为土地所有者不是需要经常离开就是很快被别人替代，这削弱了他们和农民先前建立起来的亲密关系。无论是让代理人负责管理还是依赖传统的、非经济的庄园体系不能完全避免欺诈行为与某些疏忽。因此，甚至是耕种土地的典范西多派在 1325年也开始向外出租土地。教会土地出租的例子不胜枚举：奥弗涅（Auvergne）的普雷蒙特雷修会（Premonstratensians）、普罗旺斯的医院骑士团、 拉姆齐（Ramsey）修道院和伊利（Ely）、圣丹尼斯（Saint-Denis）、图尔奈的圣马丁（Saint-Martin de Tournai）的主教在1270年至1350年全部出租土地。毋庸置疑，世俗社会也采取这种手段。在德意志的巴登（Baden）和乌登堡（Wurtemberg），在瑞士和博德莱（Bordelais），

一位土地贵族的领地：一个四塔楼城堡，位于锡耶纳东部，高耸在托斯卡纳典型的丘陵之上。

这样的例子不胜枚举，1350年以后的列日乡村和法兰西岛也一样。

从那时起，边远地区或远离主要地产的农庄同意签订短期租约。这一做法不久就直接运用到封建核心领地，而且在有些情况下，2/3的土地都实行这种做法而没有侵害领主的渔猎权、森林权。然而，在危机发生以前，人们很难得到土地的终生使用权。这一做法显而易见的好处是：它确保土地所有者从地产中获得稳定的收入，并允许最富裕的农民，也就是13世纪的农业工人，顺便开发一下他们自己的五六十英亩土地。另一方面，在一些收成不太稳定、灾害多发的地区采用分成制。这种分成制在从图卢兹到阿尔卑斯山之间的地区被称做facherie和megerie，在意大利被称做mezzadria。果园也实行短期分成制，种子和工具由土地所有者提供。此外，在城市化影响较大的一些地区，即实行资本和劳动力结合的地区（城里人十分熟悉的一种联合方式）也实行分成制。一些城市化程度较低的地区也这样做，如利穆赞地区（Limousin）和普瓦图地区，它们采用分成制无疑是因为将土地分成很多小块出租满足了那些无力租借大片土地的种植者的需要。

因此，首先是在农民中出现了经济崩溃的迹象。下层民众努力延长他们的土地使用期限。他们发现为了挤入不断发展的市场经济，实际上他们很难贮存最低限度的生活必需品。更坏的是，无论是地方传统做法还是家庭分配的进一步细化都导致大块土地碎化成微不足道的小块耕地。1300年至1313年间，沿着埃斯考河（Escaut）和默兹河一线，70%至80%的租地都是几米宽的条田，每户的土地面积不超过3英亩，这里的收成仅够维持温饱而已。1335年前后，由于畜牧业的发展，牧羊人每年能获得4英镑的收入。然而，农民所希望的却只是一天赚几个便士，至多1先令。这大约只是当时城镇工资的一半，那里的劳力比乡村要贵得多。

危险笼罩下的城镇

城镇确实是这一时期的一个主要特征。无论是在1250年代的荒年——当时意大利的锡耶纳等城市为夺取粮食武装袭击他们的城郊居民——还是在1300年以前的福雷平原——当地商人控制了从巴约讷（Bayonne）到皮伊（Puy），从阿让（Agen）到贝济耶（Béziers）的全部商业——都是如此。正像人们期待的那样，在城镇化发展、乡村繁荣衰退的地区，通过城镇控制欧洲所有地区的基础在1350年以前业已完全建立起来。

　　城市扩张的时间要晚一些，而且在13世纪的最后十年里还没有像农业生产那样稳定下来。基督教的欧洲在1300年才差不多完全成熟。根据最保守的估计，有六个城镇的人口超过5万；三十多个城镇的人口超过2万；还有近八十个城镇声称人口超过1万。毋庸置疑，直到17世纪新一轮扩张的开始，这一人口水平才发生变化。这些大城镇已不再需要考虑自身与乡村环境的差异。尽管人们大量从乡村涌入城镇，以致城墙必须加长和重建，但是城市之所以能逐渐控制一个先前和它们没有关系的地区，更确切地说，这是直接行动的结果，是城镇对乡村的需求一再发展的结果。

　　就像我将要做的那样，历史学家总是试图详细描述商人、银行和船只，但是这些只是城市影响的部分特征，就像一个思想学派或者一个统治者短暂的辉煌不能被看作是历史的主要意义一样。最重要的是城镇曾经施加给乡村人口和粮食供给方面的穿流效应。从13世纪中叶开始，城镇中发展出一个苛求的、贪婪的消费阶层，只有严格控制周边乡村才能满足他们的需要。当然城镇中也有很多这样的人：即这个主教、那个伯爵以及他们的随从。南部更是如此，更不要说意大利和普罗旺斯住在豪宅里的贵族。这一阶层在13世纪迅速发展，在低地国家，莱因兰和英格兰甚至上升为新贵，在那里，很多领主选择在城镇而不是他们的乡村驻地生活。出租土地的收入可以满足他们对舒适生活的需求，因此，根特、斯特拉斯堡、巴黎和伦敦的贵族们与热那亚和佛罗伦萨的贵族们一样炫耀和肆意挥霍浪费。

　　当王亲贵胄带领他们的内侍、扈从和大量教士选择居住在米兰、阿维尼翁或者法兰克福时，支出不可避免地增加了。这些大人物们，如意大利的缙绅显贵和法国国王将众多商人、时尚艺术家吸附在自己身边。尽管这

大胆菲利普的要塞，1280年建于佩里戈尔的多梅。它有城墙防御，大门侧面是塔楼。

妇女们在使用面包师的烤炉。面包是用小麦粉、大麦粉和黑麦粉做的，一炉面包应该可以保存一个星期，有时甚至是两个星期。面包是穷人的基本食品。（巴尔达赫的乌布哈塞姆的《纯正戏剧》）

一个城镇工场，描绘的是14世纪的铸造场景和钢铁工人的工具（风箱、锤子和钳子）。来自一篇天文学论文中的一幅缩微画。（斯隆手稿，编号3983，伦敦，大英博物馆）

些出身高贵的市民在数量上并不多（佛罗伦萨曾驱逐过大约100个这样的家族成员，可以肯定在其他地区人数更少），但是他们对酒、衣服、坐骑、肉、武器、成套的餐具和各类佣人的需求量是巨大的。例如，一个拥有1万居民的城镇，要消费20平方公里土地出产的农产品，其中富人要消费掉50%。这表明乡村正被日益分割，尽管仍然只有贵族才能拥有自己的领地、城镇和乡村驻地，但当市民也可以购买土地的时候一到，天就要亮了。

当时，城镇在那些因为生计而离开乡村的农民中吸收劳动力。城镇工厂中的大量"工匠"实际上就是刚从农村来的非熟练工，其生活水平很低。1322年左右，在艾克斯（Aix）地区，和农业社区有紧密联系的木匠、制革工人、面包工人和其他行业者占城市劳动力的3/5。同时，非生产性行业，如木工、瓦工、磨坊和皮匠趋向于在城镇集中，这对乡村商业来说是巨大的损失。大量案例的研究表明，这类商业活动在城市所有活动中的比例由原来的15%至20%上升到40%至60%。

人们必须要加入一个行业或者参加一个在前文已经提到过的邻里协会、宗教协会，这些协会有许多不同的名称，如guild，fraternity，consorterie或vicini。另外一些人依附于这些团体却并不是正式成员，只有经过一段时间的考察才被允许加入，如比萨即提出如此要求，或者 1330年左右的列日和蒙彼利埃地区，这些人要被转移到特定的地区，有时候甚至是护城河边。季节性短工由不稳定的边缘人群组成，他们容易摇摆并受到剥削，

雇主们商量反对制定最低工资，其目的就是阻止工人找到条件更好的地方。例如，列日和于伊（Huys）地区在1348年已出现这种企业联合的趋势。

有技术的工匠们希望通过这些方法控制乡村并不断强化这种控制，直到他们能够对小农阶层施加稳定的政治压力。

他们的权力不仅遍布按照传统方式建立的执行城市法的城郊，而且更多地渗入到许多不同行业里面。首先，城镇可以将自己的法律强加给乡村，如德意志东部城市科隆、马格德堡

（Magdeburg）、吕贝克（Lübeck）和低地国家；其次，城镇也可以把自己度量衡制度强加给周边地区。例如，所有的谷物价格都由梅斯的公平法庭（amandellerie）和图卢兹的市政长官（capitouls）制定，然后强加给当地市场。在某个范围内，乡村手工业禁止与城市手工业竞争，根特就是一例，它的人口没有因为1314年毗邻小乡村出现的难以控制的帆布工厂而减少。既然贵族和行会师傅分享权力，那么谁将阻止他们使用它呢？

旅行者根据记号认出收容所或旅馆。徒步的和骑马的旅行者被安置在宿舍内，马在喂过之后被拴到马厩里。

迷人的商品

尽管商人的财富和生活方式吸引着历史学家们的注意，但他们只不过是边缘人群。毋庸置疑，企业精神、冒险精神和那些乘坐300吨级船只从伦敦到诺夫哥罗德（Novgorod）、从里斯本到亚历山大的游历者或者拥有20头骡子的商队首领们的活力都是极富吸引力的。历经数世纪，意大利人，随后阿基坦人（Aquitaine）、德意志人、加泰罗尼亚人、英格兰人勇敢克服了对长途旅行的恐惧。尽管航海技术有所提高，道路状况更为良好，安全通行证和旅店降低了危险系数，但是海洋的危险和以前一样真实存在。但比这更危险的是：热那亚人对比萨人、威尼斯人对热那亚人、土耳其人对威尼斯人、北非伊斯兰地区的海盗对加泰罗尼亚人以及加泰罗尼亚人对马赛人的威胁，何况还有巴约讷人或布雷顿（Bretons）人造成的威胁。为了抵御各种危险，1250年保险业首先在热那亚发展起来，保险费是船只总价的30%加上货物的10%。每年的总数为10万至20万弗罗林不等，这相当于一个首府城镇收入的三到四倍。保险业使商人和基督教世界最边远的地区之间建立贸易关系成为可能。1270年第一批意大利船只到达布鲁日即说明了这种联系的力度和商业辐射的广度。

商人同时也必须采取措施防止自己破产。他们很多人都曾长期被别人怀疑或看不起，但最终渗入到各个城市社会组织。在佛罗伦萨，他们渗透到所有重要行会，如最富有的羊毛、丝绸、香料、医药和食品行会，当然也包括货币兑换贸易和由凯米马拉家族（the Calimala）经营的"商业活动"。从1308年起，他们开始享有自己的商业司法权限（the mercanzia）。法国卡佩王朝的美男子菲利普将商人置于自己的保护之下。总的来说，他们轻而易举地就得到庄园、贵族身份，甚至是官职和德意志参议会（Rat）的领事职位。对他们来说，最重要的是在制定关税和赋税的机构中取得职位。毫不奇怪，警惕的公众如此热心于揭露和谴责财政欺诈和贿赂是因为当时很多人在这上面都有疑点，如杜埃的让·布瓦涅·布罗克、阿腊斯（Arras）的克雷潘（Crépin）和佛罗伦萨的阿恰约利家族（the Acciajuoli）。商人们就如控制经商活动一样牢牢地控制着货币，他们的借款数目惊人：爱德华三世通过抵押皇室领地的岁入向巴迪家族（the Bardi）借款90万弗罗林、向佩鲁齐家族（the Peruzzi）借款60万弗罗林。这是教皇因阿维尼翁支付给那不勒斯王后乔安娜钱数的六倍。

当他们忙着策马前行时，他们表现得狂妄之极，佩鲁齐家族似乎确实为整个商人阶级成为一个新的贵族等级清除了障碍，但这只是个假象。13世纪和14世纪初的公司实际上只是临时性的联合，一般维持2至12年，然后解体。不过也有例外，斯卡利公司（the Scali）维持了100年，佩鲁齐公司也存在了60年才解体，该公司的合伙人中有11人（所有合伙人的一半）属于同一家族。巴迪公司拥有380名工人、20家分支机构、70万弗罗林存款，但由于缺乏合理组织和正确的资金流向，企业发生内讧。由于灾祸和债务人拒绝还清贷款，公司每年要损失20%至30%的利润，公司垮了，每个人都要负债。1340年至1345年，爱德华三世拒绝兑付债务，整个佛罗伦萨经济受到打击。可以肯定地说，此时城镇银行家支配亲王们的时代还没有到来。

"国家"的诞生

基督教世界的另一面也在发生改变，到目前为止，神授君权似乎依赖的已不是行政机构的圣洁而是政治实力。13世纪下半叶，基督教君主的权力达到顶点，他将犹太国王的超凡魅力和蛮族首领的感召力成功地结合起来，控制着追随者们和他们的家族，同时也依赖于他们的支持。他从罗马人手中继承了最高司法权和财政权。他的收入依赖于土地、风车、城堡和进口税，它们完全替代了不可靠的税收制度。各君主的权力和国家机关的权力也是不一样的：波兰国王的权力就不如卡佩王朝诸王；一个意大利城镇的公司和英格兰王室宫殿也不是一个层次。尽管没有圣路易等人的自我阿谀，基督教国家在各地都达到了它的最高点。更重要的是追踪它建立的基础，因为近距离的观察才能揭示出导致它崩溃的弱点。

国王或者说城市贵族等级的统治权力是无限的。它充满了古老的罗马共和国思想（re-spublica），即公共利益思想，此后，它具体化身为某个王室成员或实体。卡佩王朝和德意志诸王身边的律师们不断地重复这种思想，雅克·德·雷维尼（Jacques de Révigny）、皮埃尔·迪布瓦（Pierre Dubois）、帕多瓦的马西利乌斯（Marsilius）等所有人都坚信国王是自己国家的皇帝。由于霍亨斯陶芬王朝的灭亡，德意志对其他国家享有的权利被彻底削弱。教皇尽管取得胜利，但阴谋诡计和野心使他在道德上已不再被世人相信。此时没有一个力量可以限制君主和城邦。普世主义集中在某个人或某个团体的手中，国家终于成为一个国家。政治进步导致的这个结果完全出乎人们的预料。国王通过加冕誓词和膏油礼成为上帝的右手，甚至有权逮捕教皇、拒绝承认帝国权威、向臣民征税和逐渐削弱贵族的权力。更重要的是，实权日益集中在一个人手中，这标志着13世纪的结束。11或12世纪，君主如果无能还无关紧要，因为他的主教可以辅佐他，贵族们成群地围绕在他身边，顾问和亲属仍沐浴在他的王室光环下。但在13世纪，如果一个君主无能，那他绝对无法阻止派系和压力集团的形成或者自己被放弃的命运。这是最大的危险，因为国王，特别是在法国，还保持着封地的传统，借此其兄弟们一起分享祖先的遗产。同时，这也是征服一个地区并将其直接置于中央政府下的一个手段，主

基督徒心目中理想的勇敢的国王。班贝格大教堂的骑士（1240）画的可能是匈牙利国王圣斯特凡，因为过去大教堂有他的遗物。

要使用于棘手的地区，如郎格多克、图卢兹、边疆地区等。拥有王室血统、受当地支持的亲王的朝廷（princely dynasty）出现的危险同样也是显而易见的。

　　一旦统治者掌握这样一个"国家"，他就不可能满足于维持国家无足轻重的地位。他要建立和巩固政府机构，如1290年至1335年勃艮第和阿基坦的政务院和行政机构。此外，一些大的封地也采取类似措施。佛兰德斯在1309年以后有了"追随者"，布列塔尼成为它的管家，地方诸王朝也可以参与自治甚至是更重大的事情。伴随个人权力的集中，建有王室和贵族宫殿的首都城市出现，如伦敦、巴黎、塞维利亚、阿维尼翁、米兰，甚至还有吕贝克和佛罗伦萨。大批恳求者和仆从聚集在国王身边，这时他不再像从前那样视察他的臣民了。确实，国王不再处理面前的所有事情，而是日益依赖迅速增加的王室随从。现在，历史学家们讨论王室行政机构的发展时，这一时期的愚昧的惯例和冷酷的残忍并未被详细论及。这个行政机构比古代晚期的机构还要坏，因为它就像我们将要看到的那样，更为有效和专业化。

　　从现在开始，国王的私人领地尽管无可争议地仍是其权力的基础，但不再是关注的中心，

画中的建筑是位于巴黎西岱岛的王宫和圣礼拜堂（Sainte-Chapelle），展示的是人们正在墙根下晾晒干草的劳动场景。源自15世纪初的《贝里公爵的美好时光（6月）》。(*Trés Riches Heures du Dus de Berry*, 尚蒂伊，孔代博物馆)

如卡佩王朝和金雀花王朝。在德国，随着重要领土的丧失，人们只能看着帝国威望不可逆转地衰落。建立王国威望的其他两根支柱也同等重要：首先是教会，君主是教会成员，他们受教会约束的同时也向教会提供保护。他们能够挪用空缺教职的收入，专制地向教士征收什一税（他们确实这样做了），但是君主的宗教光环更多的是因为王室崇拜的出现。臣民认为他们和国王是一体的，就像基督徒和基督是一体的一样。当爱德华一世和二世最终没有受到惩罚而掠夺教会土地和财产时，当美男子菲利普宣召教皇接受审判时，教会又能如何呢？至于封建贵族这个过去的忠诚的保护者正慢慢向现代社会的次要的政治和军事角色转变。他对上级首领的忠诚确实

还存在，但是其行动的权力由于脆弱的经济而受到限制。"贵族"对这种潮流的反抗更多的是因为痛苦而非野心的激励。自1281年以来，经过深思熟虑，法国国王开始分封新贵族，旧贵族唯一可以期待的补偿是建立新的骑士团，并借此埋葬自己的悲哀。

书吏和朝臣还保留着，因为尽管国王笼罩在光环中，但他毕竟还是一个人，是一个需要吃、睡、运动和思考的人。无论是共和国总督还是卡佩诸王，都需要城镇官邸（hôtel）和住宅——它可能仍是流动的，但就这个词的广义和古意而言总是指家庭（familial）。寝宫（Chamber）和餐室（the Table）这两个旧部门不再有什么特殊意义，但是在1280年至1303年左右出现的金雀花王朝的御衣处（wardrobe）和卡佩王朝的财库（chamber á deniers）关心的不再仅仅是提供服装和私人开支。随着王室仲裁和恳求王室帮助者的增加，王室文书增多，1332年巴黎就有3.5万封信（瑞典每年仅有12封）。大臣们已不是菲利普·奥古斯都（Philip Agustus）认为的那样应予以消灭的了，律师、市民、效忠者，如纪尧姆·弗洛特（Guillaume Flotte）和皮埃尔·道热蒙特（Pierre D'Orgemont），能够赋予王室法令以法律形式，现在国王们依靠这些法令不仅仅解决他们的家务事，而是用它们解决一些普遍性的问题，如物价、决斗、安全和铸币等。教士们、王

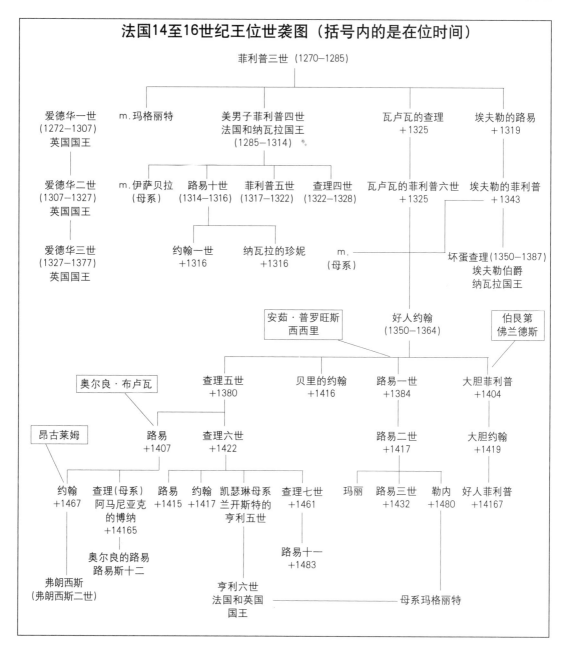

法国14至16世纪王位世袭图（括号内的是在位时间）

菲利普三世 (1270—1285)

爱德华一世 (1272—1307) 英国国王

m.玛格丽特

美男子菲利普四世 法国和纳瓦拉国王 (1285—1314)

瓦卢瓦的查理 +1325

埃夫勒的路易 +1319

爱德华二世 (1307—1327) 英国国王

m.伊萨贝拉 (母系)

路易十世 (1314—1316)

菲利普五世 (1317—1322)

查理四世 (1322—1328)

瓦卢瓦的菲利普六世 +1325

埃夫勒的菲利普 +1343

爱德华三世 (1327—1377) 英国国王

约翰一世 +1316

纳瓦拉的珍妮 +1316

m. (母系)

坏蛋查理 (1350—1387) 埃夫勒伯爵 纳瓦拉国王

安茹·普罗旺斯 西西里

好人约翰 (1350—1364)

伯艮第 佛兰德斯

奥尔良·布卢瓦

查理五世 +1380

贝里的约翰 +1416

路易一世 +1384

大胆菲利普 +1404

昂古莱姆

路易 +1407

查理六世 +1422

路易二世 +1417

大胆约翰 +1419

约翰 +1467

查理（母系） 阿马尼亚克 的博纳 +14165

路易 +1415

约翰 +1417

凯瑟琳母系 兰开斯特的 亨利五世

查理七世 +1461

玛丽

路易三世 +1432

勒内 +1480

好人菲利普 +14167

奥尔良的路易 路易斯十二

路易十一 +1483

弗朗西斯 （弗朗西斯二世）

亨利六世 法国和英国 国王

母系玛格丽特

室武士如著名的马里尼（Marigny）和君主的堂兄弟、侄子及其追随者一起成为顾问和执行人的核心。人们兴趣盎然地看着一个个不同的家族——勃艮第人、普瓦特万人（Poitevin）和普罗旺斯人——相继起来掌权。数百个个体中，"司法调查员"（the 'enquêteurs de justice'，类似于巡回法官）特别突出。1314年，巴黎有4名处理请愿书的书吏，到1343年已经有了29名。

至于宫廷，即王廷，在那里已经很久没有看到贵族了。相反，地方代理人齐聚那里移交账目，越来越多的某些商业领域或其他行业的专业化的书记员出现在这里，这随后将在议会一节中讨论。即使在英国，13世纪60年代贵族们坚持每年召开一次常规会议，这个议会也只不过是官僚主义者的聚会。13世纪中叶，因为上诉法庭和汇报账目的需要出现了国王法官和税务法庭法官。法国的大法院（Grand'chambre）和审计院（Chambre des comptes）于1315年至1320年间建立。这些人是工薪者，彼此间有等级差别，对上级完全服从，他们就是现代意义上的公仆。

阴影笼罩下的王冠

　　英法两国是14世纪欧洲基督教国家的典型代表，因而之前描述的景象也就具有一定的代表性。尽管从原则上说，任何事情都取决于国王的意志，但是极为重要的是，他能够承担起保护领土的重大责任。继任者往往是不可预知的：爱德华一世异常勇敢，但继任的儿子既懦弱又笨拙。美男子菲利普使他的同时代人和当代的历史学家们很迷茫，他到底是被政策驱动的野心家还是被小人操纵的懦弱无能之辈呢？另一方面，神圣罗马帝国和威尼斯应用的选举原则只是试图建立王朝派系而非选择最合适的人选。如果继承顺序被打破，可能仅仅一次意外事件就足以成为一个大问题。我们知道卡佩王朝在三个半世纪内一直走运，但1328年在经历了一系列短命国王的统治而没有男性继承人后突然地没落了。没有人相信英法百年战争的起因是以男系堂兄身份上台的瓦卢瓦（Valois）王朝反对英国国王以母系身份继位，这只是后来的一个借口而已。然而这也不表示任何现成的国王都有权要求做圣路易的继承者。正是在这种情况下，瓦卢瓦王朝的菲利普六世和年迈的爱德华三世的宫廷逐渐酝酿阴谋诡计，其统治下的各省为利益而施加压力。可以理解，老人政府通过征召大量经过考验的王家侍从来反抗"年轻狼崽"的贪婪，保护他的地位。这种状况不能长久。

　　事实上，事情要糟糕得多。王宫内逐渐增多的商业活动成为公共消费的一个沉重负担，但还没有出现最终的经济恶化。养活一支封建军事义务规定的用于短期作战的军队、修建城堡、承担1256年至1260年间的城市金融再次失败的损失、雇佣大量官员和代理人，所有这些事情不再是仅凭国王来自王室领地和王室特权的普通收入即可解决的。这些收入仅够王室消费。结果，会计员变得非常重要，而且在未来仍很重要。他们解决问题的办法首先是向商人征税，1274年热那亚和其他一些城镇开始施行，随后，菲利普三世在1277年、爱德华一世在1275年也效仿此举。然后他们对所有产品征收一种价值税（value tax），这种价值税在法国被叫做特税（maltote）。人们一直质疑它的合法性。首先采用此举的是美男子菲利普，随后在意大利诸城邦再一次陷入危机时，爱德华二世在1305年左右和1320年时两度征收。对重要商品的垄断已经形成，如盐，那不勒斯诸王从1259年起业已控制其销售，此后各地纷纷效仿，法国在1341年、卡斯提尔和威尼斯在1338年。这种间接税（gabelle）声名狼藉。但事实上，它从来没有超过2%，像特税，它比我们现在的增值税要少很多。当然，国家财政并非总是很充足，教会的什一税收入不够，为解决财政上的困境也短期掠夺犹太人和伦巴第人。国王需要的是一个特别的收入源，例如正在推行的直接税。然而这个时代对此还没有做好准备。爱德华一世和菲利普四世反而被迫于1295年降低铸币成色。国王们甚至在小心翼翼地将他们的货币贬值，他们的货币贬值度很小，没有从根本上缓解王室的经济压力。国王们降低铸币成色仅仅是银价不可遏制地上涨的结果，然而，当时的人们以及从但丁到我们这个时代的人们反响强烈，对这些伪币制造者强烈谴责。

用于征收什一税的一个谷物量具。教区牧师大约要收取他教区居民粮食产量的1/10。（巴黎，克吕尼博物馆）

还有一项特别"补助金"，它应该很特殊，不能依靠武力而是经过臣民同意后征收的。王室财政日益不稳定造成的直接结果是公众协商，包括它对王权原则的侵害。主教和贵族会议可以正常通过征收补助金，但是第三等级的会议——由工人或者毋宁说是由富裕市民组成——却引起王室机构的理论家们的反感。但第三等级会议不得不如此。伊比利亚的议员团（brazos），即未来的议会（cortes）的雏形，是确实可靠的，从1240年或更早，他们已经顺从地向国王提供补助金。但是异教徒仍旧屹立在国门之外，为国王筹款提供着一个特别的理由。在那不勒斯，安茹的查理和他的侄子菲利普三世曾以此为借口筹集现金来掩盖他们对加泰罗尼亚的野心，就像十字军东征一样。1283年，阿拉贡国王以同样的借口筹集现金。

然而，两件决定性的事件发生了。首先是在1265年，英国贵族和城市代表迫使亨利三世同意在征收补助金之前和他们优先商议。第二件是在1302年，美男子菲利普由于卷入和佛兰德斯的战争并和教皇起了激烈的冲突，被迫召开一次三级会议，最初讨论的是有关一般进口问题，但1308年和1321年就讨论钱的问题了。

很显然，事实上这些协商会议是为了适应大众日益迫切的要求才公然对抗行政机构和胜利的王权。这种对抗一度只限于一些当前问题，并在1280年至1330年间取得初步成果。

第一波轰鸣

1358年扎克雷农民起义爆发之时，贵族们对此毫无知觉。至少，从编年史家的记载中得到的印象是这样的。虽然如此，这件事情也不是毫无预兆的，人们可能把这种预兆误认为是来世论的胡言乱语，或者和城市暴动混为一谈。历史学家们尽管会偶尔有些谬误，即认为中世纪社会没有阶级矛盾，但是在研究中他们会将事情看得更清楚。尽管农民生活中的敏感问题显而易见，但不清楚哪些特别的愤恨引发了这次起义。毫无疑问，14、15世纪之前，乡村出现的各种问题有宗教因素，但是认为农民在精神方面的不满是由于这方面的疾苦造成的则是不明智的。乡村生产的第一基本需求是必需品，这是维持一个农民家庭生存的最低要求。在某种程度上总产量依赖于土地的肥力、使用的工具和领主勒索的程度。他们遇到的危险因素包括领主拒绝以货币代替劳役、偶然限制他们的森林使用权等等。这种种措施招致农民的抗议，特别是在那些剥削最为严重的地区，在地主阶级发展壮大的一个时期，在领主和村民相互默许的契约中规定的限制上，双方经常发生冲突。当必需品减少以后，生存问题成为敏感问题，自从财产被分割到难以维持生计的程度以后，情况更是如此。1330年左右，在英国和法国的普通农民家庭，粮食的15%至20%是领主的各种税收，10%是什一税，人头税相对少一些，还有20%留作下一季的种子。小麦的价格稳定并且使用合适的工具的情况下，农民收成中的一多半都不在自己手中，如果存粮不够全家生活，他必须去借。农民欠债是个非常复杂的问题。最初，借款人（可能是邻居、教区牧师、一个过路的犹太人或者一个市民）要求的利息是贷款的1/20，更经常的是1/12（5%至8.33%）。如果现在有人认为1个苏或者1先令是两个全天的工资，或者一匹马一天的租价，那显然穷人受到坑骗，并恶性循环。他们试图通过自由劳动偿还欠款来避免受欺诈，于是他们将自己置于富人的控制之下，渐渐被迫变为非自由人。

摩擦的发生还有很多其他原因，例如，工资根据年龄和性别而不同，1300年左右在普罗旺斯，妇女和青年男子的工资是成年男子工资的一半。土地短缺迫使人们共同生活，因此他们垂涎人口稀少的教会土地，要求结束种种不平等。这些希望基于来世论思想，渴望建立一个没有教会、没有封建等级、没有穷人和富人的黄金时代，这些福音思想诞生于苦难时期的思想荒漠中。1249年，圣路易在埃及被关押期间，在法国南部的米迪地区（Midi），牧羊人、工匠和牧猪人在一个光明异端派成员，即一位匈牙利宗教领袖的领导下组成一个牧童团（Pastoureux）。与之类似，1270年左右，伦巴第农民追随传教士帕尔马的塞加雷利（Segarelli of Parma），1305年左右，他们又追随极端的法兰西斯派成员杜尔奇诺（Fra Dulcino），他后来被绑在树桩上烧死。

其他地区的改变更是真实存在：在西西里、那不勒斯附近和莱茵河沿岸的普罗旺斯，教会土地的边界在1310年代被取消。1318年，乡村社区——亚平宁半岛——发动叛乱反对领主税收并拒绝缴税。通常这些运动都被武力镇压下去。教会也怀疑先知们和平等主义者：1323年6月，教皇约翰十二世试图通过否认耶稣的贫穷来消除势力最大的法兰西斯派和圣灵派的特权。1322年至1323年，先于扎克雷起义发生的佛兰德农民集结进攻城堡一事更加令人担心，因为其领导者是富裕工人，如尼古拉·赞讷奎因（Nicholas Zannequin），而不是饥饿的农民或者伪先知。在佛兰德斯，如果没有市民的参与，任何事情都不可能成功，而这次运动遭到整个地区的反对。这里充斥着大量的阴谋诡计、王室野心和反法抗议，历史学家们和当时的人们一样忽略了这次乡村运动。1328年，菲利普六世的军队在卡塞尔（Cassel）将其击溃，此后开始了他的高压统治。

公社时代的编年史家已注意到城镇对乡村运动的影响，因为他们更习惯城镇骚动，对城市的民怨沸腾更为敏感，而这种不满是自公社运动以来甚至在此之前周期性发生的。虽然如此，但是他们的分析过于简单。他们搞混了两个问题，即城镇内争夺统治权的内部派系斗争和社会反响。和宗教因素对乡村叛乱的影响一样，城市派别使这些运动向纵深发展，他们最初参加这些运动随后又退出了。在城镇的苦难史中，唯一清晰的是党派间的对立，有些历史学家甚至声称这就是全部。城镇内有很多纯粹的寄生团体，从穷亲戚到随时准备参加特殊运动领薪水的恶棍在内无所不包，在意大利尤其如此。显然，在热那亚、梅斯和巴塞罗那，某个特殊家族对城镇的某个区域的控制，包括控制一些行会或者那些当讼案双方或容克贵族间有经济问题需要解决时一马当先的社会团体。佛罗伦萨于1293年，威尼斯于1297年爆发的这类骚乱事件，最终是以略嫌平庸之辈代替担任最高首领的伟人们而平息的，但这些不是我们所要关注的。我们可以以三个标准来分析城市不满的发展与扩大：第一，城镇土地，包括围墙内的或没有围墙的，被没收给远处的一些联盟，如法国的图卢兹、兰斯、梅斯和里昂附近地区；第二，房屋、临时货摊、市场固定摊位、花园和码头全都属于某个人、教会或者其他团体所有；第三，城镇住房和工作机会全由显贵操纵，他们甚至把持着城镇行政机关和执政官职位。在各地都能找到这方面的明显的证据：1335年在图卢兹，7%的居民控制着65%的土地。兰斯甚至比之高出18个百分点。这和乡村小块耕地被碎化的状况是一致的。

此外，1310年至1320年以后，经济贫困带来的流动问题迫使商业合并，即在财政困难时期收购工场，或者师傅间结成联盟，尽力压低学徒工资。第一种情况发生在佛罗伦萨，织布商从1235年的325人减至1300年的50人；第二种情况集中在施派耶尔和沃尔姆斯（Worms）的五金师傅当中。结果，主要劳动力开始出现经济崩溃的迹象。一个雇主有可能每年只出7至300佛罗林不等的工资就够了。有些人的劳动契约被延长了，而另一些人则按日雇佣。失业人员、即将毕业的学生和边缘人群不断扩大，他们密切关注并抓住每一个机会。

无论王室税收还是其他税收都是沉重的负担，并逐步导致骚乱发生。这一景象各地都差不多：一个言语晦涩的法兰西斯派托钵僧可能在布道后消失；一个雇主恶意煽动；一个地方官员侮辱某人……然后人们关上百叶窗，拿起长矛冲向城镇广场。饥荒威胁之际，暴力随处可见。1267年，蓬图瓦兹（Pintoise）的镇长被刺杀；1297年普罗万（Provins）的镇长被刺杀；1280年至1292年间，郎格多克、伦巴第、诺曼底和托斯卡纳不断发生纵火案。在加泰罗尼亚，一个叫贝伦格尔·奥莱尔（Berenguer Oller）的领导者在1285年成功占领巴塞罗那抵抗王室部队，一年后他和几百人一起被处死。巴黎于1306年、图卢兹于1335年、里昂于1347年全都发生暴动。低地国家总是处于政治报复和社会要求之间，当法国进行大屠杀之时，在1347年的布鲁日，彼得·德考宁科（Peter Deconinck）高喊"人人平等"的口号。1253年至1256年，列日的人民执政官（conductor populi）迪南特的亨利（Henry of Dinant）——他既是主教的敌人，也是富人的敌人——领导人们高喊"工作与自由"。

没有什么苦难像百年战争那么漫长，而它在爆发之前有如此多的预兆。在前后二百年的时间中，当时的很多观察家不能理解很多事情。确实，我们现在对此依然不能确定。

一个抑或是多个危机？

我们首先要推翻两种假设，尽管它们已经成为信条，但经不起严肃推敲。首先是心理上的，"僧侣的背叛"，这涉及基督教的倒退现象，基督教发展到巅峰以后注定要"衰落"。人们认为萧条（Accidia，崩溃伴随着暴力、懒惰和无序）的责任应该由精神领袖承担，这只是个顺理成章的托词，实际上经济因素才应该对此负责。这种陈腐的谎言曾经常用来解释希腊和罗马的衰落，同样也用来解释法国近期发生的灾难。指责那些缺乏军人精神和商人实践活动的文人是很容易的。在这样一个时期讨论这些观点毫无意义，我更愿指出，尽管教会等级制度的基础发生了动摇，但14世纪在新的企业、大胆的投机活动和取得令人敬佩的成就方面比以往任何时期都要丰富。让我们继续前进，继续探索以扬·胡斯和贞德为代表的民族意识的觉醒。后来很多意见相左的人们也提出同样的主张。

政治和战争中的一些并不重要的东西浮到表面，并且出现在历史书籍中。英、法两国关系如此紧密，以致他们讲同一种语言，拥有同样的或基本一样的制度，也因此不可能共存。双方在金雀花"帝国"建立问题上的长期敌对状态（1152—1259）最终没能在亨利三世和其妹夫圣路易之间和平解决。美男子菲利普在位期间，战火在阿基坦和佛兰德斯重新燃起，1328年混乱不清的王位继承问题使事态进一步恶化。经过深思熟虑之后，1338年爱德华三世要求继任法国王位。至少在法国，这些事情无疑为日常生活发出了一个重要信号，但仍无法解释战争在两次休战期间再次爆发的原因。为什么近百年才结束？在我们的世纪，英国统治者什么时候才放弃在加冕礼上坚持传统方式和"法国国王"的头衔？无论如何，法国王位继承和卡斯提尔、佛罗伦萨或者神圣罗马帝国有什么关系呢？进一步说，难道战争不能成为一件好的有益的事情，成为大多数人的一个精神原则，而不是一件消极的事情吗？

人的无能为力

现代历史学家们不满人类因果性的判断，试图寻找超越人类野心和过失的解释。人们按照一个非常古老的传统进行思考，即14世纪的人们认为他们时代的邪恶是神发怒的征兆。现代的历史学家们更愿意以真实的受过粉的谷粒代替上帝的意志，他们在泥炭沼和冰河中寻找气候变坏的主要证据。如果1000年至1250年间欧洲的大丰收是由于当时水、温度是最适宜的结论属实的话，那么这诸多条件的结束就可以解释清楚很多我们不解的现象。不能否认海水正在侵袭佛兰德斯沿岸，冰区正在扩大，适合山毛榉树生长的高地日益减少，柳树增多、小麦减产是不争的事实，因此我们没有必要到欧洲以外的地方寻找更多的证据。甚至，文献也证实了这些考察结果：在1345年至1380年间，丹麦撤出在格陵兰的殖民地，将其让给了爱斯基摩人和北极熊，冰山经常切断通往冰岛的航线；弗鲁瓦萨尔（Froissart）写道：夏季阴雨绵绵，经常使部队陷入困境；一名议会书记员将其笨拙归咎于严寒将人冻得麻木；巴黎市民在沙滩广场用斧子分葡萄酒然后用帽子兜一点回家的经历是尽人皆知的。庄园也有相关记录，葡萄酒开始收获以后，温切斯特、雷根斯堡（Regensburg）和其他一些地区要认真登记。其中，最明显的迹象是天气的不可预知性，冬天是湿润的、阴暗的或寒冷的。

显然，生态方面的这些神秘变化不久就对人类发生了影响。此后，它们似乎破坏了谷物的生长，使中世纪欧洲经济处于分散的状态，不可避免地导致严重的食物短缺和价格上涨。法兰西岛记录了自1305年以来饥荒造成的影响，德国记录了1309年和1311年的情况，几乎已经消失了一个多世纪的幽灵般的饥荒在世间再次出现。现在我们明白了1315年至1317年间发生的严重的粮食危机就是一个迫在眉睫的警告，它影响了整个西北欧。连续几个恶劣的夏季迫使法国士兵放弃战斗，随之而来的歉收逼迫人们不得不将种子都吃掉了。这导致歉收恶性循环，从而又不可避免地导致灾难的发生。温切斯特庄园档案表明产量下降了2/3。在拉姆齐几乎所有的牛都死光了。巴黎的粮食价格在1315年翻了四倍，出现投机活动以后，在1316年翻了八倍。显然，有相当多的人在挨饿。由于小麦价格比其他需求量小的生活必需品，如肉和酒，的价格更不稳定，因此城镇更易受到攻击。如果伊普斯（Ypres）的登记簿是可信的，那么这两年内有2800人（相当于当地人口的10%或15%，差不多是布鲁日人口的6%）被饿死。内部混乱的当地政府似乎任由事态发展，并规定只有它才可以征用投机商人的存货。在斯堪的纳维亚，除了用于和国外交换粮食，其他的鱼和黄油的出口都停止了。

因此，当时及后来发生的粮食匮乏（西班牙1332年至1333年，普罗旺斯1340年，里昂地区1348年）极大地影响着当时的人们，几代人对此都非常不习惯，因为他们经常要面对的是战争

一名妇女坐在台阶上给孩子喂奶，除了头以外，小孩子整个都被紧紧包在襁褓中。她的丈夫抱着另一个小孩。这是14世纪的一部手稿《世界初期故事集》（the Book of the stories of the beginning of the world）中的插图。（巴黎，国家图书馆）

和不久之后的瘟疫。这些不应该被夸大。此后，在14世纪和15世纪中期，编年史家已很少关注这个问题了。人能够适应任何事情，农民可以退回森林来适应断断续续的粮食匮乏，市民可通过建立公共粮仓来解决。

即使人类自身要对饥荒的发生负责，即出生率的自然下降损害了各级生产，但有一个基本问题还是没有得到解决，1310年至1320年间（有些地区还要早一些，在1280年至1290年）基督教欧洲的人口好像已达到最高点，这意味着人口的相对过剩，以致人们开始关注粮食供应问题。这种过剩说明了耕地的再次划分和城市的无计划扩展等行为，这导致土地在各地不均衡地分配。从这时起，我们开始全面地了解欧洲人口状况。除了关于"火炉"、"家庭"等用语的确切意义的广泛讨论外，我们有关伦巴第、普罗旺斯、托斯卡纳、那不勒斯和英格兰的人口资料相当准确。

在意大利中部，每平方公里平均有13至14个火炉（大约70人），皮卡底、贝济耶周边地区和波河流域（Po valley）有两倍人口，意大利南部则只有一半。著名的　《火炉清册》（État des feux）是1328年为法王制定的，它记载在2.4万个教区、30多万平方公里的土地上，平均每平方公里有8至15个火炉，法兰西岛甚至达到每平方公里30个，人口比现在或者1900年的农村人口还要多得多。据估计，卡佩王朝时法国人口已达到2000万——比路易十四时代多很多，意大利和德意志有1000万，英格兰有400万。

虽然如此，1320年以前已经有大量迹象表明人口正在锐减。尽管在粮食短缺和瘟疫期间有更多的人饿死，但这些只是临时性的灾难。1322年至1323年左右，图林根（Thuringia）和黑森（Hesse）好像发生了斑疹伤寒。然而，通过研究皮卡底和温切斯特在1290年至1340年这一长时间段的人口增长率，我们发现富裕家庭的出生率在下降。另一方面，根据某些记载，五岁以下幼儿死亡率上升了50%。法国现存的当时唯一的受洗和死亡登记是有关勃艮第的一个叫日夫里（Givry）的小村庄的。它表明，在饥荒发生以前的10至15年中，死亡率稳定上升。很难解释清楚这些事实，高死亡率几乎不可能是一个自发现象，它必须和某些生物学上的缺点相联系。假设饥荒、谋杀和瘟疫加速了一个已经开始的进程，那这一假设也会随之产生，即人类对气候变化和流行性疾病的抵抗是脆弱的。资料表明，中世纪饮食方式的改变，即对糖和脂肪类食品的过度消费引起了慢性糖尿病的多种症状。当然这种情况也是有可能的，即人口的下降，特别是出生率的下降，按照马尔萨斯理论，是社会因无法提供充足的粮食供应而进行人口控制的结果。另一种可能是人们逐渐反对祖辈传下来的婚姻形式，即少女嫁给成年男子的多育的婚姻形式的结果（当然是更主动的行为）。遗憾的是，我们至今无法验证这一可能。无论如何，人口的下降，无论是主动的还是其他的，毫无疑问地造成了普遍的衰落。

什么导致了衰落？

如果前面所述的假设是人类偶然的失误，那很多历史学家就会喜欢在生产领域内寻找经济原因。在这里找原因是很自然的，因为就像我们将要看到的那样，生产力明显退步，而且欧洲长期以来的技术退步确实应该对此负责。生产、制造和运输领域一旦吸收古代的和东方的技术，基督教世界就坚持使用，甚至在四个世纪以后的蒸汽时代到来之前一直关注技术的发展及其应用。市场的供不应求本应该促成"一个过度繁荣"的经济，但到1300年的时候实际上已供大于求并且逐渐呈现出多元化的趋势。机器生产和产品分配因日益严重的食物短缺而停止。更为荒谬的是，1350年人口减少以后，粮食价格大幅下跌。

这种"机械论"解释是经济学家惯用的行话中典型的"B-阶段论"（B-phase，一个消极阶段），并有大量的事实根据，这些我后面再讨论，但是这不足以解释这一现象的复杂性。我们不得不提到一些相互矛盾的地方：如果技术发明的复兴源自牛顿和丹尼斯·帕潘（Denis Papin，1647—1741，法国物理学家，他第一个发现了蒸汽弹力——英译者），那么1450年至1550年间明显更活跃的"重建"阶段又如何解释呢？如果机器生产不能满足日益增长的需求，那1350年以后人口的突然下降应该完全缓解了这种状况。这一切都没有发生。粮食产量下降，这在数字上是不可否认的事实，而且应该因为供不应求而引起粮食价格的急剧攀升。但事情完全相反：历史学家们看到的只是持续的萧条。更为惊人的是，我们没有证据表明当时人们缺乏技术能力，相反有很多证据表明他们是有能力的。以粮食生产为例，通过英格兰、法国北部和南部、低地国家保存的庄园记录的大量残片，我们了解到，这时产量比较高，显然比以前高很多。1300年以前，很少见到种子和收成比例为1∶4、1∶5或者1∶6的，但在14世纪，甚至在洛林高地、佩里格尔地区（Périgord）或普罗旺斯和郎格多克贫瘠的农庄这也很平常。在圣丹尼斯的农庄、在佛兰德斯和福雷平原的"法国"或默顿学院（Merton Colleges）的地产、温切斯特或拉姆齐的修道院的领地上，平均比例为1∶8或1∶10。在阿杜瓦，如果风调雨顺，产量甚至达到1∶13或1∶14，一公顷平均收获14公担（1公担=100斤）——1900年左右的法国都很少

尽管粮食的销售减少，但丰收表明产量增长了。在巴尔达赫的乌布哈塞姆的《纯正戏剧》里面的这幅缩微画中，一对农民夫妇正在自家谷仓前打谷。

达到这一比例。我业已提到过短期作物和商品菜园，即将讨论的是工业用植物取得的巨大进步。我们也知道人们通过缩短垄距、三圃制和广泛使用肥料来提高土壤肥力。这些举动表明人们没有放弃他们与生俱来的权利。如果小麦价格下跌，那是因为需求量少；如果土地价格停滞或下跌，那也是由于同样的原因。造成这种困境的不是低产量，而是以前几乎等值的农产品供应量和由于劳动力减少而全面提高的工资、赋税之间的畸形发展。

说到这里，在这次衰退中有两个特征不应该被忽视，它们无疑影响了事态发展的方方面面。第一个方面是有关工匠及其社会影响，我们对此已经讨论过了。无论是在城镇还是在乡村，控制原料是某些特殊集团才享有的特权，虽然还没有达到垄断的程度，但他们严格进行家庭内部生产，具有统一性和排他性。只有羊毛业在某种程度上是一个例外，因为师傅之间制定的协议和城市法规共同禁止竞争。一般来说，它们的执行是相当有力的。

这一举措当然可以用贵族反对过度盈利、关心质量、保护买主、害怕过度生产破坏市场等诸如此类的动机加以修饰。但它的目的是抑制企业精神、限制产量。例如，据估计，在普罗托（Proto）、托斯卡纳（纺织业是其主要工业之一），600名织布工人每年仅向市场提供2万匹布，每匹大约4平方米，也就是说，每人每年只有100平方米多一点。这种低生产率和对生产流程的严格监控保证了产品质量。在发展和需求稳定的时期内，害处还不是很大。但是如果原料供应不足，如果没有充足的存货从而导致供求比例失调，如果日益减少劳动力人数迫使工资提高，那么这个体系将彻底混乱。确切地说，这是1270年和1290年以后才发生的事情，无论是铁矿的开采还是绒布的销售都被卷入来。德国统治者之间、法国和英国之间以及伊比里亚半岛上各种势力之间的敌对阻碍了商业的发展。在"阿拉贡的十字军运动"（Aragonese Crusade）期间，加泰罗尼亚的铁矿生产停止，托斯卡纳发生的困境使皮萨诺港口（Porto Pisano）被封锁，运自厄尔巴岛（Elba）的铁不能在这里下船。德意志帝国的"大空位"（1254—1273）让来自哈茨山脉（Harz）的护航船只麻痹大意。事情由于国王们飞速增长的税收更趋复杂，例如，金雀花王朝决定对绒布出口课以重税、在佛兰德斯建立专门市场（固定的卸货地点），他们减缓羊毛制品的流通，并且确实如此做了。这促使一个英格兰自治的制布工业产生了。在佛兰德斯，1292年至1295年间战争接连不断，事情几乎毫无起色。

我们不应忘记，海上运输虽然避免了一些灾难的发生，但依然有令人痛苦的危险存在。今天看来，当时的运输能力是可笑的。海上运输是由某些商人在某种程度上垄断着，他们控制着某些产品，这样的组织根本无法保证货船返航，只能依靠官方海盗的支持。诸如热那亚的萨卡里亚家族（the Zaccaria）控制着小亚细亚的福西亚地区（Phocea）的明矾出口。在地中海地区，人们自由使用海洋的权利也正日益被剥夺。1204年至1284年间，威尼斯和热那亚在从黑海直到第勒尼安海（Tyrrhennian Sea）的地区进行决战；1282年至1285年，阿拉贡和安茹人争夺对西西里的控制权，最终西西里被强制性划分为两部分；1291年，通往黎凡特（Levant）的最后几块踏板丢失；土耳其对日渐孤立的君士坦丁堡的遏制和马穆路克对亚历山大的进攻都导致商业活动越来越不安全。此后不久，人们就感受到了这些因素的影响。传统观点认为，香槟集市的衰落是因为战争和竞争对手巴黎更具吸引力，但实际上集市在1285年或者1290年以后被放弃是因为商业活动

战马或军马就像骑士一样全身佩戴盔甲：头上戴着钢盔，身上其他部分披着由多片金属制成的马衣。骑士及其马匹盔甲的总重量为50至60公斤。（维也纳，艺术博物馆）

一个铁箱子，制作于14世纪的法国。（巴黎，克吕尼博物馆）箱子是中世纪的基本家具，只是到了16世纪才被衣橱取而代之。它们用于存放衣服、陶器、珠宝和盔甲。

已开始转向大西洋地区和神圣罗马帝国，并且远离了传统的商业路线。此外，尽管生产受到阻碍，但时代正在发生变化，一个由喜欢炫耀的富裕的暴发户组成的新的统治阶级正在取代旧的统治阶级。典型的暴发户苛刻、奢侈并且好出风头，他们的衣服、家具、珠宝，甚至盔甲的价格都相应猛涨。高度熟练工领取过高的工资，最大的野心家控制了当地的所有工场，结果显而易见。一些统治者了解这些发展状况，为了促进产品多样化和满足市场需要，美男子菲利普想方设法延长劳动时间或者根据产品质量制定价格。这些措施仅仅是理论上的，因为大体上，它们会遭到唯利是图的行会师傅和害怕过度生产的城镇官员的反对，他们和改革措施对着干，使其最终失败。

金银的背叛

　　毫无疑问，在受到人们关注的铸造金银的地方，任何改变都会很糟糕。当黄金通过马格里布和西西里，或者从拜占庭和埃及东部再次进入西方之时，它们被铸造成可供流通的货币，如佛罗伦萨的佛罗林、法国的埃居（écu）、威尼斯的杜卡特（ducat）和英国的诺勃尔（noble）。同时，几乎等值的银币［相当于12个旧迪纳里（denarii）］在全欧发行，比较著名的有格罗斯（gros），格罗申（groschen），格罗特（groat）等。金银复本位制对贸易扩张十分重要，并且满足了行政机构不断发展的需要。金银复本位制的建立是以两个假设为前提的，即金银供应将继续增加和金银比率不变，1270年至1289年从英国到西西里，金银比率固定为1∶9.65。

　　事实上，在任何经济体制下都不能人为规定金银交易方式，即使是在统治者垄断货币铸造的时候也是如此，这应该是由市场机制进行调控的。这一时期黄金供应极为脆弱，1275年至1280年间，尼日尔和塞内加尔发生多次严重的政治骚动（对此，西方人一无所知），两个帝国动荡不安。非洲从达喀尔到乍得有越来越多的地方被伊斯兰化，因此欧洲和由于阿尔摩哈德王朝（Almohad dynasty）的残酷统治而四分五裂的马格里布的联系日益脆弱。此后，马里诸皇、班布克（Bambuk）甚至加奥（Gao）的统治者们转移目标，其商队转向尼罗河流域。也是在这里，信奉什叶派的法蒂玛王朝（Shiite Fatimids）曾经是设置在从廷巴克图（Timbuktu）通往麦加路上的不可逾越的障碍，他们的破坏行为在1160年左右起了重要作用。信奉东正教的马穆路克们十分有兴趣和非洲的萨赫勒（African Sahel）进行直接贸易，他们吸引了大批朝圣者和商人来到这里。1275年以后，对摩洛哥和阿尔及利亚的黄金供应减少，相反，很多非洲人去往开罗。1325年，马里皇帝到克尔白神庙（Kaaba）做了一次盛大朝圣，标志着黄金流向发生了根本性的改变。黄金供应的不足似乎暂时以其他方式得到弥补：例如在西班牙，在1270年结束的收复运动（Reconquistà）的最后阶段，对被夺取的安达卢西亚城镇的劫掠和加泰罗尼亚对休达（Ceuta）和波尼（Bone）的进攻证明这种行为是非常有利可图的。

　　1280年以前，欧洲在东方的形势一直很好。不幸的是，对黄金日益增长的需求造成更大的匮乏，困难时期（strettezza，意大利黄金市场收缩的时期）增多，金锭价格上涨。1253年，价格固定下来，当时佛罗林第一次以45格罗斯对一盎司的比例铸造。截止到1271年，在那不勒斯黄金为一盎司50格罗斯，此后直到1290年间，金银比率从1∶9.65升到1∶10.5，在罗马教廷甚至达到1∶11.4。如果白银价格没有同时相应提高——尽管幅度小得多——必定会造成更大的畸形发展。1266年，铸造1马克花费54图尔苏（sous tournois），1285年则需要58图尔苏。这种局面之所以产生，一方面是因为一些银矿出现枯竭，特别是普瓦图的梅勒（Melle）地区的银矿；另一方面是因为引起很多法律诉讼的投机活动，以及德国白银提炼引起的一些问题。直到1290年，法国和英国官方的金银比率不得不重新调整到1∶10.15，比商业比率低得多。即使具有一般的商业意识，我们也不是很清楚金融家们正期待些什么。尼古拉·奥雷姆（Nicholas Oresme）是查理五世的一名随员，他试图论证货币危机的多种不同因素，但他和其他类似者一样将目光盯在统治者的权力和社会反响上。长期以来，他们不能理解危机中出现的经济运作方式。

如今，我们业已不再遭受经济崩溃的打击，经济运作方式似乎简单明了，我们的祖先将当时的困境归咎于为君主的贪婪。由于金银缺乏适当储备，货币被迫依赖市场进行循环，但是这种循环在这样一种经济体系中无法顺利进行，因而大范围的货币贬值也就不可避免了。尽管这时人们业已开始渴望获得贵金属，但还没有强烈到促使欧洲人渡海征服非洲或亚洲的矿藏。更确切的说是需求的无政府状态导致恐慌，无政府主义同样存在于税收、工资、军事贡金和货币制度中，因此造成各种货币同时流通。当然，1558年市面上流通的都是不足值的货币，因为足值的货币都被私人收藏了，因此后来托马斯·格雷沙姆爵士（Sir Thomas Gresham）有一句著名格言："坏钱驱逐好钱。"

和我们今天的政府一样，统治者利用对他们有利的经济制裁手段，如法规、贵金属报货清单、关闭边境和惩罚投机活动等进行统治。20世纪的措施收效甚微，相比之下，14世纪的那些措施更逊一筹。他们被迫把货币调整到使用者买卖货币的比率。不足值货币代替足值的货币，价格上涨，因此买家仍可以获得与以往相当的贵金属。这时候没有证据表明，统治者追究货币流通中的不法行为好过对此坐视不理。从这一制度中获利的是那些随物价上涨收入迅速增加的人，如商人、行会师傅和最富裕的农民。那些由于习俗或合同而收入固定的人吃亏了，他们的收入不会因为一个个便士而增加，这包括城镇和乡村的工人以及食利者——贵族和国王。

因此，铸币师傅被迫降低货币成色以达到流行的金银比率，从贬值中获利的社会各阶层强烈地影响了这一比率。统治者希望在有利条件下制止改变的企图失败了，最终管理紊乱，物价和工资大大高于正常情况。　在其逐渐完全失控之

旧币：左边的是威尼斯杜卡特或称为西昆，这种金币最
　　　早是在1284年铸造的，直到1797年一直没有变
　　　过。它作为一种国际货币用于14、15世纪的东方。
　　　右边的是佛罗伦萨的佛罗林，是同一时期西方的主要货币。
新币：左边的是爱德华三世时期的金诺勃尔
　　　右边的是好人约翰时期的法郎

际，还一步步遵循这一程序行事是没有意义的和迂腐的，但是因为它在1350年代以前运作良好，因而我们应该回忆一些有关于此的基本事实。钱币商人可能采取三个权宜之计弥补由于金银贬值造成的额外成本支出，即降低货币重量、改变金银含量和提高兑换比率，这三个措施也有可能同时使用。显然，白银的流通范围更加广泛，更适合与其他金属合铸以降低成色。1289年，白银的售价为58图尔苏，1295年为61苏，1295年68苏，1298年75苏，1299年85苏，1303年104苏，1304年120苏，1305年145苏。白银价格在1306年开始下跌，1313年为66苏，此后再次回升，1330年左右趋于稳定。同时，黄金价格经历了巨大的、突如其来的波动，以致我们可以通过金银比率的曲线图看到一个从1：11到1：18.95的锯齿状攀升的曲线在1330年固定为1：13.90。

铸币商甚至期待一个他们无法理解的奇迹发生，他们降低了货币中25%的黄金含量（以18K代替24K货币）。很多新币进入流通领域造成货币的最大贬值，如卡佩王朝的西斯币（chaises）、阿涅尔（agnels）、金法郎（francs d'or）；英国的诺勃尔；教廷在阿维尼翁、布拉邦特（Brabant）、荷兰和吕贝克的各种佛罗林。至于银币，除了含量极低被称为"黑钱"（可自由兑换）的币种外，新币无论何时发行（1格罗斯理论上值12个丹尼尔，实际上可达到39丹尼尔），币值都要由政府根据货币重量（同样的钱币重量从4.22克至3.50克不等）及最重要的纯度（含量降低了30%）加以确定。1295年、1303年、1311年、1318年和1322年，法国货币经历多次贬值，但由于在1306年、1313年和1329年至1330年多次恢复原有币种，即圣路易时期的通用货币，货币停止贬值，统治者和城镇认为货币就此趋于稳定。和我们前面讨论过的人口状况一样，经济状况经受的任何考验都没有确定的结果，它是这次崩溃的起因还是结果？现代历史学家们被迫转向生产结构方面寻找答案。

封建主义危机

我已表明我不喜欢这个术语，更喜欢称之为庄园体系的瓦解，但是它有助于我们观察生产机制在前面提到的危机期间是如何实际运作的。

我们可以粗略地勾画出庄园经济的画面。生产以家庭为单位，没有任何的劳动分工或专业化，他们相互联合组成一个更大的实体，养活一个主人，即领主。领主周围围绕着为他服务、靠他为生并在原则上促成了他的威望的那些人，这些人向领主及其亲属、仆从提供服务和农产品，但更主要的是缴纳货币地租、服劳役。领主要负责保卫庄园并处理法律上的一些事务，这些势必带来不菲却又必要的开支，因而原则上，庄园税收或者说"年金"是合理的。这个体系给双方都带来显而易见的好处，它不断重新调整，并伴有一些书面保证和暂时性冲突，又维持了两个世纪。1050年至1250年间，这两个社会等级几乎没有发生过暴力冲突，这就是我们很难为怠工和拒付租税找到根源的原因。无论如何，这一体系富有挑战性，一方面，领主必须默默完成他以需求为代价换来的对臣民的责任；另一方面，工人们必须提供足够的产品满足主人需要并维持自身基本生活，以确保自己的人身自由和生产资料不被剥夺。甚至在最单纯的形态下，这样一个体系在结构上也存在着明显的缺点，我们不必考虑各地区是否能够提供所需的谷物或亚麻制品，因为它们的主人就十分不同。例如，教会不能提供军事保护，但尽管如此，他们也没有降低对承租者的需求。保存至今的文献表明，教会曾天真地（真的还是伪装的？）将她在城镇和其他地方遭受的打击归结为人类邪恶的天性。让人震惊的是，当工人的装备越来越好并希望从他们剩余产品中获利的时候，由于这个体系强迫他们给领主干活而耽误了自己的农活，从而激起大部分境况较好的工人的愤怒。最后，货币引入这一体系损害了它的原则，扰乱了它的机制，因为货币就意味着和市场发生联系，随后进行交易，于是社会关系不再仅仅是领主和农民间的准物质关系。

　　1250年以前，因为产量的稳步增长、足够的土地以及粮食供应和劳动人口之间的合理比例，生产制度本身固有的缺点是看不到的或微小的。但在13世纪最后的1/3时间里情况发生了变化，作为前面提到的经济繁荣的后果，缺点开始暴露。小土地所有者的工具和技术与为领主土地劳动时期相比有所提高，农民开始向市场出售大部分农产品，打破了领主的垄断和对农产品销售的控制。一个"富农"阶层正在形成，他们领导人们争取土地使用权、固定租税、限制佃租和其他租税。领主没有足够能力抵御这一冲击，他们在小农土地的分界线的那边管理着自己的土地。领主设法雇佣工资工人来解决劳动力不足，这掏空了他们的金库。他们强迫农民服劳役，工人干得越来越勉强。他们的根本难题就是如何维持庄园的"年金"。

　　一开始，大量地主试图依旧维持旧有的习惯：1340年左右，英国的伊利主教坚持43%的土地实行劳役，这使其工人总数达到3700名，但实际上他并不能驱使如此众多的工人为其劳作。拉姆齐修道院的做法甚至更死板，44个领地完全实行劳役制，15个实行承租制，22个保留部分劳役。像这样的案例只是少数。在欧洲大陆，农民购买自由的情况频繁发生，劳动力的短缺不久就使领主们很难征募到工资工人。结果，领地不得不租赁出去，"出租"成功很大程度上是因为这些困难。如果不顾农民的反抗，领主想控制足够的土地供养其随从，那他可以向佃农施加更大的压力，但绝对不可以增加他们的人头税、实物税和劳役，如运送干草和木头。在乡村，传统支付方式再也不能反映出乡绅的支出情况，通过逐渐承认佃农对其财产拥有的基本权利，他们进一步丧失了其他权利。在诺曼底，由于领主对微薄租税的不屑和农民的恶意，大约一半的承租者要么拒绝交纳租税，要么继续拖欠。这导致领主强制征收继承权利金，或遗产税——法国北部的土地转移税（lods）或南部的继承权利金（vendas）。他们也重新开征什一税（或1/13税）。而且最重要的是，他们用火炉税代替了以前通常被取缔的税收，拒不付款者将被法庭追捕直到其倾家荡产。最后，例如在比利牛斯山脉，个人放弃婚姻或遗产责任的行为逐渐增多，以致领主可以高价向他们出售免税权。

在"年金"受到威胁、危机还在继续之时，领主采取了日益激进的措施，农民对此有两种反应。对于那些只够维生的农民来说，他们逐渐变成奴隶，这是一种新型奴隶制，它首先在经济上是排外的，此后随着它的发展，逐渐吞噬了那些无力偿还欠款、无力支付磨坊税（molitura）和不能勇敢面对税收压力者。他们渐渐遭到公社的排斥，他们是唯一还被强迫提供残余劳役形式的人。他们失去自由，而且还有很多新的限制，如交纳遗产税、限制行动自由和丧失劳动工具。向主人或住在隔壁的雇主要求合理工资的企图只能使他们越陷越深。工人强烈反对压在他们头上的沉重负担。领主无力增加财产，耕地的时候经常缺东少西，甚至连牛也没有，只能将土地公开租给农民耕种。因为判断和保护旧的支付体系的真正理由已经不存在，同时，由于公共司法和王室部队正在接管权利，因而似乎领主的要求已不再认为是正确的了。他现在是个寄生虫、食利者和没用的人。农民中已经出现分化，表现为工具的不平等分配和生活标准的多样化，这种分化在面临特权等级——他们真正的生存原则危如累卵——的敲诈勒索时更趋严重。在食不果腹者中，工人、农民等拿出的都是他们最好的东西。在1300年的农村世界，一边是满含怨恨的穷乡绅，一边是不知不觉陷入困境的在外居住的领主，与乡村相比他们更喜欢宫廷生活。

显然，乌云同样笼罩在城镇上空。在社会的这一角落，人们能够看到同样的现象。商人、主要行会的师傅和住在城里的贵族对城镇实行寡头统治。也是在这里，大量劳动力分成两种，一种是学习一门专业技能的学徒；一种是非熟练工。这里在十几年前就出现了工资差距大的问题。富人或统治者强制征收不公平的赋税。深植于社会底层的严重问题无疑可以解释随后城市抗议示威活动中的暴力行为。

前面的几页内容看起来令人沮丧，这么多缺点、这么多扭曲变形、预警信号和令人忧虑的预言，难道没有人预感到有什么事情要发生吗？几乎所有人都将某些多米尼克派（Dominican）修士的喋喋不休当作虚幻的分析。至于那些骑墙之辈，如好的律师，他们只注意外表、语言和原则。不能因其缺乏洞察力而指责他们。一般来说，决定历史进程的经济的、社会的以及文化上的所有主要变化仅仅对生活在五个世纪以后的人们才是清晰的。此时人们注意的只是眼前。那就是他们在迭戈贝尔（Dagobert）统治下的"罗马式"生活方式，迭戈贝尔认为他们依然生活在恺撒时代。然而这个时代出现了一个新的因素：教会的说教使14世纪的人们习惯认为任何事情都是神的意志的反映，并且他们适时地被1340年以后所遭遇到的无法解释清楚的、相互关联的诸多灾难吓坏了。他们分不清经济和精神因素、社会和政治因素之间有什么区别。上帝的受造物正在遭受的破坏如何被解释成是上帝的意志呢？他们看不到长期以来使他们陷入忧伤与绝望的整个野蛮进程的诸多缘由。

第二章　大审判

　　1340年至1430年的这90年和10、20世纪一起分享了一项尚未有定论的荣誉，即它是欧洲历史上最暴力的时期之一，不仅仅是因为确实存在着流血、盲目的残忍和不公平的统治，还因为日常生活的残酷和对未来的毫无把握。查理七世在位时，一位老人在临终时说："我从来不知道我们村子有哪一年没有动乱、战争和死亡。"在人类的冒险历程中，这是最富成果的时期，我们将在下面看到。无论是对苦苦挣扎在战争和瘟疫中的农民或市民，还是对因价格上涨而受到削弱的国王和教皇们来说，这时的生活比10世纪的黑暗时代以来的任何时候都更艰苦。

　　毫无疑问，除了从我们的档案文件中急切找出来的统计资料外，历史学家感兴趣的就是最终涌现出来的这些年代的各种账目。历史学家们和法国、英国、德意志、比利时，甚至是包括佛罗伦萨和威尼斯在内的伟大的意大利等国的人们发现他们对中世纪的共同记忆几乎都来源于这个时期：黑死病、英国人、被烧死的贞德或者艾蒂安·马塞尔（Étienne Marcel），这些事情几乎抹杀了法国人对圣路易、查理曼和布维涅之战（Bouvines）的记忆。

瘟疫和巨大的悲痛

　　在营养不良和过度拥挤的城镇，生产方式逐渐恶化，没有任何人从中得到好处。经济正在逐渐萎缩，统治者缺乏防止重大灾难发生的先见之明，因而，显然比以前更加不幸的灾难发生了，其中相当重要的就是黑死病。

黑死病

　　中世纪早期，西方曾发生多次鼠疫。查士丁尼瘟疫（the Justinian Plague）似乎使各地都不同程度地受到沉重打击，这场灾祸本是中东地区，甚至更远的东方的常发疾病，蒙古人在1344年围攻热那亚人在克里米亚半岛上的一个货栈卡法（Caffa）城时，故意将患鼠疫死亡的尸体扔到了城内。这不过是一个很小的细节。1347年10月上旬，热那亚人在梅西纳卸货时送回了他们的病人，随后几个星期鼠疫传遍整个意大利。11月，在马赛的另一艘船也受到传染。此后，由于夏季天气炎热，鼠疫迅速扩散：1348年6月蔓延到巴黎，11月传播到英吉利海峡、低地国家和南英格兰，1349年肆虐英国，随后波及到德意志和奥地利，同年11月又传到苏格兰、斯堪的纳维亚以及欧洲的大西洋沿岸地区、比利牛斯山脉和西班牙。1360年鼠疫再次爆发，这一次持续了两年，并可能伴有流感发生，导致很多儿童死亡。然后在1368年、1369年、1370年又突然爆发，甚至在1375年至1378年、1380年至1383年、1399年和1400年又多次反复出现。1418年，因为对病菌的抵抗力下降，一次更沉重的打击降临了，这次是1408年伴有发烧和剧烈咳嗽症状的斑疹伤寒病的流行。巴黎市民之所以发现这个令人痛苦的特殊疾病是因为不断的咳嗽使人们无法听清布道，　1420年、1421年、1433年、1438年至1441年都是如此。如此可怜的祷告持续了大约一个世纪。

持续了整整百年的鼠疫啊！怎样的一场鼠疫啊！正如这一时代所有的编年史家所描述的那样，这次的黑死病患者一般带有肺炎并发症，四肢发黑，身体由于痉挛而不停抖动、吐血，然后在三天内无药可救死亡。即使有谁幸运地躲过这场灾难，身体康复以后还会传染他人。通过呼吸在几米之内空气传播的危险性大于接触传播。衣服传播疫情，遗弃在街上的发黑的尸体至少在死亡24小时后还具传染性。预防疾病的措施，甚至那些建立在经验基础上的措施都是可笑的：为医生、护士和掘墓人准备面具，焚烧死者的衣服，在尸体上洒石灰，屠杀犹太人。没有一项措施是明显有效的。1440年以后，疫情开始消退（它一直持续到1510年），这似乎更多的是因为肺结核和霍乱的挑战，而不是人们提高了免疫力。

直到今天，我们对黑死病肆虐的某些原因也不是很清楚。有利于疾病传播的气候条件可能是原因之一，而且医疗条件也在过去20年内恶化。尽管1348年任何地方的死亡人数都没有超过750，但1334年至1340年间，日夫里的死亡率从10%上升到18%。在里昂地区，1343年以后登记的死亡人数明显增加。在鼠疫再次爆发的1392年，死者数目更为惊人。有这样一种感觉，鼠疫爆发初期比高峰期发生的事情能更好地解释这一过程。显然，人口增长，特别是城市人口过度拥挤，使得大量的人陷入这场灾难，这在中世纪以前是从来没有过的。在卡尔卡松（Carcassonne），所有法兰西斯派修士全部死亡；在图卢兹，圣塞尔南（Saint-Sernin）大教堂的20个教士死了12个；阿维尼翁的教廷官员死了1/4。城镇损失更为惨重，这我们将在以后看到。在其他地方，鼠疫更有选择性：首先是成人感染，此后更多的是儿童，可能他们比1348年或1350年的父辈们抵抗力更差。营养不良和过度拥挤的穷人受害最为严重，但除了勃艮第公爵这样的身份高贵的受害者之外，许多富裕的市民、公证人、行政司法长官，当然还有医生，在因公务到城镇去时被传染、死亡。可能这时最有意思的现象是，在遍布黑色尸体的海洋中还有一些白色的地区，博讷（Béarne）、鲁格（Rouergue）、匈牙利、埃诺（Hainaut）和布拉邦特的部分地区以及散布各地的很多城镇不可思议地幸免于难。现代科技对此可能的解释是O型血的人对鼠疫有免疫力。如果匈牙利的绝大部分人是这个血型，并且最近已在欧洲心脏地带扎根的假设属实的话，那即强烈暗示，血型的分布和那些没有受到死亡打击的地区正好吻合。

　　哪种全面的评估是可靠的呢？我们的资料参差不齐，很少附有图表，而且几乎全是有关城市的资料。而且，普遍的恐慌意味着很多描述都夸大其词。我们唯一完整的资料是有关英国的：根据1338年至1415年及以后的税收记录，鼠疫爆发前英国人口为312.5万，这已经比两代前的人口少很多了。1358年人口下降到275万，1377年根据当时人口统计的主要资料人头税计算，下降到225万。截止到15世纪初，在兰开斯特家族（House of Lancaster）上台时英国人口仅200万多一点。城市和乡村人口总计损失了1/3，这不仅是鼠疫，也是饥荒或者马尔萨斯人口过剩理论的结果。到处都在报告恐怖的死亡率：1348年，总计1800人的小村子日夫里死亡750人；在威斯敏斯特皇家法庭，死亡记录从25人一下子跳到700多人；在佩里格（Péri-gueux）、里昂、兰斯、伊普斯和佛罗伦萨，平均死亡率可能为25%至35%；在艾克斯、阿普特（Apt）、图卢兹和布尔日（Bourges）等地区死亡率为50%；不来梅据说高达70%；让·泰弗内（Jean Thevenel）记录鲁昂（Rouen）死了2万人，吉勒·李·穆伊希斯（Gilles li Muisis）记录图尔奈（Tournai）地区死了2.5万人，但是这个数字

已经超过了当地居民的总数。感谢皇家或市政税收代理人在较长一段时期内所做的有关火炉税的大量调查，由此我们可以看到人口大量损失。在郎格多克，登记在册的有21万个火炉，但1370年只有9万个，1382年为7.5万个。多菲内损失了6万个火炉，普罗旺斯损失了60%，勃艮第损失了40%。法国和英国的损失似乎比其他地区更为惨重，例如加泰罗尼

冒着黑死病的危险，教皇在罗马领着一支队伍游行，途中一个修士倒下了。源自《贝里公爵的美好时光》（尚蒂伊，孔代博物馆）

亚在1350年至1378年火炉总数基本持平，此后有所下降。在帝国境内，平均死亡率似乎是20%至35%。无论如何，尽管1360年和1368年鼠疫两次来势汹汹，但有越来越多的地区躲过去了。1390年以后，南德、低地国家和西班牙显然也一起躲过去了。尽管惊人的高死亡率表明几乎每三个或四个人中就有一人死亡，也就是说，这是14世纪因流血的军事冲突死亡人数的六倍。

在人口锐减这一点上，能够排除干扰的历史学家将看到，黑死病消除了人口过剩，经济后果相当清楚。首先，随着人口的变化，劳动力和出生率仅在以后几代有所下降。这就是"空荡荡的教室"的景象，过去所发生的两次世界大战已使历史学家注意到这一点。甚至在流行病业已消退后，虽然经过种种重建努力，但人们往往精力不足，很快就精疲力竭，病菌有可能重新回来。人类自我恢复的本能形式是显而易见的。在日夫里，平均每年有12对新人结婚；在黑死病爆发之前和1348年，神甫从来没有主持过婚礼，但是在第二年就举行了86场婚礼。尽管这样，独身男子的人数仍然很高，就这一点而言，个体家庭日益脆弱，并迅速衰落。人们结婚的年龄越来越晚，在南部香槟地区，新娘的平均年龄从18岁至22岁提高到1430年左右的24岁。卖淫和婚前性关系成为普遍现象，产生了大量的私生子，他们不被社会所接受，后来修改了法律他们才被允许继承财产和选择职业。很多统治者的私生子可以担任政治和军事要职。家庭内的出生率急剧下降。在香槟地区，48%的农民夫妇没有子女，或者至少在户口调查时没有登记在册。由于缺乏奶妈，出生率也在下降，母亲被迫自己抚养孩子。人们甚至猜测，例如在意大利和巴黎附近，还存在弃婴现象，特别是遗弃女婴的现象。

黑死病影响的一个最显著的结果就是加剧了作为避难所的城镇和可以起到保护作用的森林与遭到破坏的地区之间人口的不均衡分布。在法国，这种不均衡（1328年这种情况已经上报给中央）日益明显，一些普通的或被毁坏的地区正在遭到遗弃。这种人口转移从根本上改变了欧洲的经济，我以后会谈到这点。这时的人们必须要知道他们能逃到哪里。在经历黑死病而幸存下来以后，这些难民又屈服于战争及其共犯和帮凶。

拉锯战

1337年10月7日，爱德华三世决定要求继承法国王位（他曾轻易放弃过这个权利），传统观点认为这是百年战争的开始。自此之后，战争从来没有结束过，甚至1475年金雀花王朝以远亲身份继位的约克的爱德华四世准备将这一称号让与路易十一时，战火仍在皮基尼（Picquigny）继续。实际上，这一阶段的战斗只是国王反对国王，或者双方通过统帅或亲王进行调解，大约持续了30年，占全部交战时间的1/5。而且，这两个国家在1292年至1327年不断有战事发生。另一方面，尽管苏格兰和卡斯提尔的战争、意大利城市之间的战争和汉萨同盟在波罗的海上的

战争的结果：士兵们在洗劫一户人家。（14世纪手稿，CVII号，伦敦，大英博物馆）

战争几乎同时爆发，但它们总是和英法两国之间的敌对有着微妙的联系。尽管百年战争这个名称毫无合理性或普遍性，但是我们必须接受它。

这是因为在这百年甚至更长的时间里，战争在人们的日常生活中随处可见。托马斯·巴赞（Thomas Basin）曾经有过描述：守在钟楼顶上或森林定居点入口的看守在看到武装团伙后马上吹号给人们报警，然后人们集合他们的牲畜和家人到设防的教堂或有围墙的城堡里面，否则就逃到森林里面去，然后看着士兵们从远处一路烧杀劫掠而来。如果没有叛徒做内应打开城门，城镇的防守很牢固。但一旦城门大开，人们根本无处可逃，只好拼死一搏，这时每个人都可能死亡。一些城镇遭受如此野蛮的劫掠（如1370年黑王子攻陷利摩日时所做的），甚至是那些麻木的当代人都感到震惊，除此之外，不能肯定这场持续不断的战争实际上造成了多少人死亡。但是它的间接影响是破坏性的：粮库被掏空，饥肠辘辘的人们无法抵御黑死病，它造成的破坏持续了好多年。如果粮食或干草在粮仓被偷或者被烧为灰烬，这个损失令人痛心，但是第二年人们仍将有所收获，如果施了灰肥，产量会更多；焚烧村舍或破坏机器要更坏一些，至少要一年的时间才能恢复；但是偷盗或屠杀牲畜、破坏葡萄园或森林则是灾难性的，因为一群牲畜或一片杂树林的重新成长需要十年的时间，而往往在此之前士兵又早早卷土重来。就此需要指出的是，这一灾难影响的主要是拥有牲畜、森林和磨坊的领主，而非卑贱的农民。虽然不清楚设防城墙的保护能力如何，但教会连这个也没有，因此它比其他领主的损失更为惨重。至于从农民那里弥补个人损失，则根本不可能，他们被洗劫一空，根本不名一文。

14世纪的一次海战：很可能是布鲁日附近的斯勒伊斯战役。（伦敦，曼塞尔美术馆）

　　尽管出现过休战协议、空洞的和约和其他一些谈判，这都令外交家们（他们刚刚开始出现）高兴，但战争仍然占据了这一时期的大部分时间。即便国王或城镇没有被迫卷入战争，那他们也可轻易找到很多借口发动一场战事。确实，和中世纪的鼎盛时期一样，战争在14世纪是典型的活动。当贵族依然可以靠租金生活时，他们没有必要公开掠夺。但是在庄园体系开始崩溃以后，他们没有选择的余地，只能发动战争重新聚集他们的财富。武器价格昂贵，全套盔甲、重型武器和金属马饰的价格不断飙升。战争的目标就是从敌人那里弥补损失，至少依靠掠夺战败一方来维持生计。战争就是这样受到怂恿并产生更多的战争。被俘是很危险的，这对骑士和其随从而言都是灾难性的，因为骑士将把赎金的负担转嫁到他们的随从们的头上。最高统治者们可以使他们的赎金变成国事，例如在好人约翰（John le Bon）事件中我们看到的那样。如果有能力，他们的臣民将支付赎金，否则，领主无论身份如何都将在监狱里呆上很长一段时间，例如奥尔良的查理（Charles of Orléans）。他感谢诗歌陪伴他在伦敦塔挨过了17年的监禁生活，但待在那里的生活至少很舒适。因此贵族督促他们的统治者进行战争，或者将城镇和他们一起拖下水。一次过于短暂或过于昂贵的胜利必然伴随着复仇或更大的战事，因此百年战争以每个人为代价年复一年地进行着。

　　发动突袭、通过急行军来恐吓对手、在宫廷官员和教会人士进行没完没了的谈判时打击敌人设防坚固的营地，这些战法都已经不够用了。然而，战争的这种古老方式无疑仍在继续，爱德华三世和他的儿子黑王子在1350年至1356年是这样，对布列塔尼公国提出权利要求者也是这样，实际上15世纪的所有骑士都是这样。和谈于1389年在勒灵海姆（Leulinghem）和1435年在阿腊斯进行了11个月，于1358年至1360年在伦敦进行了14个月，甚至在1419年至1420年在特鲁瓦和谈了31个月。因为不可能实现曾经发誓许诺的和平，那些有责任实现和平的人，即使是最忠诚的将领也无法确保做到，因此这些谈判没有解决任何问题。教皇从中调解、银行家也卷入了，但是如何约束一个为个人私利打仗的军团领袖呢?

尽可能地避免作战，因为战争是决定性的或者至少是危险的、昂贵的，很容易被胜利者利用。事实上，这个世纪中，法国、卡斯提尔和意大利发生的所有战斗都是辉煌的和享有声望的。一名布雷顿（Breton）权利继承者的死亡、一位卡斯提尔国王的暗杀行动、一位法国国王的被俘、一位波希米亚国王的去世，诸如此类的事情引起王朝、财政和心理上的连锁反应。然而从战略上讲，那赫拉（Najerra）、欧赖（Auray）、普瓦捷、克雷西（Crécy），甚至阿金库尔战役（Agincourt）都是偶然事件，它们没有解决任何事情。只有两个领域没有遵循传统的作战形式：一个是重新复兴的海战，这是13世纪中期由意大利人最早开始的，它使海岸地区人们的生活发生了很多重大变化。加利西亚人、巴斯克人和布雷顿人从渔民变为海盗。鲁昂、阿夫勒尔（Harfleur）、布鲁日和南安普敦出现制造单层甲板大帆船的船坞，并和在热那亚、巴塞罗那或威尼斯早已存在的对手展开竞争。一些战斗影响了军队的运输，如1340年热那亚人帮助爱德华三世击败菲利普六世的诺曼人时在布鲁日河口发生的斯吕伊斯战役。其中最重要的就是发射黑色火药的大炮的出现，虽然当时大炮还处于其发展的早期阶段。这种攻城装置是从古代继承下来并经中国人加以完善的，它往往发射石块，越过围墙将房子击倒，或者发射装有希腊火的罐子。但是发射火药的大炮声称能够击毁设防城墙。我们沿着从中国到埃及，然后到西西里的这条轨迹寻找加农炮火药的秘方是没有意义的。1304年伦巴第报告有了火器，佛罗伦萨在1315年也有了火器。至1338年，它们已在鲁昂投入生产，其中一些曾在1342年至1346年用来围攻加莱，还有可能在围攻克雷西和埃讷邦（Hennebont）时也使用过。但几个世纪以来，人们一直认为这些发射石弹的射石炮对炮手比对敌人更加致命。但1374年圣索弗尔（Saint Sauveur）城、1418年鲁昂、1429年奥尔良被几发炮弹攻陷后再也没人敢嘲笑火炮了。1453年，在第二次袭击波尔多时，法国在卡斯蒂永（Castillon）取得胜利就是火炮起了决定性作用，英国年迈的统帅塔尔博特（Talbot）被落在身边的加农炮弹击中后背而死。

雇佣军

虽然人们能够容忍平均每五年就有一年在打仗，但是不要忘记在所谓的和平时期，军人享有完全的行动自由。打仗只是贵族的事情的时代已经一去不复返了。君主和过去一样召集封建诸侯和自由人组成小分队，英国的fyrd（民兵）、意大利的militia（民兵）和法国的arrière ban（被征召的附庸的军队）仍继续存在，并且可以提供几千骑兵，他们都受过良好的作战训

手榴弹的前身：装满石脑油的燃烧罐。（巴黎，卢浮宫）

练并富有个人英雄气质。附庸们冲锋陷阵，极具使命感、勇气和骑士精神，这不仅仅是表面上的，国王好人约翰的例子可以证实，他曾浴血奋战五个小时方被敌人俘虏。与臣民的所思所想不同，这些时代的贵族可与在布维涅之战或拉斯·纳瓦斯·德·托洛萨（Las Navas de Tolosa）之战的祖先们相媲美，但是封建军队已经分化为诸多对立派系。步兵日益重要，有时包括火绳枪兵，通常是意大利人，他们挥动着致命的武器，在百米外就能击穿敌人的胸甲或者至少杀死马匹，从而起到阻止敌人进攻的目的。这些人都是经过专门训练的昂贵的雇佣兵，人们不能要求他们机动作战，因为其武器就重达几公斤。除他们以外，被轻视的但又必不可少的长矛兵和刀兵人数在增加。长期以来他们只是用来劫掠敌人的营帐。至15世纪初，他们变成不同以往的勇猛之师。在骑士冲杀之时拼死逃跑的时代已经结束，现在步兵能够自己挥舞长矛保护自己，如果有机会还可以用壕沟或削尖的篱笆保护自己。意大利巴巴罗萨时代的骑士们已不得不痛苦懊恼地发现自己正在遭到步兵的重创：1242年在皮耶普湖（Piepous）和1410年在坦嫩贝格（Tannenberg）被德意志步兵打败；1314年在班诺克本（Bannockburn）被苏格兰人击败的同时被英格兰步兵打败；1302年在库特赖（Courtrai）被法国步兵打败；1346年在克雷西被充当弓箭手的佛兰芒民兵打败。除了长矛，弓箭也已经成为一种重要武器。在苏格兰人和威尔士人充分展示了它的功效后，爱德华三世在1334年以后为其步兵配备了弓箭。尽管这种弓箭在力度和射程上比不上热那亚的劲弩，但在50米以内足以扰乱骑兵。一个强壮的弓箭手如果没有被穿着铠甲的庞然大物攻击，没被踩在脚下或者被矛刺穿，那他就不能离开阵地。长矛兵方阵甚至需要更大的勇气，第一排人半蹲成刺猬状，只有发生恐慌才能使它陷入混乱。这成为始于1420年至1430年左右的瑞士雇佣兵一百多年来的商业标志。

这些新战术缓慢但不可避免地改变了战争的性质。威尔士人、热那亚人和瑞士人不全是当地人：他们被训练为职业军人，成为雇佣兵。他们是从杳无人烟的乡村逃来的农民、被城市驱逐的边缘人、没有封地或谋生手段的小贵族、私生子、冒险家和铤而走险者。他们大多是加斯孔人（Gascons）、纳瓦拉人、布拉邦特人、热那亚人、那不勒斯人、皮埃蒙特人和巴伐利亚人。这些地区也许确实需要以当兵解决人口过剩的问题。他们的"公司"（有关商业行为和友谊的一个术语，解释了这个游戏的这两个重要方面）的出现可追溯到13世纪。13世纪末——

无论是在导致教皇离开罗马的困难时期，还是在东方进行最后冒险的时期——在意大利和加泰罗尼亚，它们已相当普遍。通常情况下，他们和统帅，即雇佣兵队长（condottiere）签订条约，即雇佣条约（condotta），在为雇主服役期间，他带领他们远征，显然这不是出于政治的或宗教的动机。每个军团100至400人不等，有医生、随军商贩、几乎已被免职的牧师和负责部队给养车辆的军需人员。他们今天为法国国王服役，明天就有可能帮着威尼斯，因此一个条约的结束或缔结对"公司"没有意义，他们只是继续流浪并靠劫掠生活。

他们要为持久的战争状态负责。雇佣兵无视停战协议，只服从统帅。他们为特定的君主效力，但双方只是单纯的雇佣关系。约翰·尚多（John Chandos）、罗伯特·诺尔斯（Robert Knowles）和约翰·法尔斯托弗（John Falstof）支持英国，杜盖克兰（Du Guesclin）、 格雷萨特（Gressart）和塞尔沃雷斯（Cervolles）为瓦卢瓦家族服役，霍克伍德（Hawkwood）为教皇工作，科莱奥内（Colleone）为威尼斯服务，坎波·巴索（Campo Basso）和维朗德兰多（Villand-rando）为任何人服务，弗朗切斯科·斯福尔扎（Francesco Sforza）只为他自己。这还没有提到其他小首领，他们从占据的要塞流窜到乡村，最后被抓斩首。弗鲁瓦萨长篇累牍地记述了艾美里格特·马尔谢斯（Aymerigot Marchès）等人可怜的功绩。没有地方能够免遭他们的劫掠：最富庶的法兰西岛、皮卡底、阿尔萨斯、伦巴第受害最严重，特别是雇佣兵无事可做的停战期间，他们抢走土地上最好的东西，毫不迟疑地袭击城镇。1362年他们就曾洗劫教皇在阿维尼翁的财产。

除了把他们送到别的地方，人们毫无办法。因短暂而辉煌的职业成名的杜盖克兰在1365年被派往西班牙作战，1444年皇太子路易采取类似措施反对德意志，都取得了短期成功。人们似乎不可能限制他们，无论如何，这些人还是有用的。他们可以发动现代战争、执行突袭、进行埋伏，而且不会因为叛乱而退缩。这时没人能胜过杜盖克兰，他按字面意思理解查理五世所说的"丢失土地不如烧光土地"而执行卑鄙的烧光政策，虽然愤慨的同时代人对此进行了谴责，但19世

长矛、弓和弩是步兵的基本武器。罗斯贝克战役，15世纪初弗鲁瓦萨《编年史》（*Chronicles*）插图。（编号865，贝桑松，市立图书馆）

纪的历史学家们却热情地颂扬他。被斩首的每一个马尔谢斯都效仿黑王子的亲密顾问尚多、杜盖克兰等统帅或米兰公爵斯福尔扎，取得了无数胜利。

这期间城镇和农民情形又如何呢？他们正遭受敌人和本方部队（他们的忠诚是靠不住的）的劫掠，生活惨不忍睹，在苦难中他们逐渐养成了同时代人没有立刻理解的双重心态。自从政府无力保护他们以来，他们就自己保护自己，特别是那些社区力量一直比较强大和稳固的地区。各村之间缔结协约，有时候他们也和统治当地的雇佣兵团的领袖缔结协约，1350 年以后，甚至国王都承认他们拥有携带武器的权利。当地的民间传说渐渐扩展到叙述他们英勇却收效甚微的个人英雄主义行为，讲述格兰德·费雷（Grand Ferré）和威廉·拉卢埃（William L'Aloue）反抗英国人的事迹。随后爆发了扎克雷起义，贞德的出现也是一样。他们的另一种观点也很奇特，即如果国王没有履行职责，那领主做的就更少了。因为已经存在滥用权力的嫌疑，因而现在人们认为贵族是危险的。他可能远在异地，被击败，被勒索赎金。他还凭什么独霸一方呢？人们必须强调这种贵族权力被侵蚀的重要性，这不仅是因为它的经济后果（我在后面会讨论到），还因为君主和臣民之间建立起来的屏障正慢慢消失。现代王室将以可怕的代价沿着这条道路前进。

1380年以前的政治骚乱

毫无疑问，基督教在 13 世纪的清算是第一阶段的特点，这一阶段从 1320 年一直延续到 1380 年。在此期间，欧洲的政治结构瓦解了，消逝在诸多灾难之中，对于这些灾难，编年史家们只记录了它们的不可预知性。教皇是一个重要的决定性因素：这个罗马地方官可以依靠一群可靠的拥护者进行统治，甚至在与世俗皇权的争斗中堪堪获胜。在 1274 年的里昂公会议和 1311 年的维恩会议上，教皇畅所欲言，他的财政和极权政策、保守的世界观和对容忍他出现在其边境的君主的忠心是如此明确，以致所有人都对其质疑。自 1303 年在阿纳尼（Anagni），在罗马贵族和美男子菲利普的代理人面前受辱以来，这个过度腐化的罗马教皇宝座再也不是卑微者求助的对象了。虽然在法国流浪，后来定居阿维尼翁，但教皇有两点没有改变，即他仍然是一个殷勤的教士和一个富有的人。然而，他的代理人，如阿尔沃诺斯（Albornoz），却戴上头盔，试图夺回罗马。1378 年教皇刚刚重回圣座，教权就一分为二，这加剧了基督教的耻辱。帝国能够挽救教会这艘巨轮吗？自 1273 年以来，外国侵犯的闹剧已接近尾声，但是德意志君主不愿放弃诸奥托（Ottonians）和巴巴罗萨的梦想，梦想着征服意大利并在罗马加冕，教皇为此望风而逃。巴伐利亚的路易在追逐这个狂想 15 年后放弃了，新上台的卢森堡家族继续尝试，重复着古代仪式，但事实上，这些久久逗留不愿离去的幽灵甚至没有造成伦巴第诸城的困扰。当 1356 年查理四世颁布《黄金诏书》规定皇帝由德意志亲王选举时，他完成了一个伟大的明智的举动，这条原则一直坚持到拿破仑挥

军西进前。帝国有七个选侯，即特
里尔、科隆和美因兹旧主教区的大
主教、波希米亚国王、萨克森公爵、
勃兰登堡边疆伯爵和统治巴伐利亚
的莱茵的巴拉丁伯爵。值得注意
的是，皇帝放弃了他对意大利的权
利，这也是醉汉文采斯劳斯（Wenc-
eslaus the Drunkard）、罗伯特一世
和哈布斯堡的阿尔贝特（Albert of
Habsburg）所做过的，这种牺牲日
后被证明是值得的。在这群幽灵中，
西吉斯蒙德（Sigismund）以宗教热
情而闻名，这种热情对于神圣罗马
帝国的领袖来说是不够的。

　　这一衰落预示了未来的发
展，其真正原因是德意志的分裂割
据，是皇帝承认各地特权的最终结
果，迷恋罗马的君主们对此已执行
了两个世纪之久。也许这种政治分
裂是德意志为了其15世纪强大的经
济复苏不得不付出的代价。不强调

巴尔托洛梅奥·科莱奥内（1400－1475）是意大利的一名雇佣兵
首领，受雇于各派。为威尼斯人雇佣期间战死。威尼斯人于1488年在
SS.乔瓦尼－保罗广场为他建了一座青铜像。（作者：韦罗基奥）

指明这片分裂土地的两个特征也是不公平的。北部波罗的海沿岸城市组成汉萨同盟，控制着从
不来梅到里加（Riga），甚至到科隆的海岸和河流，并不择手段地获得了政治联盟的地位。丹
麦国王瓦尔德马·阿特达格（Waldemar Atterdag）为摆脱德意志人对其领土的缓慢移民，摆
脱他们对其关税的控制，占领了哥得兰岛（Gotland）并进入梅克伦堡（Mecklenburg），此后
他遭到袭击，哥本哈根被焚烧。1370年，他被迫承认汉萨同盟在斯特拉尔松（Stralsund）海峡
享有自由通航权。1379年以后，通过支持"卡尔马（Calmar）永久联盟"并在此基础上进行联
合，这些德意志人增强了安全措施，于是汉萨君主控制了斯堪的那维亚和丹麦的所有地区。

　　南方的情况十分不同，可以肯定的说，如果没有极强的忍耐力，那里简直无法生存。
1291 年由于拒绝在通往圣哥特哈德（Saint-Gothard）要塞的入口向哈布斯堡王朝缴税，乌里
（Uri）山区的山民发动叛乱，随后毗邻地区施维茨（Schwyz）和翁特瓦尔登（Unterwalden）

威廉·泰尔，瑞士的一名弩手，他通过瞄准他儿子头顶上的一个苹果来证明他的射箭技术。（木刻画，苏黎世，1545）

也爆发了叛乱。这些事件的意义何在呢？1318年，瑞士就是诞生在这样的一个州里。可能从来就没有威廉·泰尔（William Tell）这个人，他的冒险经历就是卢塞恩（Lucerne）、格拉里斯（Glaris）、苏黎世、伯尔尼和后来的圣加尔（St Gall）、泰桑（Tessin）和瓦莱（Vallais）等地方的许许多多的人们的经历，他们在不到50年的时间里聚集起来并建立起一个没有领主的联邦州议会。1386年哈布斯堡家族的利奥波德（Leopold）试图重建统治时，这些穿着短上衣、扛着斧子和长矛的人击溃了他的附庸和雇佣兵。于是，瑞士步兵跃然登上历史舞台。

12、13世纪的欧洲习惯了圣战的声音，现在，南方的战事宣告了它的终结。摩尔人逐渐撤退，渗入欧洲内部的伊斯兰教的幽灵渐渐消逝。也是在这里，收复运动提早结束，在1280年穆尔西亚（Murcia）小王国陷落以后，只剩下格拉纳达和马拉加两地没有收复。在需要努力完成任务的时候，这个结局无疑有些出人意料。这是因为伊比利亚半岛的三个国家突然卷入其他事情中去：卡斯提尔包围格拉纳达，本可以发动最后的攻势，但1284年阿方索十世逝世，国家陷入内乱而四分五裂。它的兴趣似乎业已转到比利牛斯山脉，转到纳瓦拉这个内部正在争夺王位的小国，转到加斯科涅（Gascony）湾，这里的水手越来越多、行为越来越大胆。当时改变政策的原因还不清楚，是阿斯图里亚（Asturia）的白银？加斯科涅的商业？还是排挤巴约讷（Bayonne）和波尔多的野心？其中的一位国王残忍者彼得（Peter the Cruel，1350年至1369年在位）崛起，重新控制了局势。他住在塞维利亚，近臣都是非洲人，他的注意力转向摩洛哥。这在未来足以引起教会的仇视和卡斯提尔大贵族的忧虑。他的兄弟特拉斯塔马拉（Trastamara）的亨利反对他。法国国王派杜盖克兰支持叛军，金雀花王朝的君主闯进彼得的防区。躲过几次正面冲突以后，一场没有结果的战斗在蒙铁尔（Montiel）打响，后来在亨利的帐篷开会解决这个问题，当时亨利刺伤了他的哥哥。卡斯提尔到下个世纪实现直面大西洋的梦想破灭了，亨利、牧羊主和"受让人"取得了胜利。

因此，西边的葡萄牙和东边的阿拉贡声称拥有领导向海洋拓展的权利。实际上，里斯本不是那么令人难忘，1386年英国人和葡萄牙国王结盟，这一盟约竟然现在还有效！1385年阿维什（Aviz）王朝建立以前，那里的君主们无关紧要，但是意大利人已经十分熟悉塔古斯（Tagus）

河口的非同一般的有利位置。1345年至1350年以前，森图里翁家族（the Centurione）在那里开放了一个贸易站，距离摩洛哥只有500米，距马德拉群岛（Madeira）1200米。加泰罗尼亚人第一个到达那里，但是直布罗陀向他们关闭了海洋，因此，1303年至1310年他们转而向摩里亚半岛和第勒尼安海（Tyrrhenian Sea）探险，在那里，他们冒险家的破坏力比商业的破坏力还要大。在此之前，加泰罗尼亚人一直被郎格多克人、图卢兹人和普罗旺斯人视为束缚在土地上的农民，在他们看来，巴塞罗那根本不能和热那亚、那不勒斯和巴勒莫相提并论。然而现在，农民的特征正在发生改变。首先因为君

塞哥维亚河畔的阿尔卡扎尔城堡曾是13－15世纪卡斯提尔的多位国王的驻地。

主们已经放弃了对遥远的比利牛斯山脉的野心，这种野心已成为，也只能是一个不利因素。1276年以后，他们攻打巴利阿里群岛（Balearic islands），到1343年将其据为己有。他们进攻撒丁岛和西西里，1282年在西西里挑拨发动野蛮的和流血的晚祷叛乱反对安茹人，结果导致长期的混乱，直到19世纪加里波第远征才得以解决。作为该岛的主人，至今仍统治着那不勒斯的阿拉贡国王继续享有西西里国王的称号，这一称号也曾经属于安茹的罗伯特。这就是"两西西里王国"名称的起源，岁月流逝，它却流传下来。

作为艺术和商业发源地的意大利，局势同样变化莫测。这里再也没有教皇或皇帝，但反而来了太多的外国人：即将征用罗马，并且其家族和匈牙利的王室有血缘关系的安茹人显然不能在此永远定居；法国人，他们是在1323年以及在阿维尼翁重建教皇权力以后来到这里的；西西里的加泰罗尼亚人和来求助的希腊人。在这一地区，城镇日益相互牵制。有人可能认为这里已经没有什么新东西了，但是未来的边界原则已初现端倪。威尼斯人直到礁湖边境的领土正日益受到热那亚人的威胁，他们开始巩固他们的势力范围，并且向波河流域拓展领土。佛罗伦萨

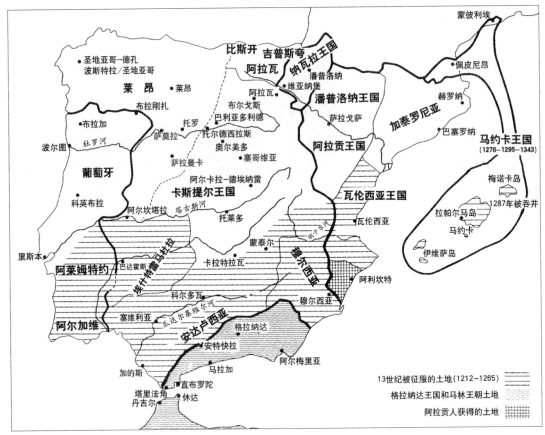

地图1：14世纪的伊比利亚半岛

首先占领阿雷佐（Arezzo），然后在1406年进攻比萨。1354年以后由维斯孔蒂（Visconti）、巴尔纳波（Barnabo）和加莱亚佐（Galeazzo）统治的米兰控制中伦巴第。由此可以预测，城郊在未来将转变为国家，但这实际是教皇和德意志皇权衰落的结果。

英军深入法国境内

在所有的冲突中，最重要的就是西方两大君主国之间的冲突，引发这场冲突的不仅仅是不符合时代潮流的沙文主义。它之所以重要是因为它继续了很长时间，渐渐从两个王国（其上流社会和国王讲同一种语言，拥有同样的行为标准）之间的敌对演变为两个民族间的事情；它之所以重要还因为它真正的目的是：欧洲已经容不下兴趣和发展如此惊人相似的这两个国家共存。法国的失败似乎出乎意料，因为它拥有更多的人口、发达的经济和瓦卢瓦家族的财富。

但一个敏锐的观察家会认为英国更胜券在握，因为他们的行动具有高效性、纪律性和谦逊等特点。但是这种预言过于简单化而没能引起注意。

在14世纪的持久对抗发生之前，这两个政权就已经有冲突，但没有达成令人满意的结果。卡佩王朝的代理人在英国的阿基坦，即后来被称为吉耶纳（Guyenne）的地方制造麻烦，最终导致抗议和冲突的发生。法国国王轻而易举地获得了很多地方，但不知是不愿还是不能，他没有取得波尔多，兼之他不信任法国西南部和比利牛斯山脉的贵族，因此战事暂停。战争在一个毗邻国家重新开始，因为1300年左右每个国家都有它自己特殊的问题，而其他国家则极力使之更加恶化。对于金雀花王朝来说，它的问题就在苏格兰，1306年罗伯特·布鲁斯（Robert the Bruce）在苏格兰自立为王，并于1314年在班诺克本（Bannockburn）击败英格兰军队。爱德华三世支持一个叫巴利奥（Ballio）的王位争夺者反对罗伯特，并于1346年打败了菲利普六世支持的大卫王。他不得不派兵驻防那里，而且更坏的是，还要安抚许多强大的边境长官们和渴望自己作君主的当权者们。对法国国王来说，问题在佛兰德斯，这里到处是城镇，当地人不讲法语，而且几个世纪以来一直抵制辅币。美男子菲利普在库特赖被根特和布鲁日的丝织工人和织布工人击败（1302），虽然两年后他对当地进行了报复，但是由于社会动乱和派系斗争而遭受严重破坏的这个地区一直没有屈服。在决定发动战争之际，爱德华三世宣布自己是佛兰德斯的国王，根特的叛乱领袖雅克·范·阿特维尔德（Jacques Van Artevelde）支持他。其他地区也在打仗，布列塔尼，一个非常适合游击战的地区，在1342年至1365年间继位情况一团糟；纳瓦拉和卡斯提尔的情况和我们已经看到的一样；甚至是在谄媚的巴伐利亚的路易和教皇周围也以外交冲突的形式爆发战争。

爱德华三世相信骑兵突袭作战。斯吕伊斯战役使他确信自己可以轻易渡过英吉利海峡。1340年以后他在法国北部活动，而他的儿子黑王子则袭击郎格多克。菲利普六世对此大发雷霆，并且在1346年爱德华三世撤往佛兰德斯时对他进行追击，尽管在人数上占优势，但他的骑兵在克雷西遭到惨败，无论如何爱德华已经成为那里的领主了（8月26日）。不仅如此，他们一走，英国军队就向加莱挺进，并占领那里，此后英国士兵和给养就可以在这里登陆了。同时，爱德华已经有了无数个阿特维尔德，他已经没有用处了，于是爱德华就把他暗杀了。瓦卢瓦家族的第二任统治者约翰二世最初似乎更乐于镇压以其堂兄弟纳瓦拉国王查理（他对王位有无可争议的继承权）为首的桀骜不驯的贵族集团。约翰首先逮捕查理，然后在普瓦图突袭毫无防备的黑王子，黑王子只带着几个随从逃往波尔多。1356年9月19日，约翰在普瓦捷附近追上英军，结果却出人意料，尽管其长子查理逃脱了，他却被英军俘虏。

这些事情至关重要。就事件本身而言，国王英勇作战而被俘变为有利条件，因为爱德华三世发现他处境艰难。国王被俘在法国产生了一系列问题，其中包括限制君权的尝试，人们通常忘记了它在1355年就已开始。最重要的结果是：1360年5月爱德华三世在布雷蒂尼（Bré-tigny）被迫求和，但是曾经答应割让阿基坦（在某种程度上又回到了1250年的情形）的承诺实际上已不可能实现，但真正重要的是英国获得大笔赎金——惊人的300万埃居。这笔钱虽只支付了一部分，其余的甚至在战后还在偿还。作为荣誉之债，它成为法国征收常规税的基础。

　　新的瓦卢瓦国王查理五世上台以后，敌对活动在1368年以后重新开始。因为袭击、战事、纳瓦拉国王的失踪和杜盖克兰式的骚扰战，西南地区竭力拖延和平条约的执行。1380年查理去世之时，局势几乎又回到了1338年：布列塔尼不再服从统治，但是其继承人继承了多菲内；英国占领加莱、瑟堡（Cherbourg）和波尔多，国王查理的兄弟成为佛兰德斯伯爵。在这40年，社会依旧动荡，任何问题都没有解决，日渐衰老的爱德华三世所犯的错误和查理五世的沉重赋税留下的只是两个被消耗殆尽的王国，还有准备夺权的不满的贵族（他们感到自己在经济领域的权力正在丧失）、疲惫的市民、日益贬值的货币、雇佣军和黑死病。

崩　溃

　　1380年至1430年的这半个世纪被视作法兰西民族历史上最黑暗的时期之一，但是英国和意大利无疑也差不多。当时的两代人陷入了无望的黑夜中。

　　除了零星的反叛外，20年来似乎一切都好。王公贵族的统治有些令人反感：拥有王室百合花徽章（fleur de lys）的亲王，即查理五世的兄弟们以幼主的名义进行统治，肆意妄为。在两次无耻地劫掠郎格多克之间，安茹的路易前往那不勒斯解救在那里身处绝境的安茹第一家族；贝里的约翰（John of Berry），一个开明的艺术资助者，充当仲裁者并花光了国库；勃艮第的菲利普拉着年轻的查理六世一起设计诱骗从弗里西亚到卢森堡的巴伐利亚人的钱财；波旁的路易组织舰队打击北非伊斯兰地区的海盗。意大利和莱因兰成为这些家族和政治阴谋的专用剧场，人们徒然地在里面寻找某个伟大的计划或某种形式的经济动因。可能并非完全偶然，这两个唯一拥有伟大设想的法国亲王在这些暗礁上沉没了；勃艮第的菲利普也在关注皮埃蒙特和米兰，他是两勃艮第、佛兰德斯、阿图瓦的主人，也是巴伐利亚的阿尔贝在布拉邦特、埃诺和荷兰的监护人，他让他的国王侄子娶了巴伐利亚的公主伊萨博（Isabeau）。他视察自己的领地时要穿越国王查理的兄弟、瓦兹（Oise）和马恩领主的奥尔良的路易的领地，在那里控制着巴黎地区的皮埃尔丰（Pierrefonds）、米隆堡（La Ferté-Milon）和其他一些城堡正在崛起。路易扩大了他在卢森堡的利益，将财产一分为二，并没有怀疑叔叔的野心。随后，他来到米兰，在那里迎娶瓦伦蒂娜·维斯孔蒂（Valentina Visconti），她是1395年以后成为米兰公爵的詹加莱亚佐（Giangaleazzo）的女儿。1396年他穿过法国治下的辖地前往热那亚，此后

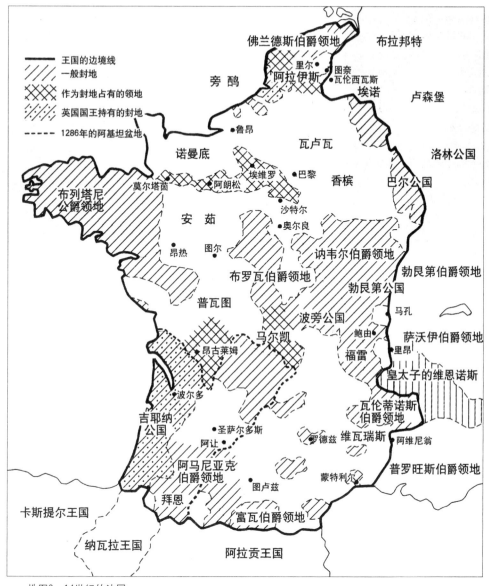

地图2：14世纪的法国

他又拜访了杜拉佐的查理（Charles of Durazzo），这个对那不勒斯提出继承要求的安茹人。

在英国也是这样，亲王们的胆子越来越大，刚特的约翰（John of Gaunt）是黑王子的兄弟，也是年轻的理查二世的叔叔和代理人。他扩大"扈从"人数，也就是他的追随者和他们的土地，以致1381年引发反对他的叛乱。他至少没有越过英吉利海峡的野心，他只是渴望管辖财政部和控制关税。法国在1388年至1392年出现过一条短暂的裂痕，查理六世摆脱其叔父的监护并且召回了他父亲的顾问。这些"狨猴们"（the "Marmosets"）都是些性情乖戾的老头，

57

左面和右面的是亨利五世和查理七世的画像（分别藏于伦敦国家雕像馆和巴黎卢浮宫），中间的是现存的最感人的贞德画像。它是由巴黎最高法院的一位抄写员用墨水在一本有关奥尔良解放的登记簿上勾画的。（巴黎，国家档案馆）

他们陈腐的法令激起一致的反对。理查二世在1395年至1399年也试图解散他的亲王顾问们。

　　这些就是崩溃的主线。在英国，理查二世被刚特的约翰的儿子、兰开斯特的亨利公爵消灭。约翰在1400年至1413年以残忍的手段铲除异己，但代价是他儿子亨利除了战争外别无他选。在法国，另外一场戏剧正在上演，在经历极度精神错乱的打击后，在穿过一片闷热的森林旅行时，查理六世从公众视线中消失了，这就是他的悲剧命运：病情日益严重，极度痛苦，但又不能退位。他仍旧是国王，宫廷以他的名义发布命令：在他发疯或危险而不得不被关起来时，勃艮第公爵代行权力；在他每次清醒几天，后来仅数小时的时候，由奥尔良公爵主持政务。王国极度混乱。1404年勃艮第的菲利普逝世后，灾难随之降临。

　　首先是两个表兄弟间的家族战争爆发，即在东方获得勇敢者（sans Peur）称号的勃艮第的残暴无耻的约翰和富于冒险与挑战精神并被怀疑与嫂子伊萨博王后有染的路易之间。1407年，在巴黎中部地区，约翰残忍地派人谋杀了路易。不无讽刺的是，1419年他自己在蒙特罗（Montereau）桥上被路易的几个随从杀死。在此期间，两派惊慌失措，路易的寡妻获得阿马尼亚克（Armagnac）统帅伯纳德、许多贵族和农民的支持，而"勃艮第派"的支持者是办事员和市民。袭击、洗劫城市和暗杀活动此起彼伏，正如人们担心的，到处都在盼望英国人的到来。亨利五世继承了爱德华三世的权利。1415年，他在阿夫勒尔（Harfleur）登陆，10月重现了克雷西一幕，他遭到袭击，随后在阿金库尔战役取得胜利。法国在军事上彻底失败。因为匆忙，除了最尊贵者外，亨利五世杀了所有囚犯，但是在政治上根本没有造成任何影响，因为此后他立刻重新上船走人了。此后，在勃艮第的约翰遭到暗杀以后，他和勃艮第的新任公爵好人菲利普——

内心为父报仇的欲望取代了所有法国情结——结成一个可靠同盟。伊萨博王后和在两个哥哥死后继承王位的第三个儿子查理的关系十分恶劣，1420年5月她同意签署《特鲁瓦合约》，这一合约在法国传统历史著作中声名狼藉。

身在普瓦捷、身边只有少量官员陪同的王太子查理被剥夺继承权，在勃艮第的菲利普的祝福下，他的姐姐凯瑟林通过婚姻将法国王位带给了英国的亨利。尽管随后发生的一些事情已经缓和了我们对此事出于本能的愤慨，但是我们不应该忘记这个时代的精神。兰开斯特的亨利认识并且体会到自己就是法国的一部分——他想怎样控制1500万法国人和200万英国人呢？这时，很多学者对双重君主制表现出极大的热情，将其视作解决三重冲突、超越狭隘的"民族"观念的一个好的尝试。确实，法国在这场游戏中无疑取得了胜利。冒着进一步自相矛盾的危险，能说这种处理方法代表着一个"机会"吗？

事实上，事情正朝相反的方向发展。查理似乎已准备放弃他在普瓦捷、布尔日和希农（Chinon）拥有的所有权利，但是其岳母约朗德（Yolande）、安茹的表兄弟、教皇、西吉斯蒙德皇帝、布列塔尼公爵和西班牙君主们劝他打消这个念头。殖民活动被抵制，战争仍在继续，法国和英国的亨利很是高兴，他说没有炮火的战争就像没有芥末的香肠一样不合他的口味。1421年2月，他的部队攻打博热（Baugé），并袭击蒙特圣米歇尔（Mont-Saint-Michel）。命运女神肯定在一直注视着他，因为这位年轻的征服者在1422年末因感染痢疾死亡。紧随其后的就是不幸的查理六世，这个王室中命运多舛的人。他的遗体被送往墓地时，全程都有哭泣的人群护送，将其视作这片土地的不幸的代表来哀悼。亨利五世的儿子出生仅仅几周，于是其叔父贝德福德公爵控制了政权，这个英国人是一名优秀的管理者和一名杰出的骑士。在韦尔讷伊（Verneuil）的胜利（1424）使他获得了卢瓦尔河（Loire）北岸的全部土地。在南岸，查理不敢轻举妄动：他的国库已经枯竭、顾问已经逃亡，甚至他的合法性也正受到质疑。贝德福德愈益胆大妄为：他封锁奥尔良并违反当时的惯例，即禁止袭击领主无力防御的地方——诗人查理在阿金库尔战役被俘成为阶下囚。

无疑，命运的这种扭转所有人都经历过：尽管贞德不是第一个受到激励挺身而出解救高贵的王太子的农家女，但她是第一个赢得他信任的人，她征服了那些统帅并且指挥他们。1429年5月8日解放奥尔良的热情是上帝宠爱的标志吗？进军兰斯和查理七世在7月举行的献祭仪式是事件转折的标志吗？不，贞德犹豫了，在巴黎战败，在贡比涅（Compiègne）突然被逮捕，1431年5月，尽可能的在法律的形式下，一个愚蠢、刻板，但谨慎建立的宗教法庭宣判她是一名叛徒、一名堕落的天主教徒和女巫，结果她被活活烧死。查理七世服从审判，就像教皇或皇帝一样，他对她没有施以任何援手。1431年是法国最自卑最失败的一年。

乡村里面：新的方面和新的恐惧

至少从17世纪以来人们已完全接受这样一种传统观点，即由于这个时代的各种问题，农民损失最为惨重，而且特别容易受到经济问题、军事战役、奇怪的政治活动的侵袭，造反是绝望的穷人采取的最后手段。我更愿指出的是在黑死病年代，即1430年左右一个农夫所说的"被黑死病祝福的时代"，乡村的境况有所改善，或者至少是有希望了，在这个苦难的历程中，农民作为一个整体并不比其他人更易受到攻击。为了使它更加清晰，我们有必要透过使人误解的表像来研究其中一个荒废的村庄。

荒废的村庄和设防的村庄

15年前，历史学家们相信这是一个毋庸争辩的事实，即伴随黑死病所造成的高死亡率，14、15世纪的欧洲经历了一次大的迁徙运动。这一信仰被下列两个地方的考古发现所证实：英国发现了数目惊人的被废弃的中世纪遗址——众多湮没无闻的村庄；已被德意志研究所确认的维斯通根（Wüstungen）的戏剧性发展。时至今日，这种灾难解释已经不再具有说服力。对英国文献和地层研究的结果强调了这一运动在时间上的滞后性特点，它和圈地运动同时或稍晚一些发生，但圈地运动发生在1420年或1450年，大大晚于黑死病时期。在德意志，考古学家通过对莱茵地区的挖掘发现，类似的大面积遗弃现象发生在农业的全盛期，当时乡村的环境正在逐步得到改善。至于法国、低地国家和波兰，那些被热心挖掘出来的14世纪时被遗弃的村庄，例如普罗旺斯的鲁吉耶斯地区（Rougiers），显示出很强的活力，甚至有增长发展的迹象。同样在其他方面，遗弃只是暂时现象，因为在20年后又有人来到这些村庄定居。时至今日，凯尔西（Quercy）地区的阿图瓦和法兰西岛也没有渺无人烟之地。至于土地本身，一旦杂草丛生便很难证实它被遗弃了多长时间和为什么被遗弃。但毫无疑问，被遗弃的是最贫瘠的、最边远的以及最荒蛮的地方。17世纪流行的"法国的森林随同英国人的出现而产生"的这句著名格言尽管尖刻，但却完全无视贫瘠的农田变为优质林地带来的好处。

被遗弃的村庄共有多少呢？耕种者抛弃村庄和农田无论如何是不会在1400年以后很久才发生的事情。在德意志，据估计在莱茵河沿岸和阿尔萨斯、韦斯特沿岸（Wester）和波美拉尼亚（Pomerania），荒废的村庄占总数的10%至15%，德意志东部和中部的损失超过20%，哈茨山脉为40%，图林根达到2/3，整个帝国17万个村庄总共减少了4万个，英国和意大利平均为20%至25%，但在托斯卡纳、伦巴第和诺曼底这一数据仅为10%，在郎格多克和巴黎盆地甚至更

　　蒙特圣米歇尔（Mont-Saint-Michel）由一座城堡、一座城镇和一所修道院组成。诺曼底公爵们决定在这个多岩石的岛上建立一所供奉圣米歇尔的修道院，于是修道院在1023年动工，1080年竣工。所用花岗石是从肖塞岛（Chausey islands）买来并用船运过来的；木材来自该修道院的森林。这座罗马式修道院大约有100名修士。13世纪，在菲利普·奥古斯都（Philip Augustus）的资助下，北边又建立一座新的且更大的修道院——著名的哥特式奇迹——菲利普想将蒙特变为一处王室棱堡。朝圣者蜂拥至此，甚至在百年战争期间和英国人占领该地并向他们出售安全通行证时也是如此。城镇和修道院修建坚固的城墙，到处是据点和塔楼（13—15世纪），以此抵御英国人的进攻。这所设防修道院抵御住了各种围攻，从没陷落过。

少一些。除于尔普瓦（Hurepoix）以外，阿图瓦、香槟、昂特尔德梅尔（Entre-deux-mers）和巴黎南部的损失在1480年以后得到弥补。皮卡底人、布雷顿人、安茹人定居在比耶夫尔（Bièvre）和谢夫勒斯（Chevreuse）流域；普瓦特万人（Poitevins）和在波尔多地区被称为无赖（gavaches）的其他布雷顿人定居在多尔多涅河（Dordogne）流域。毫无疑问，这就是

下布尔斯顿（即布克斯），一个被废弃村庄的空中鸟瞰图。在杂草下面，这个村庄的主要道路清晰可见。同样，在被沟渠分开的、小块出租的副业生产地上面也可以找到房屋的痕迹。

我们要找的答案：荒废的土地和遗址是对新来定居人口的奖励，或者在拥有大量难民的相邻村庄中被重新分配。换句话说，没有逃亡和失败的证据，这一现象只是乡村适当收缩和充满活力的征兆：为了回应当时的社会现实，乡村正在发生转变。

被称为"占有土地的缩减"（Entsiedlung）的第一步就是抛弃那些在人口过剩时期开垦的林地，这个过程已由德意志历史学家向我们展示了。一旦压力减轻，土地价格随即下降，为此农民放弃了在更适合放牧和种植干草的土地上种植小麦的企图。就这个意义而言，即使农业方法发生了一些实质性变化，这依然是一个渐趋稳定的进程。至于这些背井离乡者，普遍的恐慌和巨大的灾难降到了最低。首先，他们逃往城镇，或至少逃到郊区。这不仅在雇佣兵时期，而且在黑死病之前就已开始。这个反应很荒谬，但当时不是每个人都有薄伽丘的智慧和财力——他在惨遭劫掠的佛罗伦萨的菲耶索莱（Fiesole）找到避难所，完全不受干扰的创作《十日谈》（Decameron）。城镇四周到处都是新来者，他们不可避免地带来卫生和粮食供应问题。在法国为数不多的研究案例中记载，因为涌入太多的人，兰斯、佩里格、索恩河畔的沙隆、图卢兹、蒙彼利埃、梅斯和伊普斯等城镇的人口完全陷入混乱状态：1380年有3000农民拥挤在蒙彼利埃的城壕中。但是这些迁移活动没有持续很长时间。比较重要的是我在前面所提到的人口结构发生了永久性的转变，这种转变与茅草屋和村庄紧密联系，并在某些案例中得以验证。在普罗旺斯，为了摆脱孤立隔绝的状态，更方便地获得补给，人们从高山上下来，定居在补给线周围。村庄的规模扩大了一倍，鲁吉耶斯、圣热尼—容基耶尔（Saint-Genis-Jonquières）都是如此。在克莱尔沃（Clairvaux）附近的南部香槟地区，1370年至1390年林中村的人数明显增加，然后在1425年至1450年再次增长，然而奥布（Aube）、马恩或塞纳河流域被人们放弃。在福雷平原、布里（Brie），人们重新返回森林；1400年左右，在诺曼底的诺弗堡（Neufbourg），据说25%的人来自林地；在阿尔萨斯，尽管发现了150处被弃地点，但是有30个定期举行集市的小镇变大，新的定居点的建立更好地证明了农民的活力。在凯尔西和加斯科涅，沿被遗弃的城堡、农场附近颁发了人口特许证，勃艮第内陆也一样，但大部分是在1420年以后进行的。甚至以前远远躲开农民的西多派也开始划分他们农庄的土地，招募人们种植。目前为止，我还没有提到15世纪典型的坚固的房屋（maisons fortes），它们只建在村子外面，有时也建在某群特殊的农民的居住地，这一次它们是领主阶层充满活力的证据。

可能有人怀疑这次重组的最终的积极性，但随后的发展充分证明了中世纪欧洲农村的稳定与活力。这就是14世纪日渐衰落的乡村社团表现出来的稳定性。村内大量人口的重新组合过程产生了许多不同的结果，这已被历史文献和考古研究所证实。首先，为了允许多个家庭共同生活在一个屋檐下，家庭本身再次分化。在鲁吉耶斯和沃兰珀西（Wharram Percy），人们已经注意到了这种情况，显然，人们必然得出这样的结论：每对夫妻的生存空间越来越少。在某种程度上，意大利、法国北部和凯尔西的拥挤状况是以火炉作为课税单位的后果。因此，共同生活对纳税者明显有利。然而，无论是市政当局还是乡村权力机构都了解这一行为的欺骗性。因此，为了查实真正的火炉数，14世纪末开始推行人口调查。让历史学家们十分高兴的是，我们可以在档案中找到有关这方面的记录。埃诺、低地国家、英国于1380年至1385年前后，康普塔特（Comptat）、普罗旺斯、瑞士于1412年至1418年前后都有了这方面的记录。最后，中世纪统计学的杰作，佛罗伦萨的户口调查在1427年完成。

另一方面它也说明了农民的活力：村子里面的虔敬团体逐渐强大，变为压迫集团，如鲁格和瑞士的 amis（友好协会）、佛兰德的 bloetvrieden、上阿拉贡的 hermandades（兄弟会）、贝阿恩（Béarn）的 casaleres、布里扬松（Brianconnais）的 escarterons、濡拉（Jura）的 fruitières（制干酪的合作组织）、多菲内的 mutuelles（互助会）、弗里西亚的 kedde、巴伐利亚的 Gauerberg 和阿尔萨斯的 Poiles。尽管名称各异，但都代表同一件事情：若干个村子结成

乡村活力与乡村娱乐：《昂古莱姆的查理的光阴》（*Heures de Charles d'Angoul-ême*），1480。这幅缩微画上，牧羊人正在跳舞。（巴黎，国家博物馆）

联盟，拥有部分土地和工具用以出租，通常负责为协会和教区教会记账，当然还有保护他们古老的权利和特权，埃诺即是一例。在某种程度上，这种组织产生了牧场（pâtis），使得法国农民得以武装起来。虽然这种武装有时候是恶意的，但在更大的范围上看，瑞士各郡的出现，即那些甚至直到现在仍有若干村子联合而成的自治村，就是这种解放带来的政治结果。

倒退抑或进步？

　　对观察者而言，农村经济有进步和衰落两个截然相反的面孔。它们各自扮演什么角色呢？当然，后者已经强调过了，而且同时代的人肯定也意识到了这一点。他们看到种植面积正在逐步减少：在温彻斯特，1350年和1270年相比，耕地面积减少了24%，1400年以前又再次减少20%。无疑总产量在下降，但这不仅仅是因为人口的丧失。在阿图瓦、杜埃附近，1330年修道院共收获了300石谷物，黑死病之后的1350年的产量只是它的一半，1370年左右只有175石。更甚者，在石勒苏益格（Schleswig），大教堂的教士眼睁睁地看着谷物收获从1352年的7600石下降到1437年的400石。据估计，各地损失从奥地利、法兰西岛和伦巴第的35%到诺曼底、康布莱西斯的50%不等，英国、梅因沿岸和德意志北部地区甚至达到63%和70%。谷物不是唯一受到影响的农作物，整体上每种作物的产量都很低，特别是那些种植条件不好的葡萄产地，如安茹和法兰西岛。尽管有市民投资个别葡萄园，但酒的产量大幅下降，特别是在市场供大于求的阶段，巴黎对酒征收的挖井税（forage）或蒙斯（Mons）征收的过桥税（péage）的收入就反映了这种情况：1338年至1370年税收收入下降了一半，1375年至1410年略有回升，是1340年利润的2/3。通过对农业租约中提到的各种数字的计算，我们可以为粮食产量的收益下降建立一个"晴雨表"：

特兰布莱（Tremblay）大农场属于圣丹尼斯所有，1335 年租金为 500 里弗尔，30 年后租金仅为 250 里弗尔，1400 年则更少。

这种衰退可能导致人们期待小麦价格上涨，无论是在匮乏时期还是在被围攻的时期，投机活动确实使城镇的小麦价格高得离谱，在只能满足一半需求时，价格翻了四倍。除了这样一些个别情况外，相反总的趋势是 1350 年以后小麦价格严格按照如下方式持续下跌：假设 14 世纪中期小麦的价格是 100，则 1380 年是 70，1400 年是 60。这一不寻常的现象受三个因素的影响：首先是人口下降，伴随而来的需求下降超过了产量的下降；第二个因素是当时各地政权，如意大利和佛兰德的各城镇、英国国王、德意志诸亲王开始以很低的价格从波罗的海、波兰或东方进口谷物（这些地区所受影响较小或是不过分贪

拾吗哪，弗莱明学派，15世纪。关于食物从天而降的这个圣经故事证明人们被饥荒的恐惧所摧毁。（杜埃，市政博物馆）

婪），然后卖到西方和当地生产者直接竞争；第三个因素是因为不可否认出售其他农作物获利更丰，因此专门种植了很多这样的作物，小麦种得越来越少。

农村经济表现出来的积极一面极易被人们淡忘，或者被认为是15世纪才发生的事情，但事实上这在1280年左右就开始了。用于印染的作物市场广阔，以出售所种植蔬菜为目的的商品菜园也日益受到城镇的重视。葡萄园也对此贡献良多，因为尽管它已从欧洲西北部撤出，但南部采用新的方法挑选葡萄和培训专业工人使酒质有所提高，葡萄酒开始严格按照生产工艺生产。1395年左右根据一系列法令和补助金，选种波恩（Beaune）葡萄品种、加大阿尔布瓦（Arbois）葡萄园的发展、在教皇法庭发起"勃艮第"运动的传统为勃艮第公爵、勇敢者菲利普赢得了荣誉。

左图是屠夫的货摊和屠宰场。右图是人们正将牛奶做成奶酪加以保存。（14世纪的微型画，编号2644,维也纳，奥地利国家图书馆）

　　畜牧业是推动农村经济发展的另一个重要因素，我们将在其他地方用更长的篇幅探讨这个问题。现在，必须要说说城镇红肉的消费——大部分是牛肉——日益增长，以致屠宰业成为巴黎、根特和米兰最重要的行业之一。即使在农村，猪的传统地位也已被牛取代。人们尽管还在养猪，但以后只是在猪圈里面养，根据我们的了解，它们是在那里慢慢养膘的。此后，森林里少了半野性的猪，这曾经是林地的主要特征之一。放猪费（panage）即说明了这种情况，而这只是上百个例子中的一个而已，放猪费是领主对每年9月在林地拣橡树果实吃的猪征收的，诺弗堡的放猪费从1360年左右的40里弗尔，下降到1397年的23里弗尔和1440年的4个里弗尔。奶制品的消费也在增加，但这一领域的增长怎么也赶不上养羊业的疯狂增长。

　　这得益于对不同羊毛织物和革制品日益增长的需求，并且确实也得益于羊肉消费的开始，在此之前，甚至在地中海地区，无论是基督徒还是穆斯林都对羊肉的需求量不大。但羊群可以大群放养并极少受季节的影响，这给意识到种植小麦成本太高的土地所有者提供了一个解决方案。曾经被艰难消灭的古代晚期的大农场经营者现在又在西方的乡村中出现了：在西班牙的加泰罗尼亚的草原地带（Castilian meseta）、曼查（the Mancha）和里奥哈（the Rioja）；在慢慢变为草原地带的西西里和阿普利亚（Apulia）；1375年以后在汉诺威；1380年至1390年左右从赫尔（Hull）到布里斯托尔的不列颠群岛。人们还没有意识到所有这些对社会和植物学带来的影响，但它们的起源必须追溯到这个时代。

庄园危机还是庄园变革？

我们有关14、15世纪的历史记录和账目记录主要来源于土地所有者的档案，特别是教会的档案。它们列举了一长串的不满：人头税没有流行起来；随从日益减少；雇员失业；根据众多代理人的记载，土地多年没有收成，因而被分成小块出售；停止施舍；最后就是不断斗争反抗王室税收。两次灾难间的重建阶段仅仅是一线希望，而不管怎样，这种重建在两个不同的地区之间也总是有差异的，这只说明重建往往是没有什么效果的：博德莱斯（Bordelais）在1360年至1374年和1379年至1405年，法兰西岛在1365年至1378年和1392年至1410年进行重建，但是直到15世纪的头30年收效甚微（除了少数几个地区：勃艮第、皮埃蒙特和奥弗涅）。之所以如此，并不是因为对农业生产不够重视，图尔奈修道院院长吉勒·李·穆伊希斯采用了与该院12世纪的院长叙热（Suger）一样的生产方式；查理五世命人编纂了一些农业手册并大力推广，即让·德·布里（Jean de Brie）的《牧羊人的技术》（*Art de Bergerie*）和意大利人彼得罗·代·克雷申齐（Pietro dei Crescenzi）的《乡村百科全书》（*Ruralium Commodorum Opus*）。事实上，庄园经济太过僵化了，无法承受经济失控所造成的一再冲击，此时已经显示出崩溃的迹象。

14、15世纪的农业危机推翻了"传统"模式：随着人口的大幅下降，工资保持不变甚至增加；农产品在市场依然具有竞争力，除了突然的和极度的匮乏外，它在谷价下跌过程中卖得更好，甚至更加有利可图。农村中普遍出现粮食价格降低和工资上涨的现象，但强度在各个地区肯定是不同的。

中世纪欧洲农村存在若干生产能力和规模都不尽相同的农业生产单位，面对某些问题，它们的反应截然不同，这在很大程度上决定了当时经济的运作模式。在产量降至平均水平时，拥有一小块耕地的贫苦农民或穷乡绅（hoberau，即小土地所有者）可以生产谷物250公担，其中200公担自己使用，剩余50公担可以卖得1000里弗尔。收获500公担的农民，家庭消费量增多，于是保留300公担，剩下的200公担可获得4000里弗尔。拥有相当遗产的领主、聪明的市民或者雇工经营得好的话，可获得1000公担，留下400公担，其余600公担可卖12000里弗尔。我们业已看到，只有最大的农业单位可以赚取足够多的钱使农场经营者扩大再生产。然而一旦粮食突然短缺，如果产量下降10%，价格上涨30%；供需差额达到20%时，价格上涨80%；当只能满足一半需求时，价格上涨450%。因为当时没有公共粮仓，投机商人猖獗一时。如果我们让以上三个农业单位的产量下降20%，那就是说，市场的谷物价格上涨80%，规模最小的单位将生产200公担，自己消耗掉全部，没有什么可卖的。第二个原来生产500公担的，留下300公担，剩余的100公担可获3600里弗尔，比正常年景略少一些。但是第三个，产量为800公担，

养牛是有利可图的：挤奶和制成黄油。（手稿，编号764，牛津，牛津大学图书馆藏库）。

15世纪末意大利一个酒馆内的场景。人们追求的是优质葡萄酒，并且烈性酒正从其他地方运来。（手稿附录，编号27695，伦敦，大英博物馆）

消费掉400公担，剩余的可卖得14400里弗尔，比好年景赚的还要多得多。对这类土地经营者而言，歉收意味着更大的利润，这就是农夫在谈到黑死病这个被祝福的时代时所要表达的，同时这也也解释了莎士比亚戏剧中的农民为什么丰收时要上吊自杀。

收缩和停滞的双重现象造成的结果现在看起来应该一清二楚。小农和中农在危机期间仅仅遭受轻微打击，因为他们没必要支付高工资，并且能够靠"自己"谋生。最大的农场经营者、英国的地主、法国和德意志的大市民、君主及其代理人毫不畏惧危机，因为除了谷物获利外，他们还可以从牧羊业和葡萄园中获得高达105%的利润。但中产阶级或最低等级则陷入灾难中。我们应该暂且停一下，了解一下以上各等级的情况。

农业的动力和活力（经常被人们忘记）可以从大的农场经营者度过危机甚至从中渔利的方式上看到，他们从废弃的农场、从没有契约而对某项特殊财产无法行使权力的其他人手中得益，或者更简单地通过购买和驱逐的方法渔利。大范围的耕作只存在于德意志东部地区和西班牙——那里经过特拉斯塔马拉的亨利的胜利以后，阿罗（Haro）、古斯曼（the Guzman）、门多萨（Mendoza）各地繁荣起来，而且阿尔坎塔拉（Alcantara）、卡拉特拉瓦（Calatrava）和圣地亚哥（Santiago）等军事教团几乎完全变成了平原上的大牧羊团。在勃兰登堡，1375年的王国账簿（Landbuch）说明了容克第一次土地集中的形成。在普鲁士，条顿骑士团侵占马索维亚人（Mazovians）和波美拉尼亚人的土地。1410年波兰爆发贵族和农民参加的起义才终止了这种剥削方式。同样在英国，尽管政治的混乱性和不可预知性容易使在先前的萧条中致富的人们破产，但珀西家族（the Percy）、莫蒂默家族（the Mortimers）、沃里克家族（the Warwicks）和兰开斯特家族等正在积累土地财富。法国的事态更加不明朗，中产阶级在离城镇不远的地方建立飞地政权。1390年至1430年间，在巴黎周边和乔萨斯（Josas）附近地区，65处领主地产中有52处落到律师、葡萄酒商人和王室官员手中。我们用来进行研究的家族有图卢兹的萨尔盖尔家族（the Ysalguier）、里昂的约萨德家族（the Jossard）、还有刚刚被国王封为贵族的奥热蒙特家族（the Orgemont）、多曼家族（the Dormans）等；在热那亚，格里马尔迪（the Grimaldi）、斯皮诺拉（the Spinola）、多里亚（the Doria）和斯佩罗尼（the Speroni）等家族向山区殖民；而且，尽管比其他人更为谨慎小心，美第奇、皮蒂（the Pitti）和斯特罗齐（the Strozzi）家族也以几乎同样的方式畅通无阻地进入佛罗伦萨的市政府。

　　15世纪晚期的这些未来的"王公们"没有遇到任何麻烦。然而，"中产阶级"有很多问题。他们在1200年至1250年出现，由法国的小贵族地主（hobereaux）、英国的自耕农、卡斯提尔的下级贵族（hidalgos），以及和这个阶层的上层紧密联系的工人组成。他们有5至12公顷不等的地产，有些人甚至更少。在里昂地区的塞纳河畔巴尔（Bar）附近，这些"采邑"中有一多半年收入不到15里弗尔。他们越来越不安全。确实，他们如何才能生产足够的产品维持他们及其卑微的家人的生活呢？人工耕种土地不可能获利——1340年以后甚至西多派也不得不出租土地——无论如何，小农无力支付现行工资。此外，城镇用高工资吸引人们离开劳动力充足的地方。于是，土地不得不被包出去或者出租给分成制佃农，这至少是为将来作准备。我在前面已经谈到过，它不可避免地引起转让，这对佃农来说是有利的，因为领主最希望将自己无力耕种的土地租出去，相反佃农希望获得土地和森林。在这方面，教会和其佃农之间有时候发生有组织的敌对冲突。最后人头税不再是一种资产，它已完全退化为一种名义上的支付方式。领主的收入极不稳定，账目表明欠款或过期罚款越积越多。1435年左右，在诺弗堡，这种欠款的60%都没有保证，领主不得不允许拖欠或予以部分减免，有时候为了荒废的土地得到重新修整和耕耘，主人异乎寻常地接受对佃农有利的条款，例如，在博德莱斯、诺曼底、萨克森都是如此。在实行"长期人口普查方式支付"之前，在圣丹尼斯（Saint-Denis），实物地租（champarts）由原来的1/6变为1/12；在波尔多，1394年的分成制（the agrière）从原来的1/3降为1/4，然后在1415年降为1/6。毋庸置疑，在劳动无论如何要支付工资的情况下，除了可能的翻晒干草外，领主还强制推行劳役制（corvée）。15世纪初，英国的亨利五世宣布解除劳役制，允许购买人身自由，艾塞克斯（Essex）和伊利附近的地主不再害怕他们的农奴逃亡了。在各地，还有一些领主幸运地保留了这些劳役，如1422年左右的奥弗涅，但这些只是例外。

　　当中等规模的农场在所谓的"封建主义危机"中衰落时，领导各种协会——它们最初被叫做"公鸡"，如康布莱西斯的censes（农庄）、上勃艮第的huis（家，门的意思）、阿基坦和普罗旺斯的mas（农舍）——的农场经营者和雇工获益，并乐于经营高达60公顷的土地。低廉的租金使农民的生活更为安逸，现在他们能够满足日益上涨的非农业消费和支付小乡绅没有能力支付的工资。更好的是，他们能够支配没有和只有少数几件农具的邻人，向其出租

农民从活跃的当地市场获利。这些是15世纪伦巴第的水果商和粮食商。（《天体论》，拉丁手稿，编号209，摩德纳，埃斯坦塞图书馆）

他们所没有的农具，但往往很不及时且租金很高，另一方面他们以现金低价购买邻人还在麦穗上的麦子和尚未长成的家畜。农民中的中等阶层——不久我们将看到他们挥舞着长柄叉——成功度过了危机，没有遭受太大的损失。假如我们忽视这一事实，我们就无法理解随后进行的重建的性质和当地市场表现出的活力，它们使地区的商业活动处于令人满意的程度。例如，14世纪中期，普罗旺斯地区的佩尔蒂（Pertuis）、里耶兹（Riez）和福卡尔基耶（Forcalquier）等地的乡村集市十分活跃，这说明乡村世界有很强的弹性。

然而不能认为各地的情况普遍如此。从经济角度而言，某些地区的阶级尚未形成，这些地区由于土地过于贫瘠或者当地"自由"过于脆弱，大量农民在危机中损失惨重。在郎格多克、纳瓦拉、阿拉贡、意大利南部和北部地区，基本的生产单位被不断细化——这个过程禁止任何形式的生产过剩。1380年左右的诺弗堡，43%的农民拥有土地不足2英亩。在某些情况下，法国的制衣者（the brassiers）、巴伐利亚的花匠（Gärtner）、莱茵兰的茅舍农（kossaten）和英国的佃农的工资可以补充其收入的不足。但正如日益严厉的法律法规所表明的，不是每个人都可以如此：在1370年左右的英国，整整有1/3的维兰不能离开他们的土地；在1400年左右的贝阿恩（Bêarn），那些不能缴纳通常税的人沦为新的农奴。我们在此前看到的对各种权利的限制或终止，只是进一步限制了农民对森林资源的使用。

总的来说，地主阶层被分为两部分，以及农民成为第三个阶级的进程不可能一帆风顺地实现，偶尔也有暴力事件的发生。但假如我们局限于农业危机和"现代"意义的农民起义，那它对我们来说太简单化了，不能将其简单地解释为绝望者的最后喘息。扎克雷起义就是一个很好的例子。

雅克和扎克雷起义

博韦（Beauvaisis）地区爆发的短暂但激烈的农民起义沉重地打击了同时代人，以致这些被称为雅克的反叛者和他们被称为扎克雷起义的运动在总体上成为乡村叛乱的缩影。这个名字的由来还不十分清楚，可能是源于某个叛乱领袖的名字或者是因为农民穿的无袖短上衣。这些运动是不可以互相替代的。我们已经看到，因为目的不同，农民是如何被分成几个等级的。最有势力的派别即贵族的同盟者不包括在内，但是中等农业经营者关心的主要是保持他们的传统习惯，因为其领主允许的利益和减缓（措施）往往或促其进步或激发其恐惧。他们发展得越强大，越是情愿维护"旧法律"，这意味着反对他们认为非法的任何征用和财政税收，以及代表外部势力的个体，如城镇或国王的每一次干涉。在1325年的佛兰德叛乱期间，这些暴徒试图废除伯爵的行政机构和税收，以自己的代理人，他们的贵族（keuriers），或民选官员代替。他们渴望维持自己拥有的权利，同时又看不起和敌视那些收了钱却无力履行保护职责的贵族们。也许他们满足于不屈不挠的法律诉讼，例如圣阿尔邦斯（Saint-Albans）的全体修士和修道院之间的一件讼案从1274年开始，1381年才结束，但只有拿起武器才能进行经济斗争和自我保护。

至于失去继承权的大部分农民，他们对危机创伤的反应更为"自然"。但是他们自身的弱点禁止他们使用武器或采取任何军事形式的战斗。相反，他们逃亡、设伏和抢劫，以致编年史家们即现存秩序的保护者们，尽管不满压在最贫苦农民头上的种种弊端，也仅仅将他们视为一伙强盗。然而，这种到处扩散的、不可捉摸的、形式多样的运动比其他运动持续的时间都要长得多。在两种情况下，特别是在家庭纽带和地方忠诚度很强的地方，如地中海地区，很多类似运动兼有特殊利益集

被逼绝望，农民们组织起来报复他们的掠夺者。这里，他们正在用斧子和匕首袭击一个独自上路的骑士。（让·德·瓦弗林的《英国编年史》，15世纪，法语手稿，编号87，巴黎，国家图书馆）

团和世家以此解决族际仇杀的作用，这和这个阶级关心的问题毫不相关。这是典型的中世纪特征，它误导那些半瞎的历史学家们得出此类运动没有"社会"意义的结论。

通过回想始自13世纪的农民叛乱的悠久历史，我们应该更好地理解以上一番话。此外，这些动荡时代所滋生的对千禧年的普遍恐惧影响了大部分的乡村起义。确切地说，扎克雷起义在某种程度上是1789年大恐慌（Grande Peur）的预演。现在甚至更有理由独自应付各种末世学的、有启迪性的表现，因为1300年以前就不缺乏先例，而且继续贯穿这个时代，只是没有清楚记下它们的社会层面。以鞭笞派（Flagellant）为特例，1349年至1355年随着黑死病的爆发，从荷兰到瑞士掀起了一场忏悔者游历苦修狂潮，喧闹的游行队伍一边唱着神秘歌曲一边互相鞭笞。罗拉德派（Lollards）尽管更为小心翼翼地从威克里夫思想中借鉴了社会要求，但1408年至1420年还是在伦敦附近引起了骚乱，他们要求废除所有特权等级。最后，亨利五世和大主教阿伦德尔（Arundel）决定消灭该派别。

黑死病爆发之后不久，中等收入的农民开始表达他们的不满，其方式和1328年被国王镇压的佛兰德斯的查理叛乱一样。在英国，1349年爱德华三世颁布《劳工法案》（Ordiance of Labourers），作为黑死病的一个后果，它禁止或限制工资过度增长，从而引起人们的反抗。这意味着大量的自耕农发觉王室法案剥夺了他们基本的劳动力，这些人曾因大量邻人涌向城市而占有空闲农田获得好处，并且雇佣其他人进行生产。农村由国王派往调查的代理人管理，1352年至1359年他们在柴郡（Cheshire）和牛津郡引发了一次严重的叛乱。在法国，形势稍有不同，王室的沉重赋税：盐税、灶税（fouages），特别是1360年以后增加的300万埃居的王室赎金，激起人们的普遍不满。为此，1350年以后，法国北部的很多乡村公社被授予携带武器进行自我防御的权力。无疑，贵族在普瓦捷的战败、王室权力日益衰微和战争无用等情感也在王国人口压力最大、最富有、损失最小的这个地区的叛乱中扮演了某种角色。

扎克雷起义准备了15天，这刚好是召集武装力量报复贵族所需的时间。它莫名其妙地突然爆发，其领袖据说部分被免于处死，弗鲁瓦萨（Froissard）和其他一些人最初对此的感受只是愤怒和恐惧。这次起义于1358年5月23日在圣勒德塞伦特（Saint-Leu d'Esserent）爆发，仅一个星期就传遍了瓦卢瓦、博韦和亚眠等地。它发轫于佩尔图瓦（Perthois）和韦尔万（Vervins），在贝里和勃艮第得到一些响应。农民自己组织成军团，由退伍兵威廉·卡尔（William Carle）等领导。数以千计的农民抢劫、焚烧城堡，他们处死了一些贵族但也赦免了一些人，条件是承认他们的传统权利。各城镇保持中立，他们紧闭城门，但是给起义者提供给养，如贡比涅和苏瓦松（Soissons）。巴黎市长艾蒂安·马塞尔走投无路，可能已经考虑和他们达成一项协议。但什么也没来得及做呢，局势就急转直下。纳瓦拉国王坏蛋查理担心他在诺曼的领地安全，轻而易举的召集了1500名骑士。6月10日，卡尔被背信弃义者暗杀，农民军被包围。在梅洛（Mello）附近和莫（Meaux）地区有一批人业已混入了他们内部，他们在那里遭到屠杀。他们被彻底击败，大批农民被吊死，但其中一部分人——马车夫、制桶匠、士兵和葡萄酒商人，缴纳罚款后免于处死。确实，这是一个有特权的农民阶层的运动。针对他们的这次镇压反映出他们使贵族害怕，但在最终宣布普遍的大赦之时，农民的特权无疑已经被取消。结果，北部地区没有更多的类似运动发生；佛兰德斯、鲁昂、布里在1378年至1381年间，欧塞尔在1390年至1393年后期只发生了一些小的骚乱，顺利进入城市骚乱时期。但是无论如何，法国的谷物种植区似乎再也不能够发动叛乱了。

英国也爆发了一次声势最大，配合最默契的运动，并且成为乡村史中最臭名昭著的运动之一。和扎克雷起义一样，这次运动首先发生在人口最为稠密、最富庶的艾塞克斯（Essex）、肯特和伦敦盆地的中部和东部地区。自亨利三世，特别是爱德华以来，和法国一样，英国也征收特种捐税——它似乎使人们的不满明朗化。但是，1351年至1359年对工资的限制以及新的赋税，包括1377年至1378年人头税的征收更是足以激起中等农民的不满。1381年的人头税规定每个火炉一先令，相当于一个工人12天的工资。5月艾塞克斯发生叛乱。6月，瓦特·泰勒（Wat Tyler）带领队伍进入伦敦，在那里，这些乡下人受到人们谨慎地同情。这些粗野的请愿者被安置在伦敦塔内，他们在那里嘲笑王宫代表，拉扯顾问们的胡子，侮辱王后。人们认为他们只不过是挫败年轻的理查二世的亲信，特别是兰开斯特的约翰的一个手段。这里的事态和法国一样迅速发展。6月14日，瓦特·泰勒吊死了坎特伯雷大主教和财政大臣，但是第二天他即被伦敦市长处死，农民军撤离伦敦。然而，和扎克雷起义不同，可能是因为农民的地位更加不稳定或者国王仍未成年，工人的运动仍在继续。一个名叫约翰·保尔（John Ball）的传教士在萨里（Surrey）、萨福克（Suffolk）和中部地区挑拨叛乱。他展开一场反教权运动，对修道院发起冲锋。英国城镇不像法国那样害怕这群人，尽管羊毛工人处境艰难，工匠虽然是同谋者但没有积极参与。1381年秋，农民军进入切斯特（Chester）、约克和伍斯特（Worcester）。但整体而言，农民运动没有获得其他社会群体的支持。镇压开始以后，那些被处死的注定是些小人物，而参加叛乱的乡绅或贵族成员如威廉·科根（William Coggan）很少有被处死的。

相互配合型的叛乱仅仅发生在英国和法国；意大利的运动立刻被城镇推上顶峰；西班牙的运动和我们即将讨论的郎格多克动乱有关；1411年左右，斯堪的纳维亚爆发的"大卫王"运动似乎很有凝聚力，但最终也一事无成。最后只剩下德意志了，那里不缺少贫穷的领主和活力四射的农民。没有激烈的冲突表明君主统治的严厉，1525年爆发的运动恐怖之极，所有等级的农民全都卷入了，这可能是多年镇压的结果。这时，必须提到捷克斯洛伐克运动，我们将不得不回过来说说它们。这次捷克叛乱以1415年扬·胡斯被处死为结束标志，它包含了太多的反德情绪。胡斯战争既是民族战争也是宗教战争，我对此想说的唯一一句话是，自1399年至1404年以来，一些法兰西斯派教士如热力夫（Zeliv）的约翰做了一系列类似于约翰·保尔的有关平均主义和千禧年的布道。1420年以后，这个运动被称为塔波尔运动，在军事上它确实曾获得过几次胜利，和同时代的罗拉德派运动一样，它轻易地躲过了被分化瓦解的命运。在脱离罗马的传教士和被称为韦尔多派（the Pikarts）的信徒的支持下，马丁·胡斯卡（Martin Huska）等领袖试图在波希米亚建立一个平等社会、一个原始共产主义社会，但它最终被德意志和捷克的贵族在经历重重困难后粉碎了。

强盗和丛林游击队

　　所有这些农民都知道他们想要什么，并且意识到他们能够得到什么。弗鲁瓦萨努力地试图把他们描述成具有邪恶本性的小人物，但他们声称，君主统治不再是合理的，每个人都有义务完成他自己的责任而不能强加到别人头上。1405年左右，热尔松（Gerson）在给查理六世所作的许多杰出的布道中讲的正是这种思想。另外一些农民则很少思考，行动更少。他们是软弱的人、居住在森林里的农民、饥饿和经济混乱的特别受害者。他们没有首领，没有原则，没有目的，他们处于饥饿和恐惧状态，只能逃亡、躲藏——以及杀人。

　　这种强盗几乎完全没有真正的阶级意识。在加泰罗尼亚，农民慢慢产生了坚决抵抗市民的思想，但这仅仅是一种迟到的思想，而且是在1450年以后才产生的。在其他地区，人们服从的是绝望时的迫切要求，而不是特别服从受到攻击的君主。农民们走向林地、地中海沿岸的灌木地带或是丛林地带，他们劫掠教会、绑架商人、伏击迷路的旅客，然而无论何时都很少遭遇贵族。在朗格多克、贝济耶附近和塞文山脉（Cévennes），从1362年至1363年以来，人们公开谴责强盗们。他们的活动分散且难以捉摸，但在1375年左右，它的组织结构趋于稳定。各村通过某些仪式联合起来，相互帮助，每三个成年男子出一人参加丛林游击队，其他人则继续工作，等着他们回来。令人吃惊的是，一些贵族被吸引过来参加这些阴谋活动，如皮埃尔·德·布雷思（Pierre de Brès）、让·德·沙吕（Jean de Chalus）和米尼奥·德·卡尔戴莱克（Mignot de Cardaillac）等。城镇出于自身安全考虑对他们十分警惕。1378年至1379年左右，尽管圣乌尔（Saint-Hour）和欧布纳（Aubenas）十分友好，但蒙彼利埃和蓬圣埃斯普里（Pont-Saint-Esprit）还是关闭城门。在那些遭受郎格多克新任统治者安茹的路易的沉重赋税损害的地方，无疑有一种法国南部的"奥克"（Occitan）热情激励着农民军。像洛克泰拉德修士（Friar Roquetaillade）一样的行游僧人有时候让人们想起过去的清洁派。镇压这样的一个运动是不可能的。1384年国王的军队在门蒂埃尔（Mentière）俘虏了一些农民军，但事实上，在1415年至1420年以前，塞文山脉的低矮丛林地带一直和平原相隔绝。

　　更显而易见的是，西班牙的运动一直限于法律允许的范围内。购买人身自由的价格的上涨幅度大大超过了过度担负劳役和王室税收的农民的收入，加泰罗尼亚和阿拉贡的很多农民被迫勉强度日或者逃亡。他们没有反抗业已确立的社会秩序，反之，要求国王、赫罗纳（Gerona）大主教或帕利亚尔斯（Pallars）伯爵确保他们的防御安全和获得必需品。此外，因黑死病而无主的土地仍然没有耕种和分配，即使有人占用也是一样。对此，破落的小贵族和他们一样不满。例如弗朗西斯科·维恩塔拉特（Francisco Verntallat），一个传奇式的加泰罗尼亚骑士，他是唐吉诃德的先驱。小农运动波澜壮阔，形式各异，有的在城镇郊区发动夜袭以躲避收税人；有的拒绝服劳役而成群结队地离开家园来到山区丛林地带。与此相关的是一个不合时宜的、僵化的统治体系，这种状况持续了很长时间都没有改善，但不是永远不改变。

乡村社会不安全的另一个因素是村子里有很多流浪团伙，如勃艮第的粗鲁的冒充朝圣者的强盗"科基亚尔"（coquillards）、皮卡底的"白色贝雷帽"（chaperons blancs）、法兰西岛的"凯门"（caïmans），他们大约从1390年，特别是1410年开始袭击过路者。巴黎市民讲了很多有关他们的恐怖故事，如吃小孩子、将骑士做成烤肉、抢劫市民并扒光其全部衣物。众所周知，这些事情都是强盗、流浪者和逃亡者干的。难道仇犹行为爆发的部分原因是对外国人的普遍仇视为那些年代火上浇油——或者真正原因是他们希望处死那些放债者？无论原因如何，被屠杀的犹太人越来越多。莱茵流域早在1350年，热那亚在1356年，图卢兹在1380年，特别是1390年至1391年的屠杀是两个世纪以来规模最大的一次。西班牙尽管是一处避难

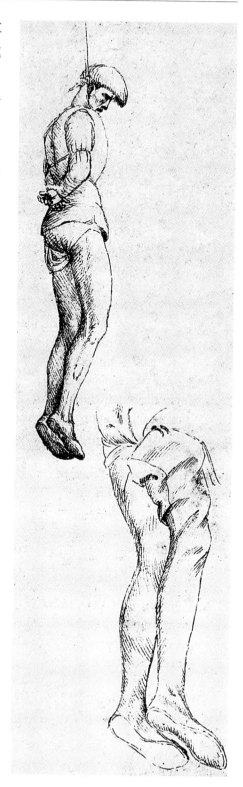

扎克雷起义被无情镇压，农民们被成串地吊死。《被吊死者》（*The Hanged Man*），作者皮萨内洛（1395—1455）。（伦敦，奥本海默美术馆）

所，但整个国家都处于犹太人的血泊中。这难道也是另一场农民运动吗？这次城镇参加了，从而使我们可以离开人类最坏的和最好的经历紧密相连的乡村，进入城镇小心翼翼守护的大门。

"好城镇"与"骚乱"

14世纪和15世纪初期的欧洲城镇并非真的不愿意打开它的大门，但很难追踪其钟摆似的运动轨迹，不久它就确保它们获得对乡村的控制。中世纪晚期城镇的情况极为紊乱，我们不得不承认绘出一副1420年至1440年左右的让人信服的城镇剖面图是件相当困难的事情，就像我们刚刚描绘的乡村社会一样。充其量而言，情势加速发展，但方向没有改变。这足以说明最近几十年取得的进步和出现的问题同样多，以致当时的观察家们不肯定历史正朝哪一方向发展，但是现在的历史学家们比他们要见多识广，因而能够看得更加清楚。

扩　张

作为黑死病的主要受害者，城镇被士兵、官吏、贪婪的流浪者围攻、劫掠、焚烧和蹂躏，然后在国王增收一种补助金或火炉税以后，作为被保护人，它们的钱包就这样被掏空了。它们本应该表现出比乡村更为悲惨的景象，但情况并非如此，它们所谓的活力不仅没有被削弱，甚至有所增加。

首先，在手工业中一种新行为的激励下，新的城镇（真正的乡村自治市镇）建立起来，人口达到几千。把这些城镇全都列出来虽然有些荒唐可笑，但人们不妨细想想法国南部——佩兹纳斯（Pézenas）、吕内勒（Lunel）、佩尔蒂、索尔格（Sorgue）——的乡村集市的中心，或者想一下汉萨同盟建立的几个贸易站。在其他地方，引人注目的是人口增长和房屋密集区的增加。现在人们业已对法国和低地国家的许多城镇，以及巴塞罗那、佛罗伦萨的最后一批乡村移民进行研究——他们穿过城门，在城墙里面定居下来。人们已经清楚知道巴黎的移民来自不同的地方：53%的新来者来自塞纳河下游和瓦兹河流域，26%来自马恩和莫尔旺（Morvan）。这些不同的方向揭示了这个城市的政治和经济的辐射范围。就巴黎来说，这是英国人在诺曼底和皮卡底稳固立足的一个时期。例如，梅斯在13世纪的移民潮主要来自巴里（Barre）和香槟地区，而现在主要来自默尔特（Meurthe）和摩泽尔（Moselle）河谷中部地区，它们组成一个非常活跃的商业轴心。同样我们也十分清楚新来者必须接受的条件。1370年以后，博埃德莱斯（Boedelais)颁布一项"公告"，要求每个获准进城的人必须接受40天的观察期。自1315年开始，佛罗伦萨的所有新来者，甚至是贵族，第一年内必须加入某一个行会。

城镇正在经历现代化。这里，通向一个想象中的城市或可能是布鲁塞尔的道路正在铺设。（1448，编号9242，布鲁塞尔，皇家图书馆）

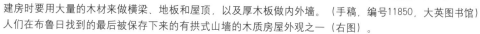

建房时要用大量的木材来做横梁、地板和屋顶，以及厚木板做内外墙。（手稿，编号11850，大英图书馆）
人们在布鲁日找到的最后被保存下来的有拱式山墙的木质房屋外观之一（右图）。

　　城镇的移民到底有多少，很难确定，但他们有时候受到欢迎有时被拒绝。1361年，因为没有栖身之地，大约100人因为黑死病和其他原因死于巴黎的壕沟内。在波尔多和兰斯，有很多拿着工具进城的移民。人口数字仍有争议：巴黎、米兰、威尼斯、佛罗伦萨，很可能还有科隆、伦敦、巴塞罗那和热那亚有10万人或更多，但这往往以城镇似乎不可避免的衰落为代价，如布鲁日、雷根斯堡、罗马和波尔多。这些日益发展的城镇规模的扩大也是一个进步的象征：巴黎的面积从275公顷扩大到450公顷；科隆和卢万（Louvain）从300公顷变为500公顷；博洛尼亚和米兰从250公顷变为800公顷。几乎无论哪种情况，都要建造新的城墙，并且在有限的范围内插入半乡村地区（出于军事目的还是财政原因？）。大部分西欧城镇的主要建设期是在1350年至1380年间，如巴黎、根特、兰斯、梅斯、米兰等。通常，新来者是从发展水平低的地区流向城市，这种涌入包括改变他们的价值尺度、职业和住房。在巴黎，自从王室家族放弃西岱岛（Île de la Cité），迁居塞纳河北岸的圣保罗王宫，后来又迁往农村和偏僻驻地以来，那里的很多房屋开始倒塌，只有一些穷苦的移民还住在那里。1420年左右，1/3的住宅区被弃为废墟；在圣母（Notre-Dame）桥有1/3的房子无法居住；其他地方的情况也很糟糕。然而与此同时，武器制造者、织布工人，甚至金匠迁往居住的英诺森区和尚波（Champeaux）区的房租却在上涨。对房屋的巨大需求表明房屋建造速度太快了，整体的建筑标准在这一时期恶化，对此，人们可以从以下现象中找到证据：虫子蛀过的木材、生锈的和有凹痕的铁制品、粗制滥造的并且在寒冷的天气里破裂的瓦片，所有这一切都表明，如果一栋这样的房屋能坚持12年不倒，那就是好的了。

　　作为驯服乡村的一个前奏，市民大量离开城镇进入乡村，这最能说明城镇的强大活力。人们常常认为他们的原动力是：他们要吃饭，除了在自己的小块土地、围场内种的蔬菜以及自养的猪和牛外，其他的必需品都不得不来自乡村。然而在很多地区，毗邻乡村无法养活墙内的5万张嘴。热那亚从利古里亚区（Liguria）得到的粮食只够维持三个星期，威尼斯从威尼托（Veneto）得到的更少，甚至伦敦和巴塞罗那也只能供应六个月。城乡一旦分裂，人们便会惊惶失措。我曾经提到过市民对他们边远乡村的掠夺。14世纪，特别是15世纪，发生了如此多的类似事件，以致可以被看作是城镇执行统治政策的首次尝试。这一政策以后逐渐兴盛起来。我们应该同时指出，这时没有真正严格的思想指导各种措施的实施，没有永久的欲望，当然也没有经济补偿理论。约翰·比里当（John Buridan）和尼古拉·奥雷姆是法王查理五世的随从，他们只是重复邓斯·斯科特和托马斯·阿奎那的公平价格原则和君主有权决定物价的理论。稍后在德意志，朗根施泰因（Langenstein）的亨利（死于1397年）发现利润和自动重复投资观念，但是因为市场状况，他对此没能展开详细论述。在狭隘的眼前利益面前，城镇忠实地保持着一种稳定的生存状态并保护着公共秩序。自此城镇开始推行单纯防御性措施。例如，向所有的外国产品，无论是吃的还是其他的一律征税，如法国葡萄酒在米兰要缴纳各种苛捐杂税。在粮价固定之前，人们谴责囤积活动，打击投机商人。大体上，意大利城镇拥有对个人进口的所有必需品的优先购买权，导致掠夺性保护主义观念的产生，随后变为重商主义。就此颁布的第一个法令是1381年理查二世颁布的《航海法案》（大大早于16世纪的法案），它禁止所有非英国船只运载的货物在英国港口卸货。这一建议极为荒谬，因为当时船只稀少，无论如何它很难生效。诺曼人和佛兰芒人做出反应，抢走了驶往英国的全部商品的1/4或1/6。

因为以上种种原因，保护毗邻乡村比保护边远的贸易路线要重要得多。为实现这一目标，人们用了很多办法。自13世纪以来，乡村农产品根据城镇的度量衡标准出售。乌尔姆（Ulm）和纽伦堡将这种征服形式强加到巴伐利亚的农民头上，更不要说汉萨同盟控制下的其他内陆地区了。在意大利，来自锡耶纳和佛罗伦萨的市政代理人遍布乡村，为农作物估价，并且在军队的支持下，劝说农民同意强迫他们在城镇出售部分农产品的绝大部分契约。因为有无数惯性的或隐性的阻力，城镇使用征用权的乡村范围日益扩大。和汉堡、吕贝克、乌尔姆、雷根斯堡、布伦瑞克（Brunswick）、汉诺威一样，德意志北部城市一律同意瓜分周边乡村。在其他一些地区，城市需要渗入很远的野外寻找相对稀少的农产品、肉类和奶制品。普罗旺斯、阿维尼翁、艾克斯请求中央高原和多菲内为其提供必需品。在意大利，威尼斯消耗掉内地方圆50公里的农产品。来自欧塞尔、拉昂（Laon）和鲁昂的船只云集巴黎，途中相当重要的就是进行食物储备。尽管是在2月并且离不可避免的食物短缺还有一段时间，但为兰斯制定的一份清单描绘了这样一副情景：城内2/3的居民在家内储备粮食、干草和葡萄酒，甚至有一半的人在下一次的收获到来前以市场价格从存有余粮的极少数人手中购买他所能找到的所有粮食。

另一个办法就是获得土地，这可能是因为需要粮食而独立发展的结果。土地当然属于那些也生活在城里的土地贵族所有，在地中海地区、法国北部、洛林和莱茵兰都能找到他们的身影。各地对土地的需求不同，这在17世纪日益明显，生活在法国和西班牙的很多资本家不屑投资土地或商业，他们更喜欢购买官爵。商业利润采用股份制吸引投资者投资，这意味着截止到16世纪，中产阶级的发展要么还处于初级阶段，要么过早地结束。图卢兹的萨尔盖尔家族在1380年以后放弃经商，并热衷购买土地，他们以获得地产、森林、风车和庄园为开端，随后在1420年以后开始取得诸侯权力、采邑并担任王室官职。英国也可举出同样的例子来，赫尔的拉波莱家族（the La Poles）以鲱鱼买卖发家，在爱德华三世时期势力拓展到农村，最后成为兰开斯特公爵。在控制教皇财政并成为那不勒斯国王的总督和教皇大使之前，阿恰约利家族在佛罗伦萨拥有一部分城郊，并买下摩里亚半岛的全部采邑。这仅仅是近百个同类家族中的三个而已。

商　业

　　城市统治阶层在商业和购买土地方面取得的诸多成功无疑源于他们加强了和城镇内的消费者及各家族集团之间的联系。这种现象和上文提到的乡村显贵们的联合非常相似。移民涌入城内，加强了富裕强大的中产阶级的力量。在前文我们已经探讨过的意大利、郎格多克和洛林的各种公会（consorterie，the alberghi，the ostaux，paraiges）并没有淹没在新来者的人潮中，相反，他们利用这些人扩大了自己的顾客群。在欧洲各地，只有行会（欧洲各地有不同的称呼，如the vicina，the connetablie，the bannière，the quarter，the sestier）3/4的人同意以后，新来者才可以加入该行会，并因此成为这个集团首领的一个支持者和追随者。他可以是摊贩、杂役、游方教士或无业游民（sottoposto，即那些没能力找到工作的人），但不管怎样，他都要融入其中的某个团体，为统治家族服务，同时也是为自己的利益服务。他们支持城市斗争，袭击乡村，消灭经济竞争和政治对手，并在遭遇不幸之际随时准备暴动和劫掠。如同在乡村，他们之间业已牢不可破的关系通过宗教联盟再次得到加强，这种联盟通常是在贵族的礼拜堂，即统治家族的墓地内建立。诸如此类的联盟包括北方地区（Pays d'oil）的兄弟会和慈善联盟、南方的同业公会（frérèches）和城市同盟、洛林和莱茵兰的同业公会。丧失优先权以后，最富有的统治阶层发现这些分散的团体施加的影响使他们日益不安。在意大利，他们被密切关注着，1387年英王爱德华三世对之进行调整，了解其成员规模。我们暂且打住，回想一下戏剧表演，它们长期被忽视，甚至沦为街头小丑，戏剧的复兴是城市生活日益繁荣的表现。奇迹剧和神秘剧通常是在教堂前面和集市的空地上表演，这些演出与古代礼拜仪式遥相呼应，它们由某个城区、某个家族或某个人来安排、资助和创作，这些戏剧表演为其宣扬他们的顾客的实力，并为他们钱袋的重量提供了一个绚丽的宣传方式。

　　因此，中产阶级发现，他们可以依赖人们的帮助度过经济萧条的时期。还有很多其他因素支持他们：人们记得兴起于13世纪的那些技术是如何很好地坚持流传下来，甚至取得进步的。尽管简单机械在当时还很原始，但工匠们已经开始传播使用它们，例如脚踏织布机（两个人共同操作）和纺车（引入德意志以后，纺纱工人的产量提高3/4）。金属制造业甚至在15世纪采矿业发展之前既已达到一个相当成熟的阶段。1340年以后，锻炉风箱的推行使熔化生铁——在15世纪仍被称作"一钱不值的铁"（fer de merde）成为可能。这是现代使用高温炉冶金发展的一个重要阶段。自1290年以来，在德文郡，甚至更晚一些时候在意大利，青铜手艺已臻成熟，军火制造者可以为加农炮选择青铜的或铸铁的炮筒。在所有地中海地区，纸张开始代替羊皮纸，北方的造纸厂越来越多。他们把废亚麻布、大麻、粗斜纹布和毛毡加工成优质纸张，而这些东西都是破衣贩从成衣商和裁缝剪下来的成堆的布料，即古怪的、多变的时装式样的副产品中买来的。最后，尽管陆路运输方式没有丝毫改进，但海上运输却有所好转，这说明了14世纪的商人们建立海上武装力量抵御海上风险的重要性。第一个改进的是船轴上的艉舵，1242年它在波罗的海上首次使用。第二个是从西班牙和马格里布地区引入轻快帆船，代替了先前使用的叠瓦式木壳船，船速加快，远至北海地区都使用这种轻快帆船。东方的罗盘是1350年以前基督教船只必备的标准装置，它准许，确切地说是强迫船只使用海图。1296年制图学在西班牙，特别是在巴利阿里群岛（Balearic Isles）产生，不久它就影响了人们的航海思维和航海方式。1300年的比萨地图、1325年至1340年的《图解航海手册》（Catalan Atlas）和查理五世下令绘制的囊括了从达喀尔到日本，从瑞典到马里的广大水域的闻名遐迩的《加泰罗尼亚地图集》，都证明欧洲已经迈出了关键性的一步，没有这一步，人们将永远无法进入现代社会。

无论是在城内还是在海上，精密技术影响着商业的发展。就社会领域而言，结果还不是很明朗。每一种新机器或新技能的推行，意味着遣散和解雇大量工人，那些被进步车轮抛在后面的人对此并不甘心。显然，雇主为了获得利润，降低了妨碍商业发展的非必要开支。对佛罗伦萨北部来说，普拉托的达蒂尼家族的账簿表明，呢绒的售价分成如下几个部分：羊毛价格占38%，羊毛加工费16%（这两个比例和我们知道的最早那些相差无几），但织布费和各类开支已经紧缩到35%，这样雇主每卖出一件即可获10%的纯利。运费也同样紧缩，葡萄酒从拉罗谢尔（La Rochelle）到布鲁日的海上运费下降了10%，然而陆路运输所需的庞大费用使从欧塞尔到佛兰德斯的陆路运费增加，占到市场价格的40%至60%不等。毫不奇怪，从热那亚到布鲁日的海上路线更偏爱走阿尔基讷（Alphine）关口，这对香槟集市来说是巨大的损失。由公证人起草的海事保险条约取得进步，并优于其他所有措施。仅1427年，热那亚的公证人巴尼亚里阿（Bagnaria）就为价值20万佛罗林的商品投保。

西部商人比乡村人口更晚意识到自身需要训练和规划，以应付种种可能事件的发生。佩戈洛蒂（Pegolotti）的《市场实务》（Practica della Mercatura，1340）和乌扎诺（Uzzano）的《商人手册》（Libro di Mercantie，1432）的出现带来会计和管理学校的建立。据维拉尼（Villani）记载，截止到1338年，佛罗伦萨有六所这样的学校。我们知道15世纪初，伦敦、布里斯托尔、布鲁日、不来梅、米兰和热那亚也有几所。簿记方法的改进似乎表明商业程序有所改进，包括一本流通的现金簿、顾客借贷簿、一本来往户头在内的复式簿记被采用，它不仅使人们可以发现和改正错误，而且可以根据每日情况制定资产负债表，资金可以转账，清算分类账目。复式簿记方法可能是威尼斯人发明的，佛罗伦萨人在1277年至1280年开始使用，热那亚人则是在1339年开始使用的，它在很长时间内一直是一项纯粹的意大利技能，低地国家和德意志直到15世纪才使用。

令人吃惊的是，即使精通这门复杂的商业技能，贸易公司也没能组织和管理得更好。确实，它们的数量是增加了，但规模一般。例如，在图卢兹，67%的商行的投资基金少于200里弗尔，其中56%只经营了一年，没有一个可以共同遵守的契约可以在法律上约束它们。甚至在意大利，作为10世纪出现的商业联盟和公司的发源地，这类集团通常也只限于家族成员，而且为期很短。它们可能由多个亲戚共同分担资金，并为外部筹资发行股份。总共投入的资本有限，最多不超过10万英镑。更糟的是，热那亚人和佛罗伦萨人的公司只打算将总资产的25%至30%作为流动资金。这意味着，一旦一个分支部门关闭，或者股东中间出现混乱，那么银行准备金将不足，然后就是破产了。没有任何人从1340年至1345年左右的大量破产案例中吸取教训，至多是成立了很多短期的公共组织，有些大的金融公司只经营了很短一段时间，如佛罗伦萨的蒙蒂公司（monti）或热那亚的麦奥纳公司（maona），它们积聚了大量的资本——在热那亚有30万杜卡特投资在明矾生意上。在此之前，葡萄牙和加泰罗尼亚对这些商业形式不感兴趣，但是现在它们试图建立一些类似的组织为软木、水银和农业公司提供资助，不过他们没有意大利的富有的公社提供的财政援助。最后，各种公司仍受金银供应的波动所支配，这标志着铸币史的开始。中央清算银行或者贷款机制，如汇票或支票的时代还没有来临，在登上世界的舞台之前，欧洲的工匠和商人还有一段路要走。

痛苦中的城镇

城镇日益发展、乡村渐渐屈服于城镇、商业日渐繁荣、技术不断改进，这些仅仅是这幅画面的一个侧面，它们都无法掩盖参加暴动者的呐喊声和煽动性的批评声。14世纪的城镇对商人来说是天堂，但对穷人来说则是地狱。

城镇工匠的工作结构没有像领主在乡村不动产上的工作方式那样发生变化。行会保持着正常的职业和安全结构。可能因为上文提到的改良技术表明，行会更有必要监督产品质量和消除竞争——这是城市制造业发展的两个必要条件，因而它们表现出更加严格的趋势。此前，意大利城镇决定强制市民参加一个行会、一个有组织的行业，并按照一套规章制度进行登记。1379年左右，在德意志的科隆、马格德堡、汉堡和吕贝克，有62%至70%的居民参加一个行会（an Amt 或 a Gewerke）。英国参加行会的人可能要少很多。1360年以后，郎格多克地区的城镇试图审查要求参加行会的工人，因为现在这些人能够投票支持代表工匠师傅利益的政府官员担任执政官，并且重要的是消除潜在的派系分子。现在，这种观念可被称作马尔萨斯主义，例如在乌尔姆，必须在此生活五年才有资格参加行会，而且要缴纳昂贵的报名费。同样的心理使得行业内部提升的限制条件越来越多。通常，成为师傅的方式是生产一件"杰作"，但是获得这一资格越来越难，越来越昂贵，最终完全被师傅们自己的儿子们所保留。在德意志北部，学徒上升为师傅的途径很早就被关闭了，此后这种潮流传到西北欧，最后师傅的位置成为世袭。15世纪初，根特的280个酿酒商中有213人承袭父职。在其他地方，因为同样的理由，学徒人数受到限制。巴黎在1351年以后每个工场只允许有一名学徒。

药剂师在核算账目。来自15世纪末埃索尼城堡（the Castello of Issogne）的一幅壁画。

最后，城镇的局势变得十分微妙：一方面，因为每个人都必须加入行会，因而行会控制着城镇生活——据维拉尼记载，1340年左右在佛罗伦萨有不少于200间纺织工场。但另一方面，他们强加的工作条件甚至入门条件对城镇造成了压力，它所产生的失业人员和非熟练工人一样的多。对这些非熟练工人而言，尽管工资稳定增长，地位比乡村工人要高，但这只是弥补了制造品价格的上扬。因为农业的萧条，农民可以以低廉的价格购买种子，然而城镇物价飞涨（1419年至1420年，巴黎的面包价格上涨800%），这使得他们无法达到小人物，即雇工和普通人的生活水平。此外，必要时可以在乡村生产的物品——木制品或铁制品、衣服和工具——越来越贵，尽管涨幅很慢，但仍比工资增长的速度要快（14世纪初，铸铁价格以100

为了取得晋升为师傅的资格，学徒们不得不做出一件杰作。这里，两个争取木匠师傅资格的候选人正在一名长者的监督下工作。（罗伊手稿，大英图书馆）

为基线，黑死病后为160，15世纪初为350）。同样在这方面，1351年2月、6月、10月，英、法、卡斯提尔分别颁布法令，后两个国家的政府同意在1347年物价的基础上全面上涨30%至50%，爱德华三世拒绝在英格兰岛上做某些改变，这些条约的颁布使城镇局势进一步恶化。尽管生产没有因为军事动乱而停止，但我们不应漠视那些大人物们、穷人、草根阶层造成的任何

威廉·维内迈尔，地方官员和雇佣兵队长。一个14世纪的墓穴板饰。（根特，庇洛克博物馆）

利润的下跌，所有这些都是很重要的。意大利纺织业就是一个相关案例，1375 年其利润从 15% 降到 6%；鲁昂造船业的利润于 1380 年从 50% 降到 7%。这种情况造成阶级冲突，兰斯的铁匠师傅呼吁市政军队驱散要求雇佣的工人。确实，在我们即将讨论的大多数运动中，人们要求公共权力机构对之进行干预。

公共权力机构对这些阶级冲突进行干预，或者在某些事件中任其发展，特别是在劳动力等级内部发生许多令人震惊的冲突之际——在工资高的和所得报酬过低的工人之间，在就业工人和失业工人之间。荒谬的世族仇杀经常发生，对此，雇主显然只是袖手旁观。根特和列日的不幸的历史打上了亲人互相仇杀的烙印，如 1349 年至 1350 年，漂洗工和织布工人互相残杀。对这些城市中的事件来说，它们有如此多的侧面，以致人们无法为其强行制定一种秩序，一种同时代人没有意识到、也不可能存在的秩序。

巫士—学徒

我们应该从这些杂乱无章的事件中选取那些政治倾向或党派倾向最为明显的事件进行讨论。在这样的讨论中，人们对政治倾向和党派倾向这两个词时常是不加以区分的。通常在非常注重公民权的城镇中，就是通过获取中产阶级工人的代表名额以进入公共权力机构。在此之前，行会成员是与公共权力及事务绝缘的，因为不论从以他们特有的产品还是以他们客户的水平而言，他们都没有在市政事务中起什么作用。这其中包括畜业行会或者是那些代表着更低阶层的羊毛布生产商之类的行会。然而暴动通常更容易由当地的现实环境所引发，外部事件如外国军队的到来，或者内部的突发事件如两个政治派别之间的斗争就足够了。通常这时候就会出现一位领袖进一步推进他的阶级或团体的利益，这样的领袖一般出身于更为有闲的阶层，如布料商、小贵族或者是依靠普通人支持的教士家庭。他们乐意接受更为民主的言论方式，但其目的至多也不过是扩大资产阶级权力的群众基础。此类例子不胜枚举。不过所有的这些事件并非同样都为人所知，其中最为著名的是1293年佛罗伦萨事件。这一事件驱逐了阿尔伯特派（Albertis），即所谓的皇帝党，这个党理论上是反对教皇的。同时，通过"公正法令"，佛罗伦萨事件为几个新行会进入政府打开了大门，但这种做法却把城市领导权转到了一个新的商人阶层手中，即阿尔比齐家族（the Albizzi）和斯特罗齐家族（the Strozzi）手中。14世纪初，布鲁日的鸢尾花徽派（Leliaerts）、百合花徽派、一些穷人和布料商在彼得·德科宁德（Peter Deconind）的带领下反抗法国人及其合作者（1302），后来遭到皇家军队的报复，一些人被杀。同样的事件不断发生，1304年在施派耶尔（Speier）、1306年在布鲁塞尔，尤其是在列日，迪南特的亨利的斗争在这里坚持了好多年。直到1350年的黑死病和与其相伴而来的大屠杀到来之前，西北部的这些地区仍然动荡不安。美因兹、斯特拉斯堡、科隆、巴塞尔等在1332年至1336年发生的动乱与意大利的热那亚和佛罗伦萨的动乱一模一样。当布料商雅克·范·阿特维尔德领兵集结在爱德华三世身边时，他于1338年至1345年间被任命为城镇的长官，这对社会而言重要吗？但是因为他未能兑现对纺织工人所做的许诺，在黑死病期间，在1349年至1350年间的内部斗争之前发生的一次暴动中被暗杀。

　　这次黑死病也许也应该对这样一种最具独创性的尝试负责：1347年，罗马一位名叫科拉·迪·里恩佐（Cola di Rienzo）的公证人以古老的方式取得了监察官的称号。在黑死病带来的普遍绝望中，在没有教皇的情况下，他宣布恢复罗马共和国。这时所运用的语言是"通俗的"语言，他邀请台伯河地区的人去洗劫逃亡罗马贵族的宫殿，并试图在城市的各行政区用选举的方式建立直选的政府。但是城市的现实摧毁了科拉的理想，他既没有做皇帝的能力，甚至也没有控制圣安杰洛（Sant Angelo）城堡。1354年当拉丁贵族处斩他的时候，连个反对的声音也听不到。

　　艾蒂安·马塞尔的插曲具有同样的性质，并至今仍被法国人所熟知，他们接受的教育使他们相信，这个笨拙的布料商人是大众的、或至少是巴黎人的民主的建立者。事情是这样的：好人菲利普召开三级会议筹钱，双方发生争执。拉昂主教勒科克（Lecoq）和巴黎商人首领马塞尔——巴黎最富有家族的成员，带头批评王室税收和议会中没有商人代表。这完全和穷人无关。瓦卢瓦国王在普瓦捷被俘、想攫取王位的纳瓦拉国王查理的煽动性行为和皇太子查理的明显的弱点，这一切都促使艾蒂安·马塞尔大声疾呼。1357年，他强行检查公共财政，但是他关心的只是巴黎。修筑城墙的工作已经开始，这项工作直到查理五世才完成。巴黎被划分为几个区，并且组建民兵组织。他们没有采取任何措施罢免王太子，他们也不满意平民。1358年2月，马塞尔进行最后的努力，反对年轻的查理，结果导致一幕有名的但被误解的场景发生：一群乌合之众闯入卢浮宫后，他们在惊恐万状的王太子——从那天起他受到致命的侮辱——面前残杀了王室顾问。如同1792年佩蒂翁（Petion）送给路易十六一顶帽子一样，马塞尔把他的头巾给王太子戴上，但可以肯定地说，这是保护他而非羞辱他。

　　很显然，这位首领不希望事态发生这样极端的转折。此后，事态迅速发展。王太子逃亡，这群雅克人被镇压，人们转而反对马塞尔，因为他准备向英国人献城投降，7月他被一个伪善的朋友暗杀了。

艾蒂安·马塞尔，商人们的首领，于1358年7月31日在巴黎被王太子，即未来的查理五世的一名党徒暗杀。（巴黎，国家图书馆）

城市运动的目录远没有结束，其中，普通人往往由另一个阶级的人们领导，而这些人只会空头许诺欺骗他们。在1378年至1382年德意志发生的声势浩大的革命运动中，布伦瑞克、美因兹或更多的是对西方而言还应包括梅斯，似乎什么也没有发生。1382年根特起义期间，雅克的儿子菲利普·范·阿特维尔德（Philip van Artevelde）要工匠们和他组成同一阵线，就像1302年或1328年那样，但是他的目标直指市政权力。9月在罗斯贝克（Roosebeke），他们遭遇王室军队，他幸免于难，此后直到1385年之前双方进行了艰难的谈判，唯一有争议的就是这位长官的地位问题。至于1413年至1414年的巴黎运动是伯纳德·阿马尼亚克（Bernard d'Armagnac）领导的巴黎人和勃艮第的约翰领导的巴黎人之间敌对的结果，这无疑包括一些"普通人"——年轻的屠户、信使、漂洗工和木屐匠组成了公爵护卫队的一部分，他们握着他的手，跟随富裕的屠户师傅——西蒙·凯波赫（Simon Caboche）。不管参加运动的人数有多少，这次讨论促使王国和三级会议开始出现。确实，直到1418年以前，巴黎人一直互相残杀，根本没有改善任何人的生活。当巴伐利亚的杰奎琳（Jacqueline）于1423年被驱逐之时，在布鲁塞尔反对卡比尔亚斯家族（the Kabiljauws）的赫克家族（the Hoek），和在塞维利亚反对古斯曼家族（the Guzman）的旁塞家族（the Ponce）的支持者们，全都是骗子。

火山在轰鸣

然而最后，如果不作出某些改变，那些有理由抱怨命运不公的社会等级的热情就不能被继续唤起了。仅仅根据时代标准而言，科拉、马塞尔和凯波赫是讲究民主的，但他们的行为无异于巫士的学徒。如同15世纪初意识到人们正处于贫困中的那些伟大的好心人的行为一样，热尔松、让·珀蒂（Jean Petit）、阿兰·沙尔捷（Alain Chartier）感动了亲王们，使他们心生怜悯，使他们哭泣。法兰西斯派修士们继续传播其思想，在驿站和讲坛上，他们每次都慷慨激昂地向人们作上长达数小时之久的长篇布道，如1429年修士理查（Fra Richart）在巴黎的讲道。他们谴责寄生虫般的宫廷、傲慢的贵族、洗劫穷人的战争、优柔寡断的教会以及最后要进地狱的俗世的富人们，他们确信和平不会回来。

　　一个新的社会组织已经出现，即共济会（the ateliers）、兄弟会、城区的行会（vicina），甚至是秘密集会（the colloquia）。这些联盟多少都有些非法，它们不承认师傅的地位，因此自13世纪以来一直受到人们的谴责。一如既往，他们最便捷的武器就是怠工——偷懒和罢工，或意大利语中的restoppio，佛兰德斯的takehan。在法国，它以grève（罢工）一词闻名，这可能是源于巴黎的沙滩广场（Palace de la Grève）。伦敦（原文如此——译者）和佛兰德斯工人在1311年至1313年消极怠工，此后怠工现象不断发生：斯特拉斯堡在1332年；根特在1337年至1345年；佛罗伦萨在1346年；锡耶纳、科隆和伦敦也发生了同样的示威运动。每个地方的结果都一样，工人拒绝接受师傅任意制定的工资，师傅让步了，此后他们招收的不是忠实的学徒就是欠债的农民。很少发生流血冲突，也很难看到镇压，结果是无关紧要的。

　　这就是1378年至1383年事件如此重要的原因所在，尽管它的规模比不上伦敦的瓦特·泰勒起义、阿拉贡的小农运动，甚至不如莱茵河流域的行会师傅们协调一致。事实上，欧洲城镇中的普通人，尽管原因各不相同但自发地同时觉醒了：在佛罗伦萨的起因是阿尔比齐家族和斯特罗齐家族决定冻结工资；在梅斯是因为当地禁止矿业工人联合并驱逐了来自沙马特·塞耶（Champ at Seille）的边缘人群；在鲁昂和巴黎是因为重新推行查理五世在临死前怀着愤世嫉俗的心情而废除了的灶税。这一次参加暴动的绝大部分成员和领袖都是普通人。1378年7月，　掌握市政权力的归尔甫派发生分裂以后——萨尔韦斯特罗·迪·美第奇（Salvestro di Medici）在其中扮演了什么角色还不清楚，佛罗

佛罗伦萨市政广场的韦基奥大厦建于1299年至1314年间。

伦萨发生了反对市政府的骚乱，摊贩们在一个叫米凯莱·迪·兰多（Michele di Lando）的羊毛梳理工的领导下也拿起武器参加叛乱。米凯莱·迪·兰多召集了1500名弓弩手，他们袭击最高行政长官的府邸，攻入市政官员们的家并放火焚烧了那里的税收登记簿，他们还把罪犯从监狱里面放出来。尽管有三个新的行会获得许可进入议会，其中有一个是代表人民的行会，但拥有一切就是什么都没有，民众不能组织自己的政府，甚至不能自行储备粮食。兰多是受到城市权贵和城乡代表，特别是堂而皇之回到城镇里的钱币兑换商和布料商的唆使发动叛乱的。直到1381年年底，一切才恢复正常。法国发生同样的事情，如果有可能的话人们情愿它尽快结束。巴黎在1381年秋天发生叛乱，人们抢走了法庭律师用的铅灰色的锤子。铅锤党人（maillotins）要求废除灶税、颁布法令确定最高物价和提高工资。国王的代理人——查理五世的叔叔们，假意答应予以考虑。事实上，他们首先镇压鲁昂叛乱，然后匆忙赶往罗斯贝克镇压佛兰德人的叛乱。此后王室军队攻破各个城门强行进入巴黎。镇压相对较轻，因为他们没打算使马海区人（the Marais）绝望。事实上，在获得自由的梦想破灭之后，人们在1407年爆发的漫长的内战期间有足够多的机会慢慢消除他们的痛苦。

同时代人并非总是因为动乱的发生而悲观失望。城市因为各种各样的和不可预知的因素而动荡不安，再也不是人们平静生活的港湾，特别是在暴乱发生时，人们对此没有必要奇怪。如果局势失控，城镇就要求助于国王。另一方面，实际上不太严重的农民叛乱比城市骚乱更加令人恐惧，因为不满的农奴总是危险的。人们依然认为农民是现存社会秩序的基础。在城市动乱令人担心之际，乡村骚乱行将灭亡。对付骚乱只有一个办法，那就是出动军队。但是它足够强大吗？

走投无路的政府当局

这一时期的国家处境可怜。教皇们最初受人尊敬但也颇受争议，而此后他们的声誉受到损害并被人们所痛恨。这个时候，神圣罗马帝国的皇帝们正忙着全力实施其野心勃勃的计划，而西方那些由老人、小孩和疯子统治的各君主国动荡不安，混在他们身边的则是最高行政长官、亲王和统帅们，除了短暂的权势和无法实施的计划外，他们毫无共同之处。然而，现代国家就是在这一时期的某些基础上孕育产生的。

回归"共和政体"

产生于12世纪的古老的二元理论——一个教皇和一个皇帝——到1250年以后就不复存在了。双剑理论作为西方基督教世界的象征曾经在大学里面培育了无数理论家，但现在也过时了。教皇与皇帝关系破裂，分道扬镳。只有少数意大利人，如但丁、帕多瓦的马西利乌斯、彼特拉克等还对帝国保留着一种怀旧情绪。1312年亨利七世的加冕礼、1355年查理四世的加冕礼以及西吉斯蒙德被授予金玫瑰的重大事件，都是得到国王们，甚至像法国的查理五世的一些人的认可的，他们骑着黑马去觐见皇帝。然而，对意大利来说，皇帝没有任何意义。皇帝在意大利的代理人为所欲为，有的自称公爵，如1395年米兰的维斯孔蒂；有的无视他的召唤，如1406年萨沃伊的阿马迪厄斯（Amadeus of Savoy）。皇帝对此毫无办法。皇帝把在德意志拥有的一切都卖给了各城镇和350个亲王，他们瓜分了他的王权。他四处游荡，身边只有一些官员，没有军队，没有钱。据估计，他每年的收入为7000马克——相当于西西里国王的一半。

因此现在，罗马法授权国王代表国家。国王解决了独裁（auctoritas）和最高权力（potestas）问题。律师们在13世纪末还告诉他：他是自己王国内的皇帝。普雷勒的拉乌尔（Raoul of Presles）援引《上帝之城》和《旧约》中的话加以证明；泰尔鲁格（Terrerouge）的约翰和梅济耶尔（Mezières）的菲利普甚至提出王室宗教的观念（a royal religion）。在查理五世和爱德华三世的晚年、在卡斯提尔的彼得和阿拉贡的彼得当政时期，王室随员使君主们呈现出迥然各异的面貌。当然，首先是尼古拉·奥雷姆，然后是约翰·热尔松告诉国王们：他们是国家良好秩序的保护者；是共和国建立的基石；此后，他不仅是共和国的临时支持者而且要对它负责；但他的职责只是暂时性的，对此他是要向上帝和人民述职的；除非成为一名"完美的暴君"，否则他的行为只能是普遍同意的结果，即使这种同意只是代表们、教士和贵族的同意。除了这一点，蒙特福特的西蒙（Simon of Montfort）在1260年没有提出任何其他条件——如果他痛苦不堪的话，那也只是因为他走在了他所处时代的前面。因此真正的统治者是政治实体，对国王来说，这个政治实体代表的是超越生命和财产的准普遍性权力，但是它会要求国王报告他的政绩并改革其行为方式。

这个时代的国王们，无论是老人还是小孩，几乎都完全接受王室"行会"这样一种思想，但是他们却不愿意实现它合乎逻辑的结果——选举制或罗马共和国时代的收养继承人制度，对此所有人都有所了解但又所知不多。国王们在他们的加冕誓言中增加了几句话，并且恢复了古老的巡回统治方式。事实上，这是他们虚弱的一个象征。因为君主是人民的化身，他不得不回到人民那里：好人约翰不停地穿梭于各领地之间；年轻的查理六世在1389年巡视了整个法国。甚至皇帝们也不能安静的待着。针对卡斯提尔国王残忍者彼得产生的敌对行为主要是因为他一直自我隔绝在塞维利亚，在那里他的周围全是摩尔人。在授权而不是过于严格的管束的表象下，国王们仍然保留了旧君主体制的大部分特征。首先，他们的权力机构是一个宗族、一个家族的机构，就此而言，他们和城市派系之间只有程度的不同而已。基本上有关王冠命运的任何事情都在家族内部解决。如果法国的君主未成年，那么他的母亲和叔叔们将代他统治。英国的做法与之一样，人们对此毫无异义。如果继承顺序出现争议，如英、法和卡斯提尔所发生的，那么这将按照兄弟、表兄弟或者侄子这样的王室亲属关系来继承。匈牙利、波兰和那不勒斯以及各个公国的王冠，通过联姻、远亲继承或者王朝的优势，不停地从一个人手中传到另一个人手中。这就使得各家族，如安茹家族或巴伐利亚的维特尔斯巴赫家族（Wittelsbach），将其触角伸到家族以外很远的领土上。对残忍者彼得、奥尔良的路易、詹加莱亚佐·维斯孔蒂、理查二世和勇敢者约翰被暗杀等不幸事件的解决办法看上去类似族际仇杀。同样，王室的女性继承人和王后，尽管在各地都被排斥在基本的继承顺序之外，如1328年的法国，但她们在实际生活中要比以前重要得多。她们的影响为其丈夫、孩子、夫家的兄弟和情人们的政治生涯打开了大门，这其中有勃艮第的珍妮、巴伐利亚的伊萨博、彭西埃维瑞（Penthièvre）的珍妮、瓦伦蒂娜·维斯孔蒂、阿拉贡的约兰达（Yolanda）和那不勒斯的乔安娜等。

　　王室家族成员虽然分享国王的统治角色，但按原则规定国王有资格从贵族和政务会获得的支持在某种程度上变得模棱两可。旧的封建义务和附庸的宣誓无疑还在继续，君主需要依赖贵族阶层。但是在这艰难的岁月中，这个社会阶层看上去就像卡佩王朝忠诚的随从一样，人数越来越少。现在，国王的政务会由教士和官吏——他自己的创造物——组成（除了国王的少数亲戚外）。研究这个不固定的人事机构的不断的变化和起源十分有趣，在法国、英国和巴伐利亚，以及意大利各城镇，来自不同领域的不同集团相继为国王服务。当沙蒂永（Châtillon）、布里涅（Brienne）、洛里斯（Lorris）、索尔马尼（Sormans）和马里尼等真正的贵族成员加入时，他们通常是王朝的私人顾问，这是培养亲信官员和大使的滋生地。实际上，在通过仪式获得社会声望和宗教声望的其他极端排外的"教团"中，国王依靠一些纯粹的表面的特权来迫使贵族就范。这些教团包括嘉德勋章教团（the Orders of the Garter）、白色圣母教团（the White Lady）、金羊毛教团（the Golden Fleece）和圣米歇尔教团（Saint Michael），等等。在这些

大胆查理主持金羊毛教团的一次教士大会，这个教团建立的目的是为了勃艮第公爵身边的贵族们的团结。（手稿编号 139，巴黎，国家图书馆）

朋友、受俸牧师和行政官员中，人们在谁那里能找到"共和政体"呢？

　　当政者将其虔诚的宗教信仰完全掩藏起来。热尔松自己曾说，王权是僧侣的。确实，国王在加冕仪式上的涂油礼是一项圣事，而这就是国王和亲王的区别所在。国王可以决定信仰问题，如国王路易的行为。在这方面，卡佩诸王和瓦卢瓦诸王是个例外。1298年路易九世被封为圣人，这赐予其家人继承他圣洁的光环，因而法国的君主们能够治愈淋巴结核。他们决心在鲁昂和里昂的两次宗教大会（1373年和1374年）上反对格利高里十一世提出的有关教义的几点意见。1378年，在公开和无疑真诚地选择支持克莱门特七世反对乌尔班六世后，查理五世制造了大分裂。在任何时候，人们的忠诚都没有抛弃这位国王，甚至不曾抛弃过如好人约翰这样愚蠢不堪且不义的国王和如查理六世一样无能的疯子。确实，历史上可能没有任何君主比得上那位不幸的精神错乱者受到人们如此多的热爱和哀悼，然而，他的疯狂使他的臣民们付出了极大的代价。同样，通过激励优柔寡断的查理七世直到他于1429年在兰斯行加冕礼以后，贞德才完全明白，从这一时刻起这个自封的王太子是无可争议的君主了。

　　事实上，没有任何一个君主看到他的任何一个臣民举起武器反对他——这不是对西班牙、英国和意大利国王而言的。皇帝是唯一享有这一光环的统治者。西吉斯蒙德认为在1415年至1418年召开和主持康斯坦茨公会议是他的责任，但是现在这个暴发户般的皇帝如何和圣路易的儿子们相提并论呢？

　　确实，尽管在这次调查中，法国君主因为运气好而被置于优先的地位，但最终的画面却十分混乱，理论家声称的和人民绝对相信的是：国王是国家的化身，是共同利益的化身；他的诚实毋庸置疑，这是他的美德；他最坏也不过是个愚蠢的人。但实际上，他的亲密随从、家族成员和他的宗教使命阻止这一制度自然发展，并通过继续保留残存着的一些东西延缓这一制度的发展。同时，国家曾愚蠢地妄图加以控制的政府机器缓慢拖动政权向"专制"过渡。

仍然不受控制的武器

　　在15世纪，毫无疑问，国王的首要职责是主持正义。这是他存在的首要理由。无论是在驻地和追随者的小范围内，还是在那些法院和我们先前曾追溯过其发展的最高法院的大范围内履行他的这项义务，或者将司法权委托给地方官员、郡治安官、管家和司法官员执行，它都要求国王，或者更确切地说是他的书吏们全力关注那些实际的司法执行人员的活动。习惯法文本、司法手册和论文、质询程序发展，以及一个重要的法官阶层的壮大都促使这个司法程序剥夺了国王和他所有真正有责任的忠实的顾问们在有序社会行使的统治权力。

　　如果只有一个司法机构和一个胜任的、负责的法官，那原告可以对案子被拖延而抱怨

地方审判：一个被判死刑的人被带往绞刑架，1389。（彼得帕伊：《寓言》，编号6807，尚蒂伊，孔代博物馆）

的唯一理由就是日益繁琐的司法程序和有关支付给看门人、检举人、辩护委员会、律师和各级文员的费用问题。原则上是这样的，英国的财政部和皇家法院、法国大理院中的大法庭（the Grand' Chambre）和法国王宫诉状审理院（the Requêtes of the Hôtel de France）、低地国家的法庭（Audience and the Amannies）应该已经足够了。君主在当时可能已经控制了一流的统治工具。但事情远非如此，首先是因为公共司法无法进入最底层，即村民的社会秩序中。郡治安官和司法官员在城镇里经常定期公开召开立法会议和一般会议，但是否能影响他们还是个问题。此外，地方领主司法权依然有效。我们看到，在英国的620个百日法庭中，领主竟然控制了其中的350个。自圣路易统治以来，法国巡回法庭的法官们就要到各地去，他们要千方百计地使人们向王室法庭上诉——但这些只是闪电般的停留。14世纪的王室司法权逐渐出现分权趋势，这和王室愿望完全相反。在14世纪中期或以后，大多数公国都建立了几乎完全不受中央政权控制的机构。高卢的马尔谢（Gallic Marches）、巴伐利亚、勃兰登堡和哈布斯堡家族领地就是这样；勃艮第公国于1352年建立公爵大法庭（the grands jours ducaux）；同样地，布列塔尼建立最高法院；随后多菲内和英国的吉耶纳在1357年建立"三级会议"；黑王子在1366年建立三级会议；加斯科涅的大政务会（Grand Council）在1370年改为最高法院；1390年佛兰德斯成立三级会议。领主在自己的领地内利用地利之便或当地的特殊传统来质疑中央司法机关的权力。在1291年至1303年，图卢兹组织了一个最高法院为奥克地区的总管们制定成文法，成效卓著，1319年和1355年以后又对它加以补充。治安法庭几乎定期召开，有时候甚至引用远至贝里地区的案例进行判决。在1366年、1369年，特别是1389年王室享有监督权时，那些徇私舞弊的法官被处决。最后，王太子查理在1420年签订《特鲁瓦条约》（Treaty of Troyes）之后避难卢瓦尔河南岸之际，带去巴黎最高法院大约一半的书吏，并把他们安置在普瓦捷，为此当地书吏人数增加了一倍，填补了普瓦捷官员等级之间的空白，巴黎的那部分空白则由摄政王贝德福德填补了。

尽管公共司法的实施及其运行不能使王室及其身边的中央权力机构取得其梦想的各种效果，但至少它可以禁止别人染指其财政大权。我要指出的是，正是1300年以前的各种开支的自然增长使即使是最富有的君主如法国国王也不能远离他的领地以古人健康的生活方式生活。国王在嫁妆、赏金、王宫维修费、旅游、衣服等方面的个人支出占其领地收入的全部。我们知道，他们一旦囊中羞涩，就会采取极端的权宜做法，如熔化金银餐具和转让王室岁入，他们在1337年至1355年经常这样做，但显然这只是暂时缓解了他们的困境。至于不定期没收有罪诸侯、银行家和犹太人财产的做法常常招致人们的不满，并最终导致一场起义大范围爆发。税收是君主的另一个收入来源，重新推行的公共纳税思想是14世纪欧洲历史上的一个主要特征，其过程漫长而痛苦。正如奥雷姆所强调的，因为国王对公共福利负有责任，因此逻辑上臣民必须为此向他捐献；当只有贵族才有权被召集起来为君主流血牺牲时，这意味着其他所有人的捐献只能是缴纳税款。尽管这与平时宣扬的信仰不同，但教会还是第一个纳税，尽管不是没有犹豫过。自美男子菲利普和爱德华一世以来，人们渐渐认可了国王们强制征收什一税以及卡斯提尔和德意志的没收财产行为。阿维尼翁教皇的各种征收的款项已经如此之高，以致某些主教区很难再向人们增收税款。但这不是最主要的，重要的是必须纳税的人不是掌权者而是农民和城镇居民，他们也要缴纳从1290年至1340年开始引入的各种间接税——商品税和盐税。同时，强大的中央会计机构以审计法庭和财政部的形式建立。我们知道直接税的收入很不稳定，于是君主们不得不征收更多的间接税和火炉税。后来以王室人头税闻名的火炉税或灶税，是建立可靠的和充足的国家岁入制度的基础。最初它只是一项特别税，尽管1375年左右法国政府日常开支和战争费用的85%都来自这一固定收入，但人们一直认为这是一项额外税收。此后好人约翰在1355年要求征收一项沉重的灶税时引入同意原则，大家一致同意被选者有责任将这一重任推广到全国各地。同意原则被一直坚持下来，为了便于收税，1390年左右国家被划分为几个财政区，财政区下面又分为几个辖区，这和各英语国家的情况很像。实际上通用于整个旧制度时期的这个词汇有些怪异，因为财政区的收税官是由国家任命的，但是在各个封地，也就是各采邑和公国里则是由领主自己任命的。法国由于陷入一场特殊的困境中——不能一次性为国王约翰筹集全部的大笔赎金，于是税收体系的力度和效力在此时发挥到了极致。此前在1337年、1342年、1349年、1350年、1355年、1356年和1357年，灶税也曾以各种借口征收过，但1360年以后的这次征收却长达二十多年。因为每年需摊付的款项已经固定，于是为了筹集这笔信用欠款（它也是一笔公债），法国从1361到1404年连年征收灶税。这种做法根本不可能合法，它只是出于对君主的忠心。任命五六名"辅助金总司库"（General Treasurers of the Aid）来监督除财政区以外的所有事情：这只是旧制度的财政区（généralités）的初级阶段。现在除审计法庭以外，又建立了一个辅助金法庭。赎金终于付清之后，重新燃起的战火进一步证明了征税的正确性，此后在法国课税成为一项惯例。

　　普瓦捷战役挽救了法国的财政力量，但英国的情况正好相反，这确切地说是因为法国的巨额赔款使英国国王对民众征税比法国要少，而且也没有像他们那样定期的横征暴敛。

在亨利五世决定于1405年引入常规税之前，英国才开始推行法国早在1360年就已征收的临时税，我们已经看到了像1378年人头税那样过度征税造成的灾难性后果。我们对1240年几个主要国家的岁入情况进行估算后得出的结论是：如果将教皇和皇帝的收入定为基线100，那么西西里和阿拉贡国王的收入是150、那不勒斯国王和勃艮第公爵的收入是200、卡斯提尔国王是300、英国国王是500，而瓦卢瓦国王的收入则是他们的总和——1500，由此我们可以估计出这一特别税在各地的发展是多么不均衡。

既然法国君主既不能掌握财政权也不能完全控制司法权，那这样一份清单可能会让人迷惑不解。虽然我们没有详细说明王室税收在某些时候对社会和经济造成的灾难性后果，但必须指出，如果国王不能筹集到他所需要的全部款项，那他就无法贯彻执行其财政措施。我们在上文已经看到这种情况是如何发生的以及它出现的特点，这种状况在1350年到1420年间根本没有任何改善。相反，形势日益恶劣，在社会上引起普遍混乱。贵金属价格达到顶点，金银比率灾难性地浮动在1∶11到1∶5之间，这中间不可避免地出现投机倒把活动。在这种环境下，各种货币接踵而至——据统计，瓦卢瓦王朝在1337年至1360年出现了85种货币，1417年至1423年有30种。法国王室铸造的货币日益贬值，每枚银币的含银量从原来的4克下跌到不足0.1克，而兑换值却从原来的12丹尼尔变为24丹尼尔，到1422年含银量仅为0.02克却价值30丹尼尔，金币价格则更高。从文献资料中我们看到全部货币价格不是根据支付货币的价格而是根据一种"英镑—先令—便士"的进位制而制定，但人们并不总是知道"英镑—先令—便士"每日在市场上的实际价格。当时的人们意识到了货币价值和价格之间存在着矛盾。无疑这就是促使人们制定货币价格的动机，以及通常根据佛罗伦萨的佛罗林计算出货币总值的动机，而佛罗伦萨的佛罗林是少数几个稳定货币之一，足以作为国际货币的标准。

国家与"三级会议"

如果统治者不能控制他的雇佣军、货币和法院，又如果他缺乏主见并且生活腐化堕落，那么希望限制和削弱其权力的人们有两条路可以走。这些人包括教士、市民和贵族，沙尔捷、艾蒂安·马塞尔和勇敢者约翰在寻求新的政治基础的过程中将再次出现。

首先，特别是在税收和统治机构等他们密切关注的问题上，他们不得不征求"人民"，也就是他们自己——那些富有的特权等级和统治阶级的意见。尽管在13世纪和14世纪初，各国都偶尔召开过教士会议、"三级会议"、国会（Cortes）、立法会议（Assizes）和一般议会（Diet），但是国王们总是千方百计地不让它们成为常设机构。不幸的是，战争费用不可避免地日益增加，于是国王们不得不听取人们对有关国家挥霍无度、根本没有做好准备就开战和朝臣无能等方面的尖锐批评。为了得到特殊津贴，爱德华三世从1340年开始被迫改革议会，但是在英国这是一种古老的传统，他所做的一切都只是在表面上对民众做出某些顺从。法国的瓦卢瓦诸王更不愿意顺从民意，例如在1355年至1357年召开的三级会议上，各等级虽然同意为国王筹款，但是他也不得不忍受各等级提出的各种抗议和内容繁多的改革法案，其中有名的是《1355年法案》和《卡博基安法案》（一个非常傻的名字，因为这个叫卡博基安的屠夫对它没有任何影响），这两个法案要求人们有权罢免现任官员，同时还规划出一幅议会政府的蓝图。这些文本和1381年伦敦的叛乱分子从理查二世的大臣手中抢走的文本一样是政治思想获得发展的有趣之极的舞台。然而由于王室缺乏诚意，无疑也是因为缺乏人力、财力和时间，没有一项法案付诸实施。无论如何，除1407年至1418年的短暂间歇期外，从1360年以后君主只召开地方三级会议，目的是为了减少他被迫对人民作出的让步，并且不必冒刺激地方在将来发生骚乱的任何风险。我们知道在其他国家召开的教士会议和在英、法召开的性质相同。勃艮第、蒂罗尔（Tyrol）和奥地利的公爵们、列日主教、萨沃伊公爵和卡斯提尔的国王们在1362年至1420年间也先后召开过三级会议，同时他们审慎地采取行动消灭各种分裂趋势。

　　大多数窃取重要公共权力者意识到，只有控制这些地方议会才能提高自己的地位。公国和超小型国家在欧洲再次出现。它们实行自治甚至独立，最终，在中央与地方权力协商一致的基础上，王权的幻象被摧毁了。

　　实际上，这些权力集团的渊源与他们10世纪的前辈们有很大的不同。尽管他们的联合不可避免地包括某些地域因素，但更多的是源自他们古老的传统。洛林、托斯卡纳、比利牛斯山脉和布列塔尼的情况就是如此。事实上，人为因素是促成这种联合的更为显著的动因。首先是将相邻地产和先前互不统属的地方重新整合起来，如加斯顿·菲伯斯（Gaston Phoebus）在富瓦（Foix）和贝阿恩两地之间进行的尝试；另一个办法就是直接军事占领，如勃兰登堡的伯爵领地和米兰公国就是这样做的；还可能因为地处偏僻或其他特殊原因得到国王的赦免，如布列塔尼；最后一种情况就是，国王派总督到各地进行直接管理，比如安茹的路易治理朗格多克；或者各个分散领地经过审慎的和长期的考虑后，同意在一个君主的统治下进行联合（君主以联姻、结盟和交换等手段将各地组成一个很好的网络并加以控制），这方面最有名的例子就是勃艮第的菲利普，他统治着从里昂到莱茵河口的广大地区。

　　这个时期各地有一个共同点，即建立邦国，它在各方面和王国都很相似。邦国内也建有王宫、地方防御系统、雇佣军、大的公共建筑物、财会院、议会机构、治安官、自己的收税官，甚至有自己的大法官法院，私玺和货币。毫不奇怪，这种解放伴随着政治多样性的出现。阿马尼亚克—费赞萨克（Armagnac-Fezensac）的伯爵们、阿尔伯特的祖先们、纳瓦拉的国王们和加斯顿·菲伯斯（死于1391年）以各种方法挑拨黑王子反对查理五世从而坐收渔人之

多芬党和勃艮地派的政治徽章。（巴黎，克吕尼博物馆）

利；布列塔尼公爵拒绝向国王臣服；勃艮第公爵将其政治影响扩展到洛林地区。这时王国发生分裂，但令人奇怪的是与此同时却出现了权力向个人集中的趋势。这个过程应该被视为人类社会进入协商君主政体之前的最后一次较量，还是促进现代君主政体实现的里程碑之一？在1420年，好像所有的事情都刚刚起步，没有人敢提前回答这个问题。

　　"民众"与被这个时代信赖的侍臣一样关注现实，并意识到了不确定性。当一些个人力图弥补衰退中的精神和道德机构时，他们也敢于思考政权性质和"共和国"等问题。首先，他们不是抱怨统治阶级（可追溯到《玫瑰传奇》时代的一项古老传统），而是以鼓舞人心的布道激励人们；他们叱责那些制造劣币、残酷剥削的君主（巴伐利亚的伊萨博）及其行尸走肉般的大臣们；他们谴责傲慢与浮华，认为它们主宰了这个世界；他们谴责纳瓦拉的查理、兰开斯特的亨利和勇敢者约翰沉溺于蛊惑性言论中。他们没有提出更深层的理论，是教士和第三等级最先提出了权力分离和净化观念。他们既没有对社会秩序也没有对君主政体提出任何质疑，却唤醒了人们的政治意识。在意大利，毫无疑问从13世纪中期开始，参加归尔甫派或者吉柏林派（Ghibelline）、黑党或白党并不仅仅意味着依附于某个大人物。在维拉尼和薄伽丘时的佛罗伦萨，人们为秩序或自由而战，没有任何明显的征兆，这些敌对行为席卷了整个城市和行会。法国的阿尔马尼亚克和勃艮第的情况一模一样。在勃艮第的紫罗兰旗帜下，他们为拥有更多的"民主"而自豪。这就是各政治党派在初期阶段进行的没有信条、没有共同目标、没有领袖、没有口号的胆小的活动，但是它们唤起了富有希望的大众意识，暗示着中世纪欧洲的人们此前所不知道的民族主义精神应该和它们联系起来。民族主义可能也是一种宗教，它使捷克人全都成为胡斯，唤醒了曾经唤醒过贞德的对国王的忠诚。在种种失败的尝试后，一种新的讯息开始在各地回响——人们属于业已建立的民族国家。当各种思潮混乱、人文主义泛滥的时候，毫无疑问这其中最重要的就是民族主义的觉醒。

第三章　不同的价值标准与权力机构

　　"危机"观念不能轻易应用到精神、信仰和价值观的体系中，因为它容易引发人们作出肤浅的类推。迄今为止，自那些浪漫主义的历史学家们以及自约翰·赫伊津哈以来，历史学家们已习惯了过多地描述中世纪的最后几个世纪，为其绘上衰退之色，并使其到处是"混合着鲜血与玫瑰的气味"，同时他们还暗示着在衰落与衰退的背后，文艺复兴正在孕育发展。然而，建立在一些武断截取后汇集在一起的事件的基础上，特别是源自相当肤浅的美学观点或轶事观点上的这种方法，是片面的，它不足以使我们尽可能多地了解当时人们的集体心态和行为。现在，和以前任何一个时代一样，这种描述方式是不恰当的，我从文学、艺术或日常生活中截取的很多例子，如习俗或丧葬仪式，都是在只有和社会类型、阶级的相互影响、政治体系和经济波动等在内的错综复杂的剧本切实相关时才有意义。

　　因此，它不是否认上文分析过的中世纪末期的危机，即"封建主义危机"深深地影响了人们的思想、宗教信念和对生死的观念，而是加以肯定。但是我们应该谨慎对待这些简单化的解释，因为我们发现这种集体心理演进的根源存在于不同的历史阶段。我们不能将过渡时期简单地等同为"幸存"或"崩溃"的"古代因素"和复兴并已呈现出全部潜能的"新生力量"。最后，当中世纪的最后几个世纪实际出现在当代人的面前，换句话说就是作为近代社会出现时，我们应该带着问题来观察它们。

古代方式和现代方式

　　"战争、瘟疫和饥荒"，这邪恶的三部曲已经奏响。毫无疑问，是当时的某些人而不是我们当代的历史学家用它们来形容15世纪。1348年、1360年和1374年在全欧范围爆发的传染病在短短几个月内吞噬了欧洲1/4至1/3的人口。随后是各地更为频繁和猛烈地爆发瘟疫，致使很多地区的人口下降，因此截止到15世纪初，欧洲人口几乎不到上个世纪的一半。尽管薄伽丘等作家和让·德·韦内特（Jean de Venette）等编年史家的记述浅显易懂，但我们不要忘记很多更贴近日常生活和普通人的资料，如遗嘱前言或市政审议，它们根本没有提到黑死病。然而很难想象，死亡率的无情升高、造成这些的邪恶景象以及人们寿命缩短也没有给当时的人们留下深刻的印象。

　　我们可以毫不奇怪地发现，1390年左右在宗教法庭审判官的审问下，卡奥尔（Cahors）

地区的一位牧师承认，在其一生中，他在乡村和卡奥尔主教区只看到过战争，从来不知道这些地区还有和平。显然，此人和同时代的其他人一样痛苦地意识到，和过去的和平宁静相比，他生活的时代是悲惨的和极不稳定的。自14世纪初以来，人们怀念圣路易统治下的美好时光，但70年后，甚至美男子菲利普的统治都被视为黄金时代，加以追忆。

　　显然，14世纪人口、经济和政治的恶劣环境足以使人们陷入不安，造成混乱和听天由命的行为。我们不应就此得出概括性的结论。在思想和宗教领域，特别是在传统社会里，思想和行为规范的发展逐渐世俗化，甚至出现多种世俗化进程。一件轰动一时的事件对同时代人的世界观产生的影响从来都是很小的和表面的，缺乏直接的、立竿见影的影响。如果这一事件富有规律性地重复出现，那它无疑可能加快、减缓或改变一个现存趋势的发展方向，但需要很长时间它才能成为一个真正的活生生的永久性特征，成为影响人们的影像和其想象世界的一个永久性特征。对我们而言，这意味着我们应该回到12、13世纪寻找我们即将谈到，并且只是部分地被14世纪的诸多事件影响的这一巨大发展的源头和方向。

　　另一方面，不能因为建立集体心态所需前提（特别是教会的、家庭的和死亡的"模型"）的崩溃，及人们在这几个世纪遭受的腐蚀和最近几次大灾难的打击，我们就仅仅把它看作是一场危机，看作是一种产生痛苦与恐慌的纯粹消极的现象。组织良好的社会和政治体系的崩溃及传统上被承认的政权的倒台无疑造成社会混乱。一些人宁愿否认现实，过着毫无意义的生活；另一些人则痛苦绝望；然而大多数人必然不能迅速适应变革，常常沉湎于过去。在中世纪末期，显然不是我们所理解的进步观念支持当时的人们成功地重整他们渴望的士气。他们经常回顾遥远的和神话般的过去，希望找到典范和价值观以取代他们曾经失去的。经院哲学在大学的垮台恢复了圣伯纳德的神秘主义生活，普瓦捷战役的失败者们试图在他们的骑士团内恢复查理曼时代的美德和英勇功绩，同时等待着人文主义者复兴李维和瓦莱里乌斯·马克希姆（Valerius Maximu）以及《罗马人行为录》（the Deeds of the Romans）中记录的古代的丰功伟绩。尽管我们不应被这些不符合时代发展的思想所诱惑，但它们

一处战争避难地：圣玛丽斯·德·拉·梅尔（the Saintes-Maries-de-la-Mer）是卡纳尔盖沿岸的一个设防教堂。教堂的半圆形后殿建于1140年至1180年间，顶上面的了望塔建于13世纪。于1394年进行扩建，15世纪增建碟眼。

在一定程度上带来了解放。面对旧体系的崩溃，一些人在怀疑和眼泪中千方百计地开辟了一条新的道路；另一些人沉浸在自己的梦想中，他们不由自主地与旧世界渐行渐远。有时候人们认为，14世纪的人们不是衰落世界的最后见证者而是新的人类。现代方式和新艺术过去常用来描述正在复兴的神学和音乐的趋势，现在也用来限定这个时代所有的思想、宗教观和想象。

大震动

所谓14世纪的人其实从来不曾存在过。尽管寻求全球性解释的研究是一项合理应用，但是它将永不可能重建这个真实世界的多样性。只要我们留心几代人和几世纪发展的缓慢节奏，如同我们关注短暂的、断断续续发生的大灾难一样，我们会发现，多样性同样适用于时间。此外空间也有多样性：14世纪的欧洲包括一些古老的地区，那里曾长期繁荣、人口稠密、文化和艺术传统丰富多彩。现在这些地区受到危机最残酷的打击以及现存体系的崩溃所带来的最沉痛的影响。以被开垦的土地、丰收和大教堂为特征的法国北部和生产布匹的佛兰德斯就是古代乡村活力受到损害的最好例证。然而那些新兴地区，即从前的偏僻之地，没有受到军队和黑死病的蹂躏，并且从商路改道、流行风尚的变化、新矿藏的发现、技术革新以及更为年轻和更为强大的各种政体中获利。这些地区包括卡斯提尔、伦巴第、南德意志、波希米亚和波兰，那里产生了新的艺术与文化中心，并继续创建新的大学和建造大教堂。它们给正在其他地区灭亡的传统带来新生，并赋予其新的特性。

社会最终表现出多样性。正如我们所知，是高死亡率和经济危机增强了社会的流动性，不论是个人还是集体。人们看到财富、权力和特权建立的传统基础正受到严峻地威胁；货币体系混乱、农业收入下降、乡村受到破坏；世族和政党之间的政治斗争加剧，封建贵族、传统的神职人员（包括受教规约束的人员和世俗人员）和古老的城市贵族家族首先受到冲击。一些人认为这个时代出现的各种问题最大程度地破坏了这个时代的价值尺度，于是他们表现出的趋势就是沉溺于各种放荡的生活和对过时理想的日益疯狂地非理性喜爱。但这个世纪也是新人的世纪，即新的富人和新的穷人的世纪，俗人在更大程度上进入了人们迄今难以达到的文化、艺术和宗教领域。无数的各类新贵的社会地位的提升（最近被赐封为贵族或发财致富）和当时大量教士专有文化的世俗化运动相互结合，产生了一套新的价值观、人际关系和行为方式，其目的是促进这类新贵的成功与自我意识的形成。这些人包括依靠战争劫掠和赎金而发财的雇佣兵及其首领；开辟阿尔卑斯山北麓新贸易路线和进行大西洋航行的冒险商人；依靠汇率波动和刚刚起步的现代税收制度获利的熟练的货币兑换商；被宫廷和侍从包围的王公及野心勃勃的领主；新宗教派别的成功传教士；最后的也是最重要的是律师和行政官员。作为国家官僚机构繁殖的结果，各地的书吏、公证人和对拉丁文与法律一知半解的大学毕业生的人数日益增多，由于经济和政治的变动，众多的新人被安排在最重要的位置。

这一点也不新奇。这些人很少关心创作新的文化形式，他们可以立刻背叛他们固有的角色和生活方式，他们关心的是复兴传统的精英政治，在骑士制度废弃的仪式和造作的谦恭品质中寻找虚构的东西为自身作参考，借此他们可以忘记自己在最近是如何成功的，忘记自己的残酷无情，甚至是一直伴随他们的野蛮行为。然而我们应该学会辨别，在这些被夸大的人物和借自神话的虚假魅力的背后，是其征服社会团体的旺盛精力及其对生活和拥有世界的欲望。甚至他们的忧虑都表明他们渴望摆脱古代束缚和从前的命运。

失去领袖的教会

为了在这些最初的评论中选出一个研究领域，我接下来将考察集体心态、文化、宗教信仰与实践方面的具体变化，这些在14世纪都是典型存在的，在15世纪上半叶依然存在。其中能感受到的最广泛的变化就是影响基督徒生活方方面面的那些变化。

从11到13世纪——期间经过格利高里改革及其大范围的扩展——西方基督教历史的本质特征就是加强教会机构，以此为信徒提供一个牧师关爱的改良机制。在英诺森三世（1198年至1216年在位）及其后继者在位期间，神圣罗马帝国皇帝们长期对教皇要求拥有普世原则的权力提出质疑，在教皇取得绝对胜利以后，教会开始意识到她已经实现了一定程度的稳定。基督教公会议（拉特兰第四次公会议、里昂第一次公会议和第二次公会议）的召开进一步给教会提供另外的机会来详细阐述和宣传其改革法规。托钵教团、大学和异端裁判所取得的令人眼花缭乱的胜利，最后教会法大汇编和注释的出版是这两个世纪内教会试图将其保护的道德观念和政治观念强加给西方，以使其变为基督教世界取得的成果。然而仍以哥特式大教堂为象征的教会取得的胜利既没有缓和紧张局势也没有解决所有的冲突。下面几个世纪将决定这些机构的命运。它们能历经这次"危机"的艰难困苦幸存下来吗？它们能适应新的经济、社会和政治环境吗？

古老教会的最后瞬间

让我们先看看全景吧！我的意思是说从教皇的角度看待这些问题，因为这正好是对其行为意义的提升和增殖。教皇的存在是前一时期的主要特征之一。

教皇博尼法斯八世（Boniface Ⅷ，1294年至1303年在位）的戏剧性任期结束了教皇改革的伟大时代。克里斯丁五世（Celestine Ⅴ）的"大退位"就是一个警告信号。克里斯丁是一名隐修士，1294年当选为教皇，但不堪承受其职责和身边各种阴谋诡计的重荷，五个月以后就退位了。他的决定表明教皇职位本身固有的负担已经到了一种令人无法忍受的地步。他的继任者博尼法斯八世并非懦弱之辈，除了坚持传统原则外，其他一概不予承认。他生硬地执行这一政策，这种生硬不仅反映他的性格，也正是当时的时代精神。"从属于罗马教皇对每一个人的得救都是必不可少的。"［《通谕》(*Unam Sanctam*)，1302年11月18日的教皇敕令］。另一方面，1300年的大赦年表明教皇还是完全能够理解信徒们最深层的宗教渴望，并且能够利用他们促进教皇自身的辉煌。在这种情况下，当法国国王美男子菲利普在阿纳尼(Anagni)痛打这位教皇时（1303年9月7日），相对于诺加雷(Nogaret)的威廉和夏拉·科隆纳(Sciarra Colonna)的党羽们的无耻的侵略活动来说，同时代人对教皇受辱的记忆要深刻得多。此后建立已整整两个世纪的整个神权政治体系被破坏。教皇在彻底挫败皇帝时使用的宗教惩罚手段现在已经没用了，因而一个富裕的、胆大的统治者嫉妒教皇的

曼诺·迪·班迪纳为教皇博尼法斯八世所做的雕像，1301。（博洛尼亚，奇维科博物馆）它的古代风格和僧侣集团的僵硬表明教皇相信他能够赋予神权的理想，美男子菲利普则证明它毫无意义。

宗主权，千方百计解决征税和控制领地内主教等问题，对此他只需要巧妙处理直接针对教皇的各种不满，暗示要求召开公会议解决罗马教廷弊端就可以了。面对民族国家和国王行政机构的兴起，教会再不能按照11、12世纪的改革家们期待的那样保护其自由了，换句话说就是，它再也不是教会体制公认的绝对首领并有权控制和改正人类的所有行为。

博尼法斯八世的第二位继任者克莱门特五世（1305年至1315年在位）是一位奥古斯丁派修士，他虽不光彩但巧妙地暂时解决了教皇和法国国王之间的危机。克莱门特希望牺牲圣殿骑士团来弥补博尼法斯正式被判有罪这个不光彩的记忆，为此，在美男子菲利普公开施压后，他同意召开维恩公会议（1311—1312）。

因迫于外交需要和害怕当时正恐吓罗马的敌对各派的限制，克莱门特五世在整个任期内一直漂泊不定，最初在阿基坦，随后在普罗旺斯。继任教皇约翰二十二世结束了这种并非真正的游牧生活方式，将教廷设在阿维尼翁，它在那里牢牢待了60年。在教会史上，这段时期代表了一个新时期的开始。

这里不宜详细叙述阿维尼翁时期的六位教皇——约翰二十二世，1316 年至 1334 年；本尼迪克特十二世（Benedict XII），1334 年至 1432 年；克莱门特六世，1342 年至 1352 年；英诺森六世，1352 年至 1362 年；乌尔班五世，1362 年至 1370 年；格利高里十一世，1370 年至 1378 年。根据教会机构的机能和当时的人们对它的设想，我只能尽力勾勒出一个大致的画面。教廷地点的变更没有必然影响大量存在于这些教皇和当时部分神学家著作中的关于罗马教宗普世权和作为基督尘世代理人对包括君主在内的全体信徒拥有"全权"的术语和传统表述方式。1322 年至 1346 年间阿维尼翁教皇

教皇尼古拉斯五世，他最初得到皇帝巴伐利亚的路易支持。他在脖子上系了一条绳子，跪在阿维尼翁教皇约翰二十二世的面前，请求他的原谅。

发动反对皇帝巴伐利亚的路易的相当不合时宜的斗争，表明关于教权和王权的古老争论依然有能力唤醒人们的激情，并使具体的政治利益蒙上阴影。虽然如此，基督教世界再也不是一个实体了。法国、英国、伊比利亚半岛诸国等君主国家、意大利的城市共和国、德国的自由城市才是实体。教皇被迫和这些新的实体进行谈判，结果它们不仅不再屈从于最高宗教权威的教导，而且在其领地内对教会实行有效的政治控制，并最终对其强行征收某些税种。

14世纪西欧各地普遍出现公开或秘密建立民族教会的趋势，阿维尼翁教皇对此无力阻止。在英国，议会分别于1351年和1353年通过两项法令，授权国王——至少是潜在的——在涉及授职仪式或教会司法权方面的几乎所有事情上取代教皇。在法国，查理五世的仆从大约于1376年至1378年创作的《十字架的梦想》（the Dream of the Rood）表明，此时的法国在对待王室统治权的性质和教会司法权方面具有明显的"高卢"趋势。高卢主义持温和主义观点，非常尊重教皇。但事实上，法国国王因为和阿维尼翁教皇之间享有特权关系而自鸣得意。英国人对这种关系极为愤恨，在百年战争期间他们即怀疑教皇在外交和财政上支持法国；意大利对此也不满，他们将之谴责为新巴比伦之囚，谴责教皇被放逐、远离罗马、远离圣彼得的宝座。基于以下事实这些指责在某种程度上是正确的，即阿维尼翁的几任教皇全是法国人，甚至有些人还曾经是法国国王的忠诚仆人，在他们的随从中，83%的枢机主教、60%的行政管理人员，81%的教廷官员和家仆都是法国人。虽然如此，我们也不应该忘记其他国家的人们，特别是意大利的诸城市共和国的人们，也有相当多的机会进入教廷，并且在整体上，我们应该承认阿维尼翁的教皇们非常注意保持独立。

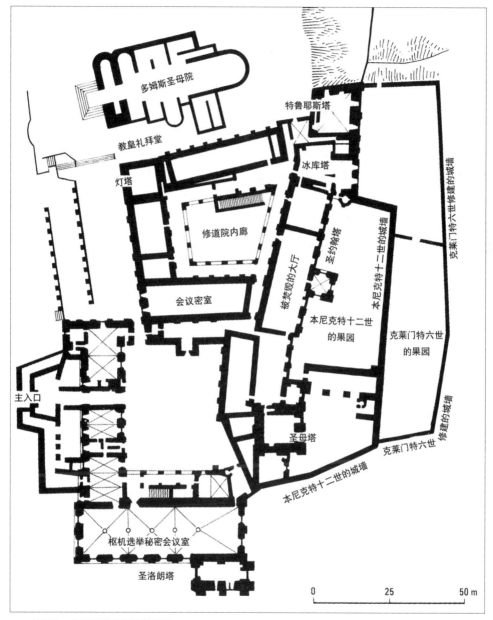

多姆斯圣母院

教皇礼拜堂

灯塔

特鲁耶斯塔

冰库塔

修道院内廊

圣约翰塔

本尼克特十二世的城墙

会议密室

被炸毁的大厅

本尼克特十二世的果园

克莱门特六世的果园

主入口

克莱门特六世修建的城墙

圣母塔

克莱门特六世修建的城墙

本尼克特十二世的城墙

枢机选举秘密会议室

圣洛朗塔

0　　　　25　　　　50 m

地图3：在阿维尼翁的教皇宫殿

事实上而非理论上，所有这一切都意味着14世纪的教皇不得不放弃他们此前在神权方面拥有的绝大部分权力。然而，行政效率弥补了他们在政治影响、意识形态的权力和教皇中央集权制方面所失去的一切。教会在11至13世纪建立的这个制度的各部分之间还具有相当广泛和灵活的联系。地方特殊神宠论的势力依然强大，教皇权力尽管享有无与伦比的声望，但偶尔在日

教皇们在阿维尼翁的宫殿，这是一座巨大的雄伟的建筑物，据弗鲁瓦萨说，这是"世界上最可爱、最坚固的房屋"。它建于1334年至1352年间，是外表的军事威严和内部的优美豪华完美结合的典范。

常生活中很难感受到它的存在。由此它就需要采取相当特殊的途径（派遣使者、召开公会议）或者在现有机构以外建立完全受罗马控制的、特殊的集权化组织（托钵教团、异端裁判所、大学）。

相反14世纪的教会不需要承认以前所没有的原则，而且它见证了授权教皇长期和有效地行使中央集权和君主权的这一非常复杂的行政体系和程序的发展过程。此后,用尽各种手段干涉当地教会日常生活的方方面面。这种体制在很大程度上要归功于教皇约翰二十二世的真正的行政天才们，对此我们不详细论述了，它沿三条密不可分的主线发展。首先，通过扩大对越来越多的有俸圣职的任命权和越来越慷慨大方地赐予继承权，教皇成功地设立了大量的职位与机构（大教堂教士会成员的职位、小修道院、教区等），这显然损害了普通受俸牧师的利益，特别是主教们的利益。其次，征税既是教皇增设职位的原因也是其结果。阿维尼翁教皇可以建立一套复杂的税收制度，确切地说，他们最为有利可图的税种就是向教皇任命的牧师征收的那些税——普通劳役、"首年捐"（annates）、"褫夺收入"（spolia）。第三个就是司法权，通过骗取上诉案件和被拖延的案件，教皇法庭（Papal Tribunals，天主教最高法院和宗教裁判所）将其司法权延伸到各类案件中。

教皇中央集权制的发展显然带来行政人员的大量增加，特别是在阿维尼翁。即使不算枢机主教及其随从，档案馆、使徒院和教皇法庭在14世纪就雇佣了几乎300名文书。

阿维尼翁的功与过

阿维尼翁教皇取得的成就肯定不是毫无价值的。依靠通常在法学院受过训练的能干的雇员们，他们在辽阔的西方基督教世界成功地建立了一个行政机构，可能其效率比当时大多数现代君主政体的机构的效率还要高。这两种体制具有同样的局限性：只要有能力，地方总是反抗阿维尼翁颁布的法令。尽管教皇税收名目繁多并且显然相当繁重，但实际上收入一般，它之所以不受人们的欢迎，确切地说是因为除了严苛的勒索外，收税人员在收税时还时常吹毛求疵或独断专行。

教皇事实上实现他所预订的目标了吗？眼前目标无疑是实现了：教会君主制式的中央集权和流向阿维尼翁的人员与财富使得教皇将该城变为一个真正的首都。他们利用其优越的地理位置（相对于基督教世界的其他地方而言，阿维尼翁的地理位置比罗马更处于世界的中心）使其一跃而成为西方的一个中心——一个巨大的商业中心、一个大学城、一个艺术与文化中心，巴黎的作家、意大利的画家和佛兰德的音乐家们云集于此。迄今为止，教皇宫殿保得几乎完整无缺，无疑是欧洲最受喜爱的地方之一。教皇们以最终回到罗马的允诺来不断安抚意大利各城邦，但同时也要花钱才能完成这一艰巨任务。但是这种种成功也不能证明他们的努力是正确的。事实上，教会的集权运动要久远得多，可以追溯到 11 世纪的教皇们。最初，人们认为这是改革手段，是保护教会自由以抵制世俗侵犯的武器。但是在 14 世纪，宗教改革再也不是曾经激发格利高里时代的牧师和俗人热情的伟大希望了，而是成为一种仪式上的参考，只是产生了一些苛求的和无用的规章制度。令人悲哀的是，集权过程违背教会意愿自掘坟墓。在人们极度渴望改革的宗教热情衰退的时刻，阿维尼翁教廷的特殊天才即将引导这一运动达到一个新的完美高度。

当人们试图对阿维尼翁时期作出一个大致的结论时，它的消极方面开始浮出水面，尽管作为个体的教皇和其助手在有些时候非常值得称道，他们既有学识又有才能，甚至也不缺乏虔诚的信仰。甚至到现在人们还公认，约翰二十二世、本尼迪克特十二世和乌尔班五世的虔诚深切而真诚。确切地说，他们的过错在于使教皇成为巨大的政府行政机构的首领。他们首先关注的是好的行政管理和好的司法，却忽视了信徒的宗教热情，忘记了宗教关爱的本意。就改革的精神意义而言，他们使一种行政管理式的、压抑的基督徒的生活理念成为主流。

这种发展却更难抵制，因为教会已经清除了可以阻止它的种种障碍。在基督教公会议上，各地教会可以阐述自己的意见并且和罗马教会之间建立对话，因而阿维尼翁教皇停止召开公会议。教廷成为一个封闭式机构。教皇和枢机主教们滥用圣徒"遗物"和"恩典"，以教会众多有俸圣职的收入来酬劳其仆人和亲朋好友，而无视各地由于不到任的阿维尼翁牧师的侵害而引

教皇的奢侈品，这朵金玫瑰应该是 14 世纪克莱门特五世送给巴塞尔王公主教的。（巴黎，克吕尼博物馆）

起的仇恨。他们已经习惯独断专行，认为自己可以任人唯亲，可以陷于世族党派纷争而不受惩罚。

因为允许很多人改善自身状况的这种体制运行得十分有效，因而这些弊端只不过引发一些形式有限的反对。一群"精神的"法兰西斯派教士已经和教团分裂，并一度以巴伐利亚的路易为核心重新组成一个新的团体，他们谴责阿维尼翁教皇违背基督教义的统治。一些知识分子指出全部权力集中在罗马教宗的手中是多么的不当，这使得教会权力受到质疑，此外他们要求将全部权力还给基督徒，他们有权出席公会议，而他们的君主将免受教皇宗教权威在其领地上的滥用。最大胆的是《和平的捍卫者》(*Defensor Pacis*, 1324) 的两位作者帕多瓦的马西利乌斯和扬顿 (Jandun) 的约翰，以及法兰西斯派修士奥卡姆的威廉，威廉曾在 1330 年至 1340年左右写过几篇论文，在文中他认为教会是纯粹的精神概念：权力将完全限于牧师功能（布道、圣礼），各种强制性权力，甚至维护宗教原则的权力都要交给国内和宗教和平的保护者——君主。

这种批评家人数不多，他们属于少数文化精英或孤立的异端集团。迄今为止，大多数牧师和信徒还只限于颠覆性的观点和一种潜在的不满，人们逐渐以挑衅代替尊敬。

困境中的教皇

1376年，教皇格利高里十一世不顾教廷大多数成员的反对，决定将教廷迁回罗马，他说他对这种状况有一定程度的认识，他希望通过满足大多数基督徒的渴望在某种程度上恢复圣座曾经失去的声誉。这些人以锡耶纳的凯瑟林为代表，他们依然坚信教会的神秘观念，不能接受基督的代理人、基督神秘身体的代理人长期远离圣城、远离大赦之地和圣徒与殉教者的墓地。然而，格利高里十一世在1378年3月27日的过早逝世不仅妨碍其行动取得成果，还使教会陷入分裂危机。

两个对立教皇争夺教皇宝座的事件在中世纪教会已经不是第一次发生了，但1378年的大分裂由于其时间跨度（将近40年）和在许多牧师和信徒中间产生的极端动荡而与众不同。这是中世纪末期危机中最明显的因素之一，无疑也是对现代欧洲形成具有决定性影响的一个因素，它值得我们在此短暂驻足，并暂时忘记那些次要问题。

在这点上个人责任不是特别重要：显然一方是红衣主教，另一方是基督教君主们，特别是法国国王。1378 年 4 月至 9 月的双重选举，公然将基督教世界一分为二。一方是乌尔班六世及其继任者，他们或多或少是罗马和教皇国的主人，他们的大部分收入来源于此。他们得到意大利、德意志、东欧和英国的承认。另一方是克莱门特七世（Clement VII，1378 年至 1395 年在位）和随后的本尼迪克特十三世（Benedict XIII，1394 年至 1417 年在位），他们迅速返回阿维尼翁，接收了那里的行政机构和财政体系，其支持者包括法国、苏格兰、伊比利亚诸王国和那不勒斯。

1378 年大分裂就此成为教皇制危机的开始，这是 14 世纪教皇默许不平等发展的几乎可以预见的后果。教廷机构特别是神学院被赋予过多的权力，神学院的成员才是教会真正的王公，他们人数虽少但因无法解决的派系斗争而分裂，他们准备不惜一切代价来维护自己的地位。他们业已在大量基督徒和已经不能离开阿维尼翁宫殿、行政机构和法国同伴的教廷之间制造了隔阂。

自从作为教皇制的一个危机出现以来，大分裂迅速波及整个教会，这是在此之前实行的有系统的集权化的合乎逻辑的一个结果。它在实际上对信徒有多大程度的影响呢？毫无疑问，只是在上述地区才表现为两种效忠的对抗，例如在低地国家，俗人能看到其统治者和主教左右摇摆不定，也能看到两派对立牧师就其职责和税收进行争论。在那里，那些渴望获救的人必定能够痛苦地感受到大分裂带来的耻辱及其给灵魂造成的危险。但是，整个基督教世界的牧师们都知道这个戏剧性事件。教皇制的破产被视作这个神秘身体极端腐败的原因和信号，不久以后，互不妥协并或多或少拥有同样机构和政治支持者的两个对立教皇僵持不下的局面越来越明显时更是如此。知识分子和各大学一致认为，简单地使用武力这个双方教皇正式承认的唯一措施是不够的，他们要想出新的解决办法强加给敌对双方。在帕多瓦的马西利乌斯和奥卡姆的批评教会学的鼓舞下，他们内部认为应采取以下办法解决：基督教君主的积极干涉；信徒团体或其代表行使在此之前业已被罗马教宗垄断的大部分干涉权；他们同时承认只有继续和全球范围的改革运动相结合才能解决大分裂问题。而改革运动很早就已停止，并导致信徒的不幸和很多机构的堕落。

一种解决方案：召开公会议

自从成为欧洲最强大的君主以来，最受尊敬的法国国王很晚才第一次尝试解决教会分裂。在巴黎大学和很多法国主教的要求下，法王在 1398 年和 1408 年连续两次颁布"减少顺从"。通过剥夺教皇的宗教权力和税收，他们希望迫使两个教皇退位或至少协商解决。本尼迪克特十三世毫不妥协，其他国家拒绝加入法国的"法令"，查理六世政府由于国王发疯及其叔父间的争吵而迅速衰弱，这一切都使得这次努力失败了。接下来试图通过召开基督教公会议解决该问题，各大学很早就倡议召开公会议，但就其合法性和权限有很多争议。在比萨召开的第一次公会议（1409）彻底失败。这次公会议是由拒绝承认两派教皇的枢机主教们召开的，但他们的自身权威又受到人们的质疑。它忽视了改革的迫切性，只局限于谴责连续几任对立教皇而没有废黜他们，这次会议选出一位新教皇，亚历山大五世（1410 年约翰二十三世当选为下一任教皇）。在这种情况下，虽然比萨教皇不久就获得各地不同程度的认可，只给对手留下一些残余支持者（西班牙支持本尼迪克特十三世，德意志和意大利的部分公国支持格利高里十二世），但这不足以迅速解决这场危机。这个草率的解决方案既没有满足信徒要求改革的渴望也没有满足民族教会恢复自由的渴望，由于人品有争议和

在康斯坦茨公会议上，皇帝西吉斯蒙德带领着一群行进者。15世纪的小画像。（康斯坦茨，罗斯加登博物馆）

笨拙的方法而受到怀疑，约翰二十三世不得不迅速斟酌这一方案。为了自我保护，他在康斯坦茨召开普世会议（1414—1418）。这次会议所具有的合法性主要不是因为它是由教皇召开的，或者说也主要不是因为神圣罗马帝国皇帝西吉斯蒙德所许诺的保护，它的合法性主要来自教士会议中神父（会议中有很多来自大学和基督教君主的代表以及修道院长、主教和枢机主教）的纯粹数量，或者来自他们的一种观念，即他们真正代表了普世教会的多样性和统一性，这

正如他们在公会议期间按民族来划分所表明的那样。人们很快意识到教皇约翰二十三世不愿意承担改革的任务，因此公会议废黜这位教皇，然后史无前例的决定公会议继续行使全权：由此明确声称公会议高于教皇，公会议有能力代替教皇行使教会统治权。第二年，参加康斯坦茨会议的神父们发动了一场有双重目的的运动：即结束大分裂（根据强调公会议统治权的一项特殊程序，废黜或使对立教皇退位然后选举新教皇马丁五世）和改革教会（实际上，改革的最终结果是马丁五世和参加会议的几个"民族"之间达成一系列协议）。这一体制的基础是《周期教令》（Decretal Frequens，1417年10月9日），它规定定期召开公会议以便控制和指导教会机构。事实上，由于在两次公会议的间歇期内赋予了教廷无限的权力，而且没有建立起一个固定程序来处理教皇和公会议之间可能出现的矛盾，因而《周期教令》在未来将面临严峻的挑战。

教皇解散了在锡耶纳召开的第二次公会议（1423）。作为报复，巴塞尔公会议于1431年召开，很快和教皇尤金四世（Eugenius IV）发生冲突，最后公会议分裂成两部分（1438）。支持教皇的一方先在费拉拉后在佛罗伦萨召集会议（1438—1445），其进程完全由教皇控制。另一方1449年以前在巴塞尔、随后在洛桑召开会议，公会议废黜尤金四世并宣称公会议的权力高于教皇，菲利克斯五世（Felix V）被任命为尤金四世的继任者，他只不过是个傀儡，此后又提出了重要且有趣的改革立法（关于圣俸、税收和宗教戒律）。但渐渐地公会议失去了所有权力，最后在普遍漠视中被解散。巴塞尔会议的神父们是他们自己固执己见、废话连篇和冗长争论造成的混乱以及尤金四世政治手腕的牺牲品。自1439年以来，尤金四世可以自豪于他取得的伟大成功，这包括在佛罗伦萨和希腊教会重建联盟。更鼓舞人心的依然是基督教君主们不支持公会议（然而在1415年没有人起来保护教皇约翰二十三世）：尽管他们主要关心的是确认自己对国家教会的权力，

但不再将这种政策和教士会议运动的成功联系在一起。相反，相对于追随巴塞尔公会议的改革要求和严格扮演普世教会代表的角色来说，现在他们更愿意与一个衰落的教皇和解以达成有利"和约"。1438 年法国国王查理七世颁布的《国事诏书》就是他们的典型态度。在声明官方对公会议和改革忠诚的同时，它的真实目的是希望通过尽可能地限制教皇的干涉行为、重建传统措施和"自由"来改组法国的教会机构，它产生的主要结果就是为国王、政府官员和法庭进行直接勒索扫清了道路。总的来说，尽管教士会议运动使得体制危机得以解决，但就其改革而言却失败了。在康斯坦茨公会议，特别是巴塞尔公会议以后，教会再一次被君主式的教皇统治，尽管程度有所减轻，但它容易遭受类似前几个世纪的背离。为了维持对罗马及其国家的统治，教皇们被迫直接长期卷入意大利的政治。既然他们再也不能向英、法等国行使监护权——这些国家的强大统治者正在建立真正的民族教会，那他们只能试着继续在政治分裂的地区，如德意志，进行征税和管理。为此，对宗教会议至上主义失败的不满情绪和反罗马情绪在那里最为强烈。

　　然而，为了避免受到宿命论者和溯及既往的观点的限制，我们有必要强调一下，巴塞尔公会议和康斯坦茨公会议代表了教会史上一段独一无二的时刻。参加过这些会议的人偶尔有获得提升的，其中一些大学人员（来自巴黎或其他地方的法学或神学博士）甚至以参加会议而倍感自豪。这是陶醉于亲身体验和有可能向君主权力让步的一群知识分子。在来自西欧各地的人们参加的这些非凡会议（不包括希腊派代表参加的佛罗伦萨会议）里，可以听到边远地区的主教，甚至是个别牧师和传教士的声音，在此之前公会议的召开一直受到阿维尼翁政府主要机构的制约。20年来，康斯坦茨和巴塞尔是欧洲真正的中心，那里洋溢着世界大同主义，并传播思想和流传手稿。从波焦（Poggio）到埃涅阿斯·西尔维厄斯·皮科洛米尼（Aeneas Sylvius Piccolomini），很多人文主义学者的经历即开始于此，更不用说无法归类的库埃斯（Cues）的尼古拉斯。因为他们代表着一个

教会的高级神职人员：教皇、红衣主教、主教和正在与修士谈话的修道院院长。西莫内·马丁尼（1283 – 1344）创作的壁画局部。《教会的好战者和胜利者》（The Church Militant and Triumphant）收藏于圣玛利亚诺韦拉的西班牙小礼拜堂内，佛罗伦萨。

既属于中世纪基督教也属于现代人文主义的普世主义传统，因而康斯坦茨公会议和巴塞尔公会议也体现了这个时代即使相当不完全但真诚的改革愿望和信徒能以某种方式参加教会拯救工作的渴望。它们的失败是不可避免的，但它们依然是涉及整个教会的一个戏剧性事件和改革自动调节进程中出现严重偏离的信号，在此之前，这种自动调节进程使教会可以克服所有危机。

情感泛滥

事实上只有少数牧师和行政官员能真正理解大分裂的深远影响。一般信徒没有意识到征集来反对教皇及其代理人的恶毒的批评，或者没有意识到从公会议这种思想中产生的希望。然而对于他们来说，教会的基本机构，即管理基督徒日常生活的机构是由13世纪既已建立和组织的主教区和堂区提供的。主教区体系能够抵制中世纪末期以来的危机吗？它能满足信徒内心的宗教渴望吗？

教会骨干仍在坚守

直到不久以前，历史学家们还一直坚持认为"教堂的荒芜"首先是困难时代的一个反映和结果，这应该是14世纪和15世纪初的主要特征，并且极大地破坏了信徒的宗教生活。现在，我们的研究虽然还不够，但受到启发后，我们已开始改变这种过度悲观的看法。

瘟疫和战争无疑导致教堂被破坏、损害或亵渎。教区人口下降，或者教区没有牧师，主教由于动乱而不能视察其主教区和任命新的牧师，枯竭的宗教收入使重建的各种努力漫长而危险。破坏程度各地千差万别，但没有证据表明它们造成了宗教热情的消失。

但即使没有这些，牧师关爱的品质也远远没有达到公会议和教会法所规定的标准。在招募牧师方面从来没有遇到任何真正的危机，相反，特别是在一些拥有大教堂的城镇里可以见到大量的宗教人士。在很多城镇里，平均每10个或20个居民就有一名牧师。然而，大量牧师的分配是极不均衡的，招募和训练的水平也参差不齐。

大多数主教出身贵族和官宦之家，他们不一定是知识的典范，甚至缺少宗教热忱。在民族主教区日益被其国家所驯化的那些时代里，很多主教生活在宫廷，而不是住在主教城镇，甚至那些生活在主教城镇里的主教们也渴望维持他们作为大领主的地位，渴望为其亲属和亲信提供工作，以及通过保护教区税收和特权来履行自己的职责。结果，他们经常完全忽视自己的主教职责（布道、行坚信礼、主持教区会议、教区视察活动、管理大教堂学校、控制教育和招募牧师等）。大教堂教士不是主教的直接支持者，因为大体上他们的首要任务就是要和主教找茬

犯罪的僧侣及其情妇，他们被钉在木桩中，被人们嘲笑。（罗伊手稿，EIV 187，大英博物馆）

僧侣的行为受到批评：嗜酒（斯隆手稿，1435，大英博物馆）和生活放荡。

争吵。当然也有例外，表现出某种热情，或至少周期性表现出某种热情的高级教士因为在神职人员中重建纪律以及改善信徒的基督教教育和行为而受到嘉奖。有更多的人受到嘉奖，他们因其令人敬佩的教育（通常是合法的）、值得称道的行为举止，具有慷慨和善功等传统价值的行为而受到欢迎。但是没有人能真正推动他们主教教区的生活，他们最多不过是一名好的管理者，他们以自身为榜样激发出一场真正的宗教复兴运动，就像格利高里时代的某些主教们曾经做过的和反宗教改革时代某些主教们即将做的那样。

大体上，教区牧师，特别是乡村牧师可以自行其是。他们经常受到当时的道德家和现在的历史学家们的审判和谴责：归咎于他们的第一桩恶行就是旷工（自己离开教区而将它留给助理牧师负责）、无知和道德败坏。例如在日内瓦主教区， 1411年的主教在一次视察活动中发现，31%的教区牧师缺席；35%知识贫乏或几乎文盲；40%的行为不配做牧师（几乎一半牧师姘居）。这些数字十分重要，并且在15世纪还在上升。在其他地区，我们看到这些令人担心的百分比降低了，但恶行是真的数不胜数了。我们应该记得审判这类牧师的都是些拘泥于法律和社会偏见的检察官，并且这些审判相应地对这些事件留下了悲观印象。很多神职人员仅仅是缺乏足够的训练（他们所受的教育只是向老的神职人员学习），这种状况由于不完善的主教区体系，更多的是圣俸体系本身固有的缺点（世俗赞助者、罗马教皇任命牧师职位等）而恶化。最后，我们要问，对于我们来说显然极端堕落的这种状况，信徒们是否真的感到震惊？在某些情况下他们确实如此，这也是即将到来的、猛烈的反教权主义兴起的原因之一。反教权主义最初在一些民间起义中表现出来，"远离牧师"是1323年至1328年间佛兰德斯起义时的一位领袖发出的战争口号。然而更经常的情况是，很可能甚至是一位贫穷的、亲自布道、接近信徒且平易近人的牧师也能向他的信徒提供他们期待从他那里得到的服务：分发圣餐、维持乡村治安、监督以及教区的日常管理，而教区既是社会的基本单位也是宗教社团。

这是一项古老的安排，而且人们撰文大肆披露的它的很多不足之处业已存在很长时间了。显然不排除这种状况到中世纪末期，特别是大分裂时期有某种程度的恶化，这极大地打乱了教皇的行政机构。自初期以来，教会即已意识到：有必要加强牧师关爱，但仅依靠主教区和堂区的机构是不够的。

托钵教团的更替

克吕尼、西多、普雷蒙特莱等一些古老的修道团体已不再重要。但它们的一些大修道院依然屹立着，而且它们的无数小修道院尽管是各种劫掠的目标但依然是一道熟悉的乡村风景。通常取自中世纪末期修道院制度的灰暗画面（对教规和社团生活的疏忽、世俗财产的毁灭和招募新的修道人员的失败）可能要改变一下了。至少还有一些地方性的改革运动。但显然，修道院制度已不再像中世纪盛期时那样吸引人了。修道院不再是圣洁的首要场所，它再也不能发动像克吕尼教派和西多派激发的多次朝圣和十字军运动那样的大的宗教运动。只有查特修道院（La Chartreuse）的声誉还保持得完好无损，但这确切地说是因为加尔都西会（Carthusian Order）远离社会、极力反对牧师的各种活动以及该派的思想家只能影响一小部分虔信者所致。

让我们暂时把异端裁判所（它在这一时期不是很活跃，并在很大程度上处于主教的控制之下）和大学（扮演的从来都是启发信徒、教育大量神职人员的微不足道的角色）搁置一边，来谈谈托钵教团实际上遇到的重大问题。这些教团的创建者和13世纪的教皇们认为自己是教会行为的直接代理人，因而也是教会改革的直接代理人。建立在自愿守贫基础上的纯洁生活方式以及接受良好的宗教与文化教育才能使托钵修士不仅领导反对异端的战斗，而且承担牧师的大部分职责。作为传教士和忏悔牧师，他们要安慰罪人和行将去世者，在基督徒一生接受考验的所有时刻，即在必须接近造物主时，他们要提供特许调解服务。尽管教区牧师和主教令人费解地缺乏热情，但他们却在13世纪不断获得成功，特别是在城镇里。但是14世纪托钵教团经历了几次考验：一些修道院由于遭受瘟疫打击而毁灭，他们最初制定的教规也有所松弛。以法兰西斯派为例，教规松弛最终在"圣灵派"和多数"法兰西斯派修士"之间导致不可弥补的裂痕。"圣灵派"坚持恪守创建者的精神、制定的教规和守贫原则，但不久以后他们就被作为异端审判和排斥；而法兰西斯派的大部分修士以服从宗教统治为名，一致同意放弃部分教规。在大分裂时代，提倡改革和严格教规的运动一再出现，但只得到部分教团的支持。甚至，世俗神职人员对托钵教团的公然敌视一点都没有减少。尽管遇到这些困难，托钵教团继续扮演他们的角色。文森特·费勒（Vincent Ferrer）或锡耶纳的贝尔纳迪诺（Bernardino）举行的盛大的忏悔布道吸引了无数人，取得了巨大成功，这是托钵修士在各地受到普遍欢迎的一个很好的例证。墓碑频繁出现在他们的教堂里面即是一个信号，表明很多人在死时——在那个恐怖之旅开始之时——向他们寻求安慰，在中世纪末期，这对基督徒有很大的吸引力。在托钵教团信徒云集的某些城镇里，托钵教团的修道院建立一种反教区（antiparish）来对抗传统的世俗教区。

　　托钵修士获得的这些成功说明其传教方式富有成效——但他们的思想能传播多远呢？毫不奇怪，他们通常严格遵从社会秩序，号召富人要施行救济、穷人要忍耐。更让

圣文森特·费雷尔，一名西班牙的多米尼克派修士，他遍游欧洲，通过布道唤醒所有人来忏悔并改变信仰。（多梅尼科·莫罗内的《圣文森特·费雷尔布道图》，*Saint Vicent Ferrer Preaching*，牛津，阿什莫利安博物馆）

人吃惊的是，很多道德主题和宗教主题即使巧妙地出现也是庸俗的和传统的。托钵修士并非无处不在，特别是乡村，而且他们的说教也不一定能满足信徒的迫切需求。简而言之，14世纪教会为基督徒生活设定的框架具有十分明显的缺陷。这些缺陷可能因为这个时代的诸多不幸和大分裂而恶化，1350年以后更是如此。但是正是因为在牧师层面上缺少真正意义的改革——甚至在托钵修士中也是如此——才造成了损害，这如同习惯力量一样，总是倾向于使古代的体制亘古不变，并滥用像规定与制裁这样信手拈来的武器，这同样也造成了伤害。绝罚令的过度滥用是对过分诉诸规章和教令等表面手段趋势的更大讽刺。15世纪初，多菲内的某个乡村有七成甚至九成居民被逐出教会（一些因为亵渎；另一些不缴纳什一税；还有的是因为在复活节期间不向教区的牧师忏悔，等等），这可能是些极端的例子，但因为法律的传统要求和基督徒的生活经历极为不协调，因此如果不考虑这些绝罚令造成的实际后果的话，那么除了变态外，人们还能如何看待这种状况呢？

追求新事物

应该特别从这个角度来研究具体的宗教观念。我们对由灾难和丑闻激起的绝望与愤怒的运动不感兴趣，更关注的是人们对日常生活、司法制度和各机构的机械行为是否作出反应。

这不是个新问题，但直到那时，对教会设定的框架不满的人们的最普遍反应——无论如何是文献中记载的唯一反应——是抵制、极端的宗派反叛、信奉异端。从中世纪早期到13世纪，几乎所有的异端派别的目标或多或少都是要建立一个纯洁教会、完美教会和基督的穷人教会，以此作为基督徒生活在圣灵与博爱中的唯一真正的生活方式。他们直接反对因财富、暴力和性而腐化的反基督者的教会。由于价值观念和千禧至福希望的颠覆，他们和教会彻底决裂，关系极为紧张，这就是当时异端运动的思想氛围。至14、15世纪此类运动似乎已日益罕见。

但是有一些异端派别还继续存在，如"使徒派"（Apostles），它兴起于伦巴第，是由两个民间传教士格劳秀斯·塞加雷利（Gerardus Segarelli）及其追随者杜尔奇尼奥修士（Fra Dulcino）建立的。其他的还有朗格多克和意大利的法兰西斯派的"圣灵派"，他们鼓吹菲奥雷的约阿希姆（Joachim）的千禧至福思想，在14世纪最初的25年里以绝对贫穷名义公开起义反对教皇。他们以预言形式宣告圣法兰西斯的教义，也就是福音教义治理下

圣多米尼克主持的一次异端裁判所审判，作者P. 贝鲁格特，1465年左右。被判死刑者正被引向火刑柱，他身着一种怪异的黄色十字褡，头上戴着一种纸制的主教法冠。（马德里，普拉多博物馆）

的绝对精神的教会的到来，同时鼓励信徒在黄金时代即将来临之际，勇敢地抵制敌对信仰，甚至不惜殉道。然而此类运动从未壮大过，先前出现的大的异端派别几乎同时销声匿迹，它们消失的原因一是当局的镇压，另一个是其宗教思想和社会基础逐渐枯竭。清洁派行将灭亡，清洁派的"完人"正在比利牛斯地区被异端裁判所追捕。韦尔多教派教徒相对谨慎的、和平的行为保护了他们的社区，并因此在阿尔卑斯山的某些地区幸存下来，但这只不过是一个衰退社会的赘疣而已。14世纪中期以后，异端裁判所发现只有一些孤立的圣灵论者和兄弟会成员需要继续追捕，这些人以启示性预言来表达自己对阿维尼翁教皇的愤恨，还有一些个别者谴责使用魔法或巫术，后来他们成为该言论的牺牲者。

鞭笞派信徒：一种自发兴起的、神秘的忏悔运动。（15世纪，尚蒂伊，孔代博物馆）

　　14世纪更为典型的是轰动一时但相对不太重要的鞭笞派，他们最早于1349年随黑死病一起出现在莱茵河流域和低地国家，而且只是在特殊场合才出现。这依然可以称作是一场盛大的自发的群众运动。那些被开除出教籍的传教士们召集鞭笞者进行忏悔。在断然拒绝教会权威和圣礼的同时，他们以实现奇迹而自豪，而且他们将其运动的神圣性建立在上帝对经受苦难并因信仰坚定而得以重获新生的信徒的启示上。尽管这种流血的、以基督为中心的运动的表现形式比较极端，但完全适合新的虔敬潮流。这意味着教会在谴责这些神秘的、充满暴力的事件（它们从来没有持续很长时间）的同时，同意将它们的某些特征适当引入各团体正常的苦行赎罪活动中。

　　这一切并不意味着作为集体的和极端的方式拒绝官方教义和教会机构的异端运动已经销声匿迹。只要关注一下他们最重要的表现形式，我们就会发现，它们呈现出一些新的形式，变得更加富有政治性和学术性。它们的政治性在于此后异端运动和西方各地正在兴起的民族意识的觉醒密不可分。

　　现在异端不再是一个立誓要废除罗马教会和贬低统治阶级的纯粹的民间运动了，它从一个充满宗教辩论的暴力的运动变为一场以民族身份寻求界定自身身份的示威运动。异端运动攻击强大的集权的罗马教会，因而它必然是反罗马的（和反阿维尼翁的），并且很容易使潜在的仇外情绪明朗化（波希米亚反对德意志的神学家；英国反对意大利的神职人员）。相对于前几个世纪而言，现在异端运动能够在更大程度上唤起社会各阶层，特别是因民族国家出现而地位上升的那些人的同情，从而获得长期的政治和军事支持。

到中世纪末期，异端是一个学术上的反基督者，其领袖不再是出身于暴民的清洁派教徒或基于某些神秘启示而具有感召力的危险的领袖集团，而是受过良好教育的神职人员和大学的艺术与神学系培养出来的大学生，他们熟悉哲学思考、圣经注释和教会学问题。他们将其对政治和牧师工作的渴望与合理的道德和体制改革思想相结合。这个计划建立的基础是，对每一个信徒来说，基督徒的一个基本需求就是有权直接接触他们信仰的真正基石——《圣经》。《圣经》被广泛传播、宣传并被译成多种方言。尽管在这些异端派别周围出现了很多其他不同的民间异端派别，但因为意识到社会极端主义的危险和多少有些畸变的救世主思想趋势的复兴，这些异端派别的领袖们通常逐渐怀疑这样的新生事物。

威克里夫和胡斯

14世纪，欧洲先后出现两次最著名的异端运动：一个是威克里夫在英国发动的，一个是从扬·胡斯思想中发展而来的波希米亚运动。显然，两次运动都发现大分裂特别有利于它们自身的发展。

威克里夫运动有更丰富的教义。大约在50岁时（这时他的思想业已成熟），威克里夫投身于一场特殊的学术冒险，当时他是牛津大学著名的神学家，是国王和教皇就有关财政问题进行多次协商时的顾问。在不到六年的时间里，他创作了大量的、甚至有些过剩的作品，集中阐述一些中心论题。其中最重要的一个论题是他认为上帝是绝对的至高无上。面对神的超然存在，人既不能要求固有的权利也不能要求代理任何神权，同时也不能依靠自己的品行获得任何救赎。相对于上帝对人的直接的预定来说，教会和善功的有效调解都居于次要地位。这一切，特别是他拒绝接受圣餐的化体论意味着所有宗教体系的崩溃，意味着礼拜仪式和各项圣礼的重要性降低。威克里夫认为《圣经》是信仰的唯一来源和标准，是所有信徒都可以直接领悟的。他认为既然教会机构已完全世俗化，那市民社会和国家的地位就应该重新得到提高，因为它们代表着由于罪恶存在而必须建立的一种秩序。只有尊重国家机构，每个基督徒的宗教生活才能继续。威克里夫的基本直觉的起点是无关紧要的，但它们明显表现出代表中世纪末期特征的奥古斯丁主义的强大复兴。无疑，威克里夫自己没有觉察到其学说中的全部破坏力和革命性，但当一个半世纪以后新教改革运动实施其思想时一切就都一目了然了。威克里夫思想中不加掩饰的消极成分限制了它对当时的影响：他不关心普通人关于救赎的痛苦，他著作中的乏味和宣传力度的欠缺都限制了威克里夫主义的直接影响。威克里夫不是暴民的领袖，认为他应该对 1381 年的伟大的农民起义的爆发负责简直是诽谤。这些中伤诽谤使得其一部分著作在 1382 年被没收，但他自己却被大人物保护起来，后来隐居在路特沃斯（Lutterworth）教区，1384 年 12 月 31 日死于教区教会的圣餐礼上。

　　然而在此期间，英国乡村出现某些被称为威克里夫信徒的民间传教士（贫穷的罗拉德派牧师）。这种说法只有一部分是对的，因为尽管罗拉德运动从威克里夫派中借用了一些人员：牛津大学原来的毕业生；借用了他的一些方法：直接并永远求助于《圣经》（他们完全使用《圣经》的英译本）；借用了他的一些口号：反对教会拥有财富、反对弥撒、反对圣礼。虽然如此，罗拉德运动依然是一个相当传统的政治运动和反教士运动，这确保它在农民和贵族中立刻获得某种成功。几十年以后，英国主教和国王才消灭罗拉德派。最后，这场斗争（严格地说是一件内部事务）导致英国民族教会意识的觉醒和民族教会的建立。

　　人们即将在波希米亚发现威克里夫思想最正统的继承者。威克里夫的主要著作在相当偶然的情况下于 1390 年代传入波希米亚，在那里和要求道德与宗教改革的更为传统的福音趋势相结合。一些民间传教士（他们通常是学者），如亚诺的马蒂亚斯（Matthias of Janow），就曾一度开展过这种福音活动。这一运动的社会基础由聚集在布拉格大学和伯利恒小礼拜堂（Chapel of Bethlehem）周围的虔诚的人们，特别是捷克的师生们组成。扬·胡斯，这个农民的儿子在当时是布拉格大学的校长和一名神学教授。最初，他仔细认真地阅读了威克里夫著作，特别认同他对教会体系的批评和对一个更个人的、更少中介形式的宗教的渴望。另一方面，同时代的所有信徒普遍感觉，他比他的老师更坦率。他犹犹豫豫地接受了预定论并仍然相信圣餐实体论。尽管人们普遍感觉他的布道越来越激进，但他在捷克有很多支持者。因此，捷克人感觉他们在康斯坦茨公会议上严重受辱，在这次公会议上，胡斯是自愿出席的，他被无情地审判、定罪和处死（1415 年 7 月 6 日）。几年后，所有波希米亚人一致起义反对德意志皇帝、反对罗马。自 1409 年以来，把德意志人驱逐出布拉格大学的事件已说明捷克民族主义的兴起和宗教改革思想密不可分。1420 年胡斯派制定的纲领清楚地阐明了这一运动的复杂性：它既有民族因素、宗教因素，也有学术因素和民间因素。在这个纲领中我们能发现威克里夫的某些新思想，如第一步要实现所有信徒皆为祭司（拒绝接受教会的中介作用、批评其强大的政治地位、承认民族国家是基督徒秩序的保证人）和源自更传统的福音主义形式的主题。胡斯主义以其民族特点吸引了大量的社会和军事力量，在布拉格大学的精神指导下，它团结大量的捷克贵族和市民到其事业中来，于是形成了一个真正的国家机构，在此后的 15 年里它成功地抵制了德意志的"十字军运动"。

　　塔波尔派（他们在重新取名为塔波尔山的山上集会，故得名）是胡斯派内部的一个极端分支。他们将威克里夫派的反教权思想和古老的千禧至福思想相糅合，带领大众和运动中的其他派别缔造一个乌托邦社会。至少在一段时间内，它将所有异端派别吸引到这里来了，其中包括韦尔多派、伯哈德派和亚当派。但这一激进潮流在和布拉格"圣杯派"（他们呼吁实行两种形式的圣餐并以圣餐杯为其运动的标志，故得名）分裂以后就结束了。在1434年粉碎塔波尔派军队后，"圣杯派"就和巴塞尔公会议和解，达成协议，除没收教会财产外（1436），巴塞尔公会议承认1420年《四条款》（Four Articles）的大部分内容。对一次运动而言，这是一个价值不大的、令人失望的结局。这个运动来得太快了，而且对当时的欧洲而言它依然太边缘化了。路德即将宣称他自己是胡斯的继承人。确实如此，正是他的思想和布道引发了第一次唤醒整个民族的宗教反叛运动，最后取得某种意义上的成功。

朴素而严格的信仰

然而大体上，异端通常只是作为过去的一个遗迹或即将发生的运动的一个征兆而存在，事实上它并不是14世纪和15世纪初西方宗教生活的主要特征。无疑大多数信徒流露出同样的忧虑，并且正像我们即将看到的，尽管勇气欠佳而且也没有脱离正统思想的范围，但很多人都被吸引到这个正在发展中的潮流中来。似乎特别重要的是，即使是在多事之秋，绝大部分人对激进的异端的态度也不相同。当时人们的宗教痛苦是一个不争的事实。他们比以前更加敏感地意识到教会体系中可能已经恶化的各种弊端。这个时代出现的诸多困难、战争、瘟疫、颠覆传统秩序的社会危机和最后教会大分裂的戏剧性事件使得救赎问题更加急迫。面对这个流动性增强、凝聚力降低并且危机四伏的世界，他们认识到古老的承诺需要重新评价，每个人都有责任在某种程度上实现自身的救赎。人们不可能再依赖古老的家族团结或僧侣的祈祷来抑制死亡和引领灵魂安详地走向休息之地，然后等待末日审判的降临。显然社会和教会的基本框架还在，但人们日益孤立，独自度过一生，等待着"纯粹死亡的艺术"（art of dying well）。人们与上帝的关系、宗教生活，以及不可避免的社会生活越来越多地印上了个人选择的烙印。在怀疑与眼泪中，在一个更加变化多端和无常的世界里，通常有一些新的空间向自由和理性打开大门。除了特例外，传统框架和教会提出的救赎方法当然没有完全放弃。有时候在神职人员的鼓动下，最后在被重新赋予其最初的意义以后，它们保留了宗教生活的基础和社会因循守旧的特征。

例如，我们曾经适当分析过的圣礼，对它的普遍遵守是十分重要的。就圣礼来说，它和人生轨迹中的重大仪式保持一致——洗礼、婚姻、临终敷油礼。尽管忏悔和圣餐礼很少实行，尤其是圣餐礼，它们通常很难达到第四次拉特兰宗教会议规定的最低标准（每年在复活节举行一次），但这未必是宗教冷淡的一个征兆，而是对上帝超然存在敬畏的一个标志（这可能不合适但是真实的），是人们与他们追随的上帝发生直接联系前的一种犹豫。这导致其他相对不太重大的行为和信仰获得成功，人们有时候用它们替代圣礼。救济他人可以消灭罪恶就像水可以

扬·胡斯被免职：首先要擦洗他的手掌以清除掉他担任圣职的所有痕迹；此后，他被带到队伍中，头上戴着画有魔鬼图案的羞辱人的圆帽；在火刑柱上，他的帽子上写着"异教首领"的字样。他的骨灰被扔到湖中，以免成为人们崇拜的对象。［冯·里深塔尔：《康斯坦茨公会议编年史》(*The Chronicle od The Couincil of Constance*)，1465，康斯坦茨，罗斯加登博物馆］

扑灭火一样，因而即使当前人们施行救济的目的和方法与以前已有很大不同，但人们的热情没有降低。在中世纪末期，与以前相比《主祷文》的内容没有任何增加，主日仪式毫无规则，就和现在的祈祷一样固守陈规，死气沉沉。然而，基督徒继续在别处的某些祈祷方式和宗教仪式中寻找一种代祷方式，他们的渴望不允许他们放弃这种追求，据说他们要作无数次的祷告弥撒；他们成群结队的游行和朝圣，在某些获得高度宗教和情感满足的节日（濯足星期四、万圣节、圣诞节等等）里涌往教堂；他们以十足的热情用各种方式表达对圣母玛利亚和诸圣徒的崇拜。总之，没有任何迹象表明信徒的宗教行为业已永久被削弱，而且即使有某种程度的下降，那也必然是那些招致俗人不满的愚蠢的、卑劣的或不到任的神职人员造成的。

然而，善功和圣礼再也不能完全满足世俗社会的期望。除了严格地和被动地依赖一位神职人员（总之他的中介作用已受到怀疑）这个事实以外，它们不能回答任何有关死亡与救赎的极其痛苦的问题。

中世纪末期，基督徒的一个基本需求就是希望没有任何媒介帮助直接和上帝接触，并与上帝建立一种更亲密的关系，甚至承认基督为受难者和救世主。一些异端以激进方式表达了人们的这种需求。建立这种亲密关系——人们已日益清晰地感觉到并表达出来——的第一步就是提高信徒的文化水平及其《圣经》知识。

各地普遍流行的虔敬形式：这些朝圣者跪在装有圣克洛德遗骸的圣骨箱前面。（侏罗地区卖给在私人礼拜堂供奉这位圣徒的朝圣者的彩绘木刻画）

圣母崇拜（木版画，13世纪，巴黎，卢浮宫）

圣莫里斯，旅行者的保护人（彩色木头雕像，
15世纪，来自蒙特罗，巴黎，克吕尼博物馆）

14、15世纪的社会各阶层，无论是个人还是集体，普遍渴望接受宗教方面的教育。教会对此需求反应不一，信徒经常遭遇无知的或者盛气凌人的神职人员，他们无法保证基督教教义达到最低限度的传播。在这些情况下，信徒们被迫遵循日常的宗教行为，依然糊里糊涂；或者求助于相对来说不受神职人员控制的充满了民间传说和魔法的传统民间智慧。在另一些情况下，教会能够真正尽心尽力地向信徒提供宗教和道德指导。自14世纪以来，由宗教机构控制的小型学校系统虽然有了很大改善但很不够。权威神学家和虔诚的高级教士为教区牧师编各种手册，指导他们如何履行职责和布道；同时更通常的是，他们还以方言为所有识字基督徒编辑关于默想、祈祷和基督徒道德品行的小册子。热尔松就是其中的一个突出例子。最有效的牧师工作是由托钵教团完成的，教团内部尽管出现危机，但它们仍在一些地方继续发展。基督徒，特别是城市居民（通常情况下或者偶尔）能听到托钵修士就有关贴近他们心声的一些主题所作的一流布道。他们能够在教堂的台阶上观看戏剧演出，"神秘剧"以礼拜仪式中最富戏剧性的人物，特别是和耶稣受难相关的人物为题材并对其加以说明。他们可以细心观察那些有说教意味的插图，无论是教堂的、墓地的壁画，还是家内粗陋的木刻画都经常和托钵修士就教会试图教导教徒的有关伟大宗教主题所做的布道相关。最后是那些知道如何阅读并能得到书籍的有特权的少数精英人物。他们能直接参加《代祷文》和《祈祷书》（the Books of Hours）的创作，这些书允许俗人借鉴修道和规范祈祷的节奏和传统主题；他们也写了一些有关基督徒灵性的短文，鼓励读者进行自我反省和私人祷告；最后就是圣经译本，由此人们可以直接阅读和默想。神职人员根本不支持《圣经》的这种直接传

播方式，因而俗人经常只能得到圣经故事、《基督传记》（the Life of Christ）的粗浅摘要。

新的秘密虔敬团体

我在上文提到过的那些——世俗社会对传统行为的某些特征的偏爱和他们看到自己在教区等级结构中依然卑贱时的失望——说明中世纪末期俗人宗教生活中的一个基本特征：寻求建立新的社会团体。人们可以笼统地说这是一种雾化现象。个人或家庭趋向成为基督教的基本单位，是开始基本的宗教生活、重要的圣礼和日常仪式（祷告和斋戒）的特许之地。这个时代的基督徒们尽可能地建立其他社会团体来抵制日益压制他们的教区体制，更好地保护他们在社会融合、宗教生活和个人启迪方面获得满意的环境。一些人通过参加法兰西斯派和多米尼克派设立的第三会（第二会制度是指女修会，第三会则是指在俗修道）而加入主流集会。但人们更多的是加入属于城市、教区、职业或单纯信仰的兄弟会（或者任何类似形式的虔敬团体）。14世纪，各地的兄弟会成员都有所增加，通过供养和收容所有成员，它们具有明显的社会和政治功能，而且它们处于教会的控制之下，特别是处于地方世俗精英的控制之下。虽然如此，它们和其他方面密切联系的宗教职责还是主要的。通过有效协调成员的慈善活动，这些团体向那些困难时代不能从亲人那里获得帮助的人提供贫穷、疾病、死亡与炼狱、物质与精神的和谐一致等方面的保证。

尽管慈善和殡葬是它们最基本的功能，但这些团体试图通过安排自己的布道和礼拜仪式来激励成员的虔诚行为，鼓励他们祷告并完成宗教功课。当平民或市民的兄弟会仍实行集体领导的时候，它们在富人、显贵和贵族中却变成个人的或家庭的行为，因为他们能够获得私人牧师和忏悔牧师的服务，他们有图书馆和私人小教堂，那里既可以作家庭墓地也可以作祷告和默想之地。

除了这些相当制度化和官方化的形式外，在中世纪末期还有很多其他形式的宗教团体兴起，它们更富革新思想，更随意。坦率地说，它们的行为有时候很可疑，最终受到当地世俗机关和宗教机构的怀疑。这包括以一些圣洁的个人为核心的早期集会——如聚集在锡耶纳的凯瑟林身边的家庭会（famiglia），凯瑟林自称是他们的妈妈——但很快它们就消失了，转而向更加传统的修道方式演进。自13世纪末以来，整个德意志、低地国家和法国北部出现一

布鲁日的伯格温修道院：一个新成立的在俗修道团体之家。

些主要自发建立的俗人的虔敬团体，它们被集体称作伯格温（béguins, béguines）并以此而闻名。在某种程度上，最稳定的团体是由托钵修会控制的，这就是伯格温修道院（béguinages）。集中在那里的妇女在某个成员的监督下单独住在毗邻的小房间内，严格遵行工作和祈祷手册生活，但是不必发永久誓愿。另一些的伯格温和伯哈德结局悲惨，他们在 13 世纪末被定罪，在维恩宗教会议（1312）上和自由圣灵派（Free Spirit）的其他兄弟会团体一起再次受到审判。它们的主要敌人是莱茵兰的主教们，他们控告其犯有严重的罪行。他们似乎特别热衷默想和与上帝直接结合，并倾向于摆脱圣礼和所有制度化的默想方式。部分伯格温和伯哈德则逃过这一劫，例如那些于 14 世纪中期在莱茵兰建立的被称作"上帝之友"（Friends of God）的很不正式的社团，其信徒们集合起来一起祷告和默想《圣经》。除了纯粹的地方和个人因素以外，人们很难理解正统社团和异端之间真正有何不同。这两类人似乎都受到德意志的一些多米尼克派修士的著作的鼓舞。埃克哈特大师（Master Eckhart, 1260—1328）就是其中最著名的，但是他的勇敢最终换来的是教皇的谴责。作为具有"神秘结合"（Mystical Union）和"上帝超然存在"（Transcendence of God）思想的一位神学家，他被指责将人神圣化并有泛神论倾向。陶勒（Tauler, 1300—1361）和祖佐（Suso, 1296—1366）虽然在表述"与上帝结合"这一概念时要谨慎得多，但却更敏感地表达了人们无比丰富的内心生活。是占据多数的非常受欢迎的女性修道团体孕育了莱茵兰的神秘主义。爱戴者勒伊斯布鲁克（Ruysbroeck the Admirable, 1293—1381）在低地国家扮演了类似的角色，在那里伯格温和"自由圣灵"兄弟会的人员同样多。如果他愿意少相信些他的神学，而且相应地少处于通过声称人们可以按照自己的理解与上帝沟通而"荣耀"人类灵魂的危险中，那他和淳朴的俗人会更接近。在共同生活兄弟会、姐妹会和温德斯海姆圣会（Canons of Windesheim）中可以处处发现他的影响，这些是由两个朋友格劳秀斯·赫罗齐厄斯（Gerardus Grotius）和弗劳伦迪乌斯·拉德维金斯（Florentius Radewijns）分别于 1379 年和 1386 年左右在荷兰建立的。

这两个社团——一个是俗人的联盟，他们过苦行生活并做着相当类似伯格温修道院的工作，另一个是更具古典形式的规范的教团——人们可能会记住，它在正统意义上将北欧如此

《效法耶稣基督》中，约翰·热尔松在布道。宗教人士使用的这种有关信仰的著作是用拉丁文写的，但其很多翻译版本特别受到俗人的欢迎。（约翰·热尔松，《耶稣受难的布道》，瓦伦谢讷市政图书馆）

典型的那些趋势完美地变成现代虔信派（devotio moderna）。15世纪，共同生活兄弟会和温德斯海姆圣会在低地国家获得很大成功。他们建立了很多社团，在社团中又建了很多学校，儿童在那里根据新的虔敬原则接受教育。他们著书立说，其中有名的是《效法基督》（Imitation of Jesus Christ）。显然这是由托马斯·厄·肯培（Thomas à Kempis）在1420年至1427年创作的，托马斯是温德斯海姆圣会的一名教士会成员。该书坚持完美教会和圣礼的正统观点（特别是第四篇《论圣餐》）；赞扬禁欲主义和自我克制，认为是它们使灵魂在祷告与独处中接近上帝；坚持基督中心论（Christocentralism）；强调悲观的世界观；最后，相对漠视基督徒的社会价值观，特别是贫穷观。这是灵性的完美表述之作。《效法基督》是一部杰作，是对现代基督教的第一次说明，通过苦行、静修和默想，它发现除了那些宗教异端和积累善功以外还有其他的救赎方法。

潜在的忧虑与恐惧

各种虔敬形式的这种复兴能用具体的宗教态度和宗教精神概括吗？多数情况下，人们只是记录了一些相当表面的因素，削弱了我们的解释力度，因为只强调某些现象极端的、甚至有些怪异的和放纵的特征的话，那我们只有冒歪曲和曲解的危险，这是对解放和革新的一种愚蠢的尝试。

和上帝直接交流的渴望导致某些宗教和世俗人士的谨严的团体形成，通常主要是女性团体，它们热衷于一种民间神秘主义，倾向于转向隐秘静修，甚至是泛神论。我们的唯一证据是由这些团体的敌人提供的，他们果断的拿起教父论战的古老武器反对他们。

证据中更多的是某些虔敬行为，特别是和死亡与救赎相关的那些行为所产生的种种弊端。此时的宗教受死亡困扰，出现大量恐怖形象（基督死去时的伤口、大灾难、死神的胜利、死神舞，骷髅和蛀蚀尸体的雕像），用于满足一种悲哀的虔敬形式。据说为了灵魂得到安宁，基督徒在遗嘱中向无数的弥撒活动捐献虔诚基金和捐款。如果有财力，他们将为自己安排葬礼、装修坟墓，并以近乎疯狂的忧虑和精神着手这件荒谬的事情。信徒在炼狱的成功、对教会发行的赎罪券的系统研究、对大量专门代祷圣徒的崇拜发展，所有这些在中世纪末期激增的相当混乱的虔敬形式源于为来世积累功德的算术式的救赎方式，人们坚定地相信这将赐给他们勇气去面对临终祈祷时的神秘仪式，其代价是失去某些卓越感和神圣感。这种行为不一定会表现出痛苦、惊慌和病态的享乐，因为除了教会的传统再保证外，它们更多表现的是俗人在自我救赎中的大量设想。基督徒再也不相信灵魂进入另一个世界时要完全依赖他人的准备和陪伴。他们对死亡和审判的困扰不仅仅因为可怕的死亡率（当然也为此而加剧），更深层的原因是社会和教会体系的崩溃。乔治·迪比（Georges Duby）写道："不是这个时代的贫穷、重复发生的灾难、战争和瘟疫——它们确保了这种新的恐怖的胜利，而是整整前两个世纪基督教逐渐和民间宗教渴望相调和的这场持久运动的发展。"尽管这些表现形式通常是愚蠢的，而且大多以失望而非安慰而结束，但是人们仍然能够在精神极度兴奋的背后洞悉正试图自我表达的个体理性，洞悉一种新的自由正力图从旧世界的废墟中诞生。

无论如何，还允许人们笼统地谈论那些时代的基督徒，甚至世俗社会的基督徒吗？在前面讲的那些话同样适用于被兄弟会和托钵修士的布道鼓舞的城市。贵族特别受到经济、社会和政治危机的影响，而且一定已经很能接受表现宗教焦虑的这些新形式。贵族的财富使其在艺术品味和葬礼仪式的转变中起了重要作用，这些艺术品味和葬礼仪式表现出特别的利己主义化、雾化，以及在某种意义上我们在上文已经讨论过的基督教的反教权主义。

此外，还有另两个阶层，它们独立于贵族但并非与之没有联系。一个是由世俗的和受教规约束的教士、虔诚的俗人和献身宗教的人士组成的精英集团，他们形成上文提到的那些言行谨慎的小社团（伯格温派、上帝之友、共同生活兄弟会等）。他们精于阅读《圣经》、自我反省、默想和个人祷告，他们以必要的内心生活和与上帝更密切的联系而闻名于世。这使他们过着一种简朴、严肃和井然有序的理想生活，因而他们很不情愿完成很多外在的虔敬活动（如朝圣），以及时人的夸张的虔敬活动。唯一保留的是教会的默想，这个似乎真的有利于他们灵性的培养。人们一定会说，他们在某种程度上也不关心社会慈善问题，无论如何，他们是政治上坚定的顺从者。类似态度勾勒出现代虔敬派的社会学轮廓，人们在此能轻易看到某种个人主义和亲自安排基督徒整个虔敬活动的渴望。现代虔敬派试图通过将自己和一些强势社会团体联系起来以解释它的成功，这些团体的出现在中世纪末期是十分典型的。这些人就是厌倦了经院哲学弊端的大学人员，热衷于寻找一种与其职业行为可以兼容的基督徒的生活方式的官员、律师和大商人，简而言之，除了个人成就感外，他们对书面文字具有共同的反思和尊重。这种新的虔诚团体的社会范围似乎已超出了市民团体，也包括了登记在一些共同的圈子内的普通的和操行上一丝不苟的基督徒，热尔松家族成

坎特伯雷大教堂内的黑王子雕像，体现了他拥有的世俗王权的所有特征。黑王子（由其黑色铠甲而得名）是百年战争第一阶段的一名伟大的战时统帅。

124

员和圣女贞德就是其中众所周知的典型。虔诚的俗人
组成的这些中心（在北欧似乎更多）是伊拉斯谟主义
和宗教改革的社会基础得以形成的积极因素。

　　除了这些精英和无数城镇教堂中的信徒外，还
有一个广泛的人群，他们主要是乡村的和通常不识
字的基督徒，他们仍旧献身于一种更加传统的并且
实质上是集体的宗教。人们在抨击中世纪晚期基督
徒世界的民间传说时，一定要小心谨慎，因为我们
刚刚已经研究过的革新潮流在传入这些圈子以后就
停止了（尽管缓慢和不完全）。在某种程度上，经
济和社会危机造成的普遍影响助长了这些潮流的发
展。另一方面，我们必须避免时代错误，如以20世
纪基督徒的标准，甚至以宗教会议和当时有学问的
宗教法规学者制定的那些标准来评价这些基督徒的
虔敬。事实上，无论是不是宗教行为不规范和布道
匮乏的结果，民间宗教通常都具有恐惧和晦涩的特
征，这些特征在基督教义最基本的含义被剥去以后

佩皮尼昂地区的被钉在十字架上的面容憔悴
的耶稣。14世纪的莱茵兰艺术，在凝视耶稣死亡
时可获得最大的宗教震撼，此后耶稣受难像普遍
流行。（佩皮尼昂，基督小教堂）

就消失了。尽管这些基督徒的宗教情感的真实性不容置疑，并且某些天主教历史学家说教式的
愤慨在此并不适合，但事实上基督教的很多方面完全隐藏在这个乡村的和静态的宗教中。

　　我们需要对我们考察的对象做出最终的论断，不论他们属于哪个社会等级。除了少数极
端派别和最终被镇压的集体外，教会体制尽管有缺点并受到批评，但还是坚持了下来。教会机
构在地中海诸国具有的活力能够抵偿它在德意志和盎格鲁—撒克逊地区的提前衰落，正是在那
里很多异端（罗拉德派和胡斯派）、民间运动（鞭笞运动）和不受教规约束的俗人社团得到发
展。人们能够看到这些差距，并且估计出阿维尼翁教皇及其官员们的愚昧无知，世俗国家以及
主要发生在斯堪的纳维亚半岛的社会和经济改革各自应该承担怎样的责任。在这一切中，教会
机构以非凡的壮举抵挡住了攻击，进而证明了它的适应性。托钵修士大体上继续坚持其牧师和
传道工作。通常情况下，通过接纳兄弟会、组织出售赎罪券、使各种捐献和葬礼等虔诚行为民
主化，教会能够公正对待大量新兴的宗教渴望，尽管同时她肯定迫于无奈要使普通信徒，特别
是家境比较富裕且受过较良好教育的那些人，处于一种迄今未知的积极进取和自由的状态中。
实质上，教会仍继续控制着《圣经》的传播——直到印刷术引入它强大的复印功能——和圣餐
礼中饼酒的分配，并且成功地维持了西方基督教的统一。基督教世界的各种征兆相互交叉预示

着宗教改革的到来，但重要的是，当我们追寻这些征兆时，宗教改革在当时还没有发生。

一种更自由的思考方式

我们在思想、理论和科学领域同样能感受到动摇了宗教生活体系的那种焦虑不安。人们认为中世纪的世界观就是在这一时期解体的。包括对所有学术活动领域进行（初期的）重组的这种发展不能归因于经院哲学的危机。甚至，人们不能孤立地看待思想史上的这段时期，而必须将它置于上文研究过的精神和行为变化的大背景下（它无法掩盖真正纯理论思想上的相对自治，以及通常上的革新特征）。

教授的基督教

进行学术活动的社会框架和体制框架在某种程度上已经发生变化。13世纪早期建立的一些主要大学——博洛尼亚大学、巴黎大学和牛津大学——特别是它们的文科和神学系仍旧是最活跃的学术中心，但其教学纲要和教学方法没有很大改进。它们继续培养来自很多地方的数以千计的学生。它们的声誉完整无损，很多社会和政治团体一致承认学校可以培养出一批出众的行政官员。它们的实际权力很大，极为自负。巴黎大学，特别是它的神学院声称是"科学之母和信仰之光"、是教皇的顾问和在当前的助手。教会大分裂激发了巴黎大学的神学家和博洛尼亚大学的宗教法规学者要在基督教世界提升自身作用的想法。因为权力的所有其他传统来源即将枯竭，因而他们认为他们有能力为公会议明确规定"方法"来消弭教会分裂，指导公会议超越教条上的桎梏。最初在教皇的支持下，他们成为宗教会议至上主义的理论家。他们在法律和政治领域同样自命不凡，神学家的观点被认为是法律之源。遇到重大危机时，法国国王要向巴黎大学寻求建议和支持，反过来，它在一些场合声言它有权参加王国实行的全部改革。布拉格大学正转向同一方向，至少在精神上如此，例如胡斯运动。

此类例子不胜枚举，但令人怀疑的是这些干涉行为到底在多大程度上有用。这些行为无疑揭示出知识分子对当前的关注和他们的政治责任感，他们也以此而自豪。无疑，大学人员不是走得很远的革命类型。他们的理想就是进行一场改革，重建神创社会和政治秩序的和谐统一。然而同时，大学没有从扩展了的活动领域中得到好处。除了和普遍危机与过时的教学方法有关的其他因素外，这些活动还打乱了正常的教学工作，有时候把他们卷入不幸的派系偏见中（不要忘记当时巴黎大学的英格兰教师们对圣女贞德的谴责），君主剥夺大学的传统特权并且使它们服从于严格的政治控制时，这类活动停止了。

甚至在他们处于从属地位以前很久，教师们就已向既定政权保证履行义务。自14世纪初甚至更早一些时候以来，这个趋势制约了教授和学生的招收工作，而且这种情况随着经济问题的恶化而被强化。和其他行会一样，大学师生行会迅速发展成世袭，减少了教师家庭成员生活必需品。就教师而言，他们在以下面这种方式获得报酬时就走到了尽头：学生为学习神学和法律不断缴纳沉重的学费。这种情况造成的危害是双倍的。当博洛尼亚大学的弗朗切斯科·阿库索（Francesco Accurso）和巴黎大学的皮埃尔·德·阿伊（Pierre d'Ailly）有地有房时，很难相信他们的话是不偏不倚的。他们选择各自的阵营(已建立的阵营)，除了无可怀疑的诚实和真实外，他们总是与所有的暴力和破坏划清界限。弗鲁瓦萨在14世纪末英明地号召他们服从《骑士法》，因为他们确实属于那个阶层。至于其他结果，情况可能更坏，不是每个求学者都能付得起学费的，从13世纪起大学就开始眼睁睁地看着它的穷学生离开学校。那些继续坚持下来的学生，或者在经济上获得不稳定的资助，就像维龙一样，或者是未来的神职人员。

尽管这些著名大学仍然享有声誉，但再也不能像托马斯·阿奎那的时代那样垄断学术传统。14、15世纪欧洲各地新建了四十多所大学，其中大多是由君主创建的。人们认为这些学校的建立是因为教会分裂、民族国家和领地公国兴起引起的分裂。大多数新大学只限用来培养合格的神职人员和律师，而没有进行任何独立的学术活动。然而，帝国（爱尔福特大学、维也纳大学）和斯拉夫王国（布拉格大学、克拉科夫大学）的一些大学是和各国民族自我意识发展相呼应的，它们能够承担和详述最初在巴黎大学和牛津大学发起的一些哲学和神学讨论。

在古老的大学里面，有一些学院

威克姆的威廉（1324—1404）在建于1379年的牛津新学院公开演讲。（手稿编号C 288牛津，牛津大学图书馆）

在招收和职能方面具有相当独立性，如巴黎大学的纳瓦拉学院，它是查理四世时代法国的第一个人文主义中心，它欢迎通常被其他比较传统的学院排斥的学说、思想和书籍。其他的人文主义圈子越来越远离纯粹的学术领域：一边是新兴的宗教社团，另一边是某些王室或市政的宫廷以及档案馆，它们也成为学术活动和文学创作的中心。在阿维尼翁，教皇建立了当时最漂亮的图书馆，藏书丰富，不仅有宗教书籍还有古典著作；在巴黎，查理五世命人将《圣经》、圣奥古斯丁的《上帝之城》、亚里士多德、李维、瓦莱里乌斯·马克希姆和其他人的作品翻译成法文，收藏于他在卢浮宫的图书馆；神圣罗马帝国皇帝巴伐利亚的路德维希统治时的慕尼黑、神圣罗马帝国皇帝查理四世统治时的布拉格、那不勒斯、米兰、克鲁奇奥·萨卢塔蒂（Coluccio Salutati）和莱昂纳多·布鲁尼（Leonardo Bruni）统治下的佛罗伦萨（那里的公共档案馆是彼得拉克派的人文主义中心）和很多其他国家的首都是这个时代的艺术和文化中心。更不必说康斯坦茨和巴塞尔在基督教公会议期间扮演过的十分短暂但相当辉煌的角色。

大体而言，精心营造学术传统的地方逐渐增多并各不相同。当然，这批人经常奔走于各地，而且人们可以感觉到大学传统在所有这些人心中的重要性。但是，他们确实喜欢新的环境，那里更乐于接受某些大胆的学术行为，乐于结束各民族的文化差异，也更加有益于政治势力进行肆无忌惮的干涉。

建立一种新的道德规范

准确地说，13 世纪的巨大贡献是经院哲学，它不仅在教父著作的传统范围内解释信仰问题（使用古典著作的表述方式，如文法、修辞和逻辑），而且野心勃勃地试图将信仰和理性、《圣经》和哲学进行调和，试图将它们融入到一个统一的知识体系（这一体系的建立在很大程度上要借助亚里士多德著作）、一个创世纪与造物主、自然与超自然力量的统一体系中。这一思想的最高解释仍是圣托马斯·阿奎那的《神学大全》（*Summa*），但它在 13 世纪从来没有居于统治地位，反而遭到很多比较传统的神学家的反对，这些人恪守奥古斯丁思想及其对物质世界的怀疑主义。甚至这一思想也使托马斯本人产生了片刻的警觉和懊悔，使他陷入了某种困境，确切地说这正是艺术界中像布拉班特的西热（Siger of Brabant，1240—1283）这样的"阿威罗伊主义者"所无情揭露的东西。一个导致阿威罗伊学说在 1277 年受到巴黎主教谴责的成就，不仅适用于已经从内部受到攻击的教义而且适用于托马斯主义的成就，当时的人们无论高兴还是伤心都完全意识到这一点了。除了或多或少技术性地应用亚里士多德原文外，它危及到了整个哲学倾向。科学能够解释所有的被造物和造物主，而以积极的、充满激情的科学观念为基础的乐观主义倾向，以和谐结构的理性为条件，在必需的层级和协调下建立起来了。人们的乐观倾向是建立在这个积极的、动态的、可以解释整个创世纪和造物主的科学观念的基础上的，而在和谐组织的理性术语之中的乐观倾向是建立在必要的等级和诸多调停之上的。这也是人文主义的一种倾向，和经济因素一样，他们也不愿意在理性分析中排除人类学和物理学的基础。

1277年的指责实质上是地方性的（尽管在相当晚些时候牛津大学也进行过批判），因而这对托马斯主义，甚至对阿威罗伊学说来说都不是致命的打击，多米尼克修会继续宣讲托马斯主义，而阿威罗伊学说的主要中心移到了博洛尼亚大学和帕多瓦大学的文科系。但这样一来，这种思想就成为少数派或边缘学说，而且注定要消沉很久，此后就是在1277年受到重点指责的那些命题成为最具革新的哲学和神学讨论的中流砥柱。

是牛津大学而非巴黎大学成为14世纪的辩论之地，特别是从这个新时代最伟大的神学家，法兰西斯派的邓斯·斯科特（1266—1308）在两所大学连续讲学以来，情况更是如此。受形而上学推论的影响，他认为上帝是必然存在的，但是根据亚里士多德因果关系的诸原则，他拒绝将世界看作是神的理智发散的产物。通过说明哲学（它试图束缚自然空间）的空虚，他将"毫无束缚的、完全的自由"的神学意义还给了上帝。

邓斯·斯科特对托马斯主义的批评是不易察觉的，但奥卡姆的威廉（1290—1349）对托马斯主义的批评则很激进。我们在前面的圣灵运动中曾提到过这位英国的法兰西斯派修士，自1328年以来，他劝说巴伐利亚的路德维希反对阿维尼翁诸教皇。作为众多小册子的作者，他是最激烈批评教皇至上的人之一。他从显然诞生自这些文献的教会学（尽管在斗争过程中它被精心阐述过）中得出哲学和神学命题，1324年，甚至在他得到"神学大师"（Master in Theology）称号之前，他被传唤要求到阿维尼翁出庭受审，在此以前他一直在牛津大学讲授这些命题，此后他逃亡了四年，然后进入巴伐利亚的路德维希宫廷。

奥卡姆的思想有一个逻辑前提，这是他从唯名论传统中借鉴而来的，即我们通过感官接受各种知识。只有当前的和直观的知识才是真实的。建立在话语和观念上的理论知识完全专注于语言规则，从本体论角度来说，这样的知识是完全混乱的和不确定的。奥卡姆的认识论终结于经验主义。在此情况下，显然将人从受造物升至和上帝同等地位的所有哲学努力都破碎了。没有任何推论和观念允许人谈论上帝、证明他的存在、描述他的属性、复原他仁慈的工作。奥卡姆以异乎寻常的坚信宣称上帝具有绝对自由，这使得人类自由的性质的问题依赖于自身的知识和道德水平。当我们只能跃过人们唯一可以理解的个人实体设想各种可能性时，当这些限制仅仅是对这种思想的空洞的注释以及不能成为客观的等级体制的一部分时，是什么用规则和决定论将人类和整个物质世界限制在各种制度之内呢？

此类观念的破坏力是显而易见的，它们不一定导致怀疑主义的出现，但肯定导致个人主义的出现。它们贬低教会作为现世社会调解机构的地位，要求立刻通过唯一渠道，即《圣经》

129

英国法兰西丝派修士奥卡姆的威廉（1290－1349/50），他反对托马斯·阿奎那的神学体系。（14世纪的绘画作品，剑桥，冈维勒和凯乌斯学院）

揭示的信息——奥卡姆认为其真实性可以保证，对此他从未怀疑过——和上帝直接联系。

设想如果奥卡姆主义既符合日常的教学要求又符合反阿维尼翁论战，那它就不是一个前后一致的学说。奥卡姆几乎在任何地方都没有为其所有前提——哲学的、道德的和宗教的——得出自然的结论，或者以之代替他所破坏的那一切。他确实感到已被他彻底碎化的基督教需要某种凝聚力，但是他提议的方案，即共同持有财产和所有信徒的一致同意的原则缺乏严密性。他不像帕多瓦的马西利乌斯那样熟悉法律和政治理论，并且没有形成"大众主权"和代表权（例如通过议会）的观念。他对教皇的评价是如此的犹豫不决，对之虽尖锐批评但亦未敢否定教皇的最高权力。和同时代的很多异端思想家一样，他完全将确保市民生活和宗教生活的一致性和维持公共福利的希望寄托在统治者身上（在这种情况下他倒向皇帝）。

尽管奥卡姆主义在实践上有很多局限性，但它对人们有很大的吸引力，人们不能将之归结为唯名论和唯实论之间旧有的争论，甚至不能归结为是对托马斯主义的批评。事实上，奥卡姆把自由意志问题置于首位，从而规避了所有这些难题。通过大胆指出怀疑主义和权威同时都有缺点，他抵制住理性神学的诱惑，将一个可怕的难题置于了他的社会学的中心地位。当他面对《圣经》的绝对权威、面对上帝的绝对自由和全能遭遇的重大危险时，他以哲学方法使人类获得了自由。随着奥卡姆的出现，中世纪世界观解体了，现代世界的戏剧性场面，即既解放人类又压制人类的哲学形成了。

奥卡姆曾经自我谴责过，于1349年左右死于黑死病，至死都没有和教会和解，但他的著作依然极具影响力。虽然没有和他一起做出其所有的大胆推论，但大多数神学家最终采取大致相同的路线：蔑视神学和哲学过于脆弱的和谐一致、坚持上帝具有无限统治权、特别关注自由和称义问题。这些是14世纪下半叶被大多数欧洲大学采用的唯名论观点。显然，古代派（自身分裂成不同阵营，阿尔伯特派、托马斯派和斯科特派）继续反对那些现代派成员，除了少数例子（例如在建于1388年的科隆大学，托马斯主义依旧享有号召力）外，现代派在各地占据优势。在人文主义者看来，正是这些人使经院哲学表现出最枯燥乏味的一面，因而招致他们的不满与讽刺。对奥卡姆主义的审判仍在继续，天主教历史学家出于自身目的直接或间接地对之不断责难，这为路德宗教改革的发生铺平了道路。

经院哲学或是反理智论

这场辩论胜过强调唯名论（称呼过于狭隘）的中心地位，但它无疑需要一个更加详细的论述。

中世纪末期，经院哲学被禁锢在永恒不变的教学活动——讲座、辅导和辩论——的框架内，这往往使人觉得它思想贫乏。对同一问题的模棱两可的重新评价、对各种假设的无谓迎合——它的武断被认为是一种先天的知识——经常使神学教育变为纯粹的辩证鉴赏，这日益扩展到正式的训练中。唯名论此前使其哲学和神学辩论丧失了所有必然性和几乎所有的真实意义，从而成为一副自我谴责的讽刺性漫画，此后它采用经院哲学的传统，很好地促成了这种演变的发生。但是其他思想学派也没有避开这一进程。无论如何，中世纪末期的很多神学家只是通过恢复相当陈腐的折中主义似乎就真的已经避免陷入怀疑主义。尽管这不会导致对宗教的漠视，但必须承认在这一时期的神学思想的标准降低了，包括一次没有经过综合推理的思想飞跃，甚至在饱学之士中，它所取得的唯一回报就是回归到感情比较质朴的和深信不疑的虔敬形式中去。

自从奥卡姆宣称《圣经》具有至高无上的地位，而没有否认传统和教会在历史上精心制定的信仰规则的全部价值以来，奥卡姆主义可能已经将神学带回到《圣经》注释的轨迹上来。然而，必须注意的是，直到15世纪初，尽管有一些有意思的尝试，例如努力提高对希腊知识和东方语言的掌握，但是在神学家当中没有出现《圣经》的复兴，只是在边缘的或异端的运动，如威克里夫运动中有所表现。这是人文主义即将做出的伟大贡献，以洛伦佐·瓦拉（Lorenzo Valla）为开端，人文主义者从真正的神学观点出发，重新开始《圣经》的版本和注释工作。

唯名论也起到了明显的积极的作用，但我们的意思是，与其说它是一种精确的学说不如说它是一种普遍的理智观。唯名论思想摆脱了13世纪《神学大全》中的连贯的和或多或少亚里士多德式的体系的束缚，到中世纪末期它得以解脱并开辟出一些新路。尽管这些道路都不可能独自取得更大的发展，尽管强调它们的"先锋"作用相当不合时宜，但应该指出它们是这一时期西方思想体系极度复兴的一个方面。

在这点上，我们应该小心不要过分强调哪些人现在依然受人尊敬：唯实论者、托马斯主义者、唯名论者等；不要过分强调各学派和各修会之间的争论：法兰西斯派修士反对多米尼克派修士、世俗牧师反对教团牧师。在各种成功的杂乱尝试中，在众多的这类著作中，分析法显然优于综合法，实际上每个人都独立地到各地搜集他需要的素材，几乎他们每个人都能随意说出这个时代的一些基本趋势，从历史的角度看，这是一件十分有趣的事情。

需要强调的第一点是某种反理智论的出现。它甚至出现在科学家和学者当中，神秘主义、

航海技术的进步：水手将一个罗盘针和一张纸片相叠固定在盒子内的一个枢轴上就作成了一个指南针。(14世纪末期马可·波罗的《马可·波罗游记》的一个局部)

道德观和牧师关注学术上的神学领域等现象的突然出现证实了这一点。换句话说，在富有情感的宗教生活、关注个人获救、自由和意志的力量、期待恩典、完全信任直觉和启示等方面，人们日益有兴趣积极参与，他们很少相信由推论和推测得出的少数的知识源泉。就这几点来说，人们在奥卡姆身上没有任何发现，他似乎不是一位神秘主义者，他对理性神学的批评很辩证。但事实上，就在上一代，多米尼克派（它仍以圣托马斯的理性主义和乐观主义为标志）的埃克哈特大师第一个提出人们需要的一种神秘主义神学。他的神秘主义神学是时间和永生的辩证法、是存在和本质的辩证法，通过另辟险径，它试图为固有和内在性、为回归（早期基督教）、人类灵魂与上帝的结合、《圣经》在内心的诞生、存在于受造物内心最深处的有关造物主的意识等重建环境。这些大胆之极的目标在一些民间运动中获得共鸣（相对于埃克哈特大师的拉丁语著作来说，这些目标在其德语布道中要好理解得多），但在阿维尼翁受到谴责，这意味着在随后几代的神学杰作中将找不到它们的身影。

约翰·热尔松（1363—1429）最初是巴黎大学的教授，后来担任那里的校长，他在这方面是典型的温和派。他预备告诫人们神秘主义中存在的错觉和危险，他认为只有圣礼和教会推荐的善功才能使基督徒的宗教生活更加有意义。但同时，热尔松继承了唯名论思想，坚持其对理性神学的批评。他拒绝接受这样的概念，即直接的哲学推论渴望使上帝回到自然秩序内，渴望削弱上帝的绝对自由并完善《圣经》。他认为，神学讨论的目的是说服和感情而不是证明，以此引导灵魂默想和热爱上帝，上帝生活在人们的心中，通过沉思、祷告和圣餐人们很容易接近他。因此，热尔松学说特别受欢迎。在其拉丁语论文、无数法语布道、有关牧师关爱和祷告的指南中，他解释到：他的任务不单纯是学术上的，也是要净化信徒（政治上包括各君主）的宗教行为，将福音原则注入他们的生活。自然，他也应该监督没有经验的神职人员的教育问题，为其履行职责作准备。热尔松在康斯坦茨宗教会议上遭遇到的个人困境——在那里，他既是宗教会议至上主义温和派的拥护者，又是正统教条警醒的保护者——很好地说明了这位神学家是如何自我设计的，他希望自己既是牧师又是道德家，既是行动者也是精神导师，与此同时保持基本的谨慎和墨守成规。

在热尔松和具有类似灵感的同时代人的推动下，思辨神学在实践领域获得发展，尽管人们不能称其为神秘主义，但它引入了一种新的对心理和灵性的关怀以及对个人的关注（包括普通人、妇女和儿童），为此某些历史学家称其为苏格拉底式的基督教。因此，毫不奇怪，他们更多的是从教会教父和12世纪的唯灵论作家，如圣伯纳德或维克多派修士，而非是13世纪伟大的经院哲学家中寻找灵感。

科学挣脱束缚

在自然哲学和科学领域内，人们也感受到了唯名论的影响。通过割断上帝和受造物之间的联系、拒绝严格的因果关系和不可更改的决定论（根据其第一原动力，它将宇宙限制在一个完全的安排中），人们对一个必然的有序社会的幻想破碎了，在这个有序社会中哲学毫无用处，除了透过各种现象解释这个世俗世界的各种谜团和象征以及神意安排的各种预定部署。然而对唯名论者而言，事实是唯一具体的和独一无二的。话语、概念、符号和各种理想形式都不存在。为此，哲学家不得不将其注意力集中到物质世界的多样性和偶然性中。科学的知识可能源于对各种真实事件的细致入微的观察和经验，它是唯一能够将规律性而不是起因或法规从单纯的经验主义的物理现象中解脱出来的。

众所周知，尽管处于这种有利的环境中，但自然科学实际上直到中世纪末期也没有取得很大的进步。例如，科学家们通过重新应用托勒密有关行星运动的理论，从而能够相当大地改进天文学测量法，托勒密理论比亚里士多德理论要复杂得多，而且能更好地解释各种现象。通过尝试性地将亚里士多德物理学的某些概念应用于数学领域，托马斯·布拉德沃丁（Thomas Bradwardine），一位牛津教师（1328）和他的一些学生（默顿学院的"计算器们"）及其追随者——巴黎的约翰·比里当（John Buridan，1352年以前）和尼古拉·奥雷姆（Nicholas Oresme，1350—1377）成功地揭示了这位哲学家某些命题的荒谬及其某些推论在实验上根本站不住脚，例如和动力学相关的理论。试图恢复物理学方法论的这些直觉尽管大有前途，但并非遥遥领先。人们无疑坚决接受了直接观察法和经验法，但正如巴黎最有系统的唯名论者尼古拉·道特勒考特（Nicholas d'Autrecourt）在14世纪中期时所说："只有用心研究事务，而不是研究这位哲学家（亚里士多德）或其注释者阿威罗伊，人们才能获得某种程度的信心。" 尼古拉·道特勒考特是现代经验主义的坚定的先驱者，但实际上，此类箴言对现存的试验技巧的改进毫无帮助。数学上的前进步伐受到同样的限制，因为他们在定量法方面的尝试仍带有很强的定性成分，"考虑到强度问题，但没有考虑到事件和空间的扩展"。

在这种情况下，通过脱离环境任意攫取一些公式，将其等同为现代科学某些基本发现的前提，从而尊崇这些学者，特别是好人约翰和查理五世时代的巴黎画派，这可能就是一个时代错

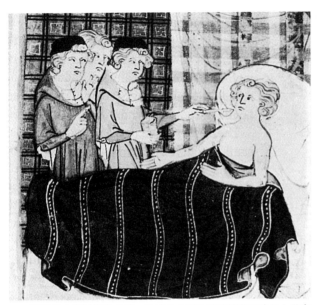

医学仍在坚持经验主义，这是几个医生正在给胖子路易六世拿药。（勒格罗，《圣丹尼斯的法国编年史》）

误。微积分的发明真的不能归功于《神学箴言》（Centiloquium theologicum）的作者（怀疑是奥卡姆），惯性原理的发现不能归功于比里当，解析几何或地球的每日自转（他阐述这一假设的目的仅仅是为了明确驳斥它）的发现不能归功于奥雷姆。

事实上，这些不同的作者在从唯名论引起的亚里士多德体系的瓦解中获益的同时，不能摆脱自己强大的逻辑框架的束缚，这个逻辑框架经过千年的积淀并继续用一些定性概念向人们施加影响。鉴于心理的和社会的巨大差距，"机械"工人从牧师中分离出来，后者是实验技术不足的牺牲品，他们不能打破"一个决定论者的形而上学和常识经验主义——这是传统科学的支柱——的联盟"。14世纪发生的现代科学革命不比宗教改革多。

难道就没有知识和技术、理论及专业技术可以相互结合的领域吗？人们很难将文献记载与实际情况区分开来。尽管建筑学、军事天才们和航海技术（人们会想起热那亚和加泰罗尼亚在14世纪的海图或葡萄牙人15世纪的探险活动）似乎已经涉足了一些科学领域，但人们很难确切知道其进展如何。它们不可能和大学里面的知识有重要且直接的联系，因为当时尽管唯名论者恢复了观察和实验的方法，但是社会偏见和术语问题限制了牧师们去理解周围世界的物质潜能。一旦符号意义的不确定的演出过时，创作百科全书式著作的内在原动力就消失在琐碎细节和重复性著作中，尽管它已经给过学校老师机会去吸收他们能够得到的无限的技术信息并使之理论化。

医学出现在一些著名的大学里——蒙彼利埃大学、博洛尼亚大学和帕多瓦大学——但是它不能撼动希腊和阿拉伯经典著作的压倒性优势，这些著作是当时教育的基础。解剖学和外科能战战兢兢地取得一些进步是因为一些医生，如蒙迪诺·代·卢齐（Mondino dei Luzzi）和居伊·德·肖利亚克（Guy de Chauliac）敢于克服同事和教会对知识的缄默，同时也是因为外科医生更为专业的后备队，实质上他们完全凭经验和习惯。但那没有使他们取得更大的进步。

国家世俗化

科学和哲学思想的解放只是这个普遍趋势的一部分，它还包括在中世纪末期法律和作为自治原则的政治文献的发展（虽然没有摆脱教会控制）。罗马法——教会法已将其广泛吸收——在12世纪出现复兴，此后继续发展，当人们努力将它专门应用于这个时代的各种实体时，它变得日益精确。为此，至少从13世纪以来，政治的亚里士多德主义就已广为人知。提高这些技能的工作是由最早的人文主义者、拉丁历史学家和演讲家着手进行的，他们的努力使其有可能日益影响国家（实质上是君主的国家）和国内社会组织的性质和目标。然而，中世纪末期没有产生独创性的政治理论。这种政治理论不仅出自各学院，而且出自档案馆和法庭，因此在不同渊源不同条件下精心阐述的学说很难有创意。尽管唯名论者的影响通常产生一些"民主"思想，如个人权利、国家只是个人的集合体、共同利益是个人利益的集合等，但其影响更多的是坚持社会等级制度的有机性和统治者制定并强制执行的法规的绝对必要性。无论如何，没有人再按照自然国家的纯理论进行思考了。奥古斯丁传统影响下的社会引领国家走向了多少有些幸运的结局，和人民的解放保持一致。帕多瓦的马西利乌斯尽管主张世俗国家主权和自然法优先，但他亦继承古代的政治传统，主张建立一个基督教帝国和一个纯粹精神的教会。

这种解放思想的根源最终要回溯到很久以前，并且它轻易地揭示出13世纪中期类似"共同福利"的观念出现的前提条件。英国小贵族在日益愤慨亨利三世对他们的忽视及其任人唯亲政策的同时，精确地援引上述思想。当博马努瓦（Beaumanoir）描绘他心中的理想君主时，就以此作为框架。但是这些行动者和罗马法都没能使其自身消除君主具有神圣使命这样一种思想。国王宣誓之时，就拥有了这个国家，成为它的保护者及其化身。就此来说，那里没有任何"哥特式"的野蛮人。相反，1300年左右逐渐开始出入于卡佩宫廷和金雀花宫廷的大批律师及来自意大利和法国南部的人们熟悉罗马法，知道王权（imperium）与权力（potestas）的意思，丝毫不担心神力。他们帮助作为法官、立法者和当权者的君主获得成功并为其纲领服务。既然德意志诸皇肯定已遭到挫折，而且这位好战的教皇在精神上已丧失资格，他们还怕什么呢？只有国王才是君权的象征，而且我们可以想象，诺加雷（Nogaret）在强行进入一位教皇的宫殿并殴打他时没有丝毫的犹豫。这些热心的仆人：皮埃尔·弗洛特（Pierre Flotte）、纪尧姆·德·普莱桑（Guillaume de Plaisians），能够身兼理论家的角色。皮埃尔·迪布瓦（Pierre Dubois）为法国国王设计了一个恐怖的唯物主义的统治纲要，将其伪装成基督教领袖。在巴黎，美男子菲利普，甚至是菲利普六世和查理五世都受到他们的控制，这很容易做到，但意大利并非如此，那里极度渴望一种中央集权，但缺乏候选人。教皇已明确被排除，而且他也离开了那里。拥有有争议的南部领地的安茹家族和在北方等待机会的瓦卢瓦家族都是"野蛮人"，因此，和此前的吉柏林派一样，被放逐的但丁只能向皇帝发出呼吁，他于病入膏肓之际的1315年左右创作了《论君主政体》（De Monarchia）——当时他的祖国是归尔甫派当政。但是他对四面楚歌的意大利发出的痛苦的呐喊中没有一个行动纲领。这个行动纲领是由比马基雅维利早两个世纪的帕多瓦的马西利乌斯提出的，他在1324年描述了理想的和平保卫者的样子，当时一位有争议的皇帝（指巴伐利亚的路德维希，即路易四世，当时他与教皇约翰二十二世公开决裂，约翰开除其教籍）正试图恢复霍亨斯陶芬和诸奥托的事业。他主张，政治必须脱离道德束缚、世俗事务脱离精神束缚；内心的规则和灵魂属于教会，社会主体和法律属于君主；因为社会本来就是合法的，根据时间和空间而不同，独立于教会的意志，或许还有上帝的意志。马西利乌斯补充说，这显然意味着这个全权转移给了管理社会的君主和皇帝。

这门学问没有失传。即使皇帝不再有影响，但国家——尽管不是十足意义上的民族国家，正将自己束缚在新的合法的君主政体中。理论家们甚至走得更远，他们赞成14世纪初在城镇形成的民主思想，或者力劝统治者采用"古代"的专制形式。贵族，尽管其经济倒退、军事混乱，但因依旧强大的武力而处于国家的首位。正因为不理解这一点，根特的阿特维尔德（Artevelde）、巴黎的马塞尔和罗马的里恩佐等人在14世纪中期试图阴谋夺取政权，结果被镇压。仅仅在19世纪——那时市民的历史感产生了特殊的历史错觉——他们的努力才显得民主。然而，一旦危机过去，教师再度显赫之时，尼古拉·奥雷姆、让·热尔松、皮埃尔·德·阿伊在1370年至1420年开始谴责人们并向统治者提出忠告。他们是优秀的演说家，语言充满了激情并很受上流社会欢迎，其中一些人，如让·珀蒂甚至为以国家为借口实施的犯罪行为开脱，阿兰·沙尔捷谴责统治者视而不见的明显的缺点和虚伪，君主将这些知识分子视为自己的产物。向现代君主国迈进的步伐已经开始了。

即使意大利还没有准备好走专制道路，但我们能够在维斯孔蒂家族统治下的米兰看出专制迹象，"自由的"佛罗伦萨人莱昂纳多·布鲁尼在1402年在害怕它向四外蔓延的同时为其打上了专制烙印。不止一位人文主义者被它吸引，被绝对权力的魅力诱惑。尽管和蔼可亲的萨卢塔蒂能够详细论述冥想方式和活动方式的相关魅力所在，但这只是修辞练习，斯福尔扎时代还没有到来。

人成为世界的中心

我们已经几次使用"人文主义"这个词了。尽管上个时代还有很多其他特征，但这个词也在遭受危机的14世纪的知识分子群中盛行。确实，人文主义传统是西方整个中世纪的一个永久特征：有时很有活力和创造力，如在9和12世纪；有时候几乎默默无闻。人文主义在某种程度上意识到了它的传统，这可通过研究加洛林时代的手稿以及为12世纪的无数作者——圣伯纳德、索尔兹伯里的约翰 （John of Salisbury）——恢复荣誉中加以验证。但在14世纪末15世纪初，人文主义被赋予了无比的活力，有自己的独特性。

从地理和社会角度来说，人文主义一个是非常地方化的现象，最早出现于意大利，尤其出现在佛罗伦萨。托斯卡纳地区的第一个人文主义小组出现于与贸易世界和相对世俗化的档案馆多少有些联系的大学和教会周围。彼特拉克(1304—1374)、薄伽丘(1313—1375)和萨卢塔蒂(1331—1406)是语言和修辞的爱好者，同时也是虔诚的基督徒，他们和所有的追随者一样渴望改革教会。对他们而言，人文主义最初是对某些主要的文化潮流的一种反抗形式，在反抗中，它分享了这个时代的普遍氛围。人文主义者反对亚里士多德的神学主张和阿威罗伊哲学，反对经院哲学的粗俗的拉丁风格以及教会内部的各种弊端。与充斥着混乱、形式主义和骗子的文化相比，他们高度赞扬古典著作的纯洁，如波焦，他们在修道院的图书馆里狂热地寻找、挑选并校订其中最可信的手稿加以吸收和模仿。对于两种不同的修辞学，即旨在推动与证明的修辞学，而非像辩证法那样旨在以武断地证明和分析、间接地瓦解人心的修辞学，他们对于这二者之间的不同也提供了鲜明的对比。他们最后的贡献是回归《圣经》和诸教会教父，并将他们从曲解中解放出来。显然，通过回归原始文本，人文主义者遭遇到复兴的"异教"的美学和道德价值与基督教如何和谐一致这样一个难题。但是他们从圣杰罗姆（Saints Jerome）和奥古斯丁著作中找到了答案。异教伦理在基督教内加以实现，因此，对语法和修辞学的研究能使人们更好地理解《圣经》。

人文主义通过阿维尼翁传到巴黎，在那里和当地传统相结合。在查理六世当政期间，特别是在1380年至1410年，法国初期的人文主义明显最引人注目。这是由王室宫廷和纳瓦拉学院周围的一群志同道合的朋友引入的，其当务之急是强调它和托斯卡纳人文主义之间的关系，它以各种技巧模仿它。它的特点是更强烈地忠诚于基督教，同时也显示出明确的民族气息，他们从自身利益出发使用本土语言——通过与拉丁语接触而加以丰富——进行表述，在充满有关古代社会伟大的崇高的设想中赞扬民族的、爱国的和君主的价值观。热尔松和让·德·蒙特勒伊（Jean de Montreuil）是这方面的典范，他们用修辞学为政治行为服务，尽管前者恪守相对传统的宗教道德观，但二人成为同一知识潮流中的一部分。

应该指出，欧洲在那时还有很多其他更温和的人文主义中心。但甚至是意大利和法国的那些中心都很脆弱。百年战争的最后动乱使巴黎的人文主义传统中断了30年。它遭遇到来自各方的强大阻力，无论是阿维罗伊派和唯名论者的大学还是僧侣和教团的托钵修士，这些人依然坚持传统的怀疑主义，即"异教"文化会引诱人犯错。现代虔敬派的各社团对此也不动声色地予以默许。

意大利的人文主义运动更强大，并在15世纪上半叶稳步发展。洛伦佐·瓦拉（Lorenzo Valla，1407—1457，一位罗马公证人的儿子，帕维亚的修辞学教授和西西里国王的顾问，后来成

13世纪的这幅微型画正阐明了宾根的女修道院长希尔德加德于1160年左右所著的《预言书》（Liber divinorum operum）。人是世界的中心并与它相互融合。覆盖宇宙的上帝将他的创造力传给人类。（卢卡，国家图书馆）

为教皇的顾问）的著作和莱昂·巴蒂斯塔·阿尔贝蒂（Leon Battista Alberti，1404—1472，佛罗伦萨一个显贵家族的继承人）的著作是这一发展的典范。他们告诉我们人文主义哲学已臻于成熟。这一进程得益于希腊语的重新发现。从14世纪末开始，来自拜占庭的避难者就在意大利讲授希腊语，他们效仿的对象和保护者是红衣主教贝萨里翁。因此，瓦拉写出了具有西塞罗修辞风格的摘要（优雅的拉丁语），并指出拉丁版本《圣经》的不足之处，特别是通行译本的诸多错误，以此批判圣经文本。人文主义也开始逐渐形成一个核心学说和方法论，这有助于形成一个教会的和社会的全球改革的方案。人文主义者利用他们对文本的掌握和古代价值观的重新发现来批评教会机制和传统的教学实践，建议以一种新的教育方法代替，不久开创性的奠基之作——《论家庭》（Della Famiglia，1433年至1440年阿尔贝蒂著）及由瓦拉和红衣主教库索（Cuso）的尼古拉（1401—1464）起草的普遍和平计划就为其提供了方式。后者还规划了一个将不同宗教信仰或哲学主张进行调和的庞大方案，它将基督徒的智能、中世纪知识和浩瀚的知识海洋中拉丁语知识的普遍价值联合起来，既包括超越自身局限的要求也包括对神性超然存在的直觉。

然而，新兴的人文主义的某些特征已开始变得冷酷无情。其精英们通过颂扬财富、创造性工作和活动来表达他们的本性，所有这些都与退回到孤立状态和贵族有教养的寻欢作乐和谐一致。这样的乐观主义有时候是很短暂的，它在社会层面上的因循守旧着重强调要赋予兴起的大的君主国和意大利君主"绝对"权力，甚至当统治者有雅致考虑文学作品及其预言者时，也是如此。

因此，和这个时代的其他知识潮流一样，人文主义自身不久就发现这一解放的局限性，这种解放最初曾经以如此的魄力被人们迫切需要和推进。

世俗精神的诞生？

既然我们试图重建形成中世纪末期西欧形象和风格的学术的、大众的、宗教的、理性的、情感的和合理的各组成部分，那就让我们从全球角度看看它们吧，而且特别要考虑世俗精神的诞生。

信仰出现松弛，或者说不信教者人数增多当然是不争的事实。尽管这在当时并非不可想象，而且不像一些雇佣兵和"亵渎者"所叫嚷的，事实依然就像此前的几个世纪一样，即文本所展示的基督教世界，也就是说，在这个社会内，教会千方百计想渗入到所有成员的个人的和集体的生活，而且在这个社会内，基督徒的道德标准和末世论思想在实际上继续统治整个文化生活。甚至那些战战兢兢的努力，即西方基督教在12、13世纪和犹太教、伊斯兰教及"异教"（指蒙古人）之间通过论战和使团而开始的对话也在14世纪上半叶突然中断了。因为危机而造成基督教世界内部崩溃以及土耳其人在东地中海世界施加的不可抗拒的压力等因素，人们试图在一个新的萎缩了的西方复兴十字军运动的理想。确实，他们倾向于这样一种毫无实际效果且拙劣的方案，其中包括实行大屠杀和强制改变信仰等卑劣手段在内的疯狂的反闪族主义。

很多人渴望接受一种更广泛的宗教和道德教育，渴望一种更私人化的虔敬形式以及改革教会机构，但他们远远没有成为脱离基督教化过程的先驱。我们看到，与此相反，中世纪的绝大多数人都在信仰内为其生活中的焦虑寻找答案，这些忧虑由于困难时代和古老的社会和政治体系的失败而加剧。相对于民间传统和基督教以前的观念的复兴而言，各种异端的性质似乎更多的是作为真正的宗教抗议的极端形式，反抗教士的布道和征税。

据说，正是在这一时期，人们在表达方式、社会和个人实践方面做出具有深远意义的调整；在世俗与神圣、对日常生活的关注和对来世生活的期待等方面做出新的解释。

符号的衰落

在许多领域，人们似乎都能更强烈地意识到世俗事务和宗教事务、俗世的事情和天堂幻境之间的本质区别。以学术传统为例，神学显然不同于哲学、物理学和法学。政治领域亦如此，在这里，国家主权和统治者的独立性相对于教皇来说在西方各地迅猛发展。商业和金融业的巨大发展，特别是大的意大利城镇取得的惊人进步，证明了教会正在放松它长期以来对这类活动的疑虑，即怀疑它们总是和某种形式的罪恶相连。此后，此类活动通过它们的会计效率和明显的社会功用进一步为自己正名，而且它们是独立于宗教而发展的。艺术和文学品味的进步无疑也由特殊的世俗灵感的出现所证明。此类例子不胜枚举。简而言之，这一迹象表明，人们日益敏

费德里戈三世，乌尔比诺公爵（1422 –
1482）。这副画像是皮埃罗·德拉·弗兰切
斯卡于 1465 年所画。作为一名雇佣兵首领，
最初他率领的是弗朗西斯科·斯福尔扎的民
兵，后来他为那不勒斯的费迪南德一世服务，
此后为教皇庇护二世服务反对马拉泰斯塔，
最后他打败科莱奥内率领的威尼斯人。他是
15 世纪意大利最有名的艺术赞助者之一。

感地意识到世界的现实性，意识到世界每个组成部分不
可分割的个性和有时候面临的重大阻力及其魅力。为了
按照《圣经》揭示出来的信息生活，不断接近上帝，人
们过着更虔诚的宗教生活并超越单纯的社会因循守旧的
局限，在这一趋势中人们显然发现了这种意识的另一面。

赫伊津哈称这一进程为一个"符号化思考的衰
落"。在这个意义上，实际上人们不再把这个物质世界
看作是一个装满各种符号的森林；灵魂根据爱和启示从
内心发出的呼召即将响起。那些渴望神秘行为的人希望
以某种方式参加进来，实现其迫切的愿望。中世纪盛期
的，特别是修道院精神的如此典型的柏拉图主义形式，
或如果有人喜欢可称之为现实主义形式，不再符合14、
15世纪的普遍心理，它更多关心的是完全根据经验的练
习、具体的个人感受和直接的知识。

据说，尽管他们越来越清楚地意识到自然和超自然
在现实生活中组成了两个截然不同的秩序——二者各有
其坚固性，但是当时的人们无法想象二者的根本分离。
相反，它们不断地相互影响、相互损害。这个社会没能世俗化，只是在充满各种迹象——一条
通向神秘主义的愚蠢的无足轻重的途径，总之就是价值观的混乱——的巴洛克式的无政府主义
的扩大过程中，一些古代符号正在消失和变得通俗化。这样一种状态把我们带回了危机思想，
它适用于思想史。这不仅是同时代人在面临突然的人口和经济灾难时，思想和行为方式做出的
单纯的响应，而且是内部压力，即自身世界景象破裂的结果的一种表述，在那以前它还具有相
对凝聚力。我将仅举两个例子来说明这一现象。

新　人

个人主义的发展作为和中世纪末期有关的现象而经常被提到。确实，个人的职责领域扩
大了，个人的成功被夸大。作为道德家关注的目标——由祈祷文和忏悔手册中诡辩术的产生而
加以证明，个人——作为独一无二的道德和肉体的统一体，获得更多的主动权——认为世俗生
活即是为救赎做准备。

个人解放带来的社会影响是显而易见的，至少在文献中的上层阶级中最能感受到。统治

者不再是单纯的标志性人物——他们的个性被职务和家世的魅力所掩盖，在我们及其同时代人的眼中，他们是活生生的人。他们的权力变得更个人化，不仅在死后，甚至在生前就有人为其在坟墓、油画和勋章上画像，这时的画像不再是理想人物而是真实的特征。英国国王、威斯敏斯特和坎特伯雷的王公肖像以及米兰和维罗纳的维斯孔蒂家族和斯卡利格里（Scaligeri）的骑士雕像使人印象深刻，说明这是彰显统治者荣耀的新的方式。

确实，无数的个人的成功是中世纪末期社会史的特征之一。古老的限制放松了，血亲和宗教必然性所确定的规则以及模糊的等级秩序被复杂多样的社会等级所取代。各种各样的人在玛利亚的圣像下寻求庇护，除非他们被遗弃到死亡舞的漩涡中。还有很多个人成功的范例，如出身低微的大学毕业生，他们依靠知识和文凭跻身行政名流，特别是教会名流行列；又或者热那亚商人或佛罗伦萨银行家，在香料贸易或货币市场，通过投机在好年景能赚将近20%的纯利润。可能更恰当的例子是乔叟进行过辛辣讽刺的三类人。人们特别注意到法律人员，因为这类人迅速从社会中分化出来，并且数量急剧增加。1425年或1450年以后整个西北欧都在雇佣公证人（尽管这不是一个显著特征，因为他们更多的职责是制定合同而不是承担法律责任）。和顾问、看门人、拉皮条者、警官及其他人不同，这些贪婪的、不可预测的司法人员热衷于繁杂的法律条文和诉讼程序。他们诡辩、延长法律诉讼程序，超负荷的法庭成为城镇日常生活的一个方面。原告和被告双方不得不诉诸让普通人难以理解的法庭。频繁的战事将雇佣兵推上前台，雇佣兵首领及其带领的冒险者们通过合同的雇佣关系和雇主连在一起。这些人中包括纳瓦拉人、布拉邦特人和热那亚人，他们以土地为生，迫不得已时和"公司"沦为强盗。但是雇佣兵首领有丰富的战利品、优厚的赎金和王室补助金，不久就上升为高级贵族。杜盖克兰的例子在法国妇孺皆知，欧洲各地那些没完没了的战争（意大利各城市之间的争斗、普鲁士的"十字军运动"和葡萄牙的第一次海上探险活动）给冒险者和贫穷的贵族提供机会迅速发财致富。他们全都是因为罚金、胡作

新人：这些贪婪的不可预测的人们延长了法律诉讼过程，增加狡辩。这副画是马里纳斯·范·罗莫尔斯瓦尔勒（1493—1567）对一间法律办公室的描绘。

非为和破产离开熟悉的环境而无家可归者；他们是被奥贝尔希考特（Auberchicourt）、杜盖克兰、切尔沃莱斯（Cervolles）或维朗德兰多等大胆团伙的领袖抛弃的小土地所有者；他们是尚多、塔尔博特（Talbot）或坎波·巴索等某个伟大人物的朋友；或者是和科莱奥内、霍克伍德、诺尔斯（Knolles）一样的职业街头斗士；有些甚至像迪努瓦（Dunois）、马拉泰斯塔（Malatesta）一样是高级人士的私生子。只有弗朗西斯科·斯福尔扎一人获得了永久权力，证明了这个冒险家在15世纪中期成为米兰公爵时不再是一个亡命徒了。最后，文人作为受到统治者特别宠爱的一个新的知识分子阶层出现。不可否认，这些成功有时候是不稳定的。有规律的惊人的崩溃是锡耶纳、卢卡(Lucca)和佛罗伦萨金融史的重要特征。很多雇佣兵最终只有死路一条且声名狼藉。

然而，显然在拥有家族遗产的市民和野心勃勃的小贵族的个人动机中还有很多更次要的特征。反闪和仇外思想的发展不仅不可能给犹太人和外国人提供很多机会，某些道德规范的日益松弛、世系的瓦解和对战争的迫切要求反而使私生子——特别是那些出身高贵之家的私生子——及其母亲、情妇和王室妇女成为众人注目的中心。他们和合法子女的地位相差无几并被委以重任——自从1370年代以后无数的勃艮第、阿马尼亚克和奥尔良的私生子们成为主教团成员和法国高级官吏。人们甚至根据他们不合法的出生赋予他们一些神秘品质。然而，我们不应当夸大这种情况，没有任何迹象表明这时的私生子比从前多，我们也不应忽视由于私生子地位问题而在市民和神职人员中引起的谴责。但有意思的是通过一些大家族的行为，我们发现，正是由于"罪恶果实地位的真正提高"，人们至少认识和接受了教会传统准则和社会团体的独特价值观之间的一个明显不同。

新联盟

然而，在肯定个人主义的同时，人们在中世纪末期寻求建立新的联盟，这是同一现象的另一个侧面而已。个人解放通常更多的是强加的而非渴望的，它带给人们的不是提高和发展而是自我的迷失和孤独，这是古代社会和思想体系崩溃的结果。我们已经提过教会体系存在的缺点。农村中的相互依赖——农民的或领地的，是在世系的连贯性和继承的相对稳定性的基础上建立的——的崩溃无异于毁灭。经济危机、战争、黑死病、向城镇的迁移、恐怖的各种时疫、民事的和军事的各种新式义务、各种新的国家形式粉碎了很多人熟悉的环境。其中一些人退回到一种边缘化的生存状态，相反另一些人则求助于迄今仍受到压抑的自我表现力，因为新的联盟形式保证大家彼此相互帮助和受欢迎，因而在多重伪装下寻找他们甚至更难了。

在宗教生活领域，我们已经从修道会和各种新的团体的扩大中看到了这种趋势。但事实上，这一现象绝对具有普遍性。例如，稳固建立在一夫一妻基础上并代代相传的旧的家庭模

挤在高山和海洋之间的热那亚只能向上发展。这幅15世纪的绘画反映了当时拥挤的房屋是如何密密麻麻地分布在从城墙到港口的这一斜面上的。（局部图，热那亚，穆塞奥·纳瓦勒·迪·佩利）

式如果极力抵制经济倒退、瘟疫的致命打击和新人地位的上升（当时妇女的法律地位和形象似乎表现出某种下降）的话，它就有可能被其他模式代替。从实际行为和这个时代的家谱中暴露出的问题同样不少，它们在意大利商人的账簿中有很好的体现。总之，相当明显的就是以新的有效的联盟代替旧的混乱的各种传统：在一位长者的主持下，将兄弟和表兄弟最大限量的重新组织起来，通过伪造的法律委托合同和利益，最终将这个世家的私生子或完全默默无闻的各分支联合在它身边，例如那些大的公会，14、15世纪它们控制着热那亚城镇的所有地区。从阿奎廷（Aquitine）到托斯卡纳的乡村，恢复农业生产（在危机有所缓和的时候）是大的团体而非单个人的工作——相对于寡妇和鳏夫（他们人数的增加是黑死病和贫穷造成的结果）的破败的家庭而言，由10或20人组成的秘密团体兄弟会的力量要大得多。

作为个人主义成功的一个典范而不时被提到的商界也没有避免这一趋势的出现。这里很多人的成就都很平庸，并将在第一次重要倒退出现之时消失。经营大商业的公司都是以家族为核心的组织模式。我们也应该记得，在14、15世纪各地城镇的行会数量日益增多。它们组织严密，至少在理论上确保成员免于外部竞争，并为行会师傅、仆人和学徒规定相对的责任。人们最熟悉不过的是贵族联盟扩散的新形式。骑士团、英法国王的宠臣、红衣主教和大领主的侍从和扈从、意大利城市或者为王公服务的派别和政党正是联盟的不同形式。一些联盟的目的是将以往的骑士经历提高到神话般的地位，另一些联盟牢固地建立在书面契约和某种报酬的基础上，是政治和军事关系中不容争辩的因素。像我们在前文提到过的职业的或兄弟会组织一样，大部分联盟都扮演一种不可思议的角色，目的是使人们更加接受日益无情的社会—职业等级制度，或者是君主对贵族的驯服。就像丰富的仪式——仪式、旗帜、服装和颜色——所证明的，所有联盟都有益于保障成员之间最低限度的相互帮助、有益于作为旧的人际纽带的令人满意的替代物、有益于建立对社会进行有效控制的工具。在中世纪末期，和依赖仍很不完善的官僚机构一样，国家也依靠誓言和契约——这是通过古老的封建体系传下来的——的结合以确保组成国家的各种不同集团之间的凝聚力。

事实上，难道这些国家的出现不能作为对联盟和集体身份的这种寻求趋势的最终标志加以解释吗？像祖先神话（例如法兰克人的特洛伊起源神话）带来的成功一样，也许民族感情和王朝崇拜的初期也流露出这种渴望，即重建间断了的血统和被忘却的祖先的连贯性。

艺术勃兴

我们即将在艺术领域发现个人成就的最显著迹象。直到13世纪，西方只有一种赞美上帝的宗教艺术。这既是赞助人——受过高等教育的高级教士和谨遵传统的肖像画绘制的组织者——的意见，同时也是出自艺术家的本意，他们通常都是匿名创作，其作品被视为一种禁欲的和神圣的行为。然而在中世纪末期，世俗赞助和各种灵感迅速增加。最初，这些越来越多的新客户通常只起到传播上一个时代的宗教艺术主题和形式并使之通俗化的作用，这往往导致标准化和平庸无奇。它的最大成就就是在风格上强调通过大量黄金、珠宝和象牙来表现优美和华贵。源自13世纪伟大的法国艺术的"国际哥特式"在14世纪袭卷欧洲，从布拉格开始，通过巴黎和阿维尼翁，传到那不勒斯。大量的艺术品、壁画、雕像、悬挂物、金属制品中，它们优美的造型、精制的着色和技术上的完美不能掩盖他们灵感的重复。建筑物在设计和原则上无疑和哥特式盛期的作品有紧密联系，但鲁昂、亚眠和曼斯（Mans）的小礼拜堂、布列塔尼教堂和英国学院漂亮的小礼拜堂无法和13世纪的巨大成就相媲美。就是在过度夸张的装饰中——它有时将技术创造力发挥到极致，那种艺术形式依然发展到顶峰。由于兴趣不寻常地转移，个人的避难所（当然指统治者）似乎吞没了艺术家的所有想象力。无论毁灭的还是修复的——尽管在贝里公爵和其他艺术赞助者的《祈祷书》（*Books of Hours*）中完整无损——皮埃尔丰（Pierrefonds）、默安（Mehun）、新卢浮宫以及普瓦捷王宫、布鲁日的市政中央大厅、巴黎的克吕尼旅馆及其他很多建筑都是在1400年至1450年这非凡的半个世纪内建成的。

如果将这种"华丽的"艺术仅仅视作哥特式门廊四周石头上的花饰窗格，人们将对其产生误解。意大利再一次我行我素，但这不是没有理由的，它使佛罗伦萨直到我们这一时代仍是人们好奇和羡慕的目标，它模仿罗马技术并和罗马式装饰相结合而形成特殊的唯美主义，在1350年至1355年以后流行开来。尽管米兰大教堂被建成哥特式的，但佛罗伦萨大教堂的各建筑却显示出一种不同的趋势。当布鲁内莱斯基（Brunelleschi）于1421年完成圣玛利亚·德尔·菲奥雷（Santa Maria del Fiore）和1432年完成圣洛伦佐的东方式或早期基督教的长方

宗教建筑内部的华丽风格。位于图卢兹的雅各宾家族的教堂（14世纪），它的穹顶以几乎令人不安的气魄向外扩展。

形教堂的设计时，他已经为文艺复兴取得辉煌进步开辟了道路。正是人文主义者开始蔑视西方的原始艺术，蔑视韦兹莱（Vézelay）和里姆斯（Rheims）艺术，即法式艺术，将之贬为"哥特的"或"野蛮的"。在人们想起卢瓦尔河流域以及佛罗伦萨时，在那里，皮蒂的邸宅于1440年完成了，它优美的地板模仿古代风格，以在乏味的"封建的"风格盛行的时代以粗面石建成的强有力的外观而自豪。

这种发展趋势对装饰艺术产生了广泛的影响。雕刻艺术免于纪念碑式的格式，个人风格日益明显，甚至尽力达到逼真效果。在勃艮第的瓦卢瓦公爵位于第戎的宫廷里，让·德·马维尔（Jean de Marville，死于1389年）和后来的克劳斯·斯吕特（Claus Sluter，死于1404年）将佛兰德斯的极端庄重和勃艮第的自然细节相结合（像普瓦捷、阿维尼翁或亚眠的其他艺术家所做的一样）：精炼的褶皱、笑容和庄重，以笨重的长袍和加工过的珠宝大力装饰公爵和先知们。佛罗伦萨的艺术家们有不同的目标。在《洗礼池》（*the Baptistery*）及随后为奥尔·桑米凯莱（Or San Michele）和巴尔杰洛（the Bargello）创作的艺术作品中，多纳泰洛（Donatello，死于1466年）和吉贝尔蒂（Ghiberti，死于1455年）旨在裸体和幽雅，雕刻品的姿态生动逼真，为了使石像复活，他们抛掉了所有的象征意义。也许这里有两种视野、两种思考方式，但无论是为公爵还是为意大利君主而作，艺术不再是匿名的，甚至不再是免费的，而代之以一笔酬金、一项委托和一名赞助人。

事实上，艺术和其保护人或赞助人的关系变得日益密切，他们乐于在家庭、图书馆或小礼拜堂的装饰品上看到自己的名字和面孔。他很高兴在《耶稣诞生》和《耶稣受难》等画中以几乎令人为难的亲密程度和神并列。或许通过穿着象征勇士和古代英雄的服饰，他甚至有可能成为作品的中心人物，如卡尔斯泰因（Karlstein）创作的壁画中的皇帝查理四世或尚波摩尔（Champmol）大门上的勃艮第公爵。肖像的时代已经到来，通过盛大的葬礼——大概是这个时代的伟大艺术——对自我的颂扬最终完成了。贵族和王公葬礼上的每件事情都是提前设计好的，用

佛罗伦萨大教堂的圆顶是由布鲁内莱斯基于1417年至1446年间建造的，它是中世纪流行的拉丁建筑的完美体现。

来赞美死者的个性和确保他作为个体的存在。他可能已经确定了仪式的诸多细节，其目的是回忆其成功和财富。镌刻在用于葬礼的战车上的肖像、徽章，刻在坟墓上，有时候是纪念碑上——可能建在一个私人的小礼拜堂内，甚至在意大利的某些城市里就建在露天——的雕像，使他仍旧活在世上，安详地睡在他们华丽的床上甚至是睁眼躺在上面休息，同时赋予他们所有权力和职务象征。然而，艺术不仅仅是对社会这种新的需求的响应。人们对尘世的各种现实的理解彻底改变了。

唯名论者认为，造物主和受造物关系遭到破坏的过程就已经揭示了这个物质世界的次要性和特殊性，但在破坏中为自由，至少是源自决定论的自由恢复了一线空间。从作为精神实体的物质符号——神秘地参与神意安排的这个世界——到作为一个物质实体生存——只能以此被人们认知，决定论为所有个体预先指定了各自特有的品质。中世纪末期如此多的艺术作品——它们辛勤描绘这个物质世界：花、乡村的植物和动物、家庭使用的家具和器皿以及绘画对象有时候不太吸引人的外貌——的现实主义与其说来源于一种新的"资产阶级"观念，不如说来源于奥卡姆哲学的客观观察。

可能有人提议说，14世纪的历史（和我们在前面研究的艺术和文化的世俗化密切相关）不是发现自然（它已经在12世纪的诗歌和13世纪的大教堂中出现过），而是以一种新的角度欣赏自然（它较少符号意义，更多关心的是眼前的快乐和这个物质世界的多样性以及它的多种风格和各种形式的无限更新）。尽管这个时期产生了很多有相当水准的、高雅的作品——这时人们的注意力逡巡于大量乏味的细节中，但事实上使他们的艺术免于某种庸俗化的是：最好的画家和作家们认识到只有神圣的神秘感和敬畏感才能产生真正的艺术。哥特式艺术在将人体理想化、颜色和线条搭配的艺术鉴赏力、对光亮度和光线的感觉等方面具有悠久的传统，并留下了丰富的遗产足以保证灵感在宗教上的连贯性，就像《安热堡启示录》（Apocalypse of Angers）中由尼古拉·巴塔耶在1380年设计的挂毯和兰堡兄弟（1415）绘制的《贝里公爵的美好时光》（Très Riches Heures du Duc de Berry）中完美证明的一样。这些作品揭示了一个与日常生活截然不同的世界，一个优美的、幻想的世界，在这个世界中无数细节都暗示了宗教情感和事务的神秘性。意大利艺术即享有这种声雕塑家克劳斯·斯吕特出生于佛兰德斯。他为勃艮地公爵服务，他赋予哥特式新的生命力。1393 年，他在第戎完成了夏尔特尔修道院的尚诺尔教堂的装饰工作，就像圣丹尼斯教堂是法国国王的墓地，大胆菲利普有意将它作为王室墓地。在摩西之井（the well of Moses）上的这两幅雕像代表先知杰里迈亚和扎卡里（手稿，1395–1405），它们被用来装饰修道院的这座水井。

望，尽管在 14 世纪下半叶伴随着一个新的教育水平较低的支持者的出现，它经历了一次轻微的衰退。托钵教团恢复了肖像学课程，焦托（Giotto，1266—1337）的课程以其对写作和这一载体可塑性的非凡的爱好而没有被人们忘记，并在马萨乔（Masaccio，1401—1429）在佛罗伦萨的布兰卡奇（Brancacci）小礼拜堂中创作的壁画中得到重现，他将强有力的、庄严的和悲剧的形象体现得淋漓尽致。范·艾克（Von Eyck）大约在 1430 年至 1434 年的画作，例如《羔羊崇拜》（*Adoration of the Lamb*）或《阿尔诺菲的婚礼》（*Arnolfini Marriage*）——一场具有复杂的象征意义的基督徒婚礼，有一种北欧非常典型的虔诚的祈祷形式，这使其神秘主义思想在一定程度上得到体现。

　　然而，当时人们由思考或交谈带来的简单的愉悦显然主导着人们那时的艺术爱好，即呼唤艺术向他们展示这个物质世界的无限财富。在那里，13世纪的各种建筑已经使人们在伊利或格洛斯特（Gloucester）地区大教堂的拱顶里面，在阿拉伯式的石质肋材构架和大量的石质叶饰下面，看到了大教堂强大的建筑结构。在那里，圣路易时代的巴黎雕刻家们就已依靠简单的几何图案排列简单的、威严的人物形象，下个时期这些图案被加入到盛大的环境里——托斯卡纳或佛兰德斯的城镇和田野、绅士紧闭着的种着植物的花园、猎手和骑士出没的神秘的森林，甚至淹没于这些环境中。

旧文学形式的新精神

　　在文学方面，艺术表现的新形式达到了一种惊人的程度。这种形式在14、15世纪是不可能"辉煌的"，因为其卓越才华和精湛技巧没有流传下来，但是对描述的共同领悟力和个人主义思想鼓舞了文学的发展。这里没有任何古典的东西，虽然重复的是旧的文学体裁，但注入了一种新的精神。诗人和传奇作家发现他们的作品不容易摆脱宗教；但丁的魂魄阻止了他们前进的步伐，他痛苦的呐喊声仍能听到。他之所以被逐出佛罗伦萨是因为他认为自己是一个意大利人而非一个党徒；因为他渴望实现基督徒的联合，并将唯一的希望寄托于一个不合格的德国人身上，当支持旧帝国秩序的所有价值观在其身边崩溃之时，他还在坚守这一信念。但丁·阿利吉耶里的身上融合了13世纪的普世思想和14世纪劫难后的各种变动。其《神曲》——正如后来人们所说的那样，是他去世后的旅途中的百首歌曲——是在1304年至1320年创作的。这部著作以学术体系为基础，组织结构和谐、严密，书中多使用象征意义，道德秩序获得胜利，但也是人类反抗自然、反抗命运的完全个人的想象的胜利。这个"遗嘱"出现之后似乎有一段时期的沉寂。那些拿起笔杆创作的人在1350年或1360年以后既不知道但丁也不知道圣托马斯。他们似乎已经从形而上学的负担中解放出来，同时赋予旧文学体裁以一种新的形式。在困难的时代，人们被迫寻找更有说服力的语言，被迫提供大量的壮观景象并被迫参与其中。查理五世、让·德·贝里（Jean de Berry）、好人菲利普（Philip le Bon）和勒内·安茹（René d'Anjou）对文学的赞助在某种程度上说是戏剧性的、感人的，但最终分析后却发现是相当虚伪的，特别是在王公们亲身卷入的时候。法国的十三行诗、歌谣和舞曲，意大利的十四行诗或新颖的新体诗（Stil nuovo），尽管可能涉及勇敢和艳情，但仅仅是宫廷娱乐和进行自我宣传的顺从的工具。纪尧姆·德·马肖（Guillaume de Machaut, 1375）、奥尔良的查理（Charles d'Orléans, 1425）和弗朗索瓦·维龙（François Villon, 1450），其中一个是宫廷谄媚者，一个是亲王，一个是有过失的学者，他们仅仅提到其爱好和痛苦。可能意大利人更时髦，英国人更拘谨，但都同样以自我为中心。彼特拉克就像树叶一样在佛罗伦萨和沃克吕兹喷泉（Fountain of Vaucluse）中间创作十四行诗，并被王公的阿谀之词和优厚的俸禄追逐着；薄伽丘以父亲给的津贴作保障，自由地将猥亵的冒险经历和政治隽语结合起来——他看到佛罗伦萨正在来自菲索莱（Fiesole）的黑死病中死亡；乔叟的120个坎特伯雷故事集（1385年创作）是非常个人化的作品，也是这个疱疹社会的画像。

你可能会说这些都是人为的体裁。但是戏剧节目根据人们的要求已经开始演出。宗教神秘剧，如阿努尔·格雷邦（Arnoul Gréban）的《耶稣受难神秘剧》（Mystère de la Passion），尽管看上去似乎墨守陈规，但他的8万行诗——足以使一群人连续阅读三天——实际上充满了世俗的场景、人的特征和真正的自我反省。历史甚至都很少避免这种偏见，戏剧最初只关心眼前的事情，但不久就作为统治阶层的一面镜子出现，在各种事件呈现于作家眼前的同时，戏剧也在同时上演。这倒不是因为历史写作的标准下降，15世纪之前的佛罗伦萨的维拉尼和法国的弗鲁瓦萨都是当时最好的社会观察家之一。但是他们的记述适合描述普通人，作为统治他们及其为主人服务的一种手段。

就像成功的野史和学术著作，如加斯顿·菲伯斯（Gaston Phoebus）写的著名的《论狩

《猎》（*Treatise on hunting*）证明的一样，文学和艺术一样，同样喜欢观察世界。同样在这里，对自然的再发现的目的不是补充陈腐的教导法，而是提供一个公共的教导法——就其怀旧狂想曲的素材和梦想的背景而言，它实际上是贵族的（根据血缘，或者无论如何，根据爱好，因为通常上贵族的时尚为资产阶级圈子设定基调）。

因此，15世纪末出现的世俗文化证明人们对这个世界、生活以及最终的死亡有了新的看法。它们承认外部现实，渴望生命力和财富。某些编年史家说到，有时候令他们吃惊的是，大的流行病没有导致普遍的萧条，反而激发了生命力、社会活力和及时行乐的需求。在薄伽丘《十日谈》的开篇，潘比妮亚（Pampinea）向和她一起离开遭受瘟疫蹂躏的佛罗伦萨的同伴们展示了一副美好的乡村景象：

> 我们应该住到乡下去，在那里我们每个人都有几座庄园；在那里，我们要避免城里人的邪恶行为，可以随意的饮宴欢乐，但不要超出合理的范围；在那里我们可以听小鸟唱歌；眺望青山绿野、麦浪滚滚的粮田以及各种各样的树木；我们还可以看到一个更为辽阔的苍穹。尽管上天对我们这样严酷，可还是在我们眼前展露了它那永恒的美丽，这比我们那一座空城好看得多了。

——翻译：G.H.麦克米兰（G.H.McWilliam），企鹅古典丛书，1972

欢乐与死亡

新型财富和奢侈通常是暴发户的特征，这也影响着这些观念。他们浮华且好卖弄。人们穿着色彩鲜艳的华丽衣服，佩戴珠宝，家里到处是昂贵的家具。在私人场所，每件东西都变为收藏品，被收藏和欣赏：图书馆及其书中的知识、青铜雕塑、绘画作品、挂毯、艺术作品，甚至是在宗教和仪式上有重要意义的物品（便携式圣物箱、象牙雕刻品、祈祷书）。

城市精品：锡耶纳的公共宫殿建于1297年至1310年间，它的宏伟的塔楼有102米高，建于1340年左右。它是托斯卡纳地区哥特式建筑中最完美的城市建筑。

音乐会，1500年左右的一个挂毯。（巴黎，克吕尼博物馆）

象棋比赛：一个镜子的背面，14世纪初。（巴黎，卢浮宫）

　　显然，在宫廷生活的背景下，奢侈和炫耀以最快的速度发展。那里举办的几乎固定不变的宴会滋生过度放荡，其中传统的过分炫耀的行为和拥有新事物的喜悦相结合；在节日和夜里的或乡村的舞会上，人们竞相攀比优雅和奢侈；狩猎和宴会、扮演王子出场的演员和各种节目、马上比武和武士的仪仗队、骑士修道团的各种仪式——还没有提到加冕礼和王室葬礼的空前盛况，这些全是炫耀黄金、皮裘、武器、旗帜、酒和香料的场合。通常根据过度填满寓言和历史回忆录的剧情说明书加以安排的这些庆祝活动，显然致力于进一步赞美统治者及其王朝的意识形态。它们还有更深一层的含义，即说明他们享有无限的权力和财富。巴黎的宫廷生活开此先河，当时查理六世还是个年轻人。这种风尚从佩戴王室百合花徽章的法国亲王肇始，随后传遍各地，特别是直到大胆查理（Charles le Temeraire, 1467—1477）为止的勃艮第公爵们，尽管其爱好相当传统，但一直以奢侈的宫廷生活和非常活跃的赞助活动让当时的人们大为惊讶。

　　统治者的光荣和其话语权也通过建筑表现出来。中世纪末期大教堂建得不多，尽管真正的城堡以其宫廷、议会大厅和私人小礼拜堂（例如我们今天在曼图亚、锡耶纳和阿维尼翁仍可见到的那些）而引人注目，但这个时候是建造王宫和公共建筑的时代。这最后一个例子特别有说服力，因为它也代表一种侵袭——即所谓的在贵族生活方式影响下的教会的世俗化，和教皇想统治一切的欲望及其对世俗权力的贪恋。和本尼迪克特十二世的简朴的西多会宫殿并排而建的是克莱门特六世王公般的豪华官邸；雄鹿会议厅（Chambre du Cerf）里面悬挂的狩猎情景和圣马丁小礼拜堂（Chapelle Saint-Martial）里面的宗教壁画同样重要；同样的，古典作家和教会教父们坐在图书馆的同一张桌子上，时而是世俗招待，时而是宗教仪式。尽管1322年约翰二十二世第一次发布正式谴责，但这个小礼拜堂可能再次响起新艺术的乐曲，这是一种新的音乐，其作曲者试图避免传统复调音乐的局限，因而打乱这种节奏，将两种差异最大的音乐—世俗的和宗教的—在一种不可避免的混乱状态中相互糅合。

这种趋势在资产阶级和普通大众的圈子中表现得不是很明显。在意大利城市里，显贵之家的房屋装饰有庄严的塔楼，足以和教堂的塔楼和公众的钟楼相媲美。像锡耶纳举办的著名的帕里奥（Palio）赛马比赛一样，宴会是市民排他主义得以自我表现的特许场合。几乎在各个地方，都能看到日渐成功的运动会和世界性比赛，它们日益精确的准则决定了它们的象征意义和社会功能。

因此，中世纪末期的文明社会的特征就是人们日益渴望将人类出现的或短或长的标志强加于自然，渴望具体描述空间的，甚至是时间的自然。以前的人们认为时间只能由上帝控制，但是现在挂在公共建筑外墙上的机械表使时间按照人类劳动的节奏前进。

然而，可能有人荒谬地声称在这些绝对的人文主义观念中找到了 14、15 世纪的最后遗言。坎波·桑托（Campo Santo）于 1350 年在巴黎创作的大幅壁画展示了宫廷生活中的快乐场景（花园音乐会和森林骑马）及其死亡胜利的恐怖景象——一个巨大的、长着翅膀的死神和躺在敞开的棺木中的三具腐尸。在《圣乔治和公主的传奇故事》（*Legend of Saint George and the Princess*）—1435 年在维罗纳的圣阿纳斯塔西娅（小礼拜堂）（Saint Anastasia of Berona）的壁画——中，皮萨内洛（Pisanello）将穿着华丽、优雅和高贵的贵族形象放置在最显著的位置，但背景却是邪恶的、阴暗的和充满危险：黑黝黝的灌木丛、美好的或梦魇般的建筑、吊在绞刑架上的死人、邪恶的大海和狂风暴雨的天空。这些杰作只是提醒我们，死亡的意识和对无名力量与地狱的恐惧依然控制着人们的精神层面。

这种困扰最初只是作为对个人获救的一种关注而出现的，就像我们已经看到的那样，它正日益被传统的教会和社会体

13 世纪末意大利出现的象牙号角。（巴黎，克吕尼博物馆）

系粗暴对待，它迫使每个人去思考更加直接地出现在上帝审判前的个人责任感和紧迫感。现在神学家们已经不像过去那样对这一前景感到困扰了，1332 年约翰二十二世也加以附和，他坚决认为个人审判和最后的审判的分开是通过灵魂的长期休息而非上帝存在的直接性。这一发展是通过忽视最后的审判日的图像主题，以迎合死者的图像主题——就像在名为《罗汉的幸福》(Heurs de Rohan) 的著名的小画像上的一样，死者赤身裸体独自一人出现在上帝面前——来说明的。

　　对获救的苦恼、社会危机和恐怖的死亡率是产生这些困扰的主要因素。但个体的更加敏锐的意识和对尘世的各种东西，对财富、权力和美（想想维龙的《圣约》）的日益增加的贪恋也促成了自我死亡和几乎不堪忍受的身体毁灭的观念的形成。死亡的象征 (Memento mori) 的险恶挑战可由死神之舞发出的刺耳的嘲笑声来说明，或者，至少为了增加力度，由尘世不朽的一个庄严声明、着迷于对英雄的崇拜来说明。然而，对大多数人来说，例如在社会上取得更加炫目成功的商人和骑士来说，显而易见他们最后的求助对象依然是濒死 (articulo mortis) 过程中的"转化"——在圣徒遗迹旁边建立一个坟墓、僧侣和修士的祈祷。简而言之，他们求助于教会，求助于它的各项圣礼、葬礼仪式和演讲，这些确保他们获得最终的安息。我们知道，教会是如何以最动听的理由努力使以死亡为主题的肖像画——"三个死人和三个活人的故事"或者"死亡的胜利"——带有残忍的细节，以此将对腐烂的根深蒂固的恐惧与蔑视现世、虔诚施舍和特赦的安慰进行强烈对照。此类演讲无疑是有效的，但是它们不得不和精神层面发生的重大改变，并与之暗示的基督教观念的重点转移相互妥协。造成死亡的宗教的和人为的因素看似并列，实则相互交织。想想这些坟墓——它们表明死人同时以一个恐怖的蛀蚀尸体的雕像（一种解体的图像）和他不朽的身体的形式表现。但这是哪种不朽呢？在中世纪末期的危机期间，西方人被分裂为两派，即焦虑不安的与及时行乐的、模仿耶稣基督的与沉迷于现世的。

对美、财富和权力的崇拜使人们难以接受个人肉体死亡的思想。这幅雕像展现了这一思想巨变的深度：许多癞蛤蟆正在一点一点地吞噬着弗朗索瓦·德拉·萨拉兹的脸，同时一些小虫子在他的四肢上蠕动。（萨拉兹礼拜堂中的坟墓的局部，沃州，瑞士，1400）

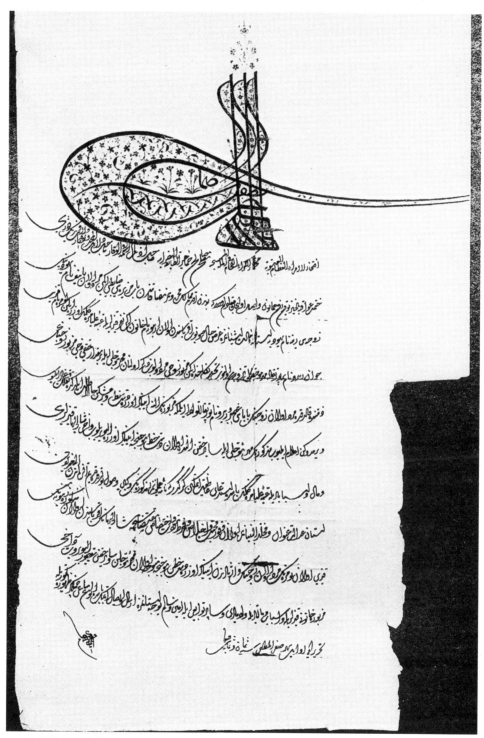

　　奥斯曼苏丹（穆拉德三世，伊斯兰教纪元988年？）的花体书法组字花押。此后，世界上的其余地方将不得不认真对付在拜占庭帝国废墟上建立起来的新的帝国主义。

第二编

在东方和南方的新较量：
1250年至1520年

第四章　拜占庭帝国暂缓灭亡？

　　根据决定帝国最终命运的各种事件，拜占庭帝国存在的最后两个世纪可严格划分为两个时期。第一个时期从1261年（拜占庭人夺回君士坦丁堡的时间）到1354年（奥斯曼土耳其永久定居在帝国的欧洲领土的时间）；此后至1453年为第二个时期。帕列奥列格王朝的统治仅仅被坎塔库震努斯（Cantacuzenus）的插曲打断过。这次叛乱发生的时候，适逢约翰六世于1341年在色雷斯（Thrace）的季季莫蒂洪（Didymotichum）称帝，并于1347年在君士坦丁堡顺利登基。他在位到1355年1月。其子马修（Matthew）于1353年成为共治皇帝，1354年加冕，在位至1357年。在第一个时期，帕列奥列格王朝的米哈伊尔八世（Michael Ⅷ，1259—1282）以其强有力的统治恢复了对拉丁占领遗留下的混乱状况的控制，但他的后继者却无法与之相提并论，他们丢掉了小亚细亚，忙于内战并受制于塞尔维亚在巴尔干地区的霸权。从1354年开始，拜占庭帝国的历史慢慢走向死亡，但接连出现意料之外的延缓，它只能等待奥斯曼帝国的到来了。如果和西方世界正恢复信心的全景相比较的话，这副画面令人印象最为深刻，尽管那里14世纪发生危机，但显然取得了辉煌的进步，这一进步通过意大利各城市的扩张得以很好的说明。确实，威尼斯和热那亚的海上霸权及其对拜占庭帝国经济机制的抑制是其衰退的根源所在。

劫后余生

　　随着君士坦丁堡的收复，帝国继续保持其国际规模和在地中海世界政治格局中的决定性地位。尼西亚帝国——拉丁人征服君士坦丁堡后在小亚细亚建立的一个飘摇的国家——从未停止朝这一目标努力并最终获得成功。虽然如此，这个重建的帝国缺乏领土凝聚力：它在小亚细亚继续占有卑西尼亚（Bithynia）及其毗邻岛屿和罗得岛的同时，欧洲领土有（除了君士坦丁堡及其地区外）色雷斯、阿德里安堡（Adrianople）、马其顿、萨洛尼卡以及米斯特拉（Mistra）、莫奈姆瓦夏（Monemvasia）、曼纳（Maina）和格拉基（Geraki）等要塞城市，它们后来成为夺回伯罗奔尼撒半岛的核心力量。1262年至1263年以后，帝国从保加利亚人手里夺取黑海西岸的重要港口安基亚洛斯（Anchialos）和梅森布里亚（Mesembria）。希腊的其余本土和岛屿仍受拉丁人控制，其中也有例外情况，如独立的伊庇鲁斯和色萨利公国（the Despotates of Epirus and Thessaly，色萨利公国在1268年脱离伊庇鲁斯独立）。巴尔干半岛的北部地区被分成塞尔维亚和保加利亚两个斯拉夫王国。意大利的海上城市夺走拜占庭帝国的海上霸权，它们的殖民地和货栈分散在整个地中海东岸地区。拜占庭帝国的状况继续恶化，不久就卷入了威尼斯和热那亚在其内河流域发动的一场严酷的战争，它无力回击，受制于它们之间不断出现的仇视。它对商业和海上路线——它将意大利和拉丁人在地中海的领地连接起来，通过博斯普鲁斯海峡将君士坦丁堡及其远方和黑海连接起来——的控制也是岌岌可危。

"恢复"与"联盟"

米哈伊尔八世在君士坦丁堡曾经不得不面对的当务之急是重建首都和重新吸纳人口。经过拉丁人的占领，那里的血都流干了，成为一片废墟，大量居民弃走他地。为了补充人口，他在城市里设置了一个特扎科尼安人（Tzakonians，伯罗奔尼撒半岛东侧的居民）聚居区。他们向帝国提供船只和水手，以建立一支新的舰队来对抗威尼斯人，使帝国不必总是求助于热那亚的联合舰队。首都的加斯米里人（Gasmuli）也向舰队提供船只和划手，他们是法兰克人和希腊人的混血儿。重要的是，米哈伊尔八世还另外采取措施储备大量物资，以备可能发生的包围。同时，他还决定在城市内增加种植区域，这提醒人们记住拜占庭帝国的乡村城市，包括首都在内，在这段时期是如何出现的。

夺回首都后，皇帝制定了两个主要目标：一是反抗西方敌人正在筹备的以"西西里和那不勒斯国王"安茹的查理为首——自从1265年以来，他就要求拥有这一头衔，1266年在贝内文托（Benevento）战役中击败霍亨斯陶芬的曼弗雷德（Manfred）时最终如愿以偿——的一个强大联盟；二是通过消灭伊庇鲁斯公国和拉丁人占领的希腊岛屿、通过确保保加利亚人和塞尔维亚人重新归顺来重建拉丁征服之前的帝国版图。第一个目标主要是外交事务，第二个目标则预示着完全是军事行动，但也不可忽视外交手段。在外交领域，米哈伊尔八世出类拔萃，充分展示了他异乎寻常的调停技巧。事实证明，安茹的查理是一个可怕的敌人。他身上融合了自己的庞大野心和诺曼诸王与先于他的神圣罗马帝国诸皇的扩张政策。这两个人进行了一次奇怪的较量，持续了大约20年，他们的对抗缔结了一些联盟也解散了一些联盟，并且能够随时打破欧洲各种力量的平衡。

在这一时期，拜占庭发生全面危机，并两度特别严重。这发生在1273年和1281年。当时为了共同的利益，西方各国和巴尔干结盟反对帝国。安茹的查理在1267年初夺取科孚岛（Corfu），无情地打击曼弗雷德在伊庇鲁斯的全部领地。同年，两个《维特尔博条约》（Treaty of Viterbo）的签订一方面确保他对维尔哈杜因（Villehardouin）的威廉二世的领土的统治权；另一方面，在教皇克莱门特四世的支持和威尼斯的大力帮助下，确保他和拉丁前皇帝鲍德温二世对拜占庭帝国将来的分割权。同时，查理千方百计在巴尔干地区建立一个塞尔维亚人、保加利亚人、匈牙利人和阿尔巴尼亚人联盟，1272年他成功地成为"阿尔巴尼亚国王"，并于1273年促使保加利这种长、轻、快的大型快速帆船的甲板很厚，桨很长，它显然是从三层桨战船发展而来，同时它又是威尼斯狭长船的前身。在11世纪末以前它是最有效的战船，拜占庭帝国一直使用的就是这种船。（希腊海军博物馆模型，雅典）

亚沙皇和塞尔维亚国王承认这一头衔。

对米哈伊尔八世来说，想要打破西方联盟就必须和时间展开竞赛。他对每个敌人使用的武器都恰到好处：在第一阶段和教皇乌尔班四世、克莱门特四世以及格利高里十世，第二阶段和约翰二十一世、尼古拉三世和马丁四世的较量中，米哈伊尔八世的主要手段就是讨论东西教会联盟问题。在君士坦丁堡的拉丁王国陷落后，教会联盟和解放圣地已成为教皇整个东方政策的主要目标。随着饥饿和金帐汗国的鞑靼人的到来（1272），他开始推行海上联盟政策，使塞尔维亚和保加利亚分别保持中立。同时，他还不断派遣大使到法国国王路易九世的宫廷（1270），路易九世当时正准备发动一场十字军运动进攻突尼斯。不久以后开始和卡斯提尔国王阿方索十世及比萨人进行和谈。作为求助方，到目前为止，他执行的都是一种义务性政策，即同意和意大利海上城市签订条约，为此他将拜占庭经济进一步推入依赖外部的恶性循环中。根据《尼姆费乌姆条约》（the Treaty of Nymphaeum，1261）的规定，热那亚从威尼斯手中夺走了对东方贸易的主导权，米哈伊尔八世在试图取消它而失败后再一次确认该条约有效，并在加拉塔（Galata，在黄金角上的一个地区，土耳其征服以前一直是热那亚人的货栈）作出额外让步。同样地，米哈伊尔重新和威尼斯进行和谈，并于1265年签订一份和约，1268年加以确认同时规定五年有效期及一个取消条约的条款，这符合威尼斯共和国新的战略。这一错综复杂的政策使皇帝能够破坏西方联盟并挫败安茹的查理的计划，以此成功地使其保持中立。但是这些事情不可避免地导致1274年里昂公会议的召开，在这次会议上最终宣布《教会联盟条约》，它的制定对格利高里十世来说是一场宗教胜利，对米哈伊尔八世则是一场外交胜利。拜占庭皇帝的代表是显宦乔治·阿克罗波利特斯（George Acropolites），西方代表是杰出的法兰西斯派神学家博纳旺蒂尔（Bonaventure）。

从里昂公会议到安茹人的再次威胁期间，米哈伊尔八世开始在外交上（1275年和威尼斯重新签订条约），特别是军事上进行回击。除了针对色萨利（Thessaly）的亚王约翰·安格鲁斯（the Sebastocrator John Angelus，他最终带头反对皇帝）的行动受挫以外，米哈伊尔在埃及取得成功。在由意大利维罗纳的舰队司令利卡里奥（Licario，1275年在德米特里亚斯击溃法国舰队之后成为拜占庭舰队的指挥官）指挥拜占庭舰队夺取埃维亚岛（Euboea）和其他

安茹的查理面带罗马皇帝表情的画像。13世纪下半叶，他在地中海中部和东部具有举足轻重的地位。（罗马，帕拉佐·代·孔塞尔瓦托里博物馆）

几个岛屿之后，拜占庭在爱琴海强行建立霸权。

如此辛苦得来的脆弱的权力平衡再一次被灾难打破。这次罗马教廷给安茹的查理一路绿灯，新教皇马丁四世与其前任不同，他的政策完全屈服于查理的计划。1281年查理和鲍德温二世之子、名义上的拉丁皇帝菲利普在奥维多（Orvieto）再次结盟，威尼斯（迫于教皇压力和出于自身利益谴责米哈伊尔八世为异端分子）不愿意和拜占庭续签即将到期的条约。就像在第一阶段一样，色萨利的约翰、塞尔维亚和保加利亚再次聚在一起。帝国在最后一分钟得救了，这要感谢某种"巧合"的发生，这种巧合实际上很早以前业已露出端倪：在"西西里晚祷事件"（1282年3月，西西里人民不堪忍受安茹的查理的残暴统治，1282年夏复活节后的星期一在巴勒莫城郊教堂举行晚祷时，当地人民杀死侮辱他们的法国士兵，从而导致西西里全境爆发大规模起义。阿拉贡国王彼得三世以恢复被查理推翻的霍亨斯陶芬王朝在西西里的统治为借口，乘机进军该岛，从而引发长达13年的战争——中译者）期间西西里反对法国国王的叛乱和阿拉贡国王彼得的干涉。这些同时发生的事情在很大程度上应归于米哈伊尔八世的外交策略和他对它们的支持，特别是财政资助。

皇帝尽管在第一个目标上完全获得成功，但第二个目标却没能实现，因为分裂的希腊各国、伊庇鲁斯特别是色萨利——大权贵的土地——继续积极反对重新统一。里昂公会议后，亚王约翰自立为东正教的保护者，甚至召开宗教会议宣布皇帝为异端。至于巴尔干半岛上的斯拉夫人，最初设想他们是帝国恢复后的一部分，但现在证明他们完全不合作，而且塞尔维亚民族的兴起特别具有威胁性。拉丁人继续占领阿提卡（Attica）、维奥蒂亚（Boeotia）、伯罗奔尼撒半岛的大部分及其毗邻岛屿。经过短暂的喘息后，海上霸权被意大利的几个海上共和国夺走。

东方飘摇，西方震动

米哈伊尔八世的西方政策决定他的东方政策。他对前者倾注了大部分精力，打破原有的均衡向欧洲各省倾斜。结果，小亚细亚被逐渐忽视，带来致命后果。虽然如此，皇帝从很早就开始和东方政权接触：和塞尔柱王朝、克里米亚金帐汗国的蒙古人以及埃及的马穆路克签订条约，甚至超越宗教界限建立海上同盟。在此过程中，皇帝追求的是一个双重目标：即在煽动旭烈兀（Hulagu）的蒙古人和邻近的伊柯尼亦姆（Iconium）的苏丹不和的同时压制小亚细亚发生的针对帝国领土的攻击；同时仍旧在其西方政策的框架内，通过挑拨克里米亚的鞑靼人反对保加利亚，从而消除保加利亚的威胁。但这一政策并非总能成功。它不可能永远不考虑经济因素。正如 1281 年和埃及的马穆路克签订的条约证明的那样，经济因素对他们来说至关重要：条约允许他们借道博斯普鲁斯海峡和普罗旁蒂达（Propontida）进入黑海，于是为其进入俄罗斯中部打开了一条唯一可行的路线，这是他们为补充人口和维持现有水平而输入奴隶的主要来源。

尽管有这些积极的方面，但米哈伊尔八世的东方政策坏就坏在缺少一致性和连贯性。而这淡化了即将来自西方的威胁的严重性，妨碍了皇帝正确评估帝国东部边界蒙古人入侵造成的越来越严重的威胁，以及对与土耳其人的关系中所出现的新的不稳定作出正确的判断。直到晚年，米哈伊尔八世才意识到这次危机的广度，它打击了小亚细亚的人口和城镇，他曾试图阻止但为时已晚。

事实上，他的选择也受制于事关他不合法即位的宗教的、王朝的各种问题。确切地说，在东方各省，主要是卑西尼亚爆发了阿西尼派（Arsenite）叛乱，这是以大教长阿西尼厄斯（Arsenius）来命名的，他是合法继承人约翰四世·拉斯卡里斯（John IV Lascaris）的一名支持者。民众公开参与这次叛乱，反对中央政权和高级教会阶层。这次叛乱被疯狂镇压，阿科里特们（the akrites）——东部边境的保卫者——作为卑西尼亚的大土地所有者受到特别沉重的打击，帝国向他们征收沉重的赋税和军事税款，其土地处于半充公状态。结果，国家旧的防御体系被破坏，此后不久就不断遭到土耳其人的进攻。

里昂公会议和联盟宣言只是将所有针对米哈伊尔八世的潜在的敌视明朗化，并激怒了平民和教会的大部分人士，他们表现出强烈的保守主义并获得认可。狂热者，即牧师、神父、僧侣和其他地位显赫者中的极端派成员，通过传播贬损性小册子唤醒城市人群，同时阿西尼派和约瑟夫派（Josephites）——前东正教大教长约瑟夫的支持者们——结成同盟。很少有人，特别是很少有上层人物接受教会联合的原则，但在一些高官中也不乏例外者，如查尔托菲莱克斯·约翰·贝科斯（Chartophylax John Beccos，为此他被提升为大教长）、康斯坦丁·梅利泰尼奥图斯（Constantine Meliteniotus）和乔治·梅托基特斯（George Metochites）。然而，确实就像大教长自己所做的那样，大多数官员事先就反对这一联盟。然而确实和米哈伊尔八世的想法一样，他们认为对罗马屈服仅仅是一个政治（oikonomia）行为，一个小的让步而已，是解决政治和宗教事务的最后手段。因此，这是官方政府和教会策略的一个最佳工具。但这并未获得普遍的赞同：至少就拜占庭人而言，他们关心的是：违背东正教原则就意味着牺牲他们一直以来坚持的最神圣不可侵犯的所有东西。这意味着它将导致神怒并降临到他们头上。对他们来说，这是比安茹的查理的军队还要恐怖得多的一个危险。他们的皇帝已经背叛了真正的信仰，他已经被拉丁化了——即成为一个按拉丁方式思考的人。他们在 1204 年君士坦丁堡陷落时遭受的耻辱、十字军战士的破坏性行为，以及他们愤怒反抗基督教西方此起彼伏的征服计划而产生的对法兰克人的憎恨仍未停止。1282年12月，至少在西方人眼中，以代价高昂但影响深远的政策成功收复帝国，重振其声威，并使其免于再次陷落的这个人在色雷斯的一个村庄去世，从此长眠于地下。他没有正式否认联盟的信条，没有因东正教会为其举行葬礼弥撒而受到尊敬，他仍旧被拉丁教会开除教籍。

国家基础的崩溃

随着米哈伊尔八世去世，他成功的欧洲政策在拜占庭的悲惨境况面前土崩瓦解了。国家的军事和经济被言过其实的成就拖垮并下滑了很大一截。然而，在米哈伊尔八世统治期间，大的政治行动逐渐消失之际，拜占庭的文化生活——尽管他的继任者相对有些呆板和明显的精神错乱症状——相反倒被强烈的生存欲望点燃了，并空前的绚烂，甚至呈现出一次新的文艺复兴的特征。

安德罗尼库斯二世的长期统治（AndronicusⅡ，1282年至1328年在位）——以大灾难和重要领土丢失为主要特征——实际上从十年前就已经开始了，当时米哈伊尔八世颁布一项法令，宣布他为共治皇帝（1272）。该法令具有高度的宪法重要性，据此，半正式的皇帝头衔被赋予了特殊意义、实权和法律地位。共治皇帝被承认享有独裁者（Autocrator）这一头衔的同时，他更多地参与国家事务。这是（不顾当时严格的中央权力）下一个统治王朝的新的成文法的雏形，其成员在未来将参加管理地方政府。人们已经强调指出西方的封建体制影响了这种变化的出现，因为安德罗尼库斯二世的第二个妻子蒙特费拉特的伊雷娜（Irène de Montferrat）要求将理论上统一的帝国领土分给她的几个儿子，正如当时的历史学家格雷戈拉斯（Gregoras）所说：对于罗马帝国神圣不可分割的思想来说，这是一件"不予考虑的事情"。但是，假设中央权力和各省的联系日益松弛，那帝国根本就不可能维持统一。由于实现分权管理，各领地缺乏凝聚力，这种分权最初是由皇室家族成员或皇帝最近的亲属实现的，但最后也有利于地方的大土地所有者，结果他们几乎或完全自治。

拜占庭大贵族赢得了胜利，帕列奥列格家族登上皇位，并且将潘诺尼亚体制进一步扩展到甚至是已实行世袭潘诺尼亚制的地区。这损害了国家的财政和军事组织。在这一时期，我们也看到农民各阶层和小贵族的财富日益减少。他们的土地在此之前是征兵的主要来源，但现在被那些能够躲避军事义务——通常移交给潘诺尼亚——的大贵族残忍地兼并。最终帝国不可避免地使用大量外国雇佣兵，从而造成恶性循环。

安德罗尼库斯二世的外交政策和米哈伊尔八世的截然相反，他坚信小亚细亚和巴尔干地区是帝国必不可少的领土，强调帝国的巴尔干因素而不是它与西方的关系。一边是土耳其的推进，一边是塞尔维亚人的猛攻，这成为皇帝最为忧虑的事情。与此类似的是，自从拜占庭被迫在君士坦丁堡热那亚人居住区的加拉塔塔楼。根据米哈伊尔八世强迫热那亚人签署的《宁菲厄姆条约》的条款规定，这座建于5世纪阿纳斯塔修斯一世时的古老塔楼在1261年被毁。1349年被获准重建。

卷入威尼斯和热那亚之间的对抗以来，它就成为另一个令人担忧的因素。安德罗尼库斯处于两方夹击之中，无条件地选择了热那亚，为此1294年爆发的威尼斯—热那亚战争很快演变为威尼斯和拜占庭之间的一场战争。帝国在这场战争中遭受了大量人力、物力损失（1302），并被迫和这两个交战国重新签订和约。威尼斯扩大了对爱琴海上的其他岛屿的控制，而热那亚则在加拉塔殖民地周边建造一道坚固的城墙，巩固了它在君士坦丁堡的地位。不久后（1304）热那亚又占领了邻近小亚细亚沿岸的福西亚（Phocea）的殖民地希俄斯（Chios）岛屿。安德罗尼库斯二世的外交政策最终彻底失败。

安德罗尼库斯二世的东方政策进行得再好不过了，尽管显然他的目标只是想保全小亚细亚，特别是在1293年至1295年间，当时他曾派了一位非常优秀的军事将领亚历克西斯·菲兰特罗佩诺斯（Alexis Philantropenos）到那儿。在对土耳其人取得一系列辉煌的胜利后，在士兵和当地人们的催促下，他发动起义反对君士坦丁堡，如果确实需要，这就是这些地区流行的反王朝观念的又一佐证。自米哈伊尔八世镇压阿西尼派以来，帝国使土耳其人遭遇了一连串的失败。舰队一旦被驱散，同样的事情也发生在战舰上。总而言之，约翰·瓦塔特泽斯（John Vatatzes）的军事改革将防御体系彻底瓦解，安德罗尼库斯二世的所有努力在前进的土耳其人的长矛面前都付诸东流。部队需要的给养使帝国窘迫的财政难以承受，安德罗尼库斯二世被迫裁军，此外还解散了舰队。这造成两个后果：一是战场上帝国军队不足1000人，这是对拜占庭军队的一个嘲讽；二是他们将海上防御责任让给了他们的热那亚盟友。除了经济上的依赖外，拜占庭的军事也依赖外部，因而在面对热那亚和威尼斯的海上力量时，帝国就显得更加脆弱了。过去帝国能够征募大量士兵的沿海地区，在安德罗尼库斯为增加帝国收入而引入一系列财政措施以后，现在只能维持3000名常备军和一个20艘船的舰队。公共财政的大部分收入注定要用来偿还外国势力和打消帝国在军事上再也无力对抗的侵略计划——这个事实很重要，它告诉我们当前拜占庭帝国在国际舞台上处于一种怎样的地位。

消除阿西尼派分裂主义造成的恶劣影响以后，与教会的强大相比，安德罗尼库斯二世时期的帝国进入全面衰退期，这是皇帝实行极端的东正教政策的结果，他从即位起就加紧否认已经到期的里昂联盟。教会获得新的让步——其中最重要的就是此前只臣服于皇帝的圣山（Mount Athos）修道院现在直接听命于君士坦丁堡大教长——并在从小亚细亚经巴尔干到俄罗斯再到立陶宛的整个东正教世界扩大和巩固其宗教影响。此后，教会自身的权威更加增强了帝国妥协的名声。1300年以前拜占庭只有几个孤立的城镇被属于不同酋长国的土耳其各部落和卑西尼亚的土耳其人完全控制。尼科米底亚（Nicomedia）附近的巴非奥斯（Bapheos）战役（1302）表明小亚细亚的丢失最终是"等待采摘的成熟果实"。

依据建立"跨越边境的联盟"（格雷戈拉斯如此称呼它们）反对土耳其的政策，安德罗尼库斯二世在保卫和重建领土的最后努力中尝试使用雇佣兵，但一切都只能证明这是个无效的不彻底的折中策略。雇佣兵被土耳其人击败以后，他向臭名昭著的加泰罗尼亚军团（Catalan Company）及其雇佣兵首领求助，他自食其果，他们反过来反对拜占庭。除了对土耳其人取得一些短暂的胜利外，加泰罗尼亚盟军不仅袭击小亚细亚，甚至劫掠和破坏帝国的欧洲领土，特别是色雷斯，其目的无非是为自己寻找安身之地。加泰罗尼亚军团经过马其顿和中希腊，沿途大肆破坏，在弗西奥蒂斯（Phthiotis）的哈尔米洛斯（Halmyros）战役（1311）期间废除雅典和底比斯公国，建立加泰罗尼亚公国，这并非是皇帝的本意。这一暴行唯一的积极方面就是使西方放弃了征服君士坦丁堡的计划。这次征服计划是由瓦卢瓦的查理（他和加泰罗尼亚结成短暂同盟）酝酿的。和塔伦托的菲利普（Philip of Tarento）的计划一样，这都是安茹的查理的宏伟计划的无益的、滑稽的模仿。

加泰罗尼亚人和西方的又一次十字军运动的威胁退却之后，安德罗尼库斯二世承认自己无力阻止小亚细亚地区事态的发展，因而他更关心欧洲各省及他与西方的关系。希腊独立各邦的衰落和国家中央权力的衰落密切相关。安杰利家族（the Angeli）在伊庇鲁斯和色萨利灭亡之后，约阿尼纳（Janina）、伊庇鲁斯的其他一些城镇和色萨利北部向皇帝屈服，而南部地区并入雅典的加泰罗尼亚公国，同时威尼斯夺取普泰莱奥斯（Pteleos）港口。虽然如此，此时色萨利出现的最重要的发展是阿尔巴尼亚移民涌入，最初这纯粹是军事行动，但后来就变为永久定居，向当地的大领主提供永不枯竭的兵源。

内　战

1321年至1354年彻底绝望的帝国发生了两次内战，第二次损失最为惨重。虽然这只是政治领域内的王朝内乱，但潜伏着社会和宗教冲突，在最关键的时刻就变为一场真正的阶级斗争。第一次内战是从1321到1328年，中间经过几次停战；第二次从1341年开始，表面上看1347

年结束，但实际上1354年才结束。这两次内战使帝国的经济、社会和政治出现空前的崩溃，同时也为土耳其人和塞尔维亚人的征服和扩张提供了一个大好形势。

第一次内战被称作"两安德罗尼库斯之战"，因为这次战争是在安德罗尼库斯二世和他的孙子，即未来的安德罗尼库斯三世之间爆发的。这次内战没有什么大的战役发生，但处于长期的紧张状态和不断的军事冲突中，在损害乡村的情况下，打断了贸易的正常流通、破坏了农业，这在色雷斯地区最为突出。安德罗尼库斯三世一反祖父策略，其中最引人注目的地方是：他不仅将拜占庭社会的特权阶层聚集到他的事业中来（他进一步扩大他们的特权和潘诺尼亚土地，以此获得一些强有力者，特别是少壮派——他们当中最杰出的是约翰·坎塔库震努斯——的忠心），而且试图利用下层民众对安德罗尼库斯二世征收沉重赋税的不满，获得他们的支持。在色雷斯地区，安德罗尼库斯三世向城镇和乡村居民许诺——此后他未遵守这一诺言——他将免除他们的赋税，因此赢得人民的支持。这就是为什么1321年两个政敌签订他们的第一个条约时，整个色雷斯被划分给"享有皇帝称号"的年轻的安德罗尼库斯的缘故，于是领土第一次进行正式分割——在此之前安德罗尼库斯二世强烈抵制这一进程的出现。

在战争的最后阶段，最惊人的事情莫过于巴尔干斯拉夫人于1327年主要在马其顿进行的积极干涉，他们根据自身的敌对状态选择不同的盟友。塞尔维亚国王斯特凡·德钱斯基（Stefan Dečanski）继续加强和安德罗尼库斯二世原来缔结的联盟，站在他的一边；而保加利亚沙皇米哈伊尔·希什曼（Michael Šišman）加入安德罗尼库斯三世一方，和过去的皇帝及塞尔维亚作战。到1328年5月，马其顿城镇和色雷斯城镇也是如此。第一次内战以年轻的皇帝进入君士坦丁堡告终。他的先遣队由出身中产阶级的士兵组成，以此吸引首都居民的忠心。

安德罗尼库斯三世（1328年至1341年在位）很可能实现帝国的复兴。这位年轻皇帝的外交政策（显然由坎塔库震努斯促成的）在本质上并非和其祖父的外交政策相对立，尽管他将和西方的关系降到次要地位，调整目标对准巴尔干的斯拉夫人和小亚细亚的土耳其人。同时，安德罗尼库斯试图以希腊本土为基础赋予帝国领土某些相同的特征，在那里他通过将独立的伊庇鲁斯和色萨利等独立的希腊各邦并入中央权力而解决了难题。尽管人们认为这是拜占庭取得的最后的成就之一，但也并没有保持多久。这是因为塞尔维亚人的推进，他们在关键的费尔巴兹德（Velbǎžd）战役（1330）中消灭保加利亚的威胁以后，不久就将领土扩大到伊庇鲁斯和色萨利，而这些正是君士坦丁堡的皇帝们长期密切关注的地方。这时，安德罗尼库斯至少从盟友保加利亚沙皇的溃败中渔翁得利，占领拜占庭和保加利亚边境的几个要塞和黑海港口梅森布里亚、安基亚洛斯。

在其他地区，安德罗尼库斯三世显然也受到了坎塔库震努斯的影响。针对土耳其人、热那亚人的行为以及西方各国在阿维尼翁结成的一个新的联盟（1334），他在爱琴海南部地区和小亚细亚采取了一项关键措施。他和一些小的土耳其酋长国密切合作——这些酋长就像敌视拉丁

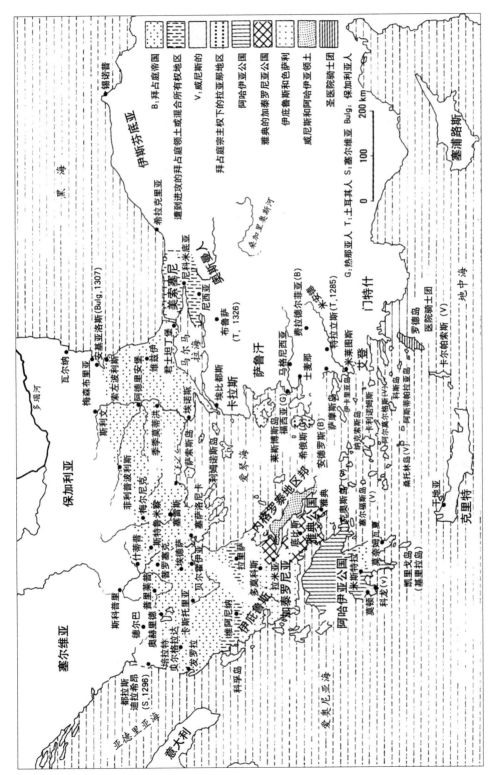

地图4：1328年的拜占庭帝国

人一样经常敌视土耳其人。这一政策使土耳其人，特别是奥斯曼人控制了拜占庭的国内生活，帝国据此建立新的舰队，安德罗尼库斯三世从热那亚人手中夺回希俄斯（1329）并将福西亚的热那亚人重新集结到他身边。他还利用基督教联盟（法国、威尼斯、罗得岛、塞浦路斯和教皇）成功击溃针对莱斯博斯岛（Lesbos）发动的进攻。这些基督教国家不打击以土耳其小酋长国为基地的海盗，反而与一个岛屿对抗，他们的最高领主——神圣罗马帝国皇帝应该是联盟成员。尽管他已经实现了东方政策的一个目标，甚至于 1335 年在埃里斯拉里亚角（Cape of Ery-thraia），即卡拉布伦（Kara Burun）和艾丁的埃米尔乌穆尔（Emir Umur of Aydin）签订盟约，但更重要的是，他还要阻止土耳其人进入卑西尼亚。拜占庭皇帝和土耳其人的埃米尔的第一次直接冲突发生在佩莱卡农（Pelekanon），当时乌尔罕（Orkhan）击败了由皇帝和坎塔库震努斯指挥的拜占庭军队。结果双方签订条约，根据条约拜占庭被迫为其继续占有卑西尼亚而向土耳其人支付一笔年金，并且正式失去它在小亚细亚的最后一块土地。这使拜占庭人逐渐意识到他们的军事努力毫无成效。拜占庭城镇，如尼西亚、布鲁萨（Brusa）和尼科米底亚（1331—1337）的丢失实际上完全终止了帝国对小亚细亚沿岸地区的统治，同时奥斯曼也开始对帝国的欧洲沿岸和爱琴海北部岛屿不断进攻。费拉德尔菲亚（Philadelphia）和本都山脉的希拉克里亚（Heraclea of Pontus）仍在抵抗这种风潮，它们是在土耳其大军包围下幸存的最后两座城镇。

尽管遭遇了所有这些挫折，但安德罗尼库斯三世的法律改革成为他整顿帝国的框架和实施国内政策的基础。他继续加强实施安德罗尼库斯二世的措施，1329年建立"罗马人大法官"（Judge Generals of the Romans）制度，以此尽力阻止拜占庭法律系统中出现的众所周知的腐败现象继续恶化。该机构由四人组成，教士和俗人各两名，他们直接向皇帝负责。他们的权力非常广泛，其审判结果不可更改。这个机构很快就要谴责它自身的腐败了，但经过某些改变它一直维持到帝国末期。其中最重要的是地方大法官（Judge Generals）的出现（在塞萨洛尼卡、利姆诺斯岛和摩里亚半岛等地），它是在地方分权的过程中产生的。其中教会人士的出现只是教会在法庭影响日益重要的标志之一，另一个标志就是大教长法庭司法权的扩大，它和世俗法庭拥有同等的权力。

一个垂死帝国的画像

尽管帝国一派衰败的景象，但可能正因如此，拜占庭城镇在帝国的最后两个世纪里变得相当重要。帝国动乱的后果之一就是所谓城镇的解放，这是在地方分权加强和国家对公社控制减弱的时候逐渐出现的。城镇无疑继续发挥其行政中心的职能，但是现在其权力只限于城镇本身和周边地区——被称作卡特潘尼克亚（katepanikion）的行政机构（有时它也指称一个更大的地区），其总督通常被称为卡法隆（kephalon），他身兼数职，例如纳税登记人。卡法隆通常不是帝国代表而是皇帝默认的地方代理人，帕列奥列格王朝的末期，他们甚至变成其行政领地的一个独立的占有者，人们将发现他们在这儿的私人财产越来越多。

城镇继续保持吸引力

除了君士坦丁堡和塞萨洛尼卡等大城镇外，帝国在欧洲领土上还有一些具有相对规模的城镇，其人口伴随14世纪困难时期乡村难民的大量涌入而增长。这些城镇（其中一些接连不断地脱离帝国）包括色雷斯地区的菲利普波利斯（Philippopolis）、阿德里安堡、爱诺斯（Ainos）、希拉克里亚、塞莱姆布里亚（Selymbria）和梅森布里亚；马其顿的克里斯托波利斯（Christopolis）、塞雷斯（Serres）、卡斯托里亚和贝尔霍伊亚（Berrhoia）；伊庇鲁斯的约阿尼纳和阿尔塔（Arta）；色萨利的拉里萨（Larissa）、特里卡拉（Trikkala）、德米特里亚斯、莱科斯托米昂（Lykostomion）和哈尔米托斯（Halmytos）；伯罗奔尼撒的莫奈姆瓦夏和米斯特拉（13世纪建的最后一个城市，在14世纪中期彻底毁灭）。其中大多数都是设防城镇，卫城设有坚固的要塞，可以证明其军事职能。这一时期主要的城市类型是由地势偏高的上城（anopolis）和地势偏低的下城（katopolis）组成的一个设防实体。马其顿地区的塞尔维亚通常作为这种类型的范例被加以引证，但是它特殊的外观实际是因为其特殊的地理位置，这是多山的腹地的典型城镇。爱琴海岛屿上的那些令人难忘的堡垒（palaeokastra）就是在这一主要类型的基础上加以各种变化建立的。

因为缺少可供参考的数据，因而这些城镇的人口无法统计，但它们似乎也经历了这一普遍的衰落。在14世纪因为瘟疫的不断打击和战时乡村人口涌入而造成人口的人为增加使这种普遍衰落表现得特别明显。我们十分熟悉君士坦丁堡和塞萨洛尼卡：前者据统计在土耳其占领之前有5万至7万居民；而后者，有一个资料说下降到4万人，另一个资料则说下降到2.5万人，几年后即当它在1430年被彻底抛弃时人口降至7000人。

这一时期，城市里出现精确的社会分化，不同社会阶层在城镇不同区域的分布足以说明这一点。一些地区也被优先划给外国的商业侨民——主要是意大利人以及种族或宗教上的少数派，例如犹太人聚居区。这些外国商人在城市做生意，但不久就和当地人关系恶化，因而这些聚居区的存在遭到海上共和国，特别是威尼斯的强烈抗议，认为这是针对他们的暴力行为发生的证明。

在城镇里（至少在君士坦丁堡和塞萨洛尼卡）不同行业分布在不同地区，例如塞萨洛尼卡的水手们住在通向港口的地方。在君士坦丁堡，大部分行业都聚居在市场里，甚至是首都的某些街道上。最近有人对这一现象进行了分析：分析的结果和迄今为止人们相信的截然相反，但令人信服，即在13、14世纪拜占庭的行业或至少部分行业按照西方模式组成行会，尽管它们

米斯特拉和埃夫罗塔斯河流域的鸟瞰图。作为希腊摩里亚君主国的首都(1348—1460)，米斯特拉是很多希腊天才人物逃往西方之前的避难所。现在一直到山腰，那里都是王宫和美丽的拜占庭教堂的废墟遗址。

的结构和9、10世纪的《埃帕尔库斯书》(the Book of Eparchus)记载的公司有所不同。另一方面，拜占庭后期行会在大的分化方面很像中期行会。除了以前就有的公证人行会外，还有香料商、屠夫、建筑工人、制盐工人、皮带工人、皮匠、制革工人、铁匠、制钉工人和毛皮商等组成的行会。除了公证人行会（其负责人由皇帝任命）外，其他行会的领导人很像手艺比下属高而指导雇工的雇主。

我们应该着重指出13世纪和15世纪拜占庭城镇的一个显著特征，即大土地所有者作为城市官员出现在城镇。尽管他们的土地和城市紧密相连，但他们更愿住在城市里面。他们在城市里有财产，并热情参与城镇经济。他们的政治角色因其在城市元老院势力的不同而不同，14世纪虽然他们不得不和城镇人口相应增加的经济职能以及日益重要的城市德谟（deme，最初参加者主要是工匠、商人和下层民众，后来人数日益增多）作斗争，但他们对城镇的控制没有放松。皇帝承认授予城镇自治的特权和法令也是这种趋势的表现。最有名的就是赐予塞萨洛尼卡、约阿尼纳和莫奈姆瓦夏的那些特权。在莫奈姆瓦夏回归帝国之际（1259），引人注目的是第一个帕列奥列格不像以前的维尔哈杜因只向地方贵族让步，而是毫不犹豫地将其财政特权扩大到了包括中产阶级、甚至是城镇小商人和工匠在内的阶层。

这时期出现的城镇特权是为了适应实际需要，而不是像法律条例那样为了响应新的社会力量的出现。和西方"自由"城镇的特许证相比，我们将发现两者之间有很大的不同。在不同的历史环境下，拜占庭迟到的复兴有可能变为一场真正的复兴，但致命的是奥斯曼征服阻挡了这种复兴，但这仅仅是中央权力衰落的结果而非一个新的社会和经济秩序的产物。

贵族侵吞土地

帕列奥列格时代，拜占庭社会的主要特征就是帝国行政管理出现分权化趋势，通过废除古代各省边界而代之以更小的行政区，即上文提到的卡特潘尼克亚——它还以其他更模糊的名字被人所知，如topos（地方）、meros（地方）、chora（乡村）、periohe（地区）等等——而结束了帝国行政的统一管理。甚者，1320年代以后，这种分权化导致自治或半自治公国，即封地（appanages）的建立，这些公国被转让给统治家族成员或者是其他贵族。1321年，克里斯托波利斯—塞莱姆布里亚地区给了安德罗尼库斯三世，同时安德罗尼库斯二世的两个儿子康斯坦丁和迪米特里厄斯（Demetrius）统治着塞萨洛尼卡——1350年以后它落到了约翰五世的手里。塞萨洛尼卡后来被移交给皇位继承人曼努埃尔一世，1371年以后他将塞雷斯和东马其顿并入该地区。他独立统治这些地区，甚至其外交政策都和皇帝的截然相反，这就像我们在后面即将看到的一样。1381年，普罗邦提达北岸地区和塞莱姆布里亚被转让给安德罗尼库斯四世和他享有"皇位继承者"称号的儿子约翰七世。特别是约翰七世在1403年以"所有色萨利人的皇帝"的头衔成为塞萨洛尼卡的主人，他一直居住在这里，直到1408年逝世为止。不久后，曼努埃尔二世的三个儿子安德罗尼库斯、康斯坦丁和西奥多（狄奥多尔）分别取得塞萨洛尼卡、黑海城镇梅森布里亚和安基亚洛斯以及摩里亚公国。摩里亚公国是到目前为止最重要的封地。在成为一个公国之前，即被赐给君主曼努埃尔·坎塔库震努斯治理之前，摩里亚在1262年至1348年间由所谓凯法勒（cephale）统治。交给贵族成员（他们通常和皇室家族有某种联系）的封地还有克里索波利斯（Chrysopolis），阿纳克托洛波利斯（Anaktoroplis）和萨索斯岛（the island of Thassos）——1357年皇帝约翰五世将它转让给阿莱希尼奥（Alexios）和约翰·帕列奥列格兄弟俩，他们分别得到大斯特拉托派达尔丘斯（Grand Stratopedarchus）和大普赖米特（Grand Primate），都享有全权。

　　顺便提一下，"封地"这一术语常规意义习惯用来指代拜占庭的现实情况，西方和东部帝国虽然使用同样一个词，但二者意义不同。除了世袭原则——拜占庭根本不存在——外，拜占庭封地的作用是表示帝国的地方分权，与之不同，西方相对应的封地则导致国王个人的集权。

　　大领地的存在是拜占庭帕列奥列格王朝时期的主要特征，它是贵族经济、社会和政治权力的基础，这些贵族以从行政部门到军事，有时候是教会职位等方面支配帝国机构的少数大家族为代表。这些家族的大地产是通过继承、婚姻、购买，特别是帝国馈赠而代代积累下来的。这些大地产最初出现在小亚细亚，在收复君士坦丁堡，失掉小亚细亚和欧洲部分的领土后，它们开始遍布各省。色萨利的所有者是一些达官贵人，如梅利森家族（the Melissenoi）、斯特拉泰格普洛家族（the Strategopouloi）、拉乌尔家族（the Raoul）和加布里埃罗普洛家族（the Gabrielopouloi）；在马其顿和色雷斯是安杰洛家族（the Angeloi）、查姆布拉科内家族（the Tzamblakones）、西纳德诺家族（the Synadenoi）、托尔尼基家族（the Tornikioi），特别是坎塔库震努斯家族。这其中的一些家族非常古老，例如托尔尼基家族可以追溯到10世纪，阿狄奥多尔·科穆宁·杜卡斯·塞纳德诺斯和他的妻子伊雷内。狄奥多尔是当时的一个大土地所有者，他和他的祖先采取类似于西方的大封臣的各种方法来获得土地。（源自一部有关君士坦丁堡的求助圣母修道院的规章制度的一部手稿，牛津，牛津大学图书馆）

萨尼家族可以追溯到11世纪，坎塔库震努斯家族也能追溯到12世纪。他们通过实际垄断的国家职能部门和各省，甚至是他们拥有地产的各省的行政部门来行使权力。除了在塞萨洛尼卡势力特别强大的帕列奥列格家族外，坎塔库震努斯家族不仅在塞雷斯地区，而且在季季莫蒂洪地区——即将成为约翰六世的临时首都——都有辽阔的领地；西纳德诺家族控制了比兹耶（Bizye），他们在那里拥有大量地产。和西方不同，拜占庭贵族没有特殊的法律地位，没能组成一个享有世袭权利的阶层。元老院的成员资格和旧时代的意义已不同，它不再以世袭为前提，权力仅仅来自元老们执行的职能，这是不可改变的。尽管有困难，但普通人也并非不可以进入贵族阶层，如通过军衔或行政部门爬升到贵族等级，在此我们确实发现了一些新贵人物，如胡姆努斯（Chumnus）、梅托基特斯（Metochites）和斯弗兰特泽斯（Sphrantzes）。

作为一个整体，修道院是拜占庭帝国的另一个大土地所有者。它们获得大量集中的土地——通常是整个村庄——及其居民和土地租金，特别是圣山修道院，它们在马其顿和利姆诺斯岛（Lemnos）占有大量领地，并从色雷斯的波鲁湖（Lake Poru）收税。修道院敛财的手段之一是依赖个人出于各种原因捐赠的土地及其附属物。这可以是任何东西：制衣厂、烤面包箱、毯子、包尸布、布料、器具和船等，更不必说牛、葡萄园和房屋了。其他来源包括通过第三方卖给修道院的土地和有争议的毗邻土地——代价通常就是一个漫长的官司。到目前为止，帝国的捐赠是最主要的来源，修道院积累财富，通常也包括免税权。安德罗尼库斯二世支持修道院的政策我们上面已经提到了。米哈伊尔八世这个亲拉丁皇帝在其早期也坚持这一政策，就此产生大量黄金诏书（chrysobulls），它们承认修道院原来拥有的土地或者赐予圣山修道院、帕特莫斯（Patmos）的圣约翰修道院、色雷斯的马克里尼察（Makrinitissa）修道院和新皮特拉（Nea Petra）修道院、希俄斯的新莫内（Nea Mone）修道院和君士坦丁堡的圣迪米特里厄斯修道院等新的土地。

在社会两极之间，即在极其富有的贵族和多多少少都有拖欠债务的所谓的城市最下层之

由两头牛拉的犁：这一术语也用来称呼农业种植区和缴纳最沉重赋税——和最富的——的农民（双牛户）。（希腊语手稿，编号2736，奥皮阿诺斯，15世纪，巴黎，国家图书馆）

间还有大量的小工匠、工人和贫苦农民。他们组成德谟，是14世纪社会冲突的积极参加者。德谟由另一个阶级领导，文献将这一阶级描述为中间阶层（mesotes）、中间成分（mese moira）或第三集团（trite moria），其成员被称为中产阶级（mesoi）。我们将在以后进一步讨论他们及他们在14世纪叛乱中的态度。君士坦丁堡、塞萨洛尼卡、阿德里安堡或季季莫蒂洪等城市逐渐出现很多富人，他们主要经营商业和手工业，大多数是将这些行为与行政职责结合并经营地产的人。我们应视其为中产阶级或者市民资产阶级，他们的出现是和西方接触的结果。

　　另一方面，自14世纪中期以来，因为贵族成员突然闯入这些行业，因而我们的原始文献就不再使用“中间”这一术语。这些贵族在以前是大土地所有者，当拜占庭失去大部分耕地时，他们就转向唯一有利可图的商业领域。拜占庭贵族认为自己在某种程度上和中产阶级一样，因而他们表示这一术语已不适用。因为就像他们自己所说的，他们的家族名称就足以成为好的理由。这样的家族名称我们知道的不计其数，如诺塔拉斯（Notaras）、帕列奥列格、安杰洛、阿伊罗（Argyroi）、坎塔库震努斯、拉斯卡里斯、西纳德诺、杜卡（Ducai）、拉德诺（Radenoi）、阿萨尼（Asanes）、梅利森等等。他们组成一个富裕的贵族市民阶级，和意大利商人紧密合作。一些人甚至无视拜占庭人和大多数东正教徒的感情，要求获得热那亚或威尼斯的国籍，或者同时获得这两个国籍，并且按照西方方式生活。但和意大利人比起来，他们在商业活动中最终只能被迫扮演一个非常次要的角色。

封建化

　　尽管农村经济占主导地位，但拜占庭经济还是以货币使用为基础，即使在农村也是如此，这也可能是因为税收的压力。确实如此，必须以货币缴纳的租税只能从生产者和市场的联系中获得。这种货币化显然没有影响农村主要经济形式的本质特征。这种经济形式以家庭单位为基础，甚至在家庭单位被并入大地产时也没有发生变化，大地产的扩张是这一时期的主要特征之一。核心家庭建立在家庭财产不可分割的基础之上，它既是生产单位又是税收单位。这些生产单位按照它们的生产力来分类。假设许多现实因素决定了14世纪农民的收入状况，那现存的税收体系——主要根据每户拥有的耕牛数量来衡量生产率——似乎表明作为一个生产单位的土地再不属于从前的生产者了。虽然如此，农民开始在自己的小块土地上种植经济作物，尤其是种植葡萄，这是他们货币收入的主要来源之一。这不表示农民不再种谷物，但通常只有在属于私人、宗教捐赠和王室的大地产上才种谷物。

剩余产品通过增加赋税和征收地租两种方式被占用。地租的实行是以大地产而非小农的存在为前提条件的，它由按比例的实物租和固定的货币租金组成。两种方法相互交叠，因为耕种者既要缴纳赋税，同时也要因租种别人的土地缴纳地租。地租通常相当于谷物收成的1/10和葡萄酒产量的1/3，地主和农民中间也有一些契约特别规定谷物也要缴纳1/3。在帕列奥列格时代，第二种比例似乎业已臭名昭著地扩大了。它不仅在私人地产——那儿的是标准——而且在潘诺尼亚土地上都被更为严格地强制执行。在拉丁领地，地租成为采邑纳税的一部分，并最终适用于整个贵族体系，特别是科孚岛。

大地产的形成在很大程度上应归于引入的潘诺尼亚体制的改变。潘诺尼亚土地需要纳税，但国家允许封臣以军事服役代替。土地所有权一旦获得认可，就要缴纳地租，像皇室地产，经营者以死亡税（morte）——农业产量的一个比例——的形式缴纳。在帕列奥列格时代，对土地所有权的承认不断扩大，土地甚至可以世袭。通过建立采邑，拉丁征服产生了同样的影响，从经济角度来看，它成功地使拜占庭正在使用的对剩余产品的占有方式永远保存下来。在摩里亚半岛的拉丁领土，人们特别注意提高庄园的储备，这意味着要加强劳役（有时候分为由人提供的服务或由耕牛提供的服务），劳役不是拜占庭体系的重要部分。

国家通过不断赠与将大量地产和租金移交给教会，因而教会土地也成功地成为大地产。个人积极参与这一进程：有些修道院是由地方贵族建立的；中产阶级和穷人对此也有所贡献，他们向修道院捐献财物，也将自己的土地卖给它们。无论是在修道院的还是在俗人的大地产上，农民不仅耕种赖以维生的土地，而且通过永佃权扩大了其自身财产。这也促成农民小规模地产和中等地产的建立，科孚岛的例子已清楚说明这点。根据15世纪的科菲奥泰（Corfiote）记载，种植者在封建地产内种植葡萄园和橄榄园，据此，他们也成为共同所有者。另一方面，农田和劳力之间发展的比例失调，特别是拉丁领地，发生了重要变化。在拉丁的摩里亚半岛，人口因逃亡和瘟疫而下降，以致封建领主被迫转让一些杳无人烟的封建土地，否则只剩下名义上的租金了。这种状况在科孚岛持续了很长时间，在那里，一些封建领地和其他地产只需缴纳最低限度的租金就可以了。

农村人口锐减

拜占庭的大量农民被继续划分为两类：一类拥有两头或多头牛，另一类只有一头牛或一头也没有——双牛户（zengaratoi）、单牛户（boidatoi）、无牛户（aktemones）。拉丁领地也实行这种划分，然而以前根据不同农民等级评定的某些赋税现在适用于所有人，而且劳役通常被现金取代。

农业不仅仅是乡村社会的事情，市区及城市周边乡村也有属于市民的农田，它们为城市提供农产品。用来保护乡村遗产和社会经济平衡的一些偶然的档案记录流传下来：例如，约阿尼纳的居民在很多村庄都拥有土地，1319年他们重申土地不能卖给当地的执政官和士兵，只能在市民之间进行转让。然而，居住在城镇的土地所有者的出现表明他们仅仅是食利者。尽管这不是什么新现象，但它似乎和乡村社会的解体有关。大人物对乡村社会内部的渗透实际上破坏了由"优先法"（protimesis）——现在一些新的因素对他们很有利——调控的团结的乡村社会的稳定功能。另一方面，将整个村庄授予特殊的士兵和修道院的行为造成同样的影响，削弱了帝国和乡村社会的联系。然而，在某个承租土地的教堂（metochion, zeugelateion，指东正教会驻

外使节教堂，它们依靠宗教基金或某个特殊人物的捐献为生），周边小居住地的集中表明社会解体的程度和扩大垦殖区方法的改变。这些居住群不再是生机勃勃的社会（10世纪的财政资料完全说明了这种活力）的派生物，而是外部因素引起的。

这诸多改变不包括现存社会作为一个体制的损耗，这一体制在新的现实中继续存在，并且在由拉丁

宗教作品也能反映一部分现实生活，例如这些估税员。15世纪受到圣母生活鼓舞创作的镶嵌图案的一部分。（君士坦丁堡，克里耶·贾米）

征服后移植来的新的封建实体和潘诺尼亚土地的核心内继续发挥它不明确的作用。土耳其人不久就会发现他们可以在这些坚固的基础上建立他们自己的行政机构。

在这期间，当乡村人口屈从于一种封建化过程时，他们依赖强大的家庭组织作为生产基础。确实，从13世纪末到14世纪中期，各种因素相互交织，农业人口迅速下降。侵略、战争和瘟疫损害了乡村人口，导致乡村劳力不足。显然，就像家庭平均规模和出生率的下降表明的那样，人口危机也有其内部因素。我们有相当多的资料表明，1300年至1314年间马其顿的很多乡村家庭的平均人口从4.7人下降到3.7人。从经济角度看，人口流动在某种程度上也导致了这种衰落，这可由富裕家庭和贫穷家庭的平均人口的差异来说明。1310年至1314年间有役畜的家庭人口从5.86跌至4.33，而一无所有的家庭人口从3.80降至2.65。

在影响人口发展的诸多因素中，应该提一下修道制度：禁欲原则从表面上看对这一时期的拜占庭社会有相当大的影响。然而，修道院无疑也有其积极作用，他们首先吸引乡村劳动力到他们广大的地产居住，然后组织农业生产并改善土地状况。

一贫如洗的国库

货币危机和经济危机是帝国财政来源和对现金需求比例失调的结果。这种现金短缺与政治危机和帝国在经济——社会体系方面引入的变革有关。显然，帝国在乡村和商业领域的财政来源都已枯竭，这种状况由于矿山收入的丢失和金属储备的湮没——拉丁征服的又一必然结果——而恶化。

政治危机迫使帝国为满足军队给养和向土耳其人支付贡金而损失大量金钱。这些开支促使帝国以赋税收入，特别是关税收入为担保向外借债。国家实行货币贬值，以及从曼努埃尔二世·帕列奥列格统治时期开始铸造一种垄断银币（与国家金币的兑换比率也有所上涨）的政策解决了接踵而来的现款短缺问题。1081年至1143年间，海佩尔披拉（hyperpyra）的黄金纯度已经从20.75克拉下降到20.25克拉，在约翰六世时期（1347—1354）降至11.25克拉。这种贬值伴随而来的是各种成色的贬值货币的发行，这导致流通货币和优势货币（旧的货币或者威尼斯货币）之间具有明显差异。最后，本国货币比不上强大的外国货币，前者习惯用来支付工资。更糟糕的是，帝国逐渐以外国货币来收税。

我们没有确切的数据可以确定全部外债。我们从流传下来的此类资料中知道，不是外债规模，而是日益枯竭的税收拖垮了帝国。我们知道，例如在1343年和1352年，外债分别为3.5万和5000金杜卡特（gold ducat），向土耳其支付的年金达到1万海佩尔披拉。如果以君士坦丁堡市场的小麦价格为基础，将这个数目与拜占庭谷物种植单位的总收入相比较，就会得出粗略但十分重要的结论。

两个金海佩尔披拉：一个是米哈伊尔八世（1259－1282）时期的，重15克拉；另一个（右面的）是两个安德罗尼库斯在位时的，重11或12克拉。（巴黎，国家图书馆，奖章陈列室）

拜占庭谷物的平均产量约为300摩迪（modioi）。1摩迪值5海佩尔披拉，4万金杜卡特相当于53个农庄的总产量，或者相当于530户即大约2200人缴纳的地租。因此1万海佩尔披拉年金几乎相当于七户农家的总产量（按照14世纪中期君士坦丁堡市场价格计算）。大约同时，一船货物约值4万海佩尔披拉。即使考虑当地价格和君士坦丁堡市场价格差，上文提到的这个数字也不能认为是悲惨的。乡村经济的解体造成这种情况的发生。这些钱应该根据税收情况进行增值。例如1万海佩尔披拉年金等于拜占庭在君士坦丁堡的关税收入（1328年为1.2万海佩尔披拉，1355年为1万海佩尔披拉）。与之相比，根据格雷戈拉斯记载，热那亚人在佩拉（Pera）的关税收入为2万海佩尔披拉，这和热那亚购买这一包税区时所出的最高价形成鲜明对照。拜占庭历史学家可能夸大了这种差异，但它也揭示出由热那亚人控制的佩拉海关名义上的价格和实际收入出入很大。然而，即使是热那亚人在佩拉的捐税收入（在1360年代开始下降），也从来没能满足货栈对现金的需求。

经济危机无疑是政治危机的一个派生物：当种植区面积萎缩时，捐税收入无疑也相应减少。色雷斯领地的丢失加剧了帝国对进口粮食的依赖，这使得意大利城市加大了对拜占庭经济的控制。人口危机似乎也造成了这种衰落。试图用来解决财政危机的各种权宜之计无法弥补这些不利条件造成的危害。皇帝约翰六世·坎塔库震努斯采取了一些措施：一方面鼓励贸易，一方面增加税收（这正像他渴望在农业部门提高税收一样）。鼓励商业采取的这些措施似乎最能解释皇帝为何决定以2%的购买税代替10%的零售税。皇帝随之采取的另一措施就是打击外国的进口粮食：每摩迪小麦被课以半个金币的税金，这相当于商品价值（无论按照首都的标准市场价格还是罗马尼亚当地市场价格计算）的10%至17.5%。

约翰四世也对酒的生产与销售课税，每50摩迪酒征收1海佩尔披拉。将酒在当地市场的标准价格和君士坦丁堡市场价格进行比较之后，显而易见这一税额只相当于后者价格的4%。那些从生产者手中直接购买酒的人不得不支付两倍的税款，这是因为皇帝确信买者比"农民富得多"，并且能赚取巨额利润，他们"轻而易举地利用他人的劳动"，即小农的劳动。这些人是中间人，即直接从生产者手中购买，并且很可能当场支付购买税的商人。皇帝打算利用这一财政措施和支持海军的其他措施复兴拜占庭的海上贸易，增加君士坦丁堡港口的关税。帝国试图从农产品，特别是酒（城市的一个主要消费品）的商业化中获利，从当地价格和首都市场的需求价格差获利。既然这一回买主能从降低的关税中获利，那皇帝也可以利用价格差征收不等的购买税。

外国人成为帝国的主人

尽管制造工艺在底比斯和帕特雷等中心正逐渐消失，但无疑还有人从事这项事业，商业和运输业也是如此。然而，它们仅仅面向国内市场。商业活动集中于地中海左岸地区和黑海部分地区。长途贸易处于威尼斯、热那亚和比萨等意大利城市及法国南部的米迪（Midi）、加泰罗尼亚和达尔马提亚（Dalmatia）等一些二流的港口城市的控制之下。威尼斯和热那亚甚至可以影响首都的商业策略。在国内市场也能感受到西方对拜占庭帝国经济其他方面的影响：一是进口制造品，二是在丢失色雷斯（在14世纪末已落入奥斯曼手中）粮食种植区后首都对进口食品的依赖。金币的铸造停止了，本国货币出现贬值，这场经济危机使帝国的货币和经济更加依赖外国。这种依赖既是军事虚弱的结果也是政治危机的产物，它的出现很可能是因为帝国经济没能适应新的领地形式：这种状况既削弱了帝国也削弱了拉丁人在东方的领土。

首都并不是进口粮食的唯一消费者，西方也进口小麦满足自身需要（当然自身产量可以满足大部分需要），如热那亚主要从西班牙进口。虽然如此，西方也需要从其殖民地和意大利控制以外的地区进口小麦。这种贸易给城市的粮食储备带来灾难性后果，因为它将引起可怕的粮食短缺，或者影响价格及随后城市社会的总体稳定。这意味着在粮食不能进口的情况下必须制定一个最低价格，以致不危害国内市场供应。1265年和1285年的《威尼斯—拜占庭条约》规定小麦只有在每100摩迪分别不超过50至100莫尼斯玛塔（nomismata）的情况下才能出口。第一个数字可能是丰收价，第二个可能是高价或标准价（因为1265年至1285年的货币贬值没能解释清楚二者之间的差别），但就这些协议而言重要的是国内政权试图为国内市场制定一个消费者可以承受的粮食价格。实际上，1285年的粮食价格几乎和1343年价格持平，如果考虑金银兑换比率（1∶7.45）因素，与1343年的639毫克金比起来，1285年价格相当于616毫克金，而1265年只等于323.6毫克。据14世纪的一些价格，我们可断定克里特的粮食价格在13世纪下半叶上涨了一倍。据报告，君士坦丁堡在这20年间有几次价格突然上涨；热那亚的殖民地卡法等地的粮食市场也出现过突然涨价。所有这一切在君士坦丁堡和佩拉的市场都有所反映（1401年佩拉的小麦价格是1390年的四倍，而君士坦丁堡1402年的价格是1401年的37.5%，而1401年只是1343年的50%，按黄金价格计算仅等于1285年的最高价）。虽然如此，拜占庭帝国自1370年代以后就失去了对粮食供应地的控制，因而它再也不能执行试图通过条约来实现的自给自足政策了。更进一步说，相对于价格明显转变为按照黄金计算，必需品价格的突然上涨对消费者的冲击要残酷得多。这招致人们对投机商人的抱怨和哀叹本国购买力的持续下降。

在拜占庭经济体系内，商业资金和财政资金越来越依赖他人。商人不仅面向国内市场，而且成为向控制长途贸易的西方商人提供补给的中间人。贸易范围的局限和它在全国的代理商促使一些不法商业行为出现，这些不法行为或者和为国内市场服务的海上交通有关，或者和经营国际贸易的商人有关。13和14世纪的这些城镇在一定程度上符合这些需要，同时那些政治实体根据特惠政策（表现方式就是承认特权）强化了他们的地区特殊性和他们特别的经济职能。

就这种意义而言，像莫奈姆瓦夏的一类城镇能够获得特权，以此鼓励它发挥其特殊作用（指帝国内部的航海贸易），并根据特许法规和远方市场建立联系。约阿尼纳甚至以同样的资格在君士坦丁堡获得关税豁免权，这使其商人可以在一个广大的区域内进行交易。城镇的优势不仅包括大量有关乡村经济和商业交通的免税权，而且还有一项保护城镇货币稳定的特殊条款。这一部分是社区努力保护自身免于货币不断贬值带来的动乱的结果，部分是走向由中央政权保护的某种经济自治的地方主义的一个结果。这种地方主义（或者仅仅是那些确保内地和主要的商品流向的中心的存在）的出现可能是由当地的欧洲商人的购买力支配的策略，如我们所见，他们通过当地代理人出口部分当地农产品。然而，这些商人在较大的区域内也建立他们自己的基地，如威尼斯和热那亚的殖民地。

东方的拉丁人殖民地是十字军东征的一个遗产，一旦丧失与重要地方的联系，它的成本就不划算了。这既是因为开销问题，也是因为被征服地区遭受的破坏。威尼斯的殖民地在很大程度上避免了这种方式，它是宗主国繁荣的一个来源，并为它业已扎根的地方带来一定程度的繁荣。当它严格从属于宗主国的原则时，威尼斯将其东方殖民地的经济完全纳入自己的利益范畴，同时尽力使它们能够自给自足，特别是在农业上，以便它们能够生产剩余产品。威尼斯鼓励农业的政策完全是一种合乎经济原则的尝试：整个平原都用于农业生产，由一种要塞式制度进行管理；监督水的分配；种植森林和葡萄园；乡村人口也由于奴隶的输入而增加（如克里特）。一些地区粮食作物的短缺从它们和殖民地以外地区的直接联系中得到弥补：干尼亚（Canea）、莫顿（Modon）、科龙（Coron）、干地亚（Candia）的粮食从萨洛尼卡和内格罗邦图斯（Negropontus）弥补；内格罗邦图斯和克里特从爱琴海公国（Duchy of the Archipelago）得以弥补；就与殖民地之外的联系而言，克里特从小亚细亚沿岸地区和亚历山大得到弥补。克里特和塞浦路斯、科孚岛和伊庇鲁斯之间除了共同利益和互补利益（孔塔里尼家族）以外，还有其他联系。至于宗主国，它对粮食的需求迫使它继续加强和色雷斯地区及俄罗斯中部的联系。叙利亚和亚历山大是香料、糖和丝绸的来源地。

运输可能是由威尼斯人的船只来承担的。他们将殖民地及其他地区的农产品直接运到威尼斯，或者运往某个殖民地，先储备在那里，然后再运往其他市场。唯一能避免外运的货物是殖民地所需的生活品。例如，殖民地不供应小麦，则宗主国的大部分储备粮食来自色雷斯的产粮区和俄罗斯中部。塞浦路斯是克里特的附属国，它与威尼斯的交易是以亚洲的进口物资（由亚美尼亚和叙利亚商业承运）和它盐厂的食盐为基础的。热那亚夺取塞浦路斯（1373—1374）有利于克里特、叙利亚和埃及之间的交通。内格罗邦图斯和萨洛尼卡分别从自己的内地和周边地区（希腊中部和伯罗奔尼撒半岛为内格罗邦图斯出产大量的风干木材）获取部分农产品和制造品。这些产品出口到威尼斯，交换储备在内格罗邦图斯的布匹。伯罗奔尼撒半岛也以谷物、油、蜂蜜、丝绸和葡萄干来交换大量布匹和金属。

　　威尼斯殖民地以大领地为基础，需要永久的监督来管理广大乡村的经济和人口，与此相反，热那亚的殖民地是分散的，依赖未受控制的内地生存。它们或者依赖宗主国的稳定供应或者依赖某项产品（例如乳香或明矾），但这并不意味着热那亚对黎凡特的经济控制不如威尼斯。

　　黎凡特的一个永久特征就是货币在内部流通缓慢，这也影响了热那亚的商业活动：这一缺陷通过制定条约，规定未支付的资金用来再投资而得到解决。价格并非总具备竞争力，有时候在卡法购买的小麦只有在淡季才有利可图，而其他商品只能保证很少的利润。另一方面，同样的商品（例如明矾）在其他地方能卖个好价钱。其他商品交易也是基于长期盈利的目的，例如乳香贸易。热那亚商人既是经营大商品的专家，同样也擅长于奴隶贸易及以农产品换取蜡、毛皮制品、皮革、明矾、有色金属、奴隶、布、帆布、金属制品、银（长形且加工过的）和食品等的出口：和罗马尼亚的酒一样，意大利和普罗旺斯的酒出口到佩拉和卡法，意大利和安达卢西亚的油出口到希俄斯和佩拉，利润在10%至30%不等；毛皮制品、乳香和酒能以高出原价两倍出售。金银比率有利于西方人，他们的货币、货运和服务费的优势打破了有利于热那亚商业的国际收支平衡。

　　拜占庭经济无法摆脱这种绝境，尽管国家机构已经采取措施，但经济权力已移交，不能

威尼斯商船，共和国的驱动力。维托雷·卡尔帕乔的《圣乌尔苏拉传奇》(Legend of Saint Ursula) 局部。因为圣奥索拉学校 (the Scuola di Sant´ Orsola)，乌尔苏拉于 1490 年至 1496 年间在威尼斯创造的。（威尼斯，艺术博物馆）

抵制意大利诸城市的海上霸权和经济霸权。尼西亚帝国试图复兴小军事阶层的旧制度，建立自给自足的经济，并通过授予特权鼓励城市经济，同时采取措施减少拉丁人在首都心脏地区的活动，这包括约翰·坎塔库震努斯改良舰队的努力，所有这些措施都没有产生持久的效果。

这一时期的哲学思想是非常重要的，即普莱松（Plethon）或贝萨里翁的哲学思想建议采取极端的解决措施。多少受柏拉图主义模型的激发，他们也意识到拜占庭的现实和农业经济结构，他们提出一个乌托邦式的社会改良方案，重点是重建农业经济，但仅仅通过税收（付给国家的）和地租（付给个人的）成功地将剩余产品的重新分配固定下来。提前假设和追溯既往的特征决定了这些最早的乌托邦方案不可信。其他社会批评形式也应用同样的追溯方式，例如反对高利贷的论战。虽然如此，这种极端思想在西方没有找到对应物，西方在关注农业经济中的根本问题的同时谈论的是科技改革和现代化。

拜占庭帝国的耻辱

14世纪上半叶以安德罗尼库斯二世的退位而结束。由米哈伊尔八世实现的复兴时代现在彻底结束了，当时拜占庭帝国再度强盛，在欧洲历史上具有重要地位。随后而来的一个时期早已在上一个时期孕育成形，这时拜占庭帝国沦为一个二流国家，尽管针对土耳其的临时外交策略已经启动，并重新恢复了和西方旧教会联盟以及反对奥斯曼联盟的联系，但帝国领土大片沦陷并丧失了所有国际影响力。

国内的社会反抗越强大，帝国越无力保护疆土和居民的财产。封建化过程最终冲破了中央集权的帝国可以承受的最大限度，经济权力及最终的政治权力都集中到大的军事和土地贵族及某些教会机构，如大修道院的手中。

谁从第二次国内战争中获利？

安德罗尼库斯二世死后，第二次国内战争于1341年在宫廷侍从长约翰·坎塔库震努斯和皇帝的母亲萨沃伊的安娜（Anna of Savoy）为首的两派之间爆发，它被证实是拜占庭帝国14世纪危机的最高潮。总体来说，这次战争意义重大，社会问题和教会分裂与王朝斗争相结合，因此分化了人民，分裂了帝国。这场战争进行了很长时间，帝国税收降至最低点，国家生产力遭到破坏，因而对经济造成了灾难性影响。在政治和军事方面，塞尔维亚人和土耳其人借此机会进行干涉，他们一旦到达马其顿和色雷斯就再也不会走了。塞尔维亚人和土耳其人在这些地区的定居点（前者起码短暂，而后者则是永久的）得到巩固，这就像他们在伊庇鲁斯和色萨利一样，人们一直认为这是这场战争最重要的后果之一。尽管如此，这场冲突的社会层面是最主要的，这通过塞萨洛尼卡的狂热派革命这一真正的戏剧篇章强劲地表现出来，也震惊了马其顿和色雷斯其他城镇，阶级斗争在塞萨洛尼卡全面爆发。

这场战争的第一阶段也是最重要的阶段以坎塔库震努斯于1347年2月进入君士坦丁堡为开端，我们将其分成三个阶段（1341—1342、1342—1345、1345—1347），以便相应理清和理解这诸多复杂的因素。

到目前为止，约翰·坎塔库震努斯即使不是整个14世纪最有势力者，也是这场拜占庭战争中的最有势力者。他出身拜占庭的一个名门望族，其家族成员从12世纪起就高居军政要职。他自己是当时最大的和最富的贵族，他拥有巨额财富，其中包括数千头牛和主要集中在塞雷斯、季季莫蒂洪、色萨利和君士坦丁堡的许多大领地。他既是一流的政治家和外交家，也是一位学者，他的历史著作（尽管有偏见和极端）和神学著作一起成为14世纪历史和文学的基本资料之一。他的政敌有大教长约翰·卡莱卡斯（John Kalekas）和亚历克西斯·阿波考科斯（Alexis Apokaukos），他们捍卫的与其说是萨沃伊的安娜和她的儿子约翰五世·帕列奥列格的利益不如说是他们自己的利益。和坎塔库震努斯不同，阿波考科斯出身寒门，在某些方面代表中产阶级的利益，即在为国家服务中新富裕起来的人们的利益。在安德罗尼库斯二世死时，坎塔库震努斯几乎就是帝国的摄政王，他和大教长及阿波考科斯的个人野心发生冲突。这两个人利用这位宫廷侍从长到色雷斯之机，正式宣布约翰·卡莱卡斯为帝国摄政，同时宣布坎塔库震努斯为国家公敌。被提升为大公（舰队司令）的阿波考科斯竟然破坏坎塔库震努斯在君士坦丁堡的私人财产，利用其部分影响力煽动德谟发动叛乱反对这位帝国大法官（the Grand Domestic，等同于Imperial Chancellor）。于是在季季莫蒂洪，坎塔库震努斯使一群逃离君士坦丁堡的贵族和色雷斯当地大地主的代表宣布他为皇帝，他依靠他们建立一支与首都相抗衡的军队。这幕戏剧的主角们没能欣赏到这支军队，因为在他们失

亚历克西斯·阿波考科斯，坎塔库震努斯在第二次国内战争期间的敌人，他属于最高行政机构中新崛起的阶层。这里，这位大公正拿着一本专门写给他的手稿。（《希波克拉底作品集》*The works of Hippocrates*，1435，巴黎，国家图书馆）

去对它的控制以前，它就因为一系列的敌对行动而悄然无声地解体了。

从危机开始之际，两派敌对势力就被拖入由（东正教）静修士的论战导致的宗教和精神危机中去。事实上，也不可能有其他的结果，因为拜占庭政治和神学密切相关，众所周知拜占庭人首先是宗教的动物。拜占庭社会多少有些与生俱来的神秘倾向，这在14世纪，特别是在圣山的僧侣中间发展得更加明显。静修士们(或寂静主义者们)力争看到灵光的显现，信徒们在塔波尔山（Mount Tabor）上进行沉思冥想并通过奇怪的祷告方式（不知何故它要求肉体的参与）来获得灵光。巴拉姆（Barlaam）是来自卡拉布里亚（Calabria）的一位明智的、理性的希腊僧侣，他强烈反对这一学说的方法和基本原则，由此他找了一个可怕的对手，即伟大的神学家和热情的静修士格利高里·帕拉马斯（Gregory Palamas）。在格利高里·帕拉马斯的影响下，1341年的宗教会议宣判巴拉姆有罪，但这场论战并未就此停止。双方争论的焦点是落在塔波尔山上的灵光是否具有永久的可见性：按照巴拉姆的观点，这是不可能的，他坚持将永恒世界和现世分开，然而他又提倡区分上帝的存在（Divine Essence）和上帝的万能（Divine Energies）——例如充当神人之间媒介的爱和塔波尔灵光。静修士制度作为此世和彼世连接的桥梁，因而成为希腊人笃信宗教的古老怀旧之情的表达方式。

坎塔库震努斯的社会出身和个人倾向决定他成为僧侣和静修士的朋友，而皇后则由于西方血统、大教长卡莱卡斯由于其他原因与这些人敌对。我们不能单纯地将坎塔库震努斯党和静修派混为一体，但他们确实彼此同情。证据就是1347年取得对敌胜利后，坎塔库震努斯信奉静修派教义、罢免卡莱卡斯任命静修士伊西多尔（Isidore）接替其职位，同时晋升帕拉马斯为塞萨洛尼卡大主教。虽然如此，静修派和反对派之间没有达成和解，他们和反帕拉马斯派首领、历史学家兼神学家尼切福鲁斯·格雷戈拉斯（Nicephorus Gregoras）之间的论战大肆盛行。只是在1351年由坎塔库震努

静修主义的胜利和它完全渗入到东正教信仰当中。约翰六世·坎塔库震努斯主持召开布拉彻尔迈宗教会议（1351），他旁边是新任大教长伊西多尔和参加宗教会议的成员及其护卫。(约翰·坎塔库震努斯的《神学作品集：1371－1375》The Theological Works of John Cantacuzenus 1371-1375, 巴黎，国家图书馆)

斯召开的布拉切内（Blachernae）宗教会议上，静修派的敌人才被确切定罪，同时承认帕拉马斯派完全符合东正教教义和教会教父的传统。乔治·帕拉马斯死后不久（1357/8）被封为圣徒，反对派渐渐销声匿迹。大约在14世纪末，静修思想完全融入东正教会的教义之中。

一个新的社会因素

宗教分歧导致政治分裂局面的恶化，从贵族聚集在坎塔库震努斯身边之初就暴露出尖锐的社会斗争，引发了国内战争的爆发。阿波考科斯对没收他们在君士坦丁堡的财产的反应表明：大公能够利用德谟的敌对情绪反对他的政敌及其政党。德谟由中产阶级、零售商和水手等组成，在阿德里安堡的德谟起义反对本城的"当权者"（dynatoi）时，尽管当时三个叛乱领袖中只有弗朗哥普洛斯（Phrangopoulos）从商，但中产阶级似乎扮演了一个更为重要的角色。这就可以解释为什么阿德里安堡能够更好地组织起针对坎塔库震努斯的叛乱和抵抗，成为色雷斯地区最后投降的城镇之一。更深层的理由可能是城市要塞对起义者的态度，其中至少有部分要塞倒向起义者，在比兹耶和塞萨洛尼卡等城市也有类似情况。无论如何，塞萨洛尼卡的叛乱像野火一样迅速传播，除季季莫蒂洪（坎塔库震努斯的首都）和马其顿以外，几乎所有的色雷斯城市都迅速起而响应，随后马其顿也爆发起义。这次起义使帕列奥列格的合法王朝得以继续存在，这也正是起义者的要求。在战争的这一阶段，由于难民在敌军来之前就逃离或者离开饱受蹂躏的乡村而涌向城市，城市的重要性增加，但也因而加剧了城市本身已经存在的经济和社会问题。此后，两派都聚焦城市，力图占领它们。

1342年对坎塔库震努斯来说是关键的一年，从君士坦丁堡到塞萨洛尼卡，他在各地的权力，即贵族的权力都在下降。正是在塞萨洛尼卡（除首都之外帝国最繁荣的地方，也是社会不公平最令人恼火的地方），以狂热派革命（Zealot Revolution）闻名的民间起义迅猛发展。和其他城镇不同，塞萨洛尼卡的反贵族起义是相当自发地产生的，这里的狂热派有一个认真准备起义的、组织良好的政党。以下事实证明了这一点：驱逐总督、坎塔库震努斯的支持者狄奥多尔·塞纳德诺思（Theodore Synadenos）后，他们成功掌握政权并实施自己的原则直至1350年。尽管他们承认合法的帕列奥列格王朝——其代表和狂热派的领袖共同管理城镇，但在此期间塞萨洛尼卡是完全独立的和自治的。同年（1342），阿波考科斯获得该城资助，并用没收坎塔库震努斯的财产组建一支舰队。敌对双方在这方面有很大不同：阿波考科斯依靠舰队、沿海城镇的水手和商人阶层，此后又通过罚没反对派财产和增收新税种来巩固其经济基础。在其《历史》中，坎塔库震努斯把阿波考科斯写成意图以岛屿和沿海城镇为基础建立"专制统治"的那么一个人。至于坎塔库震努斯，他打一开始就在色雷斯内地和马其顿的军事基地集结自己的军队。

塞萨洛尼卡的部分防御性卫城，它在该城具有举足轻重的地位。自14世纪以来，这些城墙被不断加固，特别是在帕列奥列格在位时期。它们完全说明了拜占庭城镇和外部世界的关系，以及城市内部的组织结构。

严峻的形势迫使坎塔库震努斯前往塞尔维亚，请求杜尚（Dušan）帮助。从这一时刻起，塞尔维亚人开始卷入拜占庭的国内战争，远非如坎塔库震努斯期待的那样带来帮助，而是为杜尚和塞尔维亚贵族的征服计划扫除了障碍。然而，坎塔库震努斯的特殊利益直到1342年末才实现，当时色萨利急剧封建化的土地投入他的阵营。坎塔库震努斯任命的新总督不久就成功地控制了伊庇鲁斯、阿卡尔纳尼亚（Acarnania）和埃托利亚（Aetolia）。这一系列事件使帝国在西方的古老省份和希腊中部发生冲突，而希腊中部是坎塔库震努斯重建从拜占庭城（即君士坦丁堡）到伯罗奔尼撒半岛的完整的集权国家计划的核心。

尽管局面对坎塔库震努斯有利，但他也遭受了一次挫折，当时杜尚怀疑坎塔库震努斯权力过大，于是改变立场转而支持君士坦丁堡的摄政。就在这时第二个外国势力，即坎塔库震努斯的老盟友乌穆尔现身色雷斯和马其顿，建议武力解决争端。此后，这场战争主要是在拜占庭两派的盟友——塞尔维亚人和土耳其人之间展开的，他们的主要兴趣都在于获取城镇。然而双方有本质区别：杜尚（和后来也加入摄政一方的伊凡·亚历山大）的目的是为自己获得土地；乌穆尔（和奥斯曼的乌尔罕形成对比，二者的意图截然相反）尽管纵容部队抢劫各种战利品并从城镇征税，但显然不打算常驻欧洲土地。

1355年阿波考科斯在君士坦丁堡被政敌刺杀，预示战争结局的关键时刻来到了。数月后，发生了一件大事：杜尚攻占了塞雷斯，这为他征服马其顿的其他地区（除仍旧由狂热派占领的塞萨洛尼卡外）铺平了道路。乌穆尔出人意料地离开了，此后坎塔库震努斯将女儿泰奥多拉（Theodora）许配给奥斯曼苏丹乌尔罕，双方在色雷斯签订盟约，由此他通过新盟友的行动而征服了这个地区。他们蹂躏乡村、抢劫农场，因为劳力短缺这些农场随后完全荒废，城市为避免饿死被迫投降。帝国已经丢失菲利普波利斯周边的北部色雷斯地区，作为帮助摄政——和最终证实的一样，他根本没有提供帮助——的交换条件，它们落入保加利亚沙皇伊凡·亚历山大的手中。君士坦丁堡摄政的另一个盟友，即保加利亚的总督莫姆契尔（Voivode Momčil），宣布自己独立统治罗多彼地区（Rhodopes）。乌穆尔将他击溃在佩里斯特里（Peritheorion）城下。这次平衡被打破，形势对坎塔库震努斯有利，因而他在1347年2月进入君士坦丁堡，在那儿他被宣布为皇帝，同时尊重约翰五世的继承权。坎塔库震努斯把他作为自己的"特殊儿子"对待，将女儿海伦许配给他。国内战争似乎业已结束，但实际并非如此。

狂热派革命

塞萨洛尼卡的革命和狂热派仍旧存在。在拜占庭历史上"Zealot"这个词不止有一种含义，它的解释如下：这个词的希腊语本义是指虔诚信奉东正教教义和信仰的人；引申意义指社会保守思想，它和被称作"政治的"，并被认为将现代性与一种进步的和开明的观念（由对文学的热爱而更加激发出来）相结合的思想相对。然而狂热派最终分成两派：一是宗教狂热派，他们是静修主义的热情信徒，后来也是坎塔库震努斯的热情支持者；二是政治狂热派，他们反对静修派，被教会划归为巴拉姆信徒。政治狂热派成为塞萨洛尼卡的领袖，其成员主要是希腊人，但也有其他民族的人。

塞萨洛尼卡享有一种特殊的城市自治方式，这种方式可追溯到罗马帝国时期，它被称作"政治法"（politikos nomos），是由塞尔维亚文献中的gradski zakon一词翻译而来。城市的自治地位使其自行选举行政官员，他们有权就城市和地方财产、农业、商业、制造行业和地方关税等方面颁布法律。这是以事实上由贵族和富裕市民控制的议会——元老会（gerousia），长老会（synkletos）或议事会（boule）——和人民大会（ekklesia tou demou，源自古代的一个称呼，由城市或教会权威、政党领袖或者称为政客的人召开的）的存在为前提条件的。城镇有两个执政者，一个代表皇帝，一个代表自治市。这是一个自由城镇享有的真正特权，它们在14世纪随着中央集权的松弛而盛行。在政权更替之时，每个最高统治者也都要对它们进行确认。这也适用以下情况：如拉丁人占领该城，以及第四次十字军东征之后约翰·瓦塔特泽斯（John Vatatzes）在1246年征服该城或者它于1423年转入威尼斯手中的时候。但是狂热派革命爆发时，这些特权在狂热派的心目中并不特别重要。

1345年亚历克西斯·阿波考科斯在君士坦丁堡遇刺身亡导致塞萨洛尼卡流血事件的发生。共治总督约翰·阿波考科斯，即亚历克西斯的儿子，和第二执政者以及身兼狂热派领袖的米哈伊尔·帕列奥列格比起来，他的权力完全是虚幻的，亚历克西斯·阿波考科斯遇刺后他决定将该城移交给坎塔库震努斯。这时狂热派正在和水手行会合作，在安德鲁·帕列奥列格的领导下，他们和所有市民一齐反击，最终迫使约翰·阿波考科斯和他的100个富裕的追随者躲在卫城里。狂热派和市民发动狂风暴雨般的攻击，并将这位共治总督和其党羽钉在城墙上，处以私刑。此后，城市权力完全由社会下层的代表掌握，城市完全独立于君士坦丁堡，不服从首都的命令。他们甚至拒绝曾被大教长任命为大主教的格利高里·帕拉马斯进入该城。只是在1349年末，共治总督亚历克西斯·梅托基特斯（Alexis Metochites）才设法推翻其同僚和政敌安德鲁·帕列奥列格并将他流放。在一些塞萨洛尼卡人的支持下，他向坎塔库震努斯请求帮助，而狂热派向杜尚求助。这是一把双刃剑，使狂热派失去了该城大部分人的同情。坎塔库震努斯是这一系列事件的胜利者，在约翰五世的陪同下他最终成功地进入该城，格利高里·帕拉马斯也同时登上了主教宝座。狂热派领袖或逮捕或流放，在向全城人讲话并宣判狂热派为叛国罪之后，坎塔库震努斯为约翰五世留下进行统治（1350），自行返回君士坦丁堡。狂热派在塞萨洛尼卡的统治就此结束，它是拜占庭历史上最引人关注的革命运动。

尽管文字资料匮乏兼之敌人的偏狭记录使我们很难确定这些起义者的社会出身，但他们很可能主要来自社会下层（即意大利城镇中的小平民），即德谟，他们发动起义反对权势阶层。和其他人不同，狂热派政党的主力有良好的组织，他们和水手与船坞工人的行会关系密切，这个行会包括渔民，像狂热派一样他们也发动武装起义。这两个团体似乎都涉足商业和海上劫掠。令人惊奇的是，在革命的第一阶段狂热派竟由米哈伊尔·帕列奥列格领导。他是皇族姻亲，他的继任者安德鲁·帕列奥列格也是一位贵族。但他们更多的是代言人而非革命者，而狂热派和水手们肯定无疑是革命者。在塞萨洛尼卡和部分色雷斯城镇，特别是阿德里安堡，部分从事制造业和商业的中间阶层似乎支持德谟，这是他们和马其顿东部城市的明显区别。马其顿东部城市丧失了一些重要的经济活动，同时在很大程度上陷入了当地贵族内部的两派争斗——德谟属于支持坎塔库震努斯的一派。君士坦丁堡支持坎塔库震努斯，加斯米里人（水手，特别是划桨者）支持摄政，而阿波考科斯为了确保城市商人的支持，引入了颇受欢迎的立法。这意味着那些被意大利人视为真正银行家的货币兑换商们一开始就反对坎塔库震努斯，并在1347年拒绝向他提供资助。

然而，我们必须谨慎小心，不能将某些阶级的思想单一化，他们尽管社会出身相似但行为各异。在阿德里安堡，德谟谴责那些放款人为"坎塔库震努斯主义者"，这是他们与君士坦丁堡的货币兑换商的根本区别所在。中产阶级也是如此，他们被称作"市民当中的中间人"（oi mesoi ton politon）或者是社会的"中间部分"（e mese moira），退一步说他们的行为总是模棱两可。德谟和他们日益敌对，这或许是因为他们不支持自己，或者是出于对他们的社会和经济优势的仇恨。塞萨洛尼卡的中产阶级中甚至出现一位叫加拉巴斯（Galabas）的牺牲品，1347年狂热派将其处死。后来他们被迫和人民签订和约反对权势阶层。

对狂热派革命，特别是他们的政府和意识形态纲领来说，资料残片中表明的最清楚不过的就是对统治阶层的残酷无情的迫害和没收统治阶层和宗教机构的财产，狂热派用这些收入为其军队和舰队提供给养。在很大程度上，工人、工匠、农民对社会不公和财富集中在少数地主手中的强烈憎恨是这一运动的力量源泉。一些不满的城镇，特别是塞萨洛尼卡的新的行政机构的建立表明了人们的愤恨之情，他们剥夺富人的所有权力，在人民参加城镇管理和防御的情况下，建立更加自由的城市机构。

尽管14世纪的拜占庭革命与同一世纪震惊佛兰德斯和意大利的民间起义有很多不同之处，但二者发生的社会冲突大背景有某些相似之处。有意思的是坎塔库震努斯接管塞萨洛尼卡的方式反映出博卡内格拉（Boccanegra）是如何在1339年夺取热那亚权力的。根据坎塔库震努斯的说法，事实是德谟战胜皇帝和贵族，将他们或流放或免职，借此表达他们对自治政府的渴望和选举自己人博卡内格拉作领袖的渴望。坎塔库震努斯使用同样的词语描述意大利城市发生的事件，他认为这和拜占庭的情况有些相似。至于说狂热派革命和博卡内格拉叛乱之间有任何真正的联系几乎不可能，例如热那亚甚至是威尼斯的殖民地在塞萨洛尼卡革命过程中影响微弱。从拜占庭角度来说，是帝国内部的特殊情况激发了革命运动的发生，而不必费心寻找外部因素加以解释。由此得出的结论就是：拜占庭革命和意大利城市叛乱之间只有细微的联系，因为拜占庭当时没有蒸蒸日上的商人和工匠阶层以及土地贵族控制的城市，从而阻碍了新的社会因素在政治上的发展和崛起。

拜占庭向土耳其人打开大门

约翰六世·坎塔库震努斯登上君士坦丁堡皇位确保了静修派的胜利，并恢复了和安德罗尼库斯二世保守政治的联系，约翰六世·坎塔库震努斯二世恪守东正教，结束了米哈伊尔八世、安德罗尼库斯二世以及在他们之前的曼努埃尔一世·科穆宁（Manuel I Comnenus）期间对西方文化的倾斜。

约翰六世充分意识到了帝国的可悲境况。国家，特别是色雷斯遭受了两次国内战争的蹂躏以及土耳其军队的劫掠，农业种植和随之而来的税收根本无法进行。帝国国库几乎告罄，他日益依赖富裕市民的慷慨解囊或者外国君主和国家赠送或借贷等形式的救济。萨沃伊的安娜甚至将皇室珠宝送往威尼斯，以此抵押借贷3万杜卡特，塞雷尼西马家族（the Serenissima）一直催她偿还这笔钱。1347年黑死病肆虐首都，坎塔库震努斯仿照修昔底德的叙述方式对黑死病的可怕后果进行了描述，他告诉我们黑死病在君士坦丁堡如何夺走无数人的生命。君士坦丁堡的死亡率非常之高，一份西方史料竟然估计其为全城人口的8%或9%。坎塔库震努斯此前设想的建立从伯罗奔尼撒半岛到君士坦丁堡的统一帝国的计划现在完全不可能实现了。此后拜占庭帝国只限于色雷斯、爱琴海北部岛屿，即从塞萨洛尼卡到希腊另一端的拜占庭的摩里亚半岛。拜占庭国内战争的主要胜利者是杜尚，他的势力范围扩大到除加泰罗尼亚公国外的希腊其他所有省份。

坎塔库震努斯建立的政府体制是以皇族的集体统治代替皇帝的单一统治。这是由帝国领土现状引发的新的需求决定的，并非出自皇帝个人意愿，当时他反对蒙特费拉特的伊雷娜提出的按照西方模式分割帝国的要求。但约翰六世的举动也是出于政治考虑，他力图削弱帕列奥列格王朝以使局势对自己有利。坎塔库震努斯的长子马修因此成为色雷斯在西方地区的统治者。同时马修的兄弟曼努埃尔负责管理拜占庭帝国在摩里亚半岛的各领地，这些领地被建成享有行政自治权的公国，但同时也承认皇帝的统治权。这就是摩里亚半岛公国建立的过程。

坎塔库震努斯的对外政策可总结为两点：一是和土耳其签约；二是和强大的热那亚竞争。倘若热那亚竟然在帝国内建立了一种国家形式，那后一个目标的实现更多地取决于国内环境。通过巨大的财政努力，坎塔库震努斯组建了一支舰队，此后经常用它公然反抗热那亚人（博斯普鲁斯海峡的绝大部分税收转入他们名下），并且降低君士坦丁堡关税与之竞争。结果，战争爆发，拜占庭战败，1349年热那亚人击溃这支舰队并将其遣散。坎塔库震努斯恢复经济和军事自治权的努力以失败而告终。此后，热那亚和威尼斯之间立即爆发新的战争，拜占庭不可避免地再次卷入。坎塔库震努斯最初被迫支持威尼斯和阿拉贡的彼得四世，1352年博斯普鲁斯战役时盟军撤退，此后又投降热那亚人。威尼斯利用这个机会和约翰五世联盟，他答应将希莱斯邦特（Hellespont）和普罗邦提达的门户岛屿特内多斯（Tenedos）割让给他们，以此换取用来反对他父亲的2万杜卡特。国内战争的战火即将重新燃起。

为了使王朝合法原则与渴望建立自己的统治以对抗帕列奥列格王朝的愿望相结合，约翰六世在最后时刻在其子和身边聚集了所有反对势力的约翰五世之间重新分配色雷斯。虽然如此，局势迅速恶化，双方宣战，这是由双方请来的军队作出的决定。约翰五世一方向塞尔维亚和保加利亚请求帮助，同时乌尔罕派其子苏莱曼率大军前往君士坦丁堡。博斯普鲁斯海战结束几个月后，土耳其在季季莫蒂洪附近发生的战斗中获胜。受到这一胜利成果的激励，坎塔库震努斯不顾人们对王朝合法性的要求，取消约翰五世的继承权，1354年11月初马修加冕为共治国王。约翰五世的统治行将结束，在此期间，他获得热那亚海盗弗朗切斯科·加蒂鲁西（Francesco Gattilusi）的帮助，交换条件是答应将妹妹嫁给弗朗切斯科，并割让莱斯博斯岛作为嫁妆，于是他在同月进入君士坦丁堡并受到热烈欢迎。两位皇帝通过谈判达成初步协议，但后来这些协议无效，此后坎塔库震努斯迫于公众不满的压力决定退位。退位后他过着僧侣式的生活，从政治舞台隐退，然而直到30年后在米斯特拉逝世之前他一直是约翰·帕列奥列格的顾问。至于马修，在被塞尔维亚人打败之前，一度占领罗多彼山脉，1357年在约翰五世的逼迫下退位。

坎塔库震努斯的垮台和他与奥斯曼联盟政策的局限性密切相关，换句话说，也就是和他一次地震。希腊半岛经常发生这样的地震，这说明了16世纪描绘地震的壁画所宣告的末日审判的真实性。（圣山，迪奥尼锡乌修道院）。

无力约束土耳其人的行动有重大关系。土耳其人直接入侵和袭击色雷斯地区的时代无疑结束了，现在他们和冲在最前线的土耳其人一起从小亚细亚各地在此会聚扎根，成为他们欧洲历史的开端。1352年左右，他们就已在色雷斯半岛的栽姆佩（Tzympe）要塞定居下来，这是通往内地的交通要塞，不同出身的土耳其人很早就入侵这一地区——其中一些是很早以前随乌穆尔一起来的，另一些是以加齐（Ghazi）为领袖的四处流浪的独立袭击者。他们只是等待机会永久定居下来，1354年3月发生的大地震帮他们实现这一愿望，这次大地震破坏了色雷斯一些城镇的防御工事。其中一些城镇如加利波利（Gallipoli，即今土耳其的盖利博卢）完全被人们放弃，落入土耳其人的手中。坎塔库震努斯徒然地支付给苏莱曼大笔钱也没能收回加利波利，相反后来它成为苏丹对巴尔干半岛内地探险的一个强大基地。确实是坎塔库震努斯通过召集土耳其人为其效力从而向其打开了国门，摄政王采取的也是同样的政策，但自始至终都缺乏坎塔库震努斯的手段和才干。是整个拜占庭制度的衰落加速了土耳其人的入侵，因为土耳其人可能已经发现欧洲，但还没有完全引起他们的兴趣。

拜占庭帝国大约还有百年寿命，在"沿着不幸的楼梯走至灭亡"的同时，它即将用这些年来诠释新希腊派诗人科斯塔斯·帕拉马斯（Kostas Palamas），同时拜占庭的文化复兴运动依然走向高潮。

乞求能得到最后的缓刑吗？

在拜占庭诸皇中,如果从1341年加冕算起的话,约翰五世·帕列奥列格的统治时间是最长的。期间,他的儿子安德罗尼库斯四世（1376—1379）和孙子约翰七世（1390）两次将其赶下皇位。他生性软弱,不能勇敢面对无法补救的局势。这一时期的决定性因素无疑是土耳其人的挺进,这也影响到了在东方的拉丁领地和意大利海上城市的利益,于是它们暂时抛弃前嫌一致对外。

此后,拜占庭皇帝们的外交政策转向西方,再一次以教会联盟为交换不断寻求西方的支持来帮助他们反对土耳其人。皇帝们也一直致力于此,甚至在里昂公会议失败以后亦是如此。在安德罗尼库斯二世、安德罗尼库斯三世（大约在其统治末期）、萨沃伊的安娜和坎塔库震努斯等人发动的内战期间,他们就试图与西方进行和谈。1348年约翰五世向教皇建议派遣军队反对土耳其人,他保证参加,并且声称这次行动将深入拜占庭民心,有利于教会联盟的重新恢复。不止于此,他甚至完全改变此前军事援助要优先教会联盟的政策,不再重申约翰六世召开全体基督教会议的要求。

约翰五世的第一步就是自己、家人,甚至皇位继承人曼努埃尔改信天主教。他建议以他和屈服于他决定的贵族们的改宗为开始,逐步进行,因为大多数神职人员和普通民众敌视教会联盟。这些建议甚至比他的先人曼努埃尔七世走得还要远——曼努埃尔七世通过谈判非常有限地满足教皇的要求。事实上,自米哈伊尔八世时代以来,这一问题业已发生根本性变化,这时的危险是来自异教徒,教皇不能以在安茹的查理的例子中用过的同样的平衡作用来对抗他们。在这一意义上,约翰五世写给阿维尼翁教皇英诺森六世的信（1355）中提出的这些建议——成为他转变信仰的第一步——没能获得他所期待的军事结果。1359年在士麦那成立的以"打击土耳其和解放圣城"为宗旨的基督教联盟实际上关心的只是如何保护威尼斯、塞浦路斯和罗得岛医院骑士团（Rhodes Hospitaliers）在东地中海的商业利益。

与此同时,巴尔干的局势也处于最危险的时期。杜尚在1355年逝世以后,他的帝国崩溃了,两个继任者将其一分为二,他们建立一些稍许独立或半独立的飞地,而保加利亚由于严重的国内困难保持中立。1359年土耳其人兵临君士坦丁堡城下,此后,色雷斯地区最重要的城镇,如季季莫蒂洪、阿德里安堡（1368—1369）和菲利普波利斯相继沦陷。我们很难确定夺取或夺回这些城镇的具体日期,因为其中一些在完全屈服于征服者之前曾回到过拜占庭手中。新苏丹穆拉德一世（Murad I）的出现加速了事态的发展,他向半岛的斯拉夫领地进军,并开始一项宏大的计划,即将色雷斯地区的民族迁往小亚细亚,小亚细亚民族迁往色雷斯地区。从穆拉德一世开始,拜占庭和巴尔干的事态进展以奥斯曼苏丹的统治期为衡量标准,而不是以拜占庭皇帝,更不是以塞尔维亚和保加利亚君主的统治期为标准。

对教皇的示好行动失败以后，约翰五世在君士坦丁堡大教长（他支持《巴尔干协约》，反对与西方合作）的主动引导下转向意大利的航海共和国，然后又转向斯拉夫国家。卡利克斯图斯（Callixtus）大教长意外死亡，从而没能前往塞雷斯和杜尚的遗孀进行会谈，同时拜占庭和保加利亚沙皇（他的一个

征服一个要塞后，穆拉德一世躺在一棵白杨树下休息。（奥斯曼的胡内纳梅手稿，1584，伊斯坦布尔，托普卡普皇宫）

女儿嫁给了安德罗尼库斯四世）的谈判也一无所获。此外，保加利亚和拜占庭之间爆发战争，保加利亚从拜占庭手中夺走了安基奥洛斯（Anchiolos）港口。另一方面，由塞浦路斯国王彼得一世领导的一场真正的十字军运动已经开始并启航前往埃及，皇帝对此十分失望，他曾打算让它为自己的利益服务。最后，由于对其事业感到绝望，1366 年初约翰五世沿多瑙河作了一次漫长的、痛苦的旅行，目的是请求匈牙利国王大路易（Louis the Great）的帮助。

最终证明，这次旅程只是拜占庭皇帝穿越欧洲的一系列旅行的开始，他们不顾一切地企图从大变动中解救他们的国家。皇帝对时代需求的响应就是进行紧急求助，而非命令军队越过边境作战。这个时代另一个同样需要提到的迹象是约翰五世在从布达（Buda）返回的途中（无论如何，他在那里也只能无功而返），被驻扎在匈牙利边境的保加利亚人扣押。同样受到土耳其人威胁的保加利亚沙皇使拜占庭皇帝受到的屈辱已经回答了为什么土耳其人如此轻而易举进入东欧这一问题。

约翰五世没能回到首都只能归于他的表兄弟萨沃伊的阿马迪厄斯六世（Amadeus VI）的干涉。以"绿色伯爵"著称的阿马迪厄斯此前就已在弗朗切斯科·加蒂鲁西和一小撮拜占庭军队的支持下完成了一项丰功伟绩，即在 1366 年从土耳其人手中夺回加利波利。甚者，他从已控制黑海西岸的安基亚洛斯的保加利亚人那里取得梅森布里亚和索佐波利斯（Sozopolis），从而加强了拜占庭力量。然而阿马迪厄斯那具有反对土耳其人的十字军运动狂热属性的行动也不排除有未来教会联合的考虑，因为他身边带着一位教皇使节，即辛尔纳（Symrna）的前拉丁主教保

罗，他最近被提升为君士坦丁堡的拉丁大教长。在东正教大教长菲洛塞乌斯（Philotheus）缺席的情况下，拜占庭前任皇帝约翰六世，即现在的僧侣约阿萨夫（Ioasaph）向保罗阐述拜占庭教会的地位，约翰六世坚持讨论其渴望召开的基督教公会议的计划，认为教皇、君士坦丁堡大教长和其他东方教派的大主教以及塞尔维亚、保加利亚和格鲁吉亚教会领袖们应该相互帮助。

尽管拜占庭神职人员坚决反对，阿马迪厄斯威胁将加利波利还给土耳其并进攻君士坦丁堡，但约翰五世在一些权贵——包括新柏拉图派哲学家迪米特里厄斯·西多内斯（Demetrius Cydones）——的陪同下第二次前往西方，前往罗马。这次随员中没有教会人士。1369年10月在罗马，皇帝正式在罗马教皇乌尔班五世面前皈依天主教，但这只是个人行为，它不以任何形式暗示整个东正教会的皈依，也没有促成教会联合。更糟的是，这一行动没有使帝国获得军事援助。约翰五世在威尼斯不得不忍受更大的侮辱，作为债务人他被迫滞留在共和国。后来只是在其子曼努埃尔进一步的调解下，他才在1371年10月回到君士坦丁堡。这次旅行的目的没有实现，西方几乎把全部精力都用在解决自身事务上了，因而无暇关心拜占庭极端严重的军事困境，看来要靠神学信仰来解决拜占庭的问题了。

为时已晚

与此同时，《巴尔干协约》正在瓦解。该协议的伟大领导者是大教长菲洛塞乌斯，这场运动被路易·希雷耶（Louis Bréhier）称为"东正教的十字军运动"。这位大教长成功地将塞尔维亚和保加利亚教会重新置于自己的管辖之下，但巴尔干各国太过弱小和分裂（指国内和各国之间而言），因而不可能达成一个有效的可行的协议。1371年9月，希伯伦（Hebron）的采尔诺米亚农（Tzernomianon），即奇尔门（Čirmen）战役证明了这一点。在这次战役中，土耳其人摧毁了塞尔维亚国王武卡欣（Vukašin）和他的弟弟君主乌格列沙（Uglješa）的全部军队。这次战役的失败不仅注定马其顿的命运——它的各个自治王公成为苏丹的附庸，并服从其征兵命令，而且也意味着整个巴尔干半岛的防御体系的崩溃。不久后，拜占庭帝国和保加利亚都成为苏丹的附庸并被迫向其提供军队。乌格列沙死后，曼努埃尔·帕列奥列格夺回塞雷斯，拜占庭取得的这一点点进步弥补了帝国降为二流国家并在此后向土耳其人纳贡的耻辱。

约翰五世不久就随同穆拉德率领的远征军抗击小亚细亚的塞尔柱各酋长国。其子安德罗尼库斯利用这个机会立即和当时也在反对其父的苏丹的儿子萨维伊（Savji）结成联盟发动叛乱反对他。约翰五世被迫处于一种可怕的、可耻的地位，当时穆拉德在镇压这次叛乱并弄瞎了约翰五世的儿子后命令他对他的儿子和孙子施以同样的惩罚。皇帝执行了这一命令，但比穆拉德仁慈得多，他的两个受害者没有全瞎，而萨维伊却受伤而死。对政府来说，安德罗尼库斯丧失了继承权，由曼努埃尔代替，1373年加冕为帝。

这些事件在帕列奥列格王朝内部开创了一个新的冲突时期，在此期间安德罗尼库斯做了一系列努力试图废黜他的父亲。这一时期与决定15世纪下半叶拜占庭帝国、威尼斯和热那亚之间关系的特内多斯问题密切相关。自土耳其人控制达达尼尔海峡以来，特内多斯岛就成为控制达达尼尔海峡的一个重要战略据点，并且也是两个意大利城市爆发更残酷冲突，并在这一区域以武力决出胜负的一个理由。由苏丹作为仲裁者的反对帕列奥列格王朝的这两个城市的对抗只是进一步加剧了双方利益的对立。意大利各城市渴望保护他们的经济和金融收益，因而自土耳其人开始将其霸权扩展到欧洲以来，他们就将巴尔干协约国作为他们对土耳其人政策的重心。

1376年热那亚帮助安德罗尼库斯四世赢得帝位，但是他们没能夺回特内多斯岛，它已被约翰五世的盟友威尼斯人占领。这时候，安德罗尼库斯四世将已由萨沃伊的阿马迪厄斯解放十年之久的加利波利还给了土耳其人以换取他们的支持。穆拉德一世答应约翰五世和曼努埃尔重新恢复他们作为附庸的义务，并在1379年帮助他们恢复帝位。与此同时穆拉德一世还支持安德罗尼库斯，迫使约翰五世承认安德罗尼库斯和他的儿子约翰七世取代自己的儿子曼努埃尔成为继承者，并迫使他放弃普罗旁蒂达北岸的一些主要城镇。这只能使帝国进一步四分五裂，拜占庭皇帝降为苏丹棋盘上随其鞭子转动的、令人鄙视的棋子。至于特内多斯，则被宣布为中立地区，同时根据1381年威尼斯和热那亚在都灵签订的和约将它移交给萨沃伊伯爵。特内多斯的防御工事被破坏，人口被迁往克里特和埃维亚。尽管威尼斯继续使用该岛，但和约在1383年至1384年开始生效。条约中唯一没有体现的就是拜占庭的利益。

在这个令人郁闷的时期中，唯一的一线曙光是塞萨洛尼卡的君主曼努埃尔·帕列奥列格，特别是在他统治的第二阶段（1382—1387）执行的和他父亲完全相反的政策。曼努埃尔公然反抗土耳其人的附庸法，并试图将塞萨洛尼卡变成他业已收复的马其顿和色雷斯的防御中心。他立即没收教会在圣山和塞萨洛尼卡的一半土地，将它们变为潘诺尼亚，以供应军需。在这个意义上，曼努埃尔继约翰五世之后继续将某些教会领地世俗化，以此加强他的军队力量来抗击土耳其人的威胁，教会试图引用神圣教法加以反对。穆拉德一世迅速对曼努埃尔的政治独立做出反应：他第二次夺取塞雷斯，并包围塞萨洛尼卡，塞萨洛尼卡于1387年投降。塞萨洛尼卡被允许保留相对自治的政权，1384年巴耶塞德一世曾将其废除并在1395年强制执行德米舍梅制度(devshirme)。

事实上，人们通常认为从安德罗尼库斯四世的统治和特内多斯战争（1376—1381）初期到战争结束是土耳其人巩固对巴尔干征服的一个时期。穆拉德一世为奥斯曼帝国机制奠定了基础，同时整编军队。他还在占领地区执行了一项移民和殖民的宏大计划，同时在士兵中间分配土地、建立采邑。夺回加利波利之后，正式迁都阿德里安堡（1377），这成为奥斯曼在欧洲的第一个都城。不久后，他继续进行征服，一些重要城镇如尼什（Niš，1386）和索非亚（Sofia，

1387) 相继落入他手，此后入侵东保加利亚。在到达多瑙河流域以前，他还一度占领保加利亚的特尔诺沃 (Târnovo, 大特尔沃诺的旧称) 的一些要塞，并迫使沙皇放弃锡利斯特拉 (Silistra)。

下一个就轮到塞尔维亚了。在保加利亚阻止了一场叛乱发生以后，穆拉德转向科索沃，这是在塞尔维亚王公拉扎尔 (Lazar) 推动下成立的反土耳其联盟成员武克·布兰科维奇 (Vuk Brankković) 的驻地。1389年的科索沃战争的过程和希伯伦战争一样，它终止了斯拉夫民族在半岛试图阻止奥斯曼摧毁他们的最后一搏。穆拉德一世之死——他可能是被拉扎尔的儿子米洛什·科比利奇 (Miloš Kobilić) 刺死的——没有影响战事的结果，奥斯曼军队在穆拉德之子巴耶塞德的领导下以绝对优势获得胜利。拉扎尔王公及其贵族们被处死，他的继任者们被迫向奥斯曼纳贡和招募后备部队。巴耶塞德也向当地的所有非穆斯林强行征收哈拉吉 (kharaj)。1386年投降的圣山修道院没有被免税，他们也不得不缴纳所有的地产税——其中包括修道院在外面的那些领地。

短短几年

在被称作"霹雳" (Yildirim) 的巴耶塞德一世在位期间 (1389—1402)，拜占庭帝国在欧洲和小亚细亚都遇到了危机。当时在战胜土耳其的埃米尔以后，这位苏丹有很好的理由授予自己"鲁姆的埃米尔" (Emir of Rum) 称号。1393年塞尔维亚首都特尔诺沃在猛烈围攻下投降，于是拜占庭帝国在欧洲随着塞尔维亚国家及其防御的毁灭而日益完全孤立。现在巴耶塞德可以和拜占庭帝国玩猫和老鼠的游戏了，并可以利用皇族内讧。拜占庭帝国以前就曾经引来外国觊觎者以反对他们的在位君主。1390年时就是这样，当时约翰七世在巴耶塞德的帮助下将他的祖父逐出君士坦丁堡，数月后，无疑在这位苏丹的同意并以更大的让步为代价的情况下，曼努埃尔最终带着约翰五世重返首都，但约翰五世不得不破坏掉他在金门附近建造的用来保护首都的防御工事。曼努埃尔和约翰七世被迫陪同巴耶塞德在小亚细亚作战。曼努埃尔尽管感到厌倦和痛苦，但他不得不参加1300年对拜占庭的最后一个自由城市费拉德尔菲亚的征服活动。正是在土耳其人设在布鲁萨的营帐中，曼努埃尔得知父亲死亡的消息 (1391)，为了确保帝位和接管疆域狭小的帝国，他逃离阵地并回到君士坦丁堡。

从曼努埃尔二世·帕列奥列格1391年即位到安塞拉 (Ancyra) 战役 (1402)，到穆拉德二世即位 (1421)，再到曼努埃尔逝世 (1425)，帝国一直处于崩溃的边缘。但是在暴风雨来临之前的这个过渡期却显得相对平静，其标志就是曼努埃尔的贵族们试图改善帝国的地位。这位皇帝的行为无疑表明他在这个时代值得受人尊敬。和其父不同，他决定抵抗敌人。他甚至改善了局面，但这更多的是因为奥斯曼帝国在安塞拉战役之后爆发的国内战争以及此后穆罕默德一世（Mehmed I）对拜占庭实行的和平政策。

巴耶塞德以分别传唤的手段召集他所有基督徒附庸在塞雷斯开会（1393—1394），以致每个人在最后一刻都不知道其他人要来，以此在他们之间制造恐怖并使他们知道自己该做什么。同年春天，巴耶塞德围攻君士坦丁堡，建立了长达八年（中间有过几次暂停）的地面封锁，首都的粮食储备降到最低。西方向君士坦丁堡饥饿的人们提供的所有东西，就是威尼斯议会给他们的空洞的安慰；后来他们送来一船小麦以及答应为曼努埃尔提供庇护。

大约在同时，土耳其人完成了埃维伦诺斯贝伊（Evrenos Bey）于1393年就已开始的对色萨利的征服，并废除了塞萨洛尼卡的仁慈的政权。此后他们侵入希腊南部和伯罗奔尼撒，在科林斯（Corinth）前线击败米斯特拉君主，狄奥多尔一世·帕列奥列格(Theodorus I Palaeologus)。因为基督徒的君主们丝毫没有团结一致的精神——底比斯和阿哈伊亚（Achaia）的纳瓦拉人、雅典的阿恰约利家族、拜占庭的米斯特拉君主——因而土耳其军队轻而易举地长驱直入。他们几乎同时进入巴尔干半岛，推翻了瓦拉几亚总督米尔恰（Voivode Mircia of Wallachia）的统治。尽管在1395年激烈的罗维纳（Rovina）战役中获胜，但总督米尔恰还是成为苏丹的一个附庸。结果，土耳其人成为多布罗察（Dobrudža）的主人并控制了多瑙河沿岸的中枢地区。

西方现在真的开始焦虑不安了。西吉斯蒙德国王的国家处于直接的威胁中，因而他是第一个呼吁基督徒团结一致的人。最先响应的是法国的骑士们，他们在讷韦尔的约翰伯爵（Count John of Nevers）领导下组成一个人数众多的分遣队，布西科元帅（Marshal Bouciaut），即被人熟知的约翰·莱曼格尔（John le Meingre），就在其中。米尔恰率领的瓦拉几亚人、波希米亚、波兰、西班牙和英国的各骑士团扩充陆军，威尼斯、莱斯博斯岛和希俄斯的热那亚人和罗得岛的医院骑士团出战船保护黑海和多瑙河口。尽管人数众多（大约10万人），但一方面因为法国人和匈牙利人之间没有达成一致，另一方面因为土耳其人的英勇，这支部队很快于1396年在尼科波利斯被歼灭，国际范围内的最后一次十字军运动在血腥的失败中结束了。大多数俘虏被屠杀，而西吉斯蒙德则乘坐一艘威尼斯船逃跑了。在经过达达尼尔海峡时，他看到了被土耳其人困在两岸的基督徒俘虏们。

事实上，这次十字军运动的组织者们对拜占庭的危急状况毫不关心，他们的目的只是保护天主教的匈牙利，至多是将苏丹赶出中欧。解放圣城仅仅是一部分人的事，至于解救君士坦丁堡则没人想到过。

巴耶塞德在一次短暂的间歇后继续对君士坦丁堡进行封锁。这次他在博斯普鲁斯海峡的东岸修筑被称作阿纳多卢·希萨尔（Anadolu Hisar）的著名要塞，后来他还在博斯普鲁斯的欧洲沿岸建造一个同样的要塞，它们将和这个城市的陷落永远地连在一起。与此同时，埃维伦诺斯贝伊的军队再一次入侵希腊，他们一度占领雅典，然后一路劫掠，远至伯罗奔尼撒半岛南部的威尼斯殖民地。曼努埃尔绝望地向共和国总督、教皇和法、英、阿拉贡的国王们请求援助，但没有结果——除了查理六世同意派遣的由布西科率领的微不足道的 1200 名士兵。莫斯科大公瓦西里一世（Basil I）因为其他原因没有卷入。尽管俄罗斯教会坚定地恪守东正教信仰并承认君士坦丁堡大教长的崇高地位，但他们不想和已成为土耳其"附庸"的皇帝有任何关连。自从拜占庭教会维护甚至加强它在东正教国家的覆盖面以来，直到大教长安东尼奥斯四世（Antonios Ⅳ），他们一直以帝国普世基督教主义的古老和永恒的教义的名义否认这一论点。

在这种情况下，在布西科的坚持下，曼努埃尔除了步父亲后尘外别无选择。但二者存在根本区别，曼努埃尔去罗马不是因为信仰上的任何改变或讨论教会统一问题，他只是向英、法两个西方强国进行游说，要求他们向其提供适当的军事援助，最好是组织一次十字军运动，将土耳其人赶出君士坦丁堡和欧洲。

他在欧洲宫廷受到热情款待，这既是因为西方已开始注意到土耳其人的威胁，也是因为人文主义者们确信拜占庭是希腊文化的自然保持者。虽然如此，曼努埃尔获得的唯一物质帮助就是英国国王亨利六世给的 3000 马克（2000 英镑），这相当于英国教会出售教皇赎罪券的全部收益。鼓动组织一次国际十字军运动是不可能的。这次游历到帝国灭亡时为止唯一的积极意义就是扩大了拜占庭帝国和经历了百年战争但文艺复兴运动蓬勃发展的西方之间的交往。君士坦丁堡逐渐被所有人抛弃，它的面积不断减少，只限于城郊了，无可挽救地被判处死刑。这一过程不过短短几年。

斯拉夫人：既是压迫者也是被压迫者

在帝国的最后垂死挣扎中，塞尔维亚人、保加利亚人，甚至俄罗斯人都多次干涉拜占庭事务。他们的角色模糊不清：这些国家到处弥漫着帝国文化，并在此激励下自认为是濒临死亡的帝国的当然继承者。但和 10 或 11 世纪的祖先们一样，他们认为自己可以通过武力达到目的，轻易从其伦理、语言和心理传统中振作起来。为达到目的，他们就像无礼的儿子们一样举起沉重的武器反对那个使他们获得自我意识的人。在此过程中，他们玩起了他们伊斯兰邻居的游戏，加速了拜占庭帝国的灭亡，而他们也将一起随之倾覆。

塞尔维亚的崛起

塞尔维亚国家发展和扩张的主要阶段也是和拜占庭帝国发生关系的阶段，每个阶段都以一场战争为标志：在内马尼亚家族（the Nemanja）领导下争取独立的斗争、自米卢廷

(Milutin) 时代以来对马其顿的巴尔干核心地区的争夺和杜尚时代争夺巴尔半岛霸权的斗争。塞尔维亚在每一阶段取得的进步都反衬出拜占庭帝国的逐渐衰落。

在“第一个加冕国王”斯特凡 (Stefan) 去世时爆发的国内动乱的结束、乌洛什一世 (Uroš I, 1242—1276) 即位以来出现的相对稳定与塞尔维亚矿产——它是塞尔维亚进步的动力——开始密集开采是一致的。来自匈牙利，很可能是来自自称萨克森人的齐普领地（Zip，在塞尔维亚、波斯尼亚和保加利亚通常被称作 Sasi）的德意志矿工促进了矿场的生产率的提高。截止到 13 世纪末，矿工人数十分庞大。矿业是商业扩张和货币稳定以外塞尔维亚国王执行政策的又一支柱。

塞尔维亚贵族是斯特凡·乌洛什二世·米卢廷（1282–1321）兼并政策的支柱，在他们的支持下，米卢廷开始着手实施他的扩展计划，不久，拜占庭帝国就意识到了塞尔维亚经济发展所带来的影响。塞尔维亚夺取马其顿北部地区及斯科普里 [Skopje，即位于希腊的斯科佩里亚 (Skopeia)]、什蒂普 [Štip，即斯蒂佩里昂 (Stypeion)]、维莱斯 [Veles，即维莱索斯 (Belesos)]、德巴尔·德尔 [Debar–Debra，即底比莱 (Dibre)] 等城市。在进行艰苦谈判之后，皇帝代表狄奥多尔·梅托基特斯 (Theodorus Metochites) 才满足了塞尔维亚贵族的要求，他们主要从没收拜占庭土地中获利。米卢廷将和安德罗尼库斯二世五岁的女儿西莫尼斯(Simonis)成婚(1299)，她的嫁妆就是他已经征服的那些地区。唯一公正的是，塞尔维亚开始感受到宫廷受到拜占庭文化的强烈冲击，并且随着拜占庭领土的融入，这种冲击越来越强烈。甚至可能在米卢廷统治之前，内马尼德斯 (Nemanjides) 就已接受拜占庭的潘诺尼亚制度，在那儿我们找到了塞尔维亚与此相关的最早文献。塞尔维亚只是将其征服地区的现存制度合法化，据此管理当地士兵的财产，随后这一制度也普及到塞尔维亚本土和仍处于威尼斯统治之下的扎塔 (Zeta)。

从一开始，塞尔维亚就积极参加拜占庭帝国的国内战争，试图攫取最大利益的同时巩固他们反对保加利亚的联盟。1330年，他们在费尔巴兹德 [Velbăžd，即现在保加利亚的丘斯滕迪尔 (Kjustendil)] 战胜沙皇希什曼，结束了保加利亚—拜占庭联盟并有助于加强塞尔维亚在巴尔干地区的霸权。维尔博扎德战役的胜者斯特凡·乌洛什三世·德钱斯基（1321—1331）不久后成为贪婪的塞尔维亚贵族的牺牲品，他们试图扩大领地，派人暗杀了国王，然后立其子斯特凡·杜尚 (Stefan Dušan, 1331—1355) 为王。这些贵族们有效

西莫尼斯皇后。这是她在5岁完婚时的画像，这个不幸的女人一直未能生育。（壁画局部，格拉查尼察，1320）

197

地将塞尔维亚伟大的扩张计划强加给斯特凡·杜尚。他在马其顿东部夺取了普里莱普［Prilep，即普里拉波斯（Prilapos）］、斯特鲁米特萨（Strumitsa，Strimvitza，Stromnitza）、沃德纳［Vodena，即埃德萨（Edessa）］、奥赫里德（Ohrid，Achrida）和卡斯托里亚等城市，1334年杜尚和安德罗尼库斯三世在塞萨洛尼卡前线签订和约才暂时中止了塞尔维亚前进的步伐。随着第二次国内战争的爆发，双方很快再次开战，就我们所知，真正胜利的是塞尔维亚国王。杜尚牺牲分裂的拜占庭帝国，没有真正地打过一场仗就征服了阿尔巴尼亚和马其顿，并占领克罗亚（Kroja）、培拉特［Berat，即贝莱格拉达（Belegrada）］、阿维厄纳（Aviona）、贝尔霍伊亚、塞雷斯、兹拉马（Drama）、菲利普洛伊（Philippoloi）、克里索波利斯和圣山等城镇。不久后，杜尚占领伊庇鲁斯、色萨利、埃托利亚和阿卡纳尼亚等大片领土，由此，塞萨洛尼卡成为拜占庭帝国的一座孤岛。

　　斯特凡·杜尚的野心就是镇压拜占庭帝国，建立一个塞尔维亚掌政的新帝国，但其形式保持不变，这个机会来了。查理曼和加洛林王朝的统治者们、德意志诸皇和保加利亚君主很早以前就有过的对帝国称号的争夺再次重演。杜尚在宪章中称自己为"塞尔维亚和罗马尼亚的国王和独裁者"（希腊语宪章）和"塞尔维亚人和希腊人的沙皇"（塞尔维亚语宪章），这非常恰当地表达了他独特的意识形态。自然塞尔维亚大主教约安尼基奥斯（Ioannikios）被任命为"塞尔维亚和希腊大教长"，以此建立塞尔维亚帝国自己的大教长职位，并对新的需求做出响应。而最具象征意义的是，1346年4月杜尚在自封为奥赫里德大主教的特尔诺沃大教长和不久自愿投降的圣山修道院的代表们出席的情况下，在斯科普里举行隆重的加冕仪式。巩固新政权的第三步是通过颁布《神圣皇帝斯特凡法典》建立法律基础，法典也保护塞尔维亚人和希腊人的地产。国家正式分裂为塞尔维亚和罗马尼亚两部分。其中，塞尔维亚继承的是原塞尔维亚土地，仍保留了古老的斯拉夫称呼，如省长（župan）、公爵（knez）和总督（voivode），这些称呼如何使用都是有严格规定的。罗马尼亚继承了塞尔维亚后来征服的原拜占庭领土，保留了原拜占庭的行政机构和名称，例如凯法勒称呼指代总督，甚至还建立了类似于希腊各省的大法官法庭。尽管塞尔维亚被正式赐予杜尚的儿子乌洛什国王，但因其年幼，这种安排纯粹是名义上的，整个帝国的统治者还是这位沙皇。

　　和行政制度一样，法律制度大体上也是仿效拜占庭模式，但根本区别是现在的主要掌权者是塞尔维亚人，以及在行政事务、兵役，甚至是教会机构中出类拔萃的希腊人。由此带来的重要结果就是拜占庭贵族的大部分土地变成塞尔维亚封建领主的自主地产或潘诺尼亚地产，例如至少有部分土地属于拜占庭士兵的什蒂普地区可能从德钱斯基时代以来就赐给大贵族赫雷利亚（the Protosebastus Hrelja）了。

　　因为具有共同的目标，即反对拜占庭帝国，因而杜尚外交政策的方向是确保和威尼斯结

地图5：杜尚统治时期（1331—1355）的塞尔维亚

成联盟。这丝毫没有引起塞雷尼西马的注意，因为她最关心的是煽动杜尚反对匈牙利。杜尚放弃贝尔格莱德和格卢巴茨（Golubac）而被迫采取守势。至于他和教皇的关系，杜尚毫不妥协地在法典中禁止罗马天主教徒甚至是"半个罗马天主教信徒"和东正教基督徒结婚，同时他还采取一些显而易见的危害君士坦丁堡的措施来试图博得诸教皇的好感。但所有努力都终成泡影，总之，这位沙皇的过早逝世结束了他在巴尔干半岛建立霸权的伟大计划。

土耳其人的干涉

正当短命的塞尔维亚人的国家土崩瓦解之际，某些封臣的权力却有所增加。如在杜尚时代就坚持对什蒂普地区和斯特鲁米特萨进行自主统治的赫雷利亚，或贝尔霍伊亚和沃德纳的领主赫拉彭（Hlapen）。沙皇斯特凡·乌洛什（1355 年至 1371 年在位），即杜尚的儿子只是名义上的统治者，他不能阻止广阔的疆土分裂成一些独立的封建实体。杜尚的同父异母兄弟西米恩（Symeon）被称作乌洛什·帕列奥列格（1355 年至 1370 年在位），他自称为"塞尔维亚、希腊和全体阿尔巴尼亚人的皇帝"，但其权力只限于伊庇鲁斯和色萨利。他死后，他的儿子约万·乌洛什（Jovan Uroš）进行了短暂统治。此后，这个国家被拜占庭的伟大的菲兰特罗佩诺斯家族（the Philanthropenoi）控制，他们承认君士坦丁堡皇帝的宗主权。在马其顿，也被称为"塞尔维亚和希腊国王"的武卡欣是普里莱普（Pulilaipu）、斯科普里、奥赫里德和普里兹伦（Prizren）的领主，而以东地区和克拉托沃（Kratovo）、库马诺沃（Kumanovo）、什蒂普、斯特鲁米特萨和费尔巴兹德等城镇则由其两个兄弟康斯坦丁·德拉加什（Constantine Dragaš）和康斯坦丁·德亚诺维奇（Constantine Dejanović）统治。最后，除内斯托斯（Nestos）外，塞雷斯及其直到佩里塞奥里昂的周边地区是武卡欣的兄弟君主约万·乌格列沙（Jovan Uglješa）领地的一部分。

同样，塞尔维亚本土也出现割据自治局面：权力最大的领主是君主拉扎尔（the Despot Lazar），他不顾鲁德尼科（Rudnik）和拉古萨（Ragusa，现在南斯拉夫的杜布罗夫尼克市）之间北部地区的领主，省长尼古拉·阿尔托马诺维奇（Župan Nilola Altomanović）的抵抗，试图巩固其在摩拉瓦河流域（Morava Valley）的优势，而巴尔西奇（Balšić）三兄弟则控制了扎塔。1371 年 11 月沙皇斯特凡·乌洛什的逝世加剧了政权的分裂，这种分裂也成为他们几次对抗土耳其人时缺乏合作的主要原因。第一次努力是由武卡欣和乌格列沙兄弟俩发动的，他们领导部队对阿德里安堡发动强攻，后来 1371 年 9 月的奇尔门战役粉碎了这一尝试，兄弟两个阵亡。武卡欣的儿子，即国王马尔科（Marko）是塞尔维亚史诗中一位受人爱戴的英雄，他的事迹在保加利亚、克罗地亚和阿尔巴尼亚的诗歌和传奇中永垂不朽，但事实上他和德亚诺维奇兄弟一样降为苏丹的一个附庸。马尔科和康斯坦丁·德亚诺维奇在和巴耶塞德一世指挥的罗维纳战役（1395）中阵亡，此后，奥斯曼国家兼并了他们各自的领土。

这期间发生的一件大事是佩奇（Peć）的塞尔维亚教会和君士坦丁堡大主教区和解，作为交换，1375 年双方一致承认佩奇成立的大主教区。这一方案解决了自斯特凡·乌洛什单方面建立佩奇大主教区以来即开始的论战，这是当时的大教长菲洛塞乌斯·科奇诺斯（Philotheus Coccinos）热情倡导实现巴尔干联合的总步骤中的一步。塞尔维亚确实带头组织抵抗，特别是君主拉扎尔（Despot Lazar，1371—1389），他损害省长阿尔托马诺维奇的利益而扩大了自己的地盘。通过和科索沃的武克·布兰科维奇（Vuk Branković）和扎塔的乔治·斯特拉西米洛维奇·巴尔西奇（George Stracimirović Balšić）的联姻、和波斯尼亚的特尔维特科（Trvtko）国王的紧密合作，拉扎尔建立了一个同盟网络，并成功地建立一个巨大的反土耳其堡垒。然而1389年它在科索沃的命运众所周知。杀死穆德的米洛什·科比利奇和科索沃战役后被谋杀的拉扎尔亲王已被吸收到塞尔维亚的传奇故事中来，而武克·布兰科维奇则以一名叛徒的形象留在人们的记忆中。

皇帝斯特凡·杜尚，塞尔维亚贵族将他拥上皇位，通过清除君士坦丁堡在巴尔干地区的霸权，他一度实现了统治南部斯拉夫的梦想。（壁画，莱斯诺沃，1349）

塞尔维亚的屈从不仅有政治影响也有宗教影响：事实上土耳其人控制住了半岛内维持独立的塞尔维亚各公国取得暂时胜利的基本经济来源之一。14世纪建立的一些采矿场使塞尔维亚国家富裕和繁荣。这些采矿场往往和商业殖民地合并，发展成小镇，或者以要塞为核心聚集在其周围，或者发展成通常拥有多种族人口——萨克森人、拉古萨人、卡塔里奥特人（Cattariotes）、斯帕拉丁人、威尼斯人、佛罗伦萨人、阿尔巴尼亚人、塞尔维亚人、瓦拉几亚人和希腊人等——的具有一定重要性的小城镇。每个集团都有他们自己的特权，萨克森人甚至有《萨克森采矿法》，它和开姆尼茨（Chemnitz，德国卡尔·马克思城的旧称）的《采矿法》和克雷姆尼兹（Kremnitz）的《矿业法》是一致的。然而这样例子的只是少数，他们往往通过大量的异族通婚和当地人融合，以致到1600年，采矿城镇再也没人说德语了。

在富含铅、铜和铁等矿藏资源的科帕奥尼克山的周围建立了许多小镇和村庄。除了布尔维涅科（Brveniek）、特雷普察（Trepča）、普拉那（Plana）、扬耶沃（Janjevo）和科普里奇（Koprici）等镇外，14、15世纪在当地最重要的地方就是新布尔多（Novo Brdo）即萨克森的新蒙斯（Novus Mons）、新蒙特（Novomonte）、纽堡（the Nyeuberghe），这里产银，这些银矿石里面由于含有金粒而被称为"glama"。这些矿业中心，特别是新布尔多、鲁德尼科（Rudnik）和巴尔斯科沃（Brskovo，即布雷科亚）都建立了铸币厂，拉古萨人和卡塔里奥特人时常穿梭来往于这些繁荣的小镇。另一个采矿中心是马其顿北部的克拉托沃，在那里找到了萨克森移民者的踪迹。

在很多其他重镇中，普里兹伦是希腊、达尔马提亚和本地商人的聚集之地，特别是在每年的集市期间。佩奇也在大主教，即后来的大教长所在的修道院的前面举办集市。相反，普里什蒂纳（Priština）被坎塔库震努斯描述为一个皇室驻地的单纯的设防城市。

在杜卡斯（Ducas）、查尔科康迪莱斯（Chalcocondyles）和克里托布鲁斯（Critobulus）等拜占庭作家的著作中可能找到塞尔维亚，特别是新布尔多矿山的重要遗迹。根据他们的记载，在该国任何地方挖出来的天然金银矿物在质量上都优于印度的。哲学家康斯坦丁是出生在科斯泰内茨（Kostenec）的一名保加利亚学者，在保加利亚陷落后逃亡塞尔维亚，他说新布尔多是一个"真正的金银城"。1332 年法国僧侣布罗卡尔（Brocard）证实塞尔维亚国王拥有五座金矿、五座银矿和一个金银矿（数字上有所夸大），而 1433 年贝特朗东·德·拉·布罗基耶（Bertrandon de la Broquière）估计每年的矿山收入为 20 万杜卡特。波斯尼亚的矿山和塞尔维亚的一样多，14、15 世纪的波斯尼亚文献谈及金银开采并特别提到弗尔巴斯（Vrbas）的黄金。

原先属于希腊、罗马或伊利里亚的一些古老城镇是塞尔维亚另一种类型的城镇，它们保有大量的自治权，可以自行召开地方议会，拥有自己特殊的市政法规。这些城镇在 1250 年至 1350 年间崛起，此后出现的社会动乱导致它们迅速衰落。其中，杜尔奇诺 [Dulcigno，在古塞尔维亚语中为乌洛钦（Ulocin）] 是造船中心，其居民也经常在海上抢劫。在 13 世纪这里甚至出现过一座小的宫廷，成为皇室家族成员暂时的栖身地。其中最重要的城镇是巴尔 [Bar，希腊语为安蒂瓦里（Antivari），阿尔巴尼亚语为蒂瓦里（Tivari）]，它在 14 世纪召开过一次"大议会"，巴赞（Bazan）、扎雷蒂奇（Žaretić）、鲍里斯（Boris）、萨莫伊利（Samoili）和鲁吉（Rugi）等大家族都参加了。斯库台(Scutari)的大部分居民是阿尔巴尼亚人，而曾是古代伊利里亚城堡，并起了个斯拉夫和阿尔巴尼亚名字的布德瓦（Budva）的居民和达尔西格诺人一样种植葡萄园和橡树园，偶尔也从事海上劫掠，如杜尔奇尼奥特家族（the Dulcignotes）。

在原拜占庭占领地，除在杜尚的新国家扮演重要角色的塞雷斯外，最重要的城镇是马其顿北部的斯科普里，我们知道这里有很多希腊家族 [利普希奥特（Lipsiotes）、斯科皮奥特(Skopiotes)、阿波考科斯、斯科罗波利特（Skropolites），等等]。多瑙河沿岸的主要城镇有布拉尼切沃（Braničevo）、贝尔格莱德，特别是贝尔格莱德的繁荣可追溯至君主斯特凡·拉扎雷维奇（Stefan Lazarecić）统治时期，是他使这座城市变为影响整个塞尔维亚的文化和宗教中心。哲学家康斯坦丁所著《君主斯特凡·拉扎雷维奇传记》(*The Life of the Despot Stefan Lazarecić*) 一书中对中世纪的贝尔格莱德有过描述，他将其比作耶路撒冷，将多瑙河比作天堂之河。

保加利亚的干涉活动

保加利亚的这段历史与拜占庭帝国有某些相似之处。它以拜占庭为参照物来确定自己的发展方向，从未停止过，自此以后二者的相似之处更多。它持续的政治衰落因为尖锐的社会冲突而中断，中央政权的软弱仅仅加强了大贵族阶层的力量，并加速了保加利亚后来的崩溃。这些消极现象和国内繁荣的精神和文化生活相矛盾。

自米哈伊尔八世上台以来，康斯坦丁·阿森·蒂赫（Constantine Asen Tih，1257年至1277年在位）自被他的妻子，即幼年被废并被刺瞎双眼的约翰四世的姐姐伊雷内·拉斯卡里斯（Irene Lascaris）推上沙皇之位之后一直反对他。这些港口（特别是梅森布里亚，安基亚洛斯和索佐波利斯）是这些年两国不和的源头，交替上台的君主们能够利用它们控制黑海的船运，特别是给君士坦丁堡运送小麦的那些船只。与后来的乔治一世·泰尔泰尔（George I Terter，1280年至1292年在位）一样，蒂赫赞同安茹的查理的征服计划。匈牙利和拜占庭的多次进攻、鞑靼人发动的旨在破坏庄稼和偷牛的袭击、保加利亚大贵族针对农民的贪婪行径，都促成东北部地区人民起义的爆发，这次起义是由一个叫伊瓦伊洛（Ivajlo）的开明养猪人领导的。伊瓦伊洛曾一度登上帝位，后来屈服于拜占庭强加的王位觊觎者伊凡·阿森三世（Ivan Asen III，1279年至1280年在位），伊凡反过来又被迫将皇位让给有库曼（Cuman）血统的大贵族泰尔泰尔（TerTer）。

在更大意义上，包括西保加利亚在内的以维丁（Vidin）为中心的自治实体的存在使沙皇在西部的权力十分有限。这一地区偶尔处于匈牙利的控制之下，但在君主雅各布·斯韦托斯拉夫（Jacob Svetoslav，1272）在位时恢复独立，希什曼君主在位时再次独立，此后不久向塞尔维亚国王投降。到13世纪末，保加利亚四分五裂，分成几个公国，而且从表面看上去整个国家完全被鞑靼人控制。只是在14世纪初，新沙皇狄奥多尔·斯韦托斯拉夫（Theodor Svetoslav，1300年至1322年在位）的即位才将其从外国的奴役中解放出来。他利用保加利亚的危急处境并在克朗 [Krǎn，希腊语为克鲁诺斯（Krounos）] 领主埃尔蒂米尔（Eltimir）的帮助下成功地开疆扩土到巴尔干山脉南麓并收复了黑海的几个港口。此后，他阻止小麦出口到君士坦丁堡，那里的人们因为色雷斯的粮食生产遭到破坏而忍饥挨饿。这一措施迫使拜占庭与之达成一项和约，约期被延长至拜占庭第二次国内战争爆发之前，并允许保加利亚享有一定程度的经济发展权利：从根本上说，这意味着黑海港口和意大利海上城镇之间可以进行贸易活动了。

1323年上台的希什曼王朝（维丁君主）曾一度统一过保加利亚,将拜占庭帝国安置在斯雷德纳山（Sredna Gora）的次巴尔干地区 [从斯蒂尔维农（Stilvnon）到科普西山（Kopsis）] 作为"摩西亚（Moesia）君主"的土地贵族沃伊西尔（the Boyard Vojsil）赶走。米哈伊尔·

位于拜占庭帝国和保加利亚之间的罗多彼山脉中的阿塞尼特萨河的景色。

希什曼（1323年至1330年在位）积极参与塞尔维亚国内事务和拜占庭的国内战争，在费尔巴兹德战败后，他和安德罗尼库斯三世就联合进攻塞尔维亚问题进行谈判。他的突然去世终止了计划的执行。新沙皇伊凡·亚历山大（Ivan Alexander，1331年至1371年在位）尽管身体羸弱，但通过将妹妹许给杜尚而与其结盟，从而设法保护了西部边疆的安全。他和拜占庭重新交战，夺回曾被安德罗尼库斯三世占领的黑海港口。在拜占庭第二次国内战争爆发初期，亚历山大积极支持君士坦丁堡的摄政王一方，这使其获得大量好处，将国土向南扩大到西布鲁斯河（Hebrus）上流，也就是说扩大到在此之前一直是帝国欧洲各省防御前线的罗多彼山脉的北部地区。

和这些成就比起来，保加利亚的国内环境不可遏制地继续恶化。与拜占庭一样，保加利亚人的国家也经历了中央集权分裂的过程，并被其封建领主们分化瓦解为一些小的自治实体。第一个分裂的是多瑙河下游到黑海之间的东北部地区，他们脱离特尔诺沃政府统治。有库曼血统的大贵族巴利克（Balik）在此自立，成为一个独立的君主。他死后，其兄弟多布罗蒂卡（Dobrotica）即位，多布罗蒂卡的名字后来成为他的土地名字的一部分，那里被称作"多布鲁德扎"。1357年左右，多布罗蒂卡向巴尔干山脉（即老山山脉）东北部山麓扩张，夺取埃蒙（Emon）要塞和后来的瓦尔纳（Varna）要塞。在其舰队的帮助下，这些基地使其活动扩展至黑海领域，在这里他挫败了热那亚人，甚至卷入特拉比松德帝国（Trebizond）的事务。他的接班人是"高尚与强大的君主伊凡科"（the magnificus et potens dominus Ivanko），即有热那亚血统的伊凡科，在来自佩拉的一位热那亚大使的居间调停下，他和热那亚签订条约，授予热那亚商人全部特权，其中包括在其领土内自由行动的权力和建造教堂和房屋的权力。在这点上，伊凡·亚历山大沙皇比他还要早，他曾在1352年起草过同样的条约，但条约对象是威尼斯人。

东北部地区脱离中央政权以后，又一个分裂出去的是维丁。然而这次是伊凡·亚历山大沙皇自己仿效帕列奥列格末代王朝的榜样将大部分疆域分给他的两个儿子。维丁地区 [蒂莫克河（Timok）和伊斯克尔河之间] 被分给他的大儿子伊凡·斯拉基米尔（Ivan Sracimir，1365—1396），而首都特尔诺沃和德拉斯塔尔（Drăstăr）地区 [即迪斯特拉（Distra）]、多瑙河沿岸的尼科波尔(Nikopol,即尼科波利斯)、斯雷代茨(Sredec,即塞迪卡、索非亚)和迪亚姆波尔(Diambol,即扬波利斯)则给了他第二次婚姻所生的儿子伊凡·希什曼(Ivan Šišman,1371—1393)。其中值得注意的一个现象是君士坦丁堡教会从这种安排中得到好处,因为自宣布斯拉基米尔为沙皇以后,他就像多布鲁达(Dobrudă)领主伊凡科一样将其教会重新置于君士坦丁堡大教长的管辖权之下。尽管斯拉基米尔和匈牙利国王的关系很差,并因此曾一度导致法兰西斯派修士开始发挥影响的维丁王国的地位被降低,成为保加利亚的一个省,但在收复皇位及其兄长去世之后,这不能阻止他控制索非亚周边地区的野心(1371)。

和塞尔维亚一样,保加利亚的很多城镇以及最初属于希腊和罗马的大量城镇,都是从以大贵族所设防的驻地为核心崛起的小镇发展而来。这里的居民享有特权和一定程度的自治权。其中最重要的是特尔诺沃,它是保加利亚第二王国的首都,建在巴尔干山崖的最高处,有坚固的防御工事,三面环以扬特拉河。保加利亚文献说它是"卡里格拉德·特尔诺沃(Carigrad Tărnovo)、城镇之皇后、是仅次于君士坦丁堡的显赫的帝国城市"。巴尔干半岛北部地区崛起的其他重镇有:维丁地区[拉丁语为博诺尼亚(Bononia),布西科记载为包丁斯(Baudins)]在多瑙河一岸的城镇尼科波尔、奥贾霍夫[Orjahov,现在的里加霍夫(Rjahovo)]和拉斯塔尔[拉丁语为杜罗斯托鲁姆(Durostorum),现在的锡利斯特拉]和对岸的普雷斯拉夫[Preslav,古代保加利亚人的首都];东部的普罗瓦德[Provad,现在的普罗瓦迪亚(Provadija)]和西部的洛瓦奇[Lovăč,现在的洛维奇(Loveč)]。南部巴尔干流域的西北部地区的斯雷杜[Sredu,古代和拜占庭接壤的塞迪卡、特里亚迪特扎(Triaditza)]是一座设防城镇,但是没有卫城。位于里拉山上的科斯泰内茨[Kostenec,希腊语为(Constantia),不要和罗多彼东部山脉的康斯坦莎(Constantia),哲学家康斯坦丁的出生地相混淆]和科斯泰内基(Kosteneki);现在马其顿境内的里拉河下游的斯托波[Stob,希腊语为斯托姆皮翁(Stoumpion)]要塞。

黑海东岸——古希腊殖民地的制高点——的一些城镇无疑因为经常被拜占庭帝国重新统一,因而长期保留着拜占庭历史的遗迹和特征,这样的城镇有卡尔波纳[Karbona,现在的巴尔奇科(Balčik)]、卡瓦尔纳(Kavarna)、康斯坦察(Konstanca)、凯利亚—基利亚(Kellia-Kilia)和利科斯托麦翁(Likostomaion),(上述的后几个城镇位于多瑙河河口和三角洲地区);还有瓦尔纳[从前的敖德萨(Odessa)、安基亚洛斯,梅森布里亚[现代保加利亚语和古代保加利亚语都为内塞伯尔(Nesebăr)]、索佐波利斯[现在的索佐波尔(Sozopol)]、皮尔戈斯[Pyrgos,现在的布尔加斯(Burgas)]和阿加索波利斯[Agathopolis,现在的阿赫托波尔(Ahtopol)]。巴尔干南部——拜占庭帝国和保加利亚之间的绵延战线——的重镇有斯利文[Sliven,希腊语为斯蒂尔维农(Stilvnon)]、博鲁耶[Boruj,希腊语为贝罗伊(Beroe),现在的旧扎戈拉(Stara Zagora)]和迪亚姆波尔(希腊语为扬波利斯)。

设防城镇特尔诺沃。作为保加利亚第二王国的首都和自治主教区主教所在地，它在阿塞尼第一王朝时繁荣起来，至今它的名字仍旧和它有关。奥斯曼人征服该城后于1393年将其焚毁。

保加利亚的采矿城镇（没有塞尔维亚的多）也是由来自瓦拉几亚的萨克森人建立的，14世纪时他们常常住在那里。他们主要住在巴尔干东部的山城基普洛维奇 [Kiprovec,现在的齐普洛维奇 (Žiprovci)] 的周围，那里离奥戈斯塔河 (Ogosta) 的源头很近。他们把矿石（铁、白银和黄金）挖出来以后自己加工处理，他们的工作在相邻村庄的名字中得以继续存在，如热贾兹纳 [željazna，从铁 (željazo) 得名] 和斯雷巴尔尼卡 [Srebǎrnica，从银 (srebro) 得名]。

保加利亚中世纪的精神生活表现出强烈的鲍格米勒派（Bogomilism，10至11世纪在保加利亚出现的一个异端派别，相信耶稣和撒旦都是上帝的儿子）特征，这一运动在伊凡·亚历山大统治期间继续不断壮大并蔓延到城镇。同时，新的宗教派别如亚当派（the Adamites）或巴拉姆党徒——反帕拉马斯派集团——风行招致皇帝的震怒。他在特尔诺沃召开过两次宗教会议反对异教徒，一次是在1350年，另一次是在1360年。随之而来的就是迫害和残酷镇压，最后采用静修主义作为东正教教会的官方信条，这和当时君士坦丁堡发生的相一致。但是就像遍及全国的隐居修道运动所证明的那样，和平并没有回到神职人员和保加利亚人民的心中。

保加利亚人的结局

保加利亚人的独立不久以后即将结束，它是继拜占庭帝国之后被土耳其人在进军欧洲途中征服的第一个巴尔干国家。事实上，在第二次拜占庭国内战争期间，它业已遭受和坎塔库震努斯联盟的土耳其军队的入侵和劫掠。在罗多彼地区，保加利亚首领莫姆契尔已将其自治公国的边界向爱琴海推进，远至克桑西 (Xanthe) 和佩里斯特里 (Peritheorion)。他趁势发难，在佩里斯特里前线打击乌穆尔的土耳其军队。他身先士卒，于1345年7月战死沙场。总督莫姆契尔，作为最后将暗地里背信弃义的敌人打倒在地的一个英雄和被卑鄙出卖的受害者，现在已成为保加利亚传奇故事和罗多彼地区民歌的主题。奇尔门战役（即采尔诺米亚农战役）以后，土耳其人对罗多彼当地的征服似乎已经完成，同时保加利亚沙皇和拜占庭皇帝一样成为苏丹的一个附庸。

几年以后事态达到高潮。在塞尔维亚君主拉扎尔的胜利的鼓舞下，沙皇伊凡·希什曼拒绝向奥斯曼帝国缴纳年贡。1388年，为了镇压伊凡·希什曼，苏丹穆拉德一世入侵东保加利亚和多瑙河地区。保加利亚的最后一座城镇特尔诺沃于1393年陷落，在此之前，这座帝国城市遭受了巴耶塞德的军队的猛攻。1395年，苏丹吞并包括尼科波利斯在内的多瑙河地区，并处死逃难在此的沙皇希什曼。至于类似国家实体的维丁和多布罗察，这次轮到它们灭亡了，前者于1396年在尼科波利斯的一次十字军运动失败以后灭亡，当时伊凡·斯拉基米尔也参加了这次运动。后者在被瓦拉几亚人占领一个时期以后，最后于1417年左右灭亡。

对于那些能够记得克鲁姆或西米恩，尼塞弗拉斯（Nicephoras）或瓦西里二世的人来说，这两个伟大的巴尔干对手令人同情的共同退化必然令人痛苦。在东罗马帝国的所有伟大之处中，留下来的只有意大利人控制的一些驿站，这些意大利人随时准备牺牲他们的荣誉来换取让他们留下来的特许证；还有一些城堡，它们的卫兵部分是由西方人组成的；以及被所有人忽视的围困中的城市，它正在土耳其的海洋中驶向其必然的终点。

第五章　土耳其人或蒙古人的伊斯兰教

　　蒙古人西进的浪潮给伊斯兰世界带来了物质和精神上的双重灾难，中断了穆斯林的历史进程。突厥雇佣兵推翻了阿尤布王朝，在埃及建立起军事政权，并很快将其势力范围扩展至巴勒斯坦和叙利亚。在更远的北方和东方，蒙古人的扩张导致小亚细亚塞尔柱苏丹国的崩溃和伊拉克的沦陷，他们摧毁了巴格达，迫使新继位的阿拔斯哈里发于1258年逃到开罗避难。从小亚细亚到阿富汗，蒙古人扩张的道路上钦察汗（Kipchaks）、伊儿汗（Ilkhans）等蒙古汗国和若干土库曼国家相继建立，这些国家此后的命运不尽相同。尽管内部同样爆发了政治军事事变，但马穆路克苏丹国（Mameluke Sultanate）与过去保持着某种联系，它在所有这些国家中政权最稳固、组织最严密，管理最得当。苏丹控制了地中海东部和红海的诸多港口，这使他在国际贸易中享有相当大的霸权。开罗宏伟壮观的建筑就是苏丹国家繁盛的最好写照。近东世界的格局于14世纪，特别是14世纪下半叶逐渐形成，在此期间土耳其人悄然兴起。帖木儿（Tamerlane）的土库曼—蒙古（Turco-Mongolian）联军的入侵和军事领袖对埃及的掌控使土耳其人的崛起暂告一段落。当历史的脚步跨入15世纪的门槛时，穆斯林世界开始了新一轮的兴衰更迭。

　　这一时期，除作为耶路撒冷王国避难所的塞浦路斯外，欧洲人放弃了几乎所有领土，并置身政治事务之外。为了弥补这一损失，欧洲人，特别是威尼斯人和热那亚人，加快了他们经济活动的步伐。在东方，尽管拜占庭人于1262年夺回了君士坦丁堡，但他们无力阻止其小亚细亚东部霸权的衰弱，而他们在巴尔干地区的霸权则被保加利亚人和塞尔维亚人一再蚕食。约翰六世·坎塔库震努斯不明智地求助于土耳其人，最终导致了巴尔干地区的彻底沦陷。至14世纪末，拜占庭帝国只不过是在苟延残喘。

十字军的覆亡

　　13世纪上半叶，为在圣地重建耶路撒冷王国，欧洲人发动了四次十字军东征，并在不同程度上取得了成功。第四次十字军东征征程过半即以拉丁帝国在君士坦丁堡的建立而告终，第五次（1217—1219）和路易九世领导的第七次（1248—1250）十字军东征也在埃及草草收场。另一方面，通过1229年与阿尤布王朝苏丹卡米勒（al-Kamil）签订条约，皇帝腓特烈二世领导的第六次十字军东征使耶路撒冷回到了法兰克人手中。然而15年后穆斯林重新夺回耶路撒冷，并将法兰克人的"国家"限制在叙利亚、巴勒斯坦沿海地区及紧邻的几个城镇。路易九世远征埃及并没能改善这一局势，反而是马穆路克苏丹拜巴尔斯（Baibars）于1260年在艾因·贾卢特（Ayn Jalut）击败蒙古人后对法兰克人开始了有计划的反攻，使得局势更加恶化了。法兰克人最重大的损失就是1291年5月丢掉热那亚人极为重要的商业基地——圣约翰的阿克（Saint-John of Acre）。

巴勒斯坦梦想的破灭

巴勒斯坦的梦想和重建圣地王国的所有希望都因拉丁领土的丧失而宣告破灭。造成这种局面的原因是多方面的。阿尤布王朝的苏丹们熟练而不动声色地实施着努尔丁（Nur-al-Din）和撒拉丁（Saladin）征服欧洲、统一穆斯林世界的政策。他们为了短期利益与欧洲人缔结条约，在形势允许的时候则毫不留情地攻击他们。为了控制埃及和叙利亚，阿尤布王朝阻挡住了蒙古人西进的脚步，并通过拉丁人切断了与他们的所有联系。一项也许更有远见的政策是比法兰克人更快地与蒙古人结成联盟（路易九世试图与蒙古人结盟，但没有成功），这使得法兰克人得以保有他们在叙利亚和巴勒斯坦的全部或部分领地。自此阿尤布王朝得以更好地利用法兰克诸家族和意大利各商业城市之间的争斗为其宏伟计划服务。

拉丁人退到塞浦路斯（在那里耶路撒冷王国永存），并提出了两个新的主张：将塞浦路斯变成最终重新征服圣地的基地；使塞浦路斯作为地中海东部地区可供商船停靠的拉丁飞地。事实上，直到1571年土耳其人攻下塞浦路斯，它一直是地中海东部的一座堡垒，但它更注重的是贸易而不是向伊斯兰世界发动进攻，这一点在威尼斯人占据该岛的时期尤为明显。塞浦路斯还是一个拉丁文化中心，岛上的文学以及宗教和军事建筑深受拉丁文化的影响。

再向西一点，耶路撒冷王国的圣约翰骑士们于1310年攻占了罗德岛，并将那里作为其避难所。他们把小岛作为对抗小亚细亚和叙利亚穆斯林的海军基地，有时攻占其他岛屿，如科斯岛（Cos），或小亚细亚沿海各个据点，如哈里卡纳苏斯（Halicarnassus），即今天的博得卢姆（Bodrum）。1522年奥斯曼土耳其人攻下这座岛屿，迫使骑士们首先逃往黎波里（Tripoli），然后是马耳他。

1261年，拜占庭人重新攻克君士坦丁堡，米哈伊尔八世建立帕列奥列格王朝。这对拉丁人的影响在很多方面甚至超过了其帝国战败所带来的严重后果。热那亚人将加拉塔作为他们在地中海和黑海的贸易中心，为了维护他们的利益，威尼斯人被驱逐出境。拜占庭帝国再一次逐渐拼凑起来。路易九世的弟弟、那不勒斯国王安茹的查理企图夺取拜占庭帝国的皇位，但1282年的西西里起义使他的所有希望都化为了泡影。他的失败使拉丁人进一步淡出东方世界，仅剩塞浦路斯和阿哈伊亚公国长期占有的摩里亚成为希腊世界中的拉丁飞地。

罗德岛，雅典卫城。在希腊卫戍部队的率领下，少数耶路撒冷圣约翰骑士控制了这一强大的要塞。

14世纪的远征已不再妄图重新征服圣地，但却仍被不合时宜地称为十字军东征。这时的远征逐渐呈现出新的面貌。直至14世纪60年代，所谓的十字军不过是一个松散的联盟，在地中海东部地区捍卫基督教世界的利益。他们的对手是土耳其的埃米尔和海盗（1345），或者控制着叙利亚、巴勒斯坦和埃及沿海贸易港口的埃及马穆路克。1365年塞浦路斯的彼得一世攻占亚历山大，他维护其贸易中心地位的努力以失败告终，埃及的基督徒和居住在那里的欧洲商人深受影响。这类远征随即遭到了威尼斯人和热那亚人的反对。当奥斯曼土耳其人确立了他们在巴尔干地区的统治地位之后，14世纪远征的另一种面貌就展现在世人面前了。对他们的远征打上了反土耳其人的标签，远征的目的在于保护生活在巴尔干地区的基督徒，抵御穆斯林的猛烈进攻。随后将要讨论的1396年尼科波利斯和1445年瓦尔纳（Varna）的远征对欧洲来说是残酷的失败，此后直到16世纪，欧洲人才借西班牙和奥地利军队与土耳其人的冲突重新组织起对土耳其人的攻势。

拉丁人对地中海世界的远征虽然还带有宗教的印记，但更多的已经是在为其商业目的服务了。作为当时的大商业城市，威尼斯和热那亚的行动充分诠释了拉丁世界的这种态度。无论如何，西方人还能为他们在东方的种种行为找到其他什么理由吗？圣地和拜占庭帝国领土内的拉丁国家几乎消失殆尽，各种政治难题也随之不复存在了。至于种族问题，在叙利亚和巴勒斯坦根本不存在，拉丁人和当地人断断续续的接触已被降至最低限度。当然也有一些例外，如塞浦路斯、摩里亚公国和威尼斯人控制的爱琴海上的一些岛屿，但直到几个世纪之后东西方民族之间才在此处建立起较为密切的联系。虽然12世纪的一些编年史学家认为事实上拉丁人已经融入到当地人中，并指出拉丁民族的大师们从当地的风俗和语言中受益良多，但穆斯林的铁蹄打断了这一民族融合的进程。教会和封建领主在几乎整个13世纪苦苦挣扎以求保住他们在地中海东部地区残存的领土，但最终他们还是不得不放弃。只有叙利亚和巴勒斯坦地区沿基督教和穆斯林世界分界线残存的古堡、阿拉伯历史学家编年史中的只言片语以及叙利亚、巴勒斯坦和埃及诸多港口的商站（多数属于意大利人）提醒人们他们曾经在此处逗留。在西方，虽然十字军精神依然

于某些主教 [如博尼法斯八世（Boniface Ⅷ）、约翰二十二世]、统治者（如瓦卢瓦的菲利普六世、塞浦路斯的彼得一世）、宗教领袖 [如多米尼克派的拉蒙·柳利（Ramon Liully）、伯查德（Burchard）、威廉·亚当斯和蒙特·克罗切（Monte Croce）的里卡多（Ricoldo）] 之中盛行，但是关于伊斯兰教和穆斯林的认识根本没有进步，错误的观点和各种误解统治着欧洲。

意大利的利益

虽然穆斯林世界和部分拜占庭领土内的政治和宗教努力宣告失败，但商业活动却取得了成功。12世纪对叙利亚和巴勒斯坦沿海港口的征服使意大利商人得以建立殖民地，但这些商人的贸易范围仅限于当地，为此他们与埃及进行交易以加以弥补。

13世纪上半叶威尼斯人控制了地中海市场，及至13世纪下半叶，马穆路克政权接管埃及、叙利亚并控制了印度洋和地中海之间的中转贸易以及当地和东非地区的出口贸易，在此期间，贸易形势发生了变化。希腊人攻占君士坦丁堡确保了热那亚人对威尼斯人的暂时性的优势，并于1265年允许他们在加拉塔定居，他们在那里逐渐建立起热那亚城镇。他们还获得了黑海的贸易权，在克里米亚、卡法和塔纳（Tana）建立商站。他们在塞浦路斯的法玛古斯塔（Famagosta）建立商站以巩固自己在那里的势力。尽管阿克沦陷，他们仍设法维持了他们在叙利亚若干沿海港口的势力。在暂时的驱逐之后，威尼斯人于1268年重新出现在君士坦丁堡，稍后在黑海也出现了他们的身影。他们成功地将亚历山大变成了他们在东方的主要港口之一。对埃维亚岛、克里特和亚德里亚海上的若干据点的控制使威尼斯人得以建立起一个网络，通过在众多地区实施其巩固势力和扩大影响的政策，这个网络几乎相当于一个经济和政治帝国，被称作"威尼斯的罗马尼亚"（Venetian Romania）。

米哈伊尔八世与安茹的查理的战争和他的继承人与保加利亚人、塞尔维亚人以及土耳其人的战争与其他繁杂的社会问题交织在一起，使原就千疮百孔的拜占庭帝国更加岌岌可危。威尼斯人和热那亚人趁机从中牟取暴利，他们控制了拜占庭几乎所有的对外贸易，进而夺取了帝国重要的财政收入。14世纪初，经过加拉塔的贸易量几乎是经过君士坦丁堡的十倍。意大利人控制了大多数利润可观的出口贸易（小麦、木材、皮革、明矾、名贵服装，特别是来自高加索地区准备运往马穆路克埃及的奴隶），一些意大利人，如热那亚的贝内代托·萨卡里亚（Benedetto Zaccaria）经济实力相当强大。

威尼斯人和热那亚人的经济扩张并非总是一帆风顺，他们不止一次地感受到君士坦丁堡和克里米亚的敌意。起初钦察汗国的蒙古可汗欢迎他们，但后来却十分敌视欧洲。可汗态度的转变源自当地人的不满，他们指责拉丁商人使他们破产，而且蔑视他们。此外，帝国的财政危机

法马古斯塔的哥特式教堂。吕西尼昂国王们在此地加冕，最初他们都来自普瓦图，统治塞浦路斯近三百年。

迫使拜占庭皇帝将海佩尔披拉的含金量从 24 克拉降到 9 克拉，最后降到 5 克拉，降低了数倍。结果拜占庭金币国际货币的地位被意大利的基诺维（Genovio）、佛罗林和威尼斯的杜卡特所取代。杜卡特被称作塞温（Sequin），作为国际货币长达几个世纪。银行网络和海运保险的引入，进一步巩固了意大利人在金融方面的优势地位。前者免除了现金交易的不便，后者则确保了商人、贸易商及船主的利益。

中东和近东的政局动荡切断了通往中国和土耳其的商路，这使得威尼斯人和热那亚人更加专注于地中海世界的贸易和作为国际贸易集散地的各个港口，与此同时，他们也没有完全放弃他们在黑海和安纳托里亚的前哨站。马穆路克统治下的埃及数个世纪来政局稳定，兵戈不兴，这促使他们大力发展他们在叙利亚、巴勒斯坦和埃及的商业殖民地，其中亚历山大地位尤其重要。塞浦路斯和克里特也加入到了经济扩张的进程中来，前者甚至控制了地中海东部的战略要冲。彼得一世率军远征亚历山大时，他的动机不仅仅是宗教方面的，更多的是出于经济方面的考虑。他的远征以失败告终，生活在那里的法兰克商人群起反抗。结果塞浦路斯打消了攻取亚历山大的念头，并且在埃及政府、商人和意大利商人、船主之间建立起一种商业性质的协议，这一协议的影响直到16世纪初土耳其人征服埃及和叙利亚。

总的来说，十字军东征的骑士们在东方建立拉丁国家的梦想完全失败了。他们的东征成为了东西方关系的某种形式的转折点。对领土的占有毋庸置疑，但是在贸易的掩饰下控制对欧亚两洲都至关重要的经济活动才是问题的关键所在。因而，在地中海地区出现了某种形式的商业资本主义，它在数个世纪里稳步发展，其强弱决定着近东国家的兴衰。

埃及，一个避难所

13世纪下半叶，近东的穆斯林世界发生了深刻的变化。在叙利亚和埃及，阿尤布王朝改

一支威尼斯代表团在大马士革被接见。实际上，意大利商业殖民地影响了整个马穆路克世界。（15世纪末，巴黎，卢浮宫）

变了当地局势，更远的北方和东方，塞尔柱人和受阿拉伯、伊朗文化影响的已被伊斯兰化的土耳其人支持巴格达的哈里发，将穆斯林世界扩展至拜占庭帝国的亚洲领土。13世纪即将过半的时候，蒙古人形成威胁。成吉思汗的继承者们侵入穆斯林世界，威胁伊朗、伊拉克、安纳托里亚和叙利亚北部的诸王朝的统治。

军事"政变"

埃及统治者马立克·撒列哈（al-Malik al-Salih）在呼罗珊突厥人中招募骑兵。呼罗珊突厥人起源于里海和黑海之间，被蒙古人驱赶着一路西进。为了重现撒拉丁统治下的阿尤布王朝的辉煌，组建抵御蒙古人的桥头堡，马立克·撒列哈指挥这些突厥骑兵入驻巴勒斯坦和叙利亚。然而呼罗珊人却因屠杀当地居民而恶名昭彰，特别是1244年在耶路撒冷，他们屠杀了大批的基督徒。为了摆脱这些呼罗珊人，马立克·撒列哈从黑海港口购买来自伏尔加河下游的突厥奴隶。蒙古人控制了这些突厥部落，毫无顾忌地把他们卖给希腊和意大利商人。接受军事训练后，这些奴隶，或马穆路克，成为马立克·撒列哈军队的核心，根据主人的名字他们也被称作撒列哈。这些奴隶在消灭呼罗珊人，击败1249年在达米埃塔（Damietta）登陆的路易九世的十字军中发挥了重要作用。马立克·撒列哈的突然死亡使这些突厥人夺取了埃及的统治权，突兰沙（Turanshah）成为新的领袖。但他的别有用心招致马穆路克酋长们的不满，他们除掉了突兰沙并尊奉撒列哈的遗孀舍哲尔·杜尔（Shajar al-Durr）为新的统治者，推举他们的代表埃米尔艾贝伊（Aybey）作为她的顾问。艾贝伊接管了最高权力，于1250年接受了"苏丹"的称号，开辟了埃及历史上的新王朝。伯海里系（Bahri）的马穆路克 [伯海里一词来源于阿拉伯单词海（bahr），在此指尼罗河，伯海里系马穆路克的主要驻军在尼罗河中的一个岛上] 的统治一直延续到1382年。此后一直到1517年，统治埃及的是来自高加索地区的马穆路克，他们被称作布吉尔系 [Burjis，来源于单词塔（burj），布吉尔系马穆路克的军队驻扎在开罗城要塞的塔里]。

诸多因素促成了埃及马穆路克军事夺权和新政权的巩固。首先是来自法兰克人的威胁，即路易九世领导的十字军东征，十字军最终被消灭在在尼罗河三角洲。其次是来自伊拉克的蒙古人的威胁，蒙古人由大汗旭烈兀领导，于1258年攻占巴格达，摧毁城镇并入侵叙利亚。1260年马穆路克苏丹拜巴尔斯（1260年至1277年在位）在艾因·贾卢特击败了蒙古人，这次胜利为拜巴尔斯赢得了穆斯林无比的尊敬，穆斯林将他视为伊斯兰教和哈里发国家的救星——此时阿拔斯哈里发已经逃到了开罗。最后，马穆路克成功地将埃及和叙利亚重新统一为一个政治统一体，这使得他们自视为撒拉丁的继承者。以上三点使这个为大势所趋和军事领袖的野心而建立起来的新政权很快确立了它的合法性。在阿尤布王朝灭亡之后，它将埃及和叙利亚组织成一条统一的防线抵御蒙古人的进攻。

马穆路克掌权违背了穆斯林传统，他们推行基于他们自身组织的政治制度，马穆路克骨干构成了国家的基础。苏丹是这一军事等级的首要代表，但其实际权力来自他招募和训练的埃米尔——他的同伴，对他们来说，他是同等者中的第一人（primus inter pares）。这些埃米尔被授予伊克塔（iqtas）——其封地的收入，封地的大小取决于所有者的地位及其在军事和行政方面的重要性。埃米尔用伊克塔维持自己10至40人或100人的马穆路克，随时等候苏丹的征召。由于其显赫的地位和繁多的职责，苏丹掌握着近一半的国家收入。他代表政府和皇室行使职权。尽管苏丹享有极高的声望，并且是真正的国家首脑，但他的权力并不是绝对的，他甚至无法确保其子继位。像埃米尔一样，苏丹的权力是个人的、暂时的、不可转移的。这里不存在世袭原则，苏丹之子很少继承父位。虽然也有例外，14世纪时，苏丹盖拉温（Qalawun，1279年至1290年在位）的儿子穆罕默德·马立克·奈斯尔（Muhammad al-Malik al-Nasir）继承了苏丹之位，但他的统治仅从1310年延续到1314年。埃米尔的伊克塔也是如此。这一制度有其内在的缺陷。苏丹和他的埃米尔属于同一等级，他们不会将其权力转交给其他等级。这就意味着他们不得不维持，如果需要的话，甚至扩大他们的等级，也就是马穆路克的规模。随之而来的问题是，既然苏丹和埃米尔仅仅是他们等级中的一小部分，而且他们的后代不能承袭其地位（根据规定，马穆路克于埃及或者叙利亚出生的儿子不是马穆路克），那么他们就只能自愿让出其地位或者被武力推翻。这就解释了为什么马穆路克统治期间政变频发而缺少一个真正的王朝。

古代伊斯兰教的反思

尽管存在这些缺陷，马穆路克政权享有从阿拔斯王朝和法蒂玛王朝的哈里发那里传承下来的强大权威和行政体系。远在开罗的苏丹是宗教领袖、阿拔斯哈里发的代表以及伊斯兰教的精神领袖，其合法性得到了确认。当然，马穆路克苏丹们谨慎地将哈里发的权力限制在非常狭小的范围内，除了捍卫伊斯兰教的权威并确保它的传承，他并没有实际权力（极少数非常短暂的时期除外）。

苏丹远在开罗，住在曾属于撒拉丁的城堡里。马穆路克苏丹和埃米尔多是突厥人，阿拉伯语说得很差。但是他们身居要职，组成了苏丹的议事机构，讨论并决定国家的大政方针。充任这些职位的有苏丹家族的老师（ustadar）、大法官法庭的首脑（dawadar）、军队埃米尔（amir silah）、卫队长官（ras nawb）、马厩埃米尔（amir akhur）和负责苏丹安全的埃米尔（amir djandar）。当苏丹离开开罗远征时，他委托他的代理人（na'ib）掌管国内行政。在法蒂玛和阿尤布王朝时期，行政系统被划分为若干部门（diwan，迪万），每个部门由一位奈斯尔（nasir）控制，处理帝国的收入、开支、军事和内政。各部门通常由基督徒和犹太人组成。"秘密大臣"或秘密之书（kalib al-sirr）控制之下的大法官法庭颁布命令、宣布判决。大法官法庭详细的组织情况出现在其记录中，其中最著名的是由盖勒盖山迪（Qalqushandi，1355—1418）编撰、1412年完成的《黎明的曙光》（Subn al-a'cha）。自14世纪起，大法官法庭开始实行骑兵信使制度（barid），最初这一直都用于军事方面，后来被行政部门采用并变得越来越高效，特别是在维持与各行省的联系方面。

分处尼罗河三角洲和上埃及或赛义德（Sa'id）的两大权力系统将埃及的行省一分为二，每一部分都由一名省长或瓦利（wali）掌管。叙利亚有六个摄政王（mamlaka）或代理人（niyaba）职位，每一个职位都由苏丹的代表充任，他们有自己的埃米尔、行政官吏和省长。14世纪下半叶，埃及又出现了稽查员（kashif），稽查员通常由埃米尔充任，其职责包括确保灌溉系统正常运作、保护收税官、督查各地农产品收成。最终，稽查员在行省行政和政治中变得非常重要。

国家特别重视对乡村的管理，因为国家收入的绝大部分来自那里，或者以农产品的形式（谷类、豆角、甘蔗、水果），或者以收成税的形式。所以对国家来说，监督农业生产是重要职能。特别是在埃及，一切都依赖尼罗河的潮汐，只有维护好灌溉系统才能对其善加利用。在叙利亚和上埃及，国家必须保护农民免受贝都因（Beduin）部落经常性的侵扰。马穆路克国家鼓励这些贝都因部落将扩张的矛头指向努比亚。当时的努比亚多多少少还是一个基督教国家，但是由于拜巴尔斯的征服和阿拉伯部落的入侵，已经越来越伊斯兰化了。努比亚的伊斯兰化对埃及和马穆路克政权的重要性是无可比拟的，它是通往富饶的中非和东非，开展黑奴贸易的门户。

马穆路克帝国的财富由苏丹和埃米尔分享。他们的财富来自伊克塔，伊克塔的收入给他们提供了丰足的衣食，还有购买、豢养、训练和装备马穆路克的资金。埃米尔通常居住在开罗或者叙利亚如大马士革或阿勒颇（Aleppo）一类的大城市里，将管理和监督伊克塔的权力委托给

金门宫，或者铁门的航空图(15世纪)，阿勒颇城墙五个现存的大门之一，马穆路克时期被建立在拜占庭的地基上。

代理人，这些代理人通常对农民十分严苛。像苏丹一样，埃米尔有自己的宫廷，其重要性因埃米尔等级的不同而各有差异。埃米尔剩余的收入可以用来建造规模庞大的宫殿和陵寝，也可以捐献给宗教机构（清真寺或宗教大学）或军事工程，还可以购买住宅区、浴池、商店、货栈和土地以确保将来自己及其家庭生活衣食无忧。为了防止这些财产被扣押或没收，埃米尔将其划入瓦克夫（waqf）。瓦克夫是一种宗教基金，用于维持埃米尔修建的宗教建筑，其后人也可以从中获得一份收入。在马穆路克政权统治之下，瓦克夫制度不仅在叙利亚，在埃及也得到广泛应用。得以保存下来的这些捐赠的记录（waqfiyya）成为记载马穆路克城镇经济和社会历史的珍贵资料。

城镇和城镇生活是这个国家的重要特征，因为富人和权贵生活于此，并且将他们农业收入的绝大部分花费在这些城镇里。尽管1349年的黑死病对埃及来说是一个沉重的打击，但在马穆路克统治时期，经济生活还是有了极大的改善，并推动了城镇的发展，尤其是像开罗、大马士革、阿勒颇等大城市。城镇人口增长，新建的建筑、商店和工厂为日益增长的人口提供了住所和就业机会，这些人都被埃米尔奢侈生活带来的商机所吸引。城镇里建起各具特色的新城区，它们拥有自己的纪念碑、清真寺、教会学校等宗教建筑和重要性因其位置而异的商业区。开罗、大马士革和阿勒颇等城市中心（很少在城市边缘地区）激增的商贸中心（商栈、旅店、客栈等）在某些方面也反映了城镇商业活动的繁盛。城镇并非都沿着同一条道路发展，其内部组织的发展也没能跟上日益增长的城镇人口及其丰富多样的各类活动的步伐。行会受到严格的限制，并不健全。阿拔斯王朝时期发展起来的福图瓦（futuwwa，一种半宗教性质活动）在叙利亚和埃及失掉了其原有的政治和社会影响，仅作为一种仪式存在并最终消失。乌里玛（ula-mas，教会中知识渊博的人）取代了福图瓦，作为联系神与世人的纽带，他们在法律和宗教事务上的影响与日俱增。乌里玛在教会学校接受训练，对人们来说，他们比仍被视为外国人的苏丹和埃米尔们的影响更大。乌里玛们支持阿拉伯—穆斯林传统和正统的伊斯兰教，在下层市区和乡村，他们被视为真正的、与宗教密切相关的精神导师。一些乌里玛和虔诚者被尊为圣徒，有时为了与他们的人民建立联系而不至太过突兀，甚至埃米尔也承认他们的神圣性。

这一时期埃及的伊斯兰化进程有了明显的发展，尽管基督徒和犹太人没有受到迫害或骚扰，但伊斯兰教显然已经成为联系人民与马穆路克帝国统治者的重要纽带，马穆路克帝国的统治者们相继皈依伊斯兰教。马穆路克帝国的第一位苏丹利用了经常受到其他穆斯林神学家抨击的伊本·泰米叶（Ibn Taymiyya，1263—1328）的罕伯里派（Hanbalite）神学理论，这一理论主张宗教和强大的国家是密不可分的统一体，认为这种统一能够确保人们遵守伊斯兰教法、促进社会进步、在各族人民之间构建和谐社会。马穆路克苏丹和埃米尔在开罗、大马士革、阿勒颇和其他城市修建了大量极具马穆路克时期风格的宗教建筑：清真寺、教会学校、医院、陵墓、学校、喷泉等等，这些建筑反映了马穆路克政权的宗教特色。

通往东印度群岛的商路

马穆路克国家在成功巩固对埃及和叙利亚的统治的同时，不失时机地把握住了有利的国际环境。路易九世失败的十字军东征和此后不久蒙古人在艾因·贾卢特的战败使得叙利亚的马穆路克得以安枕。1291年，马穆路克们又占领了圣约翰的阿克，驱逐了中东最后一批拉丁基督徒，进一步巩固了他们的安全。当1323年蒙古人在经受了进一步的失败后同意签订和平条约的时候，马穆路克国家的安全终于有了切实的保障。同样的，西里西亚的亚美尼亚王国的覆灭使叙利亚边境的安全得到了保障。最后，伊朗、伊拉克和小亚细亚地区蒙古国家在14世纪的衰落使商人放弃了贯穿这些国家的商路。此时的埃及和叙利亚则是和平安宁、政局稳定，这就使得途经这里通向印度洋的商路相对而言更具吸引力。中非和东非地区得到了更多的关注。马穆路克政权通过他们手下的阿拉伯部落直接控制了努比亚。埃及成为地中海和印度洋国家之间的贸易枢纽。从南部的艾扎卜（Aydhab）到地处尼罗河谷的忽斯（Qus），然后沿河而下经开罗最后到达亚历山大，西方商人在这条商路上往来穿梭，经营着重要的中转贸易。这条商路上的香料、胡椒、高档服装和诸如陶瓷一类的奢侈品贸易给马穆路克国家带来了丰厚的税收收入。这笔收入被用来购买木材、金属、谷物以及对马穆路克军队至关重要的年轻奴隶。

从阿尤布王朝到15世纪中叶，卡里米（karimi）商人控制了所有的重要贸易，他们的辉煌在14世纪达到顶峰。他们以家族为纽带组成联盟，自由民和奴隶在这些联盟位于非洲东海岸、阿拉伯、印度以及更远地方的贸易据点充任代理人、市场勘察员和代表。截至14世纪，卡里米商人或他们的代理人可能已经与爪哇和苏门答腊的居民以及中国人有了往来。此时的

马穆路克建筑的杰作，苏丹在开罗的哈桑宗教大学（14世纪）。中间的宫殿被四个宏大的伊万斯包围；伊万斯中间有一个八角形的喷泉，顶部是一个球状圆顶。（戴维德·罗伯特的水彩画，1839）

爪哇和苏门答腊的伊斯兰化进程已经开始，特别是在苏门答腊北部的亚齐（Atjeh）。他们将远东的商品用船运到埃及，从马穆路克和他们自己的国家赚取巨额财富，历史记录中已经出现了坐拥几十万第纳尔的卡里米商人。他们促进了开罗商业区和市场的发展，很多埃米尔就身处这些商业区或市场之中。

卡里米垄断的红海和艾扎卜至忽斯的商路逐渐开始受到攻击。包括上埃及的贝都因部落在内的各派势力对从其鼻子底下经过的财富垂涎三尺，因而开始制造麻烦。黑死病以及潜伏在红海南端和非洲海岸的海盗活动使得情况愈发恶化。终于在这个世纪结束之前，卡里米放弃了艾扎卜，将商路的起点转移到了苏伊士。

在地中海，亚历山大是国际贸易的中心。叙利亚和巴勒斯坦的沦陷使得拉丁人得以与阿拉伯世界建立更为深入的商业联系。1365年吕西尼昂的彼得一世对亚历山大的攻击暂时性地切断了这种商业联系，因而遭到了意大利商人的强烈谴责。一旦威胁消失，便又一切照旧。亚历山大与叙利亚和巴勒斯坦沿海的其他欧洲商业殖民地是欧洲商人贸易拓展的极限，因为马穆路克禁止他们在其领土和红海范围内的一切商业活动。欧洲商人只有在土耳其和蒙古的边境沿线才能取得他们与亚洲的联系。威尼斯和热那亚在实力与财富上都难与马穆路克王朝抗衡，另一方面，意大利人、普罗旺斯人和加泰罗尼亚人的商业城市垄断了地中海上的交通，在这里他们能够以最小的代价谋取更多的利益。此时他们已经不是谋求征服的武士，而是寻求友好往来的商人。除去吕西尼昂的小插曲之外，外国殖民者在马穆路克王朝的港口平静地生活，并完成了他们在地中海贸易网上的最后一块拼图。

除商人外，其他欧洲人作为朝觐者穿越马穆路克的领土。虽然其中的一些人对十字军的失败深感悲痛，但另一些人开始以新的眼光看待东方。在《情人的忏悔》（Confessio Amantis）中，高尔（Gower）表达了拒绝杀害违背基督教义的撒拉森人（Saracens）的思想；朗兰德（Langlad）认为穆斯林与基督徒的宗教并不是根本对立的。1387年，奥诺雷·博内（Honore Bonet）在马穆路克第二王朝的墓地，位于开罗北部。苏丹贝尔孤格的陵墓是里面保存最好的建筑之一。根据马穆路克传统，它既是一所宗教大学，又是一座清真寺。

《战争之树》（The Tree of Battles）中写到，主教宣扬十字军东征是正确的，但是对异教徒发动战争在两方面是不公正的：其一，上帝赐予了他们自己的宗教，为什么要以武力改变他们的宗教信仰而不是让他们自由地生活呢？其二，上帝的旨意不可违背。约翰·威克里夫则谴责所有的十字军东征都是抢劫和掠夺。

直到14世纪末，马穆路克国家都是东地中海的统治力量，虽然其内部也有一些麻烦。例如，当1360年以后马穆路克兵源开始枯竭时，他们不得不在高加索地区寻找新的兵源；艾扎卜被放弃；1349年黑死病肆虐，随后一系列瘟疫横行；在14世纪末，上埃及也有麻烦，马穆路克国家在西里西亚边界与土耳其人有了初步的冲突。然而，这些问题并不足以瓦解帝国，整个15世纪帝国几乎一直处于辉煌的巅峰。

原始埃及的结束

马穆路克苏丹国家历史上的第二阶段属于布吉尔系或切尔克斯（Circassian）苏丹，权力的争夺者换成了高加索人。虽然高加索人没有建立一个真正的王朝，但1382年至1461年间几乎所有的苏丹都是扎希里（Zahiri）马穆路克巴尔库克（Barquq）的后裔，因此巴尔库克（1382年至1399年在位）、沙伊赫（Shaykh，1412年至1421年在位）、巴尔斯拜（1422年至1437年在位）、雅克马克（Jaqmaq，1438年至1453年在位）和伊纳勒（Inal，1453年至1461年在位）的统治构成了一个世系，因为这些苏丹都属于同一家族。此后，一位来自马立克·艾什赖弗·巴尔斯拜（Malik al-Ashraf Barsbay）家族的马穆路克嘎伊特贝（Qa'it Bay）与一位马穆路克甘萨伍赫·高里（Qansawh al-Ghawri，1501年至1517年在位）构成另一苏丹世系。和第一阶段相比，马穆路克国家的第二阶段有很大不同，不仅仅因为前后相继的苏丹都属于同一家族，而且因为第二阶段的统治比第一阶段要长，这既与马穆路克政府的稳定有关，也是因为苏丹在军队和内政上获得权威。这至少表明，苏丹使埃米尔成为可靠的合作者，并给埃米尔分配巨额的收入和众多的特权。苏丹确保埃米尔享受到了非常令人羡慕的地位，不会卷入宫廷革命。反过来，埃米尔捍卫给他们带来财富和地位的政府。在这一点上，苏丹不仅是强大的统治者，还是关心臣民的统治者，尤其关心那些最高层且明显支持他的臣民的利益。苏丹与埃及人民的关系似乎也更加密切，不仅仅因为苏丹们的统治更长、更被人所知，而且还因为与第一阶段的苏丹相比，他们被阿拉伯化了。在这种情况下，从15世纪开始阿拔斯哈里发政府不再是一个没有政治影响的宗教象征。

马穆路克国家行政上也发生了重要的变化。14世纪末严重的经济问题和苏丹随从日增的权威使他身边的一位埃米尔变得尤其重要。这位埃米尔就是苏丹的宫廷总管，他控制了行政机关，作为大维齐尔（Grand Vizir）监督其运行。他依然依赖于苏丹，作为负责国家机器正常运作的统治者，此时的苏丹与其说是军事领袖，倒不如说是政治领袖。除宫廷总管外，另一位埃米尔也享有很高的地位。军队埃米尔作为一种古老的塞尔柱称号而不是法蒂玛或者阿尤布王朝的称号复兴。这是重要的，而且应该与同时代奥斯曼权力的兴起联系起来。奥斯曼人也声称是塞尔柱人的继承者，像马穆路克苏丹一样，他们也是土耳其人。在安纳托里亚和叙利亚—西里西亚范围内，两个伟大的王朝是邻国，并且在这些地区吸收小地主为代理人或支持者。因而马穆路克和奥斯曼之间的争夺并不仅限于一个领域。

15世纪末，马穆路克国家的政治经济生活中出现了新问题，这时另一位埃米尔的重要性大大增加。他是取代宫廷总管控制苏丹政府的首席长官（字面意思是轻便的桌子）。这里也可以与奥斯曼国家比较。在奥斯曼国家，在苏丹和大维齐尔权威之下，财政埃米尔（字面意思是登记簿的管理者）控制财政部门，并且是奥斯曼重臣之一。这些切尔克斯苏丹突出的个性和极少数高级埃米尔的魅力意味着这一时期是一个权力集中、极少数统治者对埃米尔和官员的权威扩大的时期。切尔克斯苏丹们深知他们的权力和职责，基本的行政机关和国家的防卫转移到极少数的高级埃米尔手中。这一进程强调了14世纪上半叶的一种现象：苏丹家族（埃米尔即来源于此）和国家之间管理上的混淆，毫无疑问这一混淆对国家有利。15世纪的大部分时间和16世纪初，苏丹住在开罗，无需再为捍卫国家领土而远征，这一事实也表明他们权力的集中和扩大。苏丹住在开罗的城堡里，军队和行政部门也都集中在这里，苏丹因而成为一位真正的"国家首领"（苏丹巴尔斯拜和噶伊特贝很好地诠释了这一点）。除在首都经常举行壮观的巡游外，苏丹通过稽查员在各行省显示他的权威。稽查员开始仅仅控制农业收入和维持土地，但后来被赋予军事职能，并被提升维持省的秩序，最终他们取代了总督。稽查员由苏丹直接任命，所以他们代表中央权威，有助于加强中央权威。

崩溃的根源

　　1349 年肆虐埃及全境的黑死病沉重打击了马穆路克国家的人口和经济，1374 年至 1375 年瘟疫再次爆发，并且开始周期性地爆发，这对马穆路克国家的打击更为沉重。这场灾难虽然打击了城镇居民——在城镇居民中，新招募的马穆路克成员对这场灾难没有免疫力，但是它没有损害乡村人口，这对马穆路克国家来说更具重要意义。国家从乡村征收大批财政和物质资源，用于高价购买马穆路克以取代损失的新兵（因为高加索和其他国家的人口越少，马穆路克的价格就越高），因而有必要去维持甚至加强税收压力和对农业生产的监督。这给稽查员提供了在乡村扩大势力的机会。现在稽查员被要求维护对提高产量非常重要的灌溉沟渠和堤坝，保护税收征集者，阻止埃米尔勒索，禁止贝都因人入侵定居地。由于额外的税收负担以及叙利亚和上埃及的贝都因人的骚扰，乡村人口减少，各种问题随之而来。这些游牧民族可能受黑死病的影响较小，因为他们远离传染病最严重的地区，而且他们从其经常掠夺的定居人口的减少中获得了切实的利益。正是在这种情况下，为保护国家的基本资源，稽查员得以扩大他们在各行省的权限。这导致对贝都因人的残酷镇压。此前，由于可以从中谋利，贝都因人对途经上埃及的非洲和埃及之间的贸易往来予以保护。但现在，他们再无力提供这种保护了。为了避开这一危险地区，商人们放弃了通往艾扎卜的海上航线，改用位于苏伊士附近的新港口托尔（Tor），这个新港口在 15 世纪末之前已经相当活跃。15 世纪初发生了更严重的事情：帖木儿的土库曼—蒙古军队入侵叙利亚；埃及饥荒肆虐；1405 年瘟疫爆发；同年爆发的还有埃米尔反对苏丹法赖吉（Faraj）的战争，这场战争一直持续到 1412 年。这些事件加速了苏丹国家的分裂，苏丹的政治经济势力在若干地区衰退。这种状况仅仅在苏丹沙伊赫和巴尔斯拜统治时期有所改善，特别是巴尔斯拜，他采取了新的措施，不惜损害埃米尔的利益加强稽查员的权力，并加强了国家对对外贸易的控制。这给苏丹带来了丰厚的收入：从 1425 年起，巴尔斯拜垄断了香料贸易，控制了托尔的卸货点和亚历山大的装货点。巴尔斯拜以牺牲埃米尔的利益为代价增加了收入，使得埃米尔无法再从经过上埃及、沿尼罗河的货物转运中获益。这一时期小亚细亚东部、上伊拉克、伊朗北部和阿富汗冲突频发，商人们无法通行只得取道埃及，这使得苏丹获得了更丰厚的收入。结果，在帖木儿入侵后，叙利亚享有一段时期的和平，它从邻国的麻烦中受益，并欢迎一些通往西方的贸易。马穆路克苏丹国家的财富明显增加，直到噶伊特贝统治结束，它给埃及注入了新的活力，扩大了与西欧的商业联系，因为马穆路克的财富使他们能够购买更多的各类欧洲产品，包括奢侈品、日常消费品及马穆路克军队必需的物资。欧洲产品的渗入说明了马穆路克经济和财政力量的增加，通过渗透到此前从未涉及的领域，这种渗透播下了竞争的种子。只要马穆路克能够保护通往东印度群岛和远东的海上商路，商人们可以

位于大马士革的泰鲁兹澡堂（1444），仍在使用的最古老的澡堂之一。供热系统供应连在一起的、热量不断增加的三间房，最后且最热的房间是侧面用于沐浴的小房间，中间是水渗出的地方。

沿着它到达埃及，他们就可以有恃无恐。甚至在16世纪初，葡萄牙人在印度洋沿岸各处建立据点时，他们仍没有强大到足以封锁或改变通往埃及的贸易路线，因为他们没有足够的基地，已有的基地之间也缺乏联系。

这些经济因素使马穆路克国家衰弱，但它们不是帝国崩溃的主要原因。马穆路克衰落的原因在于16世纪初政权内部的困难和奥斯曼势力在埃及、叙利亚的兴起。在整个近东和东地中海，奥斯曼拥有令人刮目相看的、最高效的军队。

　　之前我们谈及马穆路克政权统治第一阶段的城镇发展趋势，这种趋势在第二阶段得以延续，甚至强化。虽然1349年的瘟疫使城镇和乡村人口锐减，但与乡村相比，城镇更快地从瘟疫的影响中恢复。15世纪，强大的中央集权势力出现，开罗逐渐形成一个大宫廷，不同等级的埃米尔们继续在首都或大的行省中心生活，通过伊克塔从乡村抽取收入。像先辈一样，埃米尔们把这笔钱用于马穆路克、建立官邸甚至宫殿（它们中有些完整或部分地被保存，因而揭示了城市生活的许多现象）、或者参与商业经营。有些资金甚至花费在公共建筑上：宗教的（清真寺、宗教大学、坟墓）、公益的（澡堂，喷泉）、或商业的（商栈，露天市集和商店）。苏丹将财富花费在城市生活上，在开罗和大马士革建立了许多重要的建筑，这些建筑显示了苏丹政府的强盛。苏丹和埃米尔的财富提供的就业机会吸引了许多农民，他们渴望逃避税收征集者的骚扰和耕种土地的艰辛，加之连续的灾难，农业人口大量减少。这些举家搬迁的农民定居在城市边缘的旧棚和中央建筑的后院里，这些后院卑微地依附着宫廷。市民、工人、商人、手工业者、苏丹政府的职员及为埃米尔服务的马穆路克则拿到高工资，他们要么集中居住在高达数层的楼房里，要么居住在从埃米尔那里租来的屋子里。

　　在14和15世纪，建筑活动十分活跃，不仅苏丹和埃米尔，店主、大商人和卡里米的继承者也从事建筑活动。他们建造可供大批货物交易的货物集散地（包括商栈、旅店、客栈等）和自己的房屋。各种收入的另一个流向是建立或购买商店、公寓和澡堂并从中获利。像以前一样，这笔收入归于宗教基金项目或瓦克夫，不会被充公，因而保护了建造者后裔的利益。

宗教博学者乌里玛也生活在城市里。他们在宗教大学接受训练，身兼宗教、法律甚至教育职能，同时作为政府和人们的中介。阿拉伯化进程和伊斯兰教的日益发展使他们的重要性不断增加。开罗的苏丹们向乌里玛提供其专属的建筑，希望借此在人民心目中树立自己虔诚的穆斯林形象。

总的来说，由于苏丹的管理和权威以及国内外贸易带来的丰厚利益，在15世纪的大多数时间里马穆路克国家的城镇呈现出一派宁静祥和的景象，没有起义和动荡。

土耳其人的威胁

切尔克斯的马穆路克的统治开始时形势严峻，然而当15世纪帖木儿及其军队入侵叙利亚，占领大马士革和阿勒颇并威胁埃及时，他的注意力转向了安纳托里亚，对马穆路克的威胁随之消除。但在马穆路克的心中威胁依然存在，他们担心蒙古军队回来，这种担心没有变成现实。在整个15世纪，拜占庭帝国和钦察汗国的衰落意味着马穆路克失去了盟友，或者至少是合作者，他们对马穆路克非常有用。奥斯曼势力随着拜占庭帝国的灭亡逐渐兴起，但在1402年遭到帖木儿的沉重打击。从这次失败中恢复之后，土耳其人的扩张更多地转向巴尔干地区，向东似乎仅止于安纳托里亚，这使开罗的苏丹们低估了来自土耳其人的真正威胁。在地中海东部，吕西尼昂的彼得一世于1365年进攻亚历山大，这被证明是个错误，在马穆路克心中留下了糟糕的印象，所以巴尔斯拜苏丹建立政权之后，立即毫不犹豫地进攻塞浦路斯，并于1425年摧毁了利马索尔（Limassol）。此后，巴尔斯拜侵入塞浦路斯，贾纳斯国王（King Janus）沦为囚徒，他的儿子约翰二世（1432年至1458年在位）向巴尔斯拜称臣。一旦马穆路克国家在沿海地区的安全得到保障，巴尔斯拜便开始将注意力转向其领土的北部和东北部，即叙利亚的边界。14世纪下半叶，土库曼的黑羊国家（Kara Koyunlu）统治了其邻近地区的大片领土。在被帖木儿击败后，他们仅在15世纪中叶稍有复兴，没有对马穆路克形成威胁。1467年白羊国家（Ak Koyunlu）吞并黑羊国家。白羊国家于14世纪下半叶形成，在乌尊·哈桑（Uzun Hasan，1466年至1478年在位）统治时期达到鼎盛，建都于小亚细亚东部，随后迁往迪亚巴克尔（Diyar Bakr），在这些地区他们可以与马穆路克抗衡。他们尽力拉拢在西里西亚和安纳托里亚中东部缓冲地带的统治者，借以对抗土耳其人。白羊国家后来向东推进，最终在东方确立其统治，将安纳托里亚留给了土耳其人。从此在整个近东地区，土耳其人成了马穆路克的主要竞争者。

君士坦丁堡的征服者奥斯曼苏丹穆罕默德二世去世之时，其子杰姆（Jem）起兵反抗他的兄弟巴耶塞德二世，并试图说服马穆路克苏丹噶伊特贝帮助他，他的计划没能得逞，噶伊特贝没有使自己陷入这场是非之中。1485年至1488年间，西里西亚公国杜尔加迪尔（Dulgadir）和拉马赞（Ramazan）之间发生了零星的冲突。15世纪结束时，局势没有多大变化。16世纪初奥斯曼苏丹萨利姆一世（Selim Ⅰ）继位，他将改变整个近东的政治局势。在征服伊朗萨非王朝（Safavid）并于1514年占领安纳托里亚东部和伊朗西部后，经过短暂的休整，萨利姆转而将矛头指向马穆路克国家。军事上的优势，特别是炮兵的运用使萨利姆于1516年在叙利亚北部的达比格草原（Marj Dabig）战胜马穆路克苏丹甘萨伍赫·高里的军队，迫使其交出了叙利亚和巴勒斯坦。萨利姆一世入侵埃及时没有遇到激烈的反抗，在战胜了年轻的苏丹突曼贝（Tuman Bay）之后，于1518年彻底征服埃及，取得了对东地中海及其周围国家的绝对控制权。

尽管1349年的黑死病及其在15世纪的周期性复发抑制了人口的增长，对埃及和叙利亚造成了沉重的打击，但15世纪马穆路克国家的崩溃不能仅仅从经济角度来解释。此外，钦察汗国马穆路克的供应已经枯竭，高加索并未能取代它成为新的兵员输出地，这意味着15世纪的马穆路克军队远没有他们在14世纪时那样强大。虽然担心蒙古军队最终会回来，但帖木儿的去世及其帝国的分裂和黑羊、白羊国家之间的争夺使马穆路克国家心安理得地认为，来自东方的威胁正在消失。1512年萨利姆一世的继位清楚地表明了来自土耳其人的威胁。1516年马穆路克并没有预想到萨利姆一世将进攻叙利亚，因为他们认为他将进攻上伊拉克。

另一方面，尽管15世纪的苏丹们大多是优秀的统治者和虔诚的穆斯林，但在埃及和叙利亚的阿拉伯民族眼中，他们仍是外国人，仅仅以虚伪的姿态出现在他们前面。在土耳其人的攻势面前，他们并没有保卫马穆路克国家，而且实际上叙利亚的某些马穆路克总督此时已经与土耳其人达成了协议。

最后，带来和平与轻松生活的噶伊特贝的辉煌统治也导致军事训练和防务的松弛。此外，马穆路克们在后期尤其沉湎于物质享受，这相应地削弱了他们抵抗的意志。1516年至1517年他们的觉醒越痛苦，他们的失败就越彻底。

并非所有马穆路克苏丹在埃及的印记都被抹杀了。土耳其人依照自己的模式重建了大部分的国家行政系统，但没有改变埃及原有的社会机构。马穆路克一词甚至直到19世纪初仍在继续使用，虽然已经没有了以往的地位与荣耀。

年轻的土耳其人

1227年成吉思汗去世时，他开创的帝国分为四个公国或汗国：中国—蒙古、突厥斯坦—中亚、阿富汗—伊朗和包括俄罗斯南部的东突厥斯坦，每个汗国都由其直系后裔统治。帝国的分裂导致了一系列的远征，在此期间，从阿富汗开始，蒙古人与中部国家和近东开始了直接的接触。他们于1230年击败了克瓦拉斯米安（Khwarasmian）的统治者贾拉勒·丁·门古比尔第（Jalal al Din Mengubirdi），随后在1232年，切尔摩甘（Tchermogan）将其彻底消灭。这为切尔摩甘打通了通往伊朗西部、阿塞拜疆（1233）、格鲁吉亚（1236）和大亚美尼亚（1239）的路线。蒙古得以陈兵小亚细亚塞尔柱苏丹国边境并随后大举入侵，塞尔柱苏丹凯·库斯罗二世（Kay-Kusraw II，1241年至1246年在位）于1243年在克塞山（Kose Dayh）战败，使巴伊马·诺彦（Bajimu Noyon）在蒙古以东建立起一个蒙古人的保护国。

再往北，蒙古人跨过俄罗斯继续向波兰和匈牙利前进（1236—1241），但大汗窝阔台（Ogodai）的去世及随之而来的王位之争终止了他们在欧洲的攻势。钦察汗国的领土西至乌克兰，未能再有所拓展。这些远征使蒙古人控制了黑海北部和东部沿岸，从而控制了通往伊朗、中亚和中国的商路。不管怎样，这些国家都臣属于蒙古人。稍后大汗蒙哥（Mongke）的兄弟旭烈兀进攻伊拉克，于1258年掠夺并摧毁了巴格达。他的副官基图加（Kituga）继续向叙利亚前进。在叙利亚，基图加在艾因·贾卢特被马穆路克苏丹拜巴尔斯击败。叙利亚、巴勒斯坦和埃及因此未能纳入蒙古人的势力范围之内，当在巴格达被杀死的阿拔斯哈里发的继承者避难到开罗时，开罗成了新的伊斯兰教中心。

塞尔柱人的终结

在东方，蒙古人始于上亚细亚和亚洲中部的西进摧毁了那里的土库曼部落。土库曼部落不甘心屈服于蒙古统治，他们不断迁徙，到达小亚细亚。在那里他们受到已经在那里定居的土耳其人的友好接待。在13世纪30年代和40年代初，土库曼部落渗入塞尔柱领土，在那里他们作为定居者或游牧部落都没有受到特别的欢迎，因为这些部落不顺从，不安心受制于塞尔柱政权，同时他们坚持自己的文化和宗教传统。虽然土库曼部落是伊斯兰教的皈依者，但没有放弃以前萨满教的习惯，他们的伊斯兰教形式非常不正统。所有这些因素意味着新来者没有受到他们预想中的欢迎，在宗教领袖的支持下，有些人反抗塞尔柱人的统治，甚至发动暴乱。利用当时塞尔柱领导权的问题，宗教领袖巴巴·伊沙克（Baba Ishaq）发动了一场真正的社会和宗教起义。然而，起义被严厉镇压，起义领袖于1241年被俘并被吊死。凯·库斯罗二世不愿看到这样的运动再次出现，开始将这些部落逐渐地迁往与拜占庭国家接壤的边界。如果他们在当地定居，借机对抗拜占庭的话，凯·库斯罗二世将授予他们土地和税收特权。这些部落建立边界小领地伊彻（uj），但是在小亚细亚西部统治稳固的尼西亚帝国暂时阻止了他们对拜占庭领土的攻击。

土库曼部落的到来显然增加了小亚细亚，至少是中部高原的人口，但代价是当地希腊人的锐减。在土库曼部落到来之前，希腊人一直占当地人口的大多数。人口构成上的变动带来了

一座游牧部落帐篷。大草原的艰苦生活以不同的方式激发了波斯的视觉艺术。几个细节说明了蒙古人的生活方式，他们的饮食习惯、服装、工具、武器、行李、装备，甚至部落内的社会等级。[来自西亚哈·卡勒姆(Siyah Qalem)的一页，突厥斯坦，15世纪；伊斯坦布尔，托普卡普皇宫(Topkapi Sarayi)]

经济上的变化，这些变化并不那么重要，因为尽管过着游牧生活（某种程度上是强制性的），土库曼部落非常喜欢半游牧部落的生活方式，甚至在某种程度上过上了定居生活。利用拜占庭帝国在安德罗尼库斯二世 （1282年至1328年在位）统治下遇到的问题和塞尔柱国家正发生的问题，他们逐渐定居下来，这种情形在整个13世纪一直存在。

蒙古入侵小亚细亚东部和中部，于1243年6月26日在克塞山战胜了塞尔柱苏丹。在试图联合统治失败之后，苏丹国家一分为二：一个是西部的，首都在科尼（Kony）；另一在东部，以锡瓦斯（Sivas）为中心。蒙古人在锡瓦斯的统治非常薄弱，维齐尔穆因·丁·佩尔旺尼（Mu'in al-Din Pervane）尽力从这种局面中渔利。穆因·丁·佩尔旺尼是一位野心勃勃的土耳其贵族，他力图恢复塞尔柱国家的统一。当西方的苏丹被迫逃亡到君士坦丁堡避难时，他成功地做到了这一点。统一一直持续到1277年，其间伊朗的蒙古可汗制造了一点麻烦。蒙古可汗的相对撤退激起了土耳其埃米尔和穆因·丁·佩尔旺尼的公开反抗，并向马穆路克苏丹拜巴尔斯求助。苏丹被出现在叙利亚边境的蒙古军队所困扰，而且不愿看到阿勒颇和大马士革再次受到攻击，所以他支持起义。苏丹军队在阿尔比斯坦（Albistan）战胜了蒙古军队，然后他向凯塞利克 [Kayseric，卡巴多西亚（appadocia）的切萨伦（Cesaren）] 前进。苏丹在这里停止进军，直接控制了西里西亚，使其成为马穆路克苏丹国的另一缓冲地。在小亚细亚，蒙古人向穆因·丁·佩尔旺尼展开反击，于 1277 年处死了他，巩固了他们在东部地区的统治，这里实际上已经成为了他们的保护国。直到 14 世纪初，妄图恢复土耳其人统治的势力和力图确保蒙古利益的统治者之间战争不断，这些战争导致塞尔柱中央权力的分裂。1303 年，被视为最后的塞尔柱苏丹的马苏德二世（Masud Ⅱ）去世。在东方，蒙古人设置总督维持他们的统治；但在西方，土库曼部落使自己摆脱了所有的控制并开始按自己的利益行动。到 14 世纪初，小亚细亚土耳其人的统一已成过眼烟云。

蒙古人入侵的一个后果是改变了小亚细亚的经济方式。土库曼部落的到来引起的变化很可能影响了农业和牲畜的饲养，也可能影响了当地市场，因为最先到达的部落可能没有像早期居民一样的需求，也不能像他们一样提供同样的产品。这可能在旧居民和新居民之间引起一些问题，扰乱了他们的经济和社会结构，在有的地方引起对抗和冲突，这些冲突和对抗导致希腊公社被驱逐到拜占庭领土。

他们对"国际"市场和经过小亚细亚的转手贸易的影响更加严重。战争、塞尔柱势力和曾经由他们确保的安全的消失迫使商人放弃了原本的通往叙利亚和埃及的路线。令马穆路克更为高兴的是，商人放弃了君士坦丁堡—黑海—克里米亚路线，这一路线由希腊人、热那亚人（从1375年开始）和钦察汗国的蒙古人控制，是传教士和商人去往中国的路线。因而大约从1240年到1245年开始，塞尔柱苏丹被剥夺了来自这条商路的收入。他们在失去了大部分收入的同时，也失去了许多领土。尽管保住了他们的称号，塞尔柱苏丹却再也不能将他们的权威强加给苏丹国家，更不用说击退土库曼部落的第一次独立运动。很快，小亚细亚的塞尔柱苏丹国家只不过存在于回忆之中了。

新兴土耳其酋长国的繁盛

正如我们所知，塞尔柱人安置在边境上的土库曼部落建立了军事边境领地伊彻，伊彻置于首领的权威下并依附于塞尔柱苏丹，这些伊彻通常建在拜占庭边境。在科尼亚，苏丹国垮台之前及13世纪下半叶的大部分时间里，这些部落普遍采取观望的态度，在不放弃游牧生活的同时开始定居并进攻拜占庭领土。主要的伊彻在安纳托里亚高原的西部和北部沿线，远至黑海。例如，卡斯塔莫努（Kastamonu）的伊斯凡迪亚尔 [Isfandiyar，让达尔（Jandar）] 和锡诺普（Sinop）的佩尔万（Pervane）。13世纪末之前，包括埃尔突鲁尔（Ertughrul）、卡拉西（Karasi）、萨伦坎（Sarunkan）、艾登（Aydin）以及蒙特什（Menteshe）等部落在内的扩张并没有波及到爱琴海沿岸的平原。

塞尔柱势力的瓦解给了这些部落充分的行动自由。在贝伊或者酋长的领导下，他们建立了独立的公国或省都辖区（beylik）。这些省都辖区出现在前苏丹国家的边缘和内地。在那里，贝伊侵吞了大片领土，比如萨希比·阿塔（Sahib Ata）、盖米堰（Germiyan）、哈密德（Hamid）、卡拉曼（Karaman）的省都辖区。再往东，在西里西亚的托罗斯山脉（Cilician Taurus）有杜尔加迪尔和拉马赞的省都辖区。

这些省都辖区建立的方式多种多样，虽然局势尚不至于混乱，但土库曼贝伊为了控制更多的领土，不惜与拜占庭人甚至本族其他部落开战。拜占庭人首当其冲，因为皇帝安德罗尼库斯二世已经废除了税收特许权，使身处前线的农民战士的利益受到损害，这些农民战士要么不能抵抗土库曼的攻击，要么放弃土地到城市去避难。希腊人被土库曼统治者镇压，无法保卫爱琴海平原，他们纷纷涌向港口和内地的城市：本都山脉的希拉克里亚、尼科米底亚、尼西亚、布鲁萨、撒底斯（Sardis）、福西亚、马格尼西亚（Magnesia）、宁菲亚（Nymphea）、士麦那和费拉德尔菲亚。安德罗尼库斯的儿子米哈伊尔九世率领的希腊军于1301年大败，稍后皇帝试图发动一次反攻，他向拉赫尔·德弗洛尔（Rager de Flor）领导的加泰罗尼亚连队（Catalan Companies）求助。1304年拉赫尔·德弗洛尔到达小亚细亚西部，袭击向西里西亚港口行进的土耳其人——但他没有取得决定性胜利。当土耳其人再次向君士坦丁堡进攻时，他们毫不费力地占领了被弃的土地，并突破以前古老的边界继续向前推进。在接下来的20年里，土耳其统治者向西推进，直至爱琴海沿岸，在那里，他们被大海的魅力所折服。例如，卡萨基（Kasari）省都辖区控制着达达尼尔海峡东岸地区，萨鲁坎（Sarukhan）把锡皮勒（Sipyle）的马盖西亚[Maghesia，马尼萨（Manisa）]作为首都，和他的南方邻居一起从事海上掠夺。在1326年前，艾登省都辖区控制了以弗所的湃尔吉翁（Pyrgion，比尔吉）、科洛耶[Koloe，凯莱斯（Keles）]和士麦那的卫城，当乌穆尔（Umur）于1327年成为领袖并占领士麦那时，其势力范围进一步扩大了。士麦那成为在爱琴海及远至伯罗奔尼撒进攻拜占庭人的基地。身陷与帕列奥列格的约翰五世争夺拜占庭王位的战争的约翰·坎塔库震努斯于1341年向乌穆尔寻求帮助，请求他将土耳其军队派驻色雷斯。1332年9月安德罗尼库斯二世和阿奇佩拉格（Archipelago）的统治者与威尼斯人和在爱琴海对抗土耳其海盗的罗德岛的医院骑士团缔结同盟。1334年3月，法兰克国王菲利普五世和教皇加入这一同盟。这一同盟几乎没有发挥任何作用。

安纳托里亚高原被各个省都辖区所控制，其中盖米堰和卡拉曼的省都辖区是最重要的。首先，因为它占据了一片通向外部世界的、相对繁荣的区域；第二，因为它控制了整个南部高原地区，特别是科尼亚，借助科尼亚的影响，它声称是塞尔柱苏丹的继承者。对临近的土库曼省都辖区和某些蒙古总督的一系列胜利使其领土进一步扩大——到1325年左右，它成了安纳托里亚中部最重要的国家。在科尼亚，尤其是卡拉曼，一股艺术和文化活动中的潮流延续了塞尔柱人的辉煌，证明了这种成功。再往北，安卡拉及其省都辖区不是由一位土库曼贝伊统治，而是被一伙与艾赫（akhi，土耳其语，意思是侠义的或高贵的）兄弟会有关的代理机构统治。当宗教团体和社团的领袖们控制较不稳定的因素时，他们是一种全新的因素，很可能代表了在前一世纪已经存在的教法裁判的发展。最后，在安纳托里亚东部，1327年后一位名叫埃尔特贝（Ertena）的总督提出将领地变成蒙古附属国的主张，他将总督领地变成一个有首都的独立国家，首都开始在锡瓦斯，后来迁到凯瑟里（Kayseri）。在14世纪的大部分时间里，虽然偶尔陷于互相攻伐的战争，或进攻特拉比松德的希腊国家，北方的土耳其省都辖区总的来说还是较为平静的。

　　整个小亚细亚权力发生分裂。省都辖区不断增加，每一个省都辖区都享有它们在中亚失去的独立，省都辖区之间的相互敌对，宗教和政治上的目的促使这些省都辖区不断进攻日益衰落的拜占庭帝国，侵犯希腊人的领土——与前一世纪的局势形成了鲜明的对比，所有这些因素都推动着小亚细亚在14世纪前40年的分裂。马穆路克苏丹国家较为平静，处在单一的政权和行政体系的统治之下，而且叙利亚和埃及取代小亚细亚成为地中海和中东、远东之间贸易的必经之路，这条商路甚至延伸到君士坦丁堡和克里米亚。这意味着小亚细亚土耳其人经济的衰落，某些土耳其省都辖区利用这一衰落为自己谋利，土耳其人也是如此。

土耳其人的崛起

　　像土库曼部落一样，将要登上历史舞台的奥斯曼国家在小亚细亚的发迹并不为人所知，后来的史料编撰者和编年史家美化了这段历史。13世纪中叶之前，这一部落可能被蒙古人的西进一路驱赶。领袖冈杜兹·阿尔普（Gunduz Alp）有一位名叫埃尔图鲁尔（Ertughrul）的儿子，大约1270年塞尔柱苏丹将瑟尤特（Seuyut）地区授予埃尔图鲁尔，建立他的伊彻。瑟尤特地区在萨卡里亚河（River Sakarya）中游，处于拜占庭行省比提尼亚（Bithynia）东部边界的考坦亚（Kautanya）北方，埃尔图鲁尔可能远征过比提尼亚。大约1290年，埃尔图鲁尔去世，他的儿子奥斯曼（Osman）继位（因而他们王朝的名字叫奥斯曼；在土耳其语中为Osmanli，Osmanli在欧洲语言中为Ottoman）。奥斯曼可能是加齐团体中的一员。编年史记载，奥斯曼的岳父埃德巴利（Edebali）是一位谢赫，对他的影响很大。像其他省都辖区一样，伊斯兰教在奥斯曼扩张中的催化作用不可忽视。虽然我们对奥斯曼领导其部落的这一时期了解不多，但我们可以假设奥斯曼的法令与塞尔柱人或其他省都辖区的法令有着同样的特点，他们的权力属于特定的家族，这个家族的首脑有权统治其他人，也可将职责、任务或重要的利益分配给家族的主要成员。

　　1291年奥斯曼可能首次远征比提尼亚。这些战争和征服的年表几乎无法确定，但大约1320年奥斯曼的军队似乎占领了整个比提尼亚东部，并威胁着重要的城市布鲁萨和尼西亚。大约在1317年和1326年间奥斯曼去世，去世的确切日期我们也不知道。1327年，奥斯曼似乎将军队的统帅权交给给儿子乌尔罕（Orkhan）。乌尔罕于1326年占领布鲁萨，1330年占领尼西亚，并定都布鲁萨。1337年至1338年和1339年至1340年乌尔罕在首都建立两座清真寺，奥斯曼也被葬于此地——这些行动说明了乌尔罕与布鲁萨之间的联系。1340年乌尔罕对专售昂贵商品的商业区的建立、改造，从另一个方面证明了这种联系。大约1330年至1335年伊本·白图泰（Ibn Battuta）游历小亚细亚西部各地，1333年到达比提尼亚和布鲁萨时，他注意到了这一点。在这个富裕的行省和充满生机的商业中心，布鲁萨是最重要的城市。

乌尔罕推行扩张主义政策，于1337年夺得尼科米底亚，锋芒直抵玛尔玛拉海，当他于1340年至1345年占领卡萨基省都辖区时，他控制了玛尔玛拉海沿岸的大片土地，远至达达尼尔海峡。乌尔罕的兄弟阿拉·丁（Ala al-Din）辅助他处理内政，有时率军远征。但他于1333年去世。从这以后的一段时间里，乌尔罕与约翰·坎塔库震努斯保持很好的关系，于1346年娶了约翰·坎塔库震努斯的女儿塞多拉。坎塔库震努斯在反对约翰·帕列奥列格的战争中需要盟友。乌穆尔在艾登死后，坎塔库震努斯向乌尔罕求助，乌尔罕派遣儿子苏莱曼（Suleyman, Soliman）率领军队协助他。土耳其军队于1348年进驻色雷斯，在那里作战——特别是与塞尔维亚人作战。几年后土耳其人发动新的攻势，于1352年攻占栽姆佩，1354年攻占加利波利，从而占领了进入达达尼尔海峡欧洲地区的桥头堡。在接下来的几年里，拜占庭帝国日益衰弱，土耳其人趁机控制了整个色雷斯东部。土耳其人占领阿德里安堡的时间多有争议，已经提出的有1362年至1363年，1369年和1372年。同样，土耳其人第一次出现在色雷斯的时间也不确定。一些历史学家认为，当1366年萨沃伊的阿马德乌斯（Amadeus）暂时夺回加利波利时，土耳其人被迫放弃色雷斯，仅留下几个独立的军团袭击拜占庭、保加利亚和塞尔维亚城镇，这些军团占领了阿德里安堡。但这是不可能的，因为阿德里安堡是一个重要的地方，只有奥斯曼正规军才能占领它。

乌尔罕的进攻因其军队而成功。乌尔罕的军队一部分由常备军和私人武装，或者贝伊及其部落成员组成，称为亚亚（yaya）或步兵（Fantassins）；一部分由非常备军或偶尔被召集的阿扎卜士兵组成；最后一部分是招募的战俘，他们被称为"新军"（yeni tcheri, the Janissaries）。骑兵由常备骑兵（sipahis）和非常备骑兵或袭击者（akinjis）组成。除此之外，乌尔罕的成功使他得到宗教团体和分散的、渴望分享战利品的土库曼人的支持。乌尔罕本人是一位加齐，获得了"征服者的苏丹，信徒的战士"以及贝伊的称号。

到乌尔罕去世时（大约1362年或1363年），土耳其人已经遍布拜占庭帝国在巴尔干南部地区仅存的领土。年轻的奥斯曼国家能够在欧洲像这样行事，仅仅因为它在小亚细亚没有特殊的地位，因为安纳托里亚的盖米堰、卡拉曼等最主要的土耳其省都辖区都在小亚细亚发展势力并相互争斗。

由于占领保加利亚大部和塞尔维亚，穆拉德一世在巴尔干欧洲继续其父亲的事业。1387年保加利亚—塞尔维亚联军击败了穆拉德一世的军队，招致他于1389年对科索沃进行报复。虽穆拉德一世被暗杀。苏丹右面的塞尔维亚人米洛斯的科比里克(Milo's Kobilic)将一把匕首刺入死者的心脏（奥斯曼许内纳梅手稿,1584,伊斯坦布尔,托普卡普皇宫）

然穆拉德一世在战争中被一位塞尔维亚人杀害,但最终,保加利亚被并入奥斯曼帝国,塞尔维亚也臣服于奥斯曼帝国,得以保留自己的统治者。在小亚细亚,土耳其人实行联姻或征服政策,这一政策使他们吞并盖米堰酋长国的领土和部分与卡拉曼省都辖区接壤的哈密德(Hamid)酋长国的领土。所有这些地区成为帝国的行省并被划分成众多的地产或提玛(timar),分配给军官、文官和宗教官员,这些地产或提玛属于私人但可以被收回。他们经营地产、增加税收,这些税收多数进入国库。提玛制度不像塞尔柱的伊克塔制度,它从15世纪起迅速发展。

穆斯林兄弟会的宗教活动大大地推进了土耳其人扩张主义的第一阶段的发展。对于土耳其"殖民者"来说,通过建立清真寺、宗教学校、祈祷场所和宗教基金,他们在被穆斯林征服的城市中心,尤其是巴尔干欧洲更容易巩固自己。在14世纪最后30年,这一宗教运动被大大扩展。

被称为"霹雳"(Yildirim)的巴耶塞德一世继续执行奥斯曼的扩张政策。为了维持统一,更重要的是避免家族的内部冲突,巴耶塞德一世首先派人杀死他的兄弟雅各布(Ya'qub),因此开创"弑兄法"的实践,这使得他可以远征巴尔干和小亚细亚。从1390年4月起,巴耶塞德一世通过帮助帕列奥列格的约翰二世发展势力而插手拜占庭事务,随后为支持未来的马努尔二世,终止了与约翰二世的交往。巴耶塞德不断地给君士坦丁堡施加压力,甚至占领博斯普鲁斯东海岸的大片土地,在那里为了监视通过海峡的航运,他于1395年建立一个要塞,即安纳托里亚城堡,或称阿纳多卢·希萨尔。

在巴尔干,摩里亚的暴君狄奥多尔(Theodorus)仿效波斯尼亚的郝泊达尔(Hoapodar),在1391年至1395年间自称是巴耶塞德一世的附庸。为了得到土耳其人的帮助,阿哈伊亚的君主割让了许多城镇。瓦拉几亚(Wallachia)成为奥斯曼的领土。保加利亚被视为一个行省。斯特凡·拉扎列维奇(Stefan Lazarevic)能够登上塞尔维亚王位仅仅因为巴耶塞德一世居中调停。到1395年底,土耳其人几乎

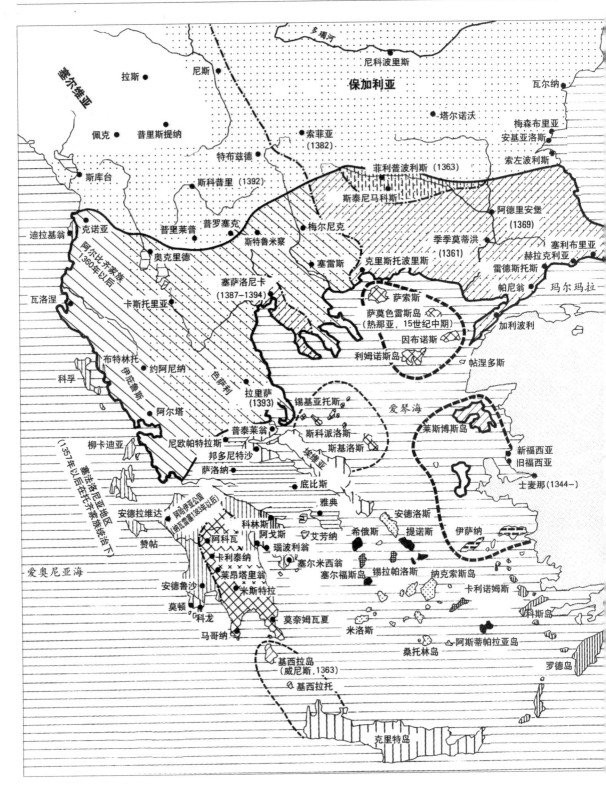

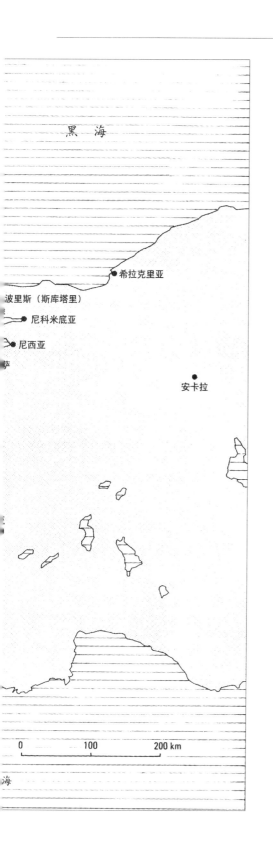

14世纪土耳其人的推进

	约1340年拜占庭领土
	约1350年拜占庭领土
	约1402年拜占庭领土
	1340年后杜尚征服的土地
	1344年保加利亚征服的土地
	1350年土耳其领土
	1354年至1402年土耳其征服的土地
	威尼斯人的领地
	威尼斯殖民地
	热那亚人的领地
	安茹领土
	加泰罗尼亚领土
	纳克索斯公国
	纳克索斯的封地（阿莫戈尔斯、塞尔米亚）
	医院骑士团领土

阿纳多卢·希萨尔要塞。在巴耶塞德一世的统治下，在博斯普鲁斯海峡亚洲方向建立的第一座土耳其防御工事，与君士坦丁堡隔海相对。

占领全部巴尔干欧洲，并陈兵匈牙利边境，匈牙利国王西吉斯蒙德，请求欧洲人组织一次十字军东征将土耳其人赶出欧洲。1395年9月25日，十字军在尼科波利斯附近与土耳其人交火。土耳其军队给十字军以迎头痛击，强化了他们强大而不可战胜的声望。

接下来，巴耶塞德一世于1397年短暂包围君士坦丁堡,但没有全力进攻,然而拉里沙（Larissa）、帕特拉斯（Patras）和希腊的雅典人全部被俘。

1390年后在小亚细亚，巴耶塞德一世占领爱琴海沿岸的省都辖区（萨鲁坎、艾登、蒙特什），和黑海沿岸伊斯凡迪亚尔的部分省都辖区，并随后占领安纳托里亚中部和东部，卡拉马尼德·阿拉·丁（Karamanid Ala al–Din）不得不割让省都辖区的主要城市给巴耶塞德一世，此后古老的锡瓦斯和凯瑟里的蒙古领土落入巴耶塞德一世手中。1400年，巴耶塞德一世到达博斯普鲁斯。除君士坦丁堡外，他已经统治了从波斯尼亚到马穆路克国家边界和安纳托里亚东部公国的大片领土，东方帝国的崛起已成定局。

刚柔并济的统治

除引进单一政府的观念外，土库曼—奥斯曼的扩张起初在小亚细亚的爱琴海地区没有发生多少变化，14世纪早期在爱琴海地区已经建立起若干省都辖区，而且1390年至1400年间，单一政府的概念一定很模糊。人口的变化也是有限的，因为在14世纪的多数时间里这些省都辖区受到扩张的影响，各省都辖区内，土耳其人的地位高于希腊人，他们凭借其力量而不是数量上的优势控制省都辖区内的希腊人，并初步建立起旨在支持土耳其人军事组织的公共机构。地产从以前的希腊非法占有者手中收回，并可能分配给贝伊的家族成员或者追随者，作为对其忠诚的奖赏，一些希腊地产所有者也可能继续占有地产。最后，为了保证对伊斯兰教的皈依，其他的土地被分配给宗教基金。所有这些地产都被视为私有财产，可以转移但不可分割。

在奥斯曼统治下，当省都辖区交割时，私有地在土耳其家族成员、维齐尔、高级文武官员、古老的贝伊家族成员及宗教和法律—宗教人士之间重新分配。由于其特殊作用，这些私有地所有者中的许多人还享有提玛。14 世纪末小亚细亚的统治阶级就此形成，他们属于奥斯曼国家的统治集团，并控制这一地区的大部分土地财产，这在很大程度上有某种拜占庭传统复兴的意味。私有地上缴固定的穆斯林税收——扎卡特（zakat）或者什一税（tithe），而提玛成为固定财政收入的重要来源(以各种支付形式)。提玛的所有者并不固定，他们分属于不同的社会集团。

没有省都辖区的调停，奥斯曼继续征服巴尔干欧洲。这意味着土耳其人迅速接管大片土地，部分土地仍保留在原来的保加利亚、塞尔维亚和希腊的土地所有者手中，另一部分土地作为提玛被分配给各等级的军事人员和文官。这些土地是他们报酬的基本部分，因而他们必须确信他们的提玛是富饶的。在提玛登记册上，国家税收按货币或者种类做了详细的规定，并且他们也被迫向土耳其军队提供所需的战士，战士的数量由各自提玛的大小和收入来确定。另一部分土地落入苏丹大家族成员、国家主要的统治者和宗教兄弟会手中，私有地就像他们自己的财产一样。这些地产是按"领地"而不是按"财政"来确定的，就像提玛一样。因此，主人对这些土地享有充分的自由，尤其是关于这些土地的劳动力及其耕作方法。

以这种方式分配被征服的土地，奥斯曼政府旨在确保政治统治和经济收入的最佳状态。开始两种保有期限的形式被行省（新成立的）和中央政府严格控制，如果土地占有者不能履行职责或者不能令人满意地完成职责，很简单他们的财产或者相关的提玛地产将被剥夺。事实上，这些地产是政府代理人的报酬，常常也是个人利润，这解释了为什么不论地产大小，他们都尽可能地使分配给他们的土地富饶。通过同样的方式，基督徒也有利可图，因为这既确保了他们的物质收入及其继续对农民的权威，也确保了与土耳其统治者的特殊关系，反过来土耳其统治者也能够利用他们作为执行命令的中介。当土耳其人于15世纪逐渐加强行政管理时，一些基督徒皈依了伊斯兰教并日益土耳其化。

私有地的所有者也尽可能地从土地中获利。在过去的几年里，这些土地经受了拜占庭人、塞尔维亚人、保加利亚人及其土耳其人战争的蹂躏，这些战争通常的结果就是人口的减少和贫困。奥斯曼政府鼓励人口从一地区向另一地区迁移，以有利于一些私有地所有者，或者释放俘虏和奴隶并将其安置在土地上。这一政府行为通常由唯一从中获益的私有地所有者直接执行。后来，小亚细亚的土耳其人被迁移到巴尔干以取代过去被遣送到小亚细亚的希腊人和保加利亚人。这一制度使巴尔干地区的土耳其人的数量不断增加。这一地区的伊斯兰化由宗教团体完成，他们在其所获地产上建立用于穆斯林礼拜和聚会的扎维耶（穆拉比特人的清真寺），许多穆斯林自愿从小亚细亚迁移过来参加伊斯兰教的扩张，为战争或神对土耳其人的赐福祈祷。

到14世纪末，一些私有地似乎变成瓦克夫，也就是宗教财产，原则上这些财产不可转让。这出现了两种形式，一是哈伊里（hayri），在瓦克夫收入中，哈伊里仅仅用于宗教事业；另一形式是艾里（ehli），艾里的收入可以用于供养由捐赠人指定的一人或多人。这一情况到14世纪末还不是很普遍。

年轻的奥斯曼国家以不同的方式直接或间接地控制着被征服地，由军队和行政部门执行，土耳其领土的扩张强化和发展了这两个部门。在穆拉德一世统治时期，奥斯曼政府在规模和组织形式上发展完善。穆拉德一世不满足于做一个贝伊，他无视哈里发而采用了苏丹的称号。在苏丹之下是维齐尔，第一位维齐尔是卡拉·哈利勒·扬达里（Kara Khalil Jandarli）的儿子阿里·帕夏（Ali Pasha），在乌尔罕统治下，穆拉德一世确立了奥斯曼国家的基础。苏丹任命大维齐尔，大维齐尔对苏丹负责，是仅次于苏丹的国家重臣，负责所有的内政和军事事务，尽管苏丹在这些事务上仍有主动权和优先权。穆拉德一世统治末年，领土的扩张及随之而来的维齐尔责任的增加需要任命其他维齐尔来协助他。维齐尔及其助手在奥斯曼家族成员或者与之关系密切的大家族中选择，后来在高级权贵中间选择。维齐尔负责迪万的日常事务。迪万由苏丹控制，得到卡迪阿斯克（aqdi'asker或称kasasker，具有宗教权威和合法职位的军事法官，从在宗教大学接受训练的乌里玛阶层中选拔）、文官首脑、国家收入登记簿的保管者〔国家收入包括税金、税收及其各种收入：合法的征税，土地税、扎卡特（即天课，伊斯兰教徒每年一次的宗教捐款）或者合法的施舍、什一税、额外的税收——14世纪仍很罕见——分享战俘的五分之一、海关税，商业税的权利等等〕的协助。

贝伊向小亚细亚的奥斯曼省都辖区派遣一位军事领袖负责管理、拓展被征服的土地，并负责其他的军事事务。这名军事领袖的称号是桑贾克贝伊（sanjak beyi），桑贾克相当于军事领袖领导下的行政机构，通常由奥斯曼统治者的儿子担任。在扩张至欧洲前，小亚细亚已经存在若干桑贾克，土耳其人的扩张又使得欧洲和鲁姆里（Rumeli）出现了更多的桑贾克。桑贾克在数量上的增加导致穆拉德一世在各省行政部门引进了一支更高级的梯队，总督（beylerbey）享有一定的军事和民事权力。

大约在1362年至1365年间，在鲁美利亚行省设立了第一个总督之职，1393年在小亚细亚或者安纳托里亚设立了第二个总督之职。每一行省由卡迪（qadi，法官），阿莱贝伊（alay beyi，负责军事事务）和苏巴什（subashi，负责行政和财政）负责管理。各级官员被授予提玛，但他们也负责重新分配其它与中央行政相关的提玛，把它们专门分配给奥斯曼军队的战士和骑兵们。

近卫军。这些优秀的军队构成奥斯曼部落的铁拳，最初成立于14世纪，构成苏丹个人的护卫队。在臣服的基督教民族的儿童中招募，他们被迫与家庭分离并接受艰苦的训练。(16世纪奥斯曼手稿，伊斯坦布尔，托普卡普皇宫)

在穆拉德一世统治时期军队也进行了改革。军队数量增加以保证进一步的扩张和捍卫被征服的领土。大约1380年，为了辅助使用战俘的旧制度，苏丹和贝伊的军队都采用了新的募兵形式，这就是德米舍梅制，即将巴尔干地区的基督徒儿童聚集在几个城镇和村庄里，并将他们带走训练成为军队的战力。每次征集的数量固定，可能不超过几百。德米舍梅制并非每年进行。这些儿童被送到安纳托里亚，在那里他们被周围的土耳其人同化并被伊斯兰化。之后，他们被送往加利波利，组成外国儿童军团。根据智力和身体能力，他们在那里接受专门的教育。有些人成为侍者，为苏丹家族服务。在苏丹家族，他们通过等级晋升获得高级行政职位。其他人则组成近卫军（包括步兵、装甲兵、炮兵），和骑兵一起组成"护卫的奴隶"，或者更确切地说，苏丹私人的和忠诚的仆人。近卫军的另一特点是，从发展时期（1380—1390）来看，他们的组织与巴克塔什（Bektashi）团体密切相关，大约在60年前巴克塔什团体由哈吉·贝塔什·韦利（Hajji Betash Veli）创立，并逐渐被视为穆斯林异端。实际上它的仪式包括了穆斯林特有的、来自东亚或中亚传统的习俗，14世纪下半叶后还有基督教的因素。近卫军最初的招募方式可能驱使他们遵循巴克塔什主义的方式，而不是正统的伊斯兰教方式。实际上巴克塔什主义在鲁姆里盛行。

另一部分骑兵，西帕希（sipahi），也被改进并成为奥斯曼统治的主要因素之一，因为每一名西帕希都接受一份与自己花费及供养其战士的花费一致的提玛地产。因而封建骑兵的名字常常与它们有关。这些战士臣属于苏巴什，苏巴什依附阿莱贝伊，并对桑贾克贝伊负责。苏丹也有由自己直接控制的骑兵。苏丹的骑兵一部分由近卫军（ajemioglan）组成，一部分由以前叛依的战俘和非土耳其穆斯林组成。

就经济方面而言，年轻的奥斯曼国家谨慎地避免扰乱已有的经济结构，无论何时这都是可能的。以前的土地所有者逃跑并被新的私有地所有者或者封建骑兵取代。这些土地上的农民发现，只有主人发现了变化，奥斯曼帝国的税收并不比拜占庭帝国严苛。鲁姆里被征服后，情况也是这样。从14世纪末残存下来的一些文件记载了当时为了维持征服地区经济生活和避免一切严重混乱所作的决策，这可能说明了为什么保留当地地主。随后这一过程逐渐发展并出现了与每一行省相适应的法令，它确定了行省居民的权利和责任，并形成一种与《古兰经》法律平行的习惯法形式。除了在希俄斯与热那亚人和欧洲巴尔干人某些据点沿线的威尼斯人保持联系外，直到14世纪末，与外国势力尤其是意大利商业城市的贸易，基本上是小麦生意，对土耳其人似乎并不十分重要。然而在小亚细亚，14世纪末，土耳其人控制了安纳托里亚东部的主要港口和城市：布鲁萨、士麦那、安卡拉、科尼亚、阿拉尼亚（Alanya）、安塔利亚（Antalya）。而且，中亚和伊朗与欧洲之间的部分贸易不经过叙利亚或埃及，而是取道安纳托里亚，从而使得土耳其人的据点从中获益，特别是布鲁萨，在当时已经是一个重要的贸易中心。

奥斯曼国家虽然难称伟大，但是它的地理位置、它组织良好的行政和军事机构、它的政治和宗教活力、它的关于强大而中央集权的观念，这一切都足以使它在历史上占有一席之地。它能够对它的臣民表现出极大的忍耐力。简而言之，尽管奥斯曼帝国的发展势头暂时地被新的障碍所遏止，但它的成就毋庸置疑。

"蒙古和平"

1227年去世之前，成吉思汗将帝国分给他的四个儿子，每一儿子都得到一部分领土。在接下来的20年里，蒙古人发动了新的攻势，一次是进攻俄罗斯南部，另一次是进攻近东。在拔都汗（Batu khan）的领导下，蒙古人对波兰、摩拉维亚和匈牙利发动了一系列进攻，然后专注经营在那之前一直控制在钦察汗土耳其部落手中的土地，他的汗国在俄罗斯编年史中被称为金帐汗国。金帐汗国的领土从多瑙河口延伸到巴尔克什湖（Balkhash），包括乌克兰大部、克里米亚、高加索的北部地区及里海与巴尔克什湖之间的大草原。最初汗国与穆斯林世界并没有往来，但后来成为影响穆斯林世界的政治力量。

由怯的不花，后由贝于（Bayju），最后由旭烈兀领导的第二次对穆斯林世界的进攻使蒙古人从中亚推进到小亚细亚东部，攻陷了阿富汗、伊朗和伊拉克等穆斯林国家。这个汗国被称作伊儿汗国，它在很多方面与钦察汗国不同。

金帐汗国

钦察汗国，得名于科曼（Comans）和波罗兹恩（Polovtzians）一系的土耳其人，他们被拔都的蒙古军队击败，或称金帐汗国的建立是拔都汗远征的结果。1227 年到 1255 年间，拔都不仅是蒙古扩张与定居东欧的煽动者、从多瑙河到巴尔克什湖的蒙古国的建立者，还是 13 世纪中叶蒙古世界最重要的人物。他的势力远远超出自己汗国的界线，梁赞（Ryazan）、特维尔（Tver）、苏达兹尔（Suzdal）、基辅、加利西亚（Galicia）等许多俄罗斯公国的统治者把他视为最高统治者。弗拉基米尔（Vladimir）大公亚历山大·涅夫斯基（Alexander Nersky，1252 年至 1263 年在位）也是如此。拔都虽然作为一位严厉的统治者而获得声望，但其统治更因支持经济和商业活动及宗教宽容而闻名。拔都自认为是萨满教徒，对其他宗教很宽容：聂斯托利教、基督教、东正教、伊斯兰教、犹太教。他的儿子撒里答（Sartaq）是一位聂斯托利教徒，与亚历山大·涅夫斯基的关系很好。撒里答于 1256 年惨死，这可能阻止了钦察汗国向基督教的皈依。

兀剌赤（Ulaghchi，1256 年至 1257 年在位）的短暂统治后，权力传给拔都的兄弟别儿哥（Berke，1257 年至 1266 年在位）。别儿哥实施亲伊斯兰的政策。他本人皈依伊斯兰教，但没有放弃先辈对其他宗教宽容的政策。当旭烈兀汗在阿塞拜疆的进攻威胁钦察汗时，别儿哥与马穆路克苏丹拜巴尔斯结盟。他们于 1261 年交换使节，并于 1263 年结盟进攻旭烈兀。此外，拜巴尔斯还允许钦察汗国为马穆路克军队招募雇佣兵。旭烈兀远征高加索失败，他屠杀钦察汗国在波斯的商人进行报复，别儿哥则屠杀波斯在钦察汗国的商人作为回应。别儿哥的侄子诺盖（Nogay）后来领导了一次远征，没有成功，实际上两位大汗都试图控制整个阿塞拜疆。这时，阿塞拜疆分裂成两部分。他们两个都没有胜利。此外，别儿哥在下伏尔加建立了一座城市萨拉伊（Saray），别儿哥将此城定为首都，直到 1395 年被帖木儿摧毁，它一直是汗国首都。

拔都的孙子蒙哥·帖木儿（1266 年至 1280 年在位）继承别儿哥之位后，几次插手中亚蒙古汗国之间的冲突，并且与埃及的马穆路克苏丹和君士坦丁堡的巴伊莱乌斯·帕列奥列格（Basileus Palaedogus）保持了良好的关系。蒙哥·帖木儿本人是一位萨满教徒，对所有的宗教都很宽容，他确保了汗国东正教僧侣的安全，同样在克里米亚允许卡法的热那亚人建立领事馆及在赐予他们的土地上建立贸易中心。在蒙哥·帖木儿之后，他的兄弟脱脱蒙哥（Tode Mengu，1280 年至 1287 年在位）继承了王位，随后是秃剌不花（Tole Buqa，1287 年至 1290 年在位）。脱脱蒙哥仅仅是名义上的继承者，因为诺盖掌握实权直到 1300 年被暗杀。诺盖非常支持基督教包括拉丁基督教，因此法兰西斯派传教士能够在萨拉伊安顿下来。作为拜占庭人的盟友，诺盖干涉保加利亚，在那里他安插了一位新统治者乔治·泰尔泰尔（George Terter），

蒙古骑手的印章。这幅缩图揭示了伊儿汗的影响，伊儿汗鼓励波斯的透视艺术，将其与远东结合（理查·丁(Rachid al-Din)的《世界史》，1314，伊斯坦布尔，托普卡普皇宫）

乔治·泰尔泰尔是一位真正的蒙古附庸。然而诺盖的独裁主义不受欢迎，最后受到托克图汗（Tokhtu，1290年至1312年在位）的进攻，失败后不久被杀。

14世纪初，钦察汗国（金帐汗国）的地位非常巩固。它从拜占庭帝国的内部争斗中受益，俄罗斯和保加利亚的统治者都是它的臣民，并且与埃及和叙利亚的马穆路克，甚至与波斯的伊儿汗们都保持着良好的关系。热那亚和威尼斯商人的出现使克里米亚兴起了一项重要的贸易——尽管卡法和苏格达克（Sughdak）的意大利商人偶尔受到大汗们的敌视，特别是在1307年。

月即别（Ozbek，1312年至1340年在位）继位后，钦察汗国实施新方针，新汗皈依了伊斯兰教，从那时起他们所有的统治者都是穆斯林，然而这并不意味着其他的宗教尤其是基督教受到压制。钦察汗国和马穆路克的关系受到挫折，但为弥补这一点热那亚人和威尼斯人得到了很好的款待。札尼别（Janibey，1340年至1357年在位）统治之初情况有所不同。札尼别的统治因重视伊斯兰化和两件重要的事情而闻名：其一是1346年左右的大瘟疫，很多人因此丧命，略微加重了汗国的贫困；其二是反对伊朗伊儿汗的战争。札尼别1355年攻占阿塞拜疆，但三年后又很快落入伊儿汗手中。札尼别在统治后期受到蒙古君主的敌视，甚至发生了冲突，他的俄罗斯附庸也不再那么唯命是从。

札尼别的统治似乎是钦察汗国历史上的转折点，对成吉思汗大帝国的追忆不再足以召集蒙古君主们到大汗旗下。一旦蒙古君主的种族和宗教圈子建立起来，在这些种族和宗教圈子里，他们仅仅构成一个少数派团体，在某种程度上蒙古人处于这些圈子的影响之下。最后，钦察汗国的附庸开始摆脱从属地位，而钦察汗国的蒙古人继续统治对其生存极其重要的黑海北岸。

在札尼别后，权力不再为大汗所有，而被"宫廷长官"马麦（Mamey，1361年至1380年掌权）所有，马迈试图重建汗国的统一，他的努力被几位埃米尔扰乱，特别是在汗国的东部。

从1370年起，俄罗斯的统治者们解除了与汗国的盟约，并且随后拒绝缴纳贡赋。由于在库里科沃平原战争（Kalikovo Polje，1380年9月8日）中战败，蒙古人被迫让热那亚人占领了克里米亚的部分领土。

这时，白羊部落（钦察汗国的东部）的大汗打败"宫廷长官"马麦，成为金帐汗国的大汗，重新统一整个钦察汗国。在河间地带（Transoxania）统治者跛子帖木儿（Timur Lenk，Tamerlane）的帮助下，白羊部落将其统治强加于这一地区。然后帖木儿侵略俄罗斯公国，摧毁弗拉基米尔、苏兹达尔和莫斯科（1382年8月）等城市，重建蒙古的宗主权。受到其胜利的鼓舞，脱脱迷失（Tokhtamish）想重建成吉思汗帝国，但发现帖木儿阻碍了他，这时帖木儿是河间地带、阿富汗和波斯的君主。随之而来的战争从1387年持续到1395年，以脱脱迷失的失败和钦察汗国，特别是首都城市的毁坏而告终。然而，1399年帖木儿·忽都鲁（Timur Qut-lugh，1398年至1400年在位）加入帖木儿一方，帖木儿使他成为汗国东部的首领。在那里，他确立了蒙古对俄罗斯公国的统治。这一统治维持了一个世纪，但是钦察汗国本身在该世纪中叶被分裂为三个更小的汗国：克里米亚、喀山和阿斯特拉罕（Astrakhan）。

动荡的波斯世界

1255年，蒙哥大汗向他的兄弟下令，将所有从阿富汗到叙利亚的领土统一到蒙古政权之下。旭烈兀有计划地消灭他的对手：1256年波斯的伊斯梅尔(Ishmaelities)；1258年巴格达的哈里发；1258年，巴格达被毁；1260年9月，蒙古向叙利亚进军，最终在艾因·贾卢特被马穆路克阻止。这场战争确立了蒙古和马穆路克领土的边界，马穆路克的领土从叙利亚北部延伸到幼发拉底河中部的西岸。钦察汗别儿哥与马穆路克苏丹拜巴尔斯于1261年签订的盟约部分地解释了蒙古的失败，这一联盟威胁到阿塞拜疆。向东，察合台汗国对波斯的蒙古人构成威胁，为此，蒙古人巩固了他们从小亚细亚东部到阿富汗西部地区的统治。旭烈兀是一位佛教徒，他娶了一位基督徒（聂斯托利派）为妻。他的继承者阿巴卡（Abaka）和阿鲁浑（Argun）也是佛教徒。直到阿鲁浑施行更为宽容的统治，穆斯林并没有受到尊重，而且统治者敌视逊尼派穆斯林国家。

旭烈兀在阿塞拜疆的马拉盖（Maraga）建立首都；阿巴卡（1265年至1282年在位）定都于大不里士（Tabriz）。在旭烈兀统治期间，聂斯托利教会的重要性与日俱增，1283年3月选出的主教马尔·叶赫巴拉哈三世（Mar Yahballaha III）如果不是出身蒙古就是出身于维吾尔族，这使教会和政府之间的关系更加紧密。

1266年，阿巴哈成功地消除了钦察汗国对阿塞拜疆的威胁，1270年和1273年钦察汗国对察合台的威胁也不复存在。在与马穆路克苏丹拜巴尔斯的对抗中，他不太幸运，他于1274年至1277年向教皇、英王和法王求助，但都徒劳无益。1277年在埃尔比斯坦（Elblistan），拜巴尔斯成为胜利者。1282年10月，阿巴哈的兄弟蒙哥·帖木儿指挥的另一支蒙古军队在霍姆斯（Homs）附近被马穆路克盖拉温击败。

1282年4月1日，阿巴哈之死在伊儿汗国引起严重危机。阿巴卡的继承者皈依了伊斯兰教，并取名为艾哈迈德，他驱逐聂斯托利教会领袖，向马穆路克们靠拢，开始了蒙古人伊斯兰教化的运动。然而，包括蒙古的传统主义者、聂斯托利教徒、佛教徒、亚美尼亚人和法兰克附庸在内的反对派最终取得胜利，并允许阿巴哈的另一个儿子阿鲁浑于1284年8月接管政权。

新汗是一位佛教徒，他对所有宗教包括伊斯兰教都很宽容，他允许根据古兰经法审判穆斯林。他的财政大臣萨阿德·阿德达乌拉（Sa'ad ad-dawla）是犹太人，他强烈反对蒙古大公和军事领袖的滥用权力和掠夺，恢复了伊儿汗国政府的财政和行政秩序。然而，阿鲁浑敌视马穆路克，他致信教皇洪诺留四世（Honorius IV），请求教皇组织反对埃及苏丹的十字军。阿鲁浑派遣一位土耳其出身的聂斯托利派修士拉班·扫马（Rabban Cuma）出使欧洲推行这一行动。拉班·扫马去了罗马、法兰西和英格兰，得到了很好的接待，但除此之外只有公允的话语。阿鲁浑再次派遣两位使者去西方，他们都不太成功，于是这一计划被废止。

1291年，阿鲁浑去世，这给蒙古大公提供了反抗其统治的机会，反抗的结果是阿鲁浑的兄弟海合都（Gaykhatu）当权。海合都没有多少成就，他按中国的模式将纸币引进波斯以遏制严重的财政危机。这一纸币制度立刻阻止了所有的商业活动，很快被废弃。1295年4月，海合都的统治被推翻，但他的继承者拜都（Baydu，1295年4月至9月在位）被证明不能重建大汗的秩序和权威。合赞（Ghazan，1295年至1304年）给伊儿汗国带来了深刻的变化。他皈依伊斯兰教逊尼派，穆斯林团体和埃米尔纳乌阿兹（Nawraz）支持他执掌政权。合赞镇压伊斯兰教之外的所有宗教，纳乌阿兹煽动并亲自执行这些暴力镇压活动，他和他的追随者由于过分使用暴力而引起合赞的不满。合赞逮捕了纳乌阿兹及其追随者，并于1297年处决了他们。从那时起，合赞开始重组行政和国家经济，在重组中他显然得到了维齐尔，也是蒙古人伟大的历史学家拉施德丁（Rashid al-Din）的支持。合赞不顾蒙古埃米尔们的反对，不仅重建大汗的权威，而且以牺牲游牧部落利益为代价，支持农民并恢复贸易活动。合赞还是第一位着手宗教建筑方案的伊儿汗，尤其在首都大不里士。最后，合赞对什叶派穆斯林表达了良好的心愿。合赞的外交政策是13世纪大汗外交政策的继续：两次进攻埃及的马穆路克苏丹都没有积极的结果；反对察合台汗向西扩张。

他的兄弟和继承人完者都（Oljeitu，1304年至1316年在位）起初是基督徒，但皈依伊斯兰教后，他尊奉什叶派教义。基督徒、拜火教信徒、甚至逊尼派穆斯林都受到烦扰、歧视，有时甚至是迫害，这在汗国制造了一种内战气氛。对外，完者都向欧洲人求助反对马穆路克无果，发动了几次反对马穆路克的远征。完者都还插手小亚细亚中部。在小亚细亚中部，卡拉曼

大不里士城堡。该城是13
世纪末的蒙古首都。蒙古大汗
们很快建立城墙(14世纪)，城
墙大门仍保留，高达40米。

的贝伊视他为最高统治者。在东方，他于1313年从察合台汗的手中夺回了阿富汗东部，这导致
了两国边界几年的战争。完者都于1305年定都苏丹尼耶（Sultaniyya），在给予大不里士足够
重视的同时，他在苏丹尼耶开始大兴土木。在大不里士，拉施德丁在做同样的事情。

　　不赛因（Abu Sa'id，1316年至1334年在位）12岁时成为大汗，他的权力掌握在埃米尔
出班（Tchuban）手中，1318年出班处死拉施德丁，从而除掉了他。出班不得不发动无休止的
战争以镇压派系斗争，有些派系斗争由他的儿子们，如小亚细亚的帖木儿塔什（Timertash）
领导。1327年出班的去世加剧了内部斗争，1334年不赛因的去世便形势更进一步恶化。埃米
尔们为权力和领土纷争不断。伊儿汗的波斯国家悲哀地消逝，被宰割和瓜分，直到世纪末被
帖木儿吞并也没能重现以往的光辉。在14世纪中叶兴起的地方王朝中，较有优势的是伊拉克
和阿塞拜疆南部的贾莱王朝（Jalayids）、小亚细亚东部和伊拉克东部的黑羊王朝、马赞达兰
省（Mazandaran）的萨尔巴达王朝（Sarbadarids）、法尔斯河（Fars）的穆扎法王朝（Mu-
zaffarids）和阿富汗的赫尔特王朝（Kert）。土耳其人、土库曼人、波斯人、阿拉伯人和蒙古
人瓜分了曾经统一过从小亚细亚到中亚所有地区的国家。

严重分化的世界

蒙古人的西进被视为一种历史现象，扰乱了西亚和俄罗斯南部地区的发展进程。首先是新统治者和新民族的涌入。萨满教、佛教和不同形式的基督教（聂斯托利教派，东正教和拉丁基督教）随后在那里扎根，有时它们的影响比伊斯兰教更大，尽管自7、8世纪以来，伊斯兰教一直在这些地区占有优势。然而，这些宗教的根基不够深，大多数人仍信仰伊斯兰教。出于宗教信仰或者政治上机会主义的考虑，大汗们最终选择了伊斯兰教，但宽容的精神盛行，非穆斯林团体能够安全地生活，直到14世纪的最初十年。

蒙古扩张之初，征服者怀有一股来自其信仰的热情：一种神圣的意志召唤他们去征服。征服者认为，他们被选为信仰的工具，他们的胜利就证明其信仰的优越。实际上，蒙古人的宗教不是一种很深奥的宗教，与完全坚守其宗教信仰的某些民族宗教相比更是如此。一旦出现其他宗教，蒙古人通常基于外部的或家族的因素作出选择（在这一方面大汗的妻子发挥了作用）。第一位波斯大汗是佛教徒，而钦察汗国的大汗们是萨满教徒，但他们的妻子是聂斯托利派基督徒。聂斯托利基督徒广泛地分布在从中亚到东亚的广大区域，若干蒙古和土耳其部落收留了他们。完者都伊儿汗和钦察汗撒里答都是聂斯托利派基督徒（前者最后皈依了伊斯兰教）。在伊儿汗王朝初期，佛教盛行，因为旭烈兀、安卡拉和阿鲁浑是佛教的追随者，但13世纪末佛教似乎丧失了重要性和影响。东正教和拉丁基督教也有它们的辉煌时期。在钦察汗国，他们在俄罗斯的大部分臣民是东正教徒。在蒙哥·帖木儿统治下，除统治者的权力外，俄罗斯教会被授予了几乎使它成为一股真正势力的特权。西方传教团（通常是法兰西斯派）的足迹到达克里米亚，而且深入下伏尔加地区，特别是首都萨拉伊。当钦察汗国在月即别的统治下伊斯兰化时，宗教政策依然是宽容的。

同样地，伊儿汗们对聂斯托利派基督徒十分友好，他们的主教马尔·叶赫巴拉哈三世的一生证明了这一点。总的来说，拉丁人越来越多地卷入政治事务而不是宗教事务。波斯苏丹尼耶的一个主教辖区就是这种情况的集中体现。

在两个汗国确立其地位之前，伊斯兰教经历了几次兴衰，尤其是旭烈兀时期的伊儿汗国。在旭烈兀眼中，这一宗教象征了重要的对手哈里发。当旭烈兀入侵伊拉克和叙利亚时，许多穆斯林城市不仅被掠夺，而且被破坏，人民常常被屠杀。然而，这一时期宗教宽容依然盛行，这大概是因为在穆斯林居住地，蒙古人不得不求助于穆斯林总督和管理者。由于钦察汗国和波斯的可汗们皈依了伊斯兰教，逐渐地伊斯兰教重新获得了曾经失去的、甚至更多的领地，而且总的来说，他们对其他宗教依然宽容。钦察汗国随后的分裂使其境内除伊斯兰教以外的其他宗教全部消失。基督教不同教派的精髓保留下来，但在社会中仅扮演了一种简化的角色。

在蒙古总督、地方统治者、埃米尔和各种不同力量之间，宗教问题仅仅是建立联系的一个方面，因为汗国由不同种族团体组成。在蒙古人入侵后的一段时间里，他们继续像游牧部落一样活动，直到拥有的土地、控制的城市和建立的首都使他们成为半游牧部落，有时甚至过着完全定居的生活。扩张之初，蒙古人虽然想将农业地区变成较适合他们生活方式的大草原，但随后大汗们发现这一想法不切实际，转而鼓励农业，尤其在俄罗斯南部，这一新政策使大汗的俄罗斯附庸君主、贵族和统治者家族成员受益，他们是这些土地的所有者。这些人在其土地上是至高无上的，控制着土地上的居民，也是最重要的军事领袖。实际上，这些封建统治者及其竞争者的卓越是大汗权威下降和蒙古汗国衰弱或崩溃的主要原因。

从克里米亚到中国的开放世界？

与埃及马穆路克苏丹国和钦察汗国之间的冲突、巴勒斯坦和叙利亚拉丁帝国的日益衰亡以及直至14世纪上半叶游牧和半游牧势力相对于农耕和定居民族的强势几乎遏制了所有的经济发展。至于与欧洲人的联系，唯一得以维持下来的是与察合台汗国的联系，当然前提是那里没有战争。尽管直到14世纪初基督徒一直享有不错的待遇，热那亚商人能够在波斯北部定居，尽管合赞鼓励恢复农业，但自他去世后，更不用说完者都去世后，伊儿汗国的分裂切断了他们与意大利人的经济联系，封闭了经小亚细亚、伊拉克北部和波斯通往中亚的商路。因为塞尔柱苏丹国的势力渗入到小亚细亚，而且独立且通常敌对的各土耳其省都辖区在这一地区争斗不断，13世纪穿越这一地区的商路被废弃，取而代之的是经过局势更稳定而且更加安全的马穆路克苏丹国的商路，或者经过君士坦丁堡、克里米亚和钦察汗国的商路。

后者似乎很快享有有利条件。首先他们没有像伊儿汗国一样与其境内的穆斯林发生激烈冲突。俄罗斯人、土耳其人以及伏尔加河沿岸的保加利亚人组织松散或者没有强大到足以反对大汗们的政治和经济政策。蒙古部落传统的社会结构在俄罗斯南部大草原找到了一种有利的环境。然而，最终大汗们仍然鼓励农业生产（使用从广阔地区带来的奴隶，一种追忆封建社会的实践，但它与欧洲的管理没有可比性），因为农产品不仅对居民的生存必不可少，而且也是克里米亚的意大利商人寻求的重要出口产品。进一步的诱因在于来自农民的大宗税收。与其他社会阶层相比，农民更容易被控制。钦察汗国的另一经济现象是大汗们在城市里得到的好处不多。直到14世纪，大汗们才永久性地定居下来，但他们认为最好的城市是中国和蒙古的城市，他们毫不犹豫地派遣俄罗斯手工业者到中国和蒙古的城市。俄罗斯手工业者给基辅和俄罗斯其他城市带来光荣。在俄罗斯公国，这一实践导致城市机构的退化和蒙古习惯法的实行。

在与君士坦丁堡帝国和意大利商业城市的商业联系方面，钦察汗国是最成功的。对航行到克里米亚或特拉比松德的希腊和意大利商船来说，君士坦丁堡是一个必经港口，经锡多思奥斯—厄尔祖鲁姆（Theadosioplis Erzurum），通往大不里士的路线始于君士坦丁堡。直到13世纪末，热那亚人和少数威尼斯人乘帕列奥列格的米哈伊尔三世向热那亚人开放黑海之机使用这一港口和路线。这一从亚历山大勒塔（Alexandretta）港口的拉哈左（Lajazzo）开始，穿过小亚细亚东部的商路似乎没有影响热那亚人与波斯人和亚美尼亚人的贸易。然而，到14世纪初，塞尔柱苏丹国的分裂以及随之而来的政治和军事混乱使这条商路难以为继，经由马穆路克苏丹国的商路则在很大程度被伊儿汗国的发展所打乱。

从那时起，希腊人和意大利人将其力量集中在克里米亚，实际上拜占庭人最早垄断黑海贸易，尤其是对君士坦丁堡的食物供应极为重要的小麦贸易。热那亚人和意大利人的到来打破了他们的垄断。在拉丁人占领君士坦丁堡期间，意大利商人寻求与蒙古人控制的俄罗斯南部的贸易。1247年，皮亚诺·德·卡尔平地区（Piano de Carpine）一位叫约翰的传教士在基辅遇到意大利商人。这些商人也许对来自波罗的海国家的产品贸易更感兴趣。1253年，另一位传教士鲁布鲁克（Rubruck）的威廉提到，在克里米亚，索尔达伊阿（Soldaia）或称苏格达克（Sughdak）对于来自俄罗斯和土耳其的商人来说是个约会之地。1260年，后来非常著名的旅行者马可·波罗的叔叔尼科罗（Nicolo）和梅托·波罗（Metto Polo）在苏格达克发现许多拉丁商人，拉丁商人使这一港口成为他们的贸易中心。苏格达克被希腊亚王所控制，但服从蒙古汗。苏格达克保持自治状态，与希腊帝国的首都和小亚细亚沿海港口的政治、商业和宗教联系使它成为克里米亚最重要的市场。鲁布鲁克提到，土耳其和其他地区的丝绸和棉布在苏格达克交换俄罗斯皮毛。

当热那亚人被授予一片土地建立领事馆和货物集散地时，1266年他们在卡法建立了殖民地。与米哈伊尔的《尼姆费乌姆条约》规定对热那亚人开放黑海，1263年米哈伊尔·帕列奥列格、马穆路克苏丹拜巴尔斯及钦察汗国的蒙古大汗之间签定的条约涉及来自俄罗斯、格鲁吉亚、察合台和高加索的埃及奴隶贸易，这些都使热那亚人的处境更为有利。热那亚人在这一贸易上发挥了极其重要的作用，常常充当中介。虽然卡法于1296年和1308年两次被毁，但于1316年重建并非常繁荣。除了人数最多的热那亚人外，还能够在这里发现来自各地的商人：欧洲人、希腊人、阿拉伯人、土耳其人、波斯人和蒙古人。古书手抄本《科曼人》流传下来，它是一本将科曼语（一个土耳其部落的名称）翻译成波斯语和拉丁语的手抄本，这可能适合那里的商人和传教士。

热那亚人的主要竞争者是威尼斯人，大约1285年威尼斯人出现在苏格达克。威尼斯人也从事奴隶贸易，还从事从克里米亚到萨拉伊，继而到中东和中国的所有贸易。14世纪之初，若望·孟高维诺（John of Montecorvino）被从罗马派往北京任大主教。若望认为，经过萨拉伊和埃尔拉利哥（Elmalig）到达北京的卡法路线是最可行的，"那时候没被战争骚扰"。帕戈洛提（Pagolotti）给我们提供了从克里米亚到中国的详细的旅行指南，他记载了风俗、交通方式、货币等。1333年，月即别汗允许威尼斯人在顿河河口的塔纳安顿自己。从那时起，威尼斯人与热那亚人在黑海分庭抗礼。确实在14世纪，威尼斯人在黑海比热那亚人做得更好。无论如何，意大利贸易被大汗脱脱迷失破坏，迷失蹂躏萨拉伊和阿斯特拉罕，夺取塔纳，并在那里屠杀意大利人。原本意大利人跨过克里米亚，开展与中国的丝绸贸易，这一贸易因其中继站的消失而中断。然而卡法继续发挥作用，尤其在出口俄罗斯内陆产品方面：小麦、木材、盐、皮毛和埃及仍需要的奴隶。

只要"蒙古和平"统治钦察汗国，并允许人、宗教和商品交流，在某种程度上汗国就是繁荣的。通过显示其力量和宽容地对待不同民族，蒙古人将其统治维持了一百多年。实际上，蒙古人善待伊斯兰教不能解决14世纪面临的所有问题。伊斯兰教可能改善了蒙古人与邻国的关系并带来宗教上的统一。蒙古人与屈服于他们的民族很不相同，他们没能同化他们，反而最终被他们同化，他们引进近东的文明因素逐渐消失。14世纪末，当土耳其人统治整个小亚细亚、波斯西部、伊拉克、黑海沿岸时，蒙古国家与西方世界完全隔离。14世纪行将结束之时，帖木儿的侵略结束了蒙古帝国的一切。

第六章　土耳其人和欧洲人在东方的对抗

　　尽管西欧以其取得的毋庸置疑的进步和引人注目的扩张，特别是从15世纪末以来的扩张而自豪，但这种扩张从未突破旧世界的边缘：奥斯曼帝国总是虎视眈眈——在马格里布和近东。对欧洲人来说奥斯曼帝国是一个无法逾越的障碍，更糟的是土耳其人的进攻一直持续到1575年至1580年才结束。尽管欧洲人最终在经济领域突破了这道封锁，但这种突破实际上直到17世纪才真正完全实现。欧洲人发现了绕经好望角的海上新航线，但在16世纪下半叶以前这一发现实际上并没有削弱奥斯曼世界的经济。我们应该强调的一点是：土耳其苏丹的胜利极大地促成了穆斯林世界的再次统一，并使包括伊拉克和波斯湾国家在内的其他伊斯兰国家（臣服于欧洲势力的摩洛哥除外）臣服于不久后易名为"伊斯坦布尔"的君士坦丁堡。

　　15世纪土耳其人消灭了拜占庭帝国，在这一过程中他们得到了威尼斯人和热那亚人的大力支持。同时，他们的势力扩大到巴尔干欧洲和黑海两岸并不断得到加强。马穆路克国家仍处于鼎盛时期，仍是商业世界的主角，但其国内局势逐渐恶化，16世纪初已无力抵挡土耳其人的入侵。小亚细亚和伊朗西部的各土库曼国家也经历了同样的衰落，他们有一部分伊儿汗国的血统。总之，从匈牙利边境和多瑙河到波斯湾和高加索，从阿尔及利亚到红海，无数政治、军事、经济甚至宗教的障碍（其中伊斯兰教是迄今为止最主要的因素）阻止了欧洲人前进的步伐——这种阻碍有时候非常成功，以致他们不得不放弃那些已经建立的基地，例如在马格里布地区。一旦被赶出连接亚洲和黑非洲的中间地带，欧洲人别无选择，只能绕道和这些地区建立直接联系。

拜占庭帝国的灭亡

　　希腊人的灭亡震惊和刺痛了基督教世界，这无疑是15世纪东方发生的最值得关注的一件事。这个令人敬畏的废墟在14世纪就已衰落，此后对土耳其人而言它只不过是一个已经过时的符号和一个次要的威胁，但不论是东方人还是西方人都意识到土耳其人为了获得它的都城和完成丰功伟绩必然会征服拜占庭帝国。巴耶塞德在战场获胜之时认为这只需几个月而已。然而，一件残忍的意外事情给了希腊人一个半世纪的喘息之机。

"雷电"帖木儿

帖木儿喜欢拿自己和成吉思汗作比较，确实在士兵作为战利品收集来的人头的数量和毫无理性的恐怖浪潮方面，这位土库曼征服者与蒙古人不相上下。但是和蒙古人不同的地方在于，帖木儿随军没有带来一个部落、一个民族和一个任何形式的行政机构来开拓被征服者的土地：结果他一无所有——只有长达12年的野蛮动乱和令人憎恶的大屠杀。他的宗教借口经不起检验，没有任何证据表明他已形成任何初步的征服和定居计划。

跛子帖木儿是撒马尔罕（Samarkand）的一个土库曼部落酋长，他在1380年至1393年间率领该部落越过伊朗高原——蒙古在这里的末代王朝即将绝嗣——进行征服和掠夺。他们占领了赫拉特（Herat）、设拉子（Shiraz）、伊斯法罕（Ispahan）和大不里士，到处破坏并且屠杀当地男性居民。死亡人数令人发指，根据记载一个地方就有多达7万人被杀，这只能加剧恐慌。此后，帖木儿进军高加索，随后进入美索不达米亚，占领巴格达。迪亚巴克尔（Dyar Bakr）和安纳托里亚东部的埃米尔和总督们谨慎地向他归顺，但这也没能阻止这位征服者洗劫锡瓦斯，他几乎将那里彻底摧毁，而且在1400年突袭大马士革的途中活埋了4000名基督徒。

与此同时，帖木儿对印度发生了兴趣。他于1398年带领军队越过印度河，到达德里，在他离开后那里只留下一座废墟。因为没有建立统治机构进行有效的统治，大军尚未撤离，印度各地的反抗就相继爆发。在小亚细亚占领大马士革期间也是如此，特别是奥斯曼的巴耶塞德并不打算撤出该地区。1402年7月20日，二者之间的冲突不可避免地爆发了。土耳其人战败，巴耶塞德及其长子被俘，他遭受严刑拷打并被扔到排水沟里面，几个月以后就死了。这一悲剧伴随着惯常的大屠杀。和人们预期的一样，包括士麦那——罗德岛的骑士们已经逃离那里——在内的整个安纳托里亚处于帖木儿的控制之下，他得以直面拜占庭帝国。

对此，西方是热烈欢迎的。圣路易时代的计划死灰复燃：救世主降临来消灭土耳其人、遏制马穆路克和解救君士坦丁堡。布西科元帅受命和帖木儿接触：1403年年底，卡斯提尔人和法国人匆忙派一些法兰西斯派修士去找他。他们在联合这位君主时颇费了一些周折，这是因为他已经改变目标并对西方失去兴趣。他动身前往伊朗，特使们也被带到那里，在那里他们发现了穆斯林和土耳其人，但就是没有泛神论的蒙古人，他们一无所获。他准备进攻中国，对明朝来说幸运的是1405年他突然去世。除了沿途破坏掉的一切，除了他的首都撒马尔罕外，他一无所获，因而三四年以后他通过征服建立起来的帝国瓦解了。除了一个到处充斥着历经15年抢劫而来的战利品的城镇外，这个一时的灾难什么也没有留下。

帖木儿入侵小亚细亚和打败苏丹巴耶塞德一世对年轻的奥斯曼帝国来说是一次真正的灾

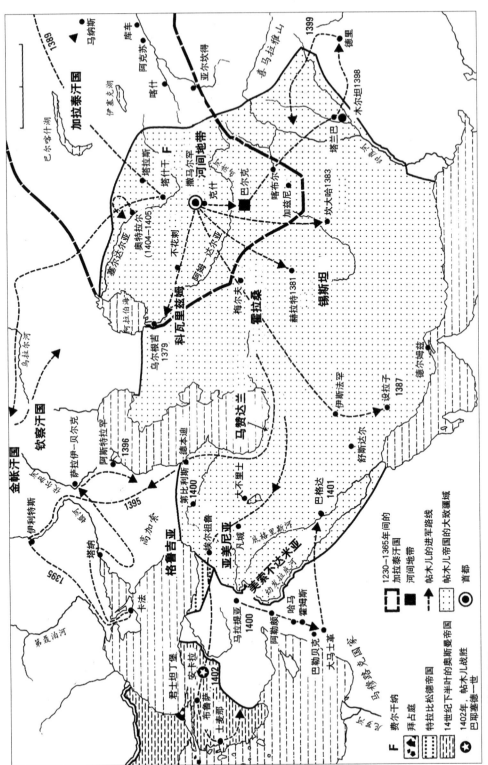

地图7：帖木儿帝国

帖木儿传奇。这位残忍者的闪电入侵造成的破坏长期留在了欧洲人的脑海中，在后来的几个世纪当中，意大利人、德国人和法国人在版画中用揶揄的口气或理想化的方式来描述他。

难，这不仅是因为它丧失了大部分亚洲领土——这些先前被征服或被吞并的土耳其省都辖区正试图重获独立——更是因为巴耶塞德的儿子们发动了持续11年之久的一系列内战争夺苏丹之位。继位问题还没解决，帖木儿就已征服小亚细亚。然而值得注意的是奥斯曼帝国的欧洲领土没有发生严重的叛乱活动，那些新近臣服的国家也没有试图摆脱土耳其人的奴役。难道这表示奥斯曼帝国（尽管在安卡拉遭到失败）强大到足以迫使他人尊重他们的权力，或者这些被征服国家太脆弱而无力抵抗土耳其人，再或者说是他们的奴役并非那么难以忍受？无论如何，巴尔干各省的君主们没有一个卷入奥斯曼内战，拜占庭皇帝曼努埃尔二世从中得到的好处十分有限。内战最终在1413年结束，穆罕默德一世取得胜利，随后他恢复了奥斯曼帝国的霸权，重新统一领土来抵抗安纳托里亚各国，并阻止科尼亚的卡拉曼王公在安纳托里亚趁机利用他们暂时的疲软。三年后他打败其兄弟们，不仅于1416年成为统一帝国的唯一君主，而且打败对头卡拉曼，这再次证实土耳其人在巴尔干的实力。他面临的唯一危险就是由一个叛乱的埃米尔支持的叫穆斯塔法（Mustafa）的王位争夺者的出现。

　　这一动荡时期出现两个主要因素：奥斯曼帝国在东欧和小亚细亚具有的绝对霸权和帝国内部结构的稳定——它在艰难的分裂年代设法继续运转，并且在国家重建之时为了国家的利益再次发挥作用。

苟延残喘

　　第二次访问巴黎期间，曼努埃尔二世得知了巴耶塞德在安卡拉的不幸遭遇（1402），这次战役打破了东方的权力平衡，帝国暂时得救，又多存活了50年。巴耶塞德在流放中去世以后，在奥斯曼帝国面临王朝危机期间以及穆罕默德一世（1413年至1421年在位）统治期间，拜占庭帝国在最后一段时间里相对和平，并最后一次试图恢复国力。拜占庭帝国和四分五裂的奥斯曼帝国重新恢复交往，奥斯曼帝国允许拜占庭收复塞萨洛尼卡、爱琴海以北和黑海以西的沿海地区和普罗旁蒂达，并免除了其每年缴纳的贡金。

曼努埃尔尽力巩固在1383年至1384年业已从坎塔库震努斯家族转入帕列奥列格家族控制下的摩里亚公国。公国出现的问题可以以半岛无数当权者的激烈对抗来概括，其中无疑包括拜占庭人、纳瓦拉人、威尼斯人、罗德岛的医院骑士团和其中最难以驾驭的当地领主。然而，在帝国衰落的最后几年里，尽管国力衰落但公国却经历了一次希腊文化的复兴和一次新的文化骚动。这在当时的著作中有所体现，它预示着因奥斯曼征服而残酷夭折的一次不成熟的文艺复兴的到来。

曼努埃尔两次前往摩里亚公国，在第二次访问期间（1415—1416），他仿效查士丁尼一世恢复古代先例，在萨洛尼卡湾和科林斯湾之间修筑西科萨米里昂（Hexamilion）长城，用作抵御土耳其陆上进攻的一道坚固屏障。筹集主要工程所需的资金和劳动力（需要很多人参加）激起了当地领主的抵制，他们甚至企图拆除城墙，但没有成功。他们还采取了一些其他措施，例如将无数希腊农民和阿尔巴尼亚农民（最重要的劳力）迁往威尼斯殖民地来躲避征收用于这项建筑的税收。皇帝离开以后，其长子（未来的共治皇帝）和另一个儿子、摩里亚君主狄奥多尔二世准备消灭阿哈伊亚的拉丁王国，从而扩大公国的疆域，但最后一刻因为威尼斯人的干涉未能如愿。

曼努埃尔充分意识到在不利于拜占庭的环境下和奥斯曼帝国保持的和平是多么的不稳定，这就是他锲而不舍地向西方寻求帮助的原因。威尼斯和匈牙利正在交战，教皇过于专注拉丁教会的内部问题——康斯坦茨宗教会议试图解决这些问题［皇帝的私人代表、自行皈依天主教的曼努埃尔·赫里索洛拉斯（Manuel Chrysoloras）出席了这次会议］——而没有倾听曼努埃尔派来的大使的请求。事实上，大使只是设法劝说教皇马丁五世出售特殊赎罪券以资助修建西科萨米里昂长城；劝说他同意天主教的公主和帝国皇室成员联姻。这些措施只是在表面上将两个世界更紧密地联系在一起，对解决现存的严重危机毫无帮助。

意大利人也靠不住。尽管这些商业共和国在拜占庭帝国的利益并非微不足道，但现在整个内地都是土耳其人的，这给了他们和苏丹进行谈判的机会，这确实就像苏丹需要欧洲商人一样。自第四次十字军东征以来，威尼斯人沿连接威尼斯和君士坦丁堡的海路有系统地建立基地——扎拉（Zara）、科孚岛、凯法洛尼亚（Cephalonia）、赞特（Zante）、莫顿（Modon）、科罗纳、克里特、爱琴海岛屿和埃维亚等地，萨洛尼卡和帕特雷（Patras）在某些时候也建过基地。他们还控制了君士坦丁堡和通往黑海的门户博斯普鲁斯海峡，将热那亚人赶往小亚以后他们才建立了真正的帝国，被称作"威尼斯的罗马尼亚"。1261年希腊人收复君士坦丁堡之时，因为米哈伊尔八世在首都给他们一块地方并允许其经商，因而热那亚人发动的短暂的报复几乎根本不能影响威尼斯人。只有代表威尼斯共和国（the Serenissima）的首席代表（Bailo）住在君士坦丁堡，其他代表则都被安置在黎凡特（在特拉比松德、塞浦路斯、叙利亚和亚历山大）。整个商业网络扩大到内地，威尼斯从议会建立的特别有效的组织机构和经济据点中获利不菲。威尼斯能够获得优势地位在很大程度上是因为他们的商业活力，而且拜占庭人和热那亚人某些时候的逐渐退出也使他们获益。只要他们的利益不受到土耳其人的直接威胁——为此其军事开支少之又少——威尼斯的商业势力就可以一直扩张。看看这些据点，人们就会知道他们的商业势力是如何几乎强迫性地进入与之交往的内陆和更远的地区。当土耳其人以更危险和更苛求的姿态占领波斯尼亚、阿尔巴尼亚和萨洛尼卡，将伯罗奔尼撒半岛降为附庸并控制黑海西南两岸的所有沿海地区的时候，这种局面发生了改变。威尼斯人即使不努力恢复拜占庭帝国的生命力，至少也要尽力阻止它继续崩溃。然而，他们的努力不过是暂时的，因为他们不想和土耳其人发生直接冲突，萨洛尼卡是个例外。通过阅读威尼斯文献，我们知道他们向拜占庭的末代皇帝们提供的帮助十分有限，甚至在君士坦丁堡被围攻时也是如此。"威尼斯的罗马尼亚"对威尼斯来说太过珍贵了，而不可能为一个逝去的事业而被牺牲掉。但这并不妨碍威尼斯继续反对土耳其人，虽然当时他们并不关心拜占庭人的死活。热那亚人从 1261 年发生的众多事情中获益，此后立即在君士坦丁堡和希腊帝国开始将西方的商业扩展到克里米亚和金帐汗国。作为福西亚、莱斯博斯岛和希俄斯的主人，他们和拜占庭帝国的联系减少，这和帝国领土的沦陷是一致的。尽管围攻君士坦丁堡时，一支热那亚先遣队来帮助希腊人并英勇作战，但他们也是第一个承认土耳其霸权的，并借此劝说苏丹承认他们在加拉塔、希俄斯和莱斯博斯岛旧有的特权。

因此，拜占庭帝国在15世纪上半叶只能靠自己了。塞浦路斯的吕西尼昂王国、马穆路克们以及热那亚人有太多的问题要解决，以致于无力关注拜占庭事务，而且在忘记帝国和吕西尼昂王国过去的不满之前更是如此。尽管希腊人于15世纪初在伯罗奔尼撒半岛的拉丁领地重建了他们的统治（摩里亚公国），但这也只维持了30年，他们没能从阿恰约利家族——他们是佛罗伦萨的贵族，给雅典带来了一次新的辉煌，但这是意大利人的辉煌而不是希腊人的辉煌——手中夺得雅典公国。

最后说一说耶路撒冷的圣约翰医院骑士团或骑士们，在1291年被彻底赶出圣地后，他们首先定居在塞浦路斯，随后在1306年至1308年从拜占庭手中夺取罗德岛。他们将该岛变成教团驻地和在东地中海进行频繁的海上行动的基地。他们参加了1344年的十字军运动，最终攻克士麦那，然后占据该城直到1402年被帖木儿攻克为止。接着他们夺取了古老的哈里卡纳苏斯，在此修建圣彼得堡并以它为据点从海上发动攻势。邻近的土耳其人立刻阻止他们过于频繁的活动，他们确实太惹人注目了。毫无疑问他们对拜占庭的帮助微乎其微。

穆拉德二世（1421年至1451年在位）即位以后，拜占庭皇帝的担心被证明是正确的。尽管新的共治皇帝约翰八世千方百计扶植一个对立的皇位争夺者来阻止他，但穆拉德还是在1422年6月包围君士坦丁堡。这次围攻虽然短暂，只有三个月，但攻势特别猛烈，这让那些英勇抵抗的人们提前品尝了30年后的苦果。因为曼努埃尔扶植的另一个皇位争夺者的出现，穆拉德被迫解除封锁。不久后他挥师前往希腊中部和伯罗奔尼撒，破坏了曼努埃尔在西科萨米里昂辛苦修建起来的防御工事，然后一路破坏直达米斯特拉。最终他和拜占庭签订条约，迫使拜占庭人继续每年向其纳贡并放弃除梅森布里亚和德肯（Derkon）以外的所有黑海港口。条约还规定，拜占庭只有停止重建西科萨米里昂才能保住伯罗奔尼撒。塞萨洛尼卡自1422年以来遭到围攻并被一场饥荒彻底摧毁，曼努埃尔的第三子君主安德罗尼库斯·帕列奥列格将它转让给威尼斯，威尼斯人答应保护该城享有的特权并对其负责。然而威尼斯人在塞萨洛尼卡也只待了七年。穆拉德拒绝他们每年的高额纳贡，在1430年3月29日占领该城并放任士兵洗劫三日。一切又回到了安卡拉战役以前的状态。

曼努埃尔二世死于1425年7月，遵照惯例在入殓时穿着僧衣。1421年他将权力移交给他的儿子，即共治皇帝约翰八世。人民要感谢他，因为他的保护免除了他们被囚禁的灾难，同时也避免在信仰上向西方妥协。他一直和教皇保持联系，但坚持自己的观点，从根本上说，这种观点和坎塔库震努斯、拜占庭以及东正教会的绝大多数人的观点相同：在决定教会统一问题之前，首先要召开一次普世基督教会议进行全面讨论；要求西方立即援助，因为缺少一个自由的君士坦丁堡，宗教会议根本永远都不可能召开。

冀望摩里亚公国和西方？

约翰八世实际上统治着这个由君士坦丁堡和邻近地区组成的城市国家，而其兄弟们则瓜分了帝国其他领土，他们是自治君主：争得苏丹的同意后，康斯坦丁统治穆塞姆卜里叶和安基亚洛斯；君主迪米特里厄斯统治里姆诺斯岛（Lemnos）；狄奥多尔二世在1427年以前独立统治伯罗奔尼撒半岛（即摩里亚公国），后来他和康斯坦丁和托马斯·帕列奥列格实行共治。约翰八世以先皇为榜样，特别重视正在衰落的帝国的唯一重要力量：伯罗奔尼撒半岛。除了威尼斯人领地［莫顿、科罗纳、拿普里昂（Nauplion）和阿尔戈斯］和帕特雷（属于拉丁大主教所有）以外，拜占庭帝国已在整个半岛重建权威。1430年，帕特雷向康斯坦丁·帕列奥列格投降，这意味着阿哈伊亚公国灭亡的开始。相反帝国北部不断丧失自由基地，如我们已经看到的塞萨洛尼卡和约阿尼纳。后者的居民不愿意遭受和塞萨洛尼卡同样的命运而决定将该城移交给锡南·帕夏（Sinan Pasha，帕夏，旧时奥斯曼帝国和北非高级文武官的称号,置于姓名后），从而成功地保留了自由权、教会拥有地产的权利和自我保护的权利。

面对严峻的局势，约翰八世为了游说十字军解救整个东方基督教会，只好再一次打出"统一"这张王牌。毫无疑问，这只不过是个骗局：为了换取所需的援助，皇帝向教皇提出教会统一，从本质上说这意味着君士坦丁堡教会向罗马投降，而人民甚至没有考虑过这个承诺。教皇一方强调屈服先于援助，无论如何，这在理论上要冒很大的风险。事实上，君士坦丁堡的贵族和知识分子中就教会联合产生了一些新的想法，联盟派（philenotikoi）反对意见相左的反联盟派（anthenotikoi）的运动有了很大的发展。他们对塞萨洛尼卡陷落和约阿尼纳降服的不同结果印象深刻，他们开始习惯后者解决问题的思路，因为在他们看来这是两害相权取其轻。同时首都的现实环境日益混乱，这时期的西方旅行者描述说，这座城市剩下的只有绝望和疏忽。一些教堂和宫殿正在成为废墟，似乎到处都是穷人，并在1435年遭受了新一轮瘟疫的沉重打击，这次瘟疫造成大量死亡。正是在这样的情况下，约翰八世（作为共治皇帝已经前往西方）才同意联盟，他于1437年11月前往意大利，成为踏上这片土地的最后一个拜占庭皇帝。

约翰八世和大教长约瑟夫二世亲率代表团前来，其中包括皇帝的弟弟、君主迪米特里厄斯和几位政教名人，如尼西亚都主教和拉丁教会未来的红衣大主教贝萨里翁、哲学家乔治和君士坦丁堡陷落后的第一任大教长根纳季迪奥斯·斯科拉里奥斯（Gennadios Scholarios）等人，甚至俄罗斯教会也派基辅的希腊籍都主教伊西多尔参加。1438年2月到达威尼斯后，他们首先前往费拉拉（Ferrara），然后到佛罗伦萨，但直到次年7月，经过冗长而琐碎的讨论（在讨论中参加普世会议的双方偶尔会发生争执）后，才在教皇尤金四世（Eugenius IV）的面前由红衣主教切萨里尼（Cesarini）和贝萨里翁分别以拉丁语和希腊语宣布教会统一令。拜占庭帝国适当承认教皇的宗主权，但从整体上说，它确实意味着东正教会向罗马屈服。除坚决反对教会统一令的以弗所都主教马克·欧根尼科斯（Mark Eugenikos）外，所有希腊代表和皇帝都在《佛罗伦萨教会统一令》（Tomos of Florence）上签了字——胜利的罗马教会应该赋予这一场合重大意义。所有的佛罗伦萨人都参加了随后举行的庆祝活动，文艺复兴时期的某些作品将这次谈判永远地保存下来，其中维托里奥·皮萨诺（Vittorio Pisano）制作的勋章两面都刻有约翰八世的头像；安东尼奥·菲拉雷特（Antonio Filarete）在罗马圣彼得大教堂正门上的绘画展示了这次公会议召开的场景；毋庸置疑，最伟大的杰作是贝诺佐·戈佐利（Benozzo Gozzoli）在佛罗伦萨的美第奇—里卡尔迪小教堂的墙壁上创作的表现东方三博士行进队伍的壁画（1459年至1464年间绘制）。画中美第奇家族的一些显赫人物参加了游行，并站在大主教约瑟夫身边；置身于神话般的景色中的约翰八世，穿着华丽衣服骑在马背上。这副壁画是在公会议召开一段时间以后创作的，我们可以从这位冒险前往西方为已经逝去的事业寻求解决办法的末代皇帝的脸上读出某些辛酸来。

确实《佛罗伦萨教会统一令》不能产生任何具体结果，和里昂公会议——至少暂时将危

约翰八世·帕列奥列格到达佛罗伦萨，贝诺佐·戈佐利创作。这一时期到佛罗伦萨的东方商人所穿着的华丽衣服给这位画家留下了深刻的印象，以至他在美第奇－里卡尔迪王宫中的著名的壁画《东方三博士行进图》（the Procession of the Magi）中将其再现。

机转嫁给西方——比起来，它不值一提。相反它带来消极影响，将拜占庭人民分成极端对立的两派，他们将宗教争端与政治问题，特别是和帕列奥列格王朝的内讧结合起来。巴尔干，特别是俄罗斯的东正教世界，反对君士坦丁堡叛教的声音相当活跃，伊西多尔被莫斯科大公瓦西里二世免职，此后俄罗斯教会决定自行选举代表。东方也同样反对君士坦丁堡的叛教行为，安条克、耶路撒冷和亚历山大的东正教大主教们和他们在佛罗伦萨会议上的代表断绝关系，否认教会统一令。面对人民的愤怒，教会统一令的一些主要倡导者们最终逐渐退却，而作为联盟派首领的贝萨里翁和伊西多尔坚决接受天主教教义，成为拉丁教会的红衣主教。

《佛罗伦萨教会统一令》没能组织起来的十字军却在几年以后开始实现，当时土耳其人正日益逼近匈牙利边境。1440年波兰的雅盖隆王朝（Jagellonian）的国王拉迪斯拉夫三世（LadislasⅢ）加冕为匈牙利国王后，在附庸特兰西瓦尼亚总督（Voivode of Transylvania）约翰·科尔温·匈雅提（John Corvin Hunyadi）和塞尔维亚君主乔治·布兰科维奇（Giorgi Branković）的陪同下，亲自统率和瓦拉几亚的弗拉德（Vlad）亲王的联合大军东征，威尼斯和勃艮第公爵答应为他们解决船只问题。和尼科波利斯十字军一样，这次东征的主要目的是击退土耳其人对匈牙利日益迫近的威胁，同时解放塞尔维亚的周边地区。教皇和切萨里尼红衣主教所鼓吹的最狂妄的想法就是到达君士坦丁堡。这一时机有利于这些计划的实现，因为当时穆拉德正在安纳托里亚和十字军骑士的一个盟友卡拉曼的埃米尔交战，同时，乔治·卡斯特里奥塔·斯坎德贝格（George Castriota Skanderbeg）在阿尔巴尼亚组织抵抗，而君主康斯坦丁在伯罗奔尼撒重建西科萨米里昂长城，并在途经科林斯地峡时迫使雅典公爵内里奥二世·阿恰约利（NerioⅡ Acciajuoli）归顺。

十字军骑士们追随尼科波利斯十字军，2.5万至3万联军士兵横扫塞尔维亚和保加利亚，取得一些胜利。为了争取时间，穆拉德匆忙同意在阿德里安堡签署一项长达十年的停战协议，1444年7月拉迪斯拉夫三世在塞格丁（Szegedin）批准了这一协议。这在一定程度上限制了土耳其人在巴尔干的扩张，并允许乔治·布兰科维奇收复失地。布兰科维奇满意于这种安排，因而当其他十字军领袖显然在威尼斯人和切萨里尼（他应该解除他对拉迪斯拉夫国王的诅咒）的鼓动下决定重燃战火时，他按兵不动。他们猜想穆拉德无法快速回击，但他还是带领8至10万名士兵从安纳托里亚匆忙赶回，于1444年11月在瓦尔纳战役大败西方联军。拉迪斯拉夫和切萨里尼被杀，匈雅提逃亡匈牙利，1448年在科索沃平原被击溃以前，他正计划在那里组建反土耳其联军。瓦尔纳战役粉碎了欧洲实现统一大业的最后一次尝试，约翰八世被迫向穆拉德祝贺，恭贺他打败基督徒。

陷落在土耳其穆斯林包围中的一座孤岛

从此以后，西欧习惯于相信帝国的陷落是一个既成事实，习惯于接受奥斯曼征服者沿匈牙利边境和阿尔巴尼亚山脉建立边界的现状。君士坦丁堡不过是土耳其沙漠中的一座小岛，迟早要被土耳其的沙砾所吞没。《佛罗伦萨教会统一令》只是突出表明拜占庭孤立于其他西方基督教国家，而拉丁人无疑同情这些迷途羔羊的命运，并不断告诉自己他们至少在拜占庭灭亡之前业已及时地把他们赶回精神的羊栏。

瓦尔纳战役惨败之后，君士坦丁堡和西方的联系日益稀少，约翰八世在去世前不久才批准了和威尼斯订立的永久条约。同时，穆拉德二世侵入摩里亚半岛，再次以其大炮摧毁西科萨米里昂长城，并再次迫使君主托马斯和康斯坦丁·帕列奥列格向他支付年金——年长的康斯坦丁不久离开伯罗奔尼撒半岛接替王位。他的即位标志着政治重心从君士坦丁堡转移到摩里亚半岛，他是在那里长大成人的，帕列奥列格末代王朝在这里找到了他们的主要支柱。因为在摩里亚半岛取得了必要的兵力，因而康斯坦丁的政治重要性从此崛起，他是作为一名摩里亚半岛的王公来到君士坦丁堡的。毕竟，首都依然是一个国际性都市（不久土耳其人即将侵入），而摩里亚半岛至多不过是块希腊故土——一个更加真实的罗迈斯（Rhomais），穆罕默德二世占领博斯普鲁斯海峡几年后，希腊的政治生活又在此复兴了。

1449年1月，康斯坦丁十一世在米斯特拉加冕，随后在3月12日到达君士坦丁堡。作为拜占庭帝国的末代皇帝，他的表现令人敬佩，在精神上振奋了这个处于末世的千年帝国，而这种振奋是直到其灭亡之前一直缺乏的。康斯坦丁立刻孤注一掷地讨好西方各政权，乞求他们解救君士坦丁堡，强调它的陷落将会给基督教世界带来危险，但罗马、威尼斯、热那亚、拉古萨（Ragusa）、匈牙利、法国、德意志皇帝、阿拉贡和那不勒斯国王全都无动于衷。阿拉贡和那不勒斯国王阿方索五世甚至不仅挪用了教皇给君士坦丁堡用来防御的费用，而且企图为了自己的目的用这笔钱支持筹建一个新的拉丁的君士坦丁堡帝国。事实上，当时的历史环境不允许拉丁人重新占领东方或捍卫君士坦丁堡的设想实现，确实，假如在有利条件下不能调动基督教世界的兵力，那么在局势不利的情况下，则更没有任何成功的机会。意大利的海上城市正在适应未来形势的发展：威尼斯人正开始在阿德里安堡的市场内进行贸易活动，这要归功于他们和苏丹的友好关系；热那亚人在加拉塔和希俄斯采取措施确保帝国的灭亡将不会影响他们在爱琴海和黑海的商业活动。

虽然如此，康斯坦丁还是不知疲倦地不断向西方求助，特别是向教皇求助。教皇的教廷大使、基辅的前任都主教、现任红衣主教伊西多尔到达首都，参加了为颁布教会统一令而在圣索非亚教堂举行的一次庆祝活动，君士坦丁堡的神职人员们拒绝参加（1452年12月）。自由君士坦丁堡的最后一任大教长格利高里三世厌倦了教会内部针对他的反对声音，已经避难到罗马。因为这些人的缺席，活动中最引人注意的是，除了东正教信仰外准备牺牲一切的君士坦丁堡的普通民众们。对于迫在眉睫的命运来说，日益强化的信仰是他们唯一的慰藉。大公卢卡斯·诺塔拉斯 (Lucas Notaras，他本身是一名涉足热那亚商业的已经归化了的热那亚人) 曾说过他宁愿在首都看到土耳其人的头巾也不愿意看到拉丁人的僧帽，这种观点代表了大多数人的意见。从土耳其人给诺塔拉斯造成的痛苦而言，他的话具有十足的悲剧性，他在临死前被迫亲眼看着自己的几个儿子被土耳其人杀死。

新任苏丹，即征服者穆罕默德二世 (1451年至1481年在位) 注定要终结君士坦丁堡，因为他需要君士坦丁堡独一无二的战略位置来连接帝国的两部分，他想将它立为自己的新首都，以此统治博斯普鲁斯海峡两岸。他在博斯普鲁斯海峡的欧洲沿岸修建一处巨大要塞，称之为博阿兹—克赞 [Boghaz-Kezen，这是一个双关语，有两层意思，一是表示狭长通道或海峡，二是表示"割断咽喉之地"——即今日的鲁米里·希萨尔 (the Rumili Hisar)]，因此他对城内惊恐不安的居民的意图暴露无遗。康斯坦丁曾几次反对但后来只能听之任之。当时的历史学家杜卡斯 (Ducas) 在其记载中表述了这样一种观点："既然你已经选择战争，而我用诅咒和谄媚都不能劝阻——如你所希望的那样，那我将在上帝那里寻求庇护，如果上帝让你占领该城，谁能反对呢？……从今往后，我要关闭该城的所有大门，尽可能地保护它的居民。你可以运用权力压迫一切，此后上帝将给你我及所有人以公平审判。"

新罗马的灭亡

尽管被所有人遗弃，但君士坦丁堡至少能够储备粮食并在被封锁之前对城墙进行必要的维修，就像修建鲁米里·希萨尔要塞一样。双方兵力悬殊。奥斯曼的几十万大军（资料不同，数鲁米里·希萨尔要塞。这座城堡由数千名石匠和工匠建造，它和博斯普鲁斯海峡亚洲沿岸的阿纳多卢·希萨尔要塞遥相呼应。据此穆罕默德二世控制了这个海峡并切断了君士坦丁堡和黑海产粮区之间的联系。君士坦丁堡的最后一道封锁就这样产生了。

字不同，从 16.5 万至 40 万不等——第一个数字最有可能）带着伊斯兰教的苦修教士和大量非正规军与非战斗人员对抗几千名希腊人（根据当时历史学家斯弗兰特泽斯的记载为 4773 名；意大利的资料记载为 6000 至 7000 名）和一些外国小分队：大主教伊西多尔和希俄斯的热那亚籍主教莱昂纳多带来的 200 名弓箭手、乔瓦尼·圭斯蒂亚尼·隆哥诸教团（the orders of Giovanni Guistiniani Longo，来自希俄斯的著名的热那亚人）和在热那亚、希俄斯与罗德岛招募的 700 人。斯弗兰特泽斯记载有 2000 名外国人（在君士坦丁堡，外国人总共不超过 5 万人）。无论事实如何，防御者和进攻者的比例约为 1∶15。君士坦丁堡的武装力量匮乏，士兵们分别把守着城墙的几个要点，同时城外的黄金角内停泊着 26 艘战船，对抗停在博斯普鲁斯海峡的迪波克尼恩 [Diplokionion，今申科—泰什（Beshik-Tash）] 附近的庞大的奥斯曼舰队（大约 400 艘战船）。尽管装备匮乏，但除了君士坦丁堡的战略位置外拜占庭人还有两个优势。一是可用锁链封锁黄金角，阻止外国舰队驶入港口，从而为其提供一个攻不破的海上屏障；另一个是君士坦丁堡绵延四英里的宏伟土墙，它沿城市的外围将普罗旁蒂达到黄金角北端一线连接起来，自 5 世纪狄奥多西二世时期建成以来还从来没有军队能越过这道防线。然而，奥斯曼部队的最大优势是装备有最新式的武器，他们第一次用它来对付如此巨大的一个障碍物。对"大炮"的威力的描述可能有些夸大，这是由一个来自特兰西瓦尼亚的可能叫乌尔班的萨克森人制造的——因为穆罕默德给的酬劳更高因而他放弃君士坦丁堡，同时他还造了另外一些大炮，杜卡斯将他描述为一个"可怕的和特别的怪物"。无论如何，奥斯曼大炮的全部火力摧毁一个 5 世纪的建筑（中间经过几次修补）还是绰绰有余的。防御者自身只有弓箭、长矛和石弩，而他们所拥有的一些小型炮又缺乏炮弹。时代变了，拜占庭人至少落后了一个半世纪。

　　从陆路和海上彻底封锁该城的时刻到来了。匈雅提在多瑙河上的牵制策略本应该能够解救君士坦丁堡——至少暂时解救——但这一策略根本没有实行；相反，他的一些人似乎业已充当了奥斯曼部队的顾问，指导他们如何更好地使用大炮。威尼斯和热那亚允诺的战船和士兵的数量减少了，威尼斯提供两艘船和800名士兵，而且他们还是在1453年4月才到的；热那亚人提供一艘船，同时乔治·布兰科维奇向穆罕默德派遣了一支小分队，这是他作为附庸欠他的。穆罕默德一方则派遣图拉汗（Turakhan）率领部队从色萨利出发侵入伯罗奔尼撒半岛（他们一路打到美塞尼亚）从而阻止康斯坦丁的兄弟们前来帮助他。

在康斯坦丁皇帝和包括坎塔库震努斯家族的部分成员在内的帝国高官显贵们的领导下，长期以来浑然不知的即将来临的灭亡激发了守城士兵和人民的昂扬斗志。威尼斯在君士坦丁堡殖民地的首席代表和他的随从以及两名威尼斯船长提议参加战斗，这和尼科洛·巴尔巴罗（Nicolò Barbaro）在围攻时所写日记中记载的一样。加泰罗尼亚领事也参加了战斗，在加拉塔的一些热那亚人自告奋勇来壮大圭斯蒂亚尼的兵力。除了圭斯蒂亚尼以外，还有一位叫做约翰·格兰特（John Grant）的技师兼工兵，希腊人认为他是德国人，实际上他是个十足的苏格兰人。

1453年4月7日以后，对君士坦丁堡的围攻越来越激烈，当时奥斯曼已经从阿德里安堡调来大批部队，并将他们部署在首都土墙的前面。奥斯曼的第一次攻击打了几发炮弹，但被击退。同时载满人员和给养的热那亚船只突破封锁，驶入黄金角。这足以促使穆罕默德决定遵循一个著名的先例，即修建一条路上通道，这显然要借助意大利工程师的帮助及其广泛的人力资源和机器。这条长约12公里的通道将博斯普鲁斯海峡（奥斯曼舰队停泊在那里）和黄金角连接起来。4月21日至22日，大约70艘战船沿着这条通道被缓慢拖到黄金角。这些船只顺着佩拉斜坡滑动，就跟在海上航行似的，就像当时的历史学家克里托布鲁斯（Critobulus）所描述的那样，这些锚、桅杆和其他装置造成君士坦丁堡居民的麻痹大意和失望。城墙被严重破坏，一些人死于奥斯曼的轰炸，君士坦丁堡的居民是第一批感受到火炮威力的欧洲人。5月18日，城外竖起了一部攻城车，但守城者设法将它焚烧了。5月23日，穆罕默德派了一名大使进城来劝降，皇帝的回答富有抵抗精神，这业已由他们在最后的牺牲证明了，他说："我和其他任何居民都不会放弃君士坦丁堡，我们决心与它共存亡。"

5月27、28日，最后的较量开始了，君士坦丁堡的所有人——希腊人和拉丁人——都聚集在圣索非亚大教堂参加最后一次弥撒。5月29日清晨，最后的总攻开始了，它分为三个阶段。奥斯曼近卫军的精锐部队被投入到第三次攻击中，当时战斗处于白热化阶段。圭斯蒂亚尼受伤，被迫退出战斗，于是各级战斗人员军心涣散。康斯坦丁试图不顾一切地留住他们，但大约50名土耳其人从一个叫科克波塔（Kerkoporta）的小门冲进城内，为其他人打开了一条通道。殊死的较量开始了，最惨烈的战斗发生在圣罗曼诺斯（Romanos）门，人们在那里最后一次看到康斯坦丁。他已经摘下他的皇帝权标，像一名普通士兵一样战死在城门前。抵抗崩溃了，土耳其人在城墙上升起他们的军旗，宣告了君士坦丁堡的陷落。苏丹隆重入城，表示希望完整无缺地保留城墙和房屋，但招致士兵的愤怒。他们洗城三日，伊姆布罗斯的历史学家克里托布鲁斯为苏丹服务并为其功绩辩护，他承认土耳其军队"掏空并毁灭了整个城市，以致没人能相信这里曾经有人居住过、富饶过、有过城市的繁荣、有过任何富丽堂皇的装饰物"。仅有一少部分居民能够乘威尼斯船只逃离。加拉塔的殖民地将城门钥匙移交给苏丹，作为投降的回报，苏丹授予它一些特权。

清除残余势力

一旦清除了建立统一新帝国的主要障碍，穆罕默德即以闪电般的速度征服希腊人、拉丁人和斯拉夫人在巴尔干半岛和东方的残余势力。1460年宣判了摩里亚公国的命运。君主迪米特里厄斯·帕列奥列格——教会联盟的坚决反对者——率领家族向穆罕默德投降，穆罕默德则将爱琴海北部的几个岛屿和远离色雷斯海岸的艾诺斯岛（Ainos）作为封地给了他。托马斯·帕列奥列格到了意大利，在那里教皇给了他一笔津贴，威尼斯和他结成反土耳其联盟。他的女儿佐伊（Zoe）公主于1472年嫁给第二任丈夫俄罗斯沙皇伊凡三世，而1513年佐伊的女儿海伦嫁给波兰国王亚历山大·雅盖隆，她没有给他留下任何子嗣。西方承认托马斯的长子、贝萨里翁的被保护者安德鲁是拜占庭王位和摩里亚公国的合法继承人。教皇赐给他君主称号，以他名义签署的敕令中就写着"神赐罗马君主安德里亚·帕列奥列格"。安德鲁在1483年颁布的《金色敕令》中甚至自称"神赐给君士坦丁堡的虔诚的皇帝安德里亚·帕列奥列格"。至于托马斯的小儿子曼努埃尔则最终离开罗马，归顺苏丹，得到了一块封地和一笔津贴。曼努埃尔的两个幼子改信伊斯兰教。

约翰四世·卡洛约安尼斯（John Ⅳ Kalojoannes）统治期间（1429—1458），特拉比松德的科穆宁国家（the Comneni State）业已被迫抵抗土耳其人：收留逃离君士坦丁堡的希腊人后，轮到特拉比松德被土耳其人攻陷，约翰四世不得不于1454年承认苏丹的领主地位并向其纳贡。他和土库曼的阿克·科雍鲁帝国（Ak Koyunlu，即白羊帝国，位于小亚东部和阿塞拜疆）统治者乌尊·哈桑（Uzun Hasan）结盟，试图恢复独立，但以失败告终。然而，他的继任者和兄弟戴维重新和西方结盟，甚至向他们求助。事实证明这也没用，因为穆罕默德二世向乌尊·哈桑发动攻势并打败了他，随后围攻特拉比松德，特拉比松德在1461年8月15日投降。特拉比松德皇帝和一些家族成员以阴谋反对苏丹的罪名一起被处死。特拉比松德帝国的灭亡标志着原属拜占庭帝国的领土完全消失。现在，在和希腊的基督教帝国实际上完全相同的领土上矗立着一个土耳其人的穆斯林帝国，它的疆域越来越大。在巴尔干半岛，塞尔维亚在1459年被占领，波斯尼亚在1463年沦陷，15世纪末奥斯曼疆域远至亚德里亚海。在希腊本土和爱琴海，莱斯博斯岛在1462年、萨摩斯岛（Samos）在1475年被攻陷；亚洲沿岸的福西亚在1455年、埃

土耳其人大量使用专门建造的大炮，它能轻易摧毁君士坦丁堡的古老城墙和不完备的防御工事。（奥斯曼许内纳梅手稿，1584，伊斯坦布尔，托普卡普皇宫）。

维亚岛在1470年、雅典公国在1456年陷落。帕特农神庙原是尊奉圣母玛利亚的教堂，现在变为土耳其人的一座清真寺。威尼斯在希腊西部和伯罗奔尼撒的殖民地在15世纪末屈服了。1522年，土耳其人从圣约翰骑士团手中夺取罗德岛，1571年占领希俄斯和纳克索斯岛。除莱夫卡底亚（Leucadia）和基克拉泽斯（Cyclades）的部分地区外，克里特和伊奥尼亚群岛全是东方的拉丁帝国留下的，后来除了在威尼斯辖下的科孚岛外全都投降。

沉　寂

君士坦丁堡陷落的消息震惊了西方世界。首都城墙抵抗进攻的能力（它经过多次试验和证明）和最近的给养供应（当时君士坦丁堡的粮食供应成功地减轻了饥荒）抚平了西方世界对君士坦丁堡的些许担心。西方人希望奥斯曼出现新的皇位竞争者并爆发内战——他们甚至希望亚洲再出现一个跛子帖木儿，以此迫使穆罕默德二世解除对君士坦丁堡的包围，这一切都有助于他们减轻对首都迫在眉睫的灭亡的担忧，这一态度因为他们和顽固坚持东正教信仰的拜占庭人之间忏悔仪式的分歧而加强。

西方得到的最恐怖的消息莫过于君士坦丁堡陷落和皇帝战死。1453年6月29日，这个消息被带到威尼斯，当时共和国在大议会期间大声宣读了莫顿的城堡主和卡尔基斯（Chalcis）的首席代表写来的信件，通告君士坦丁堡陷落。7月8日，这个消息从威尼斯传到罗马，不久后，即7月15日罗马收到从克里特发来的一份报告，这是被幸运地释放后僻居克里特的红衣主教伊西多尔向教皇提交的。同时人文主义者劳罗·奎里尼（Lauro Querini）也正在为教皇起草一份报告，他曾询问过一些君士坦丁堡陷落后被卖掉然后又被赎回的目击整个陷落过程的君士坦丁堡市民。教皇还收到一位目击者，希俄斯的拉丁主教莱昂纳多的信，而埃涅阿斯·西尔维厄斯·皮科洛米尼（Aeneas Silvius Piccolomini），即未来的教皇庇护二世（Pius Ⅱ）、当时德意志皇帝的秘书向教皇描述了君士坦丁堡的陷落和"荷马和柏拉图的第二次死亡"。当时的历史学家约翰·德乌戈什（John Dlugosz）以下面这段话作为对君士坦丁堡包围战和陷落描述的结束语：

> 君士坦丁堡的灭亡和预期的结果一样不幸，对土耳其人来说它是一个伟大胜利，但却是希腊的终结和拉丁人的耻辱。为此，天主教信仰受到打击，宗教状况混乱不堪，基督的名誉受到凌辱和玷污。基督教世界瞎了一只眼睛、断了一只手。图书馆被焚毁，书籍被破坏，希腊人的学说和知识化为乌有，如果没有它们，没人能说自己是学者。

说到希腊人，人们必须提到流传下来的大量挽歌和民歌，民歌是希腊传统节目的一部分，它们是传承这个受到侮辱的民族所激发出来的理想的媒介，有助于希腊民族在被占领的漫长岁月中继续生存。

西方世界先是半信半疑，随后是惊愕和痛苦。7月23日，红衣主教贝萨里翁在波隆纳听到这个消息之后，迅速给威尼斯总督弗朗切斯科·福斯卡里（Francesco Foscari）写信哀悼拜占庭帝国的命运，劝告总督结束意大利的内部纷争并联合基督教王公组织一次新的十字军运动。教皇也大为关注，因为除了教会联合问题外，他在东方的利益是与威尼斯和热那亚的利益相联系的，因此1453年9月30日，教皇尼古拉五世颁布敕令宣布组织一支欧洲十字军。但是这次没有达到他所期望的结果：威尼斯为了更好地保护自己的权益，已经开始和苏丹进行谈判。1458年埃涅阿斯·西尔维厄斯·皮科洛米尼成为教皇，在他长期的努力下，基督教的君主们，更多的是他们的代表们最终在曼图亚召开会议——但从1459年初到1460年1月他们用了整整一年才到达那里。经过彼此间的无数推诿后，教皇颁布敕令，宣布组织一次反对异教徒的三年战争，但它只不过是一纸空文。对欧洲君主们来说，在十字军运动中通力合作是不可能的，这既是因为百年战争带来的破坏和改变（特别是法国的局势进一步恶化，法国国王当时正在和那不勒斯国王交战），也是因为德意志皇帝和波斯尼亚的战争以及威尼斯总督实行的机会主义政策（他已经不止一次的改变立场）。

在穆罕默德二世取得新的军事胜利后不久，匈雅提和斯坎德贝格不知所踪，庇护二世和贝萨里翁去世，于是处于自身危机末期的欧洲发现它现在不得不容忍这个非基督教帝国出现在它的领土上。它被迫改变传统的对抗政策，转而和敌人进行谈判，同时以不同的形式继续对抗并为欧洲新兴国家的扩张野心服务。人们已经指出，第一次十字军东征时期和1204年的世界是由十字军的思想和精神统治的世界，而现在是不得不面对土耳其人并妥协的世界。从这个意义上说，1453年君士坦丁堡陷落（对东方的未来局势具有决定性意义）的日子具有普遍重要性，因为欧洲新的政治格局由此产生了。

十字军对君士坦丁堡的征服没有建立一个有活力的拉丁帝国，相反土耳其人的征服造就了一个新帝国，它牢固地扎根在拜占庭的领土上，其版图和这个基督教帝国在最盛时期的疆域大致相同。然而，事实上占有这个最大的国际都市——随后，苏丹将希腊人口从各被征服地区重新迁往君士坦丁堡——在某种程度上决定着苏丹和他的希腊臣民的组织关系。穆罕默德二世接受拜占庭仪式，赐予根纳季迪奥斯·斯科拉里奥斯普世大教长的称号，并以土耳其—罗马人的埃米尔（amiras Turkorromaion）这一称号而自豪。他的本意是想强调他已经取代拜占庭皇帝成为一个多民族帝国的领袖，而不是说他打算统治一个土耳其—希腊帝国。即使他有这个意思，也不可能实现，因为社会被分成统治者和被统治者，而后者全都是臣民。他赐予君士坦丁堡教会政治、财政和法律特权是因为它已完全归顺。进一步说，通过将一个宣誓反对东西教会联盟的人安插在大教长的宝座上，例如斯科拉里奥斯，苏丹就可以建立起一道反对西方干涉东正教人民的屏障，从而最终对抗西方使东正教人民恢复自由的企图，或者至少反对西方打击土耳其人在巴尔干地区的统治的企图。

从国内来看，穆罕默德二世赐给君士坦丁堡大教长的特权注定有利于他控制已完全处于教会管理机构庇护下的各族人民。然而，东正教会也是帝国灭亡后唯一幸存下来的机构。她从帝国的废墟中脱颖而出，得到统一和加强，她是希腊文化遗产和拜占庭传统的传承者和保存者。通过保存它们的文化遗产，教会不仅为希腊人，而且为巴尔干半岛和斯拉夫土地上的所有被征服民族——他们自己独立的教会已经被镇压——提供了一种充满活力的生存方式。这份文化遗产后来成为各民族实体建立的基础。

土耳其统治下的巴尔干半岛

1453年君士坦丁堡陷落以后，这个希腊帝国就已失去其重要性了。但它过去的辉煌和政治角色却为穆罕默德二世的胜利带来象征性的满足，无论如何，君士坦丁堡是奥斯曼帝国在欧洲和亚洲之间的交汇点和重要的商业中心。最重要的是它代表奥斯曼国家实现了最终的统一。此后，人们可以说它是一个真正意义上的奥斯曼"帝国"了，尽管土耳其人从来没有这样自称过。值得指出的是，此后土耳其人以军队、大炮和国家行政机构在欧洲崛起，成为最强大的国家。

穆罕默德二世于1481年去世之前经常进行远征并取得胜利。此后，在奥斯曼国家的疆域内再没有半独立的领地存在。这是一个真正统一的国家，建立了以大维齐尔、鲁梅利亚（Rumelia）和安纳托里亚总督为首的中央集权的管理机构，奥斯曼苏丹是唯一的君主。

成为一个新的东方帝国？

尽管巴耶塞德二世（1481 年至 1512 年在位）统治时期的扩张活动曾稍稍中断过，但奥斯曼帝国在萨利姆一世（1515 年至 1520 年在位）和苏莱曼大帝（Suleyman the Magnificent，1520 年至 1566 年在位）在位时达到鼎盛。

征服者穆罕默德二世死后，他的两个儿子巴耶塞德和杰姆之间的敌对引起了一些小麻烦，因为土耳其近卫军支持巴耶塞德，而杰姆首先试图使马穆路克加入他的阵营，随后他又与罗德岛骑士团接洽。他们先把他送往法国，随后又送往意大利，他于1495年死在那里。为

穆罕默德二世征服君士坦丁堡开启了一种转变，然而相对于其对奥斯曼帝国的重要性而言，君士坦丁堡的陷落对西方更多的是一种象征意义。苏莱曼大帝（上图）在位时奥斯曼帝国最为强盛。（16世纪，奥斯曼手稿，伊斯坦布尔，托普卡普皇宫）

此，土耳其人曾一度担心欧洲人利用他作为干涉的借口。与帝国毗邻的匈牙利几乎未受干扰，一直处于和平之中，尽管土耳其人曾有一次试图夺取贝尔格莱德，但没有成功。另一方面，帝国和在伯罗奔尼撒半岛丧失所有基地的威尼斯人以及控制加利西亚但又害怕近邻土耳其人的马穆路克之间争端不断。争夺拉马赞和杜尔加迪尔两个小公国——它们位于帝国边境，处于马穆路克的统治之下——统治权的一些战斗也没有结果。最重要的是巴耶塞德在位时是奥斯曼国家巩固和组织机构完善的一个时期。

然而，在萨利姆一世和苏莱曼大帝在位期间，奥斯曼国家再次因各种原因进行扩张。萨利姆掌权后（他是一个篡权者），安纳托里亚东部发生宗教和政治动乱。各土库曼部落［他们是类似于什叶派穆斯林的阿拉维派（Alawi）穆斯林，因而也是异端］抵制土耳其人的征服或同化，并在某个部落酋长的领导下集结起来。随着阿克·科雍鲁王朝的陷落，沙阿·伊斯梅尔（Shah Isma'il）宣布独立并在现在的安纳托里亚东部和伊朗西部建国。他利用土库曼人的反逊尼派和反奥斯曼的情绪，使其承认他是阿里——先知的女婿和堂弟——的化身。他利用巴耶塞德诸子争夺王位的内乱，甚至干涉奥斯曼事务，他支持萨利姆的长子艾哈迈德（Ahmed）王子，小亚

细亚的那些异端部落也支持他。这些叛乱以艾哈迈德的去世而结束，此后，萨利姆发动一场猛烈的军事的和正统宗教的攻势打击沙阿·伊斯梅尔，并于 1524 年 8 月在凡湖（Lake Von）附近的恰尔迪兰（Chaldiran）战役中打败他。这次战役之所以取得胜利在一定程度上是因为奥斯曼毛瑟枪的优势，萨利姆因而占领了阿塞拜疆及其首都大不里士。他没打算继续向前推进，因为他十分清楚安纳托里亚仍旧有很多困难等着他，并且马穆路克苏丹可能继续帮助沙阿·伊斯梅尔。尽管埃及人小心翼翼地不卷入土耳其人和萨非王朝之间的争端，但萨利姆还是在 1515 年决定占领埃及属地杜尔加迪尔公国。马穆路克苏丹甘萨伍赫·高里对此十分忧虑，派军前往北叙利亚，但因为他拒绝让奥斯曼军队借道他在安纳托里亚南部的领土，萨利姆利用这一点指责他勾结什叶派穆斯林。1516 年 8 月 24 日，萨利姆在阿勒颇附近的达比格草原（Marj Dabiq）向马穆路克发起进攻并取得大胜，苏丹被杀，其军队损失大半。叙利亚和巴勒斯坦很快陷落。1516 年 12 月土耳其人在加沙取得进一步胜利，打开了通向埃及的大门。新马穆路克苏丹于 1517 年 1 月在开罗附近被击败。土耳其人实际上在很短的时间内就控制了整个埃及，甚至，麦加的沙里夫（sharif，指圣族后裔，先知穆罕默德的女儿法蒂玛的后裔。泛指伊斯兰教出身高贵的人或早年圣徒，主要用作尊称——中译者）也聚集在他们的麾下，阿拔斯王朝的哈里发被俘，送往伊斯坦布尔。事实上，萨利姆从来没有使用过哈里发这个称号，他只称自己为"圣地的保护者和仆人"。

埃及和叙利亚成为奥斯曼帝国的新行省，在两地建立起行政机构以后，萨利姆就返回了伊斯坦布尔，并制定新的远征计划，准备攻打沙阿·伊斯梅尔和罗德岛骑士团。然而，1520年9月，他突然去世。

尽管他的统治时间很短，但十分重要，这不仅是因为他巩固了国家的东部边境，更是因为他确立了土耳其人对阿拉伯世界最富庶的几个省份的统治。而且，他的征服活动使土耳其人完全控制了地中海到印度洋之间的所有商业。他的儿子苏莱曼顺利即位，以另一种方式继续执行他的扩张政策。例如，他立刻撤销对萨非边境的封锁，重新和伊朗及东部其他国家进行贸易。此后不久，　1521 年，他从匈牙利人手中夺取贝尔格莱德并占领罗德岛，因此从1522以后东地中海的航运安全得以保证。在其统治期间，苏莱曼进行了13次远征，10次对欧洲，3次对亚洲，奥斯曼国家疆域达到极至。特别是匈牙利成为他进攻的目标，有一次他甚至打到了维也纳城下，对其包围了两个星期（1529年9月、10月）。

成为一个新的阿拔斯帝国？

然而，马穆路克和土耳其人并非是中世纪末期和近代早期影响近东和中东历史进程的唯一因素。帖木儿入侵前后，在他们周边崛起的土库曼王朝在这一地区也扮演了相当重要的角色，同样还有钦察汗国或称金帐汗国——这是蒙古人在黑海北岸建立的国家，他们眼看着自己从该地区的统治者变为土耳其人的附庸。16世纪，土耳其人最终成为整个近东及其部分邻近地区的无可争议的主人。

土库曼的黑羊王朝（即卡拉·科雍鲁王朝）于14世纪初兴起于东安纳托里亚，但仅仅不到半个世纪他们就在埃米尔巴伊拉姆·科亚（Bayram Koja）的领导下，大约在1350年至1380年在摩苏尔（Mosul）和埃尔祖鲁姆之间强大起来，当时他们似乎多次冒险进攻东安纳托里亚和上伊拉克的乌伊拉特人（the Uyrat）、阿尔图克人（the Artukids）和亚莱里德人（the Jalayrids）。继任者卡拉·穆罕默德（Kara Mehmed，1380年至1389年在位）摆脱亚莱里德人的宗主权后，与阿尔图克人和白羊王朝（即阿克·科雍鲁王朝）发生冲突，保卫领土抗击帖木儿，甚至占领大不里士。但他最后战死在镇压叛乱的埃米尔的战斗中。经过若干年的动荡以后，卡拉·优素福（Kara Yussuf，1391年至1420年在位）建立了自己辉煌的王朝。他首先不得不承受帖木儿入侵的结果，避难奥斯曼苏丹处，然后到了伊拉克，最后到大马士革，在那里他曾被马穆路克苏丹俘虏，但因为大马士革总督沙伊赫的干涉而免于一死。他于1404年获得自由以后立刻收复在安纳托里亚的领土，然后有系统地继续扩张，占领阿塞拜疆、伊朗东部和伊拉克。这些胜利使马穆路克苏丹沙亚赫焦虑不安、束手无策，而焦加塔伊（Jaghatai）苏丹沙阿·鲁赫（Shah Rukh）鼓励包括白羊王朝在内的其他土库曼部落攻打卡拉·优素福。他自己发动的一次进攻失败了。卡拉·优素福成功地抵御了白羊王朝和沙阿·鲁赫的进攻，他保存下来的大片疆土在他死后传给了他的儿子伊斯坎德尔（Iskandar）。伊斯坎德尔也不得不和其弟兄进行激烈的交战，其中一个兄弟沙阿·吉汉（Shah Jihan）寻求沙阿·鲁赫的帮助并最终击败伊斯坎德尔。伊斯坎德尔在1438年被杀，此前他曾希望埃及军队提供帮助，但未能如愿。吉汉·沙阿（1438年至1467年在位）使黑羊王朝的声望达到最高点，他占领焦加塔伊，将帝国疆土扩大到伊朗，并和帖木儿帝国的不赛因签订一份友好和约。此外，他还是一位开明君主和热心的建筑者，吸引文人和学者到他位于大不里士的宫廷。但他领导的一次反对白羊王朝国王乌尊·哈桑·贝格（Uzun Hasan Beg）的远征行动的结局对他及黑羊王朝来说都是悲剧性的，他们的领土在1469年移交给白羊王朝，吉汉·沙阿诸子全部被处死。

土库曼的白羊王朝在14世纪兴起于迪亚巴克尔地区，1502年灭国。这个世系出现的第一个伟人是卡拉·于吕克·奥斯曼（Kara Yuluk Uthman），他曾在卡拉·穆罕默德和锡瓦斯的布尔汗丁（Burhan al-Din）的领导下参加对黑羊王朝的几次战斗，此后他支持帖木儿，并被承认占有底牙儿别克儿。后来，受黑羊王朝势力的制约他们一直在这一地区活动，直到乌尊·哈桑·贝格在位期间（1466—1478），因土耳其人的推进而只限于在西边活动的白羊王朝才转向东方发展。他们打败吉汉·沙阿和帖木儿帝国的不赛因，将领土扩大到整个伊拉克、伊朗和阿富汗西部。他的儿子雅各布（Yaqub，1478年至1490年在位）统治期间平安无事，但他死后国内发生分裂，重要的是在安纳托里亚东部和伊朗西部兴起的萨非王朝——它在这一地区的土库曼部落和什叶派伊斯兰教联合中起了另外一种作用——引发了1502年战争的爆发和白羊王朝在亚美尼亚城的彻底覆没。雅各布的一个儿子穆拉德后来避难奥斯曼帝国，1514年参加苏丹萨利姆对萨非王朝沙阿·伊斯梅尔的远征活动，此后不久去世。

在乌尊·哈桑和雅各布统治的伟大时期，白羊王朝似乎引起某些西方国家，特别是教皇和威尼斯人的注意，他们有可能结成盟友共同反对土耳其人，但目标却没有实现。虽然如此，乌尊·哈桑依然是他那个时代的伟大君主之一，这既是因为他作为立法者和管理者的权力和能力，也是因为他以波斯为中心的商业公司以及他的艺术和文学品味。他在位时期的大不里士和黑羊王朝时期一样都是一座辉煌的首都，土耳其、阿拉伯和波斯文化在这里愉快地相互融合。

这两个土库曼王朝在帖木儿远征之后继续幸存下来，但也离两个潜在的危险力量，马穆路克和土耳其人近了，不过最后他们还是设法避免了和他们发生冲突。相反，他们将过剩精力转向东方，特别是白羊王朝促成了在土耳其斯坦和近东之间活动的蒙古残余势力的灭亡。这两个土库曼王朝间的战争及随后白羊王朝和萨非王朝的战争确保了土耳其人取得最终胜利。

虽然对奥斯曼帝国征服活动的几个主要阶段作了简单叙述——我们以后将对他们征服时建立的进步的组织机构增加一些必要的评论——但我们也要更近距离地看一看此后三个世纪一直处于土耳其人控制之下的这些"新巴尔干地区"。

阿尔巴尼亚要塞的陷落

阿尔巴尼亚人仅仅是一个种族，因为相对于巴尔干的其他种族来说，他们从来没有建立过自己的国家组织。正是因为阿尔巴尼亚的中世纪史不符合任何国家的发展形式，因而它的历史是巴尔干地区一个非常古老的种族在其文化中表现出来的共同语言、宗教习惯和共同地域的基础上的民族形成史。因而，他们的历史就是其民族史，这是他们长期以来和在巴尔干半岛同时发展的其他民族明显不同的地方。

这个国家与意大利隔海相望的地理位置，确实有利于教皇（主张对伊利里亚教会拥有领导权）、意大利的诺曼人和那不勒斯的安茹人（他们分别提出领土要求）等不同力量之间相互影响。1272年，安茹的查理利用这些因素建立了短命的"阿尔巴尼亚王国"。在此期间，威尼斯人、希腊人和犹太人以及来自阿马尔菲（Amalfi）和拉古萨的商人参与了阿尔巴尼亚的经济和商业生活。为此，沿海城镇都拉基乌姆［Dyrrachion，即杜拉佐（Durazzo），古代的埃比达姆诺斯（Epidamnos），现代的都拉斯（Durres）］和阿夫隆［Avlon，即发罗拉（Valona）］，还有一直作为阿夫隆卫城的卡尼纳（Kanina）成为重要的航海基地和活跃的世界性港口，各族人都会聚于此，川流不息。虽然如此，伊庇鲁斯公国的持久影响和这些地区作为帕列奥列格王朝曾经恢复的君士坦丁堡西部防线的重要性，意味着拜占庭帝国在13、14世纪，甚至可能早在11世纪就对阿尔巴尼亚具有绝对影响力。阿波罗尼亚 [Apollonia，科孚岛在古代的一个殖民地，后被中世纪城镇波林纳（Polina）取代] 和贝莱格拉达 [Belegrada，即古代的普切里波利斯（Pulcheriopolis），现代的培拉特（Berat），它被认为是"罗马尼亚"即拜占庭帝国的一个要塞] 直到最近还保留着对希腊文化的鲜活记忆。希腊文化的影响远至偏僻的阿尔巴农（Albanon或Arbanon）及其中心克罗亚（Croya），这是阿尔巴尼亚族的发源地，位于马蒂河（Mati）和伊萨莫河（Isamo）——安蒂瓦里（Antivari）记载这条河流在15世纪之前曾流经北部的波德戈里察（Podgorica）和普里兹伦（Prizren）——之间的高山地区。

在所有的巴尔干民族中，阿尔巴尼亚人是最后一个有成文历史的民族。事实上，拜占庭史料只是从11世纪才开始在相关事件中提到这个著名的和古老的民族，而且我们也主要是从这些史料中了解14世纪的大冒险，即阿尔巴尼亚人向希腊南部地区的扩张，这一行动似乎是他们整个历史中最为重要的现象。据坎塔库震努斯记载，在安德罗尼库斯三世统治期间，阿尔巴尼亚人已经占据了色萨利的山区部分，生活在远离城镇的偏僻村庄中，在那里，他们要忍受严冬和拜占庭帝国的进攻。他们没有建立国家组织，只是以部落首领 [据坎塔库震努斯记载是部落酋长（phylarhoi）] 的名字称呼自己，即马拉卡斯人（Malakasioi），姆布人（Mbuioi）和梅萨里泰人（Mesaritai）。毫无疑问，与伊庇鲁斯公国和住在沿海但很想进入内地的欧洲人的频繁接触必然使他们产生向南迁移的想法。在这方面，他们甚至受到那些在战时缺少劳动力和兵源的希腊的和拉丁的土地所有者的鼓励与欢迎。毫不奇怪，不久他们再次证明自己的反叛天性，例如，1337年安德罗尼库斯三世只能通过引入乌穆尔的土耳其军队才能控制住贝莱格拉达附近、卡尼亚和色萨利境内的阿尔巴尼亚各部落。

杜尚的塞尔维亚国家崩溃以后，1358年阿尔巴尼亚人在阿彻罗斯（Acheloos）战役中击败伊庇鲁斯君主，在这次战役中尼切福鲁斯（Nicephorus）君主被杀。于是一些小的阿尔巴尼亚公国和其他由非阿尔巴尼亚王公领导的国家崛起，但疆域内的居民大部分都是阿尔巴尼亚人。在伊庇鲁斯和埃托利亚—阿卡纳尼亚，最早建国的有彼得·廖沙（Peter Ljosha）领导的在阿尔塔（Arta）和罗戈伊（Rogoi）建立的国家，另一个是在金·布阿·斯帕塔（Chin Bua Spata）领导下在阿彻罗斯和安杰罗卡斯德伦（Angelocastron）建立的国家。就像卡罗拉·索彼亚（Karolo Thopia）公国，即第一个阿尔巴尼亚国家及其中心都拉斯一样，1418年，这两个公国全被莱夫卡底亚公爵、塞弗洛尼亚岛（Cephalonia）的巴拉丁伯爵卡罗一世·托科（Carlo I Tocco）消灭。随后建国的可能有发罗拉的康尼努斯小公国和属于巴尔希奇（Balšić）兄弟的原来的塞尔维亚人

通往培拉特（即贝莱格拉达）城堡的大门是由米哈伊尔·安杰勒斯·科穆宁于13世纪兴建的。这个阿尔巴尼亚城镇是希腊文化的一个前哨，并在15世纪之前一直是拜占庭帝国总督的驻地。

的泽塔（Zeta）公国，巴尔希奇兄弟成功地统治了远至希马拉（Himara）和贝莱格拉达及其南部的大部分阿尔巴尼亚地区，后来首都斯卡达尔（Skadar，阿尔巴尼亚语为Shkoder，即斯库台）陷落并于1421年在巴尔西奇兄弟去世后最终落到了威尼斯人的手中。

阿尔巴尼亚人对伯罗奔尼撒半岛的殖民是通过两次完成的，第一次是在曼努埃尔·坎塔库震努斯君主统治时期，第二次是在狄奥多尔一世·帕列奥列格时期，当时他允许1万名阿尔巴尼亚人带着他们的家人和牲畜定居在这里。关于他们，曼努埃尔二世·帕列奥列格写道，"新来者住在杳无人迹的地方，他们砍伐森林，乡下变得好客和有教养，

很多原来只有强盗出没的荒郊野外一旦落入能干的农民手中，就用来播种和栽培各种庄稼。"

摩里亚的阿尔巴尼亚人在不同场合多次和希腊居民一起抗击土耳其侵略者对塔维亚（Tavia）、西科萨米里昂及其他地区的连续不断的侵略行径。然而，1453年君士坦丁堡的陷落是阿尔巴尼亚人为在伯罗奔尼撒半岛建立霸权而发动叛乱的一个信号，他们邀请大总督（Governor of Magna）、皇帝马修的长子曼努埃尔·坎塔库震努斯作他们的将军，领导这次叛乱。支持托马斯和迪米特里厄斯·帕列奥列格的土耳其斯坦总督好不容易才将叛乱镇压下去。这次叛乱暗示着阿尔巴尼亚人在摩里亚的地位很奇怪，即他们尽管有特权，但没有融入当地居民的生活，形成了完全不同的集团。另一方面，他们选择一个真正的希腊王公而不是阿尔巴尼亚首领作他们的君主，使帕列奥列格家族和坎塔库震努斯家族间的敌对明朗化，这显然没有促成阿尔巴尼亚人的崛起，但很明显达到了他们的目的。

这时候，阿尔巴尼亚人在乔治·卡斯特里奥塔·斯坎德贝格（1405—1468），即在莱

什成立的"阿尔巴尼亚领主联盟"的统帅的领导下继续疏远土耳其人，成立该联盟的目的是为了更好地协调成员的兵力。和拜占庭皇帝一样，斯坎德贝格最初试图和匈牙利、那不勒斯王国或威尼斯结盟，但他被迫独自领导他的人民继续一场绝望的和不久后变为传奇式的斗争。作为"基督的运动员"（athlete of Christ），他不可思议地利用崎岖山地和人民，并一度蔑视土耳其人取得的成就。1457年他利用在阿莱西奥（Alessio）的一次突袭摧毁了一支奥斯曼军队，为此西方人兴奋起来并着手调查事件的真伪。但是匈牙利的马赛厄斯·科尔温（Mathias Corvin）许诺的帮助没有实现，法国国王和阿拉贡的阿方索在1461年、1464年和1465年的模棱两可的诺言也是一样，斯坎德贝格被迫和敌人达成一系列停战协定，并在伏击中步步后退。1466年，他在科尔贾（Korja）被包围，因为没有希望或者说没有粮食储备，于是投降了。他两年后去世。人们在罗马为他塑了一座像。十年后爆发的一些小的起义证明阿尔巴尼亚还没有灭亡，但随后就销声匿迹了。

塞尔维亚的灭亡

科索沃战役失败以后，塞尔维亚最终向土耳其人臣服。拉扎尔（Lazar）的儿子和继承人斯蒂芬·拉扎雷维奇（Stefan Lazarević，1389年至1427年在位）参加了苏丹的所有大型远征活动：1395年在瓦拉几亚、1396年在尼科波利斯和1402年的安卡拉战役。虽然如此，塞尔维亚不时地尝试免除这些使人倍感屈辱的义务，特别是在安卡拉战役之后，他们和匈牙利建立了联系——拉扎雷维奇更愿意臣服于匈牙利。在此期间，他收复贝尔格莱德并将其立为首都，帮助西吉斯蒙德国王攻打波斯尼亚。作为回报，国王赐给他一座矿城斯雷布尼察（Srebnica），在双双被土耳其人征服之前，这座城市成为塞尔维亚人和匈牙利人争论的焦点。

另一方面，安卡拉战役之后土耳其人爆发的国内战争也使塞尔维亚将其影响扩大到泽塔，这样就打通了一条通向海洋的道路。尽管取得了这样的成就，但塞尔维亚从来没能真正竞争过威尼斯人，为了获利他们总是向阿德里亚海东岸发展，并占领了斯卡达尔和杜尔奇诺（Dulcigno），后来又从塞尔维亚人手中夺取巴尔（Bar）和布德瓦（Budva）。

根据斯蒂芬·拉扎雷维奇签订的条约，继承人乔治·布兰科维奇（1427年至1456年在位）将贝尔格莱德割让给匈牙利，并被迫承认不断进军塞尔维亚并占领尼斯、克鲁舍瓦茨(Kruševac)和戈布莱茨（Gobulac）的土耳其人为领主。于是，邻近匈牙利边境多瑙河畔的斯梅代雷沃[Smederevo，即斯门德里亚（Semendria）]成为塞尔维亚国家的最后一个首都，穆拉德二世允许他们在此建立一座要塞。斯梅代雷沃没能成为维持塞尔维亚长期独立的最后一座堡垒。在1439年经过长达三个月的包围之后，它向穆拉德投降，作为在1444年基督教十字军东征中所持立场的奖赏，该城此后又被还给了布兰科维奇。该城于君士坦丁堡陷落之后的1459年被穆罕默德二世彻底征服。同时，在最后一任统治者拉扎尔·布兰科维奇（1456年至1458年在位）统治下，整个塞尔维亚——新布尔多、特雷普查（Trepča）、普里什蒂纳（Priština）、普里兹伦、佩奇、戈布莱茨、雷萨瓦河（Resava）和其他地区——落入土耳其人手里。只有切尔诺杰维奇（Černojević）家族领导的泽塔的山区各省继续保持独立，他们甚至在一个叫采蒂涅（Cetinje）的地方建都，塞尔维亚的第一家印刷厂就诞生在这里。切尔诺杰维奇家族最终于1499年投降。

作为"基督教世界的堡垒"而在西方闻名的贝尔格莱德，已经英勇地抵御了土耳其人在1440年和1456年的两次围攻，在匈牙利领主的统治下，"贝尔格莱德省"又继续存在了大约一个世纪［泽慕姆（Zemum）和斯兰卡门（Slankamen）要塞也是它的一部分］。1521年8月29日，经过激烈的战斗和炮轰后贝尔格莱德向苏莱曼二世投降。

巴尔干地区唯一不受土耳其人统治的国家是位于达尔马提亚（Dalmatia）的拉古萨贵族共和国，它先是隶属于威尼斯人（1205—1358），后来臣服于匈牙利人（1358—1526）。他们继续向土耳其人缴纳很少的年金，这使得他们以及他们在金融和商业领域内众所周知的大型企业继续存在，一直到19世纪初。

波斯尼亚没有进行更多的抵抗。它的最后一任国王斯特凡·托马舍维奇（Stefan Tomašević，1461年至1463年在位）拒绝归顺奥斯曼苏丹，在拜占庭帝国皇帝的煽动下，他试图通过臣服教皇而从西方获得帮助。这对他没有好处，因为他的附庸抛弃了他并投降穆罕默德（尽管投降，他们也没能免于一死）。国王被这位征服者俘虏，后被处死，而他的王国和首都亚伊采（Jajce）被并入奥斯曼国家。

土耳其人越过多瑙河

当土耳其人在14世纪消灭保加利亚并在多瑙河沿岸建立边境的时候，他们遭遇到两个年轻的国家，即事实上新诞生的两个罗马尼亚人国家的抵抗。瓦拉几亚于1330年在总督巴萨拉博（Bassarab）的领导下脱离了匈牙利人的控制，经过一场持久的成功斗争之后，他在阿尔巴阡山山脉击败匈牙利国王查理·罗伯特（Charles Robert），并因此巩固了其前任拉杜·内格鲁（Radu Negru）建立的国家基础。在巴萨拉博鼓励下，更晚一些建立的摩尔达维亚（Moldavia）早期国家利用蒙古入侵的威胁反抗匈牙利人的奴役，并在总督波格丹（Bogdan）领导下宣布独立。

瓦拉几亚和摩尔多瓦都信奉东正教，以此来反抗信奉天主教的匈牙利。它们分别于1359年和1401年归附君士坦丁堡大主教区，君士坦丁堡则授予它们都主教区的地位，以此强调二者地位相当。两个都主教所在地摩尔多瓦首都苏恰瓦（Suceava）和瓦拉几亚的阿尔杰什的库尔泰亚（Curtea of Arges）注定要在两个公国的宗教生活和政治发展中扮演重要角色。而且，将斯拉夫语作为教会和国家行政机构的官方语言使罗马尼亚和斯拉夫各国，特别是和保加利亚建立联系更加容易。同样，这也有利于拜占庭影响的渗入。

大部分人口为罗马尼亚人的特兰西瓦尼亚省被并入匈牙利的圣斯特凡王室领地，结果它在改善政治组织结构方面进行的为数不多的几次尝试都失败了。

瓦拉几亚和摩尔多瓦的地理位置和众多的经济因素促使它们在建国后的最初两个世纪内兴起，其中农业生产、手工业生产和商业的发展十分重要。穿越罗马尼亚领土的商业路线的开辟加强了各地的商业联系，中心城镇布拉索夫（Brasov）成为连接瓦拉几亚、摩尔多瓦和特兰西瓦尼亚的交通网络中的重要一环。无论如何，作为从西欧到巴尔干半岛和黑海，以及意大利海上城镇，如热那亚，的东方殖民地的陆上航线，两个罗马尼亚人国家在国际贸易中具有一定的重要性。

尽管匈牙利和波兰不断施加压力，例如摩尔多瓦就面临波兰的压力，但两个新兴国家还是建立了，同时它们还要面对因土耳其人在东南欧的扩张而出现的更加严重的困难。此后，他们最关注的就是阻止土耳其人向多瑙河北部扩张。在这场斗争中，老人米尔恰（Mircea the Old，1386年至1418年在位）投入了自己全部的心血，1395年赢得罗维纳战役的胜利，并且一度将势力从多瑙河南岸扩大到曾经属于保加利亚王公伊凡科的多布罗察地区。尽管老人米尔恰和当时的战略盟友、国王西吉斯蒙德于1396年在尼科波利斯战役中被奥斯曼军队打败，但米尔恰继续反抗土耳其人，或卷入他们的国内纠纷中试图从中渔利。然而，奥斯曼帝国在穆罕默德一世统治下经过重组以后，瓦拉几亚总督被迫在1417年，即他去世

穆拉德二世将罗马尼亚和匈牙利的英雄约翰·匈雅提的头盔劈为两半，以此来表示对他的蔑视。匈雅提的勇敢为其赢得荣誉，在希腊民歌中他被称为亚历山大二世。（奥斯曼许内纳梅手稿，1584，伊斯坦布尔，托普卡普皇宫）

前不久成为苏丹的附庸。

在随后的过渡期间，约翰·匈雅提（胡内多阿拉的扬库），即后来成为匈牙利摄政的特兰西瓦尼亚总督从米尔恰手中接管了罗马尼亚反奥斯曼的领导权。刺穿者弗拉德·德拉库尔（Vlad Dracul, the Impaler）在1461年至1462年间对穆罕默德二世取得了一系列令人印象深刻的胜利。领导抵抗的重任落到了摩尔多瓦君主斯特凡大帝 [Stefan the Great，即斯特凡·塞尔马雷（Stefan cel Mare），1457年至1504年在位] 的肩上。首先，他通过向波兰国王卡西米尔（Casimir）宣誓效忠从而明确自己的位置；通过拒绝承认匈牙利国王马赛厄斯·科尔温的领主地位，从而将瓦拉几亚置于自己的统治之下。随后，为了将土耳其人赶出瓦拉几亚并使其在多瑙河沿岸的边境神圣不可侵犯，他展开了一场反对苏丹的持久消耗战。然而，尽管在军事上取得了一些胜利，如1475年赢得教皇赞誉和西方世界钦佩的拉赫瓦（Rahova）战役，但斯特凡没有扭转乾坤的力量，巴耶塞德二世巩固其王位后，局势变得更加糟糕。

1484年夏，摩尔多瓦君主作为重要前哨基地进行防御的位于多瑙河三角洲的基利亚（Kilia）和德涅斯特河（Dniestr）三角洲 [即阿克尔曼、莫诺卡斯特罗或阿斯普罗卡斯特罗（Asprokastro）] 的阿尔巴堡（Cetatea Alba）等商业城镇落入土耳其人手中。此后，首都苏恰瓦被第二次焚烧（第一次是在1476年穆罕默德二世统治时期），斯特凡大帝被要求交付贡金，但他永远不会答应这个条件，因而摩尔多瓦只是在他死后才最终投降苏丹的。

组成中欧保护屏障的基督教世界的这些最后的前哨基地——无论是斯拉夫人的还是非斯拉夫人的，就这样一个接一个地崩溃了。就像匈牙利和日尔曼各国的抵抗不久所证明的那样，奥斯曼力量不是造成这种局面的唯一因素，事实上，正是这些新兴国家不完备的社会结构导致他们在防御失败后灭亡。

事实上，特别是斯拉夫人作为独立国家存在的整个时期，他们和拜占庭帝国不断发生冲突。他们无时无刻不在怀疑渗入他们社会的拜占庭文化的影响，同时又被它吸引。但当斯拉夫人丧失政治独立性以后，他们立刻改变了这种态度，承认拜占庭文化是他们的共同基础。拜占庭人和巴尔干斯拉夫人之间的敌对情绪在14世纪最初的1/4时间里，甚至在土耳其人开始征服之前就已消失大半，巴尔干半岛的各个地区逐渐形成一种斯拉夫—拜占庭文化。因此，君士坦丁堡大主教区重新获得了帝国在巴尔干半岛上已经失去的对基督徒的宗教和文化生活的全部影响力。就保加利亚人和塞尔维亚人来说，1453年以后，拜占庭帝国在正教大教长机构中仍继续存在。但是，作为一个被禁闭在完全扩张的西欧边缘的帝国的附属国，南斯拉夫人消失了四百多年。

奥斯曼的成功

事实上，奥斯曼帝国自 16 世纪中期以后就成为一个强国了，从摩洛哥边境到波斯湾、从多瑙河到撒哈拉、从黑海到阿拉伯半岛都是它的势力范围。这个幅员辽阔的帝国的权威得到了其他人的羡慕和尊敬，它似乎是一个不可动摇的巨人，而欧洲只是成功防守且更多时候呈回避姿态。

实际统一阿拉伯—穆斯林世界以后，苏丹不仅成为世俗君主，而且是"信徒的埃米尔"和他们宗教上的君主（尽管他仍旧不称呼自己为哈里发）。

与基督教世界相比，苏丹代表着伊斯兰教，但这不表示他想消灭基督徒，特别是消灭他帝国内的基督徒。然而，欧洲在15世纪末和16世纪初致力于征服世界，并且遇到一个难以逾越的障碍，它以敌对形式出现在旧世界的各个地区：地中海世界、东欧和近东。西班牙人、奥地利人和匈牙利人，更不要说威尼斯人，他们全都意识到他们的失败仅仅增加了土耳其人的声望，而这一声望在苏莱曼大帝统治末期达到顶峰。

宏伟之门

奥斯曼苏丹是奥斯曼政权的化身。他拥有绝对权力，是世俗君主、所有穆斯林的领袖、犹太人和基督徒的保护者。苏丹任命大维齐尔、迪万的重要官吏、各省总督和宫廷权贵，他是军队首领，有权任命宗教要人（主要城镇中的伊斯兰教长老和主要的伊斯兰教法学家）。在遵守伊斯兰教法的同时，他为各省补充制定习惯法，前提是它们符合伊斯兰教法并获得伊斯兰教长老的认可。苏丹将行政权和适当的军权委托给大维齐尔掌管，大维齐尔权力的大小是他获得苏丹欢心的衡量标准，他既可以任命他也可以随意罢免他。大维齐尔主持召开迪万，在"圆屋顶"下开会的维齐尔们都是从大维齐尔的助手和帝国高官中选出来的。他们负责监督奥斯曼大法官法院（the nichanji）的工作，其成员包括两名宗教界代表（不包括伊斯兰教长老）、一名军事法官（kadi-asker）、一名财政大臣（the defterdar）、海军大元帅或卡普·帕夏（kapudan pasha）和鲁梅利亚的总督。迪万是政府的核心机构，但有时候它也设立一个法庭。

行政机构掌握在文职人员手中，他们或是伊斯兰宗教学校中宗教法学的毕业生，或是从巴尔干地区召集的基督徒村民组成的侍从团成员（即德米舍梅制度），他们是通过等级制度获得提升的。甚至那些具有基督徒血统的行政官员都是穆斯林，例如，穆罕默德二世以后的几乎所有大维齐尔都来自宫廷官员，当然这不会有损他们对苏丹的忠诚。各省由总督管理，他们的等级和地位根据各省的重要性而有所不同。他们全权处理各省的民政和军事，因而他们在帝国的政治中起着主要作用。在他们之下是桑贾克贝伊或苏巴什，他们负责管理下一级的行政机构。阿尔及尔、突尼斯和的黎波里各省拥有特殊的地位，军事作用大于民事。

大多数普通的行政官员都是领薪水的。有一定级别的官员的收入会更高一些——级别不同工资也很不同，这笔钱从提玛地产或封地（arpalik）的税收，严格地说就是从大麦税中支出的。

和前几个世纪一样，军队是帝国权力中的主角。他们进行征服活动，在需要的地方确保防卫安全。同时他们还是王位候选人手中的权力工具，如巴耶塞德二世和萨利姆一世，他们都得到近卫军的支持。军事阶层或者说军事机构最初是由卡普库鲁（kapi kullari）或者说帝国的国有奴隶组成的，他们是根据德米舍梅制度应征入伍的。主力部队是近卫军，他们组成步兵并在后来装备了火器和传统的冷兵器。此外，还有一些特殊军团，如炮兵、护卫兵、装甲兵、挖道工兵、投弹兵和骑兵，他们组成常备军，全都领军饷。

军队的另一个组成部分是各省的西帕希，即享有不同提玛地产的自由骑士军官，他们供养的士兵人数要与其收入相当。在苏莱曼时代大约有1.5万名近卫军和2.5万至3万名西帕希。还有最后一部分士兵，他们或很平常，或执行特别任务。至于海军，从巴耶塞德二世统治以来，就因海盗出没而扮演重要角色，但是苏莱曼和萨利姆一世则将它变成了一支真正的舰队，有二百多艘战船，事实上，船只大小不等。卡普·帕夏的收入来自爱琴海的海上各省。征募的兵丁是战俘、死刑犯或雇佣兵。这些船上还载有被称作黎凡特（levend）的士兵。

最后，奥斯曼军队拥有良好的管理机构，提供维修道路、桥梁、要塞和驿马等服务。伊斯坦布尔建立了兵工厂（供给海军和炮兵），爱琴海和黑海的一些港口也有一些。

奥斯曼政府也用它的行政机构管理帝国，这意味着将其强加给它的所有臣民：农民、工匠和商人。他们应该向国家或者向他们的军事采邑主缴纳实物或现金。毫无疑问，军事采邑主或行政官员会滥用权力进行敲诈勒索。然而，理论上，军事采邑的税收是有明确规定的，臣民要缴纳的税种是登记在案的或者是法令中明确提及的。这些法令可能从14世纪末就出现了，在穆罕默德二世、巴耶塞德二世，特别是在苏莱曼统治时期更多。它们成为适用于各省的法律，且是行政机构和臣民可以求助的成文法典。这些法令是在征服之后制定的，目的是为了维护被征服国家在经济和社会上的一致性，避免分裂。收税官是军事采邑主自己（或是他们的代理人）或各省的财政代理人。最后，人们呼吁卡迪(qadis，解释和实施伊斯兰宗教法律的穆斯林法官——中译者）或他们的代理人进行干涉，反对敲诈勒索的官员。此后，各省都城负责收税，其中部分上缴苏丹在伊斯坦布尔的国库。此过程中的每个阶段都要按照颁布的指令和法令进行检查。

苏丹的臣民主要分成两类：穆斯林和非穆斯林，其中穆斯林享受伊斯兰教法规定的各种权利并且不缴纳某些赋税，非穆斯林主要是基督徒和犹太人，他们服从自己的宗教领袖（大教长、都主教和大拉比），组成"被保护"阶层或齐米（zimmi，生活在穆斯林统治地区处于被伊斯坦布尔的苏莱曼尼叶清真寺（1550—1557）是由一位受希腊文化熏陶的基督徒——建筑师锡南仿照圣索菲娅教堂建造的。这是受到拜占庭教堂建筑风格直接影响的早期伊斯兰教清真寺之一。

保护地位，并被允许保留自己原来宗教信仰的人——中译者）。无论是基督徒（希腊东正教、亚美尼亚各派）还是犹太人，每个大的宗教团体都组成一个米列特（millet，土耳其非穆斯林的宗教自治团体——中译者）或"民族"。为获得宗教自由和苏丹的保护，他们向他缴纳一种特殊税——吉齐耶（the jiziye，穆斯林国家从前对非穆斯林信徒征收的人头税——中译者），它经常和哈拉吉（the kharaj）混为一谈。这种保护不只是说说而已，敲诈勒索的现象即使发生也很少并且被禁止，似乎也没有宗教迫害。那些不同的教会无疑也要向国库纳税，但这只是一件很小的恶行。奥斯曼的宽容在地中海世界确实很有名，当16世纪西班牙发生驱逐犹太人的浪潮的时候，他们在君士坦丁堡和萨洛尼卡找到了安全的避难地。在阿拉伯各地，人们仍然生活在传统领袖的统治下，并保留着传统的社会结构，更高一级政府是由奥斯曼近卫军特遣队建立和管理的监督机构。

从特权到治外法权

在征服君士坦丁堡之前，除了伯罗奔尼撒半岛上的威尼斯人以外，奥斯曼帝国和西方列强很少接触，这些仅有的接触也并非总是和平的。

征服君士坦丁堡后，奥斯曼帝国和意大利商业城市热那亚、威尼斯、佛罗伦萨和拉古萨在经济方面建立了更紧密的联系。然而，这种关系的性质在他们16世纪的扩张期间发生改变。他们逐渐和一些军事强国发生冲突，同时其他一些国家为了建立政治同盟和促进商业发展开始与其打交道。财富从各个新省以战利品和税收的形式流入奥斯曼国家，这笔财富使统治阶层产生新的需求：苏丹坚持不懈地力争将首都变成一个辉煌的、无与伦比的城市，结果首都人口大量增加，这一切又导致对东方不能生产的或者西方质量更优的产品和货物的需求。奥斯曼帝国的市场肯定会在一定程度上向外国商品开放，这当然对西方各国十分有用，它们从这种开放中获得好处并将其特产带到奥斯曼市场。尽管发展缓慢，但威尼斯是第一个经过重重阻碍获得巩固地位的国家。这得益于它的优先权、对东方的熟悉程度、贸易点和它与当地商人或制造中心的关系。热那亚是从特殊贸易环境和殖民中获利的第一人，它虽没有建立起类似威尼斯的重要网络，但却在东方大放异彩。

弗朗西斯一世（FrancisⅠ）在苏莱曼大帝统治初期就开始和他打交道，他请求和苏丹建立联盟并且给予法国商人优先权。苏丹看起来没有理由拒绝。法国对奥斯曼帝国的贸易意味着什么呢？很快法国人就轻而易举地获得了居住权和以治外法权（Capitulations,1535）闻名的贸易权。这些应当被看作是苏丹良好意愿的慷慨表示，他不求任何回报。1543年奥斯曼帝国和法国的联合舰队包围并攻陷尼斯城，这是这一虚假联盟在军事上的唯一确实但有限的表现。另

伊斯坦布尔市场。人群中出现要人和外国人说明了该城市场在国际上的地位。（15世纪的奥斯曼微型画，伊斯坦布尔，托普卡普皇宫）

一方面，自从解除了来自哈布斯堡家族统治下的各国压力后，法国比毫无所求的奥斯曼帝国得到更多的好处。然而，联盟最引人注目的后果就是外交使团的引入和法国领事居住在帝国指定的一些港口。重要的是，此后直到17世纪中期，这些领事、甚至有时候是一些大使是由法国商人任命的——它说明了这个机构的一般特性。然而，同时，法国代表保护他们的国民反对奥斯曼帝国的管理，此后他们的关系出现新的转变，这种转变至少发生在地方上，甚至大使和帝国大维齐尔等高官之间的关系也出现新的转折。这种新情况随着时间的推移而扩大：奥斯曼帝国脱离所谓的自愿外交孤立政策开始寻找盟友，土耳其人（但不包括他们的希腊、亚美尼亚和犹太臣民）从对国际贸易的不屑一顾变为和那些外国人进行个人合作，目的非常明确，就是补充货源和赚钱。大约从17世纪下半叶以来情形就是如此。同时，这些法国的、荷兰的和英国的商人居住在港口和一些内陆城镇，他们在这里当然是做生意，但也是建立联系，特别是和少数民族建立联系，他们在感情上更接近，而且他们需要这些人充当当地生产者和商人之间的调停者。从更长远的观点来看，这将导致对奥斯曼帝国事务的干涉。

一种新的平衡

奥斯曼帝国的经济以重要的和多样的产品以及大城市的消费品市场，特别是宫廷和军队的消费品市场的存在为基础。最重要的经济无疑是农业，因为基督徒和穆斯林农民要向地方权势（包括军事采邑主、行政官员、教会赠产管理人或苏丹地产的管理人）缴纳实物税。这些税从收成的1/8到1/3不等。农民还在使用传统方法进行耕作，产量微薄，他们（根据当地情况）种植谷物或饲养各种牲畜，其中最普遍的就是养羊。但他们也种植水果、橄榄树、各种香料、水稻、甘蔗和酿蜂蜜；饲养马、水牛、骆驼、山羊和猪；他们种亚麻、棉花；生产丝绸制成纺织品；使用铁、铅、银和铜等金属。但他们的制造业和商业还无法和城市的相提并论，在城市里，市场是最重要的地方，活动都由行会或公司规定。因受卡迪和市场治安官（the muhtesib）控制，它们组成了一个相当严格的组织，排斥竞争和进取。制成品通常用来满足当地市场需要，但也有外国人想买的一些产品，如羊毛、革制品、皮革、毛毯、丝绸、装饰品和其他通过奥斯曼帝国从更远的东方运来的商品：香水、香料、印花布和毛皮。重要的商业活动依靠商旅队和船只完成并被那些从各种渠道操纵首都市场的商人和一些政府高官们控制。

苏丹控制着国库，但他至少要维持一个多则几千人少则几百人的宫廷以及一支军队的开支，因而他的财富促进了帝国的经济生活的发展。同时他们天性喜欢建造巨大辉煌的清真寺来装饰首都。从这一点来看，15世纪末和整个16世纪是建筑特别繁荣的一个时期，这时候特别是在帝国的各大城镇中（不仅是伊斯坦布尔还有各省）流行一种与众不同的建筑形式。直到16世纪60年代的最初几年，欧洲人逐渐利用的绕经好望角的航路没有损害苏丹的收入，这是因为旧世界的贸易潮流不会在几年、甚至几十年之内发生改变，特别是在无数人在这一潮流的延续中具有既得利益的时候。同样，也不应该夸大国际贸易在奥斯曼帝国经济中所起的作用，因为它自身就要消耗掉很多农产品和商品。直到世纪末，随着美洲白银的流入——它导致奥斯曼基本货币阿斯皮尔（asper，一种小银币）的贬值，奥斯曼帝国经济才开始出现金融危机的征兆。随后，经济危机，特别是以安纳托里亚人民最初的几次叛乱——帝国的沉重赋税和需求是导致他们叛乱的最主要原因——为例的社会危机爆发。但这是奥斯曼帝国历史上的又一个时期。苏丹和其他大人物不仅仅关心战争和帝国领土的扩张——当然很大程度上是帝国的军事力量、辽阔的疆域和财富造就了它的庄严和声望，他们同样关注文学和艺术活动。

征服者穆罕默德二世是一个非常有教养的人，他会讲几门语言，还会写诗。他邀请意大利艺术家，如为他画画像的詹蒂莱·贝利尼（Gentile Bellini），特拉比松德的阿米鲁特泽斯（Amirutzes）、伊姆布罗斯（Imbros）的克里托布鲁斯和安科纳的奇里亚科（Cariaco of Ancona）等希腊和意大利作家到伊斯坦布尔。苏莱曼大帝也是一位受过教育的人。在他统治时期，生活着奥斯曼历史上最伟大的一些作家，如富祖里（Fuzuli，1480—1556），他编纂了奥斯曼帝国最早的一些真正具有历史性的，甚至带有评论性的编年史著作；皮里·赖斯（Piri Re'is）和塞义迪·阿里·赖斯（Saydi Ali Re'is）等航海家绘制了旅游说明和地图。人们也没有完全忽视科学和医学研究，当然其中最大且最广泛的还是在首都和帝国各大城镇的伊斯兰宗教学校里讲授的宗教科学。

这一时期最有名的是它的建筑。巴耶塞德二世、苏莱曼大帝和萨利姆二世时代在伊斯坦布尔和埃迪尔内（Edirne，即阿德里安堡）修建的大清真寺是最杰出的代表。其中很多清真寺都是由杰出的建筑师米马尔·锡南（Mimar Sinan，1489—1578）设计的，他将圣索非亚大教堂建成一座外形奇特的清真寺，随后其建筑风格风靡整个帝国。这一建筑艺术因装饰艺术而更趋完美，它特别使用了通常产自尼西亚的以简单的线条和鲜艳的颜色做的花叶形并以"番茄红"为特征的釉面砖，这是只有这一时期才有的特征。

苏莱曼大帝统治时期是奥斯曼帝国的黄金时期，在帝国旅游的欧洲人都想了解他。

因此，尽管有传闻，但16世纪的基督教各国还是不能想象奥斯曼帝国在外交或政治领域的任何形式的撤退。在经济领域内，他们之间的关系也从来没有异常过，当然也没有达到"渗透"的程度。就像治外法权所证明的，这种需求来自西方而不是东方。

因此，从1402年的安卡拉战役到1574年突尼斯陷落的这段时间内，一个帝国形成了，它的权力越来越大并赢得西方各国的尊敬。这可能就是他们为什么在世界其他地方寻找空间满足政治和经济扩张需要和绕过那个曾经难以穿越的岩石即奥斯曼帝国航行的理由之一。

驯服中欧

多瑙河以北和厄尔巴岛以东这个实质上的另一个斯拉夫世界正在等待命运的裁决，即德意志的征服。怀着未来独立的希望，它将成为占据优势的西欧的附属物还是希腊文化和拜占庭帝国的继承者？因为直到14世纪初，它一直处于基督教世界的边缘，因而直到现在为止，我们还很少提到德意志世界。我们只是刚刚开始从现在的很多令人吃惊的考古发现中才意识到他们的文化是多么的灿烂和辉煌。也许，它并不像它的邻居那样处于边缘地带。德意志的传教士、被称作条顿骑士团或佩剑者的骑士僧侣，当然还有商人已经渗入波兰、波希米亚和波罗的海地区。自10世纪以来，他们穿越从波罗的海到克拉科夫（Krakow）的波兰平原，然后通过摩拉维亚进入拜占庭帝国。自11世纪，英国人、弗莱明人和条顿人就到了诺夫哥罗德和拉古达（Lagoda）南部。与内陆的布拉格、克拉科夫和布达一样，格但斯克（Gdansk）和里加是活跃的商业据点。斯拉夫和匈牙利古老而完整的文化在这些地区得到发展，但整体上，这些地区是西方的前沿阵地，它们和欧洲是隔绝的。当希腊人在更南边的防线崩溃之后，它们突然和西方融为一体了。

重新"涌往东方"

在12、13世纪，通过利用农民和商人进攻西里西亚、勃兰登堡和大波兰，德意志在很大程度上已经完成了"向东方的推进"——这始终是德意志为满足人口或经济扩张需要而作出的反应。1300年以后,这种渗透已越过奥德河（the Oder），来到普鲁士河和马祖里湖（Masurian）边，它似乎有理由停下来——不是因为当地的抵抗，而是因为原来的人口压力已经减轻。因而，他们利用日耳曼文化、法律和权力来进行另一种更加狡猾、更加危险和更加有效的渗透。在这方面最明显的例子就是波希米亚。布拉格的捷克君主很早以前就在某种程度上被降为神圣帝国的一个成员。他们甚至被允许拥有"国王"称号，这是除德意志国王以外，帝国内唯一可有此称号者。捷克的特殊地位在13世纪变得日益模糊，人们越来越多地使用德语，布拉格大学建立之时，大多数学生都讲德语。君主的法律语言在德语和拉丁语之间摇摆不定，但大众的语言至少为民间文学找到一处避难所。这是一个重要现象，因为它证明了人们对捷克和摩拉维亚身份的持久认同感。但是，那些和斯拉夫既没有血缘联系也没有民族感情的人轻而易举地爬上了波希米亚的王位。卢森堡家族是其中最著名的一个，因为布拉格和德意志的联系，特别是宗教联系日益牢固，因而它甚至向德意志国家贡献了一位皇帝查理四世。但是这些统治者们毫不关

神圣罗马帝国皇帝查理四世，即波希米亚国王。在教皇的帮助下他加冕为帝，全心致力于波希米亚事务，建布拉格大学以后，波希米亚成为一个重要的文化中心。（伊莫拉，大教堂书库）

心当地事务。确实，查理四世在《埃格尔黄金诏书》（Golden Bull of Eger）中明确规定波希米亚国王为选帝侯，从而使波希米亚以合法途径进入德意志世界。但是其目的是遏制正在波希米亚出现的"民族"感情的发展。事实上，波希米亚的瞎眼国王约翰非常关心他家乡的事情，以致在加入法国国王一方（二人既是亲戚又是盟友）参加克雷西战役时被杀，这只是他卷入这场战争的部分片段，这场战争显然对波希米亚的未来没有一点好处。在早些时候，这一结盟行动经历了一个奇怪的阶段，当时定居在匈牙利的安茹人将实质上是意大利宫廷的部分艺术和文学引入捷克大地。当然，西方不断施加的压力，特别是德意志的渗透引起人们的怀疑和敌对，但最初它只是文人的事情。我们已经介绍过胡斯运动：扬·胡斯叛乱既是宗教的也是捷克的，塔波尔派的激进运动带有明显的地方色彩，他们一直坚持到被德意志再次征服为止。罗马承认起义者的部分要求，和叛乱本身一样，这也是捷克人的一大胜利。波希米亚人在国王乔治·波蒂厄布拉德（George Podiebrad）的领导下继续向罗马挑战——这次国王是一名当地人，1458 年夺取王位。他们甚至和教皇保罗二世完全脱离关系，但这还无法和 17 世纪的白山叛乱相提并论。事实上，波希米亚在 15 世纪末只是帝国（它暂时没有什么仗要打，但哈布斯堡家族一上台就包围了波希米亚）和贪婪且野心勃勃的邻国波兰之间的一个赌注，事实上，波兰人曾一度入主波希米亚。

匈牙利的情况要复杂得多：首先是因为最近一些具有异国文化特征的非斯拉夫民族在这里定居。其次，在 10 世纪的马扎尔人的进攻彻底停止、大部分首领皈依基督教以后，东部省（the Ostmark）和奥地利的德意志人对"这个食人妖"（the 'ogres'）的记忆仍然深刻，因而为了安全起见，他们对匈牙利人总是敬而远之。为此，匈牙利有了一个温顺的邻居，在很长时间内避免了德意志人的渗透。再者，匈牙利人不打算参与西方的活动。12 世纪中期，康拉德三世（Conrad Ⅲ）的军队在进军圣地时受到那些只是空头承诺支持国王的人的沉重打击。匈牙利平原的主人是那些贵族，他们是极端危险的骑手和劫掠者。然而最终他们还是和西方建立了联系：尽管多瑙河在 10 世纪左右就是一条繁忙的贸易路线。巴伐利亚、甚至是莱茵兰的德意志商人居住的布达也是一个享有很高声望的商业中心。一位匈牙利国王甚至参加了对埃及的十字军远征。

13世纪中期在遭受蒙古入侵威胁、更坏的是被摧毁之际，另一位国王安德鲁二世（Andrew II）前往欧洲寻求帮助。他们接待他就像接待一个不合时宜的乞丐而非接待一个野蛮人。1290年以后，决定性的步骤出现了，当时拉丁人在东方和拜占庭建立的小公国已经灭亡了。匈牙利发挥出作为联合欧洲和拉丁东方链条中的一个纽带的潜在作用。在一系列战斗结束之后——其中的细节与我们无关——南意大利的安茹人成为匈牙利国王。这是对王朝担心的绝妙讽刺。在法兰西—意大利混血君主统治的50年内，正是土耳其人真正构成威胁的50年，匈牙利背弃了巴尔干人民。安茹人关注波希米亚、波兰、塞尔维亚和亚德里亚海纯粹是出于家族目的。他们卷入复杂的王室联盟中，匈牙利在联盟中没有地位。这种状态在1387年结束，这绝不是一段插曲，相反，它引出一个双重的和卓越的演进。一方面，和波希米亚的卢森堡家族一样，大路易（Louis the Great）的统治也有西方势力的影响：布达宫廷模仿瓦卢瓦和那不勒斯宫廷的生活方式；宫廷中到处都是意大利人和法国人，他们取代了德意志人的地位；王宫和教堂建筑从哥特式演变为意大利式，多种文化开始相互交融。作为一名优秀的法国人，在政治领域，大路易试图通过颁布"骑士"法令降低贵族的等级地位并迫使他们服从王权。此后，他向贵族征收人头税，激起贵族的敌视和反对，但这没有导致其政权立即垮台，因为安茹人对匈牙利事务不感兴趣，因而他们没有冒险执行惩罚性措施，没有制服权贵们。这就是土地贵族（Boyards，也有音译为伯亚尔的——译者）所做的，最后，这只能使贵族们享有更大的自治权。

当西吉斯蒙德的女婿、安茹的路易继承匈牙利王位时，一个新的阶段开始了。尽管西吉斯蒙德这个德意志人比他的前任更关心匈牙利和巴尔干事务，但直到1437年去世之前，他还是将大部分时间花费在帝国事务上。他在教皇纷争、胡斯运动、1385至1386年的反对奥斯曼苏丹穆拉德的远征——以尼科波利斯灾难而结束——中所扮演的角色至今仍有争议，对此我们无需重复。作为匈牙利国王，他亲自参与西方事务，并逐渐将潘诺尼亚荒原（Pannonian Waste）变成帝国的边疆，而它在奥斯曼帝国日益逼近之际越来越容易受到攻击。可能是作为基督教世界前线的缘故，土耳其人的威胁甚至唤醒了贵族们的自卫和自治意识，他们积极利用国王长期不在国内的机会来扩充势力。这种新的意识也影响到了那些正日益精神饱满地迁入多瑙河地区的波兰人。匈牙利人非常不情愿地参加了拉迪斯拉斯·雅盖隆（Ladislas Jagellon）在1443年至1444年发动的旨在反对土耳其人的一次十字军运动，结果在多瑙河上的瓦尔纳战役中遭到惨败。不久以后匈牙利贵族恢复元气，宣布他们的一个叫胡内多阿拉的小约翰（John of Hunedoara）或者在西方以约翰·匈雅提而闻名的领袖为西吉斯蒙德后裔的摄政。1456年，他将土耳其人挡在了贝尔格莱德和铁门（Iron Gate）之外。匈雅提突然去世之后，马赛厄斯·克罗（Mathias surnamed the Crow），即科尔温被任命为第二任摄政，他于1458年至1463年间在波斯尼亚和摩拉维亚之间以一系列公国和小要塞组成一道强大的防线，暂时阻止了苏丹军队的入侵。不幸的是，科尔温——他及他的态度表明匈牙利人已经极大地欧化——将政权中心建在维也纳并反对波兰人力图控制从亚德里亚海延伸至摩拉维亚关口的广大地区，甚至企图夺取神圣罗马帝国。他于1490年去世，这标志着匈牙利自治希望的结束。贵族们更喜欢将王冠留给已是波希米亚国王的波兰人拉迪斯拉斯。通过将匈牙利和波希米亚置于哈布斯堡家族的世袭领地下，正在出现的统一因素将他们和德意志世界明确联系在一起了。除了在16世纪反对异教徒表现他们的军事勇敢和作为遭受奥斯曼侵袭的基督教地区边境的基督士兵的责任外，土地贵族别无选择。这个土库曼和蒙古人的混血民族的命运发生奇妙的逆转，最初他们是进犯德意志的亚洲入侵者，最后他们是抵抗亚洲同族的德意志的保卫者。

波兰的诞生

这是个有争议的题目，它有可能打击这个以其古代文化和无可争议的古代史而自豪的民族。更甚者，这个题目不仅在波兰历史的重新排列和政治起源方面而且在经济方面都有所夸大。难道人们在波兰，甚至摩拉维亚没有发现最古老的犁刃以及技术上最完美的中世纪烤箱吗？难道在比斯库平（Biskupin）、格涅兹诺（Gniezno）、克拉科夫、奥波莱（Opole）等城市和乡村没有发现质量和规模都相当惊人的木质建筑物吗？最后，自10世纪或更早（和穆斯林游历者证明的一样）以来，各地的商人难道没有游历和剥削过这个广阔的平原吗？尽管存在这些事实，但我坚持这样一个题目是因为：和罗马尼亚人、匈牙利人、甚至是捷克人一样，这个民族生活在西方基督教世界的边缘地带。这本书的总的线索是要说明西欧控制区域内的各地区的逐渐融合的过程，然而它们在当前这个设定时间内还不受西欧的控制。波兰正符合这一要求。人们还记得，大约在990年至1050年间，生活在小波兰和大波兰（Lesser and Greater Poland）平原、甚至是波美拉尼亚的这些斯拉夫民族由梅什科（Miesko）和博莱斯拉斯（Boleslas）家族领导建立联邦，而且将立刻并决定性地转向西方。1000年，神圣罗马帝国皇帝奥托三世在格涅兹诺将王冠戴到博莱斯拉斯头上。尽管拜占庭帝国有过几次尝试，但波兰的基督教来自西方，而且种植谷物的波兰平原似乎是德意志、低地国家和法国平原的自然延续。不幸的是，这一趋势在1100年以后被中断，波兰转而依靠自己并远离欧洲舞台。人们很少怀疑波兰历史上这一收缩期的动机。一方面波兰西部的大部分地区都经历了的野蛮的德意志化，伴随其发生的驱逐和掠夺土地是1130年至1230年间整段历史的主要特征，这无疑在德意志和波兰相互怀疑的同时激发出一种防御意识，这种结果一直延续到现在。随着条顿骑士团占领普鲁士和宝剑骑士团占领爱沙尼亚和雷托尼亚（lettonia）而开始的基督教化有时是相当野蛮的，只会使局势恶化。而且，由骑士僧侣发动的反对诺夫哥罗德和其他地方的俄罗斯统治者（他们已在拜占庭人的影响下皈依基督教）或反对固执的异教的立陶宛人的无休无止的失败的战争一并给波兰农民造成无法承受的负担。最后，汉萨港口的发展和吕贝克等地的德意志商人的严格控制将波兰内地的财富掠夺殆尽，并逐渐将波兰降为一个殖民地。

这一切对波兰社会和经济结构造成的影响非常明显。在某种程度上，由德意志人购买和转售的大部分产品——小麦、造船的木材、亚麻、沥青和皮毛——都来自北部的森林和谷物种植区，波兰的重心从克拉科夫南部地区转移到波斯纳尼亚（Posnania）南部或维斯图拉河（Vistula）下游南部，并于13世纪中期建华沙城。但因为统治者继续支持南部地区，因而中部和北部贵族集团滋生一种独立精神或至少是不服从秩序的想法，国王试图加强公共权威的所有新尝试都停止了。贵族联盟被称作撒拉赤塔（szlachta，该词可能是德语Geschlecht的一个变体），它能够使农民和工匠极大地依附于他们，而就我们对11世纪农民的了解表明，撒拉赤塔和西方的贵族联盟一样也准备独立。这意味着现在一个最初具有特别得天独厚条件的国家的社会发展停滞了。农奴制日益严厉，骑兵几乎都是奴隶。封建领主的赋税日益沉重，难以忍受，国王不能保障法律得到遵守。

与波兰最初的辉煌极不相称的这一不幸局面开始于14世纪初期，当时来自德意志的压力已经减轻，通过给市民和小贵族授爵位这样一个庞大的计划，国王卡西米尔一世（Casimir Ⅰ，1333年至1370年在位）在一定程度上恢复了王室机构的风采。这个"新贵"阶层自然支持国王，卡西米尔在1372年、1374年和1379年赐给新贵们金钱与权力，这样他就为自己确保了一批忠心的臣民，他的行政机构就是以他们为基础建立的。此外，1364年克拉科夫大学的建立和随后波兰人在教会分裂中表现出的正教热情表明波兰在欧洲联盟中逐渐强大。然而，它的"诞生"仍然缺少两个因素：位于波罗的海到黑海的这一广阔地区的并非完全异教的立陶宛、几乎整个白俄罗斯和部分乌克兰仍处于波兰和俄罗斯世界的边缘。这一地区的蒙古政权逐渐消失。从1337年开始，拥有公爵称号的雅盖隆家族离波兰王位越来越近。拉迪斯拉斯·雅盖隆获得克拉科夫王位实现了二者的联合，因为大贵族的敌视，这种联合不得不经常重新开始。1410年，拉多姆的永久联盟（Perpetual Union of Radom）使这一联盟神圣化，波兰立刻变为除神圣罗马帝国以外的欧洲第二大国。另一个障碍同时得到解决：控制了条顿骑士团曾封锁所有出海口的波罗的海沿岸。拉迪斯拉斯催促条顿骑士团僧侣前往波多里亚（Podolia），遏制蒙古人对当地的统治，但没能成功。拉迪斯拉斯·雅盖隆充分利用了骑士团拒绝这个机会以及人们对他们对当地欺压的普遍不满而与德意志人断绝关系。1410年，条顿骑士团在坦嫩贝格（Tannenberg）被镇压并遭到驱逐。对拉迪斯拉斯来说不幸的是，这一胜利鼓励其家族成员投入到他们领土以外的事业中去。作为反对奥斯曼帝国的十字军运动的发起者和参加者，拉迪斯拉斯三世在瓦尔纳被击溃并被处死。

卡西米尔四世·雅盖隆的统治标志着波兰第二次文艺复兴高潮的到来。瓦尔纳远征使波兰统治者日益和中欧的各邻国接近，他宏大计划的第一步就是在波兰的统治下实现斯拉夫和匈牙利

小麦贸易。波兰种植的小麦由德意志人进行销售，并沿维斯图拉河送往各地。（但格斯克市政厅穹顶局部，L.范德拉克，1608）

领土的统一。首先，卡西米尔解决了德意志势力这一难题：他将条顿骑士团的部分土地作为封地归还给他们，同时保留通往波罗的海的重要通道，特别是位于波美拉尼亚的要道（1466）。随后，他试图为波兰贵族和王室关系建立某种规则：首先将教会土地世俗化而加强他的权力。其次建立小型"议会"体制——当地贵族定期召开但没有实际作用的集会。这些会议在各地接连召开以认可王室决议。就像安茹人当时在匈牙利所做的一样，卡西米尔在1454年尼斯扎瓦（Nieszawa）大议会召开之际宣布继续支持小贵族。最后，由于和汉萨的德意志人签订协议，他试图取消波兰当时的部分国际贸易。谷物生产和森林开采在某种程度上转入他的控制之下，生活水平的显著增长无疑推动了经济的发展。穿越克拉科夫或其他地方的西方游历者现在会吃惊地发现他们周围的波兰贵族异常的奢华。首先，匈牙利失败以后，卡西米尔自认为充当基督教东方保卫者的时刻已经来临。在1479到1492年间，他推行一种极权和迂回政策，因而，其子拉迪斯拉斯被推上波希米亚王位，并在马赛厄斯·科尔温去世之后成为匈牙利国王。当时，原则上拉迪斯拉斯即将获得波兰王位，如果这些领土实现集中的话，那么统治从波罗的海到亚德里亚海、从奥德河到基辅的辽阔领域的庞大政权就将在中欧实现。在希望赋予这些宏伟计划以它们明显缺乏的文化特征的同时，卡西米尔热情地发展克拉科夫大学。学生从各地云集于此，卡西米尔也鼓励波兰学生到巴黎和意大利去学习。如果脱离卡西米尔取得的这一切成绩，人们就不能理解像哥白尼这样的人受到的教育情况。

波兰王室的这种野心可能超过了他们的支配能力。无论如何，这没能引起土地贵族的兴趣，他们首要关心的是确保从与德意志人的贸易中获利。这意味着，卡西米尔死后，波兰不仅没能继续统治欧洲1/3的领土反而开始衰落。衰落过程中虽然出现过几次值得注意的复兴，但国力衰弱，邻国开始对其进行蚕食。首先垮台的是卡西米尔的政治计划。显然，即使没有至少一度反对克拉科夫统治的立陶宛叛乱，他的"帝国"大厦也不能统一。就王权来说，它无力继续控制撒拉赤塔：在波兰的很多意大利人（在这个新斯拉夫政权建立之初就蜂拥来到这里的那些人，特别是佛罗伦萨的博纳科尔西）建议新任国王约翰·奥尔贝特（John Albert）采用意大利的君主专制制度，但没能成功。贵族占据了教会的大部分职位和各省总督职位，反对国王的专制进程。1505 年国王被迫宣布退位，波兰此后整个历史的特征是：如果不召开议会并得到它的认可，王室的任何决定都不能执行。毫无疑问，这类似"议会"制，其他的一些王室家族对此已经适应了，但波兰王室仍强迫建立有效的行政机构，尽管卡西米尔作过努力，但没有实现过。最后但并非是最不重要的一点是，从经济上说，德意志人和英国人于 1490 年在格但斯克以及不久后在其他地方设法获得了优惠和特权，从而削弱了卡西米尔制定的海关法的效力。他们以更大的规模重新开始出口木材、小麦和沥青，这无疑使出产这些产品的土地贵族富有，王室财政遭到破坏，波兰被降为国际商业的一个殖民地，只能仰吕贝克和伦敦商人的鼻息而生存。和此前的匈牙利一样，在成为欧洲政权的前夕，波兰沦为西方的一个卫星国。尽管它和拜占庭帝国的遥远距离使其永远不能自称是它的继承者，即使是在 1500 年以后的局势下，这也是不可想象的。当 17 世纪一个叫苏别斯基（Sobieski）的人挽救了基督教世界的时候，他仅仅是为波旁家族和哈布斯堡家族服务的一个边缘地区的统治者而已。在波兰持续了几个世纪的瓦解——例如当时立陶宛发生叛乱——和这个不断重复并令人厌倦的过程中，一个新的政权从这种阴郁氛围中诞生了，那就是莫斯科政权。

俄罗斯的阴影

从里加开始到布列斯特—里托夫斯基（Brest-Litovsk）或利沃夫（Lvov）之间地区的地形有所不同：河流变宽了，地势逐渐开阔，空间越来越大，连成一片。这是俄罗斯和乌克兰平原，是操着各种不同语言的一个不同的世界和文化。我们只讨论俄罗斯平原在 15 世纪以后的历史。斯堪的纳维亚人在 10 和 11 世纪领导俄罗斯人，将其从一个默默无闻的部落变为一个国家；基辅和弗拉基米尔的几个王朝向南侵犯毗邻的希腊世界；拜占庭的僧侣们给他们带来了基督教，因此在理论上他们已经使这些野蛮的基督徒归顺希腊世界。但各地在 13 世纪及之前出现的这些公国难道不是欧洲世界的一部分吗？毛皮和奴隶贸易、充当国王的雇佣兵、或可能是某个穆斯林统治者的雇佣兵，都是没有形式或目的的偶然活动。俄罗斯文化，甚至俄罗斯社会的某些原始特征毫无疑问值得人们关注，但和上面提到的其他民族一样，这些地区和欧洲政权的发展没有关系。甚至，13 世纪中期蒙古的入侵和占领只是使仍旧相互对立的公国更加孤立。亚历山大·涅夫斯基（Alexander Nevksy）对条顿骑士团的胜利完全是一种半民间的英勇行为，根本不能改变欧洲历史的形式。

俄罗斯的前景也是在 15 世纪发生改变，人们只有了解之前的历史才能理解这一点。波兰野心的失败，或者可能是最初他们为俄罗斯统治者承担的危险虽然没有唤醒普通民众的意识，却像火种一样唤醒了这些君主们的意识。无论如何，穆斯林在南部地区的统治正在减弱，俄罗斯长期困扰于受到包围的这样一个心理状态也有所减轻。莫斯科统治者伊凡三世（1462—1505）就有这种觉醒意识：他是第一个意识到波兰威胁的人。他消除卡西米尔占领立陶宛的借口，甚至于临死之时在这些边境地区引发叛乱。他也开始向南，即向伊斯坦布尔推进，这是整个俄罗斯历史上重要的一点。我们必须在此暂停一下。

钦察汗国或称金帐汗国于1395年被帖木儿打败并几乎被彻底摧毁以后，它并没有完全灭亡，因为帖木儿将残余势力委托给帖木儿·忽都鲁，他的首相和将军也迪该 [Yedigey，这是俄文史学中的名字，中国史书中通常称为亦敌忽（Zdiqu）] 于1399年成功地打退了由立陶宛大公维托尔德（Witold）领导的攻势并使莫斯科统治者承认大汗的领主地位。也迪该于1419年去世后，维托尔德再次发动攻势并一直打到黑海，至少在他1430年去世以前，他吞并了第聂伯河和泽塔之间的地区。他试图干涉金帐汗国（俄罗斯人的称呼）事务，但各部落设法保持他们的独立并一直维持到1438年。这一年，汗国不幸的候选人乌鲁·穆罕默德（Ulugh Mehmed）撤退到伏尔加河沿岸的喀山，它成为新国家喀山汗国的首都。同时，大帐汗国（the Great Horde）在屈奇克·穆罕默德（Kuchuk Mehmed）的领导下开始南部扩张。最后，哈吉·格来（Hajji Giray）于1441年在克里米亚建立第三个汗国——他是这个一直存在到18世纪的汗国的建立者，同时更东边的伏尔加河口成立阿斯特拉罕汗国（the Khanate of Astrakhan）。

因此，大钦察汗国被瓜分了。它的后裔们的命运各不相同，而且再也不能对欧洲形成威胁。这种形势有利于莫斯科和波兰—立陶宛国家的发展：大帐汗国很快臣服于莫斯科大公，不久后喀山汗国也臣服了。莫斯科还试图征服克里米亚汗国，但哈吉·格来与波兰国王结盟，在其1466年去世之前他一直抵制他们的压力。他的儿子和继承者蒙里·格来（Mengli Giray）则反过来和莫斯科大公伊凡三世结盟，波兰国王卡西米尔四世和大帐汗国大汗结盟。确实，每个君主都受自身利益的驱动。伊凡三世试图巩固他在俄罗斯的地位和扩大疆土，这一目标通过以下行动实现了：1478年征服诺夫哥罗德，1480年战胜大帐汗国大汗并强迫其他俄罗斯统治者向他而不是向鞑靼汗纳贡。

对蒙里·格来来说，他的目的是清除克里米亚的热那亚人，这些人聚居在沿海地区，特别是卡法。自波兰—立陶宛占领部分黑海沿岸地区和控制从摩尔达维亚（Moldavia）到波多里亚的路线以来，也是自从土耳其人征服君士坦丁堡以来，尽管征服后不久热那亚人从他们手里获得有利的商业协定，他们在这一地区的经济活动就减少了。热那亚人和波兰人之间更加亲密的关系使蒙里·格来决定打击他们的活动。在逐一占领热那亚人的所有基地以后，他最后在1475年到达卡法并将其攻陷，于是结束了拉丁人在克里米亚的存在，而威尼斯人在很早以

莫斯科的克里姆林宫：天使报喜大教堂。（建于1484至1489年）

前就退出了这一地区。蒙里·格来在奥斯曼军队的帮助下占领卡法，作为交换，他承认苏丹穆罕默德二世的宗主地位。这立刻加强了他在整个地区的势力和声望。最后，直到18世纪（1783）以前，克里米亚大汗一直是奥斯曼的附庸，因而有助于君士坦丁堡的苏丹确保自己对黑海的控制——1484年波兰人占领了他们在黑海的领土。

1497年波兰人冒险进入摩尔达维亚的行动失败以后，支持波兰人的大帐汗国大汗赛义德·艾哈迈德（Sayyid Ahmed）于1502年被蒙里·格来彻底击败，国家灭亡。至于喀山汗国则日益屈服于俄罗斯的统治，后来在1552年被恐怖者伊凡四世（Ivan Ⅳ the Terrible）征服。

在完全说俄语的世界里，伊凡三世于1485年结束了特维尔（加里宁的旧称）公国的独立、占领了立陶宛和普斯科夫（Pskov）地区并于1490年将其居民迁往莫斯科。这些是战争和恐吓的作品，更好的还在后面呢。他反对过去常常任意处置诺夫哥罗德和里加的德意志汉萨商人的要求，向他们收税或将其驱逐——这现在也是传统的怀疑和仇外政策的一部分。因此，俄罗斯至少在内政上实现了独立自主，打击了教皇西克图斯（Sixtus）和神圣罗马帝国皇帝西吉斯蒙德的势力。他们的外交使团证明俄罗斯现在在理论上是欧洲舞台上的一份子，但他们的代表却在没有收到任何解释的情况下遭到驱逐。事实上，莫斯科统治者认为自己和东方世界更接近，特别是和现在业已倾覆的拜占庭世界。1472年，伊凡三世和佐伊·帕列奥列格结婚，她是居住在摩里亚的这一希腊家族分支的最后成员之一。他采用自保加利亚灭亡以后就搁置起来的帝国称号，自称为恺撒或沙皇——穆罕默德二世已经玷污了这一称号，这更多的是因为伊斯兰教而非这一称号的连续使用。他的大教区自认为是东部基督教会的真正继承者，从而取代了苏丹控制下的君士坦丁堡教会的地位。君士坦丁堡的继承者和这样一个陌生的欧洲国家有什么关系呢？莫斯科即将成为"第三罗马"，在1485年至1508年间，伊凡废弃了他用泥土和枝条建造的宫殿，雇佣意大利建筑师（因为他们熟悉王公艺术）为他建一座设防的宫殿——克里姆林宫，它是仿照外墙上环绕着归尔甫派战斗浮雕的米兰的斯福扎要塞而建的。位于要塞中心的宫殿和教堂的穹顶仿照耶路撒冷圣殿（Sacred Palace），均匀分开，圣母安息大教堂（the Cathedral of the Dormition of the Virgin）是主教堂，是由波隆纳人菲耶拉文特（Fieravente）仿照拜占庭式样建造的。

在包括波兰在内的中欧的斯拉夫诸国日渐衰落和拜占庭帝国让位给土耳其人之际，克里姆林宫的诞生是欧洲历史上的一件大事。此后，欧洲在多瑙河和第聂伯河止步不前，在河的那一边一个新的世界不断成长，声称是君士坦丁堡继承人的这个世界期待取得黑海和直布罗陀海峡出海口，但历经多年努力也没能成功。很长时间都没有迹象表明，西欧曾在这里取得过任何进展，它只收获了对希腊遗产的记忆和思索，而将其土地和人民丢给了伊斯兰教。但一个基督徒的、东方的和强大的继承者在地平线上已经出现——它不是彼得大帝或桑·斯特凡诺（San Stefano）条约时代的俄罗斯，而是伊凡鼓励俄罗斯的猎手们穿越乌拉尔山并冒险进入渺无人烟的和足以让他们忙个不停的西伯利亚的时代。其次就是必须夺取出海口，赶走波兰人和德意志人、打败土耳其人并到达地中海世界——但这一切是另外一段历史了。

第七章　非洲向旧世界敞开大门

13世纪中期，西方穆斯林世界经历了相当多的政治巨变，其中一些导致此前以国力强盛著称的一些国家的解体。在13世纪中期以前，阿尔摩哈德国家（Almohad State）的西部内外交困，这导致了它的最终瓦解。这些失败打击了西班牙的穆斯林，1212年以后他们在西班牙只剩下奈斯尔王朝（the Nasrid dynasty）统治下已经成为王国的格拉纳达地区了。马格里布地区建立了三个国家：1228年阿布·扎卡里亚（Abu Zakariyya）在伊弗里奇亚（Ifriqiya）宣布独立，建立哈夫斯王国（the Hafsid Kingdom）；巴努·马林（Banu Merin）于1242年至1269年在摩洛哥建立马林王朝（the Merinid Dynasty）并定都非斯（Fez）；最后是西部的阿尔及利亚在1235年至1236年建立阿卜德·瓦迪王国（the Kingdom of the Abd al Wadids），定都特莱姆森（Tlemcen）。

一个新的马格里布

马格里布开始建立政治边界，这些边界一直保持到20世纪之前，期间只有很小的变化。这些边界使各国有了自己的身份，这在他们国内的政府和外部关系中都能感受到。统一的马格里布的概念不复存在，统一思想只是土耳其人在16世纪中期统治阿尔及利亚、突尼斯和的黎波里塔尼亚之际才再次短暂地重新出现。事实上，摩洛哥试图将自己和其他马格里布地区隔离开来并保持和西班牙的经济联系，而其他王国更多的是转向加泰罗尼亚、法国南部（特别是马赛）和意大利各港口，其中热那亚是最重要的。然而最重要的、此后变得非常重要的一件事情就是当时伊斯兰教转向黑非洲。

经受数世纪风雨的三个王朝

在伊弗里奇亚（即的黎波里塔尼亚、突尼斯和东阿尔及利亚）的哈夫斯总督阿布·扎卡里亚（1229年至1249年在位）一独立就采用埃米尔这一称号，为了建立他的政权，他充分利用阿拉伯人和柏柏尔人之间的对立并试图使游牧的阿拉伯部落定居下来，例如，他赐给巴努·苏莱姆人（the Banu Sulaym）沿阿尔及利亚的整个东部边界定居的权力。

在镇压了游牧部落发动的几次叛乱之后，他的儿子阿布·阿卜杜拉·穆斯坦希尔（Abu

特莱姆森的布麦地那清真寺的内部。建于1339年，是马林王朝建筑中的杰作。

Abdallah al-Mustansir，1249年至1277年在位）不得不回击1270年圣路易发动的远征。这次远征运动突然结束以后，他可以专心治理他的王国并和周边的穆斯林国家（摩洛哥和苏丹）及许多基督教国家保持友好关系。在收复运动中被赶出西班牙的安达卢西亚穆斯林在伊弗里奇亚受到欢迎。突尼斯除了经济上的重要性外还成为重要的文化和艺术中心。1259年左右，即可能是在蒙古人洗劫巴格达和阿拔斯王朝的哈里发去世之后，穆斯坦希尔采用哈里发称号。尽管他声誉卓著，但东方的穆斯林不承认他享有这一称号。

在他死后，由于继承者们和觊觎者争夺王位、不同部落间的冲突和基督徒的进攻，例如其中一次是由罗格·德·劳里亚（Roger de Lauria）领导的，他是为于1284年夺取杰尔巴岛（Jerba）的阿拉贡的彼得服役的一位军事首领，哈夫斯国家进入政治骚乱期。统一的哈夫斯国家瓦解了，突尼斯和布日伊（Bougie，今阿尔及利亚的贝贾亚的旧称）分别成为两个敌对王国的中心。阿布·叶海亚·伊本·阿布·贝克尔二世（Abu Yahya ibn Abu Bakr Ⅱ，1318年至1346年在位）重新统一了哈夫斯国家，但这次统一也只维持到他去世。摩洛哥的马林王朝趁机于1347年至1348年和1353年至1358年两次远征至突尼斯。摩洛哥人撤离以后，分别以

突尼斯、布日伊和君士坦丁堡为中心,形成了三个新的国家。哈夫斯·阿布一世—阿拔斯(Abu
I −Abbas,1387年至1393年在位)在1370年再次统一哈夫斯国家,并利用武力和外交巩固政权。

在马格里布中部,特莱姆森苏丹耶格穆拉桑(Yaghmurasan)在位的近50年(1239—
1283)时间里,国内形势安定,这使其能够抵抗国外的进攻。其子阿布·赛义德·奥斯曼(Abu
Sa'id Uthman,1283年至1304年在位)在位期间,马林王朝的阿布·雅各布·优素福(Abu
Ya'qub Yussuf)包围特莱姆森八年,并在其对面建立曼苏拉城(al−Mansura)。1307年阿布
·雅各布被刺杀,包围结束。王国兵力恢复以后,苏丹阿布·塔什芬(Abu Tashfin,1318年
至1337年在位)向东部的哈夫斯王国发动了一系列远征,但在其取得更多的胜利之前,他不得
不应付马林王朝对特莱姆森发动的新一轮围攻,他也在这轮围攻中被杀。马林王朝将阿卜德·
瓦迪王国变为一个被保护国,尽管二十多年以后阿卜德·瓦迪王国在1359年摆脱了马林王国的
统治,但此后他们也没能完全控制自己的领土,而且基本处于阿拉伯各部落的控制之下。尽管
有来自哈夫斯和西班牙以及后来的土耳其人的攻击,但他们的国家得以幸存,直到16世纪中期。

巴努·马林人从13世纪初开始领导反对阿尔摩哈德人的斗争并最终取得胜利,他们
首先占领内陆城镇梅克内斯(Meknes)和非斯,随后是沿海城镇拉巴特(Rabat)和塞拉
(Salé),最后于1269年攻占阿尔摩哈德首都马拉喀什(Marrakesh)。这场战争应当视为宰
那泰(Zanata)的柏柏尔部落和分布于阿尔摩哈德边境至摩洛哥南部的阿拉伯部落——阿尔摩
哈德王朝为保护政权而支持他们——之间的半永久性战争。摩洛哥王朝的建立者阿布·优素福
在非斯旧城的废墟上建非斯新城。作为阿尔摩哈德王国的继承者,他试图重新征服在西班牙失
去的领土,他于1275年和1284年至1285年的干涉活动至少保护了格拉纳达的奈斯尔王国。

阿布·优素福之后即位的统治者们不得不应付国内阿拉伯部落的叛乱和奈斯尔王国的进
攻。奈斯尔人于1302年至1309年占领休达(Ceuta),迫使马林王朝的阿布·萨比特(Abu
Thabit)在附近建得土安城(Tetuan)。

马林尼王朝在阿布·哈桑(Abu−Hasan,1331年至1351年在位)统治下达到鼎盛。他的
征服活动将王国疆域从阿尔吉西拉斯(Algesiras)拓展到加贝斯湾(the Gulf of Gabès),但在
西班牙,他于1344年败给了加泰罗尼亚人并丢掉了阿尔吉西拉斯。1348年在凯鲁万(Kairouan)
遭遇惨败后,他丧失了对马格里布所有地区的控制。摩洛哥发生叛乱,其中一支是由他的儿子阿
布·伊南(Abu Inan)领导的。阿布一世·哈桑退位后死于1351年,死后特别受人们尊敬。阿
布·伊南重新收复特莱姆森并突袭伊弗里奇亚,他的统治标志着马林王朝的扩张和国内稳定的结
束,马林苏丹和东方一些伟大的君主们处于敌对状态并深受其害,以致出现两个苏丹,一个在非斯,
另一个在马拉喀什。阿布一世·阿拔斯重新统一马林王国,甚至远征阿卜德·瓦迪王国,但他死
后产生许多新的麻烦,为基督徒干涉摩洛哥提供了可能。1399年卡斯提尔的亨利三世夺取并摧

毁了得土安，而葡萄牙人则在1415年占领休达。此后，西班牙和摩洛哥的关系进入一个新的时期。

另一方面，继承阿尔摩哈德国土的那些王国，特别是哈夫斯王国，也继承了它的某些机构。除君主以外，国家还设立了十名长老（Shaykha al-muvahhidih）和道德监护官（mizwar），他们最初是道德的保护者，后来成为宫廷内务大臣。实际上，权力掌握在诸维齐尔手中（他们掌管军队、财政和国内事务），后来特别受哈吉布控制，哈吉布最初是王室管家，后来被提拔作为苏丹和官员们之间的调停人，最后成为政府的真正首领。在城镇的各种官吏中具有重要的作用的是穆塔西布（the mutasib，有市场监督员的意思），即道德的保护者，他们也负责管理市场及其部分经济生活。

哈夫斯统治者在理论上是专制君主，他们采用哈里发称号这一事实表明了他们在政治和宗教上的权力。他还有"信士们的长官"（amir al-mu'minin）的称号，即信徒的指挥官。宣讲师（the khutba）要以他的名义发布政令。他置身于盛大的仪式和严格的礼节中，远离人民住在卡斯巴宫（Qasba）或是巴尔多（the Bardo）的新宅邸中。

在阿卜德·瓦迪王国，行政机构和贝都因人的部落权力似乎都已衰落，但同时从阿布·哈姆一世（Abu Hammu I）统治时期开始出现一种新的趋势：西班牙血统的维齐尔和宫廷内务大臣以及安达卢西亚式的行政机构的影响力日益增长。至于马林王国，拥有"信士们的长官"称号的君主住在非斯新城并置身于和哈夫斯国王一样的盛大的仪式中。不同之处在于没有哈吉布。特别是在阿布·伊南统治以后，政府职能都集中在道德监护官手中。有一名维齐尔专门负责军队（在宰那泰和阿拉伯大陆上建立的，此外还有各种身份的雇佣兵和君主的私人护卫）和军事行动。较高一级的官员通常从上述家族中遴选——有时候是受过教育的安达卢西亚人，但也有马格里布其他地方的人。伊本·哈勒敦（Ibn Khaldun）在前往马林王国之前就曾为哈夫斯王国服务。

柏柏尔人还是阿拉伯人？城镇还是乡村？

马格里布各国面临的困难之一就是如何使宰那泰的柏柏尔人部落和阿拉伯部落和平相处以及维持内部和平。君主们和他们的维齐尔们试图通过伊克塔制度把土地分给这些部落，特别是分给某些君主倾向于支持的阿拉伯部落（例如在摩洛哥）来解决这一问题。部落之间的合作有利于他们在马格里布至今还没有踏入的许多地区定居。

人们认为柏柏尔人——不再是桑哈贾人（the Sanhajas），而是宰那泰人——作为马格里布的真正的掌权者是在阿尔摩哈德王国灭亡以后出现的。但这样的一个解释还不够。在突尼斯，柏柏尔部落被赶出平原逃往山区以后，没能实现统一，为阿拉伯部落留下了可乘之机。在马格里布中部地区，巴努·巴丁人（the Banu Badin），即阿卜德·瓦迪人的祖先得到耶格穆拉桑的帮助。在摩洛哥，巴努·马林人最初是来自菲吉格（Figuig）和西吉勒玛萨（Sijilmasa）地区的游牧部落。作为阿尔摩哈德王国的敌人，最初他们更大的兴趣是获得土地而不是建立王国，但环境强加给他们其他野心。

就阿拉伯人而言，他们在马格里布地区的扩张已经稳定。和城市阿拉伯人以及刚从乡村来的阿拉伯人建立联系的游牧部落占领了大部分平原和中部山脉地区。在突尼斯也是一样，阿拉伯部落控制着突尼斯周边地区、北部平原和大部分内陆地区。在马格里布中部，他们定居在君士坦丁、米蒂贾（the Mitija）、阿穆尔山区和很多其他地区以及阿尔及利亚和摩洛哥的边境地区。摩洛哥的阿拉伯部落虽然人数不多，但却和组成马林王国民兵骨干的科洛特人（the Khlot）一样扮演着重要角色。大体上这些部落保持着一种显著的独立精神，他们只承认自己的部落首领，因而很难统一。有时候他们也助长了无政府状态的发展，因而统治者不得不设法钳制他们。为了维持和平，统治者们赐予他们特权，或者尽力挑拨他们相互敌视。尽管阿拉伯人的发展受马格里布整个局势所限，但他们没有协调行动，最终只能为柏柏尔各王朝的利益服务。

在其他团体中，各地犹太人的生活环境差异很大。在摩洛哥，在阿尔摩哈德朝时代，非斯的犹太人就已居住在一个特殊区域，即犹太人居住区（the mellah），其他城镇纷纷效仿。但他们可以与穆斯林一样白天在穆斯林城区的贸易团体中工作，特别是商业、制造业，当然还有银行业。在突尼斯，除了凯鲁万，所有大城镇都有犹太社团存在。因为从卡斯提尔和阿拉贡来了这么多的犹太人——这是从14世纪最后几年开始的大迁移，他们的人数不断发展壮大。他们带来新的贸易和技术并在突尼斯引发了一次非凡的商业复兴。西班牙的犹太人比土著犹太人（他们能够拥有和出售货物并保留非穆斯林奴隶）享有更广泛的权利。他们没有自己的城区，但他们可以住在犹太教堂附近。来自西班牙的犹太人壮大了特莱姆森的犹太社区，他们在阿尔及尔建有一座具有相当声誉的犹太法律学校。

马格里布再也找不到一个土著基督徒社区了。这里的基督徒是从欧洲来的，主要是来自意大利的商业城市，这些人住在他们的商住旅馆（funduks）中。其中一些社区还有领事来干预政府机构。马林王国和阿卜德·瓦迪王国雇佣他们和基督徒民兵组成志愿军。这里也有在战斗中——特别是在西班牙——或由海盗俘虏的基督徒罪犯，他们成为奴隶。解救他们的使团开始形成，为此传教士们开始接触北非。其中最典型的例子是拉蒙·吕尔（Ramon Llull），他是一名杰出的阿拉伯学者，于古稀之年在伊弗里奇亚被暗杀，临死之前他曾和伊斯兰教宗教领袖乌里玛交流过。

马格里布尽管发生政治和民族动乱，但经济生活并没有受到任何灾难性影响。游牧民族的出现影响了很多地方，但这种影响并非是被夸大了的消极的一面，因为游牧民族尽管在很多地区造成农业生产的衰落，但绝对促进了畜牧业的发展。例如，哈夫斯王国，不得不从迈杰尔达河（Mejerda）和阿尔及利亚的萨赫勒（the Algerian Sahel）进口粮食供给突尼斯。但大体上各地仍在从事农业生产并进行农产品贸易。水果、橄榄、皮革和革制品的出口提高了沿海城市作为港口的重要性。

这一时期最重要的特征是城镇及其经济、文化、宗教和艺术活动的发展。在哈夫斯王国，突尼斯成为最重要的城镇，对凯鲁万造成威胁。突尼斯不仅是政治首都（突出特征是宫殿建筑——卡斯巴宫，波尔多宫），而且是巨大的经济中心，和在当地拥有商住旅馆的意大利商业城市以及马格里布的其他港口都有来往。出于经济目的在大清真寺附近修建的露天市场（Souks）迅猛发展。凯鲁万尽管仍然是哈夫斯的宗教中心，但相比之下却表现出停滞的迹象。贸易活动从凯鲁万转移到了沿海城镇，特别是突尼斯，此后，凯鲁万只不过是商人驻足的一个十字路口，但依旧保有宗教声望。

阿卜德·瓦迪王国城镇特莱姆森因马林王国的暂时出现也获得了巨大的发展。它有一个富裕的工人阶级，构成这个阶级的工人所从事的行业一个是羊毛加工业，另一个是纪念碑建筑业。我们现在仍能看到的建筑物大部分都是那时留下来的。它也是地中海贸易的一个中心，威尼斯人和热那亚人都到这里来做生意。布日伊的经济也得到发展。然而这些年最引人注目的无疑是非斯，它取代马拉喀什成为西马格里布的首府。非斯鼓励促进繁荣城市经济生活的一切活动，并在14世纪因非斯新城内建筑和装饰华丽的宫殿、清真寺和伊斯兰宗教学校达到鼎盛。非斯不是马林王国内唯一活跃的城镇。梅克内斯、塔扎（Taza）与阿特拉斯山区和平原都有联系，还有大西洋上的塞拉，这些城镇都与非斯同样繁荣。它们与内陆或外国人进行贸易活动。

伊本·哈勒敦的马格里布

14世纪，马格里布出现两个奇怪的现象。一个是各地逐渐阿拉伯化，另一个是支持文学和各种文化领域的富裕的保护人出现——这是经济发展的结果。这一文化活动中最有名的例子无疑是伊本·哈勒敦（1332—1406）。他是出生在突尼斯的安达卢西亚人，死于开罗。他在很多北非国家、西班牙的奈斯尔王国和埃及生活过。他在马林王国和阿卜德·瓦迪王国都做过官，并得到同时代人不同程度的赞赏。他也曾卷入很多阴谋当中，但总能设法安全脱身。1402年到达埃及后，他成为一名伟大的马立克教法学派法官（maliki qadi），他在当地进行演讲并可能被马穆路克苏丹委以官职。无论如何，他现身阿勒颇之际，帖木儿攻占了这座城市并因而见到了这位名人。不久后，他死于开罗。伊本·哈勒敦受到同时代人严厉的审判，他们认为他是一名受权力欲望驱动的野心勃勃的机会主义者。

不管怎么说，他的职务、游历和遇到的困难使其比之前的马格里布的任何其他学者都能更广泛和更深入地了解穆斯林社会。他在不同的著作中展示过这种知识，其中最著名的是《历史导论》(the Muqaddima) 和随后的《殷鉴》(the Kitab-al-Ibar，又译为《事件书》或《世界史》the Book of Happenings, or Universal History)，但这本书没有前一本书有广度和深度。伊本将自己描述为一名历史学家，在《历史导论》中，他在从事历史写作的任何人都必不可少的资料和方法方面提出了他经过深思熟虑的意见。他的分析促使他去掌握一些互补的学科，其中一些如哲学古代就有了，而另外一些如经济学和社会学则是作为必要的新生事物出现的，同时代人借此可以理解社会、理解连接事件因果关系的纽带及其影响。这样，一门新的科学——文化学 (the umran)，即研究人类文明和整个社会的学科诞生了。由此表明，群体的行为从一开始就依赖他们的家庭团结和共同利益 (asabiyya)。它随后的发展演变的目的就是在意识形态宣传 (da'wa) 的形式下，利用宗教将集体的原则 (mulk，也译为穆尔克) 强加给个人。《历史导论》的六章内容已为我们提供了这门新学科的细节：导言：历史及其目的、方法论；第一章，有关人类社会的研究和环境 (地理学、人种学和人类学) 的影响；第二章，乡村社会 (umran badawi)；第三章，政府、国家和制度理论；第四章，城市社会 (umran hadhari)、城市、城市文明；第五章，工业、经济的事实和社会范畴；第六章，科学、文学、教育学和文化。

《殷鉴》应该是《历史导论》中概括出的理论的实际应用，对于现代人来说，它的内容已经没有什么新颖和深奥的了。但是因为作者的学识和他对北非和安达卢西亚的穆斯林世界历史的分析，这部书到现在依然令人信服。欧洲人在19世纪重新发现了哈勒敦的著作，并时常引发热烈的讨论。尽管他确实为一些新的学科的建立扫除障碍，有些人称其为科学的发明者并将其与后世的政论家和社会学家 (包括黑格尔和马克思) 相提并论，这种赞誉有些过头，那些学科仅仅在个别的历史和经济领域获得了发展。他是一名伟大的思想家，但他独善其身；他虽然在很大程度上超越了他所处的时代，但他对当时穆斯林世界的影响几乎为零。尽管如此，他仍然是穆斯林世界，甚至在更大程度上是整个人类历史当中的一颗灿烂的明星。

尽管比同时代的所有人都出色，但伊本·哈勒敦不是唯一的作家。其他的历史学家有伊本·伊达里 (Ibn Idari)，他是记叙从阿拉伯征服到阿尔摩哈德朝的伊弗里奇亚史的作者；伊本·马尔祖克 (Ibn Marzuq)，此人也是一名传统主义者、律师和诗人；伊本·阿布·扎尔 (Ibn Abu Zar)，等等。地理学家和旅行者同样重要，例如伊本·赛义德、伊本·鲁沙伊 (Ibn Rushay)、提贾尼 (al-Tijjani，他描述过突尼斯)，最重要的是伊本·白图泰 (Ibn Battuta, 1304—1377)，这位非凡的旅行者穿越大西洋到达中亚、印度、印度尼西亚和中国。尽管这位旅行者可能没有看到过他记叙的全部，他的叙述有时候流露出过分想象的迹象并且其描写偶尔会因狂热而出错 [伊本·朱扎伊 (Ibn Juzayy) 如实的记述验证了这些错误]，但《游记》(the rihla) 依然是人们研究 14 世纪上半叶穆斯林世界历史和地理的极为重要的一部文献。最后，必须要提及摩洛哥数

就像阿塔茵的伊斯兰宗教学校的内部的豪华装饰说明的那样，马林人在非斯展示出他们最精湛的艺术和建筑才能。

学家伊本·班纳（Ibn al-Banna, 1256—1321）的名字，他也对医学、语法、宗教、天文学和巫术感兴趣。马格里布的所有国家都在大力研究宗教科学和苏非主义。

这些国家的艺术也很繁荣，但艺术形式各不相同。例如在突尼斯，安达卢西亚的建筑师和工匠将他们的技能和技术带到这个国家，这可从经常使用彩饰装饰的各种建筑物（突尼斯的卡斯巴清真寺、泰斯图尔清真寺和莫纳斯提尔清真寺）中看出来，但是为穆斯坦希尔建造的宫殿和花园未能保存下来。阿卜德·瓦迪王国的大量纪念碑的消失也必定令人们十分痛惜，例如特莱姆森的宫堡（meshuar）。然而，西迪（Sidi）清真寺装饰用的灰泥嵌板、阿拉伯式图饰和彩饰装饰则是当地艺术的明证。马林王国的艺术活动最为活跃，特别是在非斯，建立了很多必要的宗教建筑物：伊斯兰宗教学校——萨法茵（al-Saffarin）、阿塔茵（al-Attarin）、阿布·伊纳尼亚（abu'Inaniya），等等。这表明人们普遍渴望获得正统宗教教育。同样，也应该提一下在中马格里布倍受尊敬的西迪·阿布·米德言（Sidi Abu Midyan）在乌巴德（Al-Ubbad）的坟墓。现在人们在非斯和曼苏拉还能看到军事建筑物（城墙和要塞）。马林王国的艺术大体上具有建筑对称的特征，但建筑物的纯线条因为过度使用装饰图案和过多的细节而模糊不清。这种艺术形式，即这一王朝权力的外部特征依然对马格里布西部和中部有一定的影响，而且似乎它更大程度上是受当地工匠的影响而非哈夫斯艺术的影响。

总而言之，就马格里布地区来说，13世纪末和整个14世纪是政治分裂的一个时期。这可能完全是必然的，因为阿尔摩哈德帝国的版图实在太大了。每个新国家都相当于一个人群和地理的实体，并随着时间的流逝日益明显。马林王国确实试图在马格里布重建阿尔摩哈德国家，但他们虽然在阿尔及利亚西部取得部分成功，但其最终的失败表明北非的分割已非偶然。政治演进并不是在任何情况下都会影响经济活动，而这多半是因为意大利、普罗旺斯、加泰罗尼亚和其他商业城市取得的进步确保了北非（特别是突尼斯）作为非洲和欧洲之间的中转站的地位。从引人注目的城市文明的兴起中可以看出，马格里布从这种形势中获利，因为北非更为引人注目的城市文明自11世纪以后正在衰退。最后，政治动乱和阿拉伯人的到来对马格里布来说并非是不可弥补的灾难，相反，它们激励这一地区一度走向辉煌，其中伊本·哈勒敦的名字特别耀眼。

穆斯林的明珠：格拉纳达

格拉纳达的奈斯尔王国是在阿尔摩哈德国家的瓦解和分裂中形成的。然而就外部关系而言，它所处环境和马格里布其他国家截然不同。阿拉贡和卡斯提尔王国在其征服活动开始后不久就切断了格拉纳达和其他伊斯兰地区的联系。这意味着它成为穆斯林在欧洲的最后一个据点，而且使西地中海世界和北非各国之间的联系和贸易成为可能。此外，这是个富庶的国家，可能因为是西班牙其他具有不同心理和信奉不同宗教的居民的侵略目标，因而格拉纳达人深深地意识到他们的身份。当西班牙的其他穆斯林国家在阿拉贡和卡斯提尔的收复运动中消失，其穆斯林居民或被驱逐到马格里布或改变信仰之际，格拉纳达依然保持稳定并强化其实力和信仰，现在看来这个王朝的宗教和民用建筑集中体现了他们富有创造力的活动。

在政治领域，格拉纳达王国是随着 1246 年《哈恩条约》(the Treaty of Jaen) 的签订而正式出现的，但自 1232 年以来，穆罕默德·伊本·优素福·伊本·纳西尔 (Muhammad Ibn Yusuf Ibn Nasr, Nasr 来自 "Nasrid" 这个名字) 就发动了一系列战争并不断签订条约，他和卡斯提尔、阿拉贡和马林王国建立了不稳定的联盟，并试图挑拨它们彼此对立。尽管如此，他丧失了在西部、北部以及东部和基督教各王国毗邻的地区，在他统治下，王国疆域不断缩小。国内叛乱的爆发迫使他首先向马林王国，随后向卡斯提尔人求救。穆罕默德二世 (Muhammad Ⅱ，1273 年至 1302 年在位) 平定了叛乱并巩固了王国。穆罕默德三世 (1320 年至 1329 年在位) 在位时期，王国发生了第一次国内危机，并随之引发了一系列动荡和阴谋，影响了国家政治和国内稳定。直到优素福一世 (Yusuf Ⅰ，1273 年至 1302 年在位) 继位之前的 25 年，格拉纳达王国一直处境艰难，并受到卡斯提尔人 (他们征收贡物) 和马林王国 [他们占领了休达和荣达 (Ronda)] 的进攻。随着优素福一世和穆罕默德五世 (1354 年至 1359 年在位) 继位，国内恢复稳定，抵御外部进攻的能力也得到恢复。他们利用马林王国的困境收复荣达、直布罗陀，甚至一度收复休达。

格拉纳达的奈斯尔王国的大部分人都是具有阿拉伯血统的穆斯林。柏柏尔人很少，他们是从宰那泰征募来的雇佣兵。这两部分人对其格拉纳达身份有强烈的认同感。他们是穆斯林社会的成员，统治并管理乡村与城镇，从而保证了政治上的统一，除非地方叛乱或发生严重的国内危机。基督徒人数不多，他们在港口和内陆城镇从事商业活动。犹太人组成一个活跃的社区，从事商业、某些农业生产、制造业和其他各种职业，如医学等。

这些不同的社区大体上能够不受干扰和迫害而和平共处。格拉纳达王国以宽容、举办各种宴会和庆祝活动等自由、舒适的生活方式而著称。从这点来看，它成为与驱逐大量的穆斯林

格拉纳达灿烂辉煌的阿尔汗布拉宫：狮廷。这些泥制雕刻大量运用精美而匀称的装饰，表面反射从天井中射进来的阳光，非常少见。

和犹太人到其他地方、特别是到马格里布寻求避难的西班牙收复运动相对抗的穆斯林国家的优秀典范。

这里有很多伊斯兰宗教学校，因而拥有丰富的文化生活，其中最著名的是优素菲亚伊斯兰宗教学校（Yusufiya madrasa），很多未来的学者和作家都在这里学习：伊本·马尔祖克、伊本·朱扎伊和伊本·哈比卜（Ibn al-Khatib，他是其时代最著名的人物），甚至是伊本·哈勒敦。一些主要的学科都有著作问世，而且虽然奈斯尔和马林王国正在交战，但两国学者彼此间以及和马格里布其他国家甚至是埃及的学者都能进行持续的且经常是富有成果的讨论。

最后，格拉纳达的奈斯尔王国的宗教和民间建筑形式及其装饰表明了它的独创性和特色。最著名的是格拉纳达的阿尔汗布拉宫（the Alhambra）和盖内拉里弗宫（the Generalife）。这些宫殿是奈斯尔王国的艺术精华，并且基本上是西班牙—摩尔艺术的最后作品。它们是格拉纳达在宗教、精神、艺术和文化领域所取得的成就的集中体现，是西班牙所特有的、收复运动没能毁灭的伊斯兰—安达卢西亚文化的最后成就。

别了，西班牙

格拉纳达的奈斯尔王国是古代穆斯林在西班牙统治的最后象征，它存在的最后一个世纪发生了导致其必然灭亡的一系列事件：战争、国家的进一步分裂、王室家族内部和宫廷官员间的阴谋诡计、大量的外部势力的影响和社会混乱。这一切对一个需要集中全部力量及其全体人民的合作来抵御卡斯提尔人的小国来说多得难以承受。15世纪初，在政治上具有重要作用的巴努·萨拉古[Banu Sarraj，即"格拉纳达的旗帜"（the "Abencerages"）]领导的抵抗运动似乎取得了某些成功，但1431年卡斯提尔人击败奈斯尔王国军队，摧毁了他们的防线。由此引发国内冲突的爆发，并演变成军团首领和试图在这种极端不稳定形势中谋利的各种集团之间的一场真正的内战。一个叫阿布·哈桑·阿里（Abu-Hasan Ali)的君主趁乱崛起,他被称作"穆拉伊·哈桑"（Moulay Hasan），正是因为他，格拉纳达王国才有了最后一段的辉煌。他上台以后，奈斯尔家族再次发生内讧。1482年，穆拉伊·哈桑的儿子穆罕默德［他在西方被称作博阿博迪尔

卡斯提尔人的胜利。在伊格鲁埃拉，奈斯尔王朝的残余部队试图在城堡的院子里重新集结。(匿名壁画，15世纪，马德里，埃斯科里亚尔建筑群)

(Boabdil)］发动叛乱反对他的父亲和叔父扎加尔（Zagal），并竟然向基督教诸王求助。这就是所谓的"格拉纳达战争"，它符合收复运动的需要，因为其对手们更关注的是他们的不合而不是基督徒的推进。城镇一个接一个地落入他们的手中：洛哈（Loja，1486）、马拉加（1487）、瓜迪克斯和阿尔梅里亚（Guadix and Almeria，1489）。最后，由博阿博迪尔负责防卫的格拉纳达在被围攻很长时间后于1492年1月2日陷落：这一陷落标志着奈斯尔王国的终结。

可以理解，在这样一种困境下是什么也不可能实现的。新建建筑很少，不仅没有革新的特征反而呈现出颓废的装饰。对阿尔汗布拉王宫的改变只是增加了安置大炮的平台。

尽管事态继续恶化，但当地的人们继续参与相当活跃的经济生活，西班牙人在入侵之

正在接受洗礼的摩尔人。胜利的基督徒强迫穆斯林在被驱逐和皈依基督教之间作出选择，大多数人为以后着想被迫屈服了。（菲利普·维戈尼祭坛上的一个浮雕，1520，格拉纳达，王室小礼拜堂）

后见到的并不是一块废墟。然而并非所有人都认同基督徒的征服活动。尽管大多数人留在当地，但还是有一部分人移民到北非，特别是摩洛哥和突尼斯——在这两个地方他们组成与众不同的"安达卢西亚"团体，后来又有一些被放逐者加入这个团体。

西班牙的基督教国王征服格拉纳达王国是地中海欧洲领土扩张时期的一件大事。他们的胜利鼓舞西班牙和葡萄牙人穿越直布罗陀海峡并试图在阿尔及利亚和突尼斯定居。在那里，他们碰到了统治整个地区的土耳其人。他们唯一的真正成就就是经过两个世纪的努力后统一西班牙。

一个新的摩洛哥？

在西班牙胜利的鼓舞下，卡斯提尔和葡萄牙的基督教国王将其活动扩展到非洲领土并占领了西马格里布的一些据点，其目的部分是阻止一次新的可能的进攻的发生，部分是为了打击当时十分活跃的北非海盗。

由于这些目的的驱使，并且马格里布的混乱状态也提供了很好的机会，卡斯提尔国王亨利三世于1399年夺取得土安，但此后他被当地一次猛烈的起义赶走。不久后，葡萄牙人于1415年占领休达。1420年，在马林苏丹阿布·赛义德·奥斯曼去世之际，国内爆发战争，导致一个马林集团掌权。这就是住在摩洛哥东部和里夫地区（the Rif）的巴努·瓦塔人（Banu Wattas），或称瓦塔斯人（Wattasids），其首领阿布·扎卡里亚（Abu Zakariya）为政府的真正首脑，而年幼无助的苏丹只不过是名义上的领袖。直到1458年，瓦塔斯人一直以这种方式统治摩洛哥，成功地抵抗了葡萄牙人对丹吉尔（Tangiers）的进攻，1437年甚至收复了休达，并恢复了穆斯林的宗教狂热。基督徒的进攻引发了一次声势浩大的穆斯林宗教运动，目的是赎回战俘，但是这场运动慢慢地发生变化，一部分转变成圣战思想，一部分变成主要是被称作苏非主义的神秘主义热情，他们的行为包括崇拜当地圣人或北非伊斯兰教隐士（marabouts）以及创建小的神秘主义中心。最初马林王国试图通过支持乌里玛讲授传统伊斯兰教和建立更多的进行正统《古兰经》教育的伊斯兰宗教学校来限制这一运动的发展。随着他们权力的日益衰落，他们的政策也中断了，越来越多的人来到扎维亚（zawiya，北非地区对伊斯兰教苏非神秘主义者的修道堂的称呼——中译者）。它分成两个中心或社团，一个以阿卜德·卡迪尔·吉拉尼（Abd al-Kadir al-Jilani）的东方神秘主义为基础（11世纪），另一个以穆罕默德·贾祖里（Muhammad al-Jazuli）的西方神秘主义为基础（15世纪）。

瓦塔斯人利用这种宗教趋势反抗葡萄牙人，欣慰的是在1437年发现了非斯创建者穆拉伊·伊德里斯（Moulay Idris）的坟墓。这次发现鼓舞了圣族后裔（shurfa）的出现，他们或多或少具有真正的伊德里斯血统，并因此也是先知穆罕默德的后裔。从1458年开始，摩洛哥出现一个新的无政府时期甚至爆发内战，于是葡萄牙人渔翁得利，于1458年占领邻近休达的盖斯尔·塞吉尔（Ksar al-Saghir），随后他们试图夺取丹吉尔，但没能成功。

瓦塔斯人的最后一位统治者阿卜德·哈奇（Abd al-Haqq）在安排贾祖里为继任者后于1465年被暗杀——贾祖里是一名圣族后裔和神秘主义的阿訇（imam），他在阿特拉斯北部地区特别受欢迎。另一位瓦塔斯成员穆罕默德·沙伊赫（Muhammad al-Shaykh）宣布自己是苏丹的继任者，但其权力只限于非斯地区。因此，在这种情况下，葡萄牙人于1471年占领了阿吉拉（Arzila）和丹吉尔，卡斯提尔人获得和非洲沿岸贸易的垄断权。1520年，他们利用一些要塞占领摩洛哥中部的整个大西洋沿岸地区，然而他们除了利用这些要塞发动几次袭击外无法将其统治扩大到内陆地区。1497年，西班牙人夺取梅利利亚（Melilla），这里是他们瞭望摩洛哥的窗口。

局势在16世纪上半叶迅速发展：南部地区由巴努·萨阿德部落（the Banu Sa'ad），即萨阿迪安人（Saadians）组成的一个社团出现，他们声称自己是先知的后裔，因而是圣族后裔。他们于1509年定居于德伦达（Tarunda）的苏斯（Sus），后来于1525年占领马拉喀什。从马拉喀什出发，他们开始发动攻势打击非斯的瓦塔斯人和葡萄牙人。

通过葡萄牙人和西班牙人的远征，欧洲已经渗透到西马格里布且夺取了一些地方，但他们的进攻不能说有价值。西班牙人进一步发动的攻势最终唤醒了北非各民族的宗教感情（不能说是民族感情），萨阿迪安人和后来的阿拉维人对此加以利用。土耳其人出现在东部边境进一步孤立摩洛哥，并因此使地理分界上的摩洛哥国家成为更重要的现实存在。随着时间的流逝，这个国家的民族认同感日益强烈。我们今日所知道的摩洛哥就是15至16世纪时期发展的结果。

马格里布的薄弱之处

阿布·哈穆二世（Abu Hammu II，1359—1389）执政以后，阿卜德·瓦迪王国的统治者们就不得不应付国内外发生的比以往更大的难题。15世纪，特莱姆森的苏丹们就因为大臣们策划的宫廷阴谋和偶然出现的极度骚乱而被迫屡次放弃首都，寻求游牧部落的庇护。马林王国利用这种局势试图将他们的一位候选人强加给特莱姆森并将该地区变成一个附属国。他们的企图落空了，因为他们自身也有严重的问题要应付：阿卜德·瓦迪王国有分裂成无数小邦的危险，特别是在南部和高山地区，而他们的港口则变成依赖海盗的独立"共和国"——这既确保了他们的港口生活，也表明了他们与基督教在宗教上的敌对。格拉纳达的奈斯尔王国的消失意味着很多安达卢西亚人来到并定居在这里，并通过重振海盗行为而鼓励了这种敌对。西班牙人认为1501年格拉纳达高山地区的穆斯林叛乱就是受了北非人的鼓动，为了降低这种危险，他们更积极地干预非洲大陆的政治。

　　这就是为什么西班牙人1505年夺取马斯·卡比尔（Mars al-Kabir），然后夺取贝莱斯的佩尼翁（Peñon of Velez, 1508）、奥兰（Oran, 1509）、布日伊（1510）和阿尔及尔的佩尼翁（Peñon of Algiers）的原因，他们在这些地区建立要塞，其权力只限于城墙之内。即使这样，西班牙人还是控制了中马格里布的大部分沿海地区。为此，阿尔及利亚人请求土耳其海盗将他们从西班牙人的奴役中解放出来。一些海盗们，如阿鲁吉（Aruj）和海尔丁·巴巴罗萨（Khayreddin Barbarossa），进行干涉，此后沿海城镇成为西班牙人和土耳其人争夺的对象。内陆，即特莱姆森地区于1515年至1517年被土耳其人征服，他们随后也干涉摩洛哥东部事务。随后的几十年基本上是西班牙人和土耳其人之间的竞争，除了奥兰和马斯·卡比尔以外，土耳其人占领了整个中马格里布。

　　马林·阿布·伊南（Merinid Abu Inan, 1352年至1358年在位）入侵伊弗里奇亚后——这次入侵没有什么持久的效果，仅仅在阿布一世·阿拔斯（1370年至1394年在位）在位时期马林王国才实现统一。他的儿子阿布·法里斯（Abu Faris, 1394年至1434年在位）在国内延续他的政策。然而，他的更大兴趣在于他的东邻并插手特莱姆森的阿卜德·瓦迪王国、摩洛哥，甚至是安达卢西亚事务。他是一名非常严厉的君主，也是一名非常虔诚和尽责的穆斯林，他取消所有非《古兰经》规定的税收而受到臣民的拥戴；他支持宗教人士而受到宗教人士的支持；他还热情鼓励海盗行为，认为这是反对基督教列强的一项公正和值得嘉奖的事业。

　　他的孙子奥斯曼（1435年至1438年在位）试图追随他的脚步前进。他在宗教事务上很成功，但没能阻止哈夫斯家族成员内部的纷争和南部阿拉伯部落在各地的叛乱。和祖父一样，他也任命获得自由的奴隶为总督来治理国家。但当其中一些人表现出独立的倾向时，他逐渐以家族成员取代他们，而家族成员中的一部分人则抓住机会叛乱。奥斯曼帝国也将其统治权强加给特莱姆森的苏丹们，甚至一度强加给非斯的瓦塔斯人。这些成功地使伊弗里奇亚成为马格里布最安全和治理最好的国家。

　　但他的后继者们却证明自己不能继续实施同样的政策：阿布·阿卜杜拉·穆罕默德（Abu Abdallah Muhammad, 1494年至1526年在位）既不能消灭阿拉伯的叛乱也不能阻止西班牙人在1520年夺取布日伊和的黎波里。阿布一世·哈桑统治时期（1526—1543）的局势甚至更富戏剧性，因为他只不过是海尔丁·巴巴罗萨和查理五世玩弄的一个棋子而已。

土耳其人还是西班牙人？

　　自15世纪中期以来，随着瓦尔纳十字军的失败和君士坦丁堡的陷落，西方基督教世界在中欧和巴尔干地区都遭遇到土耳其人。他们在当时似乎已经达到了向这些地区扩张的极限，当他们集中在黑海两岸和小亚细亚东部时情况似乎更是如此。

　　然而最重要的是奥斯曼的海盗忍不住从陆上军事侵入西地中海。这就是为何一个叫凯末尔·赖斯（Kemal Re'is）——他是著名的皮里·赖斯（Piri Re'is）的叔叔——的海盗在 1495 年以前袭击西班牙的东部海岸和马格里布沿岸地区的原因。皮里·赖斯在他的《航海指南》(Kitab-I Bahriya) 中多次提到过这件事。下面这件事同样可信：即在 16 世纪最初几年，巴巴罗萨兄弟沿着这些路线也进行过几次成功地突袭。虽然这些行为代表奥斯曼帝国，但也有他们自己的个人动机。我们可以想一下，他们在多大程度上唤起了葡萄牙人，特别是西班牙人——受到征服整个安达卢西亚穆斯林的鼓舞——尽可能远地赶走这种危险的渴望。例如，占领从摩洛哥到的黎波里塔尼亚的马格里布的重要港口，这些港口也是北非海盗的基地。西班牙对阿尔及利亚的企图引发阿尔及利亚人向阿鲁吉·巴巴罗萨求救，此人是个臭名昭著的海盗，作为一名穆斯林他具有更大的吸引力。他利用这次请求完全控制了上阿尔及利亚，随后控制阿尔及利亚西北部的大部分地区。

　　不久后，在奥斯曼帝国已经于 1516 年至 1517 年征服叙利亚和埃及、阿尔及利亚的新主人海尔丁·巴巴罗萨在 1518 年至 1519 年将自己置于苏丹萨利姆一世的直接统治之下之后，局势有所缓和。海尔丁·巴巴罗萨将阿尔及利亚建成一个军事省，称为奥贾克 (ojak)，苏丹任命他为该省总督并派遣兵力和配给装备增强其力量。在经过几次失败以后，他加强了对阿尔及利亚西部的统治。但阿尔及利亚东部和伊弗里奇亚仍然不是他的势力范围。哈夫斯王国的衰落意味着后者成为西班牙和奥斯曼争夺的潜在基地。在随后的几十年里他们在两线进行争斗：一条线是阿尔及利亚西部，西班牙人最终只保留奥兰和马斯·卡比尔（1563）；另一条线是杰尔巴—的黎波里地区，土耳其海盗图乌特 [Tugut，西方史料中的德拉古特 (the Dragut)] 把这里治理得特别好。

　　显然，截止到16世纪，摩洛哥反对基督教入侵和奥斯曼帝国在尼罗河和中马格里布的势力扩张不仅仅是政治现象，也有宗教因素。为了进入非洲大陆，除了常规的陆战外，欧洲人还被迫寻找其他方法，甚至是寻找绕过马穆路克或土耳其埃及的航线。如此，他们就突然面向广阔的新世界了。

黑色世界及其希望

　　包括苏丹和其他地方在内的黑非洲已经存在了数千年，大体上人们一致同意它是人类的摇篮。然而，今天我们至少在西方和当时记载的资料和档案中仅可以看到它在 10 世纪以后持续发展的历史。在这些史料中有穆斯林地理学家对非洲的描述，也有穿越撒哈拉和到过萨赫勒和苏丹边界的阿拉伯旅行者的记述。文学的和宗教的记述有时候也通过某些民族 [马林凯人和索宁凯人 (the Soninke) 等] 的传统说书人的口耳相传经过若干世纪流传至今。这里也有一些中世纪著名的聚居地——毛里塔尼亚的奥达果斯特（Awdoghast）和库姆比—萨利赫（Kumbi-Salih）、几内亚的尼阿尼（Niani）——或村庄（在塞内加尔山谷，最近已经被挖掘）的废墟。从塞内加尔到乍得的萨赫勒草原和热带稀树大草原的文明慢慢开始从这些记述中浮出水面，尽管其中有很多推测和假设。如果我们看一看中世纪末期的这一文明（欧洲人不久后即将登上这个舞台），我们会看到它长期发展的最高峰，进一步开垦土地的结果，更加有效的社会和政权的组织机构以及由伊斯兰教引发的，黑非洲的古老文明和地中海世界的物质和文化方面仍旧少量但富有成效的对抗。

中部非洲的青春期

我们从考古发现中得以确认的第一件事就是：基于对物质生存（农业、制造业和商业）基本技能的掌握，整个撒哈拉非洲才能维持一种非常复杂的社会、政治和宗教生活，这是文明一词最深层的含义。

尽管几千年来非洲气候一直恶化，但因为11至14世纪气候曾经短暂地好转过，因而人们依然沿萨赫勒一带居住，当时这些地区似乎受到眷顾，雨量增多，而且地貌和我们现在再往南200至400公里处发现的地区很像（例如，在11至13世纪毛里塔尼亚南部的年降雨量为400至500毫米，现在则为200或250毫米）。几个世纪以后，人类定居点逐渐覆盖了这一地区。当时那里的人们要比现在好客得多，以致在14到15世纪，人口分布已经不像以前那么混乱，但更密集了。这主要是人们逃离祖辈居住的沙漠化越来越严重的北方而迁移到南方的结果。分散居住在萨瓦那和萨赫勒的广阔土地上的所有这些集团，在迁徙过程中不断出现至今也没有解决的对抗，其中大多数几代都保持着种族特征：语言、习惯、社会结构和神话，甚至是名字。这种情况现在也依然存在——索宁凯人、马林凯人、塞雷尔人（Serer）、波尔人（Peul）、桑海人、莫西人等等。沃洛夫人（the Wolof，北方）和塞雷尔人（中部）在12到13世纪已经把现在的塞内加尔分为两部分，南部由拼凑起来的几个种族控制，他们沿海岸居住，远至利比里亚。索宁凯人控制着位于库姆比—萨利赫附近的毛里塔尼亚南部，这是当时水草最为旺盛的平原。但战争［特别是阿尔摩拉维人（Almoravid）的侵略］、灾难性的干旱或冒险精神使他们的部分部落分散到其他地方，即向东迁到尼日尔境内或向西南方向迁到塞内加尔河中游地区。马林凯人来自北方［根据口头传说来自瓦加杜（Wagadu）］，在13世纪之前他们业已定居在尼日尔河的上流地区［即从今日的巴马科河（Bamako）顺流而上的地区］和位于巴马科河南部俯瞰尼日尔河西岸的小山。13世纪的政治骚乱使很多马林凯人作为难民或征服者迁移到南部（现在的上几内亚）或西部（今日的冈比亚北部地区）。从那时起，无论如何是在1500年以前，一些马林凯人甚至可能已经定居在孔城（Kong）甚至班迪亚加腊（Bandiagra）悬崖，从曼德（Mande）出发而来的一些集团应该已经创造了一个非凡的多贡（Dogon）文明。在原马林凯人家乡的东翼，从东南部或东北部的瓦加杜来的班巴拉人（the Bambara）已经自12到13世纪以来开始沿巴戈河（the Bagoé）和博莱河（Baulé）和平殖民这片地区。在更东边，博佐人（Bozo）、索尔科人（the Sorko）和桑海人不断地沿尼日尔河定居下来，而莫西人在12至15世纪已侵占尼日尔河曲内的广大地区。就波尔人来说，被干旱不断赶往毛里塔尼亚南部以后，他们在13世纪开始移民活动。在11至14世纪他们分成几个集团迁入完全属于马林凯人的土地，15世纪被安顿在马锡纳（Macina，在廷巴克图的西南边）和富塔贾隆山（the mountains of Futa-Jallon）上。16世纪他们以武力强行占有富塔托罗（Futa Toro），即塞内加尔河的中游地区。这不是游牧生活的结束，很多波尔部落自始至终跟随着他们的羊群，满足于不太肥沃的土地。此外，所有的苏丹王国不得不容忍撒哈拉地区游牧的柏柏尔人沿萨赫勒边境给他们制造的压力。但此后，黑非洲社会有了广泛的乡村基础。

12至14世纪，将各种族集团彼此分隔的无人区逐渐减少，虽然塞内加尔河、尼日尔河和冈比亚河等几个大的河谷、古老的农业中心（尼日尔河三角洲）和主要的商业中心（加纳等）的吸引力更大、人口更多，但耕作区也在这一时期遍布毛里塔尼亚南部的山区——现在它们被游牧部落占据，或者变为沙漠[塔干特（Tagant）、阿福莱（Affolle）]——和现在毛里塔尼亚—马里边境贫瘠的平原以及很多原来荒凉的小山和热带稀树大草原。在大西洋和尼日尔河之间的那些未开垦的森林地带似乎比以前要小得多。根据对古代栖息地的系统调查，我们估计在12至15世纪期间亚滕加（Yatenga，即上沃尔特）的人口密度约为每平方公里15人。人们已经在梅玛平原（Mema），即现在已经沙漠化的廷巴克图西南部发现280个古代遗址，在杰内（Jenne）附近发现404个。

因此，从10到14世纪非洲的生活方式改变了。某些种族集团仍旧完全或几乎完全从事渔业，如尼日尔河的博佐人和索尔科人。也有从事狩猎的，并且授予最好的猎人以崇高的名声，如马林凯人土地的主人新博人（the Simbo）。撒哈拉史前就如此普遍而广泛的畜牧业现在仍持续稳定发展，波尔人依靠畜牧业为生，而无数定居集团则养牛、羊、猪和鸡等。但自10世纪以来，农业几乎是喀麦隆北部、杰内附近等地主要的食物来源。班巴拉人、马林凯人、塞雷尔人、沃洛夫人、桑海人和所有其他大的种族集团都从事农业。和今天一样，各地优先种的是谷物、粟或高粱，这些作物被大面积种植，而且显然这些粮食也满足了人们日常生活的基本需要。尝试轮作、使用铁制农具如锄头等、利用大河沿岸的洪水淹没区和淤泥地（15世纪桑海人将这种耕作方式加以改进）以及在某些河流处更有系统的灌溉不仅使产品多样化而且产量也最终增加。尼日尔河三角洲的洪水区和从科鲁巴尔河（the Corubal）到沃尔特河的平原和沼泽都种上了稻米。云豆等农产品和各种绿色蔬菜——洋葱、大蒜、茄子、黄瓜和西瓜等——在一些地区（如塞内加尔）普遍种植。虽然人们继续使用古代的农业技术（他们对马具或肥料一无

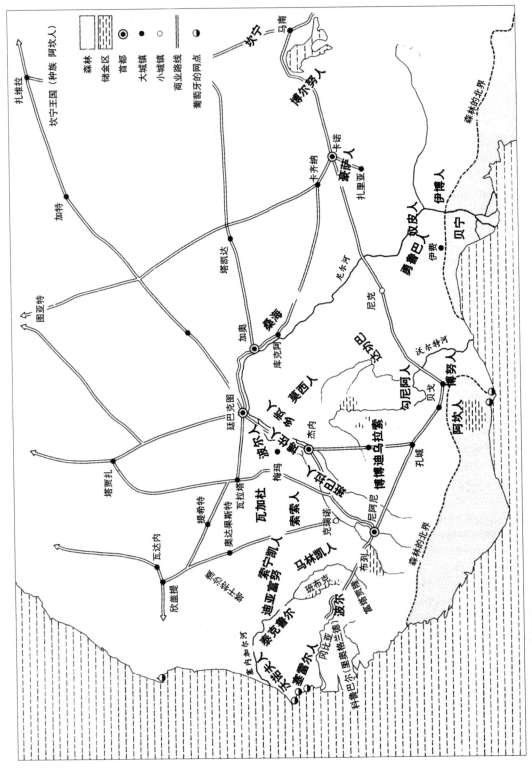

地图8：13—15世纪的西苏丹

所知），但除了特别的干旱期以外，他们可以依靠农业
自给自足，甚至能拿出足够的剩余产品来繁荣手工业。
我们是从旅行者的游记和考古发现中知道这些工匠的。
在更广泛的意义上说，他们只是由农业供养的非农业生
产的复杂社会中的一部分而已，我们以后再探讨。

　　这些手工业有时候源自非常古老的传统，并在农民
需求的刺激下日趋多样化。泥土、皮革和木头是日常物品
（船、衣服、箭筒、房屋立柱、盘子和宗教用品等）的传
统原料，但伊斯兰教传入以后穿织物成为一种风尚或者说
是义务。人们知道棉花从11世纪就开始种植（塞内加尔河
谷）。金属使用范围迅速扩大：铜是制造珠宝和嫁妆的传
统金属，长期以来它要通过一个复杂的冶金流程来生产，
作为纯金属或青铜合金（10至11世纪的奥达果斯特）使
用。同时人们还可见到用它做成的绝妙的艺术品，例如
13世纪伊费（Ife）的黄铜头像。非洲人在几个世纪以
前就知道铁了，并且大约在10世纪以后使用得越来越普
遍。甚至在一些小村庄废墟的附近（例如10至13世纪塞
内加尔河的中游地区）就能发现火炉的遗骸，矛、箭和
鱼叉等武器通常是铁制的，锻造技术优良。一些珠宝
也是由铁做的，如手镯和脚镯，并且在10世纪也开始用

铁来做农具。这时非洲的黄金（让欧洲着迷的黄金）
产量逐步增长，如沃尔特河—普拉河（Poura）和比托

非洲社会，特别是西非，在很长时间里
把串起来的贝壳（上图）作为货币使用。现
在象牙海岸的人们仍在继续使用的织机（下
图），用以缝制长条布料制作衣服。

（Bito）附近班布克（Bambuk）和布莱（Buré）的一
些金矿，而且铁匠铺的金匠可以当场锻造。其中黄金是最有资质的，用黄金做成了宫廷中成千
上万做工精美的首饰，佩戴在君主和他的妻子、情妇、吟游诗人（griot）、传令官、武士的
身上，或装饰宫廷，这给14世纪著名的马里宫廷的来宾和臣民留下了深刻的印象。

　　非洲的工匠和农民不仅仅为当地市场工作。在塞内加尔河沿岸和杰内地区，15世纪就已记
载的丛林市场（bush markets）使农民们可以用他们的农产品换取咸鱼、布料和其他当地制造品。
在河流上穿梭的独木舟和穿过丛林的亘古不变的小路使整个黑色世界向这些村庄的农产品敞开了
大门。职业小贩——马林凯人（13世纪有记载）或豪萨人（Hausa，15世纪有记载）——的活动
和货币（例如15世纪马里的贝壳）、许多创意性活动与运行机制的引入，激励并规范此类交换活动，

现在可在科罗戈附近的象牙海岸找到这个村庄的火炉，和黑非洲的很多地区一样，那里仍然保存着古代的金属锻造技术。

同时指导并扩大本地区内部的交换活动。大米从冈比亚运往内地；尼日尔购买内地的小米已解决廷巴克图，甚至是瓦拉塔（Walata）的食物供应；产自森林地带的可乐果远销至杰内。

万物有灵论及其相关事物

那个时代的传统黑人社会像其经济一样似乎有极大的多样性，甚至很复杂，因为它的等级制度是建立在家族、宗教信仰以及军事和经济的基础之上的。

等级制度的第一层次通常是我们上面讨论过的手工业者，因为在那个时代，也许很久以前这个职业就产生了。在不同的族群里，虽然大部分人都从事了适合本族群的职业，比如波尔人进行牲畜养殖，博佐人打鱼为生，其他族群进行农业生产。但是一些在马林凯人的语言里被称为工匠（nyamakala）的个人和他们的家族，以一种持久的、世袭以及专业的方式从事补充性的、不可或缺的职业。据传统说书人说，这些职业从那时开始就明显受到限制。铁匠主要负责炼铁、金以及铜，而他们的妻子制作金属器皿。其他手工业者制作皮革，另外一些加工木材。打鱼也是一个行业。另外一个特殊的适于某些黑人族群的职能由吟游诗人（马林凯语中的 dyali）执行。这些"话语的掌管者"同时是诗人、家谱专家、年代记编者以及信息传承者，他们把自己变成一个大家族世袭的先知和活的历史档案。另外，某些不同的职业群体是由上述的马林凯商人（万加腊人）组成的：他们的活动就词语的完整意义上而言是专业的，但是根本没有任何约束或社会从属性。

当形成简单的职业群体之后，他们实际上被置入了更大的社会等级制度当中。这个复杂的、受限制的和永久的社会等级制度决定每个人的地位和等级，并被所有人所接受。在社会阶梯的最底层是俘虏房和国内的奴隶，他们的存在在 7 世纪就有记载，但可能要远远早于这个时间。在加纳，直到 11 世纪这个阶层的人数都很众多（一个口头传说提到 404 个部落有奴隶，这可能只是个象征性的数字）。他们在 13 至 15 世纪的马林凯人的国家和沃洛夫人里也人数众多，在 15 世纪的桑海帝国里被整个安置在乡村里。他们世代为奴，除非被释放。他们受到他们的主人的约束，通常被用于家庭服务或农业耕作（在桑海和沃洛夫），很少用于手工业或采矿业［比如在塔凯达（Takkeda）的铜矿开采］。他们被征服的主要原因非常悲惨——战争和袭击。他们的状况很不稳定，出卖、遗赠或馈赠奴隶每天都在发生。在马里，他们的命运在乡村平和的气氛中比较容易让人忍受。国王的俘虏们命运因为宫廷里的形势得到极大地改变。在那里他们参加盛大的宴会并被征募入军队，通过这种形式他们能进入最高阶层，甚至有两次获得了最高权力。这种事情在桑海帝国没有发生，但是那儿也一样，对农奴的镇压也减弱了。家族甚至村庄沦为奴隶的话将会集体被迁移，他们的义务由定期劳役和租税所确定，因此也是有限的。

虽然手工业者和吟游诗人并非缺少社会地位，但他们融入社会的状况也很糟糕。他们的行业具有排他性，有时他们会让人感到恐惧，而且总是由于各种禁忌被人厌恶、疏远——铁匠和吟游诗人能够通神，他们的知识值得尊敬。他们不能和等级外的人通婚。人们拒绝服从他们的命令。口头传说称这是13世纪马林凯族酋长们对索索人（Sosso）和萨摩罗（Sumaoro）的铁匠国王的一致态度，他们提议建立一个联盟来反对相邻的奴隶主。这件事没有任何问题。然而这些理由和对技术的精通使得那些有权势有地位、掌握铸造技术和语言的相似的人物受到的蔑视并被削弱。有权势的吟游诗人和国王一样拥有很多礼物和妻子。他们生活富裕，臭名昭著甚至比统治者有过之而无不及（例如在14世纪的马里）。同样，在14世纪的索宁凯族，冶铁和炼金的技术进步及其对经济的推动强大到使一名铁匠成为他们的国王。

自由民在社会等级结构中也有自己的地位。正如今天，儿童最初接触到的社会环境和教育是由家庭提供的——特别是在母亲身边，因为至少在大家族里，似乎一夫多妻已经是普遍现象。在13世纪初的马林凯国家，在嫡母的允许下（根据口头传说），年幼的松迪亚塔（Sundiata）和生身母亲住在一起成长。婚后家庭只是家族（lineage）的分枝。以松迪亚塔为例，坚持他从母亲索格龙（Sogolon）那儿得到的教诲和图腾。过去历史的传述者不仅强调他的母系祖先，也强调他的父系血统。然而，在他们口述的故事里，地位最重要的是部落，在这个家族里很多男性拥有一个共同的祖先（当然也有母系家族，例如塞雷尔人）。从10到15世纪，每个部落都有自己的名称并构成了族群的基础，例如索宁科族由44个部落组成，马林凯族由33个部落组成，波尔族由12个部落组成，从13世纪开始慢慢演变成4个部落（根据口头传说所知）。每个部落都有自己的崇拜形式、领地和酋长。每个成员的重要性是根据其在家族或者更大范围的部落中的地位决定的。年轻人、未婚成员以及愚蠢的人的地位低于猎人、经验丰富的人、长者和智者。这些人掌握着权力：每个家族都有族长；每个部落都有曼萨和议事会；他们拥有黄金并有很多妻子（根据马里13世纪的口头传说）。然而，部落的地位已经根据历史或他们的图腾以及最杰出的部落酋长等因素确立，例如在马林凯族里，凯塔（Keita）部落拥有三个图腾：狮子、水牛和黑豹，他们一直在本族中享受较大的权力。

这个生动的仪葬用的酋长雕像不符合非洲艺术中流行的抽象几何学潮流，但它的自然主义风格不能掩盖其宗教意义。（石质，出自塞拉利昂，13－15世纪）

宗教当然也渗透到黑人社会，直到11世纪黑人社会一直信仰万物有灵论，15到16世纪依然如此。这意味着万物有灵论的信仰和宗教仪式并没有受到那些11至15世纪伊斯兰教已经控制的中心区的影响。原始宗教信仰的某些特点和古老仪式还能在马林凯人和索宁科人那里看见。神址（Genii loci，例如泉水，资源和树木）或游荡的神灵（暖流，鬼火）使世界生机勃勃。另外一些神灵与动物有关（秃鹰或鬣狗）或以动物的形式出现（蛇）。他们能被某些东西所安慰，比如鼓或祭坛，护身符和宗教仪式。某些技艺高超的巫师，无论男女，都能驯服动物或征服目标，甚至模仿它们，因此而获得了相当大的权力。祖先崇拜是普遍的，他们的灵魂有的时候会附在一些物体上复活，由此产生了宴会和饮酒。似乎一些著名的秘密团体都源于远古时期，比如马林凯人中的科莫社团（the Komo）。宗教如此之深地根植于这片土地并和祖先紧紧联系在一起，是诸多形式的联系之间最强有力的纽带，而在这些联系当中每个人都有自己的位置。每个家族都有自己的偶像，乡村也一样。首席大巫师的超自然能力确保了一个家族或一个部落在碰到危险的时候能存活下来，因为最可怕的危险都来自神灵。在族群里，每个成员都能够参加神灵降临会议的入会仪式，或者参加对祖先神灵或部落神灵的礼拜仪式。当他们同宗同族的故事无论是被直接引用（马林凯语中的kokoro）或者被隐含在神话（maana）里时，每个人都很激动。最终，被授予万物有灵论国家君主的神权和巫权成为他们权力和继承的基础。加涅姆王国（Kanem）居民视他们的国王为掌握人们生老病死的神，据说国王无需进食，（在11世纪）那些遇到为国王运送补给的商队的人被就地处死。加纳皇帝也有同样的神的光环，并保证他成为相似的保护者。在11世纪之前，从洞穴里爬出来的圣神之蛇与统治者的命运紧密相连，统治者认为这种联系是正确的。索萨国王苏毛洛·坎特（Sumaoro Kante）据说不会受到伤害。据说他是由他的母亲和一个仙女抚养成人的，他能看见很远的地方的物体（13世纪）。13世纪马里的创建者松迪亚塔是超自然力的化身，他得到强大的神的庇护，组织对神的祭祀，安排举行宏大典礼（bamba）的神坛、助手、衣服和秘密巫术，用来维持他的权力（据口头传说所述）。

伊斯兰教开始征服黑非洲

无论撒哈拉沙漠是多么浩瀚无垠、让人畏惧，有关地中海文明的报道和反响不久便开辟了一条穿过沙漠到尼日尔和塞内加尔海岸的通道。很早的时候，人类、商品和思想就穿过撒哈拉沙漠开始与黑非洲交流，并在某些时候极大地改变了当地的文明和命运。所有这些影响或者说其中的大部分都是来自穆斯林地区，或者经由他们传播进来的。7世纪以来很多穆斯林地理学家和旅行者对苏丹地区的兴趣将他们带到了苏丹。

穿越沙漠

最初，穿越沙漠是因为贸易。在穿越沙漠的通道形成后，年轻的马格里布国家开始注意这个横贯撒哈拉沙漠的神秘世界。商人冒险进入这个世界：他们安排好行程，在路线图上标明了泉水和驿站所在位置，这些泉水和驿站在巴克里（al Bakri）的著作中也有所记述（11世纪）。从13世纪到15世纪，沙漠商队在固定的时间以固定的路线穿越沙漠。这些穿越沙漠的行动对任何一方都是不可或缺的，商队的往来为双方建立了紧密的联系，在沙漠两端往返为彼此带去互补性的商品。伊斯兰世界购买皮革、麝香、动物毛皮、象牙以及香料等，再将它们转卖给基督教世界。奴隶和黄金是绝对优先考虑的货物。在中东的任何地方都能发现黑奴，他们充斥军队、商铺、民宅甚至穆斯林妻妾成群的后院。第一船黑人俘虏是13世纪在西西里上岸的，然后15世纪在西班牙和葡萄牙也出现了。至于黄金，穆斯林和西方国家日益增长的货币需求加剧了进口黄金的强烈愿望。对黑人而言，他们需要的是自己不能为王公贵族以及商人生产的众多奢侈品和装饰品，比如衣服、美食、手工艺品；13世纪新的战略武器——马也是国王的骑士们所需要的；铜和一些普通布料也很匮乏；盐的需求量更大，这种必要的调料只有在沿海或者马格里布强国和商人控制的大撒哈拉的盐矿中才能找到。

因此，经过几个世纪，形成了一条固定的穿越撒哈拉沙漠的交通网。虽然这些路线并不是同时处于非常活跃的状态，但是它们的潜力是巨大的，并使得商业势力在中世纪末期渗透到撒哈拉的各个角落成为可能。北方的大商队在摩洛哥西部的西吉拉萨（Sijilasa）、瓦格拉（Wargala）和古达米斯（Ghadames）集结，商队中的商人和货物来自非斯、特莱姆森、突尼斯、凯鲁万、的黎波里和整个马格里布。东方的商队从开罗出发，开罗是整个东方穆斯林通往苏丹地区的交通要道。途中其他的撒哈拉中心城市成为必不可少的饮水点：扎维拉（Zawila）成为东部地区奴隶贸易的中转站；活跃的犹太殖民者把中部的图阿特（Tuat）绿洲变得生机勃勃；西部的德克扎

313

（Takhaza）富有盐矿，在这里骆驼装上盐最远运至廷巴克图；南部的塔凯达（Takedda）是炼铜中心。一旦穿越沙漠，萨赫勒地区的周边也出现了第一批灌木林，在撒哈拉商道终点的黑人国家中出现了哨兵警戒的"通道"。商品在这些地方储存并交易；商人和他们的运输动物也能得到休息；货栈存放的等候装载返程的商品也在这里包装。这里还有黑奴被分发送出去之前暂时关押他们的地方。14 和 15 世纪两个最活跃的"港口"：一个是历史可以追溯到 9 世纪的古老城市加奥（Gao），另一个是新近建立并正在全速增长的城镇廷巴克图，它第一次被提及是在 14 世纪阿拉伯作家的作品当中。和这些城市一样，从东到西、从萨赫勒的一端到另一端形成了一系列的城镇：毛里塔尼亚南部的提希伊特（Tichiit）和瓦拉塔、加奥以南的库克阿（Kukia）、卡诺和豪萨诸城邦、乍得湖附近加涅姆王国和博尔努王国（Bornu）的皇城。廷巴克图和加奥拥有对它们所控制的商路上的活动的最高权力：从 10 世纪到 13 世纪繁荣一时的西部途经奥达果斯特和加纳的商路现在衰败了（15 世纪末，由于与葡萄牙贸易，这条商路又复苏了）。它们有助于加强撒哈拉中部地区的联系并有利于新建立的商路，这条商路直接从尼日尔的环状地带至开罗（14 世纪）。

萨赫勒地区的中心并不是这些商路的尽头，它们只是穿过沙漠后途经那里。在 14 和 15 世纪，商人沿古老的小径，深入到了黑人的领地。南部的孔城和波波（Bobo）通过廷巴克图、杰内、尼阿尼相联系；冈比亚和富塔贾隆通过尼阿尼和马格里布与地中海相联系。无论他们在多远的地方，热带稀树大草原（象牙海岸和加纳北部地区）和森林地带 [阿寒（Akan）和阿散蒂（Ashanti）人民和富塔贾隆] 都被来自远方的长途贸易所渗透。这不仅是一个有利可图的开端，因为他们给当地带来一个购买当地可乐果、象牙和黄金的市场，而且也是一个危险的开端，因为这些莱姆—莱姆（Lam-Lam）异教徒特别憎恨萨赫勒地区和热带稀树大草原地区的伊斯兰化的人们建立并供应货源的东方奴隶贸易。

从马格里布到萨赫勒诸城镇，跨撒哈拉地区的贸易由穆斯林商人开展，也只能由他们来开展，这其中包括阿拉伯人、柏柏尔人，甚至还有埃及人。当时没有欧洲人而只有极少数非洲人从事贸易。每件商品都经过这些中间商之手：盐、黄金、奴隶。他们的活动范围原则上是只到黑非洲国家的边界线为止，然而一旦他们到达萨赫勒地区的贸易中心，他们的商品会被转给万加腊人和豪萨商人，他们把货物分发出去并在苏丹地区内部交易。无论如何，外国商人还是以很多方式给黑人世界带来了极大的刺激效应。

首先这刺激了他们的贸易。阿拉伯商人商业技巧娴熟。正如他们在其他地方一样，他们在撒哈拉地区也雇佣了一批黑人，并教给了他们这些商业技巧。然后他们也形成了团体或帮会，其成员从他们的中心城镇（西吉勒玛萨是其中之一）扩展到主要的商队驿站。他们广泛使用信用制度，10 世纪在奥达果斯特曾签署了一张面值 4.2 万第纳尔的票据。他们大规模地引进了专业分工——在 14 世纪，当地仅有的商业就是奴隶交易。苏丹地区的整个经济包括农业、贸易和提炼黄金，从 10

世纪开始被这些商人的活动、技术以及它们无止境的进步所刺激。

更概括地说，他们的职业使他们更加全面地了解了苏丹地区的社会。从很早开始（11世纪），他们中的一些人单独或者随着商队前往黄金资源所在地探险。更多的人由于商业原因长期居住在那儿。14到15世纪，他们住在特定区域（位于万加腊，廷巴克图和加奥），他们的聚居区通常非常繁华，并使得萨赫勒地区所有的大的黑人城镇生气勃勃。当然在小的定居点也能发现他们，并且越往南人数越少，最远至马里首都尼阿尼。他们推动了黑人之

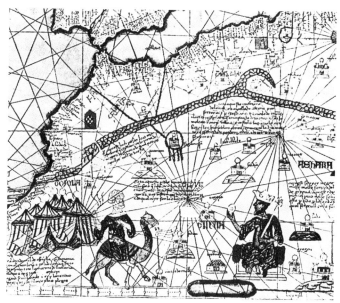

这幅15世纪的加泰罗尼亚地图显示马里国王将一块黄金给了一位阿拉伯商人。尽管一些细节是虚构的（这条河应该是尼罗河的一条分支），但这些地图在其他方面则十分准确，例如它表明了当时这一地区的城市定居点是多么的密集。这些地图是根据阿拉伯旅行者的记述绘制的。

间的联系并相互通婚。他们的下一代更彻底地受到了穆斯林带给他们的口味和思想的影响。不仅阿拉伯饮食方式和衣服的时尚款式广泛流行，他们的日常用品、艺术作品和建筑形式也广为接受。穆斯林渗透中最具有决定性的影响则是在最基本的宗教信仰和宗教仪式层面。

宗教打开通道

白人商人的宗教是伊斯兰教，它很早就被他们引入到黑非洲国家。一旦他们虔诚的社区在某地扎根，商人们会立刻在那里修建清真寺。清真寺里有通常的宣礼员团、伊斯兰传教人员和类似从教人员。最近的考古发掘已经发现在库姆比—萨利赫（位于毛里塔尼亚南部）一座9世纪或许年代更早的清真寺。总之皈依伊斯兰教并不是一蹴而就的：白人穆斯林在很长时期里没有攻击万物有灵论，所以才能定居在万物有灵论盛行的世界。这可以举例证明，在11世纪的时候，加纳首都的邻近地区（大约距离10公里）是穆斯林聚居区，那里有十个清真寺。在这儿出现的穆斯林商人以及宫廷大臣并没有诱使国王及其继位者信奉新的宗教。然而穆斯林的榜样和使命确实结出了累累硕果。黑人穆斯林，从国王开始，10世纪在加奥、11世纪在泰克鲁尔（Tekrur，塞内加尔中部的山谷）、马里大约同一时间被记录下来。加纳的索宁科人的第一

批改奉伊斯兰教的事件当然发生得比这早（口头传说是8世纪）。

从13世纪到15世纪，伊斯兰教已经在萨赫勒的广大地区传播，并且渗透到苏丹地区，而且没有引起万物有灵论的中心地区如索索、上冈比亚、桑海帝国的首都科鲁伯（Coruble）的强烈抵制。萨赫勒地区的各国国王（马里、桑海、豪萨诸城邦和博尔努）和他们的继位者、贵族、商人阶层以及整个城市人口和不确切的农村人口改奉伊斯兰教［据13世纪的口头传说，曼法拉（Manfara）是马里第一个伊斯兰化的村庄］。这些伊斯兰教徒很虔诚而且有组织，一批朝圣者不久就前往圣地（麦加）朝圣，这是13世纪加涅姆王国国王和马里国王先后组织的朝圣行动。这些与穆斯林世界的显赫中心的不断交流激活了来自马格里布和埃及的思想、书籍和文学家。在黑非洲国家建立和穆斯林社区一样结构的社区强化了这种趋势。黑非洲国家在人口稠密的地方修建了很多清真寺，特别是马里帝国狂热的曼萨·穆萨皇帝于1324年朝圣回来发动了大修清真寺的运动。这些清真寺里有穆斯林神职人员及宗教名流（乌里玛、伊玛目、作家、宗教法官）供职其中，他们通常是黑人。这些宗教显贵非常博学：他们精通《古兰经》，很多人甚至对其他分支学问也涉猎很深——《古兰经》经注学、伊斯兰教法学以及圣训——并且经常访问摩洛哥甚至廷巴克图的伊斯兰大学，这所大学是14、15世纪非常活跃的知识和宗教中心。在某些族群里（索宁科族和马林凯族），圣者或隐士、知识渊博的人就是传教士、神职人员和有资格的专职人员，他们从很早就开始传教。他们的言行对群众中广泛传播"真正的信仰"很有效果。这些大师迎合了真正的需要，13、14世纪，五个来自索宁科族各部落的隐士对马林凯族产生了真正影响（口头传说）。这种投入很有效果。当伊本·白图泰总结1352年至1353年他的非洲之旅的印象时，他对城市居民在星期五祷告中的虔诚感到高兴。

但他马上就压抑了自己的赞扬并提出了很多遗憾和批评。14世纪到15世纪伊斯兰教的辉煌成就的确在很多方面是不完善的。在乍得湖旁边的沃尔夫王国，农村地区大规模地信奉万物有灵论，这种宗教和他们的领土、家族以及地方权力有很强的联系。甚至朝廷和国王既不希望也没能力根除皇家礼拜仪式中的万物有灵论的基础。在马里，宗教仪式包括在国王面前抛洒灰尘和跳面具舞，这受到口头传说的赞扬。事实上所有原始宗教仪式优先于伊斯兰宗教仪式。一丝不挂的奴隶、年轻姑娘和仆人走在首都街头的时候，伊本·白图泰觉得这是令人羞耻的景象。当他们经过他面前时，他蒙住了脸。15世纪的桑海，当国王索尼·阿里（Sonni Ali）公开承认伊斯兰教的时候受到伊斯兰教徒的怀疑，他们在国王的脑子里灌输了超负荷的伊斯兰教思想。然而这些原始宗教的残存物并不意味着所有的案例中都发生了相同的事情。虽然大部分农村地区构成了城市伊斯兰教的基础，但就农村地区而言，原始宗教占据优势，非常统一，而且根深蒂固；但就国王而言，这是个人悔悟和政治选择，毕竟他们应该成为人民权力的存放处和保证者。但人民深深地沉迷于异教，异教的这种仪式以及祖先崇拜和巫术对统治者又很重要。任何一个放弃原始宗教的国王都将被剥夺他的人民以及自己原始宗教所授予的魔法力量和半神的力量，并且会有惹上严重麻烦的风险，正如13世纪加涅姆王国所发生的事情。然而，到14世纪，国王把这些原始宗教的仪式融入伊斯兰宗教仪式，使其不再成为宗教信仰的关键问题。

　　总之，两个明确的群体更加广泛地接受了伊斯兰教：城镇和宫廷。在12世纪到14世纪之间，正是这些群体被拖入了黑人世界和外来伊斯兰教的双重的强大优势带来的决定性变革中，而他们也证明了伊斯兰教如此容易被接纳。

非洲的城镇和伊斯兰教的推进

　　城镇从很早开始就成为黑人世界的一部分，在某些文化中它们过早地发展了。在前往尼日尔河口的地方，10、11世纪的城镇遗址分布在约鲁巴（伊费），一些9世纪的遗址分布在伊博（Ibo）王国。11世纪的异教徒国家加涅姆王国有自己的都城曼纳（Mannan）。口头传说证实了在古代马里，人口聚居早于伊斯兰教传入〔11世纪的尼阿尼，克里（Kri）和克里纳（Krina），更早的和最初的杰内也许要追溯到4世纪〕。阿拉伯的地理学家也记录了当地人皈依伊斯兰教之前塞内加尔河沿岸的繁华城镇的存在〔11世纪的锡拉（Sila），泰克鲁尔，巴里萨（Barisa）〕。然而，13世纪与穆斯林世界的联系和第一次改奉伊斯兰教、伊斯兰教的传播扩散以及贸易的加强一起为萨赫勒—苏丹地区的城市文明确定了新的基调。

　　首先，城市文明似乎在加速发展。这没有影响到所有地区，城市地区的地理分布仍是不固定和多变的。9至11世纪创立的沿西部的横贯撒哈拉的贸易路线到加纳（库姆比—萨利赫）以及沿塞内加尔河至萨赫勒交通要道（奥达果斯特）的城市警戒线衰落了，并在12世纪彻底解体。在其他地方，许多明显更持久的聚居区在11世纪和15世纪之间变更了几次地址（马里的克里纳和加奥）。然而，对这些地理位置的调整加以考虑的话，每调整一次，一条商业生命线就改变了。城市的人口密度在12世纪和15世纪之间确实增加了。城镇分布似乎更集中了，分散在沿尼日尔河谷或附近地区，并且从那时起就是粮仓、商站和中转站。尼阿尼、杰内、廷巴克图和加奥四大城镇是作为自己地区毫无争议的大都会建立的，每个城镇也许有2万人（14世纪的尼阿尼）或者更多（廷巴克图）。它们的繁荣刺激和扶持了一批年代不确切的小定居区的出现，但这直到现在都被忽视。这些小城镇的其中一些是作为撒哈拉商路最南部的驿站出现的，比如古老的瓦拉塔城市；另外一些分散在很多省不能确定的地方，用来保护国王的代表。其他也有一些是在矿山旁边形成的（例如塔凯达），更多的小城镇仍然出现在尼日尔河附近。它们先后出现在尼日尔河谷的交通要道以及南北大商道的沿途——扎哈里（Zaghari）、开萨胡（Kasahu）、梅玛以及尼阿尼—瓦拉塔商道上。它们形成了某些大都会周围的卫星城，如卡巴拉（Kabara）和库瑞尼（Koriune）围绕在廷巴克图周围。再往东，城市群的成长与豪萨高原的商业发展联系在一起。大撒哈拉贸易商道往南延伸至热带稀树森林和森林地区，使阿坎和阿散蒂国家（现在的下加纳）出现了长期的定居点。更突出的是孔城、贝戈（Bego）和博诺（Bono）位于杰内轴心上。所有这些城镇，特别是苏丹地区中部的城镇都从事定期贸易，同时又是同一商道上的驿站。他们有同样的经济节奏，形成了城镇网络的基础。最明显的案例是廷巴克图、杰内及其卫星城，一些卫星城相距甚远（如最远的贝戈位于南部）。

城镇在增加并日趋繁华，其他因素无法与伊斯兰教及其声望的决定性效应相提并论。它们的经济功能增强了，特别是在那些大城市里。尼阿尼必须供养和装备一个杰出的统治者及其几千随从，变成了一个额外重要的货物中转中心和生产中心。大约在1370年廷巴克图取代瓦拉塔成为商队的终点站并变成一个巨大的商队长期旅店和各个地区的流动货仓。大批的奴隶被运走之前在这里停留。从各个方向来的商人们聚集到这里的三个市场，在这些市场里进行交易。通过其沿河口岸和小型船队，廷巴克图与南部苏丹地区保持长期联系。数不清的手工艺者加工进口的原材料并把成品卖出去，铁匠、金匠和铜匠与棉布编织者、皮革工人以及其他手工工人一起工作。杰内和加奥经历了类似的发展过程，甚至由于拥有主要由廷巴克图生产的双桅平底船和独木舟的船队，他们与尼日尔河的联系更加紧密，并获得了对尼日尔河上游和下游交通的控制权。

城镇也是伊斯兰教主要建筑和机构的集中所在地。清真寺特别是大的星期五礼拜的清真寺是必不可少的城市标志性建筑，这些大的星期五礼拜用的清真寺是曼萨·穆萨受朝圣之旅刺激，捐赠给马里和桑海的许多城市的。这些祈祷者的建筑成立了古兰经学校，它最重要的作用是成为更高教育的真正中心，并使城镇变成穆斯林学者可以接受的家。这些城镇中最著名的是博尔努王国的首都（15世纪），它的影响范围远至设施更不完善的豪萨诸城邦。其他的有加奥，它拥有两座清真寺（15世纪）；尼日尔河边的卡博拉（Kabora），特别是廷巴克图在14和15世纪是黑非洲毫无争议的知识和精神中心，并在整个穆斯林世界闻名遐迩。该城以拥有三座清真寺——14世纪的金格雷贝尔清真寺（Jingereber）、14至15世纪的桑科雷清真寺（Sankore）以及15世纪的萨迪·叶赫亚清真寺（Sidi Yahya）——而自豪，14世纪活跃的古兰经学校在那里获得发展。最初这些学校由来自马格里布的乌里玛掌握，并在精神上依赖非斯，但它们很快就摆脱他们的控制并接受黑人神职人员和学者的影响。他们讲授《古兰经》和伊斯兰法律并有能力从很远的地方获得信徒。在15、16世纪，其学者的声望达到了顶点，特别是白人穆斯林学者由于受到竞争的激励云集这里。16世纪中期，这儿有500个古兰经学校，分布在清真寺、广场和住宅里，它们对法律和神学的所有分支提供指导。

城镇的发展在很大程度上要归功于国家政治和行政机构的形成。某些城市运气好的话能成为皇家宫廷所在地（如尼阿尼，加奥和其他城市）。另外一些数目更多的城市未必是贸易城市，它们日益稳定、繁荣和辉煌，这应归功于省级地方官员及其随从长期驻留此地，并将之变成了他们储存税收和贡赋的仓库。

到 14 和 15 世纪，城市的社会和环境明显不同于非洲的丛林、田野和乡村。城镇的形式不必是同一族群聚居的地方，城镇四周也不一定有城墙。很多城镇保持了相当松散的群居模式，似乎和信奉伊斯兰教之前马林凯以及其他地方的城市特点一样。加奥和库姆比—萨利赫 (Kumbi-Salih) 城都形成于 10 到 11 世纪，它至少有两个聚居区（皇家城镇和贸易城镇），彼此相距几公里远。据阿拉伯作家说，14 世纪尼阿尼城以一种危险的方式扩展了 20 公里，而且口头传说和考古也的确发现了其轮廓。和乡村一样，城里的很多区是由泥屋组成的，这无疑是农民居住的地方。但是城镇里也有很多由烧制的砖建造的房屋，甚至一些城市的部分（尼阿尼）或全部（库比—萨利赫）房屋是由石头修建。它们集中在有限的地区（杰内、廷巴克图和瓦拉塔），有的甚至修建了防御设施（杰内的城墙）。城镇意味着广场、清真寺、宫殿、码头和五光十色的货摊、叫卖的小贩、小船队以及大批货物；城镇意味着穿着有斑纹的棉制衣服的人群，他们如果光着身子是很惹眼的；城镇意味着语言的融合以及体质和人种的混合。城镇是个大熔炉，它们提供了就业机会并且通常抛弃了旧的农村等级制度。因此最著名的城市廷巴克图建立了几个农村地区不知道的行业类别：社会阶层的最底部是等待出口的奴隶以及作为家奴和佣人的俘虏；中间是稳定而又人数众多的中产阶级，其中包括黑人商人，手工业者（特别是织布手工业者）和乌里玛，他们紧挨着外国人、马格里布和埃及的商人和学者的聚居区居住；所有人都受到以总督 (Tumbuktu-koi) 为首的桑哈贾贵族的保护。廷巴克图是一座典型的城镇，但不是唯一的。在其他地方，在更广大的农村地区，廷臣和皇家官员（廷巴克图的皇室远亲）人数更多。他们和一些人数更少的万加腊人以及乌里玛集团一起决定了当地人群凝聚的步伐。

政治的伊斯兰教

伊斯兰教传入以前黑非洲已经建立了神圣王权制度。苏丹地区向刚刚形成的穆斯林地中海世界开放，这在许多方面给王权制度带来相当大的推动和支持。这是 13 至 15 世纪黑非洲政治的主要特征。

首先，国王们从跨撒哈拉沙漠的大规模贸易所引发的经济繁荣中受益。他们综合运用各种手段达到了这一目的。他们拥有必需品的垄断权，如金属或马匹（马里）；他们没收淘金中发现的天然金块（马里和加纳）；他们向黄金生产者征收贡赋（马里）；他们控制奴隶贸易（加纳、马里和桑海）。随着实力的不断强大，他们将收税范围扩大，覆盖所有当地因经济发展而产生的剩余产品；向被征服各省和国家强行征收主要的农产品税（14 世纪的马里和 15 世纪的桑海）；向

金格雷贝尔清真寺引人注目的土墙，马里皇帝曼萨·穆萨到麦加朝圣之后于1325年在廷巴克图所建。继杰内和加奥之后，这座城市迅速成为一个卓越的商业中心和主要的宗教中心。

附属于君主的奴隶征税（15世纪的桑海）。简而言之，这些君主为一个新的税收体系奠定基础，这决定了他们以后所有的政治动机。

当国王们坚持伊斯兰教规定的君主形式和政府管理方式时，他们获得了另一种方式的支持。很久以前，甚至在改教之前，人们就已感受到穆斯林在军事上的影响。异教国王（索索人和莫西人）甚至从13世纪起就输入阿拉伯马并仿效阿拉伯建立骑兵部队。伊斯兰教及其思想也随之而来。对国王们来说放弃所有的万物有灵论信仰也是困难和危险的。虽然如此，因为被说服（马里·曼萨在11世纪第一个皈依应该归于一名伊斯兰教隐士祈雨成功结束干旱这件奇迹）或深思熟虑，很早以前就有第一批王室皈依伊斯兰教：加涅姆王国国王胡迈（Humai）在1075年，马里在11世纪。他们的改教没有必然带动整个王朝的皈依，这既是因为人们不愿意，也有国王自己的责任和说服不到位。据口头传说，直到13世纪松迪亚塔还是一名完全信仰万物有灵论的国王，而阿拉伯编年史家介绍说迪巴莱米（Dibbalemi）是加涅姆王朝的一名信奉伊斯兰教的国王（13世纪）。然而在14至15世纪，苏丹地区所有大的公国，除了莫西王国以外，或信仰伊斯兰教或与之非常接近，如迪奥洛夫（Dioloff）、马里、桑海、加涅姆—博尔努王国和豪萨诸城邦等。作为虔诚的最终表示，当时一些君主还到麦加去朝圣。举例来说，马里的曼萨·穆萨两次去麦加朝圣（根据口头传说），并以其1324年大肆炫耀的第二次旅程而著名；自13世纪以来，曼萨·乌勒（Mansa Ule，松迪亚塔的儿子）和篡位者萨库拉（Sakura）以及13、14世纪的加涅姆王国的各国王（mai）同样朝圣过；桑海帝国的阿斯克亚·穆罕默德（the Askya Muhammad）在15世纪参加朝圣。国王们发现他们无论信仰何种形式的伊斯兰教，都能极大地提高他们的声望。朝拜过麦加的国王享有神圣的声望和荣耀，这使每个人受益的同时也获得包括穆斯林和非穆斯林在内的所有人的尊敬（从此，这在篡位者中成为风尚）。仅仅宣称信仰伊斯兰教并遵守其原则，但没有从朝圣中获得超凡能力的国王会受到穆斯林的普遍同情并赢得国家机构内的穆斯林世界的忠诚的支持。这并非无关紧要。伊斯兰教及其《古兰经》为国王规定了行为模式和政府的组织机构，它使乌里玛的祈祷和讲道、宗教学者的智慧和宗教法官的法律才能，都置于国王的控制之下，无论他们出身如何。曼萨·穆萨在第二次朝圣中带回一批埃及学者和专家（如建筑师等），利比亚、摩洛哥和马格里布其他地方的另一些学者们络绎不绝地涌入他的宫廷，这些人证明自己对国家和他们的黑人学生及后来的继承者一样忠诚。

这些技术、联盟和模仿使业已富有的君主加强了中央和各省的权力机构。宫廷及其王公、行政官员、官员体制、宫廷礼节和给人留下深刻印象的豪华生活是国家权力的中心，所有这一切既折射出也给予国王神圣声望。在马里，苏丹的随从人员（他的兄弟、妻子、马林凯人各部落的显要人物）对日常生活的影响是非常大的。截止到14世纪中期，宫廷的礼拜仪式中仍然包括很多前伊斯兰的仪式形式，这是在最早信奉巫术的国王身边兴起的，并且在异教的加纳和莫西宫廷仍可见到的仪式。但是现在这些宫廷里面有很多穆斯林官员，伊本·白图泰在1352年曾经描述其中一种仪式，显然穆斯林在其中起着决定性作用。伊玛目诵读祷文；宣教士对国王歌功颂德；穆斯林权贵是骑兵和王室护卫队的长官（the emir-chiefs），土耳其士兵苍白的面孔在队伍当中尤为引人注目。桑海帝国的宫廷和行政机构也是当地的传统仪式与补充借鉴伊斯兰教相结合的产物，前者是从王室与贵族分享的部族传统发展而成的。15世纪，马格里布各国和埃及似乎已经建立了人们业已知道的大多数行政职位。它分为26个性质迥异的部门，经济部门（财政、偿付、农作物、森林、渔业、食品和商业等，共10个）和军事、法律和内政部门（共10个）一样多，这表明了国家机制及其所发挥的各种作用在中世纪末期非常重要。

从中央开始，这种行政机制逐渐有效地覆盖各省，如马里（14世纪）和桑海（15世纪）。在马里帝国，并非所有省份都实行同一种法令。那些被和平兼并的古老王国（梅玛）仍保留自己的君主，当时他们是曼萨的附庸；另一些被武力吞并的国家要服从皇帝任命的总督的管理，一些具有战略重要性的城镇（瓦拉塔）和真正的马林凯人各省也是如此。为了保证国家统一，作为君主的附庸要接受中央政府派出的一名代表的监督，并且曼萨每年都要召集各省总督到首都参加政务会。这次会议制定共同遵守的马林凯人法（Iaada），然后再结合伊斯兰教法在各地推行。总督们似乎都是穆斯林，其中一些甚至以前还参加过朝圣，他们熟知伊斯兰教法并通过伊斯兰教法官在本地推行伊斯兰教法，这有力地推动了帝国权力机构的建设。15至16世纪，桑海帝国正是这样谨慎地管理着各省。就地区而言，它受到东部王公和西部世袭贵族的影响，在当地，受到各种专门代理人的影响，相对于马里的那些代理人而言，我们更了解他们，他们管理王室产业、河流港口、船队、送信人、市场、奴隶阶层等。军队维持帝国秩序，被部署在主要的战略据点，服从王公们库尔米纳总督（kurmina fari，西部前线首领的称呼）或各省贵族成员登迪总督（dendi fari，西

9至11世纪的加纳帝国

14世纪的马里帝国

16世纪的桑海帝国

部前线的首领和很多其他地区司令官）的命令。所有这些人、行政官员、军人和乌里玛都效忠国王，国王则赐给他们礼物、金钱、土地或奴隶作为回报。

总而言之，13至15世纪黑非洲出现了巩固和发展有组织的中央集权国家所必需的所有条件。前面所举的例子已经说明了这一情况。此后，王权成为历史资料中经常提到的政治结构，它们称其是覆盖特殊区域并由一些部落组成的实体，整个国家由一个君主统治，相对稳定。君主通常承认伊斯兰教，但政权保有万物有灵论和巫术的特征。由王室官员、将军和因接受王公赏赐的黄金、人口和土地等而富有的乌里玛组成的贵族阶层统治着这个更加复杂的、等级的社会，人们通常应将其放到时代背景中去考察。土地贵族开始巩固（14世纪在马里，15世纪在桑海帝国）。在各种情况下，执行代理人、士兵、商业活动和城镇都源自农民，这有利于既定政权。我们知道，在伊斯兰教出现以前，最早的国家业已在9世纪左右兴起，它们各自在两个截然不同的地区发展。大多数城镇沿着商旅路线的终点下撒哈拉的萨赫勒从西到东的这样一条长长的不连贯的路线分布，它们的交通位置有利于它们的生存。例如，泰克鲁尔、迪亚法努（Diafanu）、迪亚拉（Diara）、瓦加杜、梅玛、加奥、加涅姆王国等国就是这样。尼日尔河口附近再往南一些，另一些城镇集结形成一个政治、经济轮廓，人们对此了解有限，但它们一定已经十分活跃。这类城市有伊费、贝宁、奴皮（Nupe）和伊博（Ibo）。因此，12至15世纪，和不断发展的伊斯兰教的联系、大的跨撒哈拉沙漠的贸易和一些迁徙行动使萨赫勒地区建立的国家越来越密集并向南延伸，接着一些比较边缘地区的或从更南边

地图9：西苏丹的几个中世纪帝国

来的民族也发展建立沃洛夫和塞雷尔王国（12世纪）——14世纪发展为沃洛夫帝国；索索人建索宁凯王国（12世纪）；亚腾雅人（the Yatenya）建莫西王国（可能是在13世纪）；豪萨人诸城邦（13至15世纪）。再往东一些，随着政治和民族的改变，加涅姆王国变为博尔努王国。接着大约在15世纪，最南边的一些民族，即几内亚的热带稀树大草原和森林地带的那些民族也受到这一趋势的影响。渴望向南进入阿坎和阿散蒂的采矿区的万加腊商人加快了可能正在当地发展的这些进程。他们沿商业路线迅速建立最早的真正的地区性国家，即博诺—楠苏（Bono-Nansu）、大贡（Dagon）和最后的贡加（Gonja）王国，这些更加孤立的古老的尼日利亚诸国是这同一趋势下在南部出现的少数几个成果。

因此，王国实现政治统一，但并非所有的国家都富庶、强大或成功。运气、一个组织良好的政权或社会、一个优良的商业形势、君主自身的军事或政治技巧等等因素使得某些国家可以控制它们的邻国并形成传统上所说的帝国。其中最古老的帝国是于11世纪在撒赫勒这一特许之地的东西两端围绕一些一流的商业中心建立的。西边的是加纳，因为班布克金矿区而富有并相当牢固地控制着梅玛、迪亚法努、索索、卡尔塔（Kaarta）等国和分布在撒哈拉沙漠西北部附近的商旅城镇。东边的加涅姆王国曾经一度控制杰赞（Gezzan）绿洲。随后这些帝国就衰落了，变得不堪一击（加纳在11至12世纪，加涅姆王国在13至14世纪）。新的政治实体因取得我们在前面提到的新的胜利（商业、黄金、伊斯兰教和行政机构）而崛起，甚至它们的野心更大，历经几代人的统治取得无与伦比的辉煌成就。如松迪亚塔·凯塔（Sundiata Keita，死于1250年）建立的占有班布克和布雷（Bure）金矿区的马里帝国，曼萨·穆萨（1310年至1335年在位）在位时帝国达于鼎盛，其疆域西起大西洋东至尼日尔河中游，囊括了无数部落、王国和民族，它们都处于它严格而又灵活的统治中。马里成为桑海帝国（1450年以后建立，帝国版图甚至比马里帝国还要大）以后，东起博尔努王国和阿伊尔（Aïr）王国，西至富塔托罗和沃洛夫地区的所有萨赫勒国家在它的统治下暂时结成联邦。古老的马里本身也被纳入它的版图，降为马林凯—冈比亚王国的宫廷所在地。

截止到15世纪的最初几十年，非洲再也不是他人劫掠奴隶和黄金的孤立的世界了。对西方而言，至少非洲的觉醒使得苏丹地区建立了阿比西尼亚诸国（Abyssinian Kingdoms）。被逐出西班牙和西西里的伊斯兰教打开了一条通往非洲的新的道路，此后五个世纪它一直是人类生活的一条要道。这是一个生动的事实，它表明，伊斯兰教尽管在北部遭到肢解和排斥，但征服并控制了南方。很难说基督教世界对此知道多少，但它一直没有忽略这一地区，在15世纪以前它贪婪的控制欲望业已伸向非洲。

Seeschiff vom Ende des 15. Jahrh., halb vor dem Winde segelnd.
Aus Bernh. v. Breydenbach, Peregrinationes. Mainz 1486.

一艘配有横帆和尾舵的德意志船只。《布伦登巴赫游记》（*Peregrinations of Brendenbach*）中的一幅版画（美因兹，1486）。在此之前，船只被看作是资本，其的股份可以买卖，而且它们可以同时属于几个所有者。

第三编

西方走向近代：
1430年至1520年

第八章 欧洲的第二春

　　1420年至1430年是欧洲历史上最为黑暗的时期之一。之前的章节里分析的所有腐朽的因素似乎都已经到了无可救药的地步，以致于可以摧毁一种文明。这就是当时的人们，以及许久以后后世的历史学家们所感受到的。米什莱（Michelet）认识到14世纪潜藏的隐义，然而他只是众多健在的或故去的诋毁中世纪的"危机"和"衰落"的人之一。为何不在此停止，以圣女贞德遭受火刑的熊熊烈焰作为中世纪结束的标志？直至很久以后这种情景才发生了改变，这是在查理五世、弗朗西斯一世和亨利八世时代之后，当时拉伯雷和加尔文正四处云游，他们的思想哺育我们直到1530年或1540年：介于贞德和路德之间的整整一个世纪可以说明这一点。这一时期被视为旧世界的终结：百年战争的结束、拜占庭的崩溃、黑死病，却在相当一段时期内忽略了：多桅小帆船已经在沿着西非海岸航行、文艺复兴已然开始、近代国家已经建立。历史被武断地切割。但是，在过去15年多的时间里，对法国区域经济、意大利艺术和思想、德意志精神和英国社会的研究取得的进展，已经使这一概念化为乌有。这一段历史确定无疑地属于中世纪。在1450年和1540年至1550年之间，基督教的欧洲焕发出与之前的衰落截然相反的活力，尽管确如近代的一些历史学家宣称的那样，至少在经济和社会方面并无证据可以证明，基督教的欧洲已经恢复到了1300年或1320年的水平，那是直到18世纪末的工业革命才能见到的情况。但正是这段令人厌恶和排斥的时期，奠定了近代欧洲的根基。

复　苏

　　当一项生意经历了一段萧条期又重新揭开其订货簿时，可以说它已经"恢复"了；在15世纪，这被称为"重建"，但是这两个名词的蕴义是与旧物质条件（既在一般定义上，也在关于一项事业的成功上，在此其前景是不确定的）相匹配的。有时无法探察出正在起作用的新生力量，重现活力的印象仅来自于障碍和灾难的自然消除，并没有结构性的改变。我们要考察的便是这个世纪已呈现出的这些特征。

"人口激增"

　　这个有些过分的评论，略带错愕，是一位伦理学家于1520年作出的，它针对的是一种舍其则所有其他的一切都毫无意义的根本现象：即人类寿命的缩减最终结束。在1420年之后尤其是1470年的档案中有大批材料已被发现，所以相当可靠的人口研究首次得以进行。当时肯定有更多的人口，但是其中的原因却是复杂和模糊的。

曾经肆虐加剧人口锐减的传染病逐渐退去。黑死病的最后一次大规模爆发发生于1437年和1440年，偶尔的发作则持续至1465年。例如，斑疹伤寒的记录见于1470年到1560年南特地区的一系列瘟疫记录中，90年里的51年有病情记载。而另一方面，麻风病只不过是一段令人不快的回忆，它从未席卷全部人口。它的消失是由于肺结核的发作——一种不平等的交换，因为后者对社会非特权阶层危害更大——还有梅毒，这种病在法国和那不勒斯的军队中以不可思议的速度蔓延，在1498年至1525年之间的"意大利战役"中也是如此。与这些相比，黑死病的影响相形见绌。其杆菌的致命性并不因医护条件的改进（直到1600年后才有所发展）或民众免疫力的逐渐增强而减弱，是人们体质的增强遏制了它的影响。与这一胜利相比，瘟疫的失败成了次要的现象。人们足以抵御它的侵袭，它也就自然而然地消亡了。

战争在这一时期起了什么作用呢？与瘟疫相比较，答案似乎显而易见。在不同时期和地点，由骑兵队或由雇佣兵的攻击所造成的破坏较以前不那么频繁了。波尔多的收复（1453），意大利的洛迪（Lodi）和平（1454），波希米亚的胡斯战争的结束以及皇帝斐特烈三世（Frederick Ⅲ）在1470年左右予以支持的城市间协议的制定，与游荡在阿尔萨斯的雇佣兵或被消灭，或于1440年到1450年之间应召成为皇家军队一样，这些都是积极的。但是还不能高兴得太早。尽管法国境内的战争大体上结束了，在路易十一挫败大公军队的蒙特利尔之战（1465）和一百年以后的宗教战争之间，阿图瓦和勃艮第的争斗一直持续至1480年，而且在1488年，吸血鬼（écorcheurs，敲竹杠者）还结队游荡在诸如法兰西岛这样的乡下。在英格兰，内战爆发了；在德意志，骑士们，即里特（Ritter，中世纪有贵族身份的骑士、武士、骑士团成员），在整个莱茵兰和中部德意志强行采用武装自卫权（Faustrecht，封建贵族动用武力的权力），即武力原则；意大利自1490年以后再一次惨遭战火蹂躏。尽管战争如同我们早先看到的，是贵族们地位衰败的结果，在贵族们被消灭

一个手持铃铛的麻风病人和一个跛足者接近贝蒂纳的病房。（该细节来自一幅15世纪的微缩图，巴黎，国家图书馆）

之后，政治扩张在国王的名义下得以迅速恢复。

　　尽管农业生产的发展意味着食物短缺的情况日益减少，但饥饿依旧在大约1465年袭击了波旁王朝的领地，1481年和1492年法国北部和低地国家受到波及，在1522年和1525年之间阿尔萨斯和西德意志也未能幸免。粮食短缺的危害在于，虽然很少有人直接死于饥饿，但降低了人们对疾病的免疫力。总之，在这些外部因素影响下，没能形成可以使出生率上升所需的相对安全的环境，而延缓了最终的复苏。

　　尽管我们的信息在这一基点上是不充足的，但这确实表明促进人口增长的两个主要因素逐渐增强。农业的复兴是（贵族）对土地和农产品的需求瓦解的直接结果。农民能够通过改进农具和耕作方式获得更好的收成和更多的口粮，这就使他们如同 11 和 12 世纪那样，得以提高他们的生活水平、降低死亡率，尤其是儿童的死亡率。尽管在 1427 年佛罗伦萨的灾难中一些家庭的 20 个儿童中有 15 个，或 11 个中有 6 个，年

一个富裕之家婴儿的出生和首次沐浴。（昆塔斯·库丘斯，《亚历山大大帝的事迹》，15世纪末的法语译本，尚蒂伊，孔代博物馆）

龄很小就已夭折（鉴于这一灾难记录了"家庭的平均值"，这些结果不会出错），但富裕家庭儿童的存活率重新开始提高。在里昂，瘟疫前平均每个妇女有 3.9 个子女，这一数据到 1430 年跌至 1.8，并在这一水平上保持稳定，到 1480 年又攀升至 4.5 或 5.1。毫无疑问，食品供应的改善在这种恢复中起了重要作用。但是，回归先前的"婚姻模式"对于人口的增长同样重要，在这种模式下女子很早就出嫁，这有利于提高出生率。根据 1427 年的相关记述，有 74% 的农村女子到这一年龄已经出嫁（这一比率在城市中仅为 58%），锡耶纳的贝尔纳迪诺（Bernardino of Siena）据此在 1425 年声称，米兰有 2 万名年逾 20 的女子还未出嫁。1480 年之后，婚配陪嫁（Monte delle Doti）———项由佛罗伦萨发起为适合结婚的女子提供嫁妆的基金，因为缺少顾客几乎被迫关门。就我们所知，在这种婚姻中男子往往年龄较大，但是到 15 世纪，年龄介于 23 岁和 27 岁的男子被视为合适的新郎，与此相比，在 1320 年或 1340 年之前 30 多岁的新郎则是屡见不鲜的。

　　一个迄今尚未能被科学验证的决定性因素也应被考虑到：即女性在人数上占据优势。这是当时环境中的一个偶发现象，例如由于可以对分娩提供更好的照顾和新生儿死亡率的降低，或者是因为一种我们无法分析的长期的生物性趋势，这一事实经过开展人口调查得到了确认。尽管在1427年的托斯卡纳男子仍然远远多于女子，而到1455年至1470年，巴塞尔、纽伦堡、

阿图瓦和低地国家的情况则恰恰相反，在那里男女的平均比例为85至90个男子对110至115个女子。从道德或经济角度对这种情况进行进一步研究，值得注意的是由于婚姻市场上的女子已经饱和，使得女子结婚的年龄降得更低而且更早地开始家庭生活。

对于导致人口趋势发生逆转的这些因素，我们能否量化或确定其时间？总体趋势的发展是缓慢的，而且相当多样化，但毕竟没有类似1347年至1350年的明显的中断。在某些地区，如上普罗旺斯、加泰罗尼亚和法兰西岛，直到15世纪末，人口水平持续下降；而在其他地区，像奥弗涅、勃艮第、里昂、埃塞克斯（Essex）、埃诺以及郎格多克的部分地区，人口从1440年起激增。如果谁选取英格兰、诺曼底和埃诺的平均值，就可以声称人口是从1410年至1420年之前的负增长向情况最好的大约1420年至1440年重新正增长转变，每年的增长系数为0.15%—0.30%。真正的增长始于1450年至1460年之后，当时的增长系数已经稳定在0.50%—0.65%。1475年后，尽管科（Caux）和郎格多克的增长率分别是1.28和1.94，但每年的平均增长率稳定在0.80和1.2之间，这代表了人口在三或四代间翻了一番。不幸的是，15世纪初的数据表明这一趋势趋于停滞，大多数国家居民的数量只有1310年或1320年的3/4或4/5。这就是为什么把"人口激增"归结于生育显得名不副实，而且大约在1550年左右人口数量重新开始下降更说明了这一点。但是这超出了我们研究的时间范围，简略提及的目的在于强调这一现象的不确定性。

还应提及一个决定性的、不应被忽视的方面：城市的形势似乎很特别。当然，情况一向如此，14世纪的危机使它们经受了一次次残酷的通货膨胀和衰退。每一次城市移民的大潮都在其身后留下了一片残迹，已指出这种增长拉开了城市对农民残酷掠夺的序幕。一旦最紧迫的危险过去，城市的魅力就不会暗淡，因为在它们的高墙背后，失业者和逃亡者意外地发现他们受到了欢迎，而且工作比起乡下来也许更为轻松。这就是为什么甚至在1450年后，几乎各地的移民都如此之多，使得城市议会面临严重的容纳问题。人口的流动因突发因素改变方向：在巴黎，大约1480年或1500年，来自上诺曼底和布列塔尼的移民（占巴黎移民总数的31%）同塞纳和瓦兹（Seine et Oise）的两个先前富庶地区的移民（占巴黎移民总数的29%）以及来自卢瓦尔河（Loire）南部（直到后来被驱逐，其构成了18%的巴黎移民）的移民形成了竞争。很难对这种人口涌入的数量作出估计，据推测，在1435年和1455年之间移民分别占兰斯（Rheims）和斯特拉斯堡人口的25%和35%。若干具有不同重要性的城市因移民的涌入人口重新大幅度增加，如瓦恩（Vannes）、雷恩、塞莱斯塔（Sélestat）或科尔马（Colmar）。此外，诸如阿尔勒（Arles）或佩里格，其社会结构也发生了深刻变

一对农民夫妇准备去集市出售他们的农产品。（丢勒的雕刻作品，巴黎，科尔·迪蒂，珀蒂特·帕莱）

化。总之，尽管人口的数字并不能真正证明根本性的诸多变化已经发生，但在1500年，绝大多数城市拥有和1300年一样多或者更多的人口，里尔、第戎和根特的情形即是如此。这种增长姗姗来迟，甚至比乡下来得还晚，而且在1470年之前几乎不存在。在这些新的压力下，城市社会的立场坚决了，他们抛弃了新来人口中无利可图的部分，把其分派到郊区或者特定的城区。为了获得市民准入权（droit de cité）——在普罗旺斯、中央高地（Massif Central）和莱茵河沿岸的城市特许给予的巿民权——一个人必须谋取一些土地或获得一处拥有契约的住宅，即使波尔多也被先后两次大批的移民涌入瓜分殆尽。那些没有获得这些资格的人被抛出了城市，如同在大约1460年或1470年的勃艮第公国发生的一样。在短期内采取过激措施的统治者，并不认为通过清除一个反叛城市中的居民然后强制性地以新居民加以代替，就可以获得支持，就如同法国—勃艮第战争期间在阿腊斯和列日发生的一样。

乡村重现生机

农业复兴的条件与人口复兴类似，并与之相联系，由于各种分歧和矛盾是如此之大，农业复兴的总体进展难以确定。首先，下面的例子说明了乡村重现生机的意义：约1460年，康布莱西斯每公顷土地的平均产量是6公升（16.5蒲式耳），凯尔西在1473年的产量仍是微不足道或是可以被忽略的，两者的情况形成了鲜明对比。奥弗涅和普罗旺斯直到16世纪初才开始耕作它们荒弃的份地。其他地区，如1484年法国的许多大庄园，或1489年当约翰·劳斯（John Rouss）和其他人向国王亨利七世纷纷抱怨时，甚或1498年的托斯卡纳——如果萨沃纳罗拉（Savonarola）可以相信的话，以及1500年的丹麦，人们仍在抱怨乡村并没有完全复苏。但是，这一复苏的各种技术条件是可以确定的。例如，凯尔西的情形已经表明赋税经常由集体确定（在1450年至1490年间占到了这一地区税收比例的80%之多），因此也代表了一种特定地区各个阶层共同努力的结果。另一方面，谷物的价格在1470年之后稳定下来，这就使农民为了获取更高的利润而种植更多的谷物。更重要的是出现了一批新兴的人数众多的工人而使工资增长速度趋缓。在英格兰，工资水平甚至在1430年到1450年以及1470年到1490年分别下降了10%和15%之多，也许这也是城镇之间竞争的结果。

这种复苏在各个阶段的诸多结果在整体上也许是这样呈现的：在1440年和1475年之间，人们大量种植经济性作物，尤其是在德意志和意大利，人们经营亚麻、葡萄园、果园以及橄榄园。从1475年到1520年人们开始在贫瘠土地上清除份地，但是直到1520年，在德意志和地中海地区的人们才开始开垦早在14世纪就被抛荒了的荒村。即使在最好的情况下，也只有20%的农地重归耕犁之下。

维护果园：在春天修剪和除草。（莱布·厄勒斯·德·罗昂，巴黎，国家图书馆）

尽管谷物的价格在 1460 年或 1470 年后略微上涨了，但耕地并未升值。在英格兰或诺伊堡（Neufbourg）每亩可耕地的价格保持其在 1420 年至 1425 年的水平。造成这种价格停滞的原因很清楚：农民在逐利的过程中，尝试用其他作物追逐利润，而且从 14 世纪中期起，一种土地专业化的趋势开始出现了。如果像在大约 1450 年的勃艮第一样，一个葡萄园的维护费用为 20 里弗尔而收益为 45 里弗尔，为什么要冒险去种小麦呢？把小片的耕地变成赚钱的葡萄园可能包括停止所有的生产。在大约 1500 年，即使是容克贵族地主也设法将葡萄移植到萨克森。将葡萄和橄榄或是葡萄和坚果树混种，现在仍是许多南欧国家的特色风景，在当时的确极为普及。

农业的另一方面——畜牧业吸引了越来越多农民的兴趣。肉奶制品需求不断增加，各种以羊毛为原料的纺织业生产惊人增长（使养羊业合同格外受到关注，城里人买下一群羊然后将其租借出去，农民出卖羊羔并且每年繁殖以保证自己免于拮据，在这方面二者是一样的），这些都证明这类投资是正确的。投机的因素，或与之相反的转让所有权的因素〔在许多这样的牲畜契约（gasaille, nourkiage）合同里——如同他们在法国南部或北部的不同地区所称的一样〕，或者是意大利的家畜赁贷契约（soccida）的因素也不应该被忽视。1460 年之后，在阿尔卑斯山或比利牛斯山南部，许多农民经常不能负担他们的农业费用，只有出卖自己牲畜的所有权来换取现金（这就意味着，尽管他们仍然必须劳作，但他们只能在年末抽取产出的一小部分）。可能是由于这些合同变得更为普遍，以致牲畜开始被分开饲养。这对我们似乎平常自然，但在中世纪却是非常奇怪的：不再有盲目的季节性牲畜迁徙，牲畜不再在危险的森林中觅食，而代之以马厩、猪圈和专业化的牧人。

导致畜牧业形成迄今从未有过的规模的因素之一是来自"异邦"牧群的毁灭性的竞争。匈牙利约在 1480 年向西方出口了大量的牛肉和奶制品，以至于不得不实行限制性，甚至系统性的保护措施，如在 1492 年的科隆。至于养羊，南欧引进长毛羊种导致其他地方重新从事地区性牧羊。尽管我们不清楚"美利奴"（merino）羊的来源，但自从 1278 年和 1344 年起它们就分别出现在西西里和西班牙。它们的名字可能源于摩洛哥的梅里尼兹（Merinids），或来自一个柏柏尔人部落。热那亚人也许在沿着第勒尼安海引进它们的过程中起了一定作用。无论他们引进的源头是哪里，并不意味着它们被迅速地在各处集中牧养。在多菲内、坎特（Cantal）和上普

一位训练有素的牧羊人在剪羊毛。 （伦敦．大英博物馆）

万圣节宰猪。 （1491年的一幅木刻）

罗旺斯，由于这些牲畜的大量繁殖和贪食对下层灌木丛的破坏和侵蚀迅速蔓延，或重新开始。在普罗旺斯，羊的数目大大超过了人的数量。伊比利亚半岛（在那里，季节性牲畜迁徙的传统如此牢固，足以延续到我们研究时段之外的几个世纪）是仅有的能在最初组织一套采集、筛选、运输和对羊群征税的合理体系的国家。麦斯达（Mesta，西班牙古时的牧主公会，该词的词源仍有争议）作为一个普通的行会诞生于约1275年，因其主要的供货方是西班牙的"大公"（grandees）和军界，可以影响他们的国王安排合适的税收和土地专款政策，所以其日渐成长为一个经济和政治强权集团。到1360年，羊的头数据估计达到了100万，到1450年，在这一庞大的联盟手中逐渐积聚的羊群总数达到了300万头，到1490年增至470万，当时阿拉贡的斐迪南德接管了僧侣骑士团并成为西班牙的头号牧羊人。这种权势不仅保障他拥有凌驾法律之上的特权和臭名昭著的免税权，同时保护他抵制农民的要求——由于成千上万的羊群践踏耕地而要求获得赔偿。因为在这些羊背后集结的是全体贵族和国王。

扰乱乡村

英格兰的情况有些不同，要对其进行分析请先允许我介绍欧洲农业史上的一个重要事实：即萌生林的蔓延。在不列颠群岛，无法进行牛羊的季节性迁徙放牧。为了弥补这一点，英格兰人尽力保障其羊毛的高品质，在西班牙引进美利奴羊之前，羊毛是其主要的出口商品。自爱德华三世继位以来，形势发生了改变。首先是由于战争而引发的佛兰德斯劳工问题（即使在英王于1362年在加莱设立了一个贸易中心，使货物可以完全安全地卸载之后，问题依然存在）。其次，由于许多手工匠从低地国家，阿图瓦和莱茵兰来到英格兰，使英国制造业发展起来。在此，我们应该稍停片刻：即使抛开完全不起作用的 1381 年《航海条例》（*Navigation Act*），我们也可以在这里看到奠定 18 世纪英国经济优势地位的基石。假如拿不列颠群岛的投机活动与以前相比的话，从那时起，养羊变得更为有利可图，这是因为出口税突然降低了。在圣艾夫斯（Saint Ives）、南安普顿、斯坦福、布里斯托尔和温彻斯特的商人不再是皮卡底人或佛兰芒人，而是英国人。西多会修士似乎在养羊业的发展中起了决定性作用，因为这是他们自 12 世纪以来最为传统的活动之一。从那时起，他们把精力集中在羊毛上，甚至达到了组织护航队去赫尔（Hull），为邻村装运船只和提供劳务的程度。他们树立的榜样被许多贵族仿效。在城市里，一种新型的羊毛商人出现了，他们开始时或多或少是带薪水的掮客。他们奔走于英国农村，寻找处于财政困难的业主，向他们提供预付款以获得未剪下的羊毛，然后进行廉价地饲养（据羊毛商人所说是有风险性的），当剪羊毛的时间来临时，再以非常昂贵的价格出卖掉。其他养羊人设法避免这类陷阱并使羊成为农村一种收益不错的投资，正如古谚所说，羊蹄变沙为金。

这种养羊业，即使没有在大陆上进行季节性迁徙的大规模运动，也需要大片土地。羊群贪婪而未经驯化，对庄稼和森林危害巨大，牧养它们的田地不得不围拢。这导致了众所周知的圈地现象，其实际上可能是无害的，并对个人的种种决策作了限制，但是在敞田耕作的环境里（英格兰和其他地方的这些土地如今长满了草），圈地意味着抛弃古老的各种公社农业惯例，把公有土地用栅栏圈起来不让其他动物在上面吃草。圈地破坏了庄稼轮作制，并逐渐摧毁了农村社区，不夸张地说，英国的圈地从长远看对不列颠群岛的农民与麦斯达对西班牙农民的种种盘剥一样是有害无益的。英王不久就认识到了这一问题，1235 年亨利三世便已经禁止夺取和圈占公用土地，但是和其他措施一起，这在 1380 年至 1390 年高涨的畜牧业浪潮中被扫到一边，约 1430 年至 1450 年这种增长仍然强劲，当时不断上涨的农业收益使许多家庭进行了大规模圈地。这一现象常常与那些废弃的村庄相联系，这些村庄在许多情况下随着可耕地的消失而毁弃，或者被迫不能再从事正常的农业生活，迫使农村社区解体和农民离乡背井。大批破产的农民流入城市，形成了一支脆弱的劳动力，他们准备从事任何工作，这为后来英国的工业化打下了基础。圈地运动在 1450 年至 1489 年间波及大约 2000 个地区：在英格兰中部地区、兰开斯特附近、林肯以及纽卡斯尔北部，2/3 的村庄被圈占，但在诺福克和伦敦东南各郡只有一半，约克和伯明翰乡下所受影响较小。抗议之声沸腾而传到了君主耳中，即著名的 1489《大请愿书》（*the Grand Petition*）。红衣主教渥尔塞（Cardinal Wolsey）奉命于 1517 年展开调查。但事实上，国王对发展英国的羊毛工业很感兴趣。他对滥占土地现象视而不见，只被迫发布了几份抗议书。此后，这一运动就肆意扩展。在 16 世纪末伊丽莎白统治时期达到顶峰，这已超出了我们的研究时期。

欧洲大陆上相似现象的存在引发了一个问题，因为他们不如英国那样广袤开阔。在草场增长显著的所有地方：埃诺、昂古穆瓦（Angoumois）、佛朗什—孔泰（Franche-Comté）、蒂罗尔（Tyrol）和巴伐利亚，首次围栏的时间和范围都不确定，唯一不争的事实是畜牧业在这些地区有了进展。在欧洲较为寒冷的部分，像布列塔尼、普瓦图或中央高地，开放的村庄（gastes）围绕封闭的牧场（coutures、trests、gaignettes）已有数世纪，围栏和高墙的数量也大为增加。在英格兰，与圈地相伴的是封闭的小块园地的数目的不断增长。

圈占森林

我们遗留了一个有关森林的问题，正如我们所见，森林蔓延到了许多原先的耕地上。并无证据表明，清理森林是十六世纪农业复兴的一部分。为了获得这方面的依据，我们必须进入到18世纪，当时重新恢复了大规模的森林砍伐。无论如何，得自木材和杂材的收入不断增加，使那些对此感兴趣的精明能干的地主们很满足。在大约1500年，诺伊堡的领主能从其森林或灌木上得到907里弗尔，而从其平原上仅能得到400里弗尔。在德意志，投机性企业的大量涌现甚至产生了灾难性后果。在纽伦堡附近，市民或如同许尔普切尔（Hülpuchel）一样的木材商砍掉橡树林而代之以生长迅速的针叶林（其木材可以满足各种用途）。松树、冷杉和落叶松对原有的落叶林地的不断侵袭无疑肇始于此时。我们已经开始把它们视为本地树种，但其实它们却是15、

16世纪城市投机的结果。它们也是毒果，因为厚积而且没有肥力的松针层覆盖在森林地面使其日益贫瘠，家禽不能再从中觅食。由于不尽相同但具有同样灾难性后果的因素，德国和洛林的农民如果不大批逃亡的话，就只能被限制于干一些纯粹的农活。

森林也许从未停止过扩张：在15世纪的索洛涅地区，72%的农庄（称做谢佐，chézeaux）都拥有森林。在那里森林并不十分密集，是他们不懈的忙碌弥补了这一点：包括烧炭者、林地所有人、森林中人 [godins，源自德国的瓦尔德（wald）？] 在森林里安家落户，他们像11世纪的隐士和逃亡者一样，组成了一支完整的"原始"手工匠群体，也像其11世纪的先辈一样，可能在复兴"第

猎兔：猎狗和灵猩（可能起源于东方）在追逐它们的猎物。

二产业"方面扮演了基础性作用。当然，所有可利用的空地的主人有根据地怀疑或臆测这些林地主人在胡作非为，并且可能背后有两套措施，这些措施的弊端大大超过了它们的优点。首先，打猎的自由———一切自由人继承祖先的权利，曾被农民顽强地捍卫过（即使今天也是这样），而今却被禁止了。已经到了对包括猎捕狼、狗熊、野猪和成年牡鹿所需的昂贵的猎枪、成群的猎狗、猎网和诱猎者进行限制的地步，这些往往成为了贵族们的特权。但是，狩猎的艺术在15世纪不断改进，并且更为精确，日益与贵族提高了的动物知识相适应。他们不再视打猎为进行战争而必需的训练或是为了谋取除猪油之外的其他食物的方式，它已经变成了一项妇女也能参加的运动技能，这样就使他们扩大狩猎活动和猎杀不太可怕的野兽。像狐狸、雌鹿、狍，甚至兔子和多种鸟类，都成为贵族的猎物，直到后来它们被留给农民的弓箭、捕网或猎夹。在西方社会，鹰猎的更多采用（腓特烈二世与穆斯林接触后，获得了这一技术的入门知识）需要专业训练的人员。不久，不同品种的猎狗被培育出来以进行不同的狩猎。贵族们现在通过组织持续几天的打猎来展示他们的慷慨，如同奥尔良的路易和安茹的勒内（René）在15世纪所为。个别君主甚至在表现狩猎技艺上显示了相当的才能。在14世纪，一位名叫加斯东·菲伯斯（Gaston Phoebus）的人创作了关于狩猎的真正作品。国王们也经常感觉到要使这种活动极其盛大和不落于人后：从查理七世到路易十六，不止一个法国国王把此视为己任。这种情况的发展与乡下人的直接利益背道而驰。从1450年开始，先前制定的禁止在领主保留地里偷猎的法律公文开始禁止日常的活动。首先遭到打击的是村民们的狩猎方法，法令声称———也并非总是错的———他们是在凶残的灭绝动物（同样的规定针对捕鱼）。然后，若干种动物留给领主狩猎。一些统治者深谙他们从这些冲突中得到的物质利益，1470年，路易十一出售给一些领主垄断若干森林的狩猎权。这证明农民开始被逐渐排除在各种形式的森林狩猎活动之外了。其借口是从中获益的动物生命并非没有价值，就如同偶尔需要组织对狼或野猪的围赶一样。但是，无论是国王对其收入，还是贵族对其技艺的关切都对农民的法律和经济权益产生了不良后果，迫使他们去偷猎画眉、家兔或困于陷阱的鸟兽。

围拢林地再将其变成公园和饲养区是再造自然环境这一新趋势的一部分。这与生物知识的总体水平有关。我们已经看到，从13世纪末以来，甚至早于西多会修士，人们就开始清除下层灌木以加快高大树木的生长，并被许可从农民的牧场里划出大片的森林加以利用，以促进其生长。从1340年或1370年开始应用的种种方法———而且后来用于大西洋沿岸和德国———在达到这一目的上是有效的，但就其实施程度是有争议的。弗朗西斯一世于1516年发布了一道法令，此后被广泛效仿：规定砍伐要有12年的间隔，并且每年对下层灌木进行清除。进行了勘察的部分森林被围拢和砍伐之后，按照每英亩20棵幼树的标准重新种植更多耐活的树种，例如橡树或山毛榉，然后任其生长。在栽种的最初三年里，森林成为禁区。至于狩猎，这些措施的积极方面不容置疑，但是它们包括惩罚和驱逐，勿庸说投机性的冷杉种植的后果，这一切都对农民社

猎捕雄野猪。（左）出自加斯东·菲伯斯关于狩猎的论文。（15世纪,尚蒂伊,孔代博物馆）

鹰猎（右）。猎鹰是领主们的骄傲和乐趣，由专业的鹰猎手训练和供养。（帕尔手稿，拉丁语，编号1071，罗马，梵蒂冈使徒图书馆）

区造成了危害。

　　这样，林地作为中世纪经济的第二支柱，往往落入把它们据为己有的领主之手——尽管他们的动机很好。这一问题是复杂的，由于无法解决凌驾于任何相对重要林地上的领主权的混乱，农民的抵抗在16世纪初结束。这不仅是因为关于伐木、狩猎和再生林的禁令互相矛盾，而且因为看守人、王室护林官和管家这些监视机构也因争夺利益而深陷其中。例如，88位领主和牧师（不包括国王）都声称对奥尔良的森林拥有权力。森林的例子是15世纪末大规模竞争的典型代表，尽管其包括了积极的因素，但它的结果是有限的，其成效是有争议的。

一个更为稳固的工匠阶层

　　尽管用多种方式解读了农村地区所经历的问题（尤其是如果考虑到14世纪的种种灾难的程度的话），但城市却展示了令人振奋的一面，这在解释中世纪城市上升态势方面迈出了一定步伐。出现这种繁荣的原因是多重的。尽管熟练工人分布很不均衡，但并不缺乏劳动力，不论是在蜂集着农村逃亡者的城市里，还是在如今依靠干零活勉强度日的乡村中最为贫困的家庭里，情况都是这样。那里也绝不缺乏工作。西方劳动史的特点之一是在商品制造业的预备阶段便开始逐渐分工。精湛的技术和一支专业化的劳动力大军保证一批品种更多的制造品在市场上供应给顾客，顾客们也变得更为多元化和比以前消费欲望更强。因为生产奢侈品的成本在上涨，诸如昂贵的纺织品或金属制品，货摊上为精英阶层准备的物品和那些提供给其他大众的货品之间，差距在不断扩大。在这方面，制造阶层在加剧社会歧视和导致阶级冲突上起了推波助澜的作用。在此，我仅举一个显著的例子：13世纪，服装成为人们互相区分的要素。的确，这只要在普通服装上加上一条皮镶边、金滚边或条纹染上一种昂贵的颜色——例如红色，就可以如愿以偿。从那时起，农民的服装就不同于穿戴似骑士的商人服装。服装风格的演变（所有这一切都夸大了，因为服装成为了社会地位上升的一个标志）用于把人们相互区分开来。尽管如此，这是一种在工业化国家直到50年前还很熟悉并在许多地方继续存在的特征。无需在此讨论陶器、家具和手织花毯，它们的演变是按照相同的顺序进行的。

除此之外，技术方法的不断进步保障了工匠阶层的生命力。我已经提到过采矿业，但在几百年来处于领先地位的纺织业，14世纪的革新成果已成为标准。转轮、桨柄和丝磨在1420年前从伊普尔（Ypres）推广到佛罗伦萨，这些工具不仅使工作能在更为规律的基础上展开，而且为我早先提及的生产的多元化提供了便利。例如，廉价的轻哔叽（如果相当粗糙和易碎的话）开始在15世纪的英格兰——布里斯托尔、温切斯特和索尔兹伯里（Salisbury）附近，尤其是在默兹（Meuse）山谷和佛兰德斯沿海之间的城镇生产。老中心如阿腊斯、图尔奈（Tournai）、艾尔（Aire）和于伊（Huy）重现了生机；其他市镇如翁斯科特（Hondschoote）、梅嫩（Menin）、圣特莱登（Saint-Trond）和阿尔芒蒂耶尔（Armentieres）也因为轻哔叽而得益。同时从东方引进棉花到意大利，经威尼斯到米兰，然后到南部德国——康斯坦茨、奥格斯堡和雷根斯堡，刺激了亚麻棉布的生产，这或者是丝和棉的混合物，通常更多的是羊毛和棉花的一种混合物。这为如富格尔（Függer）一样的家族们提供了发家的坚实基础。

制造业阶层已经拥有两种重要的促进其发展的力量源泉。首先，城市和乡村的联系此后已非常牢固。很早的时候，先是意大利然后是莱茵兰的行会主人就已经授权农民进行全部或部分制造工序。14世纪初的热那亚，70%至80%的纺织工人被居住在亚平宁的城市企业家雇佣。这种做法往往反映了行会师傅对他们当地学徒的敌意，学徒们被迫降低要求，因为村民们比他们所得的薪水更少。就如同在佛兰德斯，学徒们会不时地冲进与他们争工作的小村庄捣毁其设备。到15世纪初，这些野蛮的做法不再通得行。一方面，不断专业化的学徒们保护自己免受来自在技术方面无法与他们同日而语的农民的竞争；另一方面，把一门技艺划分为两个层次不同的技术的思想开始普及。纺织业为我们提供了这方面的最佳证据。亚麻的收集、在流水中漂洗、染色和纺织只能在露天作业。各处纺织业的这种分支于15世纪形成，在爱尔兰和威尔士、在勃艮第和比热（Bugey）、在士瓦本（Swabia）和巴伐利亚，在乡下早已准备好的成束亚麻被运往城市。羊毛衣物、哔叽和丝毛哔叽的编织由乡下负责，而城市则处理加工程序和染色，并保留了罗呢的整个工序——它需要一个不大但却非常昂贵且必不可少的翻转装置。在这些条件下，乡村的布局就与城市分配给它的工作相联系，并在加工中心附近发展起来。乡村都沿着康斯坦茨湖岸集中在拉芬斯堡（Ravensburg）附近，赛文（Severn）河谷的居民聚集在布里斯托尔附近。约1400年在普拉托（Prato），达提尼（Datini）公司雇佣了城市里的17个工人和城市周围40公里范围内的453名工人。在坎特伯雷，15%的农村人口在大约300个村庄里业余从事制农业。农村的从属地位隐约形成了。

工匠阶层结构的第二个方面把我们带进后世：这就是商业的日益集中。当克雷蒂安·特鲁亚（Chrétien de Troyes）描述在12世纪末有100位少女在制衣，他意在使他渴望奇迹的听众们惊叹不已。两个世纪以后，这一切的确发生而且更为普遍了。我想起了巴第家族和现在的普拉托家族。15世纪初，泽卡（Zecca）和威尼斯的兵工厂和铸币厂雇佣了2000名工人。稍后，托尔法（Tolfa）的明矾矿有500名工人在工作。使历史学家印象深刻的是，在同一所有人之下的作坊变得集中，而不是在一个作坊里对工人们进行大规模的管理。单独来看，单个作坊仅雇佣10或12名学徒，即使在佛罗伦萨或法兰克福的纺织业中也是这样，但是这些作坊构成了一个集团的组成部分，他们的设备经常公用，合伙购买产品，这些不同部门的联系由一个共同的家族或业主提供，例如，佛罗伦萨的博纳科尔西（Buonacorsi）控制了超过300个作坊。这些企业家实际上都是商人，稍后我们还将谈及这些首领和金融家。

采矿业的繁荣

15世纪是矿山的世纪。1460年之后在中欧，尤其在德国，采矿业直至18世纪甚至那以后都是按照固定的方式组织的，它决定了采矿业的进展和可行性。这是由于帝国在这一过程中占据先机，这也与当时适度的国内和平相适应，所以莱茵河和多瑙河地区获甚至得了超过意大利的经济优势。当这种进程刚刚开始时，形势并不是非常明朗，有许多历史学家声称这仅是自13世纪以来长期增长的结果。事实上，其起源的问题是相对次要的，主要事实是在殖民扩张前夕，欧洲既能充分开发其地下资源，也掌握了允许其在其他地方这样做的技术。

这不是一种间断性需求的结果，它不仅是正在进行中的铁矿开掘和铝矿开采，而且是要搜罗地球上所有的产品。矿物盐在萨克森、上波兰和萨兰（Salins）附近的孔泰开采，这说明了市场对盐需求的剧增，盐产量因此与王室或王侯们得自盐务税或盐税的收益相联系。这种需求也增强了位于索恩河畔的沙隆、梅斯、拉芬斯堡和巴塞尔这些位于莱茵河—罗纳河轴心的集市和市场的重要性。从那时起，海边的，尤其是那些在朗格多克的盐碱滩都遭到了破坏。威尼斯是仅有的设法对付"洛陶林吉安"（Lotharingian，在匈牙利）的竞争的南部国家，阿维尼翁教皇不久就对此表示积极支持。

　　裁缝为贵族和中产阶级顾客缝制的衣服，时装首次亮相。从那时起，服装的种类和装饰物标志着穿着者在社会上的地位。（皮萨内洛的三项妇女研究，巴约纳，博纳博物馆）

罗马教皇自己掌管铝矿开采，铝是制衣过程中必需的一种化学品，大约于 1461 年在圣彼得（Saint Peter，即教皇领地）地界的托尔法被偶然发现。铝的发现所带有的半奇迹色彩（这意味着不必再去奥斯曼控制下的小亚细亚索取福西亚出产的铝，或去埃及马穆路克那里购买铝了）以及其开采过程中的极其丑恶无耻的特征（佛罗伦萨的美第奇家族管理开采和营销，教皇则负责将任何拒绝购买铝的人开除教籍）吸引了许多人的关注。除此之外，热那亚和威尼斯作为传统上东方铝的供应者的位置，已被佛罗伦萨所取代，这只不过是美第奇家族成功地崛起于权力舞台之一斑。应当指出在北欧，木灰和粉碎的浮石已长期替代了铝，从而使铝比起盐来成为一种赢利较少的商品。

15 世纪初的纺纱和织布。（薄伽丘的著作《贵族与名妇》的一幅缩微图，法译本。罗马手稿16 GV，伦敦，大英博物馆）

铜的开采也得益于施蒂里亚（Styria）矿床的发现，在那里一个富含铜（2%）的铁矿中发现了含银的铅，超过了莫桑（Mosan）或伊比利亚矿床的储藏量。这种金属在炮兵和海军装备，或者仅仅就是烹调器皿发展中的重要性，在整个 15 世纪，尤其是 1451 年后不断增加。当时一位名叫方克肯（Funcken）的萨克森工程师完成了从银中分离出铜，以及从锑中分离出铜的过程。仅过了两年，古腾堡（Gutenburg）验证了这一金属的特性并选用其为印刷厂铸造了第一枚活字。来自铜矿的收益也解释了富格尔家族从中所得的利益。他们获得了斐特烈三世的特许，达到了近于垄断铜开采的程度，而且享有这一特权直到大发现时代的第二阶段于秘鲁发现铜矿为止。

未浆染的布料在大染缸里漂白和着色。（罗伊手稿15 EIII，伦敦，大英博物馆）

在更为必需的金属中，铁继续占据首位。就我们所知，铁的产量在 1460 年和 1530 年之间增加到原先的四倍，但是我们仅能根据那些来自城市或王公们的记载来对此进行猜测，它们只是为我们提供了普通的数据而已。不同于其他许多金属，似乎铁矿开采尚未脱离其以前的地点。我们未从哪里听说有哪一次勃兴堪与 13 世纪控制马萨马里蒂马（Massa Maritima）后的繁荣相比，1225 年和 1250 年之间一座庞大的城市在那里拔地而起。若干生产地区也许已经萎缩，如厄尔巴岛、米兰附近和比利牛斯山脉，而香槟、尼韦奈（Nivernais）、诺曼底、洛林、哈茨和图林根都加大了他们的出口量。在 1525 年左右的德国，有多达 10 万名矿工，其中半数在铁矿工作。欧洲相对稳定的冶金业格局也许源自这一事实，即冶铁厂仍然受到燃料的可利用率和铁矿位置的严格限

一位掘金者。（大海尔巴的一幅缩微图，15世纪，摩德纳，埃斯滕斯图书馆。）

库特纳霍拉的银矿（右）。矿工们穿着白衣，使用梯子和辘轳铲斗提升矿石。（15世纪末的微缩图，维也纳，奥地利国家图书馆）

制。其它金属也受到这些限制的影响，但是由于它们的数量较少，可以最后进行运输。这一过程不断完善，四或五米高的烤炉通过一个入口安装，用风箱进行通风。但是在个别地区，尤其在林区，由于烤炉需要黏土、需用木材做燃料、水道要进行清洗，所以工作经常被打断。正如许多商人——像法国的雅克·科尔（Jacques Cœur）——所意识到的，这导致了生产中的一种瓶颈。或是由于森林的灾难性毁灭，或是来自生产停滞威胁的风险，耗费25立方米的木材才能得到50千克的铸铁。煤尽管从12世纪就已被人们了解，却尚未系统开采。在列日的乡村，煤被广泛地应用，但是这一地区于1468年被勃

14世纪初在佛兰德斯或德意志的玻璃制造：表现了抽沙、烘窑、玻璃鼓风器，（左）检查成品的情况。[《约翰·曼德维尔爵士之旅》(Journeys of Sir John Mandeville) 的一幅微缩图，编号24189，伦敦，大英博物馆]

艮第的查理镇压，他的继任者们对煤的价值一无所知，而且致使这一采煤走廊被破坏和淹没。

另一方面，贵金属在欧洲如此缺乏——经常被称为"饥荒"——以至于人们为了补充不断下降的萨克森或普瓦图的银矿产量而费尽心力地探寻新的矿藏。在波希米亚的库特纳霍拉（Kutna Hora）和帕森（Plsen）发现了重要矿藏，使得需求得到了一时的满足。尽管欧洲的产量已经在16世纪初达到了85吨，但还远远低于需求。每个人都清楚需要到欧洲之外去寻找补给，这就推动他们踏上了海上远征的道路：他们需要更多的金银。自从1400年之后，基督教世界在依靠马格里布、拜占庭和亚历山大获取其日常的金供应量上经历了很大的困难。大约1475年在西里西亚和摩拉维亚发现的少量矿藏带来了希望，但不久就证明事实被夸大了。

副作用

从逻辑上讲，我们应该看看他们的一些重要金属制品。但是事实上，无论如何金属制品产量的重要性远没有极大改善矿井、矿山或如德国人所称的山中作业的工作条件重要。那时挖掘一条水平巷道非常困难，因为崩塌、窒息或水淹的风险而十分危险，只有奴隶、犯人和最贫穷的人们才被雇佣去干这种工作。在这些条件下怎么能希望提高生产率呢？开采局限在露天的煤层中或只有几米深的煤层里。除此之外，罗马法同意把煤矿底层的所有权交给邦国，这一决策也只是出于良好的愿望或兴味。在 12 世纪，像巴巴罗萨一样的统治者们已使这种所有权附属于他们的王权，并且最终得以授权，但是很少使用这项权利。所以中世纪的首部开采法得以保存下来，例如 1249 年伊格劳（Iglau）的开采法的确允许君主自行干预。

从法律的角度看，这一安排在 14 世纪失败了。当时，君主们开始垂青于财政的收益，因为如果他们出让其对部分矿山的权利，即可获得与其价值相符的一笔钱，他们就可以从中渔利。查理六世于 1366 年这样做了，附带条件是至少雇佣 150 名矿工，如同爱德华三世在 1377 年保留了以最低市场价对铅的优先购买权（这是一种英国式的垄断）一样。在法国，国王把开采执照分发给或是像雅克·科尔一样的中间商，或者当地

金钱所向披靡。（《计算金钱》，马里纳斯·凡·罗默斯瓦尔，约1530—1540，南锡，艺术博物馆）

的领主，他们在诺曼底和佩尔什（Perche）作为专门经营煤矿的男爵（Barons fossiers）而开始出名。到 15 世纪末，几乎所有的特许权似乎都已经变成了赚钱的机器。矿山主人，即贝格迈斯特（Bergmeister），一般自己保留十分之一的产品。他建立了（如同意大利的商船）由资本投资人和部分煤层的收益分红者（这可能包括多达 130 名将积蓄投资于矿山的有产者、教士或小地主）组成的煤矿公司。招募的矿工都是全日制的，他们最后可以得到适当的工资。因为其为工作领域引进了一种全新的因素，所以是劳动史上一个重要的推动力。如果这种组织没有引入足以使生产得以展开的最小限度的改进的话，可能就不会有利可图了。大约 1460 年在波兰，清除来自巷道渗水的排水体系已经完善。几乎与此同时，煤矿支架在更危险的巷道出现，加上装备了流通空气的风箱的通风矿井的引进，矿工可以一次在地下呆上几小时。由于采掘和除土的方法不完善，矿井似乎没有深入到 20 米以下的地方。尽管如此，各种事故的记录单也非常长。当德国农民于 1525 年暴动时，许多矿工都参加了，这是对他们生活水平的有力控诉。低工资是他们抱怨的众多弊端之一。他们绝大部分出身乡村，和农民一样，承担着愈发富裕的社会的沉重负担。

金钱的重要性

那些想把中世纪的结束确定在 1350 年或 1400 年之前的历史学家，无疑会把他们的主要论点基于贸易之上。即使一个人禁迫自己不去越过海洋向更远处瞭望，那么 1500 年或 1600 年的欧洲与 1250 年或 1350 年的欧洲也是毫无关系的，无论是消费中心、商贸路线，还是商品，甚至技术，前后都有很大差异。但是准确地说，正是因为这种巨变，这种影响深远的欧洲基础结构的改变，我们迈进了 16 世纪，而且这是中世纪"危机"的一项遗产，揭开了基督教征服全球的序幕。

在这种巨变中，技术进步没有起什么作用：我们怀疑这是 11 和 12 世纪时的情形，如今，这一点得到了肯定。流通方面，能够与 13 世纪所取得的巨大进展相提并论的并不是很多：马掌、马车横木和移动车轴在美男子菲利普四世时代已经为人熟悉，但是在诸如索洛涅的关税表中，仍然记载着 15 世纪依然有没有钉蹄铁的马匹。运货马车可能已能运输更大的货物，我们听说过大约在 1350 年，一辆马车可以运输 4 吨石头和 2 吨沙，相当于一个大轮渡——但是又有多少马车能达到这种运能呢？人们对马车散架或道路上的凹坑的抱怨也越来越少，在里尔，美男子菲利普四世甚至铺筑了公路网。但即使是为教皇服务的最快的信使，或者是路易十一于 1471 年设立的公共邮差，也并不比以前跑得更快。起源于 14 世纪 20 年代的一个有趣的、可能发生在英国的革新是游客用的四轮大马车，但其不足以改变一个大洲。

在水上交通方面，河运的情况与陆上几乎一样：在包括巴黎、鲁昂和里昂在内的许多城市里，水运的重要性确保了几个码头得以维持。在佛兰德斯，运河和堤坝被疏浚和扩大，它们可以确保50至90吨的大三桅帆船通航。这些名目繁多的帆船，吸引了当地的博学人士。至于大海，虽然鼓舞了许多探索者，但其战利品却是最为吝啬的。斯堪的那维亚的船只，有着三角帆和圆形船身的高舷帆船可以载货300或400吨，它们可以一小时航行5海里，在顺风时还能更快。即使拥有75名桨手的地中海平底船，也不能航行得更快了。从13世纪开始，它被迫让位给运能为150至200吨、采用了印度的罗盘和斯堪的那维亚尾舵的船。由于配有帆的"战舰"在北部出现，因此在1420年至1425年间，这两种船一定有某种相互影响之处。在南方，卡拉格（caragues，一种商船名称）在热那亚被改进，运载量达到900或1000吨。大型船（nef，中世纪在法国发展出来的一种非常正式的船只）和高舷帆船相结合产生了一种杂交物，即小帆船，大约在1450年至1460年它以二至三个桅杆和方形帆的面貌出现，并长期被用于征服大西洋。但正如下列数字所示，这些革新并未改变当时的总体形势。在道治·莫塞尼哥（Doge Mocenigo）1423年的遗嘱中，列举了其在威尼斯所拥有的船队的船只总数，有45艘总吨位为300吨的平底船，300艘150吨的大型船和3000多艘中型的三桅帆船——这是一个值得玩味的数据：在地中海首屈一指的商人最多可以运输6万吨；同一时期热那亚的运载能力可能为2万吨；整个汉萨同盟可能为6万吨；西班牙和法国的大西洋港口为1.5万吨；而英国则不可能比这更多。

　　为了弥补这一点，最为重要的是消费中心的改变，作为消费中心的大城市的出现往往伴随着某种公共权力的建立，或者其本身就是公共权力建立的结果。我已经说过，15世纪是大城市的世纪。在许多情况下，这些大城市是行政、军事和司法部门的一种可预见的或偶然的汇集，它们的出现使此前未受劫掠的通往市场和贸易中心的商路发生了偏移。对老城市来说，这一趋势只是巩固了它们的重要性，例如巴黎、里昂、巴塞罗那、米兰或罗马，或它们的溯源地——佛罗伦萨、鲁昂或里尔；皇家城市如第戎、波尔多、南特、南安普顿、昂韦尔（Anvers）、巴塞尔、法兰克福、奥格斯堡和里斯本，都在持续发展；而像波蒂埃（Poitier）、阿维尼翁和穆兰（Moulins，后来衰落了）等城市，则扩大成了依赖型的城市联盟，那里银行业兴盛，并且是交通网的枢纽。最为引人注目的是，此时的人口增长是一种城市现象而非农村现象。

　　生产中心也不能被忽略。许多先前供应农产品的地区，开始自产自用了，这样就使贸易的一个来源消失了，或者说改变了贸易的结构，如英国羊毛不再运往佛兰德斯。其他新兴地区也开始用他们自己的剩余或稀有产品——波兰的小麦和松脂，西班牙的羊毛和藏红花——来弥补传统贸易中心消失带来的损失（这些传统的贸易中心由于缺乏贸易而从地图上消失）。

南部和西部的新旧商路

　　因为总体的贸易形势是非常混乱的，所以我将在作为所有商业发源地的地中海地区选取一些基础性的变革在此加以叙述。的确，从伯罗奔尼撒到休达的整个穆斯林沿海地带为这种转变提供了背景。在巴尔干半岛取得巨大进展的奥斯曼帝国，和将其势力几乎扩张到阿尔及利亚、意大利、普罗旺斯、朗格多克和加泰罗尼亚的许多城市的苏丹国家，主要关注的是同亚洲或非洲商队的出海口保持正常联系。他们之间日益默契，取消了许多烦琐和无用的会计制度，这些制度在热那亚和威尼斯、巴勒莫和那不勒斯、巴伦西亚和马赛之间曾实行过。他们都不希望东方危险的局势进一步恶化，因而建立起一种新的关系。他们不时被安茹、阿拉贡和奥尔良王室统治者的野心弄得烦躁不安，这些统治者对商业城市来说通常都是陌生的。蒙古大军挺进克里米亚，君士坦丁堡的完全孤立和马穆路克的强盛，都迫使意大利人为了确保通往关键港口的商路畅通而作出非常大的妥协。热那亚人关注卡法、特拉比松德、拜占庭、塞浦路斯和拉塔基亚（Lattakia）；威尼斯人关注拜占庭、埃维亚岛、克里特岛和亚历山大；泰罗尼亚人则关注马格里布。这些都是传统的商路，在15世纪它们保持了原貌。尽管黑人或高加索奴隶贸易是不光彩的，但那不勒斯人、马赛人、特别是加泰罗尼亚人却因此而发财。1430年左右在加泰罗尼亚总计有1万名非洲奴隶，并且我们准确地知道在第勒尼安海的克里斯蒂安港有多少男女奴隶在出售。这一陋习由来已久，几乎在葡萄牙人直接从塞内加尔或象牙海岸引进非洲奴隶的时候就存在了。最终，1476年至1477年制定了一整套禁止法案。地中海贸易中的其他传统项目逐渐脱离了意大利船队的控制：托尔法的铝取代了来自东方的铝；来自亚洲的辣椒不久就面对直接从西印度群岛运到里斯本的辣椒展开了竞争。尽管他们仍然运送朝圣者、木材、一些毛皮或少量铅到东方，但这些东西在用来获取当时急需的黄金上只是杯水车薪。威尼斯很保守，仍坚信他们的香料、羊毛和丝制品，但是在热那亚，罗美利尼（Lomellini）家族和森图里翁家族则向前看得更远，他们在阿利坎特（Alicante）建立了基

15世纪的热那亚港。用桨推动的狭长的战舰，在地中海应用得最多，可在右上部看到。在中部，是有着高层甲板和前后船尾以及三或四桅的大吨位帆船。这些巨船可能在葡萄牙和印度之间进行海上贸易。（克里斯托福罗·格拉西，1485，热那亚，奇维科航海博物馆）

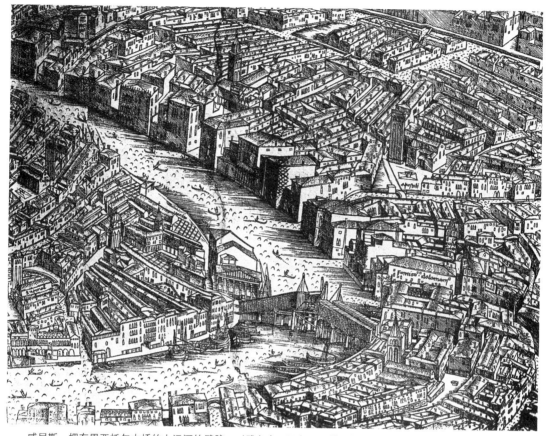

威尼斯，拥有里亚托尔木桥的大运河的臂膀。（雅各布·巴尔巴里地图的片段，1500）

地，然后是塞维利亚，再是加迪斯，最后是里斯本，将未来指向了直布罗陀海峡之外。由于在东方产品上的关税支出高昂（铝为33%，其他商品为20%），令人难以承受，使得东方的商品在欧洲的价格达到了无以复加的程度。因此，意大利人似乎放弃了在黎凡特腹地、加泰罗尼亚和朗格多克全部的商业扩张，而转向当地运输甚或是内地市场。他们在麦地那、锡古恩萨（Siguenza）或皮赞纳斯（Pizenas）的牛市上消失了。

新的力量使大西洋沿岸生机盎然。我不是指拥挤在从拉科罗克（La Corogne）到普利茅斯（Plymouth）海岸的渔夫和海盗们——巴斯克人、高卢人、布列塔尼人和高卢水手多年来就如此。长久以来，船只从波尔多和拉罗谢尔（La Rochelle）把红酒运到英国，再带回士兵。然而整个地区发生了两个重大变化，致使其远离了主要商路。第一个发生在1350年至1450年之间，第二个发生在1470年之后。在第一阶段，布列塔尼，也许还有纳瓦拉焕发了生机和活力，由于别处的情况截然相反，因而这令人更为惊奇。是否有人想到十字架受难像（Calvaries）和布列塔尼的大纪念碑（几乎都起源于这一时期），或者是比利牛斯雇佣军（后来可以确保得到他们的服务），人们不清楚这些现象究竟是一种特殊的民主结构的作用,还是一种新经济的黎明。巴约那(Bayonne)的崛起和南特、瓦恩和圣·马罗 (Saint-Malo) 的复苏都源于此时。1470 年之后,当第一阶段接近尾声 [布列塔尼和兰的斯 (Landes) 仍与瓦卢瓦王室保持关系] 的时候,第二个重要变革开始了:作为三个世纪来英国国王最为珍视的海外城市,波尔多脱离了其控制,并且似乎注定要灭亡,酒不再出口,周围的乡村也对其充满敌意。但事实上,城市迅速复兴,最初是依靠图卢兹的菘蓝染料,然后是加亚克 (Gaillac) 的酒,其后又恢复了美多克 (Medoc) 酒的出口。1475 年之后,城市与体谅其处境的统治者和解了。当从巴约那到圣·马罗的整个战乱地区自诺曼底被同化后归于同一权力统治下时,路易十一统治期间的最后一次叛乱得以平息。鲁昂的人口增长了三倍,迪耶普(Dieppe) 的人口则翻了番。尽管弗朗西斯一世对一切都漠不关心,在 1517 年为鲁恩的勒阿弗尔(Le Havre) 公爵寻找一个海港时却也从善如流。为了寻觅法兰西岛的海峡港口,法国似乎准备在英国之前开始大西洋探险。15 世纪末,贝当古 (Béthencourt) 从迪耶普起航,雅克·卡尔捷(Jacques Cartier) 于 1530 年从圣·马罗起航。塞纳河、洛林和加隆河 (Garonne) 先前被横跨南北方向的商路所阻断,但是现在商业动脉在王国内部发挥了重要的作用。

北方的革命

继续向北,形势同样发生了变化:"佛兰德斯路线"和香槟市场已不复存在,战争以及索姆河沿岸的贸易网向北方步步进逼,破坏了欧洲贸易的一个原始轴心。这一轴心进一步东移,最初沿莱茵河,最后是沿索恩河和罗纳河分布,至少在勃艮第的瓦卢瓦公爵和阿维尼翁教皇时期是这样。这一新商路引发了至关重要的后果。首先,佛兰德斯和列日衰退了,这些已经辉煌了几乎三百年的欧洲生活的璀璨中心,昔日的伟大仅封存于种种记忆中,根特和列日在 1500 年后有一次回光返照,但是末日已经来临了,这是由一批文人学者和牧师带来的,他们定居在这两座骄傲的城市而且扼杀了它们。布鲁日的命运是自然环境改变带来的不可逆转的结果:大海后退了,从而改变了海岸线并且淤塞了茨文 (Zwin)。他们竭尽所能去拯救佛兰德斯的港口——例如搞潮汐盆地、排水,于 1516 年建立一个新的码头通道以及复杂的港口设施——但是城市无疑永远睡着了。与此相反,一旦埃斯考 (Escaut) 河口被疏浚,安特卫普就崛起了。这座昔日的小海港,变成了英国人的贸易中心。1480 年后西班牙的羊毛开始运抵这里,而后是英国的布料,大约在 1515 年还建立了一个集市。这是一个重要的变化,另一个革新更是如此,南部的岛屿和港湾共同形成了荷兰。多德内赫特 (Dordrecht) 在瓦尔 (Waal) 河上成长起来,长期以来,它仅仅充当一个防波围桩而已;鹿特丹作为先前的杜赫斯特德 (Duurstede) 的继承者在发展;在更远的内地,像代尔夫特 (Delft)、贝亨奥普佐姆 (Berg op Zoom)、莱顿 (Leyden) 和马斯特里赫特,集市和作坊的兴起使它们继承了佛兰德斯和列日的地位。尽管阿姆斯特丹仅是一个加工鲱鱼的城镇，但是荷兰的诞生却是商业史和思想史上的一个重大事件。再往上追溯，奥法芬斯特拉斯（Ofaffenstrasse）在12世纪发展成一系列集市和市场，古老的中心有科隆和法兰克福，新的则有巴塞尔，热那亚和卡隆（Chalon）。至于里昂，其光芒长期被阿维尼翁遮蔽，在教皇决定性地返回罗马以后重现繁荣。1464年，意大利银行在那里设立了网点，1470年路易十一支持把其建为国际性集市。

　　欧洲的商业大潮如今从安特卫普涌向里昂和马赛，法国向西旨在开辟大西洋通道的举动被挫败了。意大利在西班牙和葡萄牙寻找基地的企图也举步维艰。在欧洲北部要瞭望大西洋只剩下了一个地方——英格兰。这使我们与"近代"历史有了另一层联系。这是传统欧洲的一部分，尤其是法国计划通过海洋和英格兰连接起来。英格兰的位置，其萨克逊的起源和诺曼居民，以及她传统的、几乎注定要针对大陆的侵略性，一切都似乎在验证一句真理——"英格兰是一个岛国"。过于莽撞地说，因为英格兰水手所拥有的不过是一种海边捕鱼的习性，他们中的一些人敢于作为"冒险者"航行远至诺夫哥罗德甚至帕维亚。船只经常光顾英格兰南部海岸的"五港同盟"或伦敦，在那里进口酒、盐、浆料、梣树和兽皮，出口羊毛或铅的是诺曼人、布列塔尼人、西班牙人、佛兰芒人，特别是德国人——那些"汉萨同盟"的商人或厄斯特林根（Österlingen）人，这些是我们已经熟悉的。当包括1340年斯勒伊（Sluys）战役在内的诸多战役爆发时，担任水手的是布列塔尼人，他们的长官是热那亚人。当时除了一些海盗外，没有一个英国水手，这就是1381年的《航海条例》为保留列岛与"交战国"贸易权而成为一出滑稽闹剧的原因。尽管是闹剧，但也影响重大，其与岛上羊毛工业的出现立即联系起来，随着城市里劳动力的集中，在圈地运动的帮助下，这支劳动力队伍有可能转变为工匠、矿工或水手。这一在爱德华时期不予考虑的政策的重大逆转缓缓拉开了帷幕：在1400年后，3.8万件布料出口到加莱，1480年是6.5万件，1510年是9万件。这些商品来自伦敦，还有布里斯托尔、南安普顿、波士顿、赫尔和伊普斯维奇，南抵里斯本，北达卑尔根（Bergen）和莱茵河口之间的地区。当爱德华四世建立了与商业冒险家的联盟（一种英国出口商的官方行会）时，他授予他们很大特权：控制50%的岛内贸易，70%的岛外贸易。这一次他们是使用英国船的英国人，因为到1475年，诺曼底和布列塔尼已不再能依靠，勃艮第的查理公爵也虎视眈眈。

　　英国在扩张的道路上并不孤单。德意志的汉萨同盟是英国商人不得不面对的巨大障碍。在15世纪上半期，这一庞大的波罗的海联盟达到了其势力的顶点，其水手赢得了从诺夫哥罗德和卑尔根到伦敦和布鲁日的所有贸易。远至靠近旺代(Vendée)海岸的布尔纳夫湾(Bourgneuf)，都可以看到他们的身影；在帝国内部，他们联合了直到黑尔韦格（Hellweg）的整个内陆，从科隆到马格德堡（Magdeburg）的漫长的横向路线，以及远至科隆的西北部地区的大都市。他们沿着士瓦本境内的河流和上莱茵河到达阿尔卑斯山，如此众多的德意志人，包括汉萨或巴伐

安特卫普（左）取代布鲁日，展示了16世纪的一个港口吊车。

15世纪末伦敦的景象（右）。前景是塔，国王们曾经在那里居住和召开议会。背景是伦敦桥，在12世纪以石头重建，完全被圣保罗的房屋所覆盖，后面是哥特大教堂。

利亚商人经常越过布伦纳河（Brenner）或圣哥大（Saint-Gothard），以至于他们在威尼斯获得了一个特定的居留区和城堡——丰达科·代·泰代奇（fondaco dei Tedeschi）。汉萨帝国在1375年左右控制着77个城市，但是到1450年，已增加到超过200个，从夺取自丹麦的松（Sund）到波罗的海和佛里斯兰（Frisian）沿海地区，直至纽伦堡和斯特拉斯堡内陆地区都是其势力范围。英国人只有通过两个途径才能设法渗入这一网络，他们的商业技巧绝大多数学自意大利人，比德意志人所保持的相当原始的信用制度和会计方法更为灵活，他们在帝国落后地区销售岛上所产的衣料使其占了上风。英国人避免在丹麦海上或在波罗的海上与汉萨同盟的舰队直接冲突，相反，他们逐渐渗入莱茵河、美因河和威悉河（Weser），在法兰克福、莱比锡、纽伦堡、巴塞尔和康斯坦茨开办了冶金作坊。16世纪以前，格但斯克还没有他们的身影，但到16世纪，他们已在那里赢得了交易的自由。尽管都铎王朝，尤其是亨利八世，因为创建了英国舰队而赢得声誉，但这只是他的想法却还没有真正实现，1497年率领舰队由普利茅斯驰向大西洋的卡伯特（Cabot）兄弟仍然是意大利人。伊丽莎白一世才应当享有创建英国舰队的荣誉，但她的重要功绩始自15世纪，与我们所讨论的问题没有关联。

铸币的恢复

我们假定的对非洲或亚洲矿藏的勘探带给欧洲的影响直到1535年或1540年才可以感受得到。在此之前，欧洲不得不经历100年的货币短缺，这种短缺直到15世纪60年代才得以缓解。人们发现了中欧的银矿和匈牙利的金矿，使得一整套优质的铸币得以流通。这些新的退斯通（testons）、荷兰盾、格罗申等等，对欧洲和黎凡特（指地中海东部诸国及岛屿，即包括叙利亚、黎巴嫩等在内的自希腊至埃及的地区）的富裕国家的贸易起到了非常重要的刺激作用。威尼斯，作为一个纯粹的商品进口者，是贵金属流失的重要源头。在1498年和1503年之间，它丧失了在伯罗奔尼撒半岛的贸易地位，自1479年到1490年逐渐丧失塞浦路斯以及黑海之后，其商人被迫去叩打伊斯兰世界的大门，这扇大门在东方是臭名昭著和不友好的，对西方则是非常不安全的。尽管有这些限制，物价伴随着王室舰队和军队、豪华的建筑、严厉的行政管理和远征的出现而上涨。国家和个人的债务激增却仍旧在借贷，但是出借者的金库却不是无底洞。

有一个显而易见的解决办法：即把金钱从它们的藏身之处取出来。当时并不缺乏教会财宝、工人工资和商人存款。在15世纪末，货币存款开始实行，这被称为公共税，没有它城市就不能配备帆船。这从城市首先开始：热那亚和佛罗伦萨从1415年或1420年把他们的公共基金置于一种国家银行的管理之下，这种银行存储了查没款、间接收入、圣职税和在朗格多克被称为埃斯蒂姆（estime）的强加在财政收入上的征税款。在托斯卡纳，虽然类似情况在此后20年中再未发生过，但为了对富人课以重税而于1427年进行的大规模普查被称为灾难。在利古里亚，卡撒迪·圣·乔治（Casa di San Georgio）担任了一段时间的公共财务主管之后，执政官把公共税视为一种公共金库，迫使它于1445年停止所有支付行为。与此同时，一系列银行破产，如巴比（Balbi）和法拉万提（Fioravanti）银行，导致这一集团的信用崩溃。只有君主可以通过强征税款来避免这些灾难，但是因为具体情况不同，15世纪末之前各国的情况不可能相同。在法国，查理七世，尤其是路易十一设法将户口税（壁炉税）的税金增加至1440年的四倍，并将其变成了一种王室平民税（摊派税）。1471年，针对间接税的新规定使得一种新的货币复苏有了可能。但是，瓦卢瓦王室无力发行优质铸币。英格兰则不同，尽管毁灭性的内战刚刚结束，英国货币也因《格雷沙姆法》（Gresham's Law）的实施而受到影响——当时皇太子查理使质地粗劣的法国铸币涌入诺曼底，以作为他同贝德福德摄政王的黑暗时代（1420—1430）进行斗争的武器，但其铸币从未贬值。勃艮第的查理公爵，处于欧洲新的主要商业轴心边缘，最重要的是，他基本支配了从马孔（Mâcon）到弗里西亚的惊人的财政差额，并且野心勃勃。尽管有成为奥地利王室的著名格言——Austrioe est imperare orbi universo, AEIOIU："奥地利保有统治全世界的权利"，但是，帝国不再能够指望，哈布斯堡王朝的腓特烈三世根本不能指挥任何人，他的儿子马克西米连（Maximilian）被称为穷光蛋马克斯（Max ohne Geld）也是名至实归。还有西班牙，他们征服了格拉纳达，不久又远航大西洋，这使得他们领先于欧洲各国。

"大胆"查理（Charles the Bold）也于1469年在布鲁日惊人地开创了召集会议制，在那里，他的财政大臣和路易十一以及约克王朝的爱德华四世的财政大臣们，试图首先建立两种贵金属之间的1∶11.3或1∶11.4的共同比率，以限制投机买卖。然后，恢复含有更好合金的货币流通以保证他们的税收。在德国，一种新的佛罗林从1386年起已在全莱茵兰发行，查理同斐特烈三世达成了协议，尽管从未付诸实施。威尼斯和佛罗伦萨联合起来以对付这一联盟。佛罗林和杜卡特仍旧是标准金币，在更北的地区也是这样。

欧洲建立这种中世纪版的布雷顿森林体系的时机已经成熟了。在德意志和斯堪的那维亚，甚至荷兰，黄金的极度匮乏，加上财政的混乱，使得金银比率攀至1∶12，甚至于1505年左右或1510年达到1∶13。金币原则上与莱茵兰或荷兰的佛罗林挂钩，但即使在科隆和安特卫普，其币值也处于低位，至多是20克拉。至于银质货币格罗申，尽管其比率迅速恢复到价值40丹尼尔（1380年其值为20，但在1433年是300），但在1488年至1489年之后又重新开始贬值。1500年左右，货币形势发展到这种程度：1格罗申=95丹尼尔，以至于整个国家都沦为投机的牺牲品。如果不希望贬低宗教感情的价值，而评论1/4世纪后各个地区向路德主义的残酷转变是很困难的，不必急于对因为近于破产而夺取教会财产的大公们进行斥责——丰厚的战利品重新添满了他们的金库。

谁能够否定法国瓦卢瓦王室对旧教的相对笃信不是因为他们的财政地位自从路易十一以来有了极大改善？瓦卢瓦王室首先废除了最后一个不在王权控制之下（1481年的安茹—普罗旺斯）的铸币厂的特权，然后又施加巨大的财政压力，使经济形势好转，从而获得了最富有人群（尤其是城市里的）的首肯。1475年，国王铸造了新版的金埃居库罗纳（écu à la couronne），称为埃居奥索莱伊（écu ausoleil）。至于格罗申的银含量，已于1455年调整为92/100纯银，现值是30丹尼尔，1472年后比率固定为每枚铸币含银3克多，但是还有其他成色较次的铸币作为补充，如利亚德（liards）、布朗斯库罗纳（blancs à la couronne）等，直到1514年出现了含银量达到几乎10克的退斯通，其纯价值相当于十个辅币。自16世纪初，法国相对独立的经济环境值得赞赏，当然也应考虑纳税者所承受的沉重税负。在一定程度上，14世纪"大骚乱"的后果我们今天仍能看到。

英格兰的形势也不明朗。从玫瑰战争结束到大约1517年至1519年红衣主教渥尔塞强征赋税，其进程与法国完全相似。一种新的高品质金币——先令，被铸造出来，投入了流通，但在亨利八世战争期间开始衰落，从而令克兰麦（Cranmer）和其他的王室顾问们忧心忡忡。尽管都铎王朝与罗马决裂绝对是出于个人动机，而且夺取修道院教产的念头似乎也从未在他头脑中产生过，但英国国教会对国库作出了重大贡献。

最后，在欧洲的南端，货币问题的复杂性表现得最为明显。西班牙的情况并非如此，对格拉纳达的征服比起哥伦布带回的少量黄金有用得多，足质的铸币如1497年的上等金币得以铸造，而且外国商品大量涌入的影响尚不明显。意大利的问题却很复杂。首先，因为黄金持续流入市场，布鲁日的计划落空。供应奇缺的银与相对充足的金之间的比价，于

铸币：工匠用印有币面设计的榔锤击打铸模。（尼古拉·奥雷姆所作关于货币初次发明的论文，15世纪，巴黎，国家图书馆）

1480年降至1∶10.75，甚至1∶10。这往往驱使黄金越过阿尔卑斯山向北流动，或者迅速地被用于投资。这种选择——贫困化或黄金的飞速流动，解释了意大利在1460年至1470年后开始的大发现中所扮演的角色，当然，这不包括他们作为水手和旅游者的经历。流通中的各种货币遭受了这些厄运般涨落起伏的影响：1472年，威尼斯发行了据推测币值相当于10格罗申的一种里拉，像后来法国路易十二的退斯通一样。但是这些铸币无法抵御来自西班牙（通过那不勒斯和西西里从1440年开始发行）或德意志的竞争。至于佛罗林，因其传奇的稳定性，20世纪60年代前的历史学家赋予其"中世纪美元"的美名。相对于佛罗伦萨银币，佛罗林的稳定性导致使其币值剧增。在非凡的洛伦佐（Lorenzo the Magnificent）统治末期，夸特里尼（quattrino，意大利几个省的旧铸币）开始贬值，尤其在萨沃纳罗拉时期（1490—1498）更为严重。到16世纪初，夸特里尼的威尼斯老对手杜卡特已经取代它成为标准货币，这主要是由于威尼斯少量但稳定的黄金供给。这是另一个"近代"的特征。但在16世纪初，欧洲的货币形势依然严峻。的确，众所周知，欧洲被她复兴的动力和临近大洲的虚弱所鼓舞，而脱离自身的束缚去寻找解决这些问题的良方。同样为我们所熟悉的解释是，那些控制或准确地说被黄金统治的公民们，他们鼓励、支持和推动了"大发现"。在经济和政治方面，"商人"如今是国家的领导者。

"货币墙"

由于控制了生产环节的两头，即原材料和分配；由于通过对支付工资和购买、更新设备所必需的资金的掌控，控制了生产的各个中间环节；由于通过对分配环节的控制而将生产限制在家庭水平；最后，由于国家是他们的首席顾客和仆人（即使他们不必大肆宣扬），中世纪的商人是社会的新主人。人们可以就他们逐步引入经济领域的"生产方式"的性质以及这种生产方式是否是"资本主义"进行争论。但我们对这个理论问题没有特别的兴趣，我们应该避免自己将这个词仅限于收入和工资的概念，它也意味着通过私人利益、社会张力和阶级冲突来控制公共领域，以及运用殖民的、帝国的或不论何种形式的暴力以维持和增加利润的企图。我打算讨论的这一小撮人体现了这些特征的许多方面。但是，其余的人则没有。

使商人初步形成一个社会阶级的雏形的最明显的特征之一是仅为保护他们而设立的立法。商人不属于旧的社会等级，自11世纪起，或至少在12世纪，他们已经要求并获得了保护，即一种商业法庭的设立，这是一种法律上的权利。然后，伴随着迅速增加的赋税，14世纪持续的骚乱出现了，他们到处取得被保护权，例如法国美男子菲利普时期的一种保障贸易稳定的安全行为方面的市场契约（cartae mercatoriae）。更为充分的保护措施是在像威尼斯一样的古老的城市里，一种海运费——穆达（muda），被支付给武装的护航队，因为商业被视同城市自身。15世纪，商人摆脱了宿命：他们拥有自己的法庭和他们专属的街区和书记员；他们被免征若干摊派税；他们获得由君主赐予的王地；他们被委派担任官员和征收部分公共税收；一些商业立法甚至授权商人集团可以要求武装护卫担任他们的仪仗队，这在德意志较为有名。

商人们可以保证货币流通的范围尽可能广大，但是这种货币也许与他们买卖货物时使用的货币并不一样。商人们感觉到，货币交易成为他们最重要的利润来源，而且这是他们最重要的生意（可能导致商人阶层中出现分化，而此种情况以前则不太明显），"银行"的称谓就始于那时。商人的生活一如从前。他们送年轻的男实习生漂洋过海，到他的分支部门里为他充当送信人、雇工和代理人，而自己仅算算账并时常光顾市政厅或王室宫廷。这种发展模式——在贸易全球扩张前夕并非没有危险——对提升商人的社会地位有立竿见影的效果。他们住在城市里，以靠近他的债务人、公债发行机构、当铺（在那里他占有不可赎回的债券），以及存储他的顾客基金的宅邸。商人们熟识时务，知道每个人的隐私和从那里轻易到达权力殿堂所采取的捷径。他们用节俭的人、同行，以及君主信托给他的金钱来开拓新的生意。1402年后的德意志（曾经是最重要的）和1450年的意大利，银行家甚至可以用这些钱去贷款。这是作为信用中心和交易所的许多地方的惯例——热那亚、佛罗伦萨、罗马，当然还有威尼斯；以及帝国的法兰克福、斯特拉斯堡、纽伦堡和汉堡；法国的蒙彼利埃、巴黎、里昂；还有布鲁日和安特卫普、伦敦和巴塞罗那。

此外，在 14 世纪取得了很大进步的会计技术继续得到改进。这体现在既简单地完善老方法，也保证最优的方法得到普及运用。例如，航海险于 1440 年后在阿尔卑斯山以北各处流行，其附加条件（在一封文书前面规定）是以货值的 3% 到 5% 作为保险费，联盟形式的合同（保证个人资本可以与别的劳动相联系）也遍及德意志，根据当地的习惯，在那里它们被称为 Wedderleging 或 Furlcgung。行商一般收取 1/3 的利润（当然这一比例也可以变动），并且在更大的意义上，这些合同包括了整个一个行业的小业主们都能参与的一份协议，这样他们就能参与大生意。至于各种基金（sors, loca），社会各界都在这些公司投资，它们最终成为可以出卖、遗赠或保存的"股份"。

令人吃惊的是，在这种发展水平下，支票并不是作为会计们的信用工具被引入的。事实上，15 世纪不得不容忍汇票交易。这一做法始于 13 世纪，它无疑是仿效了在香槟集市或意大利市场起草的经公证过的交易合同，其主要目的是避免运输铸币（这通常有很大风险）。债务人可在另外某处用当地的铸币清偿债款，按照当天当地的汇率会从他的银行账户中划出。按照惯例所用的时间，从热那亚到巴黎或布鲁日之间是两个月，到塞维利亚是三个月，到伦敦是四个月，批准时间不仅依据被执行的偿付信的快慢，而且有必要的话，也根据支付者安排补充其账户的快慢。显而易见，这种做法可以延伸，这足以让商人们利用不同地区汇率的差额谋利，或在一系列的汇票交换之后，实现资本的显著增值。这种汇票就变成了一种生息贷款工具。然而，我们对担保阶段，包括就这些结果背书（在票据背面签名）和谈判的情况不是很清楚。如 1463 年的路易十一一样，一些君主无论如何都对他们视为投机手段的做法非常仇视。的确，这些投机手段是基于一年内特定时期汇率的众多变化，当现金短缺或充足的话，就可以经过计算从中谋利。例如，当船队 9 月或 4 月离开热那亚，或当教皇在罗马决定派某人去捐赠，或转移到一处夏宫，或赶在 7 月瓦伦西亚收割麦子或谷米前，钱是拿不到的——这时就只能安排赔偿了……

至于纯粹的会计方法，如著名的复簿记账法，在意大利之外传播得非常慢，仅发现在16世纪的图卢兹或科隆出现过。另一方面，阿拉伯数字于1432年前在意大利或西班牙被广泛运用，大约1490年推广至整个欧洲。

商　业

像巴迪这样的公司的历史肯定可以追溯到商贩刚刚出现的古代。我现在要指出的是，从此以后资本运作成为了获取财富的一个成体系的方式，并且是富人们的活动，但是这并不意味着商业联合有一个统一的模式。经常有私人企业，甚至有极少数家族企业——如之前一样，他们从不为了资金或其他方面的支持而求助于他们的关系网。这些私人企业经常可以发展为更大的企业，雄心勃勃的冒险家或者严格实行自我封闭的豪门世家在这一过程中的影响不容忽视，巨大的生意和利润往往集中于一人之手。一个著名而顽强的人物的例子立刻闪现脑海，那就是纽伦堡的富格尔家族，后来定居于奥格斯堡，14世纪麻纱引入德意志南部，格奥尔格（Georg）、乌尔里希和雅格布兄弟创立了这一企业，并令其声名鹊起。几兄弟中最为活跃的雅格布二世设法取得了匈牙利的金矿以及施蒂里亚和波希米亚的铜矿的股份，从而控制了从威尼斯到莱比锡的金属贸易中的一个重要部分。在当时的情况下，他们未开设分支机构和雇佣职员，仅雇了一些勤快的临时工。雅格布二世过人的精力使他投入了银行业，这归功于他雄厚的资本积累，这使他不需中介，从而省下了"生意费用"，他得到了马克西米连一世的敬重并曾以极高的利息向后者提供贷款，当时其他人都认为皇帝没有偿债能力。这使他赢得了哈布斯堡王室私人银行家的地位。我们知道他不惜一切代价投入他所有的信贷于1519年的帝国选举，并促成了查理五世的成功。此后，他继续采取支持统治者的政策，他既付钱给在帕维亚击败弗朗西斯一世的瑞士军队，也付钱给洗劫罗马的德意志人，这使他可以影响帝国的政治。可以说，路德和教皇的命运掌握在他的手中。他以高龄死于1525年。

这并不是此类情况的唯一例证。但是，作为一个整体来看，商业活动的多样性使商人们形成了集团，或是在地区基础上，或是因专营某种特定商品。这是帝国常见的情况。拉文斯堡集团（Ravensburg Company）于大约1380年由哈姆皮斯（Humpys）建立，就属于第一种类型，其营业部门遍布整个欧洲。到1500年，他们在德意志南部连同母公司共有4家营业部，在巴塞尔和蒙彼利埃之间有5家，西班牙有3家，在意大利和英格兰也各有3家。每一个营业部都按照他们的方式现场处理所有生意。这可能有羊毛、铅、藏红花、木材、酒，当然还有贷款。汉萨同盟的商人喜欢卡斯托普（Castorp）、威尔泽（Welser）、韦肯英朱塞（Veckinchu-sen）这样的家族，与拉文斯堡集团不同，他们雇佣的是专精于某一特定商品的代理人。一个人负责皮毛生意，一个人负责小麦生意，而负责木材生意的又是另一个人。尽管它们从根本上讲是独立的公司，但都被支付它们雇员工资的吕贝克或汉堡统治集团控制。这种体系因分散了风险而比以前的更为灵活，但是，它容易受到其中一个营业部门突然失败的影响。

准确地说，这就是14世纪导致一些意大利公司倒闭的缘由。吸取了自己的教训之后，意大利的商业联盟采取了一种更灵活和明智的制度。美第奇家族的例子是最为著名的。起初，在萨尔维斯特罗（Salvestro）时期，甚至在大约1430年至1435年的科西莫（Cosimo）时期，其生意有一点类似于富格尔家族，表现在权力集中于几个人手中。不管怎样，萨尔维斯特罗在1378年佛罗伦萨暴动时期模棱两可的角色，还是暴露了作为城市领袖的商人对意大利之外的世界不了解的局限。为了扮演决定性的角色，科西莫需要两个胜利：一是装出自由的风度，而不

所有交易都要有讨价还价。亚里士多德的《伦理学》
(Political and Economic Ethics)，15世纪尼古拉·奥雷姆的译
本。（鲁昂，市立图书馆）

一位银行家和借贷人。（列·格兰特，列·
利夫雷·博纳·莫尔斯，15世纪）

把自己推到最前线；二是搜集大量债务人，既有可以被控制的客户，也有可以影响大人物和填补职位的依附关系网——在此之后，他经常谦虚地被选为为期一或两年的行政长官，直到作为一位受人尊敬的慷慨的资助人、"国家之父"于1464年逝世，他经历了托尔法的铝的发现，战胜了米兰和威尼斯。科西莫设法积聚了250万佛罗林的资本，但是，他认真而熟练地分配其收益的来源和收获的时机：布匹店、银行、土地、谷物和来自象征着他的主要财产的收益。这一组织有12个分支机构，它们的主管由科西莫提名。他提供基金帮助他们开业，然后让他们自负盈亏。这意味着他可以砍掉不盈利的部门而不影响公司的总体平衡。总之，科西莫在各个城市建立可以为其盈利的分支机构：伦敦、布鲁日、科隆、日内瓦、里昂、阿维尼翁、米兰、威尼斯和罗马。有时，他投身于旨在消除竞争者的联盟中，但这也把他和其领导下的城市拖入武装冲突：如为了托尔法的铝与教皇合作，对抗那不勒斯国王和威尼斯。他必须既灵活又精力充沛地控制其像九头蛇一样的商业帝国。其子皮耶诺（Pieno）在他死后不久去世，继承者是两个兄弟洛伦佐和尤利亚诺（Giuliano），这暴露了公司势力的局限。尤利亚诺在1478年镇压城市反抗者时死亡，洛伦佐也投身于昂贵和危险的大兴土木和发动战争的政策中。他的艺术和文学成就以及佛罗伦萨的光辉使他赢得了他假意拒绝的"佛罗伦萨之王"，以及与他更相符的"非凡者"的头衔。但他在商业上缺少作为：1477年，伦敦的分支机构倒闭了，布鲁日和米兰的机构也在次年重演了悲剧，而1479年这一幕在阿维尼翁上演。洛伦佐对这种导致溃败和破产的领导者的命运都无动于衷［布鲁日的负责人是波尔蒂纳里（Portinari），他1501年死于霍斯皮斯］，他关心的只是诗歌和市政阴谋。到1492年他死时，这一公司除了政治之外已别无其他作用。

富人的轮廓

　　虽然这些是中世纪商业精英里最杰出的人物，而我之所以选择他们是因为他们展示了中世纪商界中的若干行为模式。这样也许忽略了其他特征，但是与其起草详尽的名册，不如让我们见识一下他们发家致富的主要手段。

　　一个由来已久的制约商业发展的因素是显而易见的：商人们对货物周转中不可避免的突发事件和风险无能为力，许多预防措施充分说明了这一点。此外，商人们在对其货物的处理上信心不足，这使得他们几乎不可能储存更大宗的商品，尤其是食品。在普拉托，达提尼公司计算其绝大部分来自海上贸易的利润不超过7%到12%。当然，确实有人赚了大钱：美第奇家族经营托尔法矿山的最初三年多时间里获得了48%的纯利润（2.5万杜卡特）；1494年至1500年，富格尔家族发现他们由图尔佐（Thurzos）掌管的斯洛伐克铜矿的利润约为33%。银行业也许是唯一能获得更多利润的生意，借贷利率因贷款的重要性或期限而有所不同，短期贷款通常收取15%至20%的利息，恰好低于教会禁止（并非一直认真执行）的高利贷利率，因为其盟友——佛罗伦萨人，往往以33%的利息提供贷款。信用只有当借贷人是大人物时才重要，不管他有无偿还能力。如果是普通人，他就很少能通过这样的交易获得资金。货币兑换商、伦巴第人、萨沃伊的皮埃蒙特人和犹太人的借贷是不需要担保的，但是一个债务人的逃跑可能毁灭不止一个债权人，正如我们在布鲁日见到的。至于贷款给大人物，其风险同14世纪的情形相似。美第奇家族在布鲁日的分支主管波尔蒂纳里，由于借贷了太多的钱给当时正处于瑞士人和洛林军队攻击下的大胆查理而破产。

　　其他两种赚钱的方式也应提到。其中之一当然是土地所有权。正如我们已看到的，市民们有他们自己的花园和小农场，商人们也从事股票交易合同，诸如地中海各国的牲畜契约合同或家畜赁贷契约，还投资于庄园。此类例证可在所有国家发现：美第奇家族从土地中抽取1/4的收入，他们的总经理弗朗西斯科·萨色蒂（Francesco Sassetti）在1462年拿出其多达32%的资金进行投资。即使在威尼斯，在特雷维索或维罗纳拥有土地的巴勃瑞奥（Barberigo）家族，在贸易上的投资也不超过他们总收入的10%，他们的合伙人卡特瑞纳·科尔纳罗（Caterina Cornaro）从其塞浦路斯的地产上抽取6.7万杜卡特的年收入。越过阿尔卑斯山，情况也完全一样，因为每个富格尔家族成员拥有的只是城市的住宅，以及所有的韦尔泽家族、哈姆皮斯家族、许尔普彻尔家族、伊姆豪夫（the Imhof）家族，他们的住宅都在吕贝克、拉芬斯堡、纽伦堡和奥格斯堡的海姆，不要忘了1457年德意志最富的人卡斯帕·包波劳（Kaspar Popplau），他是土地和村社的主人，并且是森林和田地的所有人。法国人更不热衷于冒险，所以那里的情况是完全相同的：佩尔捷（the Pelletier）家族住在诺曼底，若桑德（the Jossard）家族住在里昂，德霍伊（the d'Heu）家族住在梅斯。至于图卢兹的萨尔盖尔家族，他们每年从其1000公顷土地、四座庄园，以及他们在博瓦尔（Beauvoir）的城堡和在欧特里沃（Hauterive，约1458）的男爵权属上抽取多达1000里弗尔的收益。

　　同样是在法国，另外一条致富的途径被拓宽了：即获得公职。国王很快就开始得意于他从售卖官职中所得的利润。他在欠债时就开始售卖官职，有时候还授予买官者某些特权——税费、城堡、森林和监管权。这种做法被证明很有效。那些发现他们自己掌管铸币厂，征收贡金或招募水手的官员，在与社会的最高阶层打交道前，已经使自己富了起来。例如安茹时期的勒内，还有马赛的福尔班家族（the Forbin）中的一个人在1474年发迹为普罗旺斯的总督。在所有这些关于雄心勃勃和失意的例子中，再没有比雅克·科尔更好的了。作为法国的首席大商人，其奢侈的生活方式超过他的所有前辈。他是布鲁日一位制革工的儿子，通过在当地的小市场进行羊毛贸易，以优先发放贷款给查理七世的扈从官员而崛起。然后，他获宠成为王室的委托人，1436年成为铸币厂的主人，1437年成为国库税和盐务税的包税人，1442年担任国王的财政主管和顾问。他因此成为了国王的委托人，为其提供了借以成功夺回诺曼底的炮兵。作为外交使臣，他被派往那不勒斯和罗马。科尔设法充分利用了这些经历和职务，以至于他能以惊人的活力开办各种企业：在塞文山脉开采煤矿、在阿维尼翁和利摩日做酒贸易、在伦敦和布鲁日从事经纪业务和兑换货币、在马赛造船。从意大利到英格兰，有三百多名仆人替他打理。他的个人地产和住宅价值60万里弗尔，一些繁华遗迹在布鲁日仍能见到。这对当时的法国来说太过分了，更有甚者，他没有亲戚、目标或保证人。1453年他以贪污罪被捕，正好是在他的女保护人及国王的情人阿内·索雷尔（Agnès Sorel）死后，但是他设法逃至罗马，并在那里乘船驶向爱琴海，并于1456年在去往希俄斯岛的路上去世。尽管这并不完全是一个典型的故事，但也为金钱的权势和背叛提供了绝好的例证。

分崩离析的社会

　　在考察了这些新的经济结构之后，如果对社会的基础进行审视，我们会发现一些巨大的变化。一个有序社会的旧结构在13世纪已经落伍，业已分崩离析。一些牧师——神学理论家或与当局关系密切的代理人——仍然宣称存在三种秩序，的确，这笔"遗产"直到1789年仍被谈起，并且仍然可以在对过往的辉煌念念不忘的作品中读到。所有疯狂的意念都经不起公正的注目。从属于某种上帝和共和国领导下的预先选定的组织，为所有人谋求更多利益的意识，使这种社会和谐得以延续。除了阿卡迪亚（Arcardia）从未存在这一事实之外，到1500年这种意识还留下了什么呢？只有擢升、罚没、暴行、冲突、再分配，简而言之，一个极其多变而崭新的社会，已经建立或即将建立在观念已经落后的社会阶层上。这一点不容否认。更糟的是，至少在理论上，维系"封建体系"中各利益集团间关系的主要支柱是仅可勉强维持生计的生产者同依靠剥削和"公债"确保其权利的主人之间的一种默契的协议，以及司法制度、保护制度和安全体系。这在15世纪不会构成问题，甚至可以说，这是新型关系的建立，这种关系从原则上来说是有害的，标志着中世纪的结束。

力量的新界限

长期存在的现象，例如财富的重新分配或新社会关系的确立，很少震动当时的人们，他们更为敏感的是突如其来的事件——破产、债务、暴乱和审判——因为这些现象他们都不能充分解释。然而，到15世纪——如同12世纪，心理的转变、几代人之间的新型关系、发生在人们所熟悉的结构里的种种变化都可以更为清楚地观察到。道德家们一如既往地在指责年轻人的堕落和懒惰，而怀疑论者还在谈论短暂的时尚和偶然的际遇。历史学家也开始发现这种大量琐碎细节的某种连续性。在下一章里，我们将要考察深刻的道德与精神变化，这种变化使世界深受磨难，人们不愿承认这是基督教世界，这种观念在1450年至1520年间变得毫无意义。现在，社会的一些基本特征应被认识，否则，上面所述的内容则会难以理解。

首先，人们的行为发生了显著的变化。本章开头所提起的人口复兴——无论是原因还是结果，使得家庭结构、夫妻关系、父子关系都改变了。基本的催化剂似乎是与其社会或家庭组织相联系的个人的逐步解放。他们个人的命运起初被视为是"孤独的"和被厌弃的，但是雅克·科尔，佛朗西斯科·斯福尔扎或克利斯托佛

雅克·科尔在布鲁日的豪华寓所：皇家理财人的主要居所，刻有华丽的石制花饰，是市政建筑中绚丽风格的一个杰作。

·哥伦布却为人们作出了表率。人们互相间的交往也有助于把他们从原来的根基中分化出来，以至于一封"归化书"就可以改变他们，并通过公共认可，在他们新定居的国家成为与其他人平等的居民。这并不意味着以亲情或友情维系的小团体的消失，他们继续在市政事务、商业、地产管理或法律援助上扮演领导者的角色。我们已经看到许多这样的例子，更多的仍在涌现。也许，各处的人们形成新的团体是出于恐惧或对政府不信任。可以看到，大约1480年或1490年在低地国家的科茨沃尔德人（Cotawolds）和佩伊科人（Pays de Caux）中数十人组成紧密的团体居住在一起，勿庸说与世隔绝的、基本上是山区的巴斯克农村、凯拉（Queyras）或萨沃伊以及亚平宁地区，在那里，这些都是惯例，并可能仅是出于经济原因。这肯定是逐渐衰退的一种旧式特征。但是并未掩盖个人不断增强的作用，其中包含了家庭细胞的迅速解体、私生子所具有的新意义、先辈和子孙之间突现的代沟，以及与旁系亲属凝聚力的缺乏。金钱日益增加的作用有时被视为更大的实体解体的萌芽，它变成了所有渴望的目标、自由的工具和一切不满的源泉。所有社会阶层都患上了一种使他们互相敌对的营利精神病：对薪水的关注使他们忽略了义务。

　　另一个难以辨别的因素值得简略地提一下。在富有人情味的各种团体中，假定个人的命运是他们最为关注的对象，两种发展趋势便产生了，这初看起来没什么联系，但却有着同样重要的源头。一方面，无论男女，外向或自我，个人的狂热迷信导致了惊人的行为：诸如自私和野蛮、过于纵情的自我怜悯，以及由于对长生不老的渴望（如同对可怕的末日审判的恐惧）而进行的过分炫耀奢华的盛大丧葬。有人曾回忆起卡普塔尔·布赫·让·格拉伊（Captal de Buch Jean de Grailly）并未使他的双手完全干净，据说也在希望拯救其灵魂的周年祭礼上组织和赏赐了4万名群众。西班牙的菲利普二世仅自己就赏赐了2万人。这表明了这些做法在很大程度上毁灭了贵族，他们比其他社会阶层更为痴迷于这些仪式。另一次变革影响了15世纪的女性。我们看到，或是由于自然选择，或是由于围产期死亡率和秘密杀害女婴

忠诚于女士，"献出他的心"。这幅壁毯说明了15世纪世界性的哥特风格，是其最终标志之一。（巴黎，克吕尼博物馆）

现象的下降，从此女性的数量多于男性了。她们的道德声望肯定遭受了损害，这种现象可以在苛求妇女为贵族服务的混乱的"骑士阶层"里看到，这显示了这种"效忠"在日常生活中是多么的不真实。一支重要的新兴妇女劳动力冲入了城市制造业阶级，这是一个具有重大经济意义的事实。这一定很有效地遏止了工资的上涨，因为妇女的收入通常比男子少一半。教会法律师或哲学家似乎没有发现这种改变，即使在20世纪，我们对此也毫不感到吃惊。

大人物在乡村的胜利

尽管已经逐渐被城市的触角包围，乡村还是保持了其重要性，应该考察那里的社会变革。因为农业复兴在地主和农民社会中产生的鸿沟在持续扩大，不是每个人都能受益于向牧场转变的过程。首先，这是因为谷物价格被投机性农产品更高的价格压低而上涨很慢：例如以大约1350年的小麦价格作为100的基准线，在15世纪中期小麦价格在法国还仅是35，英格兰是60，德意志是65，直到1510年或1515年也没有恢复到1350年的水平，至少在法国、德意志以及西班牙是这样，而英格兰的价格仍然停滞不前。小农户们不敢梦想改种另一种作物，只有业主和具备相当财力的农户才能从中获益，自从农业工资停止上涨以来更是如此。除了城市的竞争，人口的增长和妇女劳动力的涌入也是导致这种紧缩的因素。1340年至1350年的农业水平在不同地区和不同时间得以恢复，这通常是运用统治权力进行行政干预的结果，在1345年至1340年的英格兰和加泰罗尼亚、1452年的德意志东部、1460年的萨克森、1465年至1470年的法国北部和东部以及1482年的朗格多克，农业发展水平达到了最高值。在这种情况下，农村劳动力中最为贫穷的人们被驱赶到邻近的城市里从事计件工作。这并不意味着1340年或1350年前的形势在恢复，当时进城工作的小农可以获得高薪。1520年前这一切都没有恢复，除了在德国（在那里这成为1525年大爆发的主要导火索之一），而且物价到1550年才开始上升，并引发了一种以高价格和低工资为特点的新的"古典"型危机，这与我们的论述无关。

若干因素导致土地按照有进取心的市民和富裕地主的利益重新分配，对此我们不应忽视。其中有一些与环境有关：荒弃的土地（例如凯尔西、昂特和梅斯之间的地区以及香槟）被夺取并为最早来到者制定了优惠的条件，根据非常古老的葡萄苗圃原则，在租赁期满后，有1/3甚至一半的地产转移到佃农手中。更有甚者，在1447年的法国，理论上如果所有人不能证明其身份的话，国家允许抛荒地归相邻的所有人拥有。这往往发生在奢侈的世俗人士身上，他们比教士（他们会设法相当迅速地修复其被劫掠处）更为严重地受到危机的影响。1489年，国王授权摧毁小于10公顷份地上的闲置住宅，这是挫败一切企图重建小农终身保有不动产的决定性手段。其他方法也允许最为大胆的占地活动，这一次是没有政府干预的：

除了在露天乡间变更边界和范围外，作为抛荒的必然结果，人们要经常性地重新评定出租定额，这一因素尽管已降至最低水平，但也应考虑在内。地主抓住每个机会，例如在继承权和份地重新划分上引进了一种新增税，或者当铸币贬值时，要求以坚挺的"旧"铸币来支付。在法国的许多地区，里昂、普瓦图、埃诺和图卢兹，这样的一系列行为使主人甚至他的佃农都能受益。他们将这种明显矛盾的事实解释为，村社在同地主的斗争中成长壮大了。实际上，这些村社是由拥有50、100或更多公顷土地的农户组成的。

土地的这些新的集中化现象成为了整个欧洲乡间的一种特征。从中受益的只能是农民和佃农：落入他们手中的是其已经消失的邻居和他们没有子女的亲戚的份地。劳动力不足的地主提供给他们小块土地，他们甚至建立了西多会修士那样的自主耕地（bouverots），如在勃艮第的乌热（Ouges），或是由他们所建立的持续一百年的真正农耕王朝，如在法兰西岛和康布莱西斯。埃诺的桑西（censes）、图卢兹的博尔德（bordes）、凯尔西的科勒克（collques），都是达到200公顷农用地的耕作单位。在英格兰，我们从一些郡志里知道，在1450年和1480年之间农场在50至200公顷组土地中所占份额从40%增至55%，在更大的农场里则是100%的增长。新来者与这种真正农村的核心交融在一起。正如我们所看到的，他们中的一些是商人，也有律师，他们（始于1440年至1475年，并在1490年后又有所增加）定居在乡下，在那里没有人敢于拒绝与他们交往，他们常常借此晋身贵族。仅在法兰西岛，比罗（Bureau）、蒙塔尤（Montaigu）、布拉科（Braque）、比代（Budé）、多尔芒（Dormans）、布兰维利耶（Boulainvilliers）都有这种新来户。他们经常以一种规范而非琐碎的方式来管理他们的地产，档案中地产文件的极大丰富在很大程度上应归功于他们。

除了教会，最大的地产属于地主、容克、古老家族的领主显贵们，或是13世纪末从社会大动荡中新生的贵族。这些人牢牢控制着他们的土地，即使因为他们的军事或司法职务使得他们较少露面。他们经常花费可观的资金（一般是来自施加财政压力）去获得土地。英格兰的威廉·谢波特（William Sheppart）花了7000镑买了8个村庄；1489年，珀西家族在他们地产上征收的间接税达2000镑，与此相比，他们的"常规"收益仅为600镑。地产也成长为政治胜利的必然结果：沃里克（Warwicks）在1400年统治着5个村庄，1550年增至25个；伊丽莎白·伯赫（Elizabeth de Burgh）在10个不同国家获得了庄园领地。德国也不落于后，尤其是在1470年或1480年之后：斐特烈·冯·普法兹（Frederick von der Pfalz）、埃伯哈德·冯·维特姆贝格（Eberhard von Wurtemberg）、斐特烈·冯·霍亨索伦（Frederick von Hohenzollern）拥有的地产超过2万公顷；在卡斯提尔，阿尔瓦雷兹家族（the Alvarez）、卡里略家族（the Carillo）、阿罗家族、古兹曼家族和一些门多萨家族成员则拥有的更多。但是在法国和意大利，这种集中则不太严重，也许是因为他们的人口更为密集或他们的农民能够更有力地对其进行抵制。

小人物的末路

不是所有的领主都像诺福克公爵或勃兰登堡侯爵一样。那些没有能力或不懂如何抓住时机敛财的人逐渐沦落了。许多先前显赫的、备受尊敬的家族被迫接受其社会等级降低的现实。他们不得不同意并不体面的联姻，放弃给他们带来荣誉的职位、主教的职权以及市政官的宝座，他们被迫顺从地仅仅充任管家或带薪的城堡总管。不再像那些被封为爵士或进入骑士阶层的人那样开支惊人。他们只不过是乡绅、尚未封为骑士的青年贵族或下层贵族成员（特指西班牙）。即使在帝国，里特这一词语的法律含义也丧失了。家族的传统有时默默终结——当某人成为了一名书记、教区牧师或律师时。依附其靠山的小乡绅们再无力去统治生机勃勃的劳动村社。我们从15世纪的许多农场纪录中知道，绝大多数小贵族的收益在减少。英格兰所记录的情况好于其他国家：例如，在苏塞克斯（Sussex），支出比重在1436年和1456年间从年收入额的1/7增加到2/5。在莱斯特郡（Leicester），1408年贵族从其地产而来的直接和间接收入总值从基准线的100开始下降，并已经相当低，1477年（所设想的经济复兴中期里）则降到80。领主势力越弱，农民越不情愿交他们的人头税或罚款。在法兰西岛的若桑斯（Josas）附近，拖延的支付款累计可能达收入的20%并于1508年增至45%。这份名单还可以扩大，我要强调的要点是：王室平民税的比重、出卖狩猎权的新做法、1480年建立并采用的贵族领地上繁重的死手捐（"五分之一的税"和"五分之一税的一倍税"=40%的收益），以及盔甲登记税。为此，当旧贵族发现自己被乡下佬包围时，他们更为顽固地坚持这一切。

重新出现在新设立的公职上的统治者毫不放松地榨取着钱财，有年金，有用于军事的，有用于法庭义务的。那些土地贵族想要恢复他们曾被夺走的那部分东西，通过逐步而巧妙地成为公爵或最好是国王的委托人来达到其目的。1480年，法国设立了皇后荣誉女官，这是一个为贫穷贵族妇女保留的位置，而军队里军校学员的设立，提供了一个驯服贵族阶层的手段。所有欧洲君主建

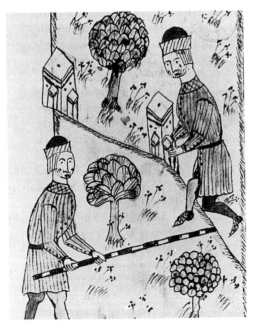

重新分配土地有利于最大的农户。一块土地正在被丈量和确立边界。（阿尔诺·维尔纳夫关于测量的文章，15世纪，编号327，卡庞特拉，安吉尼伯内蒂图书馆）

立这些机构的用途众所周知，即使人们怀疑在最初阶段他们是否真的打算通过这些途径摧毁一个过于笨拙的贵族政体。那些不想勉强离开自己破败的堡垒，出于对他们土地的挚爱或怀有要在村民中发挥作用的感情的人，已经厌倦了暴力。例如英国内战这样的环境，对他们非常有利。在那些诉诸暴力的地方，只有大贵族从中获益，像1440年至1444年没有统治者干预的法国北部的普拉格尔（Praguerie），以及在路易十一治下初期反对他的"公共利益"同盟。从此以后，他们被迫像普通农民一样生活，除了他们的教堂席位和被赐带之剑之外，没有什么特权。

当然，农民的境遇更差，他们不能参与经济的重建，逐渐被驱逐出村社，无法享用村社中的种种便利，最终在被奴役的边缘挣扎。我称其为"新版奴隶制"，它在法国中部和加泰罗尼亚延续，更不用提英格兰了，在那里这种情况直到18世纪末还存在。尽管我们几乎没有办法量化这一趋势，但我们就英格兰有一些深刻的见解。在莱斯特郡，茅舍农的比例，鉴于他们的身份和财产肯定被忽略了，而隶农（他们享受各种自由）的比例，在1400年到1455年间从67%增至72%。茅舍农和牧场主居住在庄园边缘的小块份地上，被剥夺了参加法庭的权利。占有权的情况更糟，因为地主可以增加基于土地的赋税劳役，而且佃农被法律文书牢牢地束缚在份地上，文书列举了他们的义务、继承权和劳役。

尽管可以保持自由（这在大陆上是必需的东西），但农民却发现偿付其税款非常困难。王室的赋税在增加，农民被要求通过他们的主人来支付，更糟的是，征税的限额由村里的显贵们决定。平民税在法国惊人地增加：其从查理七世死时的120万里弗尔增加到路易十一时的460万里弗尔，路易十二时为530万里弗尔，到1540年变为680万里弗尔。因为被剥夺得一无所有的人们的工作方式、生产方法甚至他们的工具都未真正改进，他们处于可怜的境地，这产生了三个严重而且不可避免的后果。

其一是赚取工资，这只有城市才能提供。这一趋势可以在索洛涅地区、布拉班特、兴起于阿尔芒蒂耶尔（Armentières）到奥德纳得（Audenarde，靠近丝毛哔叽中心）的乡村制衣厂中，在香槟或塞文河谷中寻到踪迹，也可以在威尼托区的玻璃厂、图卢兹的纸厂、茹拉岛的木材厂里看到。市民们有时需要补充他们的劳动力。在里昂附近，粮食囤积者提高一半工资雇佣劳动力帮助市民酿酒，同样的情况也发生在波尔多附近。当大约1470年路易十一试图在图尔（Tours）和里昂附近种植桑椹时，吸引了周围乡村的丝绸厂厂主，就如热那亚长久以来的情况那样。在波希米亚，矿工在冬季有时按周被雇佣。这种雇佣是有风险的，迫使乡下人不得不对城里人俯首帖耳。

当没有工作需要他们去干时，第二种意料中的结果是去借债。向谁借呢？或许是制衣工，或许是对剪下的羊毛做估价的羊毛工；牧场主或牲畜契约持有人，购买羊群的人；市场商人或城市居民；用他们的工具作担保进行借贷或违反王室1476年颁布的法令出卖他们囤积的小麦的人。至于最终结果，只不过是之前经历的重复而已：在农业金字塔的顶部，是更大的土地集中，在底部，

365

是不断增加的经过划分的份地。这一过程曾于危机时期中止，但是现在又恢复了，其悲惨的结果是众所周知的：大约在 1500 年，纽伦堡乡下农场块地的 70% 小于 4 公顷；在法兰西岛则是 94%。

失　败

在过于艰难的时代，当庄稼歉收或国王过于横征暴敛时，人民便造反了。然而到这时，这不再是一个由负债沉重而想保护其所得的人们发动的起义，而是源于空荡荡的胃的绝望，那些最早的造反事件是受文艺复兴和大发现时期的饥饿和贫困所驱使的。

因为这些运动与强盗（Tuchins）或一个隐蔽的反对党相联系，他们不怎么出名，并且他们给今天的历史学家留下的印象要比当时的编年史家更深刻。但是，当某人通过针对他们的镇压来观察时，他就会有更深入的理解。最直接的震撼是这些运动如此声势浩大。除了意大利，在 16 世纪初的普遍性破坏期间，大量宣传品肯定已丢失了，欧洲的每个地区都受到影响。在英格兰，罗拉德派运动（Lollard movement）在 1430 年左右仍然一触即发；肯特和埃塞克斯在杰克·凯德（Jack Cade）的号召下于 1450 年爆发了叛乱，如同 1381 年那样；但是，王军镇压了这些"叛乱者"。在 1411 年至 1454 年的斯堪的那维亚，有经常性的起义，是由或多或少的真正的农民领袖领导的：如"戴维王"（King David）、奥格尔布雷希特（Engelbrekt）、雷文特洛（Reventlow）。在法国，这种运动被等同于盗贼，对其的惩罚如同对暴徒一般，像 1411 年至 1465 年巴黎和罗纳河三角洲之间的暴乱和 1435 年至 1445 年勃艮第的科基亚尔（Coquillards）骚乱，甚至是福雷（Forez）的"同盟者"暴乱（他们也许是逃跑的学徒）。那时的国王用自己的军队对其加以镇压。在西班牙，收复失地运动还未平息。尽管阿拉贡的阿方索五世于大约 1445 年许诺废除陋习，但这些陋习仍继续发展，起义在 1484 年至 1487 年又复发，逃亡奴隶和落泊地主的斗争在秘密地继续进行。

德国是一个特例，那里的宗教与赤贫者的呼声密切联系，可能是因为与精神需求和教会的丑闻相联系的镇压力量更为强大。图林根和阿尔萨斯的巡回贝根哈德男修会（béghards）

艰难时世与糟糕的收成。佛兰芒乡下一个流浪者惶惶不安的图画。（耶罗尼米斯·博施的《挥霍的儿子》，16 世纪初，鹿特丹，博伊曼-凡·勃宁根博物馆）

德意志的农民暴动。他们在抢劫魏森瑙修道院。（阿伯特·穆赖的《农民战争编年史》，1525，施洛斯·蔡尔档案馆）

与 1476 年的"尼克劳斯少森贞女"（Virgin of Nicklaushausen）运动很难划清界限。清楚的则是，领主以异常暴力的方式镇压他们。有人认为，斐特烈三世和马克西米连的德意志是建立在富格尔家族的铜和绞刑架上的。应当对此予以重视，因为我所强调的社会分化的绝大多数特征以鲜有的深刻性存在于帝国中。所以我们对接着发生的事情丝毫也不吃惊——不像当时的人一样。在 1524 年 6 月，在一个叫闵采尔的人的布道下，在黑森林和康斯坦茨湖之间爆发了一次起义，他相当直接地号召用刀剑推翻贵族和世俗社会。在三个月内，他夺取了阿尔萨斯、帕拉提内特（Palatinate）、黑森、图林根、萨克森，在南方，他占领了蒂罗尔、巴伐利亚和斯蒂里亚。似乎整个德意志农村都被波及了。城市也是这样，在那里，被粗暴虐待的学徒们为农民军打开了城市的大门：察贝恩（Zabern）、乌尔姆、弗赖堡向他们投降；美因兹、特里尔和法兰克福被迫与他们谈判。数千名饥民袭击了公共粮仓，杀掉了许多骑士和教士，他们号召摆脱所有的束缚和分配所有贵族的财产。1525 年，黑森、萨克森和布伦瑞克的统治者组建了游击队以追踪农民军。整个事件的结局与扎克雷起义一样：市民们厌倦了农民们的过激，并拒绝帮助他们。农民军分裂为孤立的组织，闵采尔被捕并于 5 月被吊死，阿尔萨斯被镇压，剩下的反抗势力被各个击破。镇压是极其残暴的，在 10 万个处决令下，运动并未停息，一直持续到 20 或 30 年后宗教战争爆发。以往的德意志乡村世界再也不复存在了。

劳工问题

在付出用刀剑消灭了他们最为贫穷的农村的代价后，国家觉得农村问题已经解决了，或者至少得到了缓解,这对帝国和其他各处在接下来的两个世纪里都是有价值的。然而在城市里，情况则完全不同。首先是因为城市不断发展壮大，而且出于自身需要统治者被迫慎重地对待它们，隶农也许只是一种动物，但手工业者绝不仅于此。

14世纪最后25年发生在西部城市的运动，向许多头脑清醒的观察家和编年史家，如维拉尼·阿兰·夏蒂埃（Villani Alain Chartier）和格尔森（Gerson），表明了城市居民处于极其拥挤和杂乱的生活条件下，他们因职业或邻里关系的联合极其紧密，而且他们生活的困苦，不能像对待一个大乡村的居民一样来对待他们。城市作为一个市场、王宫、要塞、制造中心的日益显著的角色，给予几乎在农村里看不到的各种社会关系一个粗陋的特征。高速的生产节奏使劳动者之间相互敌视，加上社会各阶层体现出的彼此鄙夷和他们共同对乡下人的鄙视，是自14世纪以来城市社会的特征。

同时，随着"危机"末期对城市内部结构进行的深刻的改造，这些特征在15世纪显得更为明显。首先，新来者——经常是新受洗者——比起那些被他们取代的人更为傲慢自大。他们有时人数极其众多：在法国，在对1470年至1510年若干案例的研究中，他们在里昂占人口总数的9%，在瓦朗斯（Valence）占47%，在佩里格占66%，在卡隆占75%。这些新近的移民很快就证明了他们不好对付：贝亚奈（Bearnais）人被赶出了图卢兹，佛兰芒人被从里昂驱逐。

其次，准确地说是市民活动——地中海人的狂欢——使1100年到1400年之间的意大利城市的历史虽如此独特不凡，却极大地衰落了。当时国王或商人集团已掌管政治事务，城市管理问题只是专家关心的事；律师，文书和官员如今坐在执政官和市长的位置上，为他们的主子或商业利益服务。就更为精明的国王而言，这已足够了，例如对着其"忠实的城市"微笑的路易十一。在低地国家，勃艮第大公最终征服了根特和列日，意大利也落入了其统治者的手中。

这种政治上的漠然使历史学家无事可做，但也危害极大。以前，城市议会反映了（或相反，不能反映）其所代表的社会。城市议会不可避免地对社会充满兴趣，社会的规则，不管优劣，都由城市议会促成。一旦落入专家之手，城市便任凭一种经济

某德意志城镇的一条大街图景。许多细部展现了当时的建筑。15世纪。

紧张的气氛自由发展，这加剧了现存的问题。最为奇特的现象是城市自身的逐步分化：除了那些在落伍的建筑基础上修建的巨大而壮观的建筑物外（其内部花园依据巴黎的圣·保罗饭店的模型），根据他们所从事的特殊的行业或一个特定行会或宫殿的情况，城市里的各个街区也受到社会差别的影响。与此相同，在他们自己的住宅区里，一部分人在损害其他人利益的情况下变得更为"中产阶级化"了。也是在这一时期，尤其是在 1390 年至 1392 年的大屠杀之后，这一过程最终完成了，犹太人被有计划地隔离在特殊地区，这些地区在晚上被关闭，但也不可避免地被侵袭和抢劫，在每次恐慌来临时情况更糟：仅朗格多克在 1424 年至 1430 年、1460 年、1473 年、1486 年和 1493 年的情况就如此。

一旦商人们分化出来，师傅和学徒们就只能靠他们自己了。对于前者，对那些至少还没有富裕到尝试担任公职或投资地产的人，1470 年至 1480 年后的形势只在某种程度上令他们满意。他们的开支肯定因工资上涨的停滞而减少了，1464 年至 1468 年后这一点更为明显，但是制造品价格的下降抵消了他们曾希望的额外收益。他们的态度暴露了他们的忧虑，贸易的复兴是不充分的，而且他们的顾客离去了。按照"古典的"、中世纪的原则，师傅决意通过全力提高产品质量和消除竞争来摆脱困境。监察人被委派到各地——佛兰德斯的监管人（es-wardeurs）和伦巴德的皇室总管——以保证学徒遵守工作规章和工作时间。1480 年后，学徒们晋升为师傅的道路实际上被封死了，师傅成为一种世袭的身份。15 世纪末之前，许多规章制度限制生产并使生产萎缩。商人们不满足于将生产限定在某个既定的水平上，每当他们希望推进生产发展时，师傅们就结成同盟，进一步降低工资，如同在莱茵兰的师傅—锻工们的情况那样。

但是这不是乡下。学徒们远非缺少支持和力量。最初，他们充分利用时势的困难逐渐壮大他们自己的组织（在师傅控制的官方行会之外），那里允许他们发表自己的观点并参加那些在 13 世纪已经使博马努瓦担心的讨论会。由于是秘密的聚会，我们很难找到确切的记载，但是在 1440 年前的慕尼黑，这种活动已经由面包师、铁匠和制帽匠学徒举行过；1442 年在巴伐利亚和罗纳河沿岸的皮货商也发起过。到 1500 年，在波尔多有 40 个这样的组织，由于前面提到的社会分化，这些结社非常容易组织，行东们不再与他们的学徒们合住，从而不再能够监督他们。一旦工人们团结起来，有什么可以阻止他们组织联盟、采取行动、罢工和要求加薪呢？

他们肯定有充足的理由。他们被迫承担繁重的赋税，王室平民税注定更多是由农民承担（达到 85%），但是其他许多的征税几乎完全落在城市上，士兵寄宿的平民税（1451），以及维护作为城市建筑风格标志的围墙的费用（据计算，在巴黎和阿维尼翁，15 到 20 年里为维护围墙花费了他们城市预算的一半；兰斯的这笔开支是 16 万里佛尔）。在此还必须加上盐务税、

一群工匠。（瓦勒留斯·马克西莫斯的一幅缩微图的细部，说明了罗马人及其他人的活动和谚语。哈尔手稿。编号4375，伦敦，大英博物馆）

城市中修建粮仓的必需费用、通行费，当然还有罚款、租金、死手捐等等。所有这些赋税在1480年至1485年大约相当于劳动者80个工作日的收入。商业从1490年至1500年以来的发展相对缓慢，更特别的是英国和法国的法令规定，把工资降至1410年的水平，这进一步加剧了普通百姓的困境。

城市的不满通过两个途径表现出来，那里有野蛮的暴动（有时是出于个人报复），还有叛乱。我们只有通过法庭记录才能获知第一种情况，这些记录表明个人暴力事实上占了所有已知案件的80%。这些通常是恶意破坏或抢劫，而不是人身攻击的案件。1455年对巴黎一位行东的谋杀导致了一次轰动。因为流浪者和乞丐有时包括在这些集团中，这种犯罪已经不能归因于其所包含的社会意义。暴动盛行在1442年至1451年的两个前后相继的阶段，当时低地国家、莱茵兰和多瑙河地区都颇受影响；1516年至1527年，正如我们已经看到的，当时德意志的大部都受到波及。除了这一最后例证（其极端的暴力可归因于其农村的背景），逝去的15、16世纪的分散的工人抗议与他们的前辈相比则显得苍白无力了。虽然稍后宗教运动的社会基础尚未形成，但"强硬"反抗的现象在城市中形成了。两种力量互相对立，既是有组织的也与它们在社会中的根本地位相一致。这不是强弱要素之间的分裂（这一点被许多分析家认为是不可缺少的），而是两个相对立的对手之间的分裂。换句话说，中世纪给近代留下了一个劳工方面的问题。

第九章　从欧洲走向世界

到耶路撒冷、亚历山大以至北京的朝圣客和商人绝不会以全球性的视野来看待他们的旅行，他们全然相信近在咫尺的天地和他们欧洲的眼光。15世纪的经济复兴突破了这种认识上的局限。西方人感到活动的天地缩小了，不能满足自己的欲望、挥发自己的能量，他们需要扩展它，需要离开家乡，验证他们新的活力，并最终获得了将这些付诸实践的工具。

走向"近代"国家

我这里使用的"近代"一词，指按照历史传统所定义的16世纪至18世纪末端这一时段。尽管这是很荒谬的，但至少有助于减少混乱。"国家"亦被赋予多重含义，法学家们在这一多面性的艰巨问题上煞费心力。就像有城市国家或部落国家，同样也有封建国家。"近代"国家通常被描绘为集权国家：所有权力，至少是实体性的权力集中于一人，或者在最坏的情形下，集中于一个家庭，他们可以充分自由地使用它。在任何情况下，这种"绝对"权力必须源自社会整体。它应包括传统、公共利益、全体人民的荣誉。正如奥尔良的路易被刺时，让·波蒂（Jean Retit）指出的那样：谁不同意这一点那就只是一个"暴君"。他可能会像残忍者佩德罗（Pedro the Cruel）那样被杀掉，或像英格兰的理查二世（Richard Ⅱ）那样被废黜。这意味着这个统治者需要在没有异议的情况下行使行政职能，即使他的"臣民"（从此之后他们就被这么称呼）其实并没有被征求过意见；他是这个共和国的神圣受托人，即使他像查理六世那样是个疯子或像卡斯提尔的亨利六世那样被证实是个白痴。

直到15世纪初，西方还没有一个负责任的统治者能够宣称拥有这种权力。家族世系、庞大的区域性的血统门第、来自于各阶层的代表集会组织，这一切都很活跃，侵蚀着统治者的积极性、首创性。像教会和城镇这样的实体介于统治者与臣民之间，事实上统治者只是偶尔才真正控制着权力的基本要素：行政、司法、货币和军事力量。然而一旦这一切都集中在一个人身上，专制王朝就出现了，形成欧洲历史上最黑暗的时期。刚刚提到的经济和社会动荡奠定了这一进程实现的基础。

组织军事力量

这是一个很敏感，也不道德的信条。恰如孟德斯鸠所言：无论一个政权多么合法，其意旨都必须依靠威胁或强力才能保证得到遵守。人们是如此具有倾向性，以至于作为群体，只有强制才能使他们信服。只有教会拒绝承认这一点，尽管它也以自己的所有形式使用强力。事实上其他中世纪"国家"都依赖强制能力。到15世纪中叶，在许多军事力量相互厮杀而造成的欧洲令人难以置信的混乱的末期，所有的统治者都明白了这一道理，但并不是所有人都取得了成功。

　　法国的例子最清楚，最有持久的意义。查理五世曾经评价过"封建"制度的无能、雇佣军的不可靠、支付士兵和租用大炮的花费。尽管原则上可以依赖10万人，但实际出现的从来没有超过二三万人。因此查理五世开始注重防御问题，采用要塞战略——由可靠的将领、在村庄受过训练的步兵和弓箭手组成的民兵把守，并且在鲁昂——"战船之园"（the clos des galées）新建造船厂。另外他还依靠老窍门。查理七世则作出了一个决定性的行动：利用1444年与英国人在图尔缔结的条约，将王室部队的三个支翼转化成其后的法国军队的基础。由于一些雇佣兵已经死于多次对瑞士的征伐之中，他采用大胆的一步：征募其他士兵，向他们提供报酬、食宿，并派遣可靠的力量作为这支军队的骨干。1445年，20个武装的传令兵连建立，1450年达到35个，这使国王拥有了一支约3000支队的长矛轻骑军，每一支由6人组成，其中2人骑马。1448年，每50个农民或城镇家庭出1人，组成"自由弓箭手"连。他们必须参加每周的射箭训练，并要组成人数为1.8万到2万的步兵。1449年，他委任"河务局"组建一支炮兵部队，由150门"飞炮"（中世纪长管轻型火炮）组成，几年后，这支部队保证他取得了对英国人的胜利。对贵族和城市民兵组织的动员令保留下来，以防有时需要他们的帮助。同样也需要一些雇佣兵队长及雇佣兵，尽管他们被认为是忠诚的，但要经过严格的评价或审查。在其他地方，要塞继续修建，战船继续下水。查理七世的成就——为路易十一所承继——备受指责。平民恼怒的是军队驻扎在他们那里，或他们必须缴纳人头税以支付士兵的食宿开支。贵族们瞧不上这些武装起来的新队伍。同时还有许多其他省份维持自己的军队。最后，自由弓箭手在几次战斗中表现不佳，而新的船舰未能成功地控制海峡。但至少直到18世纪，法国的炮兵保持欧洲第一，而步兵通过与雇佣军或职业化的火枪手的合并，在战场上的表现逐步好转。

　　其他国家在控制公共军事力量方面未能如此成功。但在英格兰，统治者在盎格鲁—撒克逊推行民兵制，即对自由人的普遍性征兵。尽管由于英国人口少，国王从未能从其有权征召的3万人中集结超过5000到6000人的军队，但在步兵作战中，这支使用长矛和弓箭的军队却体现了不可估量的优势。　另一方面，向大陆运送大炮的困难使英国统治者忽视这方面的军械装备，认为这太笨拙不便。到了都铎时期，征兵在一定范围内实施，但大量的钱花费在海军力量上。英国涉足海上贸易之事已经探讨过，英国舰队的建设问题同时被提出来。尽管亨利七世在1485年颁布了《航海条例》并开启了赫尔和布里斯托尔海军船坞，但这一首创仍必须归功于爱德华四世。历史转换很奇异，竟然是路易十一的法国间接促成了英国海军力量的诞生，因为这

大炮上了路。（《查理七世的守夜》，1484，巴黎，国家图书馆）

一位德国雇佣兵，巴赫瓦城堡的一尊16世纪雕像。（巴黎，卢浮宫）

其中很大部分的资金是依据1475年在皮基尼达成的条款，由瓦卢瓦王朝支付给爱德华四世的5万英镑的年金。到1509年亨利八世继位时，15艘本国人驾驶的大船已能出海。

伊比利亚王朝的表现更出奇地落后。那些以他们的名义对摩尔人和对海洋的征战，其实应促使他们组建自己的军事力量。西班牙人缓慢地但却挟带着灾难性的力量向他们的国王提供了一支特别的军队。由于"天主教王朝"不能像在1492年攻占格拉纳达那样付钱给雇佣军，伊莎贝拉（Isabella）和费迪南德这两位军事事务上的专家转而求诸于瓦卢瓦王朝式的征募。然而在西班牙这儿，并不是从村里召集自由弓箭手，国王是将有长期作战经验的贵族和乡绅视为军队的基础，他们几个世纪以来都在与伊斯兰世界作战。所有的领主都是军人，所有的仆从都会用剑。另外，他们中的许多人是为土地贫瘠所迫而到军队谋生。这一切再加上严酷的气候，约束和磨练着他们的躯体，使他们习惯于特别卖力，促成他们变成特殊的战争工具。1496年，国王决定每12个人中的1人义务服兵役，由冈萨沃·德·科尔多瓦（Gonzalvo de Cordoba）和贡萨罗·德·阿亚拉（Gonzalo de Ayala）对其进行严格训练。由长矛兵、带剑骑士、火枪手编成的战斗单位——科若那里亚（coronelia），以其反抗性、勇气和残酷从16世纪初开始闻名，这时期西班牙进行了征服和镇压之战。瑞士人销声匿迹，西班牙步兵团主导了战场，直到三十年战争。

……或者相反

欧洲其他地方则几乎没什么可比的。意大利城市里的民兵组织灰飞烟灭；16世纪武装的自治市注定比不上他们的莱尼亚诺（Legnano，意大利北部伦巴第区米兰省城市，1176年腓特烈一世在此被伦巴第联盟军队彻底击败）的祖先；了解其战士的弗朗西斯科·斯福尔扎公爵第一个摆脱了他们。在罗马，朱利叶斯二世（Julius Ⅱ）和其他尚武的教皇更喜欢其来自德意志的雇佣兵；在威尼斯，斯拉夫人和土耳其人被征召入伍；佛罗伦萨却依然故我——"非凡者"洛伦佐不太关心这些问题。当查理八世的法国军队涌入意大利时，他们着急了。采用灵活巧妙的外交策略，战败一方最后能够在很少流血的条件下投降，这是顾惜其手下健康的意大利雇佣兵队长喜爱的技巧，然而这一次不灵了。法国人炮声隆隆，凶猛冲杀。由于西班牙人也开始这么做，还是放弃为好。1512年在普拉托被击败以后，佛罗伦萨人也开始从帝国雇佣士兵。

德意志实际上是一个"兵库"，传统上大量职业化士兵就是从这里征召的。如同在西班牙，贫穷驱使里特入伍和抢劫。这里，没有美洲人可供灭绝；也没有意大利王国待征服；没有舰队供操纵；没有统治者待服务。尽管异教徒土耳其人离这不远，并正威胁着多瑙河地区，但此时匈牙利人、捷克人和波兰人在阻止他们。盛行于德意志的令人难以置信的混乱和无政府主义，也许只能解释为因为存在着过剩的未被雇佣的士兵。他们想服务于本地王室或邻近的统治者，这样就形成了非常大的团帮，像弗兰茨·冯·济金根（Franz von Sickingen）这样有名望的军官一次可集合到1.5万人，这相当于查理八世进入意大利所统率士兵的一半。与此同时，德意志却没有能够组织起一支密切联合的军队的统治者。

这种混乱中的唯一例外是瑞士山民创造的。14世纪末，他们从哈布斯堡王朝争取到了独立，因为缺少马匹便建立了步兵团，他们非比寻常的战斗力很快引起了他们近邻的羡慕，这些邻居正在寻找充满活力而又诚实的战士。事实上，在1440年至1444年成功地捍卫了他们在阿尔萨斯和巴登的自由，紧接着又在纳沙泰尔（Neuchâtel）湖畔摧毁傲慢的勃艮第军队之后，瑞士人证明重骑兵时代已经完全、真正地过去了，"战场上的王后"是步兵：200人为一方阵，长矛林立，缓慢地行进在战场上，厚重的盔甲阻挡着灼烧的箭矢。这是马其顿方阵的再生！唯有弗朗西斯一世能打败他们，他将他的大炮对准了人而不是城墙。尽管作了改革，但1515年在马里尼亚诺（Marignano），瑞士步兵方阵仍不得不投降。然而十年后在帕维亚，情形却不一样，因为瓦卢瓦国王像平时一样心不在焉，竟然让他的骑士在自己的大炮前冲杀！17世纪已经逼近，涌入视野的是瑞士的步兵团——基本上步行，以及法国的炮兵和英国的舰队，而德意志和意大利将成为他们的战场。

接下来是钱

国家需要钱来供养军队、装备船舰。铸币的数量和质量的确是问题的关键所在，但这个问题却由商会掌管，并非依据国王们议定的意愿。在这个至关重要的领域，私人与公共利益的联合非常明显。国王像商人或者商人的人质那样行动：商人们的意愿——开矿、铸币重新估值、召开金银比率会议——都成为国王们的动议。围绕着各等级王室的圈子里，经济学思想的贫乏很突出。甚至像洛伦佐·美第奇这样的由商人转变而来的王公似乎也对财政事务完全失去了热情。让·博丹（Jean Bodin）超出了时代的局限。在他之前，法国国王身边没有理论家，连一个具备尼古拉斯·奥雷姆（Nicholas Oresme）那样才能的人都没有。格雷欣（Gresham，英国女王伊丽莎白一世的财务代理人，首先对"劣币逐良币"的现象进行了阐释）还没有诞生，而这样的一些顾问——像大胆查理的迪诺·拉庞迪（Dino Rapondi），路易十二的布里松内（Briçonne）或者亨利八世的渥尔塞——也不是专家，他们的经济学视野仅限于在怎样才能不杀鸡取卵这类问题上思考彷徨。

我们或许忽视了他们在掌管财富方面的努力。这里重要的是国王和统治者持续确保对所有可能的财政收入来源的控制。这方面没有什么革命性变化：权力占有者很久以前就开始朝着皇室征税和财政管理的方向努力了，但是尽管大方向相同，步骤及有时候所采用的方式却可能有所不同。统治者一般是尽力获得三个基本的支撑：首先他需要获得广大的、属于自己的领地，以提供个人收入。不能指望这能在很大程度上资助公共开支，直到1480年，甚至法国国王从他私人领地上所获也不超过其全部收入的15%，英国国王的"森林"获利更薄，但这却能够使王室在自己的领地上，在全部侍从的陪伴下，从王宫到城堡，来去自如。所以，国王会尽力增扩他的领地，就像任何一个善于经营的地主一样去购买，有时候是夺取反叛者的土地，这个反叛者可能会被合法地抢劫。我还提到过1523年以后，西班牙军事阶层的地产与王室领地的合并，经由教皇的批准而生效，但实际上自1495年起这种合并一直在进行。五颜六色的服装掩饰下的意大利呈现的是完全相同的面貌：美第奇家族的地产、威尼斯议员的地产、斯福尔扎家族没收来的地产、费拉拉附近的埃斯特家族（the Este）地产，都是以同样的方式得到的。与往常一样，国王是唯一受到谴责的对象。

所有这些都推动了普遍性征税的实施，但由于法国国王的财政大臣惧怕惹怒了商人，在把普遍性征税的基础建立在商业性交易这一问题上小心翼翼，这样就只好牺牲贵族或农民了。我

两个收税人。马瑞努斯·凡·罗迈威尔的绘画作品。这个泽兰画家（1493－1567）对金钱着迷，并绘制了银行家、高利贷者和收税人的令人厌恶的肖像。

已经解释过普瓦捷的战败是如何在这方面推波助澜的：通过强迫平民、士绅和教会支付年金用作赎金，瓦卢瓦王朝培植了固定税收的思想意识。他们不停地增加这种压力，我们已经能对人头税的压倒性的力量有些认识了。狩猎权的出卖、兵役人头税、每里弗尔商品一个苏（百分之五）的间接税，所有这些都促成了法国国王高于任何一个相邻国家统治者的财政地位。他的确是一个快乐的统治者，金碧辉煌的宫殿、卢瓦尔河畔矗立的城堡，大大提升了他的特权。不幸的是臣民，他们被压垮了，压垮他们的是恢复足值的货币和"财政正统"，这是凯恩斯派的货币学家所热衷的。对我们来讲，要从思想上根除19世纪胜利的资产阶级反复灌输的观念是困难的："好国王"带来好财政。查理五世和路易十一——"勇敢者"和"太阳王"让世界和弗朗西斯一世、亨利四世等为之惊奇。在其他地方，事情进行得不是这么快：都铎王朝在艰难地推行贸易税，这时英国商业已经起飞，因而羊毛和铅锭生产越多，征税就越多。大约在1450年以及1487年至1490年，贸易中心城镇对征税的反抗很多。尽管激烈反对封建领主征税，但西班牙也有同样的困难：现在这里是麦斯达，强有力的养羊者协会坚决捍卫自己的特权与免税权。费迪南德最终被迫转而依靠城镇，指派地方长官去那里监督商业活动并对之征税。

尽管瓦卢瓦王朝的税收系统无疑比其他国家要先进（即使这付出了高昂的代价），征税方式的管理却不是这样。当我们想到这些统治者的顾问们几乎都是些律师，而律师比其他人都更倾向于形式主义时，对将注意力放在改进征税方式上就不足为奇了。很明显，在这一领域，官僚们大大促进了税收体系的建立。法国的财政管理起源于查理五世，当时，王室户税的水平确定下来，催生了财政区，原则上讲这源于奥依（Oïl）和奥克（Oc）地区三级会议的良好愿望。15世纪，这种细分再次被采用和普遍化，本质的差异在于"挑选的"收税人是被任命的，并且是有薪酬的。一些地区如郎格多克和普罗旺斯，1481年之后仍保留评估和征收人头税的权利。这些地区被称为国家领地，保留三级会议的省。自13世纪末或者14世纪，与会计账目及人头税一起出现的财政总管的职位由国王严加掌控，他任命他忠实的仆人和债权人担任。在这种情形下，让人奇怪的是瓦卢瓦王朝并不争取更明确的集权形式。事实上，似乎路易十二和弗朗西斯一世明白，一个超级综合性的财务机构可能很不方便。颇令人起疑的雅克·科赫案令人泄气，他负责国王的私人财政，最后却被宣告有罪。在国王身边的四五个大臣中，其中一个或许被委以财政监督的工作，但被弗朗西斯一世委派此项工作的雅克·塞姆布朗塞依（Jacques de Semblançay）却像他之前的马西尼（Marigny，约1260—1315，法国政治家，国王腓力四世的顾问）一样死于蒙福孔（Montfaucon），富凯（Fouquet）时代还未来临。

勃艮第公爵们却与此相反，他们尽力要达到最终目标。这其中的原因很清楚：他们的领土非常分散，不得不为公国的主要部分提供不同的税收机构和税种。使用单一税收没什么问题：1477年移至第戎的账目部，其佛兰德斯和布拉班特的分支建立于好人菲利普（Philip the Good）时期，分别应对辖区内的税收事宜。查理公爵想再前行一步，他废除了包括历史最悠久的佛兰芒城镇在内的所有城市的特权，这一措施引起了根特、布鲁日和其他地方的暴动，这些暴动最终遭到镇压。他还于1455年创立了一个总收税官的职位，以协调据说总共达90万杜卡特的税收。不幸的是，大胆查理的计划对于一个灵活但却适中的机构来讲过分了。他签订借款合同，著名的是与塔玛索·波尔蒂纳里签订的，后者是设在布鲁日的美第奇银行分行的总管，但这些钱很难满足他征伐瑞士的开支。瓦卢瓦的国王们也向里昂的银行家借钱，但他们基本上是有偿还能力的，而且在任何情况下都能保证王位的安全。勃艮第大公的情况却并非如此。他所有的计划随着他的死亡而终结。

英格兰的情形介于这两极之间。从13世纪以来，英国的国王也像瓦卢瓦王朝一样对待其国库和保管库，即使他的收入因其领地不多而难免有限。议会最终取得控制权以及高级贵族的力量（1412年到1480年，伯爵数目由25个减少到16个，这使得土地更加集中）限制了国王征税的自由。这就是都铎王朝放弃强加一个总机构的企图，放弃征收特定税收的长期斗争，转而系统利用王权的原因。这意味着一种能力：通过对直接、间接收入发行现金收据而获取所需要的钱财。至于西班牙，城镇成为税收的中心，1495年按法国模式建立的账目部使查理五世建立起特别税收的一整套系统，这种系统最终毁了这个国家。

国家的经济

尽管各地的发展不平衡，但有些事情已足以产生确定的后果。西班牙与英国相对于法国的落后解释了为什么这些国家热衷于从海上和新土地的征服中获取利润。法国国王毕竟不需要美洲和印度，这些地方丝毫不能激励瓦卢瓦王朝的商人或士绅的进取精神，就其所关心的而言，衰退时代还未来临。相反，所有这些国家共有一种重要的新现象：他们日益被视为利益共同的统一体，这得益于适当的管理。通过控制铸币和实施"政治经济"，商人在这一进程中无疑发挥了领导作用，"政治经济"不可避免地成为王室军队的基础。统治者被鼓励监管并开发其土地生产力。这种态度发展成为近代的重商主义，它与统治阶层传统上对贸易的漠视，以及基督教世界不谈经济的概念根本对立。然而一种调控经济活动的趋势也在强化，采用的是诸如限制在城镇从事生产、对所有交易征税、差别对待外国人等手段。所有这些解释了为什么政策总是在有调控的自由主义和生产垄断之间、在私人组织与建立中的"国家"机构的既得利益之间变动。有许多革新或适应的例子，我选择了三个方面，肯定适用于1500年以前。首先，统治者支持经济活动，不仅在他自己是一个商人时（如美第奇），或受到一个对此感兴趣的顾问的影响时（如查理七世对雅克·科赫言听计从），而且也因为他自己确信大的计划能带来利润。这就解释了为什么爱德华四世和亨利七世支持（支持值得帮助的地方）商人冒险者的努力，路易十一1470年鼓励里昂和鲁昂的丝织业，并发放有利于外国人的归化证，这些外国人有德国的矿工、意大利的吹玻璃工和佛兰芒的布商。但遗憾的是历史却颇具讽刺意味，那些缺乏商业意识的君主却是获利最大的：葡萄牙人着迷于地理发现，西班牙抗拒任何形式的商业冒险。其次，国家政权受吸引干预那些原则上属于政治，而实践中却处于经济范畴的事务。这其中有一例子，就是伊比利亚的麦斯达，一开始这是西班牙大地主之间的协议，结果却支持卡斯蒂尔的财政；托尔法的明矾事件，将佛罗伦萨与罗马联系在一起反对热那亚与那不勒斯；匈牙利和奥地利的铜与黄金，促使富格尔挑唆哈布斯堡王朝对抗土耳其人；英国的大批羊毛在皇家政治的狂热中从加莱运到布鲁日再到安特卫普。这些事例以及成百个其他一些不那么突出的事例造成的效果是广泛和持久的，表明国家政治主要是由商人支配的。对我们20世纪的人来讲这没什么奇怪的。

最后一个方面甚至更"近代"，经济战争现在成为可能。查理七世的货币贬值已经影响了贝德福德的财政，给他造成了严重的影响，但却不能说这位"市民国王"意识到了这一点。但1470年以后，这一点却不再有疑了。科明尼斯（Commynes，1447—1511，佛兰德斯的政治家和编年史家，所著《回忆录》使他成为中世纪最伟大的历史学家之一）告诉我们，路易十一利用这一武器使大胆查理的邻近土地上的货币流通不稳定。佛罗伦萨试图通过封锁港口以及阻断运送小麦和盐的商路使米兰陷于饥饿；萨沃伊公爵在没有财政原因的情况下搁置对勃艮第公爵的年度支付；罗马通过提供双倍工资腐蚀威尼斯的雇佣军；在某种程度上讲，英国1485年到1489年的《航海条例》也受类似的启发；不要忘了还有亨利七世的1495年法令，该法令在汉萨同盟不允许英国进入格但斯克的情况下，对汉萨同盟的小麦进口实行禁运，这对汉萨同盟是一个威胁，对商人有好处，对英国尤其是都铎王朝也有好处。

新老国王

16 世纪的国王的态度仍然深受历史的影响，环绕王权的浮华情形也是如此。尽管这种浮华还没有变成 17 世纪的宫廷礼仪，但王权出现，国王的加冕典礼、葬礼、古老的装束和在重大场合展示的象征物（王冠、披风、权杖、金球），不论其特定象征性有无法律依据，却不具个人崇拜的特征，这是一种功能崇拜。所有 14、15 世纪的伟大律师，像阿喀索（Accurso）、阿伯莱纪（Ableiges）、勒维尼（Reviges）、珀蒂（Petit），都很了解中世纪的遗产：国王是共和制的化身；他行使教会牧师的职责。当然，这并不能阻止瓦卢瓦王朝减少对罗马教廷的依赖；不能阻止其滥用王室特权（1438 年对市民的"国事诏书"），并在 1472 年、1502 年以契约的方式拒绝教皇税；不能阻止其向法国天主教教会征税，就像伪善的天主教廷抢掠宗教阶层，像其后不久都铎王朝没收教会财产一样。这些姿态并不"近代"：罗马被视为上帝在人间的权力，而国王长期控制着当地的教会。圣路易、爱德华一世和美男子菲利普的行为同加洛林王朝的国王，以及 11、12 世纪的皇帝们一样。但这并没有招致教权世俗化。教会不再是王冠的支柱这一事实源于它自身的软弱。

无论新旧，具体权力的内在属性是个体的，越来越依靠强有力的人物。但他们又是多么富有争议的一群人，权力绝不再是"封建性"的了，这首先是因为地区性的统治者逐渐取而代之，其次是由于国王不再与大大小小的封臣协商。虽然如此，国王的权力仍局限于家庭和国内。有血缘关系的亲王们发动阴谋，尽管很少能成功，但却一直延续至 17 世纪。至于王宫这一所有决策确定之处，则簇拥着一个个小集团。这里不再由一些忠诚的人所占据，而代之以一群门客：阿拉贡的斐迪南有 200 人，教皇那里有 400 人，查理六世的宫廷有 800 人，弗朗西斯一世周围有 100 人。这些人来源于各社会阶层和行业，国王可随意升迁或降贬。

大使由国王任命，作为国王的私人代表被派往外国首脑那里。稳固建立起来的民族国家将外交作为其总体发展的一部分。[小霍尔拜因的画作《大使》（*The Ambassadors*），1533，伦敦，国家美术馆]

尼古拉斯·罗林被好人菲利普任命为勃艮第公国的国务大臣，行使首相之职务。（让·范·艾克的《国务大臣罗林的圣母》，1425，巴黎卢浮宫）

由于意识到这么庞大的一支队伍在需要迅速作出决定时，或需要秘密作决定时十分不便，与亲戚或封臣协商是进行统治的不可缺少的一部分这一想法被逐渐抑制。这最终促使政府主要机构的产生，它有不同的称谓：枢密院（Privy Council）、国王会议（the King's Council）、内阁（the Cabinet）、大臣（the Secret）。它包括十多个叫作"国务秘书"或"部长"的官员、这些官员秉承国王的谕旨行事。这一小团体或许包括一个王室成员、一个享有声誉的军人或教会高官，但更多的情况下是在国家的法律或财政机构受过培训的人。他们中的一个人或许位于其它人之上：像托马斯·贝金顿（Thomas Beckington）

和克兰麦那样作为"枢密大臣"（Privy Secretary），或者像勃艮第公国的尼古拉斯·罗林（Nicholas Rolin）及其后的格朗维尔（Granvelle，1517—1586，西班牙国王腓力二世的大臣）作为国务大臣，或者法国查理七世时代像埃提尼·什维利埃（Etienne Chevalier）及皮埃尔·德·奥依奥拉（Pierre D'Oriole）那样耿直、备受喜爱的人，以及路易十一身边的奥利维埃·拉·代姆（Olivier le Daim）和布里松内。这些统治者的私生活提供了一些"近代"性的细节，而通过统治者的情人或女主人在提升或降贬方面施加影响，这种私生活又汇入公共生活。在这些人中间，有1460年前后卡斯提尔的贝特朗·德·拉·库埃瓦（Bertrand de la Cueva），法国的阿涅·索雷尔（Agnès Sorel，法国国王查理七世的情妇，法国第一位公开的情妇），更不用说亨利八世的妻子们了。当然，在国家发展的每一阶段，这都不新鲜：美男子菲利普甚至圣路易都受到过关系亲密的人的影响。随后，这些人将变成一个整体。

最后，统治者的司法是对其权力具最终决定性的因素之一。这方面旧系统让位于新系统。由于法国王室法律顾问以及像布拉克顿这样的英国律师取得的成就，司法的本质概念有了进化。个人非委托原则（The principal of non-delegation to individuals）这一封建制度的支柱已经被同化。即使是在14世纪，当法国三级会议、卡斯提尔议会和英国议会强烈抨击王室专制时，他们并不反对统治者的司法垄断。随着罗马法的教育越来越普遍，古老的格言"国王就是法律"的地位也越来越重要。但他们也意识到，尽管国王不委托司法，但他自身也不可能独自管理，同时公共司法由于组织上的缺陷也已陷入争议。当然，直到"公共利益之争"，法国还有一些小贵族甚至亲王对他们古老的权利存有幻想（尽管向王室法官上诉事实上是有效的）。从那时起，唯有国王才能任命、罢免和指导那些以他的名义掌管司法的官员的观念逐渐被采纳。由于法律的执行与司法没有明确区分，当时的人们没有意识到滥用权力的危险。

这一次必须以英格兰为例：庄园法庭的民间司法与治安法官公共巡回审判表明人们对王室和普通的法律体系确实都非常熟悉，且这种法律体系不受私人利益的压力。王室巡回法官的工作是处理上诉或违约行为。但从 13 世纪以后，这种非常古老的体系——显然是欧洲所知的最"民主"的体系（在人身保护令被引入之前——人身保护令是很久以后才引入英格兰的）——才被议会采纳。原则上这种逐渐变得非常固定的合作有两个目标：一是批准或否决统治者的财政要求，然后控制他对钱的使用；二是调查王室的行为。这导致爱德华二世时，这一机构位于统治者和其臣民之间，专门对治安法官解决过的法律案件进行审理。由于对代表地主、士绅、贸易城镇的议会参与者的任命处在一种非常规情形下，是阴谋的结果，这种政府统治的工具存在着变为政治、法律施压机构的风险，在理查二世的某些时期，这种情况的确发生过。这就是为什么兰开斯特家族的主要成就之一就是在 1406 年至 1463 年之间，对议会本身进行深层次的重组。首先是由治安法官和郡法庭实行机构选举，为此任命了 64 个贵族、乡绅和 250 个市民代表 112 个主要地区，这些地区的数目不能更改（在有荒废的村庄及圈地的时代，却有令人惊奇的计算错误）。随后在 1453 年，国王决定任命他自己为议会的领袖——议长，议会开始分裂，有些失衡，形成两个有明显区别的阵营：贵族与平民。最后在 1463 年，统治者保留了引入法案的权力，这就剥夺了议会统治的可能性。爱德华四世随后革除了议会的所有司法监督权，他在每一个治安法官身边都安插了王室的代表，一个死因研讯法官，由他起补充作用，然后取代老的郡法官。1478 年，为了支持他重新获得王位后进行的对反叛的镇压，也为了阻止所有摆脱王室控制的企图，他创立了"星室法庭"负责政治案件以及许多其他够得上这种资格的案件。亨利八世随后设法使其宗教政治、战争野心或战争计划有效合法化，在军事与财政方面的状况比起海峡另一边的邻国更为糟糕的情况下，不单纯依靠强制，实现了对法律体系的完全控制。无法解释他是如何做到这些的。

法国的情况比较难限定。首先是在王国范围内，直到 16 世纪末仍然存在（尤其是在奥克一带）控制着自己的法庭的大领地和采邑，有时候甚至贵族（以纳税作为回报）还在行使对中小案件的司法权。所有这些因素使得全国性司法体系难以迅速建立起来。法国的法官没有英国的治安法官那么大的权力，这意味着瓦卢瓦王朝的努力只在建立为各地采用的法律模式、程序的某种统一性方面（区别于只要有可能便通过打败封建领主，或给予大量的组织和个人上诉权来削弱现存司法权力），以及在控制最高法院方面有效。1454 年，路易十一坚持以通过蒙蒂斯—莱斯—图尔法令（Montils-lés-Tours）的形式起草一部新的普通法，后来证明这是一个长期的任务。

查理七世主持一场诉讼。在正式委任的地方法官及有血缘关系的亲王——坐在国王右边——面前，国王行使自己的权力。这幅让·富凯的绘画展示的是1458年的旺多姆法庭。（高卢法典369，慕尼黑巴伐利亚国立图书馆）

当1535年重申这一义务的法令颁布时，法令与当时正在争取的目标已相距甚远。在最高法院这一层面上，他取得几项较好的结果。事实上，13世纪从法庭里出现的单一的上诉机构尽管其可行性在增强，但很快就没有能力处理所有汇集到这里的案件了。许多成员都贪污受贿——这被称做"香料"，它加快或阻止特定案件的审理，除此之外，令人担忧的是法官和执事也能介入原告和国王之间，同时委派自己为真正的唯一的法律受托人。毕竟这才正是14世纪的三级会议所要求的。这意味着王室司法必须更接近原告。最高法院在1420年《特鲁瓦条约》签订之际分为两部分，一半在普瓦捷，另一半保留在巴黎。另外，自从1355年，法官会议、大法官会议、刑事法庭和三级会议分别在奥克的不同地方举行。这一切都在改革进程之后，改革最终产生了

一个法律体系，这一体系适合即将形成的专制王权。1444年在图卢兹创建了一个最高法院，另外一个是1457年在格勒诺布尔（Grenoble），还有就是1462年在波尔多，1477年在第戎，1499年在鲁昂，1501年在艾克斯，辅助法院不算在内，它可以在蒙彼利埃或鲁昂准备财政报告。统治者同时尽力废除诸如"香料"这样的贿赂习惯，并且谨慎地监督地方法官的任命。王国也被分为四个大的财政区：奥依、奥克、诺曼底以及包括约讷（Yonne）的外塞纳。这样的划分原则上是为了有助于财政控制，但负责这些财政区的监督官——这时还没有这么叫——却要向国王报告所有事情。在波旁王朝之前，这一进程还未完成，是波旁王朝最终使其完善。但这里面所涉及的问题的复杂性却足以使我们原谅最后的几位瓦卢瓦国王，他们已经为未来奠定了基础。

　　帝国是一个恰当的例子，因为它的确是一个由司法官负责治理的实体。统治者有时意识到了这一点，但帝国议会却从未能启动任何一种机构职能。许多亲王无意放弃其仰仗司法权而获得的权力和财富，帝国的皇帝也没有办法强迫他们放弃。直到1460年前后，受西吉斯蒙德的鼓励，一种巡回法庭半公开地实行，他本人参与其中。神圣法庭同盟（Vehmgericht）诞生于威斯

特法利亚，其成员对抢劫犯、异教徒和暗杀者进行审判，以一种奇异的私法形式进行，虽然不合法但却完全有效。这一运动在波希米亚战争后渐渐消失。腓特烈三世确保帝国法庭在 1495 年成立，它属最高上诉法院，但 1500 年之后却没有人响应它的召唤。皇帝本人陷于奥地利的麻烦之中，在他 41 年的皇帝生涯中（1452—1493），有 29 年置身其帝国之外，他如何领导一个高效的司法机构呢？这在某种程度上解释了这一时期及其的后许多事件，包括宗教改革及 1525 年的农民运动。

一个国王，一个国家

当然，富裕和强大的统治者是众人注意的目标和敬畏的对象。当他威严地走过时注视着他，在硬币（一种新的实践）上识别他的形象，在他的臣民的心目中，他充满了半神的魅力。他被谄媚之辈——这些人也惧怕失宠——所包围，被阿谀奉承之声压倒。印刷技术被用来为这种宣传服务，一种小册子广为散发。非凡者洛伦佐、路易十一、弗朗西斯一世、查理五世，尤其是亨利八世，效仿古代帝王，成为歌颂的对象。统治者的巨大画像到处展示，并出现在神秘剧中，人民付费观看这种演出。大约在 1515 年，在对理想君主的描绘中，伊拉斯谟和马基雅维利加上了对荣耀的爱好和对和平、正义作出贡献的个人特权。没有人对其性格挑剔，正是这些性格使得一个统治者区别并优于其他人：大胆查理酗酒 20 年；路易十一滴酒不沾；洛伦佐或安茹的勒内写诗、作画；亨利八世是一个运动员；查理五世常年卧病；弗朗西斯一世沉溺于寻求刺激的奢华之中。我们距把统治者当作宗教信仰及王权崇拜仅一步之遥。

毕竟还有一步之遥。首先，毕竟国王仍能接近：人们可以在路易十一参观市场时遇见他；人们碰巧能看到弗朗西斯一世和亨利八世赤膊角力；查理五世可能会被误认为一个布商；而腓特烈三世在从特维的溃退中，不得不在暗夜中为一匹马讨价还价。埃斯科里亚尔（Esco-rial）的这种致命的香气还没有从西班牙飘送到欧洲其他地方。除此之外，民众认同的观念无论多么虚幻，却仍然没有消失。如果国王被授予一个神圣的职位，如同萨律塔蒂（Salutati）所描绘的"公民人文主义"，他占有这个职位当然凭血统，但也要依据他的臣民的意愿。他必须同他们协商，尤其是他需要他们出钱付。15 世纪的君主不能不这么做，因而没有变成一文不名的帝王。我们刚刚看到英国议会是如何逐渐温顺地对王权进行粉饰的，原则上保持代表形象，实质上已被国王主导。法国的情形或许更微妙一些，因为瓦卢瓦的财政问题迫使他们在 14 世纪常常——如果不是定期的话——举行三级会议，这里有的是尖刻难听的话语，但讲这些话的人一般是作出让步，并且至少产生了一种干预了共和政府事务的感觉。对一个正走向专制的君主来说，这是不能容忍的举止，但在法国国王最终甩掉他们之前，还有几乎 3/4 世纪的路要走。法国国王巧妙前行，一方面只召集地区性的三级会议，拿地区关心的问题来做出妥协，不涉及其他问题，接着将会议的目的限制为某一特定问题。这就是1439年、1444年、1454年、1468年和1470年查理七世和路易十一所做的。其间有几次，他们或者不召集三级会议，就像在狩猎权和膳宿税问题上，或者也听一听议会的劝告。只是在1484年，摄政王安妮（Regents Anne）和波茹的皮埃尔（Pierre de Beaujeu）感到有必要就解决已故的路易十一的事务所涉及的详细的程序问题，在图尔召开一次全会。就在这里，他们听到了激烈的诘责，这种责问有一部分是不合理的，因为情况正在改善。在把这种谴责记录之后，他们解散了三级会议。1493年和1500年，有两次更为"技术性"的再结合，其后在1506年，在奥依有一次全会，路易十二谨慎地挑选了会议代表，摘取了"人民之父"的称号。接着沉默降临了。弗朗西斯一世太繁忙了，他的统治以发布大量革新性的法令为特色，这似乎表明这位统治者特别能倾听他的忠实的臣民的要求，至少是那些温和的要求，不需要人民大喊大叫。他感到他自己与国家是一体的。

的确，国家一词才刚开始具有我们现在所理解的意思。它在根本上与中世纪格格不入，代表着这样的认识：一群男女，属于某一特定区域的实体，归属于同一个族群，共有一种语言，特别是承认同一个统治者——只有一个首领，各自的利益汇集为一种共同的利益。1512年真的达到了这一阶段吗？肯定没有，但他们正奔向那里。或许英国人和法国人真正参与或感觉涉及到统治者的活动，只限于那些统治者与之协商过的事务。但是对这一点未多加考虑，他们就如此宣称，并且就这么做，尽管他们对阿金库尔战役不感兴趣，更对布维涅战役不感兴趣。民族国家的欧洲的出现标志着中世纪真正地、完全地终结。

帝国主义在行进

如果这本书的目的是列举叙述那些充满活力的军事事件，那么我的任务将难以完成，而且读起来也相当乏味。虽然如此，这些事件可以简短些但必须要触及。他们不再简单地是城市与君主解决彼此之间的事宜，而是被拖进了一系列一再发生的冲突中，这些冲突为近代历史所固有，也确实为以后许多历史所承继（例如，当人们想到意大利时），尤其是如果将我们此前讨论的东方事件也加上的话。有争议的王位继承、家庭野心、对堡垒的拥有权等导致了冲突，这些冲突由来已久，事实上在这些冲突的背后，王侯间的和经济上的敌对出现了，这将在以后的时间发展成为民族国家间的不和。前面的章节已经表明这一点正变得多么重要。但是，我们可以透过这种混乱相当清楚地看到：在其原本的立足之地，西方君主的冲突以及成见逐步消除，他们的竞争将转到其他地方。这是一个重要的进展，因为面向大西洋的几个国家英国、法国、西班牙、葡萄牙的君主都涉及到了，并且它也说明了这四个国家正准备涉足海外。整个欧洲的中东部在很长一段时期内变成冲突的舞台，东欧与伊斯兰世界的冲突已在另一章中讨论过。在那里，俄罗斯、波兰和匈牙利起着保护基督教世界东方边界的作用，他们首先被推出混乱的中欧之外，继而成为服从的哨兵，将欧洲世界向东方延伸。这样，在接下来的许多年中，就剩下帝国和意大利成为其西部和北部邻居的猎物了。

终止由来已久的担忧

在这一卷的开始阶段，我暂停了对百年战争的简短叙述，谈到了其最低点，即贞德在火刑柱被烧死，法国有了两个加冕并举行过涂油仪式的国王：瓦卢瓦王朝的查理七世和兰开斯特的亨利六世，其中一个优柔寡断、不明智，而另一个则是个十岁的孩子，受他叔父贝德福德的约翰的控制。还有第三个"法国国王"——好人菲利普公爵，他根据自己的利益出尔反尔以报复他的父亲，把法国转送给英国人。英国的情况事实上不牢固，菲利普在自己的土地上不得安宁，在低地国家更是困难重重，他曾经想使这幢漂亮的大厦独立的梦想未能实现。再者，他的妻弟摄政王贝德福德之死，解除了他道德上的义务。尼古拉斯·罗林给了他很好的建议，他于1435年发起了阿腊斯会议。查理七世准备付出高昂的代价，包括适中的道歉、归还索姆河以北的所有土地、免除公爵的封建义务。英国人未能如愿以偿，因为菲利普不再支持他们。查理七世为此付出的代价很高，布列塔尼于1435重归菲利普治下，巴黎于1436年被征服，接着他稍喘了口气，经过两次围攻，最终于1451年攻占诺曼底，又于1453年攻占波尔多。只有加莱又在英国人手中保留了一个世纪。百年战争实际上已结束。但成群结伙的雇佣军和盗匪仍然在抢掠，英国人也从未彻底放弃。只是在1475年对皮卡底的一次突袭期间，爱德华四世在得到大量金钱的情况下，同意在皮基尼向路易十一致以法国国王的礼仪。上一个时代的纷争真正结束了，因为这两个王国都致力于各自的任务：消除有能力阻碍王权更强大的地方势力。

法国一般将这称为摧毁封建阶级。人们通常把它归功于路易十一，然而公正地讲，更应该记住是查理七世通过创立永久性的给付薪酬的军队，消灭了普拉格尔的贵族联盟。从长远来看，这个贵族联盟比他儿子不得不面对的孤立或协作的封建叛乱更危险。从1465年非常狡猾地摆脱"公共利益联盟"，到1481年梅恩（Maine）公爵查理——安茹家族最后一个成员——死去，瓦卢瓦王朝成功地抚平了此前几个世纪的封建动乱所产生的几乎所有影响。集中精力继续其打破早先的惯例、传统未竟的事业是很重要的。国王采用了法律程序，接着惩处了真正的或假定的、想象中的反叛者，如圣波尔伯爵（Count of Saint-Pol）、阿朗松公爵（Duke of Alençon）、讷穆尔公爵（Duke of Nemours）；他又作为教会的世俗代表，打击了被控乱伦的阿马尼亚克公爵（Count of Armagnac）；他也承诺付钱给阿拉贡国王，以帮助他镇压小农运动，接受鲁西永（Roussillon）为抵押物（1462），他只支付了部分钱就保有了这个省（1473）。他有时依靠

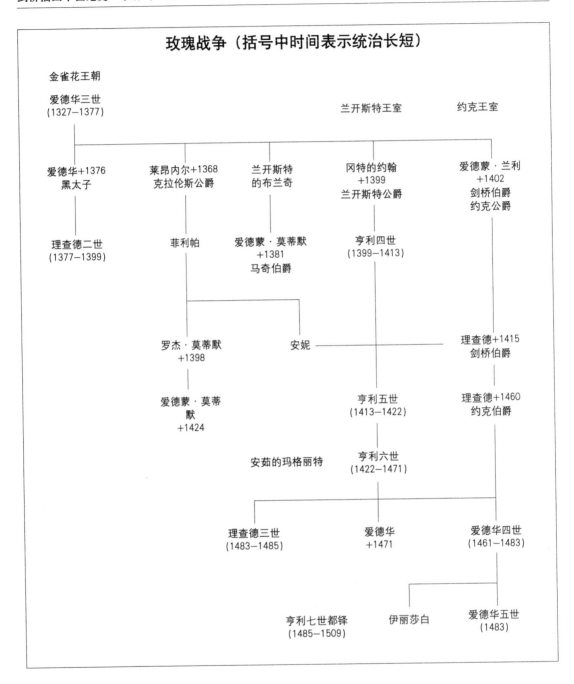

玫瑰战争（括号中时间表示统治长短）

金雀花王朝

爱德华三世
(1327–1377)

兰开斯特王室　　　　　　约克王室

爱德华+1376　　莱昂内尔+1368　　兰开斯特　　冈特的约翰　　爱德蒙·兰利
黑太子　　　　克拉伦斯公爵　　的布兰奇　　+1399　　　　+1402
　　　　　　　　　　　　　　　　兰开斯特公爵　剑桥伯爵
　　　　　　　　　　　　　　　　　　　　　　约克公爵

理查德二世　　菲利帕　　爱德蒙·莫蒂默　亨利四世
(1377–1399)　　　　　+1381　　　(1399–1413)
　　　　　　　　　　马奇伯爵

罗杰·莫蒂默　　　　安妮　　　　　理查德+1415
+1398　　　　　　　　　　　　　　剑桥伯爵

爱德蒙·莫蒂　　　　亨利五世　　　理查德+1460
默　　　　　　　　(1413–1422)　　约克伯爵
+1424

安茹的玛格丽特　　亨利六世
(1422–1471)

理查德三世　　　　爱德华　　　　爱德华四世
(1483–1485)　　　+1471　　　　(1461–1483)

亨利七世都铎　　　伊丽莎白　　　爱德华五世
(1485–1509)　　　　　　　　　(1483)

简单的家庭外部联合，他的妹妹玛德莱娜（Madeleine）成了纳瓦拉的摄政，另一个妹妹约兰德（Yolande）成为萨沃依的女公爵。更理想的是，他将他的一个女儿安妮许给了波旁公爵，这样就使得波旁站到了自己一边，将另一个据说不生育的女儿让娜（Jeanne）嫁给了奥尔良的路易公爵，希望这样阻断这个家族的香火。他以取消其债务抵押品的赎回权威胁安茹的老国王勒内，迫使其先是承诺接着真的把普罗旺斯和安茹割让给他。至于布列塔尼，尽管他曾经指望重新占有它，但只是在他死后这个愿望才得以实现，当时他的继任者查理八世娶了布列塔尼的女公爵安妮，并把他的父亲从勃艮第家族获得的一部分土地给了他以前的未婚妻奥地利—勃艮第的玛格丽特作为补偿。到 1500 年，除了阿尔贝—纳瓦拉（Albret-Navarre）、昂古莱姆（Angoulême）、奥尔良和波旁之外，王国已经没有采邑封地了。事情当然可能会有不同结果：奥尔良家族或许产生不了国王路易十二，昂古莱姆产生不了国王弗朗西斯一世，波旁—阿尔贝产生不了国王亨利四世。到亨利四世即位时，通过消灭公国终结了这些因素。尽管如此，仍是路易十一完成了清理王国的任务。他被指责不诚实、狡诈，并在纳瓦拉和鲁西永阴谋反对西班牙，允许哈布斯堡家族定居在法国边境。这是些轻率的指责，看看英格兰，就知道这些指责更不合理了。

英国的问题不同，这是由于自治的公国诸侯与其国王在血缘上联系更紧密。这些公国不是很多，他们趋于成为边境地区居民的贵族，在苏格兰边境有珀西家族和内维尔家族，在威尔士有兰开斯特家族和都铎家族。激烈的竞争提供了持续 20 年之久的充满冲突的戏剧性场面，这种竞争在集聚于兰开斯特家族周围的红玫瑰支持者和以白玫瑰为象征的约克家族的支持者之间展开。约克家族是统治家族的最年轻的一个支系，不是像兰开斯特家族那样源于爱德华三世的第二个儿子，而是从他的第三个儿子传承下来的。这场漫长的玫瑰战争贯穿了亨利六世的全部统治时期。亨利六世是阿金库尔的胜利者的儿子，同他的外祖父查理六世一样变疯了，这是历史对《特鲁瓦条约》的讽刺性报复。既然国王无能，他的叔父贝德福德的约翰和表兄萨默塞特的约翰（John of Somerset），以及一个远房堂兄索福克的威廉（William of Suffolk），都宣称有权利以国王及其王后安茹的玛格丽特的名义以保护者的身份进行统治。约克公爵（Duke of York）回想起了以前反对金雀花王朝理查（Richard Plantagenet）的兰开斯特家族的叛乱并接管了其武装。两个主要领导者一是王后,受路易十一的支持，另一个是来自内维尔家族,号称"国王制造者"的沃里克伯爵(Earl of Warwick)。约克家族的理查死后,他的儿子爱德华继续争战,并始终依靠沃里克一方，约克阵营于 1459 年战败，1460 年取得胜利，1461 年战败，最终当约克的爱德华加冕为国王时终于又重新建立其统治。战争在继续，1470 年沃里克夺走了爱德华的王冠，1471 年他自己又战败被杀。亨利六世尤其适时的消失保证了爱德华第二次的统治相当稳固。1483 年爱德华去世，他的兄弟理查三世杀害了"塔中的婴儿"，攫取了皇冠。但是，一直与兰开斯特家族联合的都铎家族在路易十一的帮助下进攻理查并于 1485 年消灭了他。权力就这样转到了都铎王朝的亨利七世手中，他由于父亲的婚姻成为兰开斯特家族的继承人，通过自己的婚姻成为约克家族的继承人。内维尔和珀西家族在这种无休止的争斗中一直妥协，直至服从；萨默塞特和索福克家族已经不再构成威胁，都铎家族成为统治者。然而，这种从头开始的解决方案使英国流尽了鲜血，一切归于平等，历史更友好地评价了路易十一的阴谋。

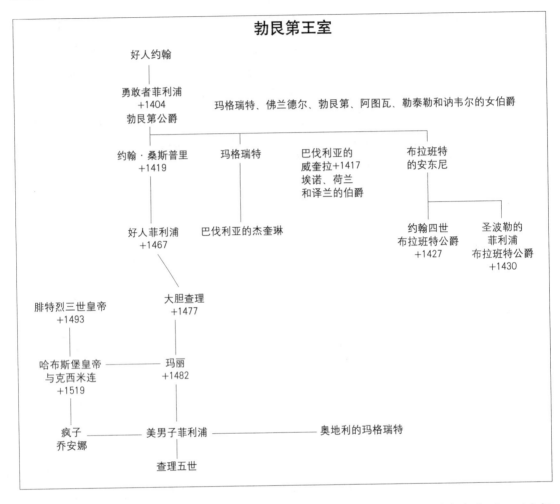

勃艮第王室

好人约翰

勇敢者菲利浦
+1404
勃艮第公爵

玛格瑞特、佛兰德尔、勃艮第、阿图瓦、勒泰勒和讷韦尔的女伯爵

约翰·桑斯普里　　玛格瑞特　　巴伐利亚的　　布拉班特
+1419　　　　　　　　　　　　威奎拉+1417　　的安东尼
　　　　　　　　　　　　　　　埃诺、荷兰
　　　　　　　　　　　　　　　和译兰的伯爵

好人菲利浦　　巴伐利亚的杰奎琳　　　　　　　　约翰四世　　圣波勒的
+1467　　　　　　　　　　　　　　　　　　　布拉班特公爵　菲利浦
　　　　　　　　　　　　　　　　　　　　　　+1427　　　布拉班特公爵
　　　　　　　　　　　　　　　　　　　　　　　　　　　+1430

腓特烈三世皇帝　　大胆查理
+1493　　　　　　+1477

哈布斯堡皇帝———玛丽
与克西米连　　　+1482
+1519

疯子　　———美男子菲利浦———奥地利的玛格瑞特
乔安娜

查理五世

　　　西班牙的情形没有这么混乱。经过14世纪和15世纪初相当激烈的家族竞争之后，三个伊比利亚王国经历了一个相对平静的时期。但西班牙主要的王国卡斯提尔却面临继承问题。这是由于亨利四世（1454—1474）以愚蠢而声名狼藉，更糟的是无能（阳痿），而他的女继承人被认为是一个私生子，或许确实如此。这样葡萄牙国王阿方索五世和阿拉贡的约翰二世就为继承权起了争端。后者通过使其儿子斐迪南德与亨利四世的妹妹伊莎贝拉于1476年联姻获胜。当约翰死时，这对夫妇以"天主教君主"的名义和谐共治，葡萄牙放弃了其权利。他们通过吞并格拉纳达完成了再征服，似乎为半岛开启了共同的命运。但是没有人能控制命运：天主教国王的女儿乔安娜疯了——无能的亨利四世的相称的外甥女。她嫁给了大胆查理的孙子美男子菲利浦。菲利浦是哈布斯堡家族治下隶属于勃艮第家族的继承人。事实上，斐迪南德的寿命远超过了他那死于1505年的女婿，因而当阿拉贡的老国王于1516年去世时，菲利浦和乔安娜的儿子查理，人称根特的查理（Charles of Ghent），继承了西班牙与勃艮第的领土。

西部大公的冒险

勃艮第的瓦卢瓦公爵们的努力产生了一系列的反响，一直持续到旧制度的结束。这是一个如何从零开始，或在完全不同的因素的基础上形成区域性政权实体的最好的例子。在15世纪的新气象下，没有多少努力，更没多少命运比这一例子更具个人色彩。勃艮第"国家"也是范·艾克和梅姆林（Memling）、斯吕特和马维拉（Marville）的，是博恩的济贫院（Hospices of Beaune）和布鲁塞尔大宫殿的，是野鸡和金羊毛法令的。最后，当法国和帝国之间存在另一地区时，这种回归过去的奇怪的努力有些令人酸楚。

这种重建几乎完全是王室人为的举动。从 1369 年到 1470 年，几乎所有的重建都是依靠权力转移、继承、购买和联姻，而不是武力，这表明了个人态度的惊人的连续性，尽管最早的三个公爵性格截然不同。勇敢者菲利普（Philip le Hardi）是个头脑冷静、精于算计的阴谋家，无畏者约翰（John sans Peur）急躁、肆无忌惮，但又异乎寻常地顽强、清醒；好人菲利普（Philip le Bon）则爱冲动、难以预测，过于骄傲而又特别谨慎。这三个人都把自己称为"百合花徽"的法国君王（即使是好人菲利普，他毕竟把法国送给了兰开斯特家族），就像法语是

让·富凯绘制的路易十一（纽约，布鲁克林博物馆）面对着勃艮第公爵勇敢者菲利普。他是好人约翰的儿子，娶了欧洲最富的女继承人——佛兰德斯的玛格丽特，建立了"西部大公"王朝。（无名氏，15世纪，凡尔赛宫）

他们唯一的语言。到1369年，规划已经绘制出，这时年轻的勃艮第瓦卢瓦公爵，国王查理五世的兄弟，娶了佛兰德斯的玛格丽特（Marguerite of Flanders），她是那块神奇而又动荡不安的土地以及索恩以外的勃艮第的女继承人。路径很清楚：在勃艮第地区和佛兰芒地区之间，尚存一个广阔的空间，默兹河（Meuse）和摩泽尔河（Mosel）在此交错。勃艮第地区邻近里昂、巴塞尔、日内瓦和阿维尼翁，运载布、盐、酒的一条欧洲大商路经过这里；佛兰芒地区则城镇、港口密布，制造商和士兵云集。这一广阔的空间由瓦隆（Walloon）地区、香槟和洛林构成。将上述两个地区连接起来，由此可东抵莱茵河，西迄马恩河，意味着控制了9世纪时洛林的版图，并且掌握了主要的欧洲地峡。北向荷兰，南向阿尔卑斯通道推进，则意味着成为欧洲的主人。

大公们投身于这项事业，历史遗留的诸多障碍横亘在他们前进的道路上。德意志皇帝文采斯劳斯和西吉斯蒙德需要面对作为皇室发源地的布拉班特、林堡（Limburg）、卢森堡构成的障碍。他们组织联盟并选定继承人，还有奥尔良的路易垂涎卢森堡。好人菲利普在1430年和1443年之间收获了这些成果。埃诺、荷兰、泽兰（Zeeland）、西里西亚与巴伐利亚连在一起，女继承人杰奎琳（Jacqueline）易受各种影响。英国从爱德华三世起就请求签订协议，并提议由其中一个王子做杰奎琳的丈夫。这当然是由于菲利普公爵不满意英国人，也是因前面提到的阿腊斯的丢失。他最终不得不摆脱掉杰奎琳，于1433年从她手中夺走了其土地。与此相同，1432年吉尔德兰（Gelderland）被和平占领，并且他还继承了欧塞尔，购买了环绕着属于英国人的加莱的布洛涅（Boulogne, 1419）以及那慕尔（Namur, 1421）。只有列日拒绝被吞并，但已被包围，并于1408年在奥得（Othée）被约翰摧毁，约翰的儿子于1433年夺取主教职位。后来，查理七世于1435年割让了阿图瓦和索姆的城镇。

取得上述成就之后，1440年或1445年前后，在尼古拉斯·罗林的帮助下，好人菲利普能够开始我所指的统一行政管理的伟大工作。第戎、里尔、根特的宫廷达到繁华的顶点，依靠的是举办盛大的宴会以及波耐特（Ponant）大公所发出的东征的誓言。然而，在高原和平原地区，那儿是默兹河和摩泽尔河发源之地，却仍缺乏这些。人们期待兰开斯特家族交出香槟地区，但自1429年起，这块土地属于查理七世。通过在阿腊斯与他的王室表兄签订和平条约，菲利普表明他将关注在洛林和阿尔萨斯的东部的土地，这一地区既不安宁又非常分散。哈布斯堡家族拥有莱茵河沿岸的一些土地，而安茹家族正在进入洛林的公爵领地。这不会有什么困难。

不幸的是，瓦卢瓦国王们最终克服了这些问题并估计到了危险。他们开始干涉司法程序，支持在南锡的安茹家族的勒内，并且警告哈布斯堡皇帝腓特烈三世。随着1463年查理七世的去世和好人菲利普的退位，这种情形改变了，后者在三年后（1468）死去。一方面是狡猾、焦虑，但尽管如此仍算头脑清醒的路易十一，另一方面是很快以鲁莽闻名的查理，一个痴迷的幻想家，一个轻率、傲慢而又特别具活力的人。公爵进攻路易十一并给他制造了各种各样的问题，家庭的、封地的和经济的。他从自己的大胆勇敢中获利，甚至强迫路易十一观看反叛的列日人被摧毁，以一个微笑来掩藏致命的侮辱。他接着于1469年买下了上阿尔萨斯，并在南锡建立要塞之前，从陷入困境的公爵勒内二世那里获得了一条穿过洛林的自由通道。1473年，当他在特里尔得到皇帝关于继承权，或者说至少是一顶王冠的承诺时，他认为已达到目的。但腓特烈到夜里就溜走了，同时，鲁莽者的妹夫英国国王爱德华被收买，据推测是他使路易十一分了心。洛林被激怒了，萨沃伊站了起来，瓦卢瓦家族的影响到处可见。查理不知所措，1476年，他进军瑞士，试图令自己解脱：他的大军于1476年秋天受到粗笨的瑞士军队的重击，在格罕松（Granson）和莫拉（Morat）被摧毁，而他曾希望轻而易举就能打败瑞士军队。接着他又采取了一个愚蠢的行动，试图在隆冬从重新安顿在南锡的勒内二世手中再夺回这个城市。1477年1月5日，他最后的军队止步于这个城市面前，两天后，这个鲁莽者赤裸裸的被鞭打过的尸体在一条冰冻的水沟里被发现。根据科明尼斯的记载，这一消息被火速带给了路易，路易为此高兴万分。

路易的这种兴奋当然既粗鄙又不明智，尽管反抗很快就被击溃。佛兰芒人强加给查理唯一的女儿玛丽（Marie）"一个大特权"，这恢复了他们的自信，而路易占领了勃艮第、皮卡底和阿图瓦。但这次他行动太快了，更确切地说，一百多年来公爵的成就不是一个空壳。在北方，瓦卢瓦王朝受到顽强的反抗。玛丽自己求诸于嫁给德皇之子、哈布斯堡的马克西米连，他于1493年成为皇帝。危险从各处萌生：在法国，玛丽的女儿玛格丽特被希望或许能嫁给国王查理七世，但结果却是玛格丽特的兄弟美男子菲利普娶了西班牙的女继承人。1500年，他们的儿子查理在根特出生。

勃艮第的威胁的确被转移了，但代之而起的是西班牙的危险：法国永远失去了佛兰德斯。法国人希望至少阻挡住哈布斯堡家族控制帝国，帝国被马克西米连——根特的查理的老祖父——所占据。哈布斯堡家族驻扎在位于莱茵河和默兹河口的孔泰，并出现在西班牙、西西里和那不勒斯。所以，1519年皇帝死时，最不可能的讨价还价发生了。查理通过厚颜无耻的贿赂战胜了弗朗西斯一世，在19岁时成为查理五世，后者没有提出足够高的报价。一个新欧洲诞生了，这是勃艮第公爵的梦想与瓦卢瓦国王的无能造成的令人意想不到的后果。

"两个德意志"的诞生

如果延续四个世纪的帝国没有完全解体，不论是1519年不光彩的讨价还价，还是勃艮第公爵们较早的努力，都是不可能有结果的。当然，历史上的德意志人是不可替代的，正如今天的巴伐利亚人、莱茵人、萨克森人，或真正的普鲁士人。在奥斯曼土耳其、撒利克国王以及红胡子腓特烈时代，许多公爵领地和侯爵领地（他们被称作斯塔姆Stämme）宣称自己属于独特的民族和习俗群体。但集合在一起，借助于帝国威望，就形成了一个德意志、一个帝国，几乎是一个德国，这远比一个西班牙或一个法国更名副其实。共同的语言，通常情况下相同的反应，有助于整体联系：显然，西部的法兰克受到了卡佩王朝的影响，而东部斯拉夫则受到波兰的影响，但中部从莱茵河到奥德河，从波罗的海到布伦纳山口，则形成了一个实体。

就是这一实体在 14 世纪特别是 15 世纪发生了巨变。可以轻易地将这种变化归罪于统治者的软弱，但实际情况是，既然建立一个王朝不可能，肯定就是相反的情形了。皇帝是些苍白无力的人物，因为他们被选择如此。首先他们属于以卢森堡、波希米亚和奥地利这些离帝国很远的地方为基地的家族。这些统治者既不荒唐可笑，也不愚笨无能，有时候他们也想强化自己的力量，并尽力去实现，比如西吉斯蒙德就召集康斯坦茨会议。但由于既不能依靠王侯，甚至也不能依靠教会，他们缺乏行动的手段。他们常常忙于自己微不足道的东部遗产，我想起腓特烈三世如何将更多的时间花在奥地利而不是帝国。这意味着溃败是完全的，它促使权力错位、解体。

这种错位同样要归因于15世纪德意志经济的扩张。矿山、织物、小麦和信贷维系着他们起初的优势，这样由于缺乏总体上的规范和障碍，每种商业或制造业领域的活动都外溢进入相应的地区或政治范畴。350个"自治区"切割了帝国的肌体，有的可能很小，但无论规模大小都有一个共同特征，他们的统治者拥有自己的牧师、自己的议会、自己的首府、法庭、雇佣军、骑士、自己的市场甚至自己的货币。这种情形不应解释为明显的衰败迹象，在这个四分五裂的德意志，仍给帝王的野心留有足够的空间与边界。

作为欧洲的主要部分之一，帝国统一的计划逐步形成了，一个集团或邻国的欲望可能得以实践。第一个明显的特点是在腓特烈二世统治之后，德意志城镇几乎享有完全的自由：波罗

丢勒的墨水画：纽伦堡的一个广场。（纽伦堡，阿特斯塔特博物馆）

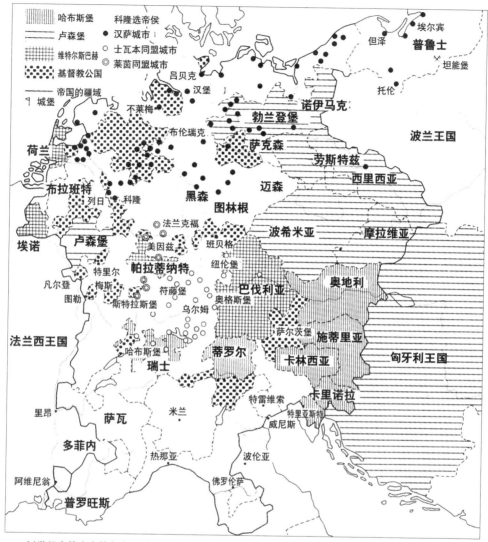

14世纪末的十个德意志区域。

的海沿岸的汉萨同盟和莱茵同盟的城镇，以及紧随其后，曾在1380年前后反对查理四世的有节制征税要求的士瓦本同盟（Swabian League）的城镇，全都享受到了事实上的独立。15世纪末这种状况停止了，这时的同盟已经解体，受英国人的步步紧逼、甚至卡斯提尔与斯堪的纳维亚王国独立要求的威胁，汉萨同盟处于防守状态。1472年之后，荷兰人走进了商业史，他们获得了丹麦人的准许，又在松设置了关卡，以限制汉萨同盟进入北海。1478年，莫斯科大公关闭了设在诺夫哥罗德的面向德意志人的市场。对城镇的这些打击发生在奥格斯堡、纽伦堡、法兰克福和莱比锡的集市、工业生产以及货币市场全面发展之时，无疑这要比邻近的意大利更须归因于商人对城市管理的日益厌恶。他们喜欢规劝和影响统治者甚于管理自己城镇的事务。

皇权的软弱及城镇的无精打采使得诸侯们得以自由统治。勃艮第的例子，后来又发生在西班牙，接着是奥地利，这无疑是15世纪和16世纪初期的重要事实。1519年查理五世的继位给德意志政治引入了一种新的因素，即使是已被皇帝们放弃一个多世纪的意大利事务，也重新占据突出位置。其他势力也都准备就绪：法国有自己的诉求，不是针对帝国的皇冠，因为弗朗西斯一世的选侯资格更多的是一种劝阻而非实质，法国想要的是莱茵河西部的整个地区，这成为旧制度的君主们及其后的帝国的目标。法国在中世纪末端迈出了第一步，却是用尽了从卡佩王朝传到瓦卢瓦王朝的所有技巧与圆滑，而瓦卢瓦王朝通常更性急。他们瞄准了洛林，法国国王已经在那里的梅斯、图尔和凡尔登三个主教区安排了自己的人，对大公的王位也安排了他的安茹的亲戚；他在巴鲁瓦（Barrois）建立要塞，到处都是他的货币和代理商。自弗朗西斯一世开始，这里成为法国与哈布斯堡王朝发生直接冲突的地区之一。

斯堪的纳维亚觉醒了。荷兰人试图干涉丹麦，这让汉萨同盟忧心。但德意志人没看到其他地方的危险，例如有大量的伐木工和猎人、资源尚未开发的国家——瑞典。15世纪瑞士成为欧洲的一部分，但这时人们没能认识到瑞典将在17世纪如法炮制。从1490年开始，他们集中精力摆脱丹麦人的控制，这使得国王克里斯蒂安一世和二世（Christian I and Ⅱ）卷入代价高昂的讨伐，1520年以可怕的名字"血浴"被人们记住。在这一过程中，汉萨势力被彻底消灭，1494年被逐出松及瑞典和丹麦的城镇，1512年被迫在马尔默（Malmo）和平协议中放弃他们的特权。尽管丹麦人和俄罗斯人首先从汉萨同盟的消失中获利，但瑞典人的机会就要来了。

另外，帝国自身的重组正在进行，这对决定宗教改革的范围将是极为重要的，那时强有力的统治者占据的位置仍在影响着德国。这样的统治者包括哈布斯堡家族、巴伐利亚的维特尔斯巴赫家族（the Wittelsbachs）、萨克森家族和霍亨索伦家族。霍亨索伦新从士瓦本来，西吉斯蒙德于1415年将勃兰登堡边境地区托付给他们，他们控制了卢萨斯（Lusace）以及在普鲁士的条顿骑士团的属地（被波兰人打败的条顿骑士团很高兴能在1455年被接管）。

意大利，一块被共管的土地

意大利是一个贪欲恣行、不受拘制的地方。这一点已不新鲜，甚至可视为传统。意大利提供了太多伟大的历史记忆、太多商品、太多耀眼的城镇、太多充满诱惑力的宫廷和太多艺术与智慧。拜占庭时代已过去，帝王们已退出历史舞台，两三个已没有特权的教皇迷茫失落。尽管如此，15世纪欧洲文艺复兴初期仍是人类历史上的一个亮点。这是美第奇、热那亚大帆船和佛罗林取胜的年代。但在整个半岛，却找不到能够指挥所有这些属于自身优势的潜力与财富的

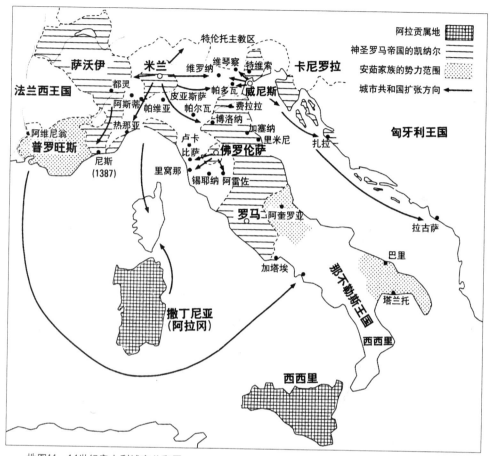

地图11：14世纪意大利城市共和国

权威。意大利南部地区（大致指罗马所在纬度以南地区，包括撒丁岛和西西里岛）被一分为二：在那不勒斯，王后乔安娜二世（Queen Joanna Ⅱ），一个冷酷无情的女疯子，使关于安茹王朝的扭曲记忆永久留存在人们心中；而在西西里则是阿拉贡国王。这种双重管理有利于西班牙。尽管遭到"国王勒内"以及其他一些人的反对，1443年，阿拉贡国王控制了那不勒斯，但这是意大利的软弱部分。唯一具有持续性和破坏性的后果是被驱逐的安茹王朝保留了对这里的权利，并在1481年，当他们的家族消失时，将这移交给瓦卢瓦家族。至于教皇，自1438年起，最终重新安置在罗马拉丁贵族的废墟上，现在如同其他任何一个统治者一样，其本地特权足够强大，这使他能够说服中部和北部意大利的大部分城市共和国和统治者，在1454年于洛迪达成25年的和平。这些城市及统治者包括费拉拉的埃斯特、曼托瓦的贡扎加（Gonzaga of Mantua）、佛罗伦萨的美第奇、米兰的弗朗西斯科·斯福尔扎，甚至自私自利的威尼斯。

我们不应被这种感人的和谐所蒙骗，因为其主要动机是让人产生一种既无能又危险的感觉。

城市没有了高效的民兵组织或有献身精神的执政官；商人们对共和制冷漠之至，他们中的文艺事业的资助者则感到自己是国际化的。因此，种种野心意愿都可以在这个半岛的周边及其境内繁荣一时。正是由于那不勒斯的阿拉贡人向罗马推进，由于查理七世试图恢复热那亚，由于法国皇太子路易派军反对米兰，而安茹的勒内正越过阿尔卑斯山，意大利人紧密团结起来了。只有土耳其人缺席，他们在进攻奥托朗托（Otranto）海峡和德意志人，而腓特烈三世则降驾罗马加冕（1452）。一旦这些危险消失，意大利人又恢复了争吵，外国人也卷入其中。1462年，安茹王朝对那不勒斯进行了一次新的无效的尝试。教皇与佛罗伦萨之间爆发了一次争斗，其间科西莫的孙子之一尤利亚诺于1478年死去，路易十一与萨沃伊，接着与米兰（1475）结成紧密的联盟。大胆查理对阿尔卑斯山通道形成威胁，而威尼斯的政策像天气一样多变。这种千变万化的情形没有什么结果，缺乏任何决定性的特色与影响，不值得审视。他们是意大利历史的烟雾，透过这些烟雾，我们依稀看见戴着皇冠的教皇、见利忘义的雇佣兵队长、被刺的统治者、鲜血和庆典。

　　但这些刺激了人们的欲望，到这个世纪末发展成为严肃的事情。就在这时，教皇英诺森八世以那不勒斯的安茹王朝理论上的王冠继承人的身份，自行召见法国国王查理八世到意大利实施一些命令，并摆脱阿拉贡人，这很像他的继位者路易十二，宣称有权继承米兰的维斯孔蒂家族的宝座。1494年瓦卢瓦王朝越过阿尔卑斯山，标志着近代战争和外交史的开始。阿拉贡的斐迪南德已在两年前征服那不勒斯，没有他的帮助，他的表兄国王费兰特（Ferrante）就不能够再控制那不勒斯。在罗马，丧失信誉的教皇亚历山大六世不能使意大利人重新和解；在佛罗伦萨，美第奇家族破产了；在米兰，鲁德维克·斯福尔扎失去了控制能力；而威尼斯仍然是威尼斯。从此，意大利不过是法国、德意志、西班牙为之进行长达三个世纪的争斗的肥美的猎物。这就是我为什么不把这些新生的帝国主义力量冲突的故事提出来讨论，因为如同在帕维亚或罗马之劫停止叙述不合理一样，在马里纳（Marignan）停止也不合理。意大利一直走在其他国家前面，这方面则走的更远。当近代欧洲的诸多特点在法国、西班牙以及德意志内部比较清晰地出现的时候，如果说英国、莱茵兰以及波罗的海沿岸稍稍落后，意大利在1500年时已经置身近代世界了。

面向世界开放

　　"大发现"绝不是近代历史独有的特征。如果将中世纪与航海者亨利（Henry the Navigator）或维斯科·达·伽马分开，或者将他们视作疯子、最好的幻想家——不管怎样，哥伦布现在仍被这样看待——人们就不能理解任何与中世纪的成就有关的问题。当然，这个热那亚水手向西航行时所说的"跃入未知世界"，本身是一种将两个时期分开的象征性姿态。我们一点都意识不到其重要后果吗？哥伦布的冒险只不过引来一个世纪的成百上千次的其他冒险，而其自身则是一个无法预见的大胆举动。然而我们必须在欧洲向边界以外的渗透、殖民地、奴隶贸易、鲜血等前面停下来，此前的一切属于中世纪，也只能由中世纪来解释。

为什么发现新大陆？

　　尽管对亚洲、非洲我们能连篇累牍谈论很多，但这种现象的确有些"奇异"，我们将试图追踪其基本特征。这种以不同寻常的方式拓展欧洲势力范围的行动恰恰成为了中世纪末期的标志。意大利、法国或西班牙人感觉到了这一点，他们似乎头晕目眩，或许在这个向他们敞开大门的世界面前感到害怕。对检视这些初始行动的历史学家，尤其是我们这些看到了结果的人来讲，这种一小部分人在长达四个世纪的时间内对新大陆的征服，与斯拉夫世界的驯服、伊斯兰的边缘化或者希腊世界的终结一样耳熟能详并且理所当然。周边世界和财富这次同样也置于西欧的处置之下。

　　一些资质条件是必需的。除了斯堪的纳维亚人可能在中世纪早期有所接触之外，美洲是片未知的土地。正如我们所知，在哥伦布之前的基督教或伊斯兰教世界的地图上都找不到她。阿拉伯的地理学家计算出中国与马格里布相距1.6万公里，这是个合理的估计，而他们相信这条路必须经过日本。至于基督教世界的地理学者，随着商用地图航海指南以及平面球体图的出现，他们的认知大大前进了一步，不论是像托斯卡纳里（Toscanelli）那样的意大利人，还是像马丁·贝海姆（Martin Behaim）那样的德意志人，他们相信托勒密和古代人的计算，得出这段距离不超过4000公里。这种差别至关重要，但在当时这没什么关系，美洲仍是个未知数，亚洲几个世纪以来与欧洲和伊斯兰世界的历史纵横交织。虽对亚洲知之甚少，但至少自希腊化时期以来，她已被很好地认识了。她代表着宝石、香料、丝绸和一个特殊的世界，阿拉伯旅行者苏莱曼、阿布·扎义德（Abu Zayd）、伊本·科德布（Ibn Kordadbeh）、马苏迪（Mas'udi）在14世纪前已经访问和描述过。如同马可·波罗所见证的，通过这些人，欧洲确实了解了一些情况，甚至包括像季风或绿洲之间的距离这样的基本信息。基督教世界没有渗透这么远，圣路易派到可汗那儿去的法兰西斯派修士在蒙古平原中部遇到了一些"巴黎人"和"马赛人"，这些人属于边缘未被同化者，就像在中国的小聂斯托利教徒区一样，本身是东方人。在北京、广州和印度，马可·波罗只见到阿拉伯人和一些犹太人。再者，当他1295年返回威尼斯口述他的回忆录时，没有人相信他。因而，亚洲仍保留一种消失的伊甸园的形象，那里可能是祭司王约翰（Prester John，传说中的一位信奉基督教的中古东方国王兼祭司）统治，基督教世界希望亚洲成为从背后进攻伊斯兰的同盟。人们知道到达那里的道路：从小亚细亚或地中海东部诸国出发走商旅队之路；从霍尔木兹海峡（Ormuz）或亚丁（Aden）走海路。到13世纪末，流传着这样一种看法：穆斯林关卡提高了欧洲宫廷喜爱的所有产品的价格，要摆脱

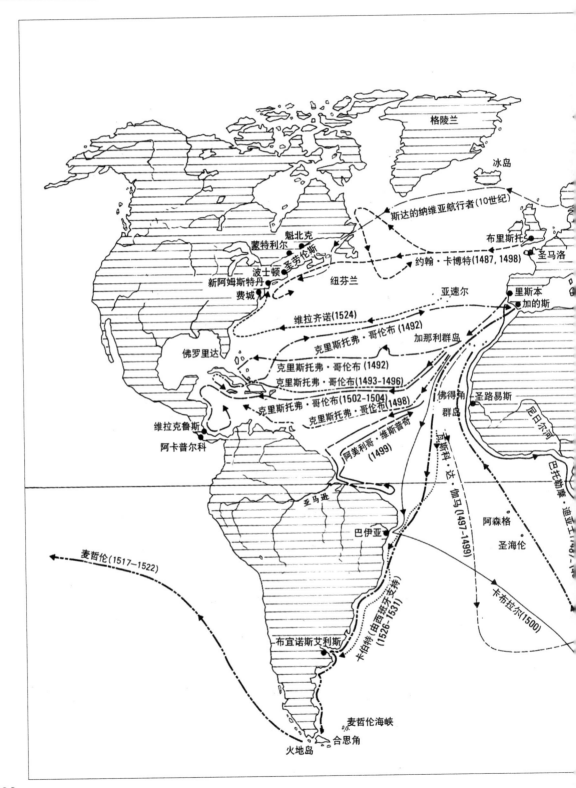

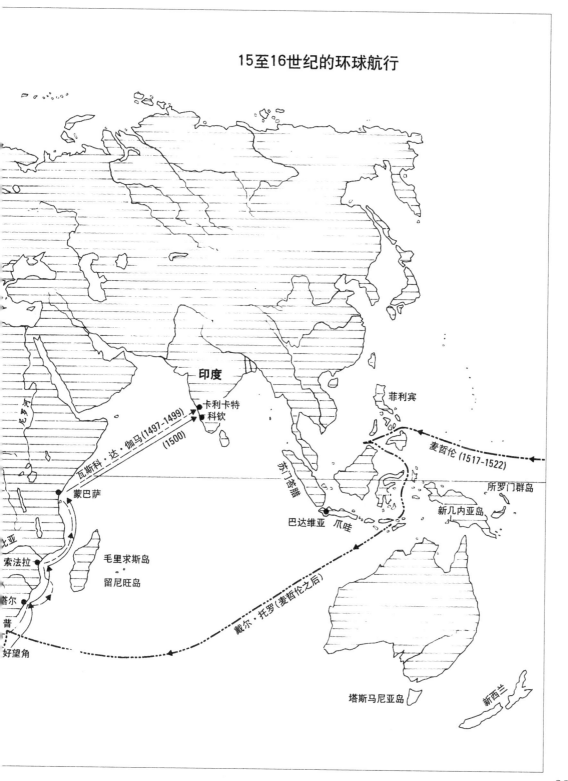

15至16世纪的环球航行

关卡的箝制，就必须到亚洲去。非洲是另外一种情形。汉诺（Hanno）周航记及其他古老的叙述只存在于记忆中。她是一片有黄金和奴隶的土地，但基督教王国长期以来满足于柏柏尔人、埃及人，以及马格里布与亚历山大的犹太人所供应的黄金，与非洲没多少联系。显然，他们是在埃塞俄比亚寻找祭司王约翰，跟踪流传在尼罗河或圣地的关于莫桑比克、桑给巴尔、马达加斯加王国以及津巴布韦、莫诺莫塔帕（Monomotapa）的神秘传说。但是渗透到穆斯林世界的缓冲地带——这个缓冲地带将班布克和塞内加尔，甚至埃及苏丹的科普特（Coptic）领导者们与地中海隔开，似乎完全是一种假设。就连安茹的查理都没有考虑它。

所以直到14世纪初，地理上的好奇之心还不活跃，具体的优势也不太明显，还不足以摧毁这些独立世界的隔绝状态。但我们不应忘记亚洲的吸引力和神秘的非洲是怎样影响基督徒的潜意识的。

拯救野蛮人？

可以采用另一种视角。伊本·白图泰的作品在欧洲为人所知吗？1325年到1354年间不知疲倦的朝圣客穿过和描述过所有这些国家吗？是他们启发了曼德维尔的约翰（John of Man-deville，死于1372年，14世纪英国作家，著有《约翰·曼德维尔爵士航海及旅行记》，内容多取材于百科全书及他人的游记，关于他的种种传说无从确证）令人难以置信的骗局吗？这个约翰没有离开过巴黎，却把亚洲描述得那么详尽，以致直到这个世纪的中期，人们仍然相信他所讲的。总之，欧洲认为这些世界充满未被救赎的灵魂。喀喇和林（Karakorum，古代蒙古帝国旧都）的聂斯托利教士们，接着是像1287年来到欧洲的拉班·扫马（Rabban Çauma）那样的东方教士，鼓励传教阶层怜悯这些灵魂。使这些异教徒皈依是传教士的责任，至少要援助东方的基督教徒。加泰罗尼亚人拉蒙·吕尔（Ramon Llull）的伟大计划就是以传教代替十字军东征。这类尝试被组织过；1291年，被留下来挑战婆罗门和孟高维诺的约翰（John Montecorvino）的法兰西斯派教士——波代诺内的鄂多立克（Odorico of Pordenone）被任命为"北京大主教"。由于"蒙古和平"，教士们直至1320年或1325年都能够旅行到远东。他们对非洲兴趣不大：圣弗朗西斯第一个考虑这个大陆，1219年派了两个发誓献身的男修道士到马格里布。大约在1220年，一个由名叫佩德罗的葡萄牙人率领的基督教民兵组织在马拉喀什被逮捕，但他们可能不是去改变人的宗教信仰的。

1340年至1355年之后，通往亚洲的道路被关闭，传教工作突然结束。乌克兰的蒙古人逮捕了传教士；明朝中国紧握宗教权力；伊斯兰教在德里取胜。1402年，西班牙人克拉维约（Clavijo）设法到了打败土耳其人的帖木儿那里，想弄清帖木儿的意图。他发现是一个穆斯林而不是"上帝的惩罚"在解决他的问题；同时，图卢兹的伊萨尔盖（Ysalguier）如何将一个皈依的黑人王子从加奥带到加隆河畔当然只是一个传奇。黑人或黄种人接受洗礼的时刻肯定还没到来。

攫取财富？

然而，在不排除此后出现皈依教徒的可能性的情况下，欧洲人首先是要控制那些来自异域的大宗产品：糖、胡椒，尤其是欧洲人已开始感到匮乏的黄金。西班牙于1384年，葡萄牙于1385年相继停止了金币的铸造；在意大利，金银的比率攀升至1：12；波希米亚和西里西亚的新矿平息了更北部地方的"饥荒"，但甚至这种调整对基督教王国都有不健康的影响。公共开支的增长驱使统治者走向战争之路，而战争吞噬了所有赢得的东西。即使14世纪末的贵族没有沉溺于骑士阶层的虚伪娱乐中，或者更实在地说，即使他们克制住了对新的食物的欲望——这种欲望使他们的饮食开支膨胀，使那些供应正告罄的零售商们焦急——他们仍然无法恢复远去的财富。地理的好奇、使异教徒皈依的希望、对黄金的追寻、摆脱租金危机的要求，以及可能已经存在的对自由劳动力的兴趣，所有这些都是增强人们勇气的因素。

事情总是这样，站在一个决定性事件的门口，很难区分具有决定意义的因素：究竟是兴趣（如亨利王子，直至1460年死去他都对此事充满兴趣）还是热情（发现的热情在里斯本，接着在拉各斯的阿维兹王朝涌动）促使葡萄牙在这些事务中起到关键性作用？这是一个缺乏黄金与工匠，濒临破产边缘的国家的冒险轻率的外逃，是一个慢慢培育的计划，还是一系列偶然事件？另一方面，提供水手和船长的热那亚人、比萨人和加泰罗尼亚人是出于贪婪投身这种冒险，还是因为只有他们才能提供有经验的船员？是因为这种介于波罗的海的缓慢的高弦帆船与脆弱的地中海平底大船之间的小吨位快帆船使得他们可以对抗大洋风暴，他们才敢做这样的冒险？或者，这种新型船在1440年或1445年之后投入使用是由于起初的失败？

我们可以确定的是这些伊比利亚人和意大利人十分顽强，他们试图通过绕开途经马穆路克埃及的路线，以较低的代价到达亚洲，这意味着要冒险穿越黑非洲。从北到南跨过这个大陆的征程看来很快就放弃了。如同伊本·白图泰和伊本·哈勒敦告诉我们的，黑人帝国当时处于辉煌的中世纪巅峰。努佩国（Nupé，今尼日利亚中西部尼日尔河和卡杜纳河汇合处附近地区）的贝宁艺术，以及廷巴克图或刚果艺术，都是自身成为文明霸主的证据。阿拉伯的旅行者称赞其公共秩序，奢华的宫廷，马里、卡诺（Kano）、加奥等集市的富庶，哀叹伊斯兰世界可怜的进步，比不上马格里布的生活水准。伊本·白图泰对铁制品的质量、木雕之美、玻璃或铜制品的丰富都赞叹不已。自从途经阿卡特（Agades）和乍得到阿斯旺的道路重新开放以来，这些物品连同奴隶与黄金供应着沿南北或东西轴线穿越撒哈拉的贸易。意大利人不可能忽

401

视这一点，约1320年，塔菲拉雷（Tafilalet）有了热那亚人的身影，1350年另有一个热那亚人被认为到了廷巴克图。到这个世纪末，桑海开发了一条从乍得到费赞的线路，这比真的穿过撒哈拉的危险要小。在的黎波里、突尼斯、布日伊和休达做买卖的加泰罗尼亚人、马赛人和比萨人可以劝告其统治者及其他冒险者，要到达刚果帝国，并从这儿再到莫桑比克和印度（他们认为这很近），穿过大沙漠已经不再可能。

对非洲的打击

这样他们必须扬帆航行。首先是驾驶问题，因为尽管来自摩洛哥海岸高空的信风把船吹向西南方向，但回漩的湾流需要特别的操纵能力和耐心。开局是不利的，1291年两个热那亚人维瓦尔第（Vivaldi）兄弟远航，从此再也没有人见过他们。1339年，加纳利群岛被勘察，作为未来大西洋的一个停靠港，但当葡萄牙人杰姆·费瑞（Jaime Ferrer）试图在此登陆时却沉了船，这个地方以后称为里约奥罗（Rio de Oro）。确保对彼特拉克笔下的"幸运岛"——马德拉群岛和加纳利群岛的占领是必要的。1350年至1402年间西班牙人、葡萄牙人、佛罗伦萨人和热那亚的马洛赛洛（Malocello）作了各种尝试，在那里发现了懒散而友好的农民，却没有黄金。1402年，诺曼人约翰·贝当古占领了加纳利群岛，并向卡斯提尔国王宣誓效忠，而马德拉群岛却在1423年前后被葡萄牙占领。在此之前，葡萄牙已经尝试了一次官方行动：1415年皇室的军队占领了休达，这使得他们可以控制加比，这是他们所需的摩洛哥小麦的唯一进出门户。他们考虑过占领摩洛哥吗？诸如1437年丹吉尔的溃败，以及1471年和1515年的新尝试使之成为可能，但事实上什么也没发生。

由于有了小吨位快帆船、对湾流越来越熟悉、加纳利和亚速尔成为中继站，以及葡萄牙统治者一贯的支持，欧洲人在海上有了进展。意大利人被由巴斯克人、加利西亚人和阿尔加维（Algarve）人组成的强健的船员取代，这些人乘着快帆船向南驶去。1434年，吉尔·恩斯（Gil Eanes）快速绕过危险的波加多海角（Cape of Bojador）；1444年，丹尼斯·迪亚士（Dinis-Diaz）绕佛德角航行，1446年到了冈比亚，1460年，到了塞拉利昂；1471年，瑟罗·达·科斯塔（Soeiro da Costa）勘察了黄金海岸、象牙海岸，并穿越了赤道，这之后风向改变，引起了恐慌。从那时起，水手们通过在沿岸设置标记来测量他们的航程。1486年，迭戈·康（Diego Cao，葡萄牙航海家和探险家，发现刚果河的第一个欧洲人）启航，他不敢到大陆南端以外的地方，因而将进入印度洋的荣誉拱手让给了第二年航行到那里的巴托勒摩·迪亚士（Bartolomeo Diaz）。迪亚士给了风暴之角一个吉利的名字"好望角"。出了好望角，季风正等待着水手们。1497年，瓦斯科·达·伽马环非洲航行，访问了莫桑比克港口索发拉（Sofala），

1498 年 5 月停泊在印度的加尔各答，令他丧气的是迎接他的竟是一个讲卡斯提尔语的突尼斯人。

如果这只是驾船环游，一种喜好运动的远征，那么至此已经很不错了。虽然一开始的努力和尝试没有重要的结果，但其意义却要大得多。塞内加尔河湾的阿古因（Arguin）的一个贸易站每年仅能带来 25 公斤的黄金，而伊本·哈勒敦却推断每年穿过撒哈拉的黄金有一吨。沿冈比亚或几内亚河岸到金矿也证明是不可能的，因为山脉阻断了道路。那些冒险者如 1456 年的迭戈·戈麦兹（Diego Gomez）也没带回多少黄金，此外，他们居然惊奇地在那里遇上了一个英国人！索发拉和津巴布韦的黄金当然更容易接近些，1502 年瓦斯

伊费头部铜像（10 至 12 世纪）。贝宁王国在 14 世纪进入了最伟大的时期，辉煌的文明诞生，使第一批欧洲旅行者大为惊奇。（文物部，尼日利亚拉各斯）

科·达·伽马在那里建立了一个贸易站，但距离很远，而且黄金的运输必须经过亚丁，因而要受制于穆斯林。但作为补偿的香料、胡椒、充斥这一时代的食谱的"天堂里的谷物"，以及开始损害欧洲人健康的第一种刺激物可乐果的贸易却是完全成功。1485 年以后，费尔南多·波（Fernando Po）获得了沿几内亚湾进行这种贸易的垄断权。1505 年，里斯本夺取了威尼斯的统治地位，变成了香料和药物贸易的首都。从黑人那里购买甚至抢夺胡椒只是一种不重要的现象。但更糟的事情接踵而至：他们造访奴隶市场，一直持续到 19 世纪的折磨非洲的奴隶贸易开始了。其实早在 1444 年，航海者亨利已经开始利用快帆船贩卖第一批 263 个男女奴隶，在拉各斯上岸，并且主持了接下来的拍卖。据推算，1480 年前后，通过阿古因的贸易站卖出的奴隶在 800 到 1000 之间。有一点很清楚：奴隶贩子不仅仅将黑奴卖到欧洲和伊斯兰世界。我们只有黑人 1510 年到达圣多明哥和 1521 年到达古巴的证据，但可悲的是这一罪恶的贸易可能开始得更早。

因而，欧洲在对黑非洲征服过程中的开支从一开始就来自于他们对非洲的剥削。令人惊奇的是一开始的动机与利益无关。远征的基本目标——开发非洲，尤其是发现通向亚洲的另一条道路，初时并不明确。显然，非洲的财富——黄金、奴隶、香料、象牙、柚木——是有力的诱惑，在起初的交易之后，他们的发现马上就伴随着抢掠。在塞内加尔的贝兹桂士（Bezeguiche）、波提达拉（Portudal）、若拉（Joal），以及沿着黄金海岸的其他地方，阿西姆（Axim）、尚马（Shama）、迈因的圣乔治（Saint-George of-the-Mine）等，都建立了贸易站。这些贸易站连同快帆船的沿海贸易，在西非和欧洲之间建立了稳定贸易。这种贸易进入了新的区域，补充而不是中断了传统的跨撒哈拉贸易，它本来是能够使非洲富裕起来的，但除几个王朝和国家外，如 15 世纪末

403

到 16 世纪的马里，我们知道这并未发生。非洲既没有真的富起来，也未得到鼓励去发展。虽然如此，她仍是一个富裕、团结、复杂而又有相当高文明的地方。欧洲的贪婪——首先是以大西洋奴隶贸易为象征——和其他一些充分的理由被用来解释非洲的停滞、后退和部分的毁灭。但是，当与文艺复兴的欧洲和其异常野蛮的动力对照时，黑非洲就展现出自身结构与生俱来的危险的弱点。技术上的落后使其与欧洲各方面的竞争都有风险。农业方面，尽管有土地和种植方面的相当多的经验，但没有牲畜牵引，只有一些初级的改良和肥料的使用；非洲有优秀的工匠，但在技术和工业层面上没有真正的发展；行政管理是合格而又谨慎的，但文字普及传播的局限和特定法律的笼统性也阻碍了行政管理；另外，尽管作了出色的政治上的努力，这仍是一个不统一的社会，比欧洲分裂更甚，这是由于多种方言土语（没有像拉丁语这样的共同习得语言的帮助）的存在，由于动物崇拜与伊斯兰教没有充分实现融合。这些引起了某些王国（马里）在王位继承制度方面的不确定性。首先，伊斯兰教徒鄙视异教徒，这使得大部分针对白人穆斯林的东方奴隶贸易衰退，当欧洲人出现时，大西洋奴隶贸易已经有很好的准备了，可以向他们提供这种贸易的"原料"。最重要的是，定居仍然不安全，而人口迁徙（就像波尔人）则可能引起骚乱。

美洲：一个灾难性的意外

如果地球是圆的——就像人们，包括假装不知道的教会，将要知道的那样——人们就有望向西航行到达印度。危险是三重的，但却没有被全部充分地了解。首先是航程问题，几乎有五个月不能确保补给，这意味着要储存大量的食物，这些食物充塞船只，相应减少了船员的数量。欧洲没有真正地认识到这一问题的严重性，因为当时估计的距离少得多。在1480年前后纽伦堡和贝海姆的地球仪上，从亚速尔群岛到日本的距离只有2500英里。其次是航行上的困难，这一点已经在葡萄牙人沿非洲海岸线的冒险中反映出来。这些困难包括多变的风向、关于赤道的无望的迷茫，以及连300吨的快帆船都有倾覆危险的大浪。再者，加勒比海的果囊马尾藻和热带海域的洋流也完全是未知数。同样，航海者可能受制于恐惧。他们必须在没有任何地标的情况下一直往前闯，仅仅靠指南针以及他们认识的星辰的指引，越过可怕、未知、无边无垠的世界。只有对真正危险的无知，以及像曼德维尔这样的幻想旅行家的恬不知耻的谎言，才能激起这种疯狂的热情。他们必须是异常有力和自高自大的人。

我们都知道人类历史上的这一壮举。克里斯托弗·哥伦布是热那亚人，一个出色的水手，非常了解地理，擅长做生意。当1477年他二十多岁在里斯本立身时——或许由罗穆里尼出钱——他无疑已经在考虑这一计划了。在那儿工作时，他了解了海洋，接着他去了马德拉，并且获得了一个拜见国王约翰二世的机会。他被赶了出来，不是因为他们认为他的计划有什么问题，而是由于 1485 年或 1487 年葡萄牙人已经通过了好望角，并断定他们已经发现了到东方去的路线，所以为什么还找另一个人呢？哥伦布又到其他地方去，在英国没人听他的，而法国王室只想着意大利。自 1488 年起，他开始围追在卡斯提尔的伊莎贝拉身边，他这种要赢得虔诚而又渴望拥有财富的女王的努力，得到了法兰西斯派修道士的支持。斐迪南德忙于征服格拉纳达，他发现哥伦布的这些梦既昂贵又多余。最终在 1492 年的 4 月，恰恰在西班牙的最后一位摩尔（Moorish）国王向消失在远方的阿尔汗布拉（中古西班牙摩尔人诸王的宫殿）看上最后一眼时，女王在两次弥撒的间歇，授予这个热那亚人所要求的一旦成功将享有的特权：海军上将和殖民地总督的

天主教女王伊莎贝拉（1451—1504），装束很简朴。此时她三十多岁，已经有四个孩子。波玛戈绘制的肖像（马德里，皇宫）

头衔，可以分享黄金和香料。1492 年 8 月，船员不足 100 人的三艘船乘有利的信风开始航行。随后他们沮丧起来，因为海洋无边无垠，因为争吵和干渴，终于，1492 年 10 月 12 日凌晨 2 点，品他号（Pinta）的瞭望员大喊一声：陆地。

这片陆地可能是巴哈马群岛中的一个岛，住着一些和气、几乎全裸的阿拉瓦人（Arawaks），但没有黄金和香料。在考察了加勒比世界之后，哥伦布于1493年3月回归，带了七个当地人和一点点黄金。此后的另外三次航行登陆到了所有安提巴（Antibes）的岛屿、中美洲地峡，甚至在1504年到了奥里诺科（Orinoco）和特立尼达。此时，哥伦布已长时间受到怀疑。自1494年开始，伊斯帕尼奥拉岛（Hispaniola，圣多明哥，即海地岛）开始成为糖、铜和奴隶贸易中心，加泰罗尼亚人、卡斯提尔人及其他"殖民者"被送到那里，特定形式的贪婪与残忍开始了。其他开拓者也出现了：1498年至1499年，韦斯普奇（即 Amerigo Vespucci）以他的名字阿美利哥命名这个新大陆，并开始了珍珠贸易；1500年，波巴蒂拉（Boladilla）被任命为新西班牙的总督，他勘察了古巴，1512年前，古巴被占领。哥伦布在此六年前死去，被遗忘和诋毁，只有他自己相信自己到了日本。

约翰二世错过了与哥伦布合作的机会，但至少在1494年，在教皇的主持下，他与天主教君主之间订立了《托德西拉斯条约》（the Treaty of Tordesillas），受教皇的保护，这一条约规定，沿经过亚速尔群岛以西170里格（长度单位，1里格约等于3英里或4000米）地方的子午线，将大西洋分成两部分：以西归西班牙，以东归葡萄牙。这一划分出于无知和鲁莽。1500年，阿尔瓦雷斯·坎布拉尔（Alvarez Cabral）带领近一千人，沿着瓦斯科·达·伽马的足迹航行，当他在南半球转向以赶上返航的风时，他发现自己处于葡萄牙的水域，出乎意料地到了一个地方，这里的海边生长着彩色的树。就像一些法国人或许也这么做一样，他在1503年和

1508年两度返回去勘察远至桑托斯的海岸。这肯定不是中国，也不是巴拿马地峡。1513年，吕奈·德·巴尔沃亚（Nunez de Balboa）越过巴拿马地峡，发现一个看起来特别"平静"的巨大海洋。当加勒比海、巴西和非洲足以使欧洲的冒险者富裕起来，满足其商人和统治者的要求时，再探寻东方似乎毫无意义。尽管1512年在布尔戈斯（Burgos），国王和教会都说将自由人贩卖为奴隶是可耻的，感化他们要好得多，但这并不能阻止其他人，基督教同样使用奴隶。拉斯·卡萨斯（Lsa Casas，1474—1566，西班牙历史学家和传教士，被称为印第安人的使徒）的愤慨即将到来，它足以给那些想要统治人民的征服者和贵族，那些渴望土地与黄金的社会边缘人群，以及索要一切的逃亡者一个清醒的认识。1519年4月，赫尔南·科特斯（Hernan Cortés）带着马队和大炮在他命名为维拉克鲁斯（Vera Cruz）的墨西哥湾登陆。9月，麦哲伦开始环球航行——对新世界的系统探索开始了，从而带来我们几乎说不清的悲惨与利益。

第十章　人类的再征服

　　15世纪中期以后，紧扼基督教世界咽喉一个多世纪的种种灾难似乎减弱了。社会不断发展壮大，并正在重建和巩固。然而，这只是一次短暂的插曲，而且并非每个人都感受到了其效果。日常生活、战争、贫困、税赋和饥饿等诸多问题仍将在之后很长一段时间内困扰人们，事实上这贯穿整个近代时期。但是，苦难可以使人们变得高尚，使人们的心智成熟，并开辟了通向希望和改善的新途径。就在人们忍受着物质匮乏的痛苦时，基督教会这艘老船似乎即将沉没，而显示强有力的新激情主义、知识的动力、丰硕的发明的种种迹象却在各处涌现。这使米什莱将15世纪称为最伟大的世纪：波基奥（Poggio）遍访图书馆，布鲁尼（Bruni）翻译希腊作家的作品，帕伦图切利（Parentucelli，即教皇尼古拉五世）兴建了梵蒂冈，格尔森（Gerson）劝诚国王们，胡斯冥思着威克里夫勇敢疾呼的口号，斯吕特、范·艾克、吉贝尔蒂……还需要我举出更多的人吗？所有这些人，以及那些资助他们和阅读、聆听、传阅他们著作的人，都与中世纪密不可分。他们（尤其是意大利）只是启开窗棂，从古代世界随手采撷文明之花。令人担忧的是，大部分忠诚的基督教徒并不感激这一变化，无所不在的原罪以及暴力死亡危及灵魂的救赎使他们继续感到痛苦不堪。绝大多数人继续舒适地躲避在长达数世纪的所谓真理的羽翼下。准确地讲，恰是近代思想渗入到人类大脑，并逐步征服了人类的灵魂，才将15世纪一分为二，一定程度上人们也常将中世纪的终结划定在这里（至少可以不成熟地这样说）。

新道路

　　旧史籍告诉我们，中世纪的终结是由于土耳其人占据了君士坦丁堡和古登堡发明了印刷机。土耳其人只是在等待一个机会履行手续，而印刷却是更为严肃的事业。

知识的散播

　　众所周知，在中国，印刷术的发明甚至早于纸币和火药。但这一证明中国人天才的证据对欧洲影响却不大，因为它的应用方法没有传到西方。令人惊奇的是，经历了那么长的时间——直到14世纪末，才有人意识到一群修道士一起抄录《圣经》只能满足极小的一部分读者的需要。如果考虑到1350年前后，教士和市民确实代表着成千上万的潜在的订阅人的话，即使流传

GVILLERMVS Fichetus parisiensis theologus doctor, Ioanni Lapidano Sorbonensis scholæ priori salutem ; Misisti nuper ad me suauissimas Gasparini pergamensis epistolas, nō a te modo diligent emēdatas, sed a tuis quoq; germanis impressoribus nitide & terse trāscriptas. Magnam tibi gratiā gasparinus debeat • quem pluribus tuis uigiliis ex corrupto integrū fecisti. Maiorē uero cætus doctorū hoīm, q̄ nō tm̄ sacris litteris (quæ tua prouicia est)magnopere studes, sed redintegrādis etiā latinis scptoribus insegnem operam nauas. Res sane te uiro doctissimo & optimo digna • ut q̄ cū laude & gloria sorbonico certamini dux p̄fuisti, tum latinis quoq; ltris(quas ætatis nostræ ignoratio tenebris obumbrauit) tua lumen effundas industria • Nam præt alias complures ltarū grauiores iacturas, hanc etiā accepērūt, ut libratiorū uitiis, effectæ pene barbaræ uideant̄ • At uero

二十多年间印刷术的改进。左侧是《圣经》的首本对开本，即36行《圣经》，饰有图画，可能是古登堡约于1458年至1459年在班贝格印刷。右侧是佩尔加莫的加斯帕里诺的书信集，此书1470年由索邦印刷厂印刷。

到今天的《玫瑰传奇》的手稿达250本也不算很多。这就佐证了这样的论点：需求引起了书籍供给的日益增加，而印刷产生于现存的需要。

初始的步骤已经明了：首先是切割木料，然后上墨，几乎没有数字或"记号"被印制在羊皮纸上，以避免付费给小型画画家，同时也可以掩盖雇佣兵是文盲的真相。在1380年至1390年和1418年至1420年间，版木只是偶尔用于印刷从纸牌到书籍的任一东西，但事实证明这种工序不能令人满意，因为木头由于持续上墨而易于软化，而绘画也不可避免地带着木雕味道。第一个障碍通过使用金属被克服，但是在铜或铁上面整版雕刻在技术上是不可行的。乌特勒支、斯特拉斯堡和阿维尼翁都宣称（尽管没有证据）是自己首先想到了解决问题的方案。传统上这一荣誉被授予美因兹出生的古登堡，他受启发发明设计了一种带有螺丝机械装置的平压印刷机，并发明了可移动打字机，还应用一种铅、钢和锑的合金使其经久耐用。他运用这些技术印刷的《圣经》和1456年的《诗篇》都是人类历史上划时代的里程碑。

与许多发展缓慢或默默无闻的发明不同，印刷术获得了迅速的成功。在1485年之前，印刷机只在斯特拉斯堡、巴塞尔、纽伦堡、鹿特丹、巴黎、塞维利亚、萨拉戈萨、里昂、威尼斯、米兰、佛罗伦萨和罗马运转。意大利人曾经一度被超越，但他们将追赶上来。自1476年起，希腊文本在伦巴第印刷，到1500年，阿尔都斯·马努提乌斯（Aldus Manutius）的"罗马体"和"斜体"文字在威尼斯流行起来，与莱茵兰的"哥特体"形成竞争并逐渐取而代之。

不必长篇大论讨论这些普及手段的理论意义。　现在人们可以得到未被删节的文本，这些文本也不再掺杂原先不可避免地附带着的经院式、教规式的注解。人们现在有了可供沉思的《圣经》，尽管在其页边还存留着源于无知的错误释解——布朗德（Brandt）在其1494年开始出版的《愚人之舟》中对其中的一个愚笨事例作了说明。对小型画这种精致的艺术，印刷术有致命的影响。由于小型画一次性制作的性质，成本较高，因而被挤出了市场。对所有文稿而言，就像风俗一样，一旦定好就不能再变更。当然这一切并非转瞬之间发生的，据估计1515年左右约有2.5万本印刷的《圣经》在西欧流通，其中1/3是德语，提供给大约5000千万居民，相当于一本《圣经》面向2000个灵魂。每版印刷一般只有300至1500本。然而，这却比从前最受欢迎的传奇故事书要多出100倍。

1520年之前，3/4的印刷品都是宗教性的，记住这一点是非常重要的。《效法耶稣基督》的版本达60种，仅在巴黎一地就有16种拉丁语《圣经》版本，德意志有22种。首先这些版本都是满足一般性需要的译文：《圣经》德语版的编辑成书是在1466年，意大利语版在1471年，荷兰语版在1477年，卡斯提尔语版在1485年，而法语版则是在1487年。中世纪的文盲因此得以在每一个知识的源泉中畅饮。

大学深受影响

1470年，纪尧姆·菲谢在巴黎的索邦学院安装了一台印刷机，这并非易事。这所古老的大学当然不会善待这一有损其授课效果的革新。他们是否还能向学生们提供充足的精神营养？维龙的讥讽只是一个中途退学的学生的不满，但一旦最有名望的教师也被剥夺了在议事会中的影响力，大学就只能通过改革其授课的方法和内容来挽救其地位。关于后者，学院保持了对奥卡姆甚至圣·托马斯令人妒羡的忠诚。随着以前简单的住处现在已成为求学的中心，大学现在要使知识的分类专门化，而不是试图维持学科的多元化，这将更符合时代精神。这样每个学院都变成了一座法律殿堂，索邦神学院则代表了传统的神学。教师和学者招募标准逐渐降低。由于圣课、刑事询问、修辞辩论等古老的框架体系被废弃、未得到合理的改造，教学方法在倒退，因而激起如今更加见多识广的听众的不满。这时经院哲学声名扫地，要获得正确答案需要很多的辩论，这导致逻辑推论的出现，沿着权威之路追求真理，《圣经》注解变得自命不凡，随着逻辑辩证工具锋利起来，知识日益系统化。

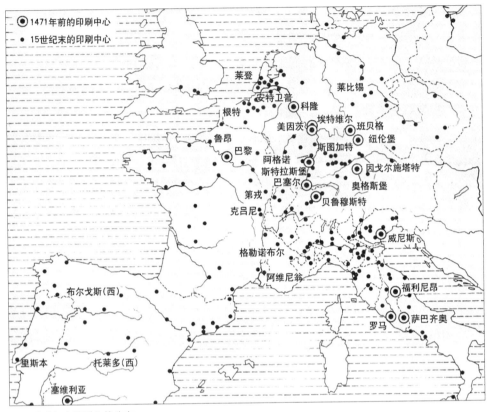

15世纪末印刷业的分布

　　格尔森和萨卢塔蒂指责了这种危险并号召改革，许多大学作了准备。这事更为紧迫，因为王权意识到了教师们正在向其特权发起进攻。在巴黎，为惩罚同英国人的妥协，查理七世于1437年限制教师的财政特权，1445年根据罗马教皇（巴塞尔会议上教师们激怒了教皇）的要求，又将这种限制扩展到他们的司法特权。重组的努力在进行：在巴黎，1452年，红衣主教埃斯图特维尔（Estouteville）设想出教师的就职效忠宣誓、为学生提供住所以及固定酬劳等。因为这类组织方式事实上已经过时了，这一计划毫无结果。尽管所有的大学教授于1533年都成为"骑士"，但他们实际上仅构成了大学所代表的知识智慧的残存部分。

　　上述这一切是由于大学的听众不再由贫穷和热情努力的年轻教士组成，而是由心智更杰出之士和已经具备或即将具备首创精神的贵族阶层构成。现在常常是王侯的宫廷骄傲地拥有出类拔萃的人物，这是自1390年或1400年之后慷慨丰富的赞助庇护蓬勃发展的自然而然的结果。在佛罗伦萨，严肃的科西莫·美第奇充分认识到，在1434年后，庇护赞助亦是权力属性的一种表现。他召集波基奥和阿尔贝蒂（Alberti）到身边。非凡者洛伦佐自己就是一个天才的作家，大约1470年，他按照希腊方式建立了一个学院，在这里教授诗歌、天文学和辩论完美体现非凡者洛沦佐——最伟大的意大利新领主的一幅作品（戈佐利壁画的细部，《行进中的东方三博士》，1459—1460，佛罗伦萨,普拉佐 美第奇－里卡迪）

术。莱昂内尔·德·埃斯特（Lionel d'Este）在费拉拉、蒙泰费尔特罗的费德里戈（Federigo of Montefeltro）在乌尔比诺，甚至还有弗朗西斯科·斯福尔扎在米兰也纷纷建立学院，未受过教育的雇佣兵队长身边也围绕着意大利人、佛兰芒人和西班牙人。在罗马，已经完全拉丁化的贝萨里翁在1465年之后主持大学。尽管沉湎于庆典活动、舞会和传统的饮酒集会，为了不落于人后，弗朗西斯一世也创建了法兰西皇家学院，吸引各方英才到这里来。

这些新学院以对人的赏识而自豪，但也混进许多很不纯洁的浊流。富有的庇护者并未停留在兴趣上，他们要抓取任何可以增强其荣耀的东西，而他们作为统治者所具有的不太能被接受的恢复权力的取向也可以辨别出来。在罗马，就在1472年死前不久，贝萨里翁哀叹始自科拉迪·里恩佐（Cola di Rienzo）的"古代"的记忆的混乱，这些都趋于一种狭隘的民族主义。在巴黎和许多意大利的小城镇，常通过引起对一些过时礼仪的看法上的争论来驱散无聊，赤裸裸的声色使宫廷愉悦兴奋。在佛罗伦萨和米兰，人们在讨论回归自然和乡间，这种意图值得称赞，但由此产生的只是拙劣的新拉丁语诗歌方面的做作而无效的实践，或者更为糟糕的空洞的高谈阔论。当然他们对西塞罗（Cicero）和斯特拉波（Strabo）作了注解，对李维作了解读，也教了古典的东西。可以听到杰米司特斯·普莱松（Gemistus Phethon，1439年后逃到意大利）在比较柏拉图和亚里士多德，菲莱福（Filelfo）在咒骂所有与他见解不同的人。然而，在与大众的联系上，这些新风格的教师是否比其他人做得更多呢？

创造之父

人文主义是一种精神状态，而不是一个思想派别。置创造者于其意识形态的中心，古典的中世纪——13 世纪，是"人文主义者"的世纪。作为 14 世纪标志的个人主义在挺进（甚至包括围绕在有知识的统治者周围的喋喋不休者），成为借助艺术表现媒介或形而上学对创造表示赞赏的运动的一部分。当寻觅失落的古代世界（这里很容易相信人就是一切）和求索上帝亲自创造的基督教传统紧密交织在一起的时候，想要根据历史文献传统分辩人文主义是困难的。对思想家和艺术家来讲，这两种概念的不相容性不会很快变得明晰，在接下来的百余年里，他们在第欧根尼（Diogenes）的范式里不时掉头转而寻找自由人。有一些人在古典作品中追寻它，另一些人竭力重新捕捉它的姿态和观察的方法，还有一些人则想重建适合它的环境。这种把物质美与思想美相联系的不顾一切的努力是典型的中世纪式的。用这种"人文主义"去看任何"近代"的东西是误入歧途，这是人们战胜自身的自然结果，在权威的论争与教会地方官员不断衰弱的情况下更是如此。

不要试图确立明显主观化的价值判断标准，而应将些许秩序引入大量的发明创造中，这种发明创造使许多人一夜之间成为教师、诗人、艺术家、哲学家和学者。如果意大利比其他国家更为频繁地被提及，这是因为那里的政治和知识环境最有利于丰富心智。必须想到1480年至1530年的意大利舞台一直上演着强烈而持久的野心剧，一开始，灯光应该打在最初的两代人身上，其中一代是15世纪中期的一代，另一代在这一世纪结束时衰落。

第一个位置属于洛伦佐·瓦拉。他是一个罗马人，在1448返回罗马并于九年后在这里去世，在此期间，他一直穿梭于宫廷之间，包括阿拉贡的阿方索五世的宫廷，他赢得了"人文主义之父"的称号（当然是15世纪的）。这首先由于他致力于恢复文本的真实性和原始状态，就像1456年他对拉丁文《圣经》所做的那样，当时的拉丁文《圣经》充斥着翻译错误，他发现了造假之处，例如著名的康斯坦丁向西尔韦斯特教皇（Pope Sylvester）的捐赠，在这一捐赠的基础之上，教皇在随后的七百多年建立了世俗的权力。其次，因为他既鲜明地独立于彼得拉克式的禁欲主义或享乐主义——他认为这是实用主义的并且相当空虚的态度，又与奥卡姆冗长的注解中表现出来的经院哲学式的错乱相区分。瓦拉号召一种新文化以支持一种崭新的信仰，他不相信能将异教徒哲学与基督信念融合在一起，但是他小心地不与教会对立。然而事实上他走得更远，既否定了一份一直被认为是信仰之根本的文件的真实性，又毁灭了罗马具体权威的现实性。

尼古拉·奎萨（Cues）是德国人，他对埃克哈特的神秘主义和柏拉图式的启示均作了回应。1449年他成为一名主教，铁石心肠，是一位精力旺盛的思想家，拥有渊博的学识，还是教会的热心支持者。他并不梦想削弱教会的力量，也没有显露出作为教皇在德意志的使节的残忍。但是他却苦于教会的无知、不道德和形式主义。瓦拉需要其他东西——教会自身内部的改革。受托马斯主义的熏陶，谙熟圣·伯纳德（他是一个属于旧时代的人）的闪光的知识，他是来自过去的人，但是他相信科学和实验对知识的进步是不可缺少的，这使他成为一个现代的人。他在犹太—基督教教会［他已经充分研究了卡巴拉（Kabbala）］的框架内对未来（冥思之巅，1463）进行设计，蒙上帝恩慈的启示以达到神秘主义的高度，但却坚实地奠基于通向无限的数学之上。这大致就是新柏拉图主义，甚至是泛神论的开端。1464年他的去世终止了一种哲学的发展，这种哲学几乎不可能允许他留在教会中。

　　瓦拉之后的一代人已经承继了丰厚的遗产，但这发生在佛罗伦萨而不是罗马，他们围绕在非凡者洛伦佐二世周围。马西利乌斯·菲齐努斯（Marsilius Ficinus，死于1499年）是著名的柏拉图、柏罗丁（Plotinus）和波菲利（Porphyry）的翻译者，事实上也是真正把柏拉图主义介绍到劳伦蒂安学院的人，他倾向于忘却原罪的一种自然宗教。至于年轻的伯爵皮科·德拉·米兰德拉（Pico della Mirandola），他超人的科学声誉流传到我们这一代，在每个可以想象的主题上都向我们呈现900个建议。他的一生光辉而短暂（他1493年去世，年仅30岁），达到了诠释《圣经》的极限；他驳斥三位一体，对创世论持异教的观点，因而不能幸免地受到谴责。

表达方式：陷于虚无

　　听到如此描述梅姆林和曼泰尼亚（Mantegna）的时代肯定令人震惊和奇怪。尽管如此，如果放长远些看，考虑到此前众多的发明创造，这的确是15世纪后半期给人的印象。文学和艺术作品中存在着一种受限制或重复的感觉，人们付出精神痛苦的代价裁下"人文主义"之根，文学和艺术创作的笔似乎被悬挂在空中，等待着开花结果。在这方面，文学最为明显地表现出了这种限制。神秘剧、滑稽剧、法国诗歌和意大利抒情短诗占据优势，它们采取伪装成出身高贵的骑士的手段来借用过去。虽富名望，但博亚尔多（Boiardo）的《热恋的罗兰》（Orlando innamorato）及其续集阿里奥斯托（Ariosto）的《疯狂的罗兰》（Orlando furioso），都只是些文学轶事和道德叙述。公众阅读的爆炸性增长似乎夺走了文学表现的生命力，宫廷里只是些甜蜜无聊的东

受热爱古典和重新发现了透视之鼓舞，绘画呈现出新面貌。[曼泰尼业的《圣·塞巴斯蒂安》（Saint Sebastian）的细部，1467，巴黎，卢浮宫]

美惠三女神，佛罗伦萨的桑德罗·波提切利的《春天的寓言》（1478）的细部。这些舞者优雅的姿态展示了一种仪式性的舞蹈动作舒缓的节奏，强化了这幅画的想象力和象征性。

西，大学里是严肃的思想，而城镇里是流行戏剧。历史著作成为统治者的历史，退化为回忆录的形式，历史学家为了赚钱为统治者操刀，或干脆由统治者自己来写。虽然一个历史学家星群簇拥在勃艮第公爵的周围，但菲利普·科明尼斯的回忆录还是由他自己执笔。它们写于1498年或1500年前，同佛鲁萨德（Froissard）甚至维拉尼（Villani，约1275—1348，佛罗伦萨编年史家）的回忆录几乎没有联系。作为一个军人、外交官和阴谋家，他看得清楚和长远。他对错综复杂的政治和阴谋的描述包含着经验教训，这是先于马基雅维利的。

通常来说，意大利最早爆发运动，法国的君主们为"文艺复兴"激动兴奋而想复制它。问题是究竟复制什么，到哪里复制。在阿尔卑斯山以北，传统处于摇摆状态；圣马克鲁（Saint-Maclou）、布罗在16世纪初尚未采用托斯卡纳的做法——仅是在布卢瓦（Blois）或其他地方可以看到一些凉廊或柱廊。的确，当位于米兰的大教堂的建设于1490年恢复时，创造了一种剧院式和德国式的结构，这对佛罗伦萨的小圈子来讲是完全陌生的。尽管这是整理古代建筑的阿尔贝蒂时代，建筑还没有自成一体。范·艾克和马萨乔（Masaccio）一去世（分别在1411年和1428年），更多的失望注定要到来。雕塑将艺术形式之首的位置让于绘画，更确切地说是让位于一种庞大的微型主义，这种微型主义仍然是如此贴近"哥特"风格。北方当然有梅姆林（死于1494年），他在布鲁日描绘充满神秘色彩的场景，采用佛兰芒方式着色，带有一些细致的现实的特色，富凯（约1481年去世）拥有皇家画师的头衔，他被精巧的艺术技艺所吸引，采纳阿尔贝蒂的建议以灰色着色。但在意大利本土，吉贝尔蒂的学生乌切洛（Uccello，1475年去世）却为颜色、运动和微小细节所困扰；菲利皮诺·里皮（Filippo Lippi，1469年去世）、他的学生吉兰达奥（Ghirlandaio）和他的儿子菲利皮诺（Filippino）对戏剧观念、自然主义和声色等都有一定的鉴赏经验；曼泰尼亚（1506年去世）是透视、立体和明暗对照法的大师；圭多·迪·彼得罗

(Guido di Pietro)和其弟乔瓦尼（Giovanni）在佛罗伦萨的圣马克；安杰利科（1455 年去世）是运用灰色和内部光线的画家；甚至还有桑德罗·波提切利（Sandro Botticelli，1510 年去世），他的轻盈的笔触、优美的线条和透明的裸体都确保他与安杰利科一样在艺术史上占有重要地位，他们仅代表了 1400 年的开创者和 1500 年的巨人们之间一般性的联系。作为补偿，意大利艺术的这种多样性对人的震撼冲击大大强于文学领域。这些人工作在帕多瓦、奥尔维耶托、曼托瓦、乌尔比诺、费拉拉、里米尼、佛罗伦萨、菲耶索莱、比萨、普拉托和西斯廷教堂，以及众多的小礼拜堂、室所内，每位教皇都感到有义务在其前任基础上为梵蒂冈添砖加瓦。

加速和爆炸

没有选择 1453 年作为中世纪结束时间的历史教科书建议代之以 1492 年，这一年哥伦布发现了美洲，西班牙国王摧毁了格拉纳达王国——欧洲最后的穆斯林据点。这些都是有用且显著的标志，但 1492 年的象征意义更少于 1453 年。首先是哥伦布从未认为他发现了美洲，这一偶然性的行为成为一种必要因素尚需时日；其次是因为穆斯林尽管从该世纪初就丧失了休达及其他一些地方，但实际上他们在 1492 年后做得很好（如果塞尔维亚人和匈牙利人的记述值得信赖的话）。因而应将时间再往前推。特别是在我们一直逗留的领域，因为在这些领域尚无真正进行构建的迹象，正如艺术和文学还仍然在涉水尝试一样。为什么停止在以骚动而结束的巴塞尔会议、或停止在萨沃纳罗拉的呐喊、或安杰利科的消沉中？奥卡姆或威克里夫应该是更好的选择。1400 年后，历史学家卷入了节奏加快的运动中，这些运动全速推动他们进入 16 世纪。

罗马的困窘

当教会危机和教会分裂在 15 世纪中期结束时，罗马教皇觉得自己最终以一系列艰苦斗争的胜利者的姿态出现：与要限制他权力的知识分子斗争；与出于王朝自身或其他利益而操纵他的前任的国际性小集团斗争。马丁五世和尤金四世甚至相信他们自己有权取消同教会长老进行经常性商议的承诺。他们依然在已破败的宗教帝国和教会联盟前挥舞着教皇至高无上的权威，这种在每一世纪都被提供给信徒的精神之餐已经腐烂变质，而他们却想让教会之舟仍像英诺森六世时期，或至少也能像阿维尼翁时期那样轻快地航行。

他们没有看到这艘船在缓慢下沉。首先，个别教皇的行为招致批评。我们可以很容易地为抓住了 10 世纪的"娼妓政治"丑闻而兴奋，可以斥责贪赃枉法、贪婪，甚至个别教皇的不检点，以及他们经常求助于阴谋和暴力。显而易见，在意大利，沉溺于权力从而酿成血与火，纵情享

波尔·德·林堡的罗马景观。（15世纪初的小型画像，尚蒂伊，孔代博物馆）

受奢华、刺激等都不是牧师应有的品性。1476年对加莱亚佐·玛丽亚·斯福尔扎（Galeazzo Maria Sforza）的暗杀是在罗马策划的，就如同帕齐阴谋案（发生于1478年6月的一次不成功的、企图推翻统治佛罗伦萨的美第奇家族的阴谋）一样，这一阴谋使尤利亚诺·美第奇于1478年丧生。与土耳其人就奥特朗托（Otranto）进行的遮遮掩掩的谈判也是在罗马进行的，土耳其苏丹竟敢在奥特朗托上岸登陆。成为英诺森八世的主教齐博（Cibo）有儿子要抚养；主教德拉·罗维尔（Cardinal della Rovere）一旦成为尤利乌斯二世，竟带着头盔从其枪炮炸出的城墙缺口进入了米兰德拉（Mirandola）。

1492年后西班牙的博齐亚（Borgia）家族达到了顶点；罗德里戈（Rodrigo）成为亚历山大六世，包养着三个情妇；恺撒用刀剑和匕首为自己雕刻出一个意大利王国，自己也搭上了性命，他的妹妹柳克丽霞（Lucretia）至今仍然是奢侈和恶行的象征。所有这一切都是真实而可悲可叹的，但是当时的人们似乎并不那么敏感。投毒、通奸和醉语盛行；就在查理曼的王冠令人难以置信地被拍卖之前，亚历山大六世把他已购买的教皇三重冠拿去拍卖；弗朗西斯一世与土耳其人结盟，违背了自己的诺言；亨利八世为了换掉妻子而改变其臣民的宗教信仰，等等。把1517年的觉醒视为对教皇们私生活的抗议，甚或是反对肮脏的免罪符交易是将事情简单化了。毕竟艺术和哲学在罗马居统治地位，而免罪符只不过是与当时的意大利银行会同意的那些交易相类似的交易。

　　真正的罪恶在别处。它首先来自上层社会，来自教皇周围的集团，来自所有那些在思考、翻译、教学的大学教师、人文主义者和主教们，甚至那些奉献生命为已经确立的等级制度服务的人，比如格尔森和尼古拉·奎萨，对他们来说，上帝所定的秩序是不容置疑的，但他们在教会内外也被诱使去怀疑教皇权威性。甚至早于1430年克莱曼奇的尼古拉斯（Nicholas of Clamanges）和格尔森就认为，一个名不副实的教皇应被教会团体和获得授权的代表废黜。像瓦拉和皮科（Pico）这种哲学家和注释家在批评上的成就降低了《圣经》的价值，在他们的释译中还斥责了种种滥用妄用，并且把卡巴拉和柏拉图置于同福音传道者一样的位置。无论如何，这些"人文主义者"并不领受绝望或神秘主义的折磨，他们在自己的精神世界里思索信仰问题。这使得他们瞧不起所有的中介，认为所有的等级制都是多余的，所有的仪式典礼都是空洞的形式主义。希腊的流放者在使世俗教会非神圣化上也扮演了积极的角色。一位倔强的斯巴达人杰米司特斯·普莱松（Gemistus Plethon）在其大约 1440 年的《法律》里勾勒了一种基督教徒或自然神论者的共和国，其中难以发现提到教皇之处。伊拉斯谟和马基雅维利不也对《圣经》予以致命的打击了吗？

攻击也来自统治者们。他们的敌意是政治上的竞争以及对罗马卷入意大利战争的普遍怨恨的副产品。当 1478 年路易十一禁止天主教宗教裁判所在多菲内运作时，他既不是在保护沃杜瓦斯（Vaudois），也不是在抗议这一宗教法庭血腥的滥权，两者他都不关心，只是因为多菲内省是他的领土。弗朗西斯一世与教皇利奥十世（Pope Leo X）达成一份契约，利奥十世把弗朗西斯一世领土上的教会财产控制权移交给国王，如同"改革过"的德意志诸侯不久为自己所做的一样，这样做不是为了避免罗马过分的征税和拯救"教皇权制限主义者"，而是为了填充自己的金库及欺凌他的主教们。

这样，罗马尊严和权势的加速衰落意味着即使像 10、11 世纪那样由世俗的君主接手，整个势态也不可补救了。马克西米连皇帝，即穷光蛋马克斯只不过是沧海一粟，国王们都很繁忙。教会不得不从自身汲取新的力量，但是没有信徒的帮助她能做到吗？宗教改革以后，教士们当然不再像人们以前惯常所说的那样堕落和无知，但他们很虚弱，没有被武装起来，且很少受到注意。众多教皇已经意识到大难临头。在这种情况下，埃涅阿斯·西尔维厄斯·皮洛科米尼于 1458 年被选为教皇，出现了一线希望，他取名庇护二世以纪念 2 世纪时第一位有文化教养的教皇。这位博学之士、历史学家和人文主义者虽然厌恶召开宗教会议的主意，却能集聚充满善意的人，但是他的教皇任期却是一场彻底的失败，因为他试图重振十字军。他怀着对教会的失望死于 1464 年。活跃的教皇使节至少在到处努力唤醒沉睡的教士；德意志人尼古拉·奎萨和西班牙的红衣主教希梅内斯·西斯内罗斯（Ximenez de Cisneros，1517 年前）能做的也不多。希望改革的生命力不能否定：它影响了像克吕尼那样的古老的修士会，使新的创造发明得以出现，例如意大利南部弗朗西斯科·保拉（Francesco di Paula）的小兄弟会，它支持虔诚的布道和宗教典范。罗马在 1400 年至 1520 年之间宣布 90 名这样的人为圣徒，大部分是知识分子和教士。改革会议的观念逐渐发展，甚至尤利乌斯二世也被这种观念征服了。他于 1512 年召开了一个全基督教会预备会议，但是其他的担忧使他不安。他必须使西斯廷教堂画上彩绘、遏制法国人、对付威尼斯。这一会议断断续续进行了五年，只列了一张紧迫问题的单子而没有作出任何决定。到 1517 年 3 月，它才准备就绪，但已经太迟了！在六个月内，路德将 95 条论纲钉在了维滕堡大学的门上。

意大利巨人的时代

现在树上终于结满了果实，穿越中世纪的漫长旅程到达了尽头。它在工作和生活在 16 世纪最初20年的非凡的一代人面前停下，那些葡萄牙人和西班牙人航行在大海上，那些意大利人、法国人、荷兰人、德意志人和英格兰人到达了思想、艺术和科学的巅峰。

在显示自己时代的特征，至少在反应其后几个世纪的特征方面，没有多少人能像列奥纳多·达·芬奇（1452—1519）那样有影响力。他被认为预见到了19世纪才变成现实的机械和技术，他大量的试验手稿确实表明他设想了水力千斤顶，如同他对装甲坦克、飞机和潜艇所设想的一样简明；表明他考虑了炮火的倾斜效应和沃邦（Vauban）将要展示的防御体系；设想了地理时代的概念；解释了承雨线脚的作用；预言了万有引力和波的传导性；进行了解剖实验。作为欧几里德、维特鲁维、普利尼、托勒密、摄尔修斯（Celsius）以及阿拉伯作家的读者和译者，他像他遇到的米兰德拉的皮科一样积累了广泛的科学知识，在他的时代明显无人可以比拟。实验性推理的实践是一切科学推理的根基，就如那些"知识的绝对范式"、数学和力学一样，其最初真正的进步归诸于达·芬奇。培根和黑尔斯的亚历山大在13世纪设想的东西，他尽力去实践应用。这就是为什么他最终为了思考和推测而忽略了绘画，他被动力学和平衡问题所吸引；他研究肌肉的内部运动；他热衷建筑和色彩的元素，这些把他吸引到了建筑和造型艺术方面。但是上述部分的工作，尽管最为著名，却烙上了深深的经验主义印记：他画的人体说明他对解剖有完美的观察；他笔下的植物表现了他的确有植物学方面的才能；他的风景画表现了他地理学上的敏锐感觉，为了创造最精确的光的效果，列奥纳多运用了渲染层次（使素描中的明暗或色彩中的色阶有层次的调和）的方法，这就使他的许多画作到今天常常笼罩在低垂的雾霭中；他杰出的数学思维使他发明了许多几何构图（经常是金字塔形的），其中许多向心灵学方面的专家提出了难以解释的问题。列奥纳多似乎难以专注一件事情，他脑海中的灵感如泉突涌。他最初作为画家在佛罗伦萨工作，然后在1483年30岁时到了米兰，在这里他为卢多维科·伊·莫罗（Ludovico il Moro）服务，接着返回托斯卡纳、米兰，再接着去罗马，直到1515年在昂布瓦斯（Amboise）受到弗朗西斯一世的欢迎，弗朗西斯一世留他直到他去世。从《岩间的圣母》（1481）到《最后的晚餐》（1497）、《神圣家族》（1503），以及《蒙娜丽莎》的肖像——或又称《乔孔达》（1507），达·芬奇在不断地追求可见的形式及象征性的东西，这种象征透露出无形的东西及宇宙本身，正如他用蓝色的背景来忆及水在宇宙中的作用，或以水汽缥缈的光环环绕着他的肖像，尤其是女性的肖像。达·芬奇将自己描述成一个"全能的人"，他多方面的才能确实使他有理由如此自负。但是，正如在这种情况下经常发生的那样，他的同胞不能理解他。他经受过欺骗、批评，遭受来自米开朗基罗的苛刻评判。

米开朗基罗·布纳罗提（1475—1564）比达·芬奇小20岁，但是这个年轻的托斯卡纳人比列奥纳多更接近15世纪中期在佛罗伦萨复兴的新柏拉图主义精神。对他而言，拯救灵魂是艺术家的中心活动，达·芬奇的数学理论知识和几何定理似乎冒犯了这一理想。相反，从未加修饰的素材中索取可以使理想具象化的形式是必要的。这就是他由绘画转向雕塑的原因，因为这一工具可以使他借助雕像剧烈的姿势和强烈的表情，来表现人类充满戏剧性的、"普罗米修斯式"及巨人泰坦式的奋力回归上帝、本源、本体的大搏斗。从那时起，如同他对几何漠不关心一样，甚至建筑对他而言也只不过是更高志向的外在表现形式。在漫长而备受折磨的一生中（在持续 10 年虔诚的隐居后他的生命结束），米开朗基罗不停地更换他的雇主和工作，这一点甚至超过达·芬奇。他暴躁的性情常使雇主不满意，而项目也不能完成。他陆续在罗马、佛罗伦萨、威尼斯、波伦亚，又在佛罗伦萨以及罗马工作。随着他 1498 年创作了《圣母哀悼耶稣》，他对受难和壮观的爱好表现出来，并在为尤里乌斯二世的坟墓而雕刻的著名的《摩西》（1514）中获得了成功。他的壁画覆盖了西斯廷教堂 500 平方米的穹顶，满布与古代世界相关的图景，这花费了他四年艰苦的劳动（1508—1512）。他不能强迫自己完成圣彼得教堂的作品，布拉曼特（Bramante）于 1506 年相当仓促地开始了绘制。这种适合于但丁式的艺术家的忧郁性情产生出辛辣的诗

米开朗基罗的《反抗的奴隶》
(*Rebeuious Slowe*，巴黎，卢浮宫)

篇，其中抒发了他对自己时代的厌恶，形成了痛苦的 14 世纪和巴洛克时期之间令人惊讶的联系。

尽管拉斐尔和马基雅维利拥有不容置疑的功绩，他们却不能被列在同样高的地位。拉斐尔·圣齐奥（1483—1520）得益于学院式艺术的成功，这种学院式艺术一直延至 19 世纪，赋予对称、色彩的浓淡和叙述性等至关重要的意义。当然，这位画家远远比上述所意指的更具有原创性，但是他全神贯注于"古典"的和谐，他运用光的技艺，以及罗马教皇们官方的赏识（他很舒适地享受了 15 年）使他获得了比同时代的其他任何艺术家更多的尊敬。他蒙教皇的信任为其装潢寓所，在那里他从 1509 年一直工作到去世。尼科洛·马基雅维利（1469—1527）与但丁一样，被认为其思想观念与其著作中所驳斥的内容难以区分。他作为佛罗伦萨外交官的生涯以流放而结束，并不特别有意思，但是他写于 1512 年的主要著作《君主论》（*The Prince*）是迄今最有影响的政论文集之一。他的著作的确是历史环境的产物：教士权威被毁坏；人们要求有一种有德行的超人出现；对前宗教改革和恺撒里·博齐亚予以打击。但是他的理想国是开明君主专制的典范。马基雅维利厌恶帝国，他祈求一个非宗教化的社会，在这里《福音书》不再软化民众。

拉斐尔所画的巴尔萨泽·卡斯蒂廖内（Balthazar Castiglione）的肖像（巴黎，卢浮宫）。这位意大利绅士是一位著名的军人、外交家、艺术家和作家，他在写于1506 年至1516年并于1528年在威尼斯印刷的《廷臣》（the Courtier）一书中，对一个贵族化的和人文主义者的社会的新生活方式作了详细说明。这本书在欧洲有相当的影响。

他相信一些精英们的美德，或者仅仅表面的美德可能就足以平息公众的意见。他被指责为愤世嫉俗主义，但是这一词汇应该按照古人所界定的意义来运用，它是智者、现实主义者、拥有美德或道德力量的人们的规则。

传 播

尽管列奥纳多·达·芬奇去世于法国的克洛—卢斯，皮科·德拉·米兰德拉 1485 年造访巴黎，但意大利人一般都呆在国内，在这里他们很容易看到财富的热爱者——如果不是艺术的爱好者的话——持剑匆忙赶往他们的城镇。这种情况很多，以至于一旦翻越阿尔卑斯山，精神世界的整个面貌为之改变。几乎所有那些我们将要谈到的人都去意大利，不是作为谦卑的模仿者，而是作为振翅起飞前检测自己知识的学徒。这意味着他们中的许多人不久将翱翔于他们本土的知识成就之上，并且一旦他们离开了意大利，他们就与人文主义者和多才多艺者形成联系。理解他们也许是理解基督教改革进程的基本。

鹿特丹的伊拉斯谟（1469—1536）仍然代表着人文主义的精神。作为一个温和、审慎和有教养的学者，他是一个通晓希腊语和希伯来语的雄辩的演说家和有才能的文体批评家。这位1493年被授为神父的谦逊之人，发现这些成就可以很好地保护他免受这个严厉世纪的残酷之苦。如同16世纪的彼特拉克，他来往于宫廷之间，处于国王和君主们的保护之下，在伦敦、巴黎和巴塞尔授课，访问了意大利和德国。最引人注目之处而且为大家尊崇的是，他具有超常的捕捉每一种精神见识所激起的反响的能力。他研究和吸收了勒伊斯布鲁克（Ruysbroek）的神秘主义、瓦拉文字的严密性、尼古拉·奎萨的新柏拉图主义；他赞成路德，钦羡马基雅维利并和比代交了朋友。这种综合产生了1505年的《〈新约〉注解》（Annotations the New Treatment）以及1511年的《心灵书》（De Libero Arbitro），它们都是一种冷静的每日祈祷书。甚至在尤利乌斯二世解除了他的誓约之后，伊拉斯谟仍小心翼翼地不脱离教会，但是他不相信神的恩赐，他认为圣礼只不过是一种象征形式，他为受到理性调和的信仰而辩护。他达到了令人敬佩的平衡，但却是一个不可企及的人。

他的英国朋友们没有做到这些。伊拉斯谟在伦敦听取了约翰·科利特（John Colet，1519年去世）的讲座，托马斯·莫尔（1535年去世）1516年把《乌托邦》题献给他，但这两个人要么与奥卡姆主义，要么与国家王权发生了冲突，这使得一个陷于贫困，另一个上了断头台。法国缺少与意大利甚至伊拉斯谟的联系，这一点令人惊奇，可能是因为巴黎大学抑制产生新思维方式的时间比其他地方更长。这意味着查理八世和路易十二时期的法国是语文学和历史学的祖国。纪尧姆·菲谢（1486年去世）及其后的纪尧姆·比代（1540年去世）热忱发展语文学，语文学给人一种受到意大利或荷兰强烈影响的印象。关于历史学，已经提及的科明尼斯不应被忽略，而罗伯特·加古（Robert Gaguin，1501年去世）既是一位教会法律师又是一位历史学家，值得作为一位编纂家而不是思想家受到简单的致敬。总之，只是在很久以后，人文主义之父才在法国出现，这就是雅克·勒费弗尔·德塔普雷（Jacques Lefèvre d'Etaples，1536年去世）。他是亚里士多德作品的编著者，也受到菲奇诺（Ficino）的新柏拉图主义的吸引，他在意大利时就听到过这些。他是第一批疏远经院主义的法国人之一，但其努力却非常胆怯。他对《福音书》的评注和对《圣经》的翻译都未能体现与正统思想最低程度的决裂。只是1519年作为莫主教辖区的副牧师，他形成了一系列对教会改革的反思。

佛罗伦萨，西奥尼亚广场，萨沃纳罗拉在此被押往火刑柱。这幅画表现了向下跪的囚犯宣读判决书，然后沿着一个斜坡将他们带往火刑柱，最后他们被绞死和烧死。（萨沃纳罗拉的殉道，15世纪，佛罗伦萨，圣马可博物馆）

德意志仍处于麻木状态。在贪婪的商人和士兵与败落的皇帝和诸侯（他们收集免罪符）之间，备受溃疡折磨的尼古拉·奎萨遇到的只是被贫困和恶劣的教士压榨的农民。在意大利，帝国被认为是野蛮之地。虽然如此，德意志的灵魂仍在寻求表现自己，阿尔布雷希特·丢勒（Albrecht Dürer, 1471—1528）作为雕塑家从这一代先驱中出现。他大部分著名的作品创作于1495年至1519年，在此之前，丢勒在纽伦堡，然后在阿尔萨斯做木刻师。其后他去意大利长期研究曼泰尼亚的作品，又去低地国家研究范·艾克和梅姆林。这些游历产生了他第一批铜雕画，起初非常"哥特"化，以后越来越意识到了自然主义和透视法。丢勒保持着一种深厚的宗教感，这使得他后来对宗教改革有非常充分的理解。他的同时代人也许发现他的轮廓清晰的风景和色彩变化的创造性更具诱惑力，但是就探索新的精神性来说，他1498年的《启示录》（Apocalypse）和他的《圣哲罗姆》（Saint Jermo）描绘了基督教世界的民众与日俱增的痛苦。我们现在已经到达了这种痛苦爆炸的阶段。

最终的爆发

遮蔽世界的罪恶重新揭开了基督的伤口。由于战争和瘟疫在大约1420年和1430年又爆发了，没有一个灵魂能进入天堂。信徒们既未因教会的分裂，甚至也未因教皇的可耻或教士的行为不端而受折磨，反而因害怕土耳其人、恐惧上帝实施的应有惩罚及临终时不能忏悔而备受煎熬。以前穷人们相信饥饿和痛苦会使他们的灵魂得到拯救，这使他们得到安慰，但在一个巨大的危险从四面八方影响所有社会阶层的世界，这种情形已不再适用。相反，在欧洲最落后的地区，那些受灾难、银荒或饥饿影响最大的人，其恐惧最强烈。他们的痛苦通过他们的歌声（《赞美诗》起源于13世纪中期）和他们的艺术反映出来：丢勒的《启示录》、格律内瓦尔德（Grünewald）充满血腥味道的《十字架受刑》（Crucifixion）。没有哪位艺术家比哲罗姆·博施（Jerome Bosch, 1516年去世）更好地表现了这种疯狂和可怕的恐怖。他的《最后的审判》（Last Judgement）糅合史前的幻想、异教徒的神话和巫术于一种虚幻的混杂体内，在这里有奇形怪状的怪物，受到折磨、做着怪相的虚弱的人物处于狂乱的半恐怖、半色情的场景中——这是一幅关于人类所有痛苦的充满凶恶的讽刺画。

对在非凡者美第奇二世面前讲演或在进行研究性沉思的博学文明的人文主义者能有什么期望呢？安慰只能来自于合作，来自于最受威胁的因素的联合，这的确指出了宗教改革精神的无产者性质。否则，每个人都不得不向自身内部寻求力量，以自己的所作所为来为自己的信仰辩护，为了更好地这样做，就要研究学者们完成的比较纯正的《圣经》版本，以及印刷家们的翻译。在这种情况下，是否信徒本身就认为自己能够在没有中介的情况下，也能够行使自身的神甫职能？可以这样来回答：这是牧师或有知识的人的推理。但是为什么遭受痛苦的人们不能从许多迹象上明白他们必须将命运掌握在自己手中呢？

位高而虔诚的人物邀请他们这样做。1484年和1491年在巴黎圣母院，先知先觉者打断了弥撒，打碎了圣餐杯并将圣饼踩在脚下；1499年在图卢兹和1510年在贝里（Berry），民兵打击不端的教士，并呵斥他们的主教。洛伦佐死后，佛罗伦萨出现了一位名叫吉罗拉莫·萨沃纳罗拉（Girolamo Savonarola）的暴民领袖，他是一位雄辩的多米尼克派教徒，1494年公开宣告基督是那儿的国王。在以后的三年里，佛罗伦萨陷于一种道德独裁的恐怖之中，但这没有能够缓解贫困。虽然如此，这位修道士的启示性的观念预示着反对基督的中产阶级的降临和教会时代的结束，这些对民众和众多学者都是一种诱惑，萨沃纳罗拉被开除教籍，受到攻击、遭到抛弃并于1498年在佛罗伦萨被烧死，这时路德年仅15岁。

路德的朋友克拉克纳赫（Cranach）1533年画的路德肖像，当时路德50岁，但画家却把他画成一位受到发现于《圣经》中的解放真理鼓舞的年轻修道士。（纽伦堡，德国国家博物馆）

丢勒给了德意志一种自我表现的方式，但这还不够。使基督教世界遭受痛苦的种种灾祸导致粗陋和率直一直是德意志人的精神特点。求助于人文主义是很少有的，在德意志比在其他任何地方都更多地感受到与教会的疏远，通过与经院哲学的决裂，这种与教会的疏远失去了与宗教体验和信仰热情的联系，这一点可以在低地国家和莱茵兰强烈地感觉到。同时期一些不正当行为的滥施使人们更深层次的不满日益明确具体化。即使像萨克森的腓特烈选侯（Frederick Elector）一样值得称赞的统治者由于多年为自己获取免罪符，也收集了17143件圣迹。街谈巷议的市民和沉默不语的农民都被围困、惊恐和瘟疫弄得筋疲力尽。必须做些什么来改变这一切。

马丁·路德成长在一个质朴的社会环境中。1505年，他幸运地在萨克森的奥古斯丁修道院找到了一个位置，但是这个对感官声色深为恐惧、有着严格道德操守的人，却被自己在一次赴罗马的公务旅行中的所见所闻而击垮。他投身于《圣保罗的使徒书信》（the Epistles of Saint Paul）和《圣经》的研究之中。他疯狂的热情和燃烧的本能使他坚信，拯救只能来源于信仰本身，教士职能、身份属于所有的信徒，教会集团的物产是撒旦的作品。奔放和倔强的精神，使他置一切审慎的建

阿尔布雷希特·丢勒所画的一幅牡鹿头像。

议于不顾。1517年宗教会议的失败使他下定了决心：那年10月，他在维滕堡（Wittenberg）公布了95条论纲，有力地揭露了一百多年来在意大利和其他地方缓慢沉积下来的一些东西。卡耶坦（Cajetan）主教拒绝了他的主张，作为一个人文主义者，他对路德的主张整体上是熟悉的，但是这样的表达被限制在社会精英范围内。路德坚持己见。1518年8月，他被传唤至罗马，似乎有可能达成妥协。路德继续坚持。1519年6月，西班牙的查理在使整个基督教世界蒙羞的情况下当选为神圣罗马帝国的皇帝，修士马丁可以自由快进了。他就在这个月与罗马决裂，否认教皇一切世俗的权力，他向教会最高会议上诉，号召所有的基督徒反抗。

这一次抵达了一个决定性的转折点，不是把萨沃纳罗拉或胡斯扫到一边。在不到六年或七年的时间里，整个欧洲爆炸了，与她一起倒下的是中世纪的阴影。

总　论

　　中世纪结束于何时？没有明确的分界。谁能够一眼就能分辨出以下这些人或事物之间的区别：一个路易十一时期的巴黎工人及其弗朗西斯一世时期的孙了；或国事诏书与1516年教皇与王权达成的协议；乌切洛和达·芬奇；圣波尔的总管与波旁家族的总管；雅克·科赫的生意和雅各布·富格尔的生意？这至多是一个规模问题。更不妙的是，很久以后，例如大约1580年或1600年，没有人会认为这时候中世纪仍然存在，人们能够清楚地看到结构性的因素和动机，即使是慢吞吞的历史研究也会将之称为"复兴"：一种系统的理性主义，一种过度的个人主义和对内省的一种狂热崇拜。但是伴随着这些"哥特式"的后效应，这里也存在形式化的社会实践、对王权的崇拜和诅咒新事物的神秘主义。如何看待诸如一般性的宗教会议的"民主"倾向和民族主义的诞生这类两面性的问题？它们是中世纪的还是近代的？至于资产阶级永久性和不可阻挡的崛起，恰如一架真正的雅各布的梯子，它可能于几千年前汉谟拉比时期就攀登上了第一层梯级。

　　让我们做一个长期的考察。天主教欧洲的虚弱与阴暗我们已经了解，它在13世纪的后半期开始抛弃旧的东西。首批迹象已经在"圣徒路易黄金时期"（good time of Monseigneur Saint Louis）看到：这儿庄园结构在崩溃，那儿进行着技术性的土地平整，另外的地方则出现相对的人口过剩、精神痛苦，有产者发生社会分化，最卑贱者日益贫困。我们试图在前面的章节中整理出封建主义危机的种种前提。如果1230年至1260年是中世纪世界的高潮，在那里停下来将是合乎逻辑的。这是一种解决方法，如同把罗马的历史终结在马库斯·奥勒留（Marcus Aurelius）之死，因为所有剩余的只是衰落和失败、晚秋与黑暗。但是正如古典末期尽力想从旧材料中制造出什么新东西一样，14世纪的中世纪也是如此。我们已经讨论了中世纪光辉的知识成就、情感财富、强有力的希望，以及伴随着黑市货币、瘟疫和战争的成功与革新。其行为和解决办法是激进的，甚至常常是革命性的，米什莱称之为"伟大的世纪"是想整合、简化并给出决定性的评价。但随之也产生了一些不能解决的问题。这趋于个人主义和批判主义，排斥甚至摧毁了传统的樊篱，在对世界作出预期时建立了真理的多元性，并大大震撼了权威的论点。但是直至约1410年至1420年却什么也没有解决，随后则更多地沉溺于白日梦而不是行动，积累信息而不是发明创新。15世纪没有取得什么令人满意的突破，所有可能提供帮助服务的因素都延至这一世纪之外。胡斯、古登堡和哥伦布都没有理由让我们在这里停下来，因为他们仅是纽带、象征或至多是效果。我们必须把这些幻想推到一边，大胆地进入16世纪，至少是其最初的20或30年，因为在这里我们才能确信新的能量释放出来了。因此我在这里停下来：1519年，科尔特斯（Cortez）登陆上岸，麦哲伦出发远航，查理五世当选，路德造反；1525年，假想中的黄金国被发现，阿尔伯克基（Albuquerque）封锁了红海，罗马被劫掠，农民们发动了战争——这些事件的一部分仍然属于中世纪，其他的则是近代的。因而是属于我们的问题。

最令人惊奇的事件还在后头：美国是中世纪的女儿，却是现代之母。她的名字不久就意味着实力和富庶，因为她在自己成长的同时还支持欧洲。迷失于财富的辉煌中的伊斯兰世界（海得拉巴，Hyderabad）在轮到自己被掠夺之前就渐渐衰退了。苏里曼沿着多瑙河战斗，但无论那时还是现在，有人真的相信他能够威胁一个已然成熟的欧洲的命运吗？在欧洲受到遏制、在地中海被击退、在亚洲被迫转向、在非洲受挫，伊斯兰世界将长期处于守势的时代来临了。几乎未被渗入的非洲将要被拿来出售，并受人压榨；亚洲尚处于比较好的地位，尽管有葡萄牙人、耶稣会士，尤其是俄罗斯人。俄罗斯人在每个狩猎季节都越过乌拉尔山脉追逐貂和熊，并越过不得侵犯的西伯利亚。事实上，中国似乎像欧洲一样有能力扩张，但是她的努力不当或被打断，她自成一体。在这种状态下，1520年一过，世界上就只有一个中心能够吸纳各个民族的财富。欧洲用了四个世纪达到了这一水平，并将维持四个世纪之久。

一个有序世界的结束

寻求"断代"的历史学家们遇到了一个危险：一些词汇可能具有与过去使用它们时不同的含义。当一个人不费力气地去说明与经济结构相对应的、其含义不言自明的权力关系时，拒绝把资本主义的诞生归于近代有什么意义呢（因为这种生产模式的经济结构从13世纪以来就在意大利商人中出现了）？同样，在使用"封建主义"这一术语来描述中世纪方面，我谨慎地说出我的保留意见——在最低程度上。

我想将同样的评论应用在"有秩序的等级社会"的概念上。自从10和11世纪这种"有秩序的等级社会"学说形成，直至15世纪它明显地受到破坏，中世纪——当然是僧侣集团和统治阶级，可能还有他们的剩余部分（通过经常性听取布道的方式）——为了利于维持上帝所既定的社会秩序，自愿地去消除这种等级观念。他们的社会当然是一种想象中的社会，是不可能阻止碰撞、竞争和冲突的，但在这个社会中，每一个成员都被派定在一种和谐中担当角色，这是一个被假定达成了共识而存在的社会。能否严肃地说：到了反天主教改革运动、专制王权或启蒙运动之时，人们仍固守这样的一种安排？很自然，统治社会其他阶层的一小部分文人、教士会继续这样宣称，而且或许相信（尽管我对此怀疑）情况依然如此。但是看不到农民暴动、宗教反抗、议会要求、"殖民条约"的剥削性这些阶级斗争的征象,并且否定了秩序化社会的概念本身，是对特定词汇的倒退。

专制王权的三个伟大代表人物：亨利八世（149—1547），小霍尔拜因（Holbein the Younger）绘制（温莎，皇家美术馆）；弗朗西斯一世（1494—1547），让·卢克埃（Jean Clouet）绘制（巴黎，卢浮宫）；查理五世（1500—1558），提香（Titian）绘制（慕尼黑，阿尔特绘画陈列馆）。

　　且回到中世纪的"秩序"仍在延续的时期。原来设想每个人都能在其中找到自己位置的美好建筑物成了废墟，城镇里工薪劳动力和封闭型的行会增长，连同停滞的风险和飞涨的物价，一起导致师傅和学徒的关系恶化，产生怨恨以至暴动。劳动力问题得到受驱动而制造麻烦的边缘阶层的支持，占取了雇主们的大量精力，原来只有一小部分商人有计划地追逐利润，现在这已变成雇主们的黄金律。"好商品"与一般利润一起消失了。在乡村，震动领主世界的危机仅是被压制了，而且并不是在所有地方，其代价是放弃过去的互惠关系。领主所提供的保证连同他的军事、司法作用一起崩溃了。暴力则剥去了装饰而一览无余。尽管可以把1525年怒火之后煽动农民阶层暴动仅仅描绘为疯狂、转瞬即逝的愤怒，但"劳动"的秩序同样被否定了。

　　至于武士的秩序，丧失了作为基督教世界的人民的保卫者、权力以及正义的受托人的功能后，它的位置在哪里呢？这一链条的一端是一些统治者，他们只不过是些无足轻重的君主：帝国的选侯、米兰公爵和安茹公爵、英国的边疆贵族、卡斯提尔和阿拉贡的大公；链条的另一端是处于半饥饿状态的小贵族和乡绅，紧抓着一些象征特权的外在标志不放，这只能保证仍有人向他们脱帽致敬，而他们主要的忧愁、焦虑越积越多，伴他们度过严冬。在这两端之间是驯服的贵族，国王们用散发着鹅毛管和羊脂气味的新人来填充这个阶层，这些贵族与曾经属于"他们的人"之外的人没有联系，这些人主要是他们的管家，或一个农民的老主顾，也许在两次法庭会议期间或两次皇家旅行之间的一次短暂访问，他们此举是为了寻觅年金、职位或制造阴谋。在这种古典风格——"文艺复兴"一词只在这一次适用——的保护制度的表面，一些"哥特式"的装饰仍然在流行：骑士制度、基督教捍卫者的具象化、彬彬有礼的私生女、市民道德，拒绝

427

近代国家的政治和行政机器已存在；这些人是国王的公证人和秘书们。（编号5169，巴黎，阿森纳图书馆）

像一个不体面的堕落之徒那样工作——因为在很长一段时间内，诸如饮酒、骑马、穿丝带装饰的服装和鄙视乡下人之类的虚荣做作，并非仅仅是贵族的特点。

无论如何，让我们把等级社会埋葬在1500年之前而不再进一步论辩，自此以后，取代神意的庞然大物出现了，它随心所欲地安排社会各阶级。这就是民族国家，国王、君主和自由的德意志、意大利城镇，甚至罗马教廷的民族国家。我听见那些怀念古典时代的人在抗议，的确如此，因为这个中世纪孩童的脸上确实有着罗马式的映象。我也听见那些颂扬查理曼大帝的人在抱怨，这样一个概念仍然局限于几十个对此作思考的教士中间，甚至是像索尔兹伯里的约翰、皮埃尔·迪布瓦、梅齐埃的菲利普（Philip of Mézières）和帕多瓦的马西利乌斯这些注释者还在吹毛求疵，但是他们在16世纪没有尽力效仿这些先驱者吗？民族国家的观念属于所有时代，但只在接管了武装力量、赋税、司法权力，参与了行会，控制了财政以及令人有安全感的组织规则，控制了社团、行会、兄弟会时，民族国家才显得举足轻重。这种单一统治机构的出现必然废除之前赋予不同社会阶层的所有功能。当然，任何一个政治学的学生都能证明，没有民族国家的原型，并且在神权帝国和议会制共和国之间，所有政治发展阶段都是可能的。事实上，15世纪的确在两种不同的道路上——如在所有领域中那样——都犹豫不决过。康斯坦茨和巴塞尔会议的原则、勃艮第国家的地方议会、西班牙议会和英国议会，以及自治的德意志议会，都曾对国王、皇帝和教皇的权力有过争议。但在1460年或1470年之后，反攻开始了。特权集团不再仅仅是享有特权的人的团体。等级更为森严了，罗马式的绝对权力逐渐取代了中间形态的"哥特式"权力。这次所选择的道路确定无疑是绝对君主式：查理五世、亨利八世和弗朗西斯一世三人同时（几乎在同一年）开始讨论这种道路。

专制主义和民族国家的时代

教皇—皇帝的欧洲从未能够控制钱财或武装力量，对经济的控制甚至更少。欧洲唯一的良药只存在于统治者的宗教信仰（它延伸了教会的司法权）以及基督教的普世观里，其他都是多余的。这种宗教观为人们长期保持，直至国王们用政治观来代替它之后很长时间。这种根本性的不和谐是近代社会历史的主流之一。中世纪完全不存在这种现象，当时的统治者吸引和代表着他的臣民。许多人文主义者试图将这两极拉近：伊拉斯谟劝告查理五世，莫尔进言亨利八世，而比代向弗朗西斯一世提出建议。他们想启蒙这些君主们，就如同18世纪的哲学家启蒙他们那个时代的独裁者们一样。但太晚了！从那时起，拉丁语为大炮所代替。

这些统治者的确有权有势。他们控制了道路、铸币、军队、邮政，并且不久就是舰队。殖民远征、奖赏和惩罚都只取决于他们。他们的肖像出现在钱币和纪念碑上，并镌刻在他们的臣民的心里。他们与商人、银行家和奴隶贩子联系在了一起，既作为人质又是合伙人。然而国家即国王，国王就是法律，他的法律就是逐利。战争不再是荣誉问题，甚至法国国王也会背叛对拥戴他的人民许下的诺言，战争变成了毁灭邻国的阴险的财政、商业工具，变成了关税和影响力之战。经济不再是生存的基础而是权力的基础：对桑树的投机行为、英国圈地运动、伊比利亚的麦斯达和盐业垄断。国王们都追逐这些，但人民呢？

19 世纪历史文献（如果不是我们的）的传统特点之一是赞扬这些国王们的"铁拳"。满怀雅各宾式的激进主义或对未能实现的中央集权的怀旧心理，法国、德国、奥地利、意大利和西班牙的历史学家长期以来就崇拜这些人物，这些人物周围是燃烧的火炉和刽子手的断头台，用来对付那些敢于思考的人，而王室的金库则一半由钱币一半由血汗来填充。这些都是名副其实的国王，是财政恢复者（付出沉重的代价）、地区统一者（借助于单一文化）和帝国创建者（对非洲黑人和红色印第安人是特别坏的事），最后是国家的缔造者。那就是这个词汇：中世纪希望存在于大学层次的词汇，或用大写字母 N 提升到基督教世界这一层次的词汇。然而现在它已经蔓延到统治者所主导的所有经济领域，因为至少从这时起，民族国家与重商主义和王朝利己主义同义。到了 19 世纪，语言、种族和文化的因素也混合进来，事态更为严重。目前这些国家——我们先辈的荣耀和欢乐——暂时掌握在这些工于权术、精于算计和贪婪的统治者手中。他们使人民相信在保卫自身独立过程中，人民铸造着自己的命运，而不太担心他们播种在近代最初的耕地里的仇恨。

这就是欧洲国王们所继承的中世纪基督教世界，它是欧洲民族国家的前奏。崩溃并不完全彻底，这是事实。欧洲经济以及一时的人口复兴使她继续保持相对于世界其他地方的优势，这些复兴到处发生。就经济领域而言，16 世纪的欧洲被认为比 13 世纪更为同质和统一。波兰与西西里的谷价，或里斯本与波希米亚的金银比价之间的巨大差异在缓慢地缩小。当美洲的金银侵入欧洲大陆时，全球性的价格上涨影响了整个欧洲和欧洲的国王们，甚至是得到自然和技术之利的北欧、西北欧这些清教为主的欧洲，而中欧和南欧这些天主教的欧洲，则是殖民化果实的最初受益者。

从希望到痛苦

在16世纪的黎明以及接下来的几十年间，随着现存的理由一个接一个消失，中世纪产生了一股非凡的智慧之火。首先是意大利，然后是欧洲其他部分为新的真理所填充，对快乐和创造的热切渴求，打破知识局限的迫切需要，推动着大量辉煌、极致和富有创造性的思想观念的培育酝酿。我们已经提及他们中的很多人，但他们成千上万。人们到处谈论着世界和平、改革和多元化。人类理解的范围从加尔文延伸到里皮，从科尔特斯延伸到拉斯·卡萨斯。对一个从最后的锁链中解脱出来、即将"起飞"的欧洲来说，一切都是可能的：利润、企业和个人主义取代了好商品、习俗和公共福利。

一个使人神往和充满希望的短暂时刻，中世纪至此达到了顶点。此后，仅仅经历了两代人，信仰问答、偏执的宗教观、世俗价值观和精英主义便被采纳了。受市民怀疑之培育，宗教怀疑死灰复燃，思想的主流偏离到对于无限的沉闷乏味的探索上。欧洲能够征服世界，但是她错过了入口，正如她即将错过出口。在推动中世纪前行并在16世纪初达到顶峰的大潮之后，跟随的是近代的蒙昧主义。这是耶稣会、宫廷、奴隶贸易和重商主义的时代，是古典主义的时代，这个时代被人们如此畸形相称，使得中世纪学家们无言以对，并且使任何一个过去和现在热爱希腊城邦、罗马共和国、启蒙运动或大革命时代的人都哑口无言。至少中世纪的历史学家可以用奇迹来慰藉其痛楚，这种奇迹不是我们的教堂或者城堡的构造，而是我们的乡村与道路、一块块土地和田野、我们边界上的名称和我们周围的已婚夫妇，以及尚未被20世纪的进步逐出的一种大众流行文化。中世纪在这么多的层次上都既没有被背叛，也没有被遗忘或失去：我们仍然生活在其中。

妇女的道德威望在14和15世纪被削弱了，可能是由于她们在人口中占多数。这导致在有关妇女具欺骗性和反复无常的传统笑话之上，出现了反女性主义的情感。这个15世纪的勃艮第浇注工使人想起著名的亚里士多德——这位中世纪思想大师的不幸。这位哲学家斥责亚历山大为一个女人而忽视自己的声誉，而现在她报复了亚里士多德，引诱他并强迫他把她驮在背上。(纽约,大都会艺术博物馆)

主要参考书目

除和这一时期问题密切相关的书目外，这个目录不包括第一卷和第二卷的书目。此外也为读者列出了一些其他普及性读物。其中标注星号的英文书目由英译者所加。

西 欧

一般性概论（General Surveys）

1. 有关西欧整体史的著作

奥尔芒：《新编剑桥中古史第七卷，1415–1500年》，（Allmand, *The new Cambridge medieval history: volume 7,c.1415–c.1500*），剑桥，1997年版。

奥尔芒：《百年战争：1300–1450年间的英法战争》（Allmand, *The hundred years war: England and France at war,c.1300–c.1450*），剑桥，1988年版。

博捷：《中古欧洲的经济发展》（Bautier,R.H., *The economic development of medieval Europe*），纽约，1971年版。

德鲁莫：《文艺复兴时期的文明》（Delumeau,J., *La civilization de la Renaissance*），巴黎，1967年版。

弗格森：《转变时期的欧洲：1300–1500年》（Ferguson,W.K., *Europe in transition, 1300–1500*），波士顿，1962年版。

希尔顿主编：《从封建主义到资本主义的转变》（Hilton,R.H., *The transition from feudalism to capitalism*），伦敦，1976年版。

*赫伊津哈：《中世纪的衰落》（Huizinga,J., *The waning of the Middle Ages*），哈蒙德斯沃斯，1976年版。

刘易斯：《中古边界的结束：1250–1350年》（Lewis,A.A., *The closing of the medieval frontier,1250–1350*），载《反射镜》（Speculum），1958年版。

洛佩斯：《950–1350年间中古的商业革命》（Lopez,R., *The commercial revolution of the Middle Ages 950–1350*），剑桥，1971年版。

米斯基明：《早期文艺复兴时期的欧洲经济：1300–1460年》，剑桥，1975年版。Miskimin,H.A., The economy of early Renaissancc Europe,1300–1460

沃尔夫：《欧洲的觉醒》（Wolff,P., *The awakening of Europe*），哈蒙德斯沃斯，1968年版。

2. 有关个别国家的一般性读物

克赖姆斯：《15世纪的英格兰：1399–1509年》（Chrimes,S.B., *Fifteenth–century England 1399–1509*），曼彻斯特，1972年版。

*盖伊什托尔：《波兰史》（Gieysztor,A., *Histoire de la Pologne*），华沙，1971年版。

雅各布：《15世纪：1399–1485年》（Jacob,E.F., *The fifteenth century 1399–1485*），牛津，1961年版。

*刘易斯：《15世纪法国的复兴》（Lewis,P.S., *The recovery of France in the fifteenth century*），伦敦，1976年版。

卢扎托：《意大利经济史》（Luzzatto,G., *Storia economica d'Italia*），伦敦，1961年版。

马基塞克：《14世纪：1307–1399》（Mackisak,M., *The fourteenth century：1307–1399*），牛津，1961年版。

朗西曼：《西西里晚祷事件：13世纪晚期的地中海世界》（Runciman,S., *The Sicilian Vespers：A history of the Mediterranean world in the late thirteenth century*），剑桥，1958年版。

斯特雷耶：《好人菲利普的统治时期》（Strayer,J.R., *The reign of Philip the Fair*），普林斯顿，1980年版。

华狄维兰诺：《西班牙史》（Valdeavellano,L.de., *Historia de España*），马德里，第3版，1964年版。

维桑·比韦斯：《西班牙社会经济史》（Vicens Vives,J., *Historia soci' y economica de España*），巴塞罗那，1957年版。

*维拉尔：《西班牙简史》（Vilar,P., *A brief history of Spain*），牛津，1977年版。

人和物质的环境：家庭和日常生活

1. 人和自然世界

亚历山大：《中古时期比利时的气候状况》（Alexandre,P., *Le climat au Moyen Age en Belgique*），勒芬，1976年版。

巴拉捷：《13–16世纪普罗旺斯的人口统计学》（Baratier,E., *La démographie proven?ale de XIIIe au XVIe s.*），巴黎，1961年版。

博拉本、高夫：《人类与鼠疫》（Biraben,N.and Le Goff,J., *L'homme et al peste*），2卷本，巴黎，1976–19799年版。

克拉普克·祖博、赫利希：《托斯坦纳人和他们的家庭：1427年对佛罗伦萨地籍的个案研究》（Klapisch–Zuber,C.and Herlihy, D., *Les Toscans et leurs familles：une etude du Xatasto Florentin de 1427*），巴黎，1978年版。

*勒鲁瓦·拉迪里：《宴会的时代、饥荒的时代：公元1000年以来的气候史》（Leroy–Ladurie,E.,

432

Times of feast, times of famine: a history of climate since the 1000），伦敦，1982年版。

莫尔斯：《14—18世纪欧洲城市人口统计学绪论》（Mols,R., *Introduction à la démographie des villes d'Europe du XIVe au XVIIe s.*），3卷本，勒芬，1954—1956年版。

拉塞尔：《中古时期英国的人口》（Russell,J.G., *British medieval population*），阿尔伯克基，1948年版。

蒂托：《13世纪人口增加的若干根据》（Titow,J.Z., *Some evidence of the thirteenth-century population increase*），载《经济史评论》（*Economic History Review*），1961—1962年版。

齐格勒：《黑死病》（Ziegler,P., *The Black Death*），伦敦，1969年版。

2. 乡村住宅

贝雷斯福德：《英国湮没无闻的村庄》（Beresford,M.W., *The lost villages of England*），纽约，1954年版。

贝雷斯福德、圣约瑟夫：《中古时期的英格兰：一次空中测量》（Beresford,M.W. and St Joseph J.K.S., *Medieval England: an aerial survey*）第2版，剑桥，1979年版。

沙派洛特、弗希尔：《中古乡村和住宅》（Chapelot,J and Fossier,R., *Le village et la maison au Moyen Age*），巴黎，1980年版。

戴蒙斯《关于鲁日耶的研究》（Demians d'Archimbaud,G., *Les fouilles de Rougiers*），1980年版。

《乡村和乡村建筑的历史地理》（*Gèographie historique du village et de la maison rurale*），1979年版。

3. 家族和日常生活

*阿里埃斯：《童年世纪》（Ariès,P., *Centuries of childhood*），纽约，1969年版。

布莱：《一个野心勃勃的年代：中古晚期的英国社会》（Boulay,F.R.H.du, *An age of ambition: English socity in the late Middle Ages*），伦敦，1970年版。

*康坦明：《中古时期的战争》（Contamine,P., *War in the Middle Ages*），布莱克威尔，1984年版。

康坦明：《14、15世纪的法国：人、观念、战争与和平》（Contamine,P., *France in the 14th and 15th centuries: people,concepts,war and peace*），集注重印版，1981年版。

法拉尔：《英法百年战争史》（Faral,E., *A vie quotidienne pendant la guerre de Cent ans en France et en Angleterre*），巴黎，1976年版。

赫尔斯：《中古时期的家族：对城市地区政治和社会结构的研究》（Heers,J., *Family clans in the Middle Ages: a study of political and social structures in urban areas*），1978年版。

拉加尔德：《中世纪的诞生与精神衰落》（Lagarde,G.de, *La naissance de l'esprit laic au*

433

déclin du Moyen Age），5卷本，巴黎，1953-1962年版。

　　辛德：《科技史》（Singer,C.，*The history of technology*），第1卷，牛津，1954年版。

　　怀特：《中古科技与社会变化》（White L.，*Medieval technology and social change*），牛津，1962年版。

权力、国家和制度

1.　权力及其性质和应用

　　奥特朗：《14-15世纪法国的政权与社会》（Autrand,F.，*Pouvoir et société en France XIVe-XVe s.*），巴黎，1974年版。

　　达维德：《9-15世纪君主政体下的王权与有限司法权》（David,M.，*A souveraineté et les limites juridiques du pouvoir monarchique,du LXe au XVe s.*），巴黎，1954年版。

　　弗尔兹：《5-14世纪西方帝国的政治》（Folz,R.，*L'idée d'Empire en Ocident,Ve-XIVe*），巴黎，1953年版。

　　冯特·鲁兹：《中世纪的机构》（Font-Rius,J.M.，*Instituciones medievales españolas*），马德里，1949年版。

　　吉内：《中世纪法国的国家与民族》（Guenée,B.，'*Etat et nation en France au Moyen Age*'），载《历史评论》（*Revue historique*），1967年版。

　　洛特、法提埃尔：《中古时期的法国制度史》（Lot,F. and Fawtier,R.，*Histoire des institutions françaises au Moyen Age*），3卷本，巴黎，1957-1962年版。

　　马龙朱：《公共法律的历史》（Marongiu,A.，*Storia del diritto publico*），米兰，1956年版。

　　马丁内斯：《意大利文艺复兴时期的城市国家：权力与想象》（Martinez,L.，*City states in Renaissance Italy: power and imagination*），伦敦，1980年版。

　　米泰斯：《中世纪国家》（Mitteis,H.，*Der Staat des hohen Mittelalters*），第8版，达姆施塔特，1968年版。

　　鲁宾斯坦：《梅迪奇家族统治下的佛罗伦萨政府》（Rubinstein,N.，*The government of Florence under the Medicis*），牛津，1966年版。

　　斯特雷耶：《中古时期的治国术与历史整体观》（Strayer,J.R.，*Medieval statecraft and the perspective of history*），普林斯顿，1971年版。

　　斯特雷耶：《论现代国家的中古起源》（Strayer,J.R.，*On the medieval origins of the modern state*），普林斯顿，1970年版。

　　厄尔曼：《中古时期的法律与政治》（Ullmann,W.，*Law and Politics in the Middle Ages*），剑桥，1975年版。

　　沃恩：《瓦卢瓦家族统治下的勃艮第》（Vaughan,P.，*Valois Burgundy*），伦敦，1975年版。

2. 国家与议会

法维耶：《法学家与好人菲利普时代的政府》（Favier, J. 'Les legists et le gouvernement de Philippe le Bel'），载《科学家杂志》（Journal des savants），1969。

法提埃尔：《中世纪英国的议会与法国的全国三级会议》（Fawtier, R., 'Parlement d'Angleterre et Etates généraux de France au Moyen Age'，载《法国铭文学报告》comptes rendus de I'Académie des Inscriptions et Belles-Lettres），1953年版。

马龙朱：《中古时期的议会》（Marongiu, R., Medieval parliaments），伦敦，1968年版。

理查森：《中古时期的英国议会》（Richardson, H.G., The English Parliament in the Middle Ages），伦敦，1981年版。

斯特雷耶：《好人菲利普的统治时期》（Strayer, J.R., The reign of Philip the Fair），普林斯顿，1980年版。

维亚拉：《1420–1525年图卢兹的最高法院与王室世俗官员的管理》（Viala, A., Le Parlement de Toulouse et I'administration royale laïque, 1420–1525），2卷本，阿尔比，1953年版。

3. 财政和经济问题

阿斯顿、腓利平：《布伦纳辩论：欧洲前工业社会的农业阶级结构和经济发展》（Aston, T.H. and Philpin, C.H.E., The Brenner debate: agrarian class structure and economic development in pre-industrial Europe），剑桥，1985年版。

*布罗代尔：《经济体制：贵金属、货币和价格》（Braudel, F., 'Economies: precious metals, money and prices'），载《菲利普二世时代的地中海和地中海世界》（The Mediterranean and the Mediterranean World in the Age of Philip Ⅱ），第1卷，伦敦，1972年版。

《剑桥欧洲经济史》第三卷《中古时期的经济组织和经济政策》（The Cambridge economic history of Europe, vol.3: Economic organization and policies in the Middle Ages），剑桥，1965年版。

法维耶：《中世纪晚期的财政与税收制度》（Favier, J., Finances et Fiscalité au bas Moyen Age），巴黎，1970年版。

《13–16世纪的城市财政和薄记学》（Fiances et comptabilité urbaines du XIIIe au XVIe s.），（Colloquium Blankenberg, 1962），布鲁塞尔，1964年版。

富尼亚尔：《中古时期的西欧货币史》（Fournial, E., Histoire monétaire de L'Occident medieval），巴黎，1970年版。

冈迪隆：《路易十一时代的政治经济学》（Gandilhon, R., Politique économique de Louis XI），雷恩，1941年版。

《城市与国家范围的税收》（L'Impôt dans le cadre de la ville et de I'Etat，斯帕会议，1964），布鲁塞尔，1966年版。

拉德罗·克萨达：《近代时期卡斯提尔的王室财政》（Ladero-Quesada,M.A., *'Les finances royals de Castille à la veille des temps modernes'*），载《年鉴》（Annales ESC），1970。

马特：《14世纪早期英国物价昂贵的原因和结果》（Mate,M., *'High prices in early four-teenth-century England: causes and consequences'*），载《经济史评论》（*Economic History Review*），xx，1975。

雷伊：《查理六世统治时期的王室财政》（Rey,M., *Les finances royals sous Charles VI*），巴黎，1965年版。

罗维尔：《1400年布鲁日的货币市场》（Roover,R.de, *The Bruges money market around 1400*），布鲁塞尔，1968年版。

斯普弗德：《1433-1496年间勃艮第荷兰的货币问题及其政策》（Spufford,P., *Monetary problems and policies in the Burgundian Netherlands,1433-1496*），莱顿，1970年版。

斯普弗德：《中古欧洲的货币及其使用》（Spufford,P., *Money and its use in medieval Europe*），剑桥，1986年版。

斯蒂尔：《1377-1485年间的国库收入》（Steel,A., *The receipt of the Exchequer,1377-1485*），剑桥，1954年版。

乡村世界

1. 一般读物

阿贝尔：《农业危机与农业周期》（Abel,W., *Agrarkrisen und Agrakonjunktur*），汉堡，1966年版。

安布罗索利：《荒地与播种：1350-1850年间西欧的植物与农业》（Ambrosoli,M., *The wild and the sown: Botany and agriculture in western Europe 1350-1850*），剑桥，1996年版。

巴德：《中世纪乡村法学的历史研究》（Bader,K.S., *Studien zur Rechtsgeschichte des mittelalterlichen Dorfes*），2卷本，科隆，1957-1962年版。

比恩：《1215-1540年间英国封建主义的没落》（Bean,J.M.W., *The decline of English feudalism, 1215-1540*），曼彻斯特，1968年版。

*迪比：《中古时期西方的农村经济和乡村生活》（Duby,G., *Rural economy and country life in the medieval West*），伦敦，1968年版。

*迪比：《中古时期的农业：900-1500年》（Duby,G., *Medieval agricure 900-1500*），伦敦，1969年版。

希尔顿：《中古时期的英国农民》（Hilton,R.H., *The English peasantry in the Middle Ages*），牛津，1980年版。

科斯明斯基：《12-15世纪英国封建租金的发展》（Kosminsky,E.A., *'The evolution of* feudal rents in England from the XIIth to the XVth Century'），载《过去与现在》（*Past and Present*），1955年。

斯利赫·范·巴斯：《西欧农业史》（Slicher van Bath,B.H., *The agrarian history of Western Europe*），1963年版。

史密斯：《土地、亲属关系和生活周期》（Smith,R., *Land ,kinship and life-cycle*），剑桥，1985年版。

2．有关农业诸方面

德韦兹：《16世纪法国森林的活力》（Devèze,M., *La vie de la forêt fran?aise au XVIe s.*），巴黎，1961年版。

代恩：《法国葡萄园和葡萄酒的历史》（Dion,R., *Histoire de la vigne et du vin en France*），杜朗，1959年版。

唐金：《论中古时期西多派修道院地产上的家畜》（Donkin,R.A., 'Cattle on the estates of medieval Cistercian monasteries'），载《经济史评论》（*Economic History Review*），1962—3。

普拉特雷斯：《13—14世纪德文郡的农业结构……和圈地》（Flatrès,P., 'La structure agraire du Devon…et les enclosures des XIIIe et XIVe s.'），载《布列塔尼编年史》（*Annales de Bretagne*），2949。

福尔昆：《佃农制的开始：以圣丹尼斯为例》（Fourquin,G., 'Les débuts du fermage: I'exemple de Saint Denis'），载《乡村研究》（*Etudes Rurales*），1966。

希尔顿：《中古时期英国农牧制的衰落》（Hilton,R.H., *The decline of serfdom in medieval England*），牛津，1976年版。

克莱因：《麦斯达》（Klein,J., *The Mesta*），剑桥，1920年版。

《让博丹社会文集：论租地》（*Recueil de société Jean Bodin: La tenure*），第3、4卷，布鲁塞尔，1938年版、1949年版。

3．有关特殊地区的研究

比恩：《1416—1537年间珀西家族的财产》（Bean,J.M., *The estates of the Percy family,1416-1537*），伦敦，1958年版。

*博伊斯：《封建主义的危机：1300—1550年间东诺曼第的经济与社会》（Bois,G., *The crises of feudalism: economy and society in eastern Normandy c.1300-1550*），剑桥，1984年版。

博特鲁赫：《百年战争期间波尔多的领主与农民》（Boutrouche,R., *Seigneurs et paysans du Bordelais pendant la guerre de Cent Ans*），第2版，巴黎，1965年版。

沙博尼耶：《奥弗涅地区的庄园（领地所有权）》（Charbonnier,P., *La seigneurie en Auvergne*），2卷本，克莱蒙费朗，1980年版。

福尔坎：《中古末期巴黎地区的农村》（Fourquin,G., *Les campagnes de la region parisienne à la fin du Moyen Age*），巴黎，1964年版。

热尼科：《中古晚期那慕尔地区的农村经济》（Génicot,L., *L'économie rurale namuroise au bas Moyen Age*），3卷本：勒芬：1943年版、1960年版、1982年版。

希尔顿：《14、15世纪兰开斯特郡部分庄园的经济发展》（Hilton,R.H., *The economic development of some Leicestershire estates in the 14th and 15th centuries*），牛津，1947年版。

勒梅讷：《昂热运动：1350–1530年间的经济史研究》（Le Mené,M., *Campagnes angevines: étude économique 1350–1530*），2卷本，巴黎，1982年版。

*勒瓦－拉迪里：《蒙塔尤》（Le Roy–Ladurie,E., *Montaillou*），哈蒙斯沃斯，1980年版。

米勒：《伊利的修道院和主教区》（Miller,R., *The Abbey and bishopric of Ely*），第2版，剑桥，1969年版。

尼维克斯：《一个农业结构的兴衰：康布莱西斯地区的谷物》（Neveux,H,, *Vie et déclin d'une structure agraire: les grains du Cambrésis*），巴黎，1980年版。

拉夫提斯：《拉姆齐修道院的庄园经济》（Raftis,J.A., *The economy of the estates of Ramsey Abbey*），多伦多，1957年版。

西维里：《埃诺地区的农业结构和乡村活力》（Sivery,G., *Structures agraires et vie rurale dans le Hainaut*），2卷本，里尔，1978–1980年版。

4.　人民运动

阿斯顿、希尔顿主编：《英国的1381年起义》（Aston,T.H. and Hilton,R.H., *The English rising of 1381*），剑桥，1984年版。

*福尔坎：《对中古时期民众叛乱的剖析》（Fourquin,G., *The anatomy of popular rebellion in the Middle Ages*），1978年版。

希尔顿：《奴隶创造自由》（Hilton,R.H., *Bondmen made free*），牛津，1977年版。

*莫拉、沃尔夫：《中古晚期的人民革命》（Mollat,M. and Wolff,P., *Popular revolutions of the late Middle Ages*），伦敦，1973年版。

商业和城市

1.　一般性读物

*布罗代尔：《商业动力：15–18世纪的文明与资本主义》（Braudel,F., *The wheels of commerce, vol.2, of Civilisation and capitalism, XVth–XVIIIth century*），伦敦，1983年版。

布里奇：《意大利中世纪史》（Brezzi,G., *I communi medioevale nella storia d'Italia*），第2版，都灵，1965年版。

布里奇：《法国城市史》（Brezzi,G., *Histoire de la France urbaine*），第1卷，1980年版。

《让博丹社会文集：论城市》（*Recueil de société Jean Bodin：La ville*），第6、7卷，布鲁塞尔，1954-1955年版。

*勒里希：《中古时期的城市》（Roerig,F., *The medieval town*），纽约，1970年版。

2. 城市社会

盖莱梅克：《13-15世纪巴黎工匠雇佣劳动》（Geremek,B., *Le salariat dans l' artisanat parisien aux XIIIe-XVe s.*），巴黎，1969年版。

*盖莱梅克：《中古晚期巴黎社会的边缘人群》（Geremek,B., *The margins of society in late medieval Paris*），剑桥，1987年版。

古龙：《中古时期朗格多克地区的行业条例》（Gouron,A., *La réglementation des métiers au Languedoc au Moyen Age*），日内瓦，1958年版。

格劳斯：《中古晚期：城市穷人和乡村穷人》（Graus,F., 'Au bas Moyen Age: pauvres des villes et pauvres des campagnes'），载《年鉴》（Annales ESC），1960年。

赫尔斯：《中世纪西方的政党和政治生活》（Heers,J., *Parties and political life in the medieval West*），蒙特利尔，1978年版。

*勒高夫：《1200-1500年间文明的发展动力：城镇》（Le Goff,J., *The town as an agent of civilisantion 1200-1500*），伦敦，1971年版。

马施克：《中世纪社会的连续性和城市史》（Maschke,R., 'Continuité sociale et histoire urbaine médiévale'），载《年鉴》（Annales ESC），1960年。

*莫拉、沃尔夫：《中古晚期的人民革命》（Mollat,M. and Wolff P., *Popular revolutions of the late Middle Ages*），伦敦，1973年版。

罗斯拉诺思基：《对11-15世纪莱茵北岸地区中等城市的城市活力的调查研究》（Roslanowski,T., *Recherches sur la vie urbaine dans les villes de la moyenne Rhénanie septentrionale,XIe-XVe s.*），华沙，1964年版。

凡尔林登：《欧洲地中海地区的奴隶制》（Verlinden,C., *L' esclavage dans l' Europe médi-terrané-enne*），2卷本，布鲁日，1955年版、1970年版。

3. 商业和商人

阿布拉费亚：《地中海地区的一个商业中心：马略卡岛上的加泰罗尼亚王国》（Abulafia,D., *A Mediterranean emporium: the Catalan kingdom of Majorca*），剑桥，1994年版。

巴拉捷、雷诺：《马赛商业史》（Baratier,E. and Raynaud,R., *Histoire du commerce de Marseille,1291-1480*），第3卷，巴黎，1951年版。

博捷：《中古欧洲道路调查》（Bautier,R.H., 'Recherches sur les routes de l' Europe *médiévale'*）载《哲学与历史学公报》（*Bulletin philologique et historique*），1960-1。

康斯特布尔：《900-1500年间穆斯林统治下的西班牙的商业和商人，伊比利亚半岛商业的再联盟》（Constable,O.R., *Trade and trader in Muslim Spain,the commercial realignment of the Iberian peninsula,900-1500*），剑桥，1994年版。

罗维尔：《1400年左右的布鲁日市场》（De Roover,R., *The Bruges market around 1400*），布鲁塞尔，1968年版。

罗维尔：《汇票的演变》（De Roover,R., *L'évolution de la lettre de change,XIVe-XVIIIe s.*），1952年版。

罗维尔：《美第奇银行的兴衰》（De Roover,R., *The rise and decline of the Medici bank*），剑桥，1963年版。

*多林格：《德国汉萨同盟》（Dollinger,P., *The German Hansa*），伦敦，1970年版。

迪布瓦：《索恩河畔沙隆的集市和沙隆流域的贸易活动》（Dubois,H., *Les foires de Chalon-sur-Saône et le commerce de la vallée de la Saône*），巴黎，1967年版。

于贝尔：《中古时期的道路（法国）》（Hubert,J. *Les routes du Moyen Age〈France〉*），巴黎，1959年版。

勒高夫：《中古商人和银行家》（Le Goff,J., *Marchands et banquiers du Moyen Age*），巴黎，1956年版。

鲍尔：《英国中古历史上的羊毛贸易》（Power,E., *The wooltrade in English medieval history*，伦敦，1941年版。

勒努阿尔：《中古时期意大利的工商业者》（Renouard,Y., *Les hommes d'affaires italiens au Moyen Age*），第2版，巴黎，1968年版。

*萨波里：《中古时期的意大利商人》（Sapori,A., *The Italian merchant in the Middle Ages*），纽约，1970年版。

舒尔特：《1380-1530年拉文斯堡的大的商业公司史》（Schulte,A., *Geschichte der grossen Ravensburger Handelsgesellschaft 1380-1530*），斯图加特和柏林，1923年版。

施特勒默尔：《1350-1450年间的上德意志的金融贵族》（Stromer,W.von, *Oberdeutsche Hochfinanz 1350-1450,Vierteljahresschrift für Sozial und Wirtschaffsgeschichte,Beiheft LV-LVII*），1970年版。

沃尔夫：《1350-1450年间图卢兹的商业和商人》（Wolff,P.Commerce et marchands de Toulouse〈ver1350-vers1450〉），巴黎，1952年版。

4. 关于城镇的研究

贝克尔：《转型时期的佛罗伦萨》（Becker,M.B., *Florence in transition*），2卷本，巴尔的摩，1967-1968年版。

卡雷尔：《巴塞罗那：艰难时代的经济中心》（Carrère,C., *Barcelone,centre économique à l'époque des difficulttés,1382–1462*），2卷本，巴黎，1967年版。

法夫罗：《中古末期的普瓦捷》（Favreau,R., *La ville de Poitiers à fin du Moyen Age*），2 卷本，巴黎，1978年版。

黑尔：《佛罗伦萨和美第奇家族》（Hale,J.R., *Florence and the Medici*），1977年版。

赫尔斯：《15世纪以来的热那亚》（Heers,J., *Gênes au XVe s.*），巴黎，1961年版。

赫利希：《早期文艺复兴时期的比萨：城市发展的个案研究》（Herlihy.D., *Pisa in the early Renaissance：a study of urban growth*），纽约，1973年版。

赫利希：《中古和文艺复兴时期的皮斯托亚》（Herlihy,D., *Medieval and Renaissance Pistoia*），纽约，1967年版。

希尔顿：《封建社会时期的英法城市：一项比较研究》（Hilton,R., *English and French towns in feudal society：a comparative study*），剑桥，1992年版。

莱恩：《海上共和国威尼斯》（Lane,F.C.,*Venice,a maritime Republic*），巴尔的摩，1973 年版。

范豪特：《布鲁日：城市史的试验》（Van Houtte,J.A., *Bruges,essai d'histoire urbaine*），布鲁塞尔，1967年版。

精神和科学生活

1. 教皇和异端

比勒、赫德森：《1000–1500年间的异端与识字》（Biller,P. and Hudson,A., *Heresy and literacy,1000–1500*），剑桥，1994年版。

科恩：《追逐千僖年》（Cohn,N., *The pursuit of the millennium*），伦敦，1970年版。

德拉吕埃勒、拉邦德、乌利亚克：《1378–1449年间大分裂时期的天主教会和主教会议的危机》（《教会史》第14卷）（Delaruelle,E., Labande,E.R. and Ourliac,P., *L'Eglise au temps du Grand Schisme et la crise conciliaire,1378–1449〈Histoire de l;Eglise,vol.14〉*），巴黎，1962年版。

胡特：《扬·胡斯的异端》（De Vooght, P., *L'hérésie de Jean Hus*），2卷本，第2版，勒芬，1975年版。

吉尔：《康斯坦茨和巴勒－佛罗伦萨》（Gill,G., *Constance et Bâle–Florence*），巴黎，1965 年版。

莱夫：《中世纪后期的异端》（Leff,G., *Heresy in the later Middle Ages*），曼彻斯特，2卷本，1967年版。

*勒瓦–拉迪里：《蒙塔尤》（Le Roy–Ladurie,E., *Montaillou*），哈蒙斯沃斯，1980年版。

洛根：《英国在中古时期的宗教逃亡者（1240–1540年）》（Logan,F.D., *Runaway religious in medieval England,c.1240–1540*），剑桥，1996年版。

马采克：《波希米亚的胡斯运动》（Macek,J., *The Hussite movement in Bohemia*），伦敦和布拉格，1965年版。

麦克法兰：《约翰·威克里夫和英国新教起源》（MacFarlane,K.B., *John Wycliffe and the beginning of English nonconformity*），伦敦，1966年版。

*莫拉：《1305–1378年间的阿维尼翁教皇》（Mollat,G., *The popes at Avignon 1305–1378*），伦敦，1963年版。

乌利亚克：《中世纪法研究》（Ourliac,P., *Etudes d'histoire de droit medieval*），巴黎，1979年版。

拉普：《中古末期的天主教会和宗教活力》（Rapp,F., *L'Eglise et la vie religieuse à la fin du Moyen Age*），（*Nouvelle Clio no.25*），第2版，1981年版。

*勒努阿尔：《1305–1403年间阿维尼翁教皇世系》（Renouard,Y., *The Avignon Papacy 1305–1403*），伦敦，1970年版。

鲁宾：《圣体节：中古晚期文化中的圣餐仪式》（Rubin,M., *Corpus Christi：the eucharist in late medieval culture*），剑桥，1991年版。

斯旺森：《1215–1515年间欧洲的宗教和宗教虔诚》（Swanson,R., *Religion and devotion in Europe,c.1215–c.1515*），剑桥，1995年版。

沃夫、迪尔：《1000–1500年间的基督徒及其不满：逐出、迫害和反叛》（Waugh,S, and Diehl,P., *Christendom and its discontents：exclusion,persecution and rebellion,1000–1500*），剑桥，1996年版。

2. 思想与实践

阿里耶斯：《从中古到现代西方人对待死亡的态度》（Ariés,P., *Western attitudes towards death：from the Middle Ages to the present*），巴尔的摩，1974年版。

伯斯：《中古时期的死亡（瘟疫)》（Boase,T., *Death in the Middle Ages*），纽约，1972年版。

夏弗洛：《阴间之帐：人、死亡和宗教（1320–1480年）》（Chiffoleau,J., *La comptabilité de l'Au-delà. Les homes,la mort et la religion〈vers 1320–vers 1480〉*），罗马，1980年版。

德拉吕埃勒：《中古时期民间的宗教虔诚》（Delauelle,E., *La piété populaire au Moyen Age*），都灵，1975年版。

《中古时期的死亡》（*La Mort au Moyen Age*）（Congress of 1976），斯特拉斯堡，1977年。

赛克斯：《宗教改革的危机》（Sykes,N., *The crisis of the Reformation*），伦敦，1946年版。

3. 教学与教义

鲍德温：《13世纪的基督教》（Baldwin,M.W., *Christianity through the thirteenth century*），纽约，1970年版。

*博昂茹：《从史前到公元1450年间的古代和中世纪科学》（Beaujouan,G., *Ancient and medieval science from prehistory to AD 1450*），伦敦，1964年版。

贝克：《1375–1434年间佛罗伦萨书商的困境与人文主义》（Bec,C., *Les marchands écrivains：*

affaires et humanisme à Florence,1375–1434），日内瓦，1966年版。

布莱克：《1250–1450年间欧洲的政治思想》（Black,A., *Political thought in Europe,1250–1450*），剑桥，1992年版。

科班：《中古时期的大学及其发展和组织》（Cobban,A.B., *The medieval universities,their development and organization*）伦敦，1974年版。

克龙比：《从奥古斯丁到伽利略：5–18世纪的科学》（Crombie,A.C., *Augustine to Galileo：science in the V–XVIII centuries*），第2版，哈蒙德斯沃斯，1980年版。

戴尔斯：《中古时期的科技成就》（Dales,R., *The scientific achievement of the Middle Ages*），费城，1973年版。

戴利：《中古时期的大学（1200–1400年）》（Daly,L.J., *The medieval university,1200–1400*），纽约，1961年版。

*费夫尔、马丁：《书籍的出现：印刷术的影响》（Febvre,L. and Martin,H.J., *The coming of the book；the impact of printing*），伦敦，1976年版。

*加林：《意大利文艺复兴时期的人文主义、哲学和市民生活》（Garin,E., *Italian humanism, Philosophy and civic life in the Renaissance*），牛津，1965年版。

*吉勒：《文艺复兴时期的技师》（Gille,B., *The Renaissance engineers*），伦敦，1966年版。

格兰特：《行星、恒星及其运行轨迹：中古时期的宇宙论（1200–1687年）》（Grant,E., *Planets, stars and orbs：the medieval cosmology,1200–1687*），剑桥，1993年版。

基克希弗：《中古时期的巫术》（Kiechhefer,R., *Magic in the middle ages*），剑桥，1989 年版。

诺尔斯：《中古思想的发展》（Knowles,D. *The evolution of medieval thought*），London,1964.

拉加尔德：《世俗思想的起源和中古的没落》（Lagarde,G. de, *La naissance de l' ésprit laic au déclin du Moyen Age*），5卷本，巴黎，1956–1963年版。

利德：《1546年以前的剑桥大学史》（Leader,D.R., *A history of the University of Cambridge：the University to 1546*），剑桥，1989年版。

莱夫：《中古观念的解体》（Leff,G., *The dissolution of the medieval outlook*），纽约，1976年版。

莱夫：《威廉·奥卡姆——经验哲学观点的变形》（Leff,G., *William of Ockham. The metamorphosis of Scholastic discourse*），曼彻斯特，1975年版。

勒高夫：《中世纪的知识分子》（Le Goff,J., *Les intellectuals au Moyen Age*），巴黎，1962 年版。

艺术和表达方式

*阿拉扎尔：《佛罗伦萨肖像》（Alazard,J., *The Florentine portrait*），伦敦，1948年版。

*沙泰尔：《意大利艺术》（Chastel,A., *Italian Art*），伦敦，1972年版。

*沙泰尔：《1480－1530年间的欧洲：人文主义的时代》（Chastel,A., *The age of humanism；Europe 1480－1530*），伦敦，1966年版。

埃文斯：《1307－1461年间的英国艺术》（Evans,J., *English Art,1307－1461*），牛津，1961年版。

*马勒：《13世纪法国的宗教艺术：对中世纪肖像画法和其灵感源泉的个案研究》（Male, *Religious art in France of the thirteenth century：a study in medieval iconography and its sources of inspiration*），伦敦，1913年版；《中世纪形象》（*The Gothic Image*），纽约和伦敦，1972年版。

迈斯：《让·德贝里时代的法国绘画》（Meiss,M., *French painting in the time of Jean de Berry*），3卷本，伦敦，1968－1974年版。

迈斯：《黑死病之后佛罗伦萨和锡耶纳的绘画》（Meiss,M., *Painting in Florence and Siena after the Black Death*），普林斯顿，1951年版。

莫尼耶：《意大利15世纪的文艺复兴运动》（Monnier,P., *Le quattrocento*），巴黎，1901年版。

施特罗姆：《1380－1500年欧洲音乐的兴起》（Strohm,R., *The rise of European music,1380－1500*），剑桥，1993年版。

怀特：《画报的诞生与重生》（White,T.H., *The birth and rebirth of pictorial space*），伦敦，1957年版。

世界上的其他地区

拜占庭和斯拉夫地区

1. 东部帝国的问题

阿尔魏勒：《拜占庭帝国的政治思想》（Ahrweiler,H., *L'idéologie politique de l'empire byzantin*），（集注重印），伦敦，1974年版。

巴克：《曼努埃尔二世·帕列奥列格，1391－1426，拜占庭帝国晚期研究》（Barker,J., *Manuel II Palaeologus,1391－1426. A study in late Byzantine statesmanship*），新布伦瑞克，1969年版。

《剑桥中世纪史》（*Cambridge medieval history*），第4卷，1996年版。

查兰尼斯：《拜占庭帝国的社会、经济和政治生活》（Charanis,P., *Social,economic and political life in the Byzantine Empire*），（集注重印），伦敦，1973年版。

迪尔：《拜占庭兴衰史》（Diehl,C., *Byzantium ,greatness and decline*），新布伦瑞克，1957年版。

吉安科普洛斯：《1258－1282年米哈伊尔·帕列格列奥皇帝与西方》（Geanakoplos,D., *The Emperor Michael Palaeologus and the West,1258－1282*），剑桥，1959年版。

亨迪：《对300－1450年拜占庭货币经济的研究》（Hendy,M., *Studies in the Byzantine monetary economy c.300－1450*），剑桥，1985年版。

克里斯滕：《拜占庭研究》（Kristen,E.,'*Die Byzantinische Stadt*'）in（*Berichte zum XI.internationalen byzantinischen Kongress*）,1958年版。

莱奥·托马达基斯：《拜占庭帝国晚期的农民社会》（Laïou–Thomadakis,A., *Peasant society in the late Byzantine Empire*），普林斯顿，1977年版。

勒梅勒：《帕列格列奥王朝司法机构研究》（Lemerle,P.'*Recherches sur les institutions judiciaries a l' époquedes Paléologues*'），载《拜占庭社会》（Le Monde de Byzance），（集注重印），伦敦，1978年版。

尼科尔：《拜占庭末期的教会和社会》（Nicol,D.,*Church and society in the last centuries of Byzantium*），伦敦，1979年版。

尼科尔：《晚期拜占庭（1261–1453）》（Nicol,D.,*The last centuries of Byzantium,1261–1453*），第2版，剑桥，1993年版。

尼科尔：《拜占庭妇女：1250–1500年间的十幅肖像》（Nicol,D., *The Byzantine lady: ten portraits,1250–1500*），剑桥，1994年版。

奥斯特罗戈尔斯基：《中古时期拜占庭帝国的农业条件》（Ostrogorsky,G.,*Agrarian conditions in the Byzantine Empire in the Middle Ages*），（《剑桥欧洲经济史》*Cambridge Economic History of Europe,vol.1*）,1941年。

罗德雷：《拜占庭艺术和建筑绪论》（Rodley,L.,*Byzantine art and architecture: an introduction*），剑桥，1994年版。

朗西曼：《1453年君士坦丁堡的陷落》（Runciman,S.,*The fall of Constantinople,1453*），剑桥，1965年版。

塔夫拉勒：《14世纪的萨洛尼卡》（Tafrali,A.,*Thessalonique au XIVe s.*），巴黎，1913年版。

维荣尼斯：《拜占庭矿藏》（Vryonis,S.,*The question of the Byzantine mines*），（集注重印），伦敦，1971年版。

扎基西诺斯：《13–15世纪拜占庭的货币危机与经济危机》（Zakythinos,D.,*Crise monétaire et crise économiqie á Byzance du XIIIe au XVe s.*），（集注重印），伦敦，1973年版。

2. 拜占庭灭亡后相继建立的国家情况

巴拉尔：《12到15世纪初期流浪的热那亚人》（Balard,M.,*La Romanies génoise〈XIIe–début XVe s.〉*），2卷本，日内瓦，1978年版。

迪塞利耶：《中世纪的阿尔班诺沿海地区》（Ducellier,A.,*La fa?ade maritime de l' Albanle au Moyen Age*），萨洛尼卡，1981年版。

希尔：《塞浦路斯史》（Hill,G.,*A history of Cyprus*），4卷本，剑桥，1940–1952年版。

尼科尔：《伊庇鲁斯公国》（Nicol,D.M.,*The Despotate of Epiros,1267–1479*），剑桥，1984年版。

雅各比：《中世纪的封建主义：希腊的罗马尼亚》（Jacoby,D., *La féodalité en Grèce médiévale：les 'assises de Romanie'*），巴黎，1971年版。

伊雷切克：《历史上的塞族人》（Jirecek,C., *Geschichte der Serben*），2卷本，阿姆斯特丹，1967年版。

卡里克·米尤斯科维奇：《中古时期的贝尔格莱德》（Kalic-Mijuskovic,K., *Belgrade au Moyen Age*），（法语摘要），贝尔格莱德，1967年版。

米勒：《在黎凡特的拉丁人：1204-1566年法兰克人统治下的希腊史》（Miller,W., *The Latins in the Levant: a history of Frankish Greece, 1204-1566*），伦敦，1964年版。

奥科诺米迪斯：《13-15世纪在君士坦丁堡的希腊人与拉丁人》（Oikonomidès,N., *Hommes d'affaires grecs et latins à Constantinople〈XIIIe-XVe s.〉*），蒙特利尔，1979年版。

扎基西诺斯：《13-15世纪拜占庭的货币危机与经济危机》（Zakythinos,D., *Le despotat grec de Morée*），*(Mariorum reprints)*，伦敦，1975年版。

东方的伊斯兰世界

1.　马穆路克

阿亚隆：《马穆路克王国的火药与火器：对中世纪社会的挑战》（Ayalon,D., *Gunpowder and firearms in the Maneluk kingdom：a challenge to medieval society*），第2版，伦敦，1978年版。

达拉斯：《巴尔斯拜统治下的埃及》（Darras,A., *L'Egypte sous le règne de Barsbay*），大马士革，1961年版。

加尔桑：《中世纪上埃及的穆斯林中心》（Garcin,J.G., *Un center musulman de la Haute Egypte médiévale：Qûs*），西罗，1976年版。

海德：《中世纪地中海东部贸易史》（Heyd,W., *Geschichte des Levantehandels im Mittelalter*），斯图加特，1879年版。（法语版，阿姆斯特丹，1959年版）。

西蒂：《叙利亚史》（Hitti,P., *History of Syria*），伦敦，1951年版。

拉比卜：《中世纪后期上埃及贸易史》（Labib,S., *Handelsgeschichte Ägyptens im Spätmittelalter*），威斯巴登，1965年版。

莱恩·普尔：《埃及中世纪史》（Lane Poole,S., *History of Egypt in the Middle Ages*），第4版，伦敦，1968年版。

拉比耶：《714-1341年埃及的财政体系》（Rabie,H., *The financial system of Egypt 714-1341*），伦敦，1972年版。

拉塞尔：《中古时期的开罗》（Russell,D., *Medieval Cairo*），伦敦，1962年版。

塞顿：《1189-1311年间的十字军东征》（Setton,K.M., *The later Crusades, 1189-1311*），费城，1962年版。

维特：《巴格达:阿拔斯王朝的首都》（Wiet,G., *Baghdad : metropolis of the Abbasid Caliphate*），奥克拉荷马，1971年版。

维特：《阿拉伯人的埃及》（《埃及国家史》第四卷）（Wiet,G., *L' Egypte arabe 〈Histoire de la nation égyptienne,IV〉*），巴黎，1937年版。

2. 奥斯曼帝国

艾迪生：《苏莱曼和奥斯曼帝国》（Addison,J. et al, *Suleyman and the Ottoman Empire*），伦敦，1980年版。

艾伦：《16世纪奥斯曼帝国的势力》（Allen,W.E.A., *The problems of Turkish power in the sixteenth century*），伦敦，1963年版。

巴宾格尔：《征服者穆罕默德二世及其时代》（Babinger,F., *Mahomet II le Conquérant et son temps*），巴黎，1954年版。

贝尔迪恰努：《14世纪初–16世纪初奥斯曼国家内士兵的封地》（Beldiceanu.N., *Le timar dans l' état Ottoman 〈debut XIVe–debut XVIe s.〉*），威斯巴登，1980年版。

贝尔迪恰努：《1402–1566年间在巴尔干半岛上的土耳其人》（Beldiceanu.N., *Le monde Ottoman des Balkans,1402–1566*）（集注重印），1976年版。

邦巴奇：《土耳其的历史文献》（Bombaci,A., *Storia della letteratura turca*），米兰，1956 年版。

卡恩：《奥斯曼帝国建立前的土耳其》（Cahen,C., *Pre-Ottoman Turkey*），伦敦，1968年版。

伊纳尔哲克：《奥斯曼帝国：征服、管理和经济》（Inalcick,H., *Ottoman Empire: conquest,organization and economy*），（集注重印），1983年版。

伊纳尔哲克：《奥斯曼帝国的古典时代：1300–1600年》（Inalcick,H., *The Ottoman Empire,the classical ages,1300–1600*），伦敦，1973年版。

詹斯基：《奥斯曼帝国对叙利亚苏丹的征服》（Jansky,H., *'Die Eroberung Syriens durch Sultan Selim I',in Mittelungen zur osmanischen Geschichte*），1923年版。

库普罗鲁：《奥斯曼帝国的起源：有关伊斯兰教史的研究》（Koprolu,M.F., *Les origins de l' empire ottoman,Studies in Islamic history*），第8次重印，伦敦，1979年版。

梅里曼：《苏莱曼大帝》（Merriman,F.B., *Suleiman the Magnificent*），剑桥，1944年版。

米诺斯：《15世纪的波斯、土耳其和威尼斯》（Minorsjy,V., *La Perse au XVe s.,entre la Turquie et Venise*），巴黎，1933年版。

派普斯：《奴隶士兵和伊斯兰教：中世纪体系的起源》（Pipes,D., *Slave Soldiers and Islam,the Genesis of a Medieval System*），耶鲁，1981年版。

肖：《奥斯曼帝国和现代土耳其史》（Shaw,S.J., *History of the Ottoman Empire and modern Turkey*），第1卷，剑桥，1976年版。

福格特·格克尼尔：《土耳其的清真寺》（Vogt-GÖknil,U., *Les mosques turques*），苏黎世，

1953年版。

维荣尼斯：《小亚地区中世纪希腊文化的没落和其伊斯兰化进程》（Vryonis,S., *The decline of medieval Hellenism in Asia Minor and the process of Islamisation*），洛杉矶，1976年版。

维特克：《奥斯曼帝国的兴起》（Wittek,P., *The rise of the Ottoman Empire*），第2版，伦敦，1971年版。

3. 蒙古人

博伊尔：《伊朗史》第五卷《塞尔柱突厥人和蒙古人统治时期》（Boyle,J.A., *Hist ory of Iran, vol.5: the Saljuq and Mongol periods*），剑桥，1968年版。

博伊尔：《1206-1379年间蒙古世界帝国》（Boyle,J.A., *The Mongol world empire 1206-1379*）（集注重印），1980年版。

勒梅西耶·凯尔克热：《蒙古和平》（Lemercier-Quelquejay,C., *La paix mongole*），巴黎，1970年版。

奥尔斯基：《马可·波罗的亚洲》（Olschki,L., *Marco Polo's Asia: An introduction to his 'Description of the world' called 'Il milione'*），加州大学，1960年版。

桑德斯：《蒙古征服史》（saunders,J.J., *The history of the Mongol conquests*），伦敦，1971年版。

施普勒：《蒙古人在俄罗斯：金帐汗国》（Spuler,B., *Die Mongolen in Russland; die Goldene Horde*），威斯巴登，1958年版。

施普勒主编：《穆斯林世界：一项历史调查》第二卷《蒙古统治时期》（Spuler,B., *The Muslim world : a historical survey; vol.2, The Mongol period*），第2版，莱登，1960年版。

弗拉拉基米尔佐夫：《蒙古人的社会制度：游牧民族的封建制度》（Vladimirtsov,B., *Le régime social des Mongols; le féodalisme nomade*），巴黎，1948年版。

西方的伊斯兰世界和非洲

1. 马格里布

阿文·纳斯尔：《马格里布史》（Abun-Nasr,J.N., *A history of the Maghrib*），剑桥，1971年版。

阿里耶：《奈斯尔王朝时期的西班牙穆斯林》（Arié,R., *L'Espagne musulmane au temps des Nasrides 1232-1494*），巴黎，1973年版。

迪富克：《15世纪的西班牙加泰罗尼亚和马格里布》（Dufourcq,C.E., *L'Espagne catalane et le Maghrib aux XVe s.*），巴黎，1966年版。

希尔、戈安：《北非的伊斯兰建筑》（Hill,D.and Gohin,L., *Islamic architecture in North*

Africa），伦敦，1976年版。

　　*朱利安：《北非史：从阿拉伯征服到1830年间的突尼斯、阿尔及利亚、摩洛哥》（Julien,C.A., *History of North Africa: Tunisia,Algeria,Morocco,from the Arab conquest to 1830*），伦敦，1970年版。

　　拉德罗·克萨达：《格拉纳达：一个穆斯林国家的历史》（Ladero-Quesada,M., *Granada,historia de un pais islamico*），马德里，1979年版。

　　*拉鲁伊：《马格里布史：一篇解释性文章》（Laroui,A., *The history of the Maghrib;an interpretive essay*），普林斯顿，1977年版。

　　图尔诺：《马林王朝时期的非斯》（Le Tourneau,R., *Fez in the age of the Merinids*），奥克拉荷马，1961年版。

　　曼特兰：《16、17世纪的北非》（Mantran,R., *North Africa in the 16th and 17thcenturies*）（《剑桥伊斯兰史》第五卷）（*Cambridge Medieval History of Islam*，vol.Ⅴ），1970年版。

　　马尔赛：《西欧的穆斯林建筑》（Marçais,G., *L'architecture musulmane d'Occident*），巴黎，1964年版。

　　梅希耶：《阿尔摩拉维王朝：西非海湾……和地中海流域》（Messier,R.A., '*The Almoravids: the West African Gulf…and the Mediterranean Basin*'），载《东方经济与社会史期刊》（*Journal of Economic and Social History of the Orient*），1974年。

　　罗森塔尔：《中世纪伊斯兰教的政治思想》（Rosenthal.F.J., *Political thought in medieval Islam*），剑桥，1958年版。

　　塔勒比：《伊本·哈勒敦和历史感觉》（Talbi,M., '*Ibn Khaldun et le sens de l'histoire*'），载《伊斯兰研究》（*Studia Islamica*），1967年。

　　瓦特：《西班牙的伊斯兰教史》（Watt,W.M., *A history of Islamic Spain*），爱丁堡，1965年版。

2．伊斯兰教和基督教以前的黑非洲

　　《剑桥非洲史》（*The Cambridge History of Africa*），第3卷，1977年版。

　　西索科：《廷巴图克和桑海帝国》（Cissolo,S.M., *Tombouctou et l'empire Songhay*），达喀尔，1975年版。

　　科纳万：《非洲史》（Cornevin,E., *Histoire de l'Afrique*），第1卷，巴黎，1967年版。

　　德维兹、罗伯特和瓦纳克：《台格道斯特：奥达果斯特研究》（Devisse,J., *Robert,D. and S. Vanacker,C., Tegdaoust;recherches sur Awdaghost*），2卷本，巴黎，1970-1979.年版。

　　迪奥普：《非洲文明的起源：神话抑或现实？》（Diop,C.A., *The African origin of civilization : myth or reality?*），伦敦，1974年版。

　　福尔特斯、伊凡-普里查德主编：《非洲政治制度》（Fortes,M. and Ivan-Pritchard,E.E., *African political systems*），牛津，1966年版。

哈马：《桑海帝国史》（Hama,B.，*Histoire des Songhay*），巴黎，1968年版。

赫尼格尔：《口头传统的时代》（Henige,D.P.，*The chronology of oral tradition*），牛津，1974年版。

赫维克：《桑海帝国的宗教和政治》（Hunwick.J.O.，*Religion and state in the Songhay Empire,1464-1591*），伦敦，1966年版。

莱夫特森：《古代加纳和马里》（Levtzion,N.，*Ancient Ghana and Mali*），伦敦，1973年版。

莱：《马里帝国》（Ly,M.，*L'empire du Mali*），达喀尔，1977年版。

马洛威斯特：《西苏丹社会和经济的稳定》（Malowist,M.，'*The social and economic stability of the West Sudan*'），载《过去与现在》（*Past and Present*），1966年版。

迈纳：《早期廷巴克图城》（Miner,H.，*The primitive city of Timbuktoo*），纽约，1953年版。

尼昂：《马里帝国中世纪史研究》（Niane,D.T.，*Recherches sur l'empire du Mali au Moyen Age*），巴黎，1975年版。

鲁什：《桑海帝国的宗教与魔法》（Rouch,J.，*La religion et la magie songhay*），巴黎，1980年版。

欣尼：《古代非洲诸国》（Shinnie,M.，*Ancient African kingdoms*），伦敦，1966年版。

迪尔曼斯、德康和哈亚特：《塞内加尔史前史》（Thilmans,G.，*Descamps.C. and Khayat,B.，La protohistoire du Sénégal*），达喀尔，1981年版。

蒂莫夫斯基：《西苏丹盛期时的交通道路》（Tymowski,M.M.，'*Le Niger,voie de communication des grands états du Soudan occidental*'），载《非洲公报》（*Africana Bulletin*），1967年。

3. 穆斯林的渗透

阿维特沃尔：《13-15世纪的马格里布贸易》（Abitbol,M.，'*Juifs maghrébins et commerce transaharien du XIIIe au XVe s.*'），（Mélanges Maung），巴黎，1981年版。

博维尔：《摩尔人的黄金交易》（Bovill,E.W.，*The golden trade of the Moors*），第2版，牛津，1968年版。

卡昂：《穆拉比特王朝时期的苏丹帝国：神话还是现实？》（Cahen,C.，'*L'or du Soudan avant les Almoravides: mythe ou realité?*'）（Mélanges Maung），巴黎，1981年版。

德维兹：《11-16世纪西非洲的商业和贸易路线》（Devisse,J.，'*Routes de commerce et échanges en Afrique occidentale… aux XIe-XVIe s.*'），载《经济和社会史评论》（*Revue d'histoire économique et sociale*），1962年。

莱夫特森、霍普金斯：《早期阿拉伯文献中有关西非洲历史的原始资料集》（Levtzion,N. and Hopkins,J.F.，*Corpus of early Arabic sources for West African history*），剑桥，1981年版。

莱维茨：《中世纪西非洲的粮食》（Lewicki,T.，*West African food in the Middle Ages*），剑桥，1974年版。

莱维茨：《阿拉伯对外交流史中有关撒哈拉以南非洲史的原始资料集》（Lewicki,T., *Arabic external sources for the history of Africa to the south of the Sahara*），伦敦，1974年版。

梅亚索克斯：《大西洋的黑人贩运以前的非洲奴隶制》（Meillassoux,C., *L'esclavage in Afrique avant la traite atlantique*），巴黎，1980年版。

特里奥：《中世纪的伊斯兰教和苏丹社会》（Triaud,J.L., *Islam et société soudanaise au Moyen Age*），瓦加杜古，1973年版。

特里明厄姆：《西非的伊斯兰教史》（Trimingham,J.S., *A history of Islam in West Africa*），牛津，1962年版。

威尔克斯：《伊斯兰教知识在西苏丹的传播》（Wilks,I., 'The transmission of Islamic learning in the Western Sudan'），载古迪（J.Goody）主编：《传统社会中的文学作品》（*Literature in Traditional Societies*），剑桥，1968年。

4. 葡萄牙人

布莱克：《到达西非洲的早期欧洲人》（Blake,J.W., *European beginnings in West Africa*），伦敦，1937年版。

*肖尼：《中世纪晚期欧洲的扩张》（Chaunu,P., *European expansion in the late Middle Age*），埃尔塞维尔，1979年版。

迪菲：《葡萄牙帝国的基础》（Diffie,W.V., *The foundations of the Portuguese Empire*），明尼阿波利斯，1977年版。

古德尼奥：《14—15世纪葡萄牙帝国的经济：黄金和胡椒》（Godhino,V.M., *L'économie de l'empire portugais aux XIVe—XVe s.; l'or et le poivre*），巴黎，1969年版。

理查德：《有关摩洛哥葡萄牙人史的研究》（Richard,R., *Etudes sur l'histoire des Portugais au Maroc*），科英布拉，1955年版。

苏布拉马尼扬：《瓦斯科·达·伽马的事业与传奇》（Subrahmanyam,S., *The career and legend of Vasco da Gama*），剑桥，1997年版。

索　引

注：斜体页码代表文内插图，P 代表文内彩图。

C

D

H

J

L

N

O

P

Q

T

X

再版后记

  时光匆匆，《剑桥插图中世纪史》出版至今已经有八年。本册的翻译者们也大多从青年迈入中年的行列，甚至有的已经离开专业史学领域。本套书能够再版，说明读者对本书的认可，我们译者也深感与有荣焉。翻译本是非常难做之事，又因经验、学识等原因，译本中必有一些遗漏和错误，我们也会借此机会尽量改正。初版之时，本册的译后记被遗漏，这让我们深感遗憾。非常感谢这次再版给我们提供了弥补遗憾的机会，下面我将本册的翻译情况作一简要介绍。

  当初，在郭芳老师的推荐下，本人承担本册书的翻译工作。当时野心勃勃希望自己一人完成，但自己当时也只是刚刚毕业几年的硕士生，是第一次承担如此艰巨的翻译任务，很是有些惶恐，兼之学识有限和时间紧迫，深怕耽误此书的翻译进度和出版，于是后来找了当时还是南开大学博士生的金彩云翻译第五章；中国社会科学院研究生院在读博士生柴斌和张育林翻译第八—十章，后来在出版前因为翻译质量问题，又找了当时博士在读的张炜加入这三章的翻译和校对工作；中国社会科学院西亚非洲研究所的袁武（现为西亚非洲研究所的副研究员）翻译第七章"伊斯兰教开始征服黑非洲"一节。本册译校由郭方和李桂芝负责。此外，本人承担了所有的技术性工作，包括翻译目录、术语表、参考书目、全书索引、统一第一——第七章的译名。第八—十章的译名统一由张炜负责。

  虽经努力，本书的翻译必然还有很多问题，我们恳请读者指出和提出宝贵意见。

李桂芝

2017年